有度

一切皆有法　一切皆有度

刑法的私塾（之四）上

张明楷 编著

北京大学出版社
PEKING UNIVERSITY PRESS

说　　明

实在没有可"说明"的了,但又不得不"说明"一下。

《刑法的私塾(之四)》的多数案例是在三年疫情期间讨论的(但案件不一定发生在疫情期间),少数案例则是疫情结束后讨论的(但案件可能发生在疫情期间);个别案例是《刑法的私塾(之三)》讨论过的(但讨论的内容会有所不同)。

《刑法的私塾(之四)》的内容起先由参加讨论的学生按录音初步整理,然后由我再次整理。再次整理也可谓全面修改,修改主要表现在三个方面:一是选择内容,即删除学术价值很小、实践意义不大的内容;二是调整顺序,即合并部分案例,并将原本杂乱无章的讨论内容按学科体系进行重新编排;三是重新表述,即口语化的表述修改为略微书面化的表述。大量的时间花在最后一项工作上(平均每天大约只能整理1.5万字),因为文字之妙,在于听时悦耳,观时顺眼。三言两语、七嘴八舌的口头讨论不可能原封不动展现在读者面前,几乎每一句都要按"原意"重新表述。这并非文字之过,而是因为视觉与听觉之异。当然,在整理过程中,我尽量保留了讨论的原始风貌,这样的处理方式,一方面是为了真实呈现讨论的全过程,另一方面也是为了体现刑法学习中"思考重于结论"的理念。

法谚云"周日不开庭"（Dies dominicus non est juridicus），也可译为"周日不审理案件"，但我和学生们则是"周日要讨论案件"。二十多年来，历届学生似乎都特别期盼周末的"私塾"，所以，即使周末再忙，我也尽可能抽出时间和学生们讨论各种疑难案例。疑难案例的来源多种多样，既有引起社会广泛关注的热点案件，也有司法实践中常见与罕见的疑难案件，其中也穿插了一些经过改编的教学案例。案例的选择并非刻意追求新颖或复杂，而是以能否引发深入讨论为标准。刑法学的生命力在于对现行法条的解释与对现实案件的回应。如若将刑法的学习与研究停留在抽象理论的推演上，就会使刑法学丧失固有的特质。对具体案例的讨论，不仅能够促使我们更好地理解法条背后的立法精神与价值取向，还能提升我们归纳案件事实、解决实际问题的能力。虽然"棘手的案件制造恶法"，但"疑难案件考验法律的智慧"，棘手、疑难案件总能催生新观点、新想法。当然，所谓的"新观点"未必真是新出现的，因为自以为"新"的观点可能是他人早就说过或写过的，只是自己孤陋寡闻、短见薄识罢了。正如浅田和茂教授所言："在刑法学领域，总有人将某种想法当作自己的创见，声称是自己第一个想出来的，但这大多只能证明这个人的学习还不够。"所谓的"新想法"未必就是有意义的，有的案例论来论去、争来争去、绕来绕去，可能还是回到原点。尽管如此，我和学生们还是能从中享受到许多乐趣，感悟到一些真谛。

本书的内容并非任何意义上的学术论文，而是周末讨论的"实录"。讨论的特点在于自发性和开放性，我和学生们的发言事前都未做任何准备，所以，随处可见逻辑不严密、观点不成熟、表达不顺畅、论证不充分等缺憾,但这或许是案例讨论的魅力所在——不是为了提供标准答案,而是为了激发思考、启迪智慧;不仅为了运用理论知识,更是为了培养独立思考、勇于质疑的精神。唯有如此,才能在面对复杂多变的现实案件时,始终保持清醒的头脑,作出合乎法律与正义的判断。

参加周末讨论的成员主要是我指导的在校硕士研究生(包括公诉人班的检察官)与博士研究生,有时也有已经毕业的博士生和校外青年教师。他们的热情参与为案例的研讨注入了活力,为本书的付梓做出了贡献,感激之情难以言表。此外,还要特别感谢参与录音整理与书稿校对的各位同学!

张明楷

2025 年 2 月 18 日

目　录

详　目

上　册

第一堂　构成要件符合性

第二堂　违法阻却事由

第三堂　有　责　性

第四堂　故意犯罪形态

第五堂　共同犯罪

第六堂　罪　　数

第七堂　刑罚的适用

第八堂　危害公共安全罪

第九堂　破坏社会主义市场经济秩序罪

下　　册

第十堂　侵犯公民人身权利、民主权利罪

第十一堂　侵犯财产罪

第十二堂　妨害社会管理秩序罪

第十三堂　贪污贿赂罪

第十四堂　渎　职　罪

第一堂
构成要件符合性

案例1 构成要件行为（与故意的关联性）

A 想杀 B，B 碰巧是奥运会的游泳冠军，水性很好，A 也知道这一点。某一天，A 基于杀害 B 的故意把 B 推下了水。事后查明，B 因为前一天吃了某种药，当天被推下水后因为抽筋而溺亡。

张明楷：这是谁设想的案件？

学生：您能接受这样一种命题吗？就是说低风险认知加希望的意志等于过失，而不是故意。

张明楷：你的意思是，对本案的 A 不能认定为故意，只能认定为过失犯？但即使这样，也不需要采取低风险认知加希望的意志等于过失的观点吧。

学生：在这样的案件中，A 的确是希望 B 死亡。如果不采取上述观点，就会认为 A 的行为成立故意杀人罪。

张明楷：首先应当肯定，如果 B 前一天没有吃药，A 的行为就不是一个故意杀人罪的构成要件行为，可以说是一个不能犯。如果一个行为不可能造成构成要件结果，就不能说行为人有犯罪的故意。本案是因为 B 前一天吃了某种药才导致他溺水身亡的，假如确实是如此，以这个事实为基础进行判断，则 A 的行为是足以致人死亡的行为，但这个行为致人死亡的前提是 B 前一天吃药，而这一点是 A 没有认识到的。既然如此，就不能说 A 有杀人的故意，充其量只有过失。

学生：这取决于您对故意、过失的理解。如果把故意、过失和法规范的期待联系起来去理解，故意、过失都是法规范期待的落空，故意就是对绝对禁令的违反，即高风险认知时，法规范绝对期待行为人不要做这个行为；相反，过失则是相对禁令的违反，即低风险认知时，法规范期待行为人最好别做这个行为。

张明楷：如果这样来理解的话，刑法是否禁止以及如何禁止某种行为，取决于行为人的认识，而不是取决于行为本身的危险程度。我是难以接受这种观点的。构成要件禁止的是有造成结果的危险的行为，有没有危险是立法机关根据经验法则进行判断得出的结论，而不是根据行为人有无认识得出的结论。即使行为人有高风险认知时还实施这个行为，但如果这个行为本身并无风险，他的行为就不是构成要件行为，所谓的高风险认知也就不可能成为刑法上的故意；如果行为本身有风险，则他的高风险认识是更值得谴责的故意。如果是低风险认识，就可能只是过失。把故意、过失作为责任要素，是可以解释这一现象的。

学生：将故意、过失作为违法要素还是责任要素，确实在这方面存在不同结论。如果将故意作为违法要素，那么，行为人有高风险认知时还实施行为，就认为其有故意。但如果将故意作为责任要素，则以行为符合构成要件为前提。将故意作为违法要素的人，似乎没有以行为符合构成要件为前提。

张明楷：我也有同感。但是，将故意作为构成要件要素的学者，也是先讨论客观构成要件符合性的。但要注意的是，即使行为人有高风险认知也不一定是故意；此外，在我国也不能采取认识说，只能说行为人认识到风险很小时不能认定他希望、放任结果发生。

学生：我能不能只在间接故意里认定低风险认知+希望意志是过失？

张明楷：也不能这么说吧。当你认识到有危险的时候就不得去追求、希望结果的发生，否则仍然会认定有故意。

学生：所以，法规范期待的是什么呢？是说行为人不得产生恶的念头还是说行为人产生这种恶的念头后不要去实施相应的行为呢？

张明楷：法规范是行为规范，怎么可能期待行为人不产生恶的念头呢？道德规范会要求行为人不产生恶的念头，刑法规范只是要求行为人不实施刑法所禁止的行为。

学生：老师也同意 A 的行为仅成立过失致人死亡罪吗？

张明楷：是的。故意、过失不是一个抽象的判断，而是根据客观构成要件实现的具体情况来判断的。A 虽然希望 B 死亡，但如果 B 前一天没有吃药，A 将 B 推下水是绝对不可能导致 B 死亡的，所以，不能说 A 把 B 推下水想导致其死亡，就有杀人故意。由于 B 是因为前一天吃药才引起死亡的这一点 A 没有认识到，所以，充其量只能认定为过失。假如 A 知道 B 前一天吃药后就不能游泳了，他利用这一点将 B 推下水，则可以认定为故意杀人罪。这就与特别认知有关了。

　　学生：如果说，承认特别认知就是承认特别认知所对应的客观事实也应作为危险认定的判断资料的话，那是不是我们日常生活中的任何一个通常的行为，比如说，劝人坐飞机这种行为，都可以作为杀人或者过失致人死亡的实行行为？

　　张明楷：劝人坐飞机的行为，如果要成为杀人罪的实行行为或者帮助行为，前提是飞机上确实安装了炸弹。如果没有这个前提，劝人坐飞机的行为不可能成为任何罪的构成要件行为。如果飞机上确实有炸弹，行为人虽不知道飞机上有炸弹，但是劝被害人去坐飞机，也希望被害人死亡，结果被害人因为炸弹被引爆、飞机失事而死亡，行为人在主观上应该是没有故意与过失，对不对？假如飞机上确实有炸弹，行为人也知道飞机上有炸弹，但还是劝被害人去坐飞机，也希望被害人死亡，结果被害人因为炸弹被引爆、飞机失事而死亡，行为人在主观上应该是有故意的。所以，劝人坐飞机的行为是不是构成要件行为或者是不是共同犯罪中的帮助行为，首先取决于飞机上是不是有炸弹，坐飞机本身会不会死亡。

　　学生：许多人认为，如果行为人知道飞机上有炸弹，就不能劝人坐飞机；如果不知道飞机上有炸弹，就可以劝人坐飞机。即使在后一种情形下，飞机上有炸弹，行为人劝人坐飞机的行为也不违法。

张明楷：于是，行为是否违法就取决于他是否已经认识到飞机上有炸弹。我是不赞成这种观点的。

学生：如果飞机上有炸弹，但行为人确实不知道，行为人劝人坐飞机，被害人因此而死亡的，您认为劝人坐飞机也是违法的吗？

张明楷：我觉得说这种情形下的劝人坐飞机行为违法，也没有什么问题。试想一下，如果说不违法，司法机关怎么会进一步追查劝人坐飞机的人呢？正是因为这个行为违法，司法机关才会进一步追查劝人坐飞机的人是不是已经知道飞机上有炸弹，是不是有杀人故意。

学生：人们担心的是，如果劝人坐飞机的行为是违法的，大家就都不能劝人坐飞机了。

张明楷：这是滑坡论证。飞机上有炸弹是极为罕见的情形，在通常情形下劝人坐飞机不可能是违法的。再者，如果不知道飞机上有炸弹，劝人坐飞机虽然违法，但不可能以犯罪论处。

学生：人们总是觉得，将一个日常行为当作违法来对待不合适。

张明楷：违法意味着人们可以阻止这种行为。假如说国家机关工作人员甲正在安排国家工作人员乙坐飞机出差去外地，第三者丙刚好知道这一趟飞机安装了炸弹，于是阻止甲的安排，这可以吗？如果可以，就表明甲的安排是违法的。

学生：如果说行为人知道飞机上有炸弹而劝人坐飞机，导致被害人在飞机失事时死亡的，这种情况属于利用被害人的间接正犯吗？

张明楷：我觉得要看情形。如果是恐怖分子安置了炸弹，劝人坐飞机的人是不是属于帮助犯？如果没有正犯对飞机爆炸负责，则劝人坐飞机的行为是直接正犯或者间接正犯。

学生：我想问一下，在您的理论体系中，特别认知属于什么内容，属于行为意志吗？

张明楷：特别认识是故意的认识内容，不是行为意志本身，行为意志既可能与故意的意志因素同一，也可能不同一。也就是说，行为意志不等于故意的意志因素，因为行为人决定实施某个行为时，不一定希望危害结果的发生。

案例 2　不作为犯（作为义务的来源）

甲女在李某开设的理发店卖淫，或者说理发店老板娘李某容留甲女卖淫。某天早晨 6 点，一位年纪比较大的嫖客去找甲女，二人刚要在地下室的房间发生性关系的时候，甲女就发现嫖客犯病了，然后她就跟李某说要报警或者打 120，李某不同意。到了 7 点，甲女到地下室查看，发现嫖客还处于发病状态，但还活着，于是又上来跟李某说要报警或者打 120，李某还是不同意。李某 9 点钟、10 点钟至地下室察看时，嫖客还是活着的，但她仍然没有打电话报警或者急救。李某 11 点钟到地下室的时候，发现嫖客已经死亡。半夜 2 点，李某和甲女两个人把被害人尸体掩埋了。尸检报告显示，被害人因为心脏病发作而死亡。

张明楷：这个案件涉及不作为犯的作为义务来源问题，以前讨论过，但感觉还有讨论的必要，我们现在再讨论一下。

学生：按照老师的观点，对李某是要认定为不作为犯的，义务来源是被害人处于李某的支配领域内。

张明楷：是的。

学生：有人会认为，在支配领域内其实只是一个事实的状态，而李某要救被害人只是一个应然的命题。凭什么说，事实上被害人在李某的店里，李某就应该救助被害人呢？

张明楷：我觉得，不能说从任何事实状态都不能推出应然。否则，应然都是从哪里推导出来的？都是纯逻辑的或者形而上学的推导吗？法律上的应然命题是基于社会生活事实与民众需要形成的，社会的安定与发展、民众生命与身体的保护需要什么样的规范就应当制定什么样的规范。

学生：国外的见危不救罪也是为了保护民众的生命而规定的。

张明楷：我国刑法没有规定见危不救罪，所以，对作为义务的来源就不能限制太窄。也就是说，如果刑法规定了见危不救罪，对作为义务的来源可以作一些限制；刑法没有规定见危不救时，就不能像刑法规定了见危不救罪的国家那样限制作为义务的来源。我们遇到的麻烦，第一是法定刑比较重，第二是检察院的相对不诉率太低，所以构成犯罪会导致处罚很重。还有一点，虽然刑法不是一种道德的教化，但是许多规范的形成与社会的文明程度也有关系。如果有人遇到什么困难，周围的人都热心相助，那么把作为义务限定窄一点也没关系。如果民众见到有人陷入危难都不救助，刑法或许就要反过来向民众提出救助义务。当然，这里也可能存在悖论。

学生：一些人认为，不作为犯的义务来源与见危不救罪的性质不同，见危不救罪时行为人没有不作为犯的作为义务。

张明楷：在规定了见危不救罪的国家或许可以这么说，但见危不救罪明显是不作为，既然是不作为，当然是有作为义务，而且没有要求被害人处于行为人的支配领域。所以，我其实是将见危不救限定为行为人的支配领域，并没有将任何见危不救行为纳入不作为犯。

学生：行为人的支配领域究竟是一种监督义务还是一种保护义务呢？

张明楷：主要是一种保护义务，但不排除有些情形也可能是监督义务，这就是我一直将这一义务与监督义务、保护义务相并列的原因。

学生：有人说，不能因为没有人保护就要求被害人所处领域的支配者保护。

张明楷：当然也可以反过来说，正是因为没有人保护所以要求被害人所处领域的支配者保护。

学生：问题是保护义务的根据是什么？

张明楷：保护义务一般都是行为人与被害人有特定关系，当被害人处于行为人的支配领域时，也可以说行为人与被害人有特定关系。其实，我国刑法中也有关于行为人支配领域的作为义务的规定。

学生：老师是指哪个罪？

张明楷：《刑法》第286条之一规定的拒不履行信息网络安全管理义务罪，就是要求网络服务提供者对自己的支配领域履行作为义务。

学生：我觉得老师关于行为人支配领域的作为义务中，最有说服力的是儿童主动猥亵成年人时，成年人有制止的作为义务。因为如果不制止，行为人的不作为肯定成立猥亵儿童罪。

学生：有人认为，这种情形下成年人的行为构成作为的猥亵儿童罪。

学生：可是，成年人没有任何积极的动作，怎么成立作为犯呢？

张明楷：或许有人认为成年人是以不作为的方式实施了作为犯。

学生：按老师的观点，本案中的李某构成不作为犯是没有问题的，甲女是否构成不作为犯呢？

学生：我觉得甲女不构成不作为犯。

张明楷：我也认为甲女不构成不作为犯，因为虽然甲女在此卖淫，但不是她的支配领域，所以，她报警和拨打 120 都需要李某的同意，正是因为李某不同意，所以她没有报警。

学生：虽然被害人的死亡与甲女卖淫有关，但被害人是自己主动去嫖娼的，心脏病发作不能归属于甲女的卖淫行为。

张明楷：是的，甲女不存在任何作为义务的来源。

学生：我还有一个问题。支配领域中的不作为犯通常构成遗弃罪。一般来说，区分故意杀人和遗弃要看这个行为使得被害人的生命面临危险的紧迫性。在这个案子里，这种紧迫性好像没有什么差别？

张明楷：不救助的行为是成立故意杀人罪还是遗弃罪，要考虑危险的紧迫程度、作为义务的强弱程度、履行作为义务的难易程度等要素。将这个案件认定为遗弃罪可能不合适。如果说甲女或者李某过一段时间到地下室观察，感觉被害人似乎有好转，但事实上并非如此，最终还是死亡，认定为遗弃罪是可以的。但本案并非如此，甲女在地下室观察时要求李某报警或者拨打 120，被害人显然具有生命的紧迫危险，所以，我觉得对李某可以认定为不作为的故意杀人罪。当然，可以认定为情节较轻的故意杀人罪。如果是这样的话，对李某判处缓刑也是可能的。

学生：也就是说，不作为犯中作为义务的内容，对于不作为犯的实行行为的定型性也有影响。例如，本案的作为义务的来源可能直接影响到底是认定为遗弃行为还是杀人行为。

张明楷：本案中被害人发病的时间比较长，至少 10 点钟前都还活着的。李某因为担心容留卖淫的事实被发现，所以，想等着被害人死亡后把他掩埋了。认定为遗弃罪不是没有可能，但从危险的紧迫性、救助的容易性的角度来说，认定为情节较轻的故意杀人罪是可以的。

学　生：您教科书中的第三个作为义务来源（支配领域内的作为义务），应该大部分都是定遗弃罪就可以了，是吗？

张明楷：就对生命危险的不救助而言，一般来说是这样的。按照平野龙一老师的说法，作为义务的强弱程度、履行作为义务可能性的大小，都会影响杀人罪与遗弃罪的区分。

学　生：有关出租房方面的作为义务，比如说，我的房子租给别人住，但我知道他们在里面开设赌场，即便我还是按照正常的租金收租，我提供租房的这个行为能认定为开设赌场的共犯吗？

张明楷：有可能的。虽然你事前不知道房子是提供给别人开设赌场，但是你知道之后仍然还是把房子提供给别人开设赌场，这个时候肯定构成犯罪，只是说是作为还是不作为的问题。你有房子，人家说要租你的房子，你签订合同的时候随口问租房子干什么，他说在家里开赌场，或者在家里实施电信诈骗，你还能租给他吗？如果你租给他了，你就是百分百的开设赌场的共犯或者是电信诈骗的共犯。签订合同的时候你不知道，可是过几天去看，发现他们在开设赌场或者是电信诈骗，你就不能不管了。北京市对于租房就有相关的规定，出租者对于出租房内的租客都有一定的义务。

学生：之前讨论很多的另外一个案件是，外甥带着自己的女朋友到舅舅家去住，房子比较简陋，大家住在一个房间里，中间隔着一个帘子。到半夜，外甥要强奸他的女朋友，女朋友希望舅舅阻止，但是舅舅没有阻止。能不能认定舅舅构成强奸罪的共犯？从不作为的角度，也就是从这个房子是舅舅支配领域的角度，我觉得可以定强奸罪的共犯。

张明楷：这个案件中，这个外甥的舅舅不阻止外甥的行为，实际上就存在心理上的帮助，我觉得认定为强奸罪的共犯没有问题。以前讨论过的另外一个案件：妈妈下班回来的时候发现自己的十七八岁的儿子在卧室里强奸一个女孩，她没有阻止儿子的强奸行为，而且立马把窗帘拉上。这也要认定为强奸罪的共犯。

学生：老师，如果同样的行为发生在父母子女的关系，拖延4个小时不实施救助导致被害人死亡的，我们觉得是杀人；而如果作为义务来自对特定场所的支配，我们一般觉得是遗弃。但是，同样的行为由不同的人来实施，怎么实行行为性质就发生了变化呢？

张明楷：父母子女之间的情形也未必一概定杀人，源于对特定场所支配的情形，也不必然只能认定为遗弃。我看日本这方面的判例结论也是五花八门，有的也会认定为保护责任者遗弃罪。

学生：感觉在日本的判例中，更多地会进行综合的判断。

张明楷：原本就应该综合地判断，尤其在保护责任者遗弃罪的认定方面，很大程度上要考虑被告人先前有没有暴力。如果先前的暴力很严重，然后被害人快要死亡了而被告人不实施救助的，日本裁判所大多会定故意杀人罪。如果先前没有实施什么暴力，只是一般的不救助，日本裁判所大多是认定为保护责任者遗弃罪。至于故意的内容，日本的判例常常说得不太清楚。父母见到未成年子女处于危难之中的时候不救助，和刚才讲到的在自己支配领域场所不救助的，按照社会的一般观念，总觉得对两者的否定评价与谴责程度应当不一样。前者受到的否定评价和谴责肯定要更严重一些，所以对前者认定为故意杀人罪的可能性更大，对后者认定为遗弃罪可能性要大一些。但这方面的定型性是不太好讲的。例如，刚生下来的婴儿，不给他吃的把他饿死了，那肯定是要定故意杀人罪的。德国有一个案例，母亲为了出去聚会，就把两个小孩（一个3岁，一个5岁）留在家里，这位母亲觉得小孩饿了就会从冰箱里拿食物吃。她原本是过一个晚上回来的，结果过了一个晚上还不回来，过了几天，两个小孩一个饿死了，一个是重伤。德国学者也是在杀人罪和遗弃罪之间进行讨论。

学生：有一个案例是这样的：被告人和患有精神病的继母发生矛盾，将继母赶出家门。当时是冬天，很冷，但被告人关上门，缺乏独立生存能力的继母因肺气肿恶变后死亡。日本的裁判所认定被告人的行为构成保护责任者遗弃致死罪。我有疑问的地方是，您在书中说，之所以这样认定，是因为被害人的特殊体质（肺气肿）。如果说被害人是冻死的，那么就构成故意杀人罪。

张明楷：我觉得这个案件主要是从故意的角度去讲。继母不是因为天气冷冻死的，而是因为患有疾病，但是被告人不知道，这个案件就是侧重从故意来讲的。

学生：那不就是因果关系错误吗？

张明楷：我的意思是，因为被害人有病，有这个病就死得很快，这个危险就很紧迫，但是被告人不知道他有这个病，所以没有认识到这个危险，也就不能认定有杀人的故意。换言之，不是因果关系的错误，而是被告人没有杀人的故意，日本裁判所是从这个角度来否认故意杀人的。如果被害人是冻死的，也可能认定为保护责任者遗弃罪。如果天气很冷，被告人知道被害人在门外会冻死还让她待在门外，被告人就有杀人的故意了。当然，客观上究竟是评价为杀人罪还是保护责任者遗弃罪更合适，就是另外一回事了。反过来，如果被告人认识到了被害人有疾病，就应该会定为故意杀人罪。

学生：那么，在日本，保护责任者遗弃致死和故意杀人的综合判断，更多还是在判断故意是吗？因为客观上感觉分不开，没有办法区分。

张明楷：其实更多的是从客观上进行判断，除了我刚才说的有没有实施暴力之外，还要看时间、场所，看被保护者生命危险的程度、紧迫性，等等。

学生：如果是一个卖淫女到一个独居的男子的家里面，然后独居男子发病，卖淫女没报警就走了呢？

张明楷：被害人不在被告人的支配领域里，所以卖淫女没有作为义务。如果是男的跑到卖淫女家里去，那么我觉得卖淫女有义务救助。反过来，如果卖淫女在这个男的家里发病，那么男的有义务救助。不能说谁在房子里面谁就支配这个领域，这样的"支配"概念就太宽泛了。还是要有一个一般性的标准，不能说卖淫女到男的家里之后男的犯病了，这个房子实质上就由卖淫女支配了。作为义务来源还是要相对明确，让一般人知道自己在哪种情况下应当做什么，在什么场合需要去救助他人。而且，这种支配领域一般来讲都是相对封闭的。比如说，6个人去歌厅唱歌，其中1个人开始吸毒，不能说另外5个人都是容留他人吸毒。或者8个人在餐厅的包间里吃饭，2个人开始吸毒，也不能说剩下6个人容留他人吸毒，这不是他们支配的场所。又比如说，KTV的包房里面的女服务员看到有人吸毒，没有阻止，也不可能认定她是容留他人吸毒，因为她也不处于支配地位，她就是被派到房间提供服务的而已。只能说，开KTV的管理者是支配这个领域的人。

案例3　不作为犯（作为义务的来源）

2020年12月某天的中午，被告人甲、乙、丙和被害人刘某在饭店就餐，在喝酒过程中，被害人和三名被告人赌酒，不久刘某便不省人事（时间A），店主提醒甲、乙、丙将刘某送到医院。但三人乘车将刘某带到KTV，甲、乙将刘某拖拽到包间后（时间B）不再理会。当天下午四点多，甲、乙、丙陆续离开KTV（时间C），将刘某一个人留在包间（时间D），下午六点多工作人员发现刘某后，报警并拨打急救电话。出警人员和医护人员赶到时刘某已身亡，但无法查清刘某的死亡时间。

张明楷：三名被告人的行为是作为还是不作为？

学生：我们在讨论不作为之前，似乎应该先行讨论时间 A 到时间 B，也就是被害人和三个被告人赌酒，被害人不省人事之后，被告人又将其置于一个封闭空间，这个作为也就是增加风险或者说阻断被救助可能性的过程，就像交通肇事之后将伤者搬运到一个荒无人烟的地方，明显增加了风险。所以，三名被告人的行为是作为，而不是不作为。

张明楷：但是这个案件事实不清啊。如果在餐馆里面被害人可能就会获救，那么，三名被告人将被害人拖拽到 KTV 包厢，是不是有成立作为犯罪的可能？

学生：是不是要看具体案件事实？先确定被害人的死亡时间在哪一个时间点是对被告人有利的，确定死亡的时间点之后再进行相关讨论。

张明楷：应当是确定的死亡时间越早就对被告人越有利吧。如果确定的死亡时间越晚，则越需要考虑不作为。

学生：被告人将被害人"拖拽到 KTV 包厢"，这个确实也看不出来被害人是否已经死亡。

张明楷：如果被告人不带被害人离开餐馆，把被害人留在餐馆里，餐馆工作人员肯定会发现并照看被害人。在这个案件中，被告人将被害人从餐馆带走，就相应地减少了被害人被救助的机会，那可以认定为作为犯，对吗？

学生：这样认定似乎是采取了风险升高理论，因为其实没有办法完全肯定被告人将被害人拖拽到 KTV 包厢的行为与被害人的死亡结果之间具备合法则的条件关系。换言之，拖拽行为只是说减少了被害人被救助的可能性，只是风险升高而已，还不知道结果是否可以避免。

张明楷：我刚才说的当然以结果可以避免为前提的，也就是说，如果将被害人留在餐馆，被害人就不会死亡，毕竟只是因为喝酒过多而不省人事，如果及时送到医院，是不会死亡的。所以，被告人将被害人拖拽到 KTV 包厢，且不实施相应的救助行为，就可以评价为作为犯。当然，也还有另外一个角度，那就是，三名被告人在餐馆时就应当将被害人送往医院，但他们没有送，在这个意义上是不是属于不作为？不过，存在作为义务来源的问题。

学生：案情介绍是说被害人主动与三名被告人赌酒，不是被告人将被害人灌醉的，在这种场合，被告人有作为义务吗？

张明楷：你这最多只是否认了先前行为引起的作为义务。还有没有其他的作为义务的来源？

学生：可否说他们三人是危险共同体？

学生：那不能吧，吃个饭就是危险共同体，那谁还敢和别人一起吃饭啊。

张明楷：你这个反驳不成立。一起登山是危险共同体，还是有许多人一起登山；夫妻之间有相互扶助的义务，还是有那么多人愿意结婚。从社会一般观念来看，在本案中，当被害人不省人事时，餐馆工作人员要求被告人将被害人送往医院是很正常的，这个时候不会有人认为餐馆工作人员应当将被害人送往医院。

学生：这种社会的一般观念可以作为刑法上的作为义务来源的依据吗？

张明楷：不是说将社会的一般观念作为刑法上的作为义务来源的依据，而是它可以成为一个判断素材或者资料。在被害人的生命法益处于脆弱状态时，需要有人保护他人的生命，这个时候谁有义务保护？如果说一起喝酒的人有保护义务，也是可能的。但我见到的判例基本上都是民事上的判例，也就是说，没有救助的人会承担民事责任，基本上不会承担刑事责任。我觉得，这个案件最主要的还是要将三名被告人将被害人拖拽到 KTV 包厢的行为作为评价对象。因为即使三名被告人将被害人留在餐馆而不送往医院，餐馆发现后也会将被害人送往医院。即使餐馆工作人员没有将被害人送往医院，被害人因此而死亡的，餐馆工作人员与三名被告人也不会承担刑事责任。

学生：这么说的话，就可以将三名被告人的行为认定为作为犯。

学生：也可以认为，三名被告人把被害人拖拽到这个没有救助可能性的地方，使得被害人的危险升高了，这个先前行为可以引起作为义务，成立不作为犯。

张明楷：这就是我经常讲的，在许多案件中其实原本就同时存在作为与不作为，只是因为仅考虑作为就成立犯罪，司法实践就不一定同时考虑不作为了。

学生：假如这个人是在餐馆里死亡的，也就是三个被告人没有拖拽他到另一个地方，大家一起喝完酒以后，三个人就直接走了，也没有理会或照看被害人，被害人后来死亡的，会认定三名被告人构成犯罪吗？

张明楷：我觉得不大可能，民事上赔偿倒是可能的。

学生：这么说，本案还是因为三名被告人将被害人拖拽到KTV包厢，且没有实施相应的救助行为，造成了被害人死亡。

张明楷：在这个意义上说，三名被告人既有作为也有不作为。作为就是使被害人离开了可以由他人救助的餐馆这一场合，不作为就是没有在KTV包厢实施相应的救助行为。所以，认定三名被告人的行为构成过失致人死亡罪，也是可以的。

学生：可不可以说，被害人是自愿接受危险，三名被告人不承担责任。

张明楷：如果三名被告人不将被害人拖拽到KTV包厢，认定被害人是自愿接受危险是没有问题的。但三名被告人将被害人置于没有人施救的场所，则不能认为是被害人自愿接受危险的情形。

学生：有这样一个案例，甲、乙两个人是男女朋友，都是医院的实习医生，甲要求乙从医院偷一种麻醉药共同吸食，结果两个人吸食后都昏睡过去。乙醒过来后，发现甲已经身亡。这个案件，法院认定乙成立过失致人死亡罪。

张明楷：这是危险接受的第一种情形，也就是自己危险化的参与，对这种行为不应当定罪吧。甲是自愿接受危险，乙只是参与其中，并不是乙的行为直接造成了甲的死亡，所以，乙不成立犯罪。而且，在这个案件中，乙也没有作为可能性啊。

学生：是的，吸食之后两人都昏睡过去，睡着了确实也不具有作为可能性了。

学生：这个案件是甲要求吸食，甲自己也是医生，确实不应当认定乙的行为构成犯罪。

学生：法院认定乙明知行为有危险，但没有尽到注意义务就参与其中，所以，就认定为过失致人死亡罪。

张明楷：这样的分析太简单了，缺乏说服力。在这个案件中，被害人甲的行为是导致其死亡的直接原因，是他自己支配了死亡结果的发生，乙只是参与其中，乙没有实施构成要件行为，不可能是作为犯。乙没有防止甲的行为给甲自己造成死亡结果的义务，也不可能成立不作为犯。

案例 4 结果归属（与自我答责的关联）

刘乙是在工地打工的工人，初中文化程度。某日，刘乙和郑甲开车去外地办事，途中刘乙发现路上有一个塑料壶，闻了一下发现是白酒的味道，便将该塑料壶拾捡起来放到车上。郑甲询问塑料壶内装的是什么，刘乙说是白酒。两人到了工地后，刘乙将捡来的塑料壶临时存放到另一个酒壶旁边，打算办完事后再将塑料壶取走。三天后，工地的其他工友问郑甲塑料壶的酒从哪里来的，郑甲吹牛说是买来的。工友田某和丁某当时便喝了捡来的白酒，第二天又喝了一些后发现身体不适，田、丁两人被送往医院抢救无效死亡，鉴定结果是甲醇（工业酒精）中毒。实际上，塑料壶内装的是甲醇。

张明楷：田、丁两个被害人主动喝酒导致死亡的结果，可以归属到刘、郑两人的行为吗？还是说，这个案件应当由被害人自我答责？

学生：不应当由被害人自我答责，因为自我答责的前提是被害人已经认识到危险，本案中被害人完全没有认识到危险。

张明楷：假如刘乙捡到之后自己喝了，导致自己死亡，是不是自我答责？这个认识到危险是怎么判断的？是一般人认为有危险就足够，还是说要求被害人特别认识到危险？

学生：假如甲醇是他人故意放在路边，就想看看谁会取走饮用，此时刘乙捡到之后自己喝了，这个放甲醇的行为人要负责吧！难道这也要刘乙自我答责吗？

张明楷：以前有一个案件，行为人想要杀死他的母亲，于是就在买给母亲的牛奶里面都注射了毒药。后来良心发现了，就把牛奶都扔在楼下的垃圾箱里，结果被害人捡垃圾时发现了牛奶，于是捡起来喝，然后就中毒身亡了。这个案件中，被害人是自我答责吗？既然放在路上的液体都不能喝，那放在垃圾桶里面的牛奶就更不能喝。从规范意义上讲，后者危险的明示程度不是更高吗？按理说，如果喝甲醇的被害人是自我答责，那么，这个喝牛奶的被害人就更应该是自我答责了。为什么又会觉得后者不应该认定为被害人自我答责呢？

学生：这两个案件还是不一样的，前面那个喝甲醇案，甲醇的外观就不正规，但被扔在垃圾桶的牛奶，其外观还是很正规的。两者给被害人的危险判断资料不一样，被害人就会觉得前者应该很危险，后者不那么危险，所以前者自我答责，后者不是自我答责。

张明楷：其实，你这可能是按你以为的一般人的判断标准或者自己的判断标准进行判断的。被害人之所以喝甲醇、喝牛奶就是觉得没有危险，否则就不会喝了。按理说，路边捡来的东西都不该喝，从垃圾桶捡来的东西更不该喝。

学生：超市通常会将品相不好的菜扔掉，捡来这些蔬菜然后自家食用的，如果发生食物中毒，难道也要追究超市的责任吗？

张明楷：你这个设定有问题，如果蔬菜只是品相不好，被害人怎么会中毒死亡呢？我们上面讨论的两个案件不一定会得出完全相同的结论，可以分开讨论一下，然后看看能否抽象出一点点规则。

学生：我感觉扔毒牛奶的行为人不构成犯罪，只能由喝牛奶的人自我答责。

张明楷：如果在高度发达的社会，你的这个结论或许是成立的，但在当下你的这个结论不一定合适。我经常观察打扫卫生和捡拾垃圾的现象，一些人不只是捡拾通常所说的废品，如果遇到食品他们也会看看包装之类的，如果发现还在保质期内或者刚过保质期，一般人也可能食用。这就是现状。在这种现状之下，如果从外观上看不出牛奶有什么问题，有的人还是可能食用的。食用的人可能会认为，扔牛奶的人觉得牛奶不好喝，或者要出差了放在家里不如扔掉，等等。

学生：老师，扔毒牛奶的这个案件最后是怎么判的？

张明楷：我的印象是认定为过失致人死亡罪。你们能够接受这个判决结论吗？

学生：我难以接受，因为既然行为人扔掉了，按一般观念就表明不能食用的。被害人食用了，就只能自我答责。

张明楷：我记得日本有一个案件，行为人故意将有毒的饮料放在电话亭里，希望被害人喝掉。这个案件被认定为故意杀人罪。

学生：放在电话亭与扔到垃圾桶还是有区别的。

张明楷：看你从什么角度思考，如果说来历不明的食物都不应该食用，二者就没有区别。如果说是别人忘记在某地或者别人特意扔掉的有所不同，放在电话亭与扔到垃圾桶也有区别。但要记住的一点是，不能离开民众的生活状态尤其是被害人的生活状态，从极为抽象的角度来讨论今天的案件。比如，我们小区的垃圾并不是全部由环卫部门直接处理，而是先由不少人捡来捡去、翻来翻去好几道，但凡有点用的东西都被捡走了。如果你想到这种现状，就不会认为捡到食物后食用的，都是自我答责。

学生：按照老师讲的这个逻辑，行为人丢弃一个包装完好且在保质期之内的食物，岂不更说明问题很大吗？

张明楷：也不一定能这么说吧。很多人要出差、出国，想着回来时食物都过期了，也就提前丢弃了，这也很正常吧。

学生：老师的意思是，扔毒牛奶的行为还是构成过失致人死亡罪的。

张明楷：我觉得认定为过失致人死亡罪应当是可以的，我上面其实也讲了理由。

学生：这个案件和那个雨天劝人散步被雷劈死的案件有什么不同呢？

张明楷：在我看来主要是危险程度不同，雨天劝人散步的案件肯定没有扔毒牛奶的危险程度高。如果使用"被允许的危险"这个概念，劝人散步这种事即使有危险，应该也是允许的危险。不过，我认为没有必要使用允许的危险这个概念。

学生：能不能说被害人从垃圾桶里捡牛奶喝很不正常，也就是说，被害人的介入过于异常，所以，扔毒牛奶的行为与被害人的死亡结果之间没有因果关系呢？

张明楷：问题是，在当下社会，能否说捡拾垃圾的人的介入行为不正常？如果你观察一下某些社区捡拾垃圾的现状，你就会发现被害人的介入并不异常。

学生：井田良老师就此有一个比较有意思的说法。他认为，故意扔掉某物，乞丐捡来吃后死亡的，就是故意杀人罪。如果不是故意则是无罪，因为没有故意的话，就缺乏行为无价值。

张明楷：我不赞成这个观点。我认为，过失行为与故意行为都是具有造成实害结果的危险的行为，故意将有毒牛奶扔到垃圾桶里与没有故意的情形相比，客观的危险程度是一样的，只是社会现状如何会影响危险程度。在没有人捡拾废品的社会可能是没有危险或者危险极低的，但在有许多人捡拾废品的社会则是有危险或者危险很高的。这与扔毒牛奶的行为人是故意还是过失没有关系。在一个没有人捡拾废品的社会，故意扔毒牛奶到垃圾桶也不会有危险，可谓不能犯。在有许多人捡拾废品的社会，过失扔毒牛奶到垃圾桶也会有危险。我这么解释，你们是不是可以接受将扔毒牛奶的行为认定为过失致人死亡罪？

学生：能接受。

张明楷：回到最先说的被害人喝甲醇的案件。

学生：能否认为郑甲是作为，刘乙是不作为，刘乙有告知别人这酒是捡来的作为义务？

张明楷：如果郑甲不吹牛说是买来的酒的话，其他人是不是就不喝了？

学生：也有这个可能吧。

张明楷：这个案件没有查明甲醇怎么在路上放着，不能确定是否有人想故意杀人才放在路上。所以，我们不考虑这一点，只考虑郑甲与刘乙的行为是否成立犯罪。郑甲听刘乙说是白酒，他就相信了。这一点没有疑问吧。

学生：是的，郑甲没有闻过，刘乙闻过。

张明楷：工人能闻出或者分辨出甲醇与白酒的区别吗？

学生：估计闻不出来，否则刘乙不会认为是白酒，两个喝的人也没有喝出来是甲醇。

张明楷：从案情交代来看，刘乙是打算把塑料壶拿走的，并没有打算给工友喝。能否认为刘乙将塑料壶放在另一个酒壶旁边就是一个足以致人死亡的行为？

学生：我觉得这个行为还是有危险的。

张明楷：我也这么认为。因为把塑料壶放在另一个酒壶边上，会让工友认为其中装的就是白酒。所以，本案被害人并不是问壶里装的是不是酒，而是问酒是从哪里来的。即使郑甲当时不在场，工友也可能喝这个壶里的酒，进而导致死亡。

学生：这么说的话，能够将死亡结果归属于刘乙的行为，而且刘乙的行为是作为而不是不作为。

张明楷：问题在于刘乙主观上是否有过失？

学生：刘乙应当能够预见工友会喝塑料壶里的酒，在这个意义上讲是有过失的。

张明楷：问题是，刘乙将甲醇当作白酒这一点有没有过失？也就是说，他能不能认识到甲醇与白酒的区别？这可能是有疑问的。如果根本不知道工业用酒精与白酒的区别，他准备办完事之后拿走自己喝，认定他有过失恐怕不合适。

学生：估计刘乙没有这样的预见能力。

张明楷：所以，这个案件不只是客观归责的问题，还有刘乙主观上有没有过失的问题。

学生：郑甲就更不构成犯罪了吧？

张明楷：刘乙前面实施的行为其实与郑甲没有什么关系，捡起塑料壶以及将塑料壶放在另一个酒壶旁边，都是刘乙实施的。郑甲只是吹牛说是买来的，这一行为是过失致人死亡的行为吗？

学生：这一行为促进了工友喝酒的心理。

学生：也未必，要看工友共同生活的状态。

张明楷：我也觉得郑甲的说法未必促进了工友喝酒的心理，当然也不好下结论。而且，即使促进了工友喝酒的心理，也难以认为郑甲主观上具有过失。所以，总的来说，我还是认为，刘乙与郑甲的行为不构成犯罪。

学生：这么说来，上面讨论的两个案件还是有区别。

张明楷：是有区别的。因为刘乙与郑甲原本相当于捡拾垃圾的人员，如果他们自己喝了，就是能否自我答责的问题。只不过这个案件中不存在一个与扔毒牛奶的行为人相当的人。假如将扔毒牛奶的案件进一步延伸，也就是说，捡到毒牛奶的人将牛奶给第三者喝，第三者死亡的，捡毒牛奶的行为人是否构成过失犯罪，就与刘乙、郑甲案有相同之处了。

学生：是的。

张明楷：我觉得一个案件中的死亡结果能否归属于行为人的行为，首先还是要按照因果关系与结果归属的规则进行判断，不要一开始就直接判断被害人能否自我答责。如果能够将结果归属于行为人的行为，则不需要判断被害人是否自我答责。如果结果归属的判断上存在疑问或者否定了结果归属，倒是可以判断是否符合自我答责的成立条件。自我答责的前提是被害人认识到行为的危险，而不是一般人认识到行为的危险。我们今天讨论的这两个案件，都不能说被害人认识到了行为的危险，所以，不能用自我答责来处理今天的这两个案件。也就是说，从因果关系与结果归属的角度来说，都是可以将结果归属于行为人的行为的。只是扔毒牛奶的行为人主观上有过失，而捡拾甲醇的行为人主观上不一定有过失。当然，对这两个案件的结论肯定是有争议的。

案例5　结果归属（与认识错误的关联）

行为人甲想杀被害人乙，采取的手段是将有毒的鱼给乙吃。在乙到餐馆吃饭的时候，甲将有毒的鱼装在一个盘子里，然后配上了一碗米饭。但米饭因为发霉而含有毒素，这一点甲是完全不知道的，乙也是因为吃了米饭才中毒死亡的。

张明楷：理论上提炼一下的话，就是说行为人对有毒的米饭只有过失、没有故意，而有故意的毒鱼在客观上还没有发挥作用，是这样的吧。

学生：这个案例如果改编一下，行为人端上来的是盖浇鱼饭，鱼肉和米饭混在一起，认定故意杀人罪应该就没有什么争议了。但这个案件中，行为人是将鱼肉与米饭分装在盘子与饭碗的，所以会有争议。

学生：可不可以认为这是构成要件的提前实现？

张明楷：为什么是构成要件的提前实现？

学生：因为被害人先吃饭后吃鱼，所以导致他提前死亡。

学生：如果被害人先吃鱼后吃饭，也可能死亡的时间相同或者更早。

张明楷：这不是构成要件的提前实现吧。这个案件也不同于通常的因果关系错误。

学生：甲的这种认识错误可谓手段错误，是不是也不影响故意杀人既遂的认定？

张明楷：被害人的死亡结果能够归属于行为人的故意行为吗？在司法实践中，如果做尸检的话，很容易检测出来被害人就是因为吃米饭被毒死的，而不是吃毒鱼被毒死的，怎么能将这个死亡结果归属于行为人的故意行为呢？

学生：是的，毒鱼的危险并没有现实化。

学生：有一种观点认为，因为被害人是来餐馆吃饭的，在正常情况下，肯定也能推测到他会吃饭，这也是为什么还讨论到

"盖浇鱼饭"的问题，就是说能不能把这个行为人的行为评价为一个整体上的行为。在这个整体的行为里面，将这种场合评价为狭义的因果关系错误，被害人死亡的结果就能归属到行为人了。

学生：可是，如果采取具体的结果观的话，被害人明明就是被毒米饭毒死的，而不是被毒鱼毒死的。

学生：但如果评价为一个整体的行为的话，确实也是被毒饭菜毒死的。

张明楷：问题在于要不要将行为人对毒鱼与米饭的认识分开判断。如果一体化判断的话，行为人就是以一个杀人故意实施了一个杀人行为；但如果分开判断的话，行为人对毒鱼有故意，但对毒米饭毒死人确实没有故意。

学生：在日本也有这么一种认定的倾向，当这个行为本身的危险非常高的时候，归责过程中就这个结果先不把它具体化，比如说行为就是一个致死的行为，结果就是一个死亡的结果的时候，他们就不看具体的因果进程了，只看这个行为引起结果有没有相当性，或者说符不符合通常的经验法则。但是这个观点也受到了很多批评，因为这样去归责的话，如果行为人造成了致命伤，然后送被害人去医院的路上发生交通事故死亡了，岂不是也要把这个结果归责于行为人？这也太不公平了。我觉得还是要把这个结果具体化，再把因果进程的相当性反映在里面。

张明楷：这个案子和那种典型的狭义的因果关系错误的场合，比如，行为人在大桥上把被害人推下去，想让他撞死，结果被害人溺水淹死（"大桥案"），还是不一样吧？

学生：是的，"大桥案"是说推下被害人的这个行为本身其实就包含了让被害人撞死的危险和溺水淹死的危险。换句话说，"大桥案"中现实化的危险还是行为本身的危险，而我们上面讨论的案件是存在介入因素的。

张明楷：前田雅英老师是将介入因素区分为行为时就存在的和行为后才介入的两种，介入因素太异常的话，就不能认为因果关系具有相当性了。这种情况就应当先判断死亡的原因是什么，再去判断实行行为中是否包含这种死亡结果的原因力，如果包含那就是狭义的因果关系错误，如果不包含就是另一回事了。一体化判断还是有点抽象。上面讨论的毒米饭致死案中的米饭本身毒性的形成也不是行为人的责任。

学生：但是，这样认定的话，是不是有点不太公平。行为人本身实施了故意杀人罪的实行行为，结果被害人也死了，他也有相应的故意，而且最重要的是提供米饭和鱼肉的行为客观上看就是非常紧密的。

学生：还存在另一个问题，既然我们认为故意、过失是责任要素，也就是说故意犯和过失犯的不法是一致的，那么，既然成立过失致人死亡罪，是不是就不能在客观层面否认结果归属了？

张明楷：从规范判断的角度来说，故意杀人未遂是一个行为，在这个案件里就是端鱼肉的这个行为；过失致人死亡是另一个行为，在这个案件里就是端米饭的行为。这两个行为客观上看似紧密，其实也是可以分开评价的。

学生：假如行为人一手端着有毒的米饭，另一手端的是没有毒的米饭，两碗米饭端给被害人时的想法就是你死了也行，不死也行。在这种情况下，如果被害人因为吃了米饭被毒死了，我们会怎么认定？

张明楷：这种情形认定为故意杀人既遂没有问题吧。

学生：从结果归属的角度来看，在这个改编的案例中，如果被害人死亡，他吃的就是行为人认为有毒的那碗米饭；但在原始的案例中，被害人吃的是行为人不知道有毒的那碗米饭。

学生：既然"大桥案"是将结果归属于行为人的行为，认定为故意杀人既遂，本案似乎也应当这样处理。

张明楷："大桥案"中的因果关系的偏离不是重大的偏离，而本案中的因果关系的偏离是重大偏离，二者还是有重大区别的。本案也不是说死亡结果不能归属于甲的行为，只是认为死亡结果只能归属于甲的过失行为，而不是归属于甲的故意行为。

学生：老师的意思是，甲的行为是故意杀人未遂和过失致人死亡的想象竞合吗？

张明楷：是的。甲用毒鱼杀人的行为的危险没有现实化，但已经着手，所以是故意杀人未遂。但甲没有认识到米饭有毒，只能认为他有过失，所以成立过失致人死亡，因为只有一个行为，所以是想象竞合。

学生：如果甲对米饭有毒没有过失，就只能认定为故意杀人未遂了。

张明楷：应该是这样吧。

学生：按法定符合说，行为人想杀人，事实上也杀死了人，是不是也可以认定为故意杀人既遂？

张明楷：你是说这种情形属于方法错误或者打击错误吗？

学生：感觉就是方法错误。

张明楷：我感觉与通常讨论的方法错误还是不同。在通常的方法错误中，还是行为人所采取的那个手段致人死亡，而不是另一个手段致人死亡。例如，行为人瞄准甲开枪，但因为没有瞄准而打死了乙。在这种方法错误中，就是一个瞄准开枪的行为致人死亡，不存在另一个杀人手段。而我们所讨论的这个案件事实上有两个手段，如果用工具来形容，就是客观上有两个杀人工具，但行为人没有认识到致人死亡的那个工具是杀人工具。我感觉不能用法定符合说来处理本案。

学生：如果说是因果关系的重大偏离的话，那主要的还是结果归属的问题。

张明楷：因果关系的重大偏离与因果关系的错误有时候是一个问题的两个方面吧。只不过我们通常讲的因果关系的错误，只是讲狭义的因果关系的错误与构成要件的提前实现和推后实现，而没有讲这种情形的认识错误。因为客观上否认因果关系与客观归属时，就不会再讨论认识错误了。就本案而言，如果说是结果归属的问题，是说本案的死亡结果不能归属于甲的故意行为，但归属于他的过失行为是没有问题的。

学生：说死亡结果不能归属于甲的故意行为，只能归属于甲的过失行为，是不是以故意是违法要素为前提的？如果将故意作为责任要素，在死亡结果发生后判断行为人对死亡结果有无故意，是不是也能认定为故意杀人既遂？

张明楷：如果采取具体的结果观以及对故意的具体判断，就不能将结果归属于行为人的故意行为。因为死亡结果是毒米饭造成的，然后就要判断行为人是否知道米饭有毒，由于行为人不知道，所以，不能认定他故意杀人。当然，这样的案件总是有争议的。

学生：我估计我国的司法实践会认定本案构成故意杀人既遂。

张明楷：实践中有这样的判例吗？

学生：没有见到过。

案例 6　结果归属（事前的故意）

1992 年 3 月 20 日 22 时许，麻某在江苏省南京市汉中路 140 号原南京医学院（现南京医科大学）校园内发现林某独自在南楼 111 教室自习，即上前搭讪，遭林某拒绝后，遂持铁棍将林某暴力胁迫至该教学楼天井南侧东面门厅外口处，并强行与林某发生了性关系，其间因遭到林某反抗，麻某用铁棍多次击打林某头部。后因担心罪行败露，麻某返回作案现场，将林某拖至该天井北侧教学楼窗户下方一窨井处，将林某头朝下投入窨井后盖上井盖，又将林某的书包、书本、衣物等随身物品投入旁边另一窨井内。作案后，麻某因形迹可疑被校卫队队员盘查时逃离现场。同年3月24日，被害人林某的尸体在窨井内被发现。经鉴定，林某系被他人用钝器击打头部致颅脑损伤合并溺水引起机械性窒息而死亡。

张明楷：这一鉴定的意思是，麻某前面的暴力行为与投井溺水都是导致被害人死亡的原因。

学生：麻某暴力强奸被害人后，被害人是否已经死亡了呢？

张明楷：因为现在的报道里没有被告人的口供，假如就像一些报道讲的，奸淫结束时，被害人并未死亡，所以才有鉴定报告提到的暴力并合溺水死亡。但是麻某返回作案现场时，是不是以为当时被害人已经死亡，所以才进一步实施了投井行为以掩盖罪行。

学生：这个案件中，麻某前面的暴力行为，是否就足以导致被害人死亡呢？与日本的大阪南港案件一样，能否认为在麻某将被害人投井前被害人已经处于濒临死亡的状态，而后面的投井属于介入因素？这个鉴定报告没有明确说明究竟是暴力致死还是溺水身亡的。

张明楷：根据鉴定结论，应该是麻某前面的暴力行为导致被害人濒临死亡，后面介入了投井行为，导致被害人溺水死亡。如果前面的暴力行为已经导致被害人死亡，鉴定意见就不会说"合并溺水引起机械性窒息而死亡"。如果麻某当时主观上认为，前面的暴力行为已经致人死亡，为了掩盖罪行实施了投井行为，这一行为也是导致死亡的原因。这就相当于事前故意的情形，即行为人误以为前一行为已经导致被害人死亡，但为了掩盖罪行等而实施第二行为，第二行为导致了死亡。这与通常的事前故意有点区别。

学生：通常的事前故意，一般是指主要由后一行为导致死亡，至于前一行为是否导致被害人濒临死亡则不重要。

张明楷：如果说，前一行为没有导致被害人濒临死亡，行为人误以为被害人已经死亡而实施第二行为时，要将结果归属于行为人的行为，那么，在前一行为导致被害人濒临死亡时，行为人误以为被害人已经死亡而实施第二行为时，就更要将结果归属于行为人的行为。对此应当没有疑问。

学生：是的。问题是，在本案中，麻某前面实施强奸行为时，是否具有杀人的故意？如果没有杀人故意，就不能按事前故意的情形处理，也与大阪南港事件不一样。

张明楷：在这个案件中，虽然麻某是为了实施强奸行为，但还是可以肯定他具有杀人故意的。麻某遭到林某反抗时用铁棍多次击打林某头部，这明显是一个杀人行为，麻某对被害人的死亡至少有间接故意。

学生：传统观点一般认为，抢劫时行为人对暴力致人死亡可能是故意的，但强奸时，行为人对暴力致人死亡则没有故意，因为奸淫行为是针对还活着的妇女而不是尸体。

张明楷：我是不赞成这种观点的。从客观上说，强奸罪的暴力也可能是致人死亡的暴力，刑法并没有将强奸罪的暴力限定为不能致人死亡的暴力，况且刑法规定了强奸致人死亡的结果加重犯，这也表明强奸罪中的暴力包括致人死亡的暴力。从主观上说，也不能排除行为人在强奸的过程中对被害人的死亡持希望或者放任态度。因为死亡是一个过程，即使行为人希望被害人死亡，也可能在被害人死亡之前实施奸淫行为。如果行为人为了强奸妇女而以杀人的故意对妇女实施足以致人死亡的暴力，在妇女昏迷期间奸淫妇女，不管妇女事后是否死亡，都应认定为故意杀人罪与强奸（致人死亡）罪的想象竞合。所以，将强奸罪中的暴力限定为不能致人死亡的暴力，或者认为行为人主观上不得具有杀人故意，只是一种人为的限定，并不符合刑法的规定。当然，如果行为人先故意杀害妇女，等被害人死亡后再实施奸尸或者其他侮辱行为的，即使行为人在杀害妇女时具有奸尸的意图，也不宜认定为强奸罪，而应认定为故意杀人罪与侮辱尸体罪，实行数罪并罚。如果行为人为了强奸而以杀人的故意对妇女实施足以致人死亡的暴力，在妇女死亡后奸尸或者对尸体实施其他侮辱行为，那么，前行为是故意杀人罪与强奸（未遂）罪的想象竞合，后行为成立侮辱尸体罪，与前行为实行数罪并罚。

学生：这个案件是只按故意杀人罪追诉还是按故意杀人罪与强奸罪两个罪追诉呢？

张明楷：如果说将麻某前面的行为评价为故意杀人既遂与强奸致人死亡的想象竞合，就应认定为两个罪，但只能从一重罪处罚，只按故意杀人罪追诉就可以了吧。

学生：有没有可能认定为两个罪，即前面的行为是强奸罪，后面将被害人投井的行为认定为故意杀人罪？

　　张明楷：这样认定的话，要求行为人在实施后一行为时，明知被害人没有死亡，而且是后一行为导致被害人死亡；如果行为人误以为被害人已经死亡，就不可能单独认定后面的行为成立故意杀人罪。

　　学生：那有没有可能说，前面的暴力与后面的投井行为是一个故意杀人行为，前面的暴力行为同时构成强奸罪呢？

　　张明楷：这是有可能的。如果是这样的话，这个故意杀人行为与强奸罪的行为还是有重合部分，甚至也可以说主要部分是重合的，仍然是想象竞合吧。

　　学生：但这个案件的一审判决认定，被告人麻某故意非法剥夺他人生命，致一人死亡；以暴力、胁迫手段强奸妇女，其行为已构成故意杀人罪、强奸罪。经审判委员会讨论决定，被告人麻某犯故意杀人罪，判处死刑，剥夺政治权利终身；犯强奸罪，判处有期徒刑七年；决定执行死刑，剥夺政治权利终身。

　　张明楷：因为是不公开审理的案件，没有公开判决书，我们对具体的犯罪事实的了解很有限。但可以肯定，麻某的行为成立故意杀人罪与强奸罪。问题是，故意杀人罪是如何成立的。一种可能是像大阪南港案件那样，前行为导致被害人濒临死亡，后行为的介入不异常，只是将死亡提前，而提前的时间可以忽略不计，所以，要将死亡结果归属于前行为。另一种可能是，前行为造成重伤，有死亡的危险，麻某误以为被害人已经死亡，于是将被害人投入井中，是后行为导致被害人死亡。这种情形属于事前的故意，按照通说，也要认定麻某的行为构成故意杀人罪。还有一种可能是，前面提到过，麻某强奸既遂后，对被害人实施暴力，与后面的投井行为一并造成被害人死亡，这就是典型的数罪，前面是普通强奸罪，后面是故意杀人罪。

学生：麻某的行为构成故意杀人罪与强奸罪没有疑问，关键是这两个罪是什么关系。

学生：我从网上看到：2020 年 5 月 8 日，最高人民检察院作出核准追诉决定。核准追诉决定书提到，麻某涉嫌故意杀人罪、强奸罪，法定最高刑为死刑，虽然经过了 20 年，但其犯罪性质、情节、后果特别严重，依法必须追诉。

张明楷：不知道这是不是原文。如果说强奸罪的最高刑是死刑，就意味着最高人民检察院认定麻某的行为同时构成强奸致人死亡罪。

学生：但最高人民检察院也可能是说故意杀人罪的最高刑是死刑，所以要追诉。

张明楷：但是，法院对强奸罪只判处了 7 年有期徒刑，这表明没有认定为强奸致人死亡。而且，如果既认定故意杀人既遂，又认定强奸致人死亡，且实行数罪并罚，就必然重复评价了。

学生：法院对强奸罪判处 7 年有期徒刑，就意味着是普通强奸罪，不存在重复评价的问题。

张明楷：当然，也不排除另一种可能，行为人的强奸导致被害人重伤，超过 20 年仍然可能追诉，但因为被害人已经死亡，所以就不鉴定重伤了。司法实践就存在这样的问题，就是一旦鉴定认定为死亡，就不再认定伤害的问题。就这个案件来讲的话，即便是后面的投井溺水造成死亡结果，也还要鉴定前面暴力击打被害人头部的行为是否已经造成了重伤，这不仅涉及追诉时效的问题，也涉及是不是要适用强奸致人重伤的法定刑的问题。

　　学生：老师，之前您在课堂上讲到的一个日本的案例，被告人将被害人打成重伤后，看到被害人很痛苦，想提前结束他的痛苦而开枪将其杀害。这个介入开枪的因素与我们现在讨论的案件在能否阻断因果关系的判断上是否相似呢？

　　张明楷：这两种情形明显不同。日本的这个案例肯定要认定后面的行为成立故意杀人罪，不能说是前行为造成了死亡，因为后面的介入很异常，而且是一个独立的故意杀人行为。但麻某案中，如果认为前面的暴力造成濒临死亡的危险，后面是为了掩盖杀人行为而实施的行为，即使麻某误以为被害人已经死亡，也要将死亡结果归属于前行为，后面的介入不异常。前田雅英老师在这方面提出了三种情形：第一种就是如果是前行为的危险性重大的话，即使是有并发的事项或者介入的事项，一般还是要认定前行为与结果之间具有因果关系，要将结果归属于前行为，最典型例子就是大阪南港案件。第二种就是并发的事情或者介入的事情，是在被告人的想象范围之内的，也就是说，被告人实施了前行为之后，很容易想到会并发或者介入什么事情，这也要将结果归属于前行为。比如说，行为人追打被害人，把人家逼得往高速公路上跑，结果被害人被高速公路上的车撞死。不管高速公路上的车是否违章，发生这种撞车的结果是行为人很容易想到的，因而都会认为前面的追赶行为是死亡的原因。第三种是前行为对介入行为的诱发性，说的是这个介入的事情不是与实行行为没有关系的，而是实行行为本身诱发了这种介入的事情，因而也应当将结果归责于实行行为。典型的例子就是行为人把被害人打伤了之后，不管是送往医院也好，还是出现被害人不当用药的情况，都是伤害行为诱发的，一般也会肯定前行为和结果之间的因果性。当然，这几种情况主要是日本学者们通过判例去归纳的。如果前行为的危险性小，而介入事项很异常，并且是介入事项导致了结果的发生，则不能将结果归属于前行为。

学生：我总觉得，把上面三种情形中的前行为认定为未遂犯也没什么问题，只是日本相关的判例将这种情况都认定为既遂了。

张明楷：你的观点也有道理。比如，大阪南港案件认定前行为人对死亡结果负责，我觉得一个重要原因是没有找到实施暴力行为的后行为人，如果找到了后行为人，也有可能将前行为人的行为认定为故意杀人未遂，将后行为人的行为认定为故意杀人既遂。

学生：我总觉得，前田雅英教授的上述三种归纳似乎对我们的参考意义不太大。

张明楷：归纳的三种情形中，我觉得前两种比较合适，最后一种可能有疑问，不能因为后面的介入因素是前行为诱发的，就将结果归属于前行为。

案例7　结果归属（介入被害人的特殊体质或行为的情形）

甲带着亲友去乙的办公室找乙理论，乙拉扯甲并拳打脚踢，乙的同事上前劝阻，甲因为理屈所以不与乙理论，就要离开。在甲离开的过程中，乙继续拉扯并击打甲，此时甲转身抱起乙并将其摔倒在地，旁边的人上前劝开两人，甲离开。乙起身继续追甲，走了几步就倒地然后死亡。法医鉴定结论是，乙在严重冠状动脉粥样硬化心脏病的基础上，因争吵、拉扯、打斗等因素诱发急性心功能衰竭而死亡。

张明楷：公安机关以过失致人死亡罪移送检察机关，检察院有不同意见。我们先讨论死亡结果能不能归属于甲的行为。

学生：这与普通的轻微暴行、打巴掌那种还不一样。引起被害人特殊体质病变的主要原因是被害人自己的情绪，他自己主动把自己的心情搞得很糟糕。所以，感觉不能将死亡结果归属于行为人的行为。

张明楷：像这种因为情绪很激动，导致心脏病发作死亡的情形，要先从客观归责的角度进行判断。被害人本来就有心脏病，这是一个客观的事实、一个判断资料。如果完全或者主要由行为人的行为引起被害人心脏病发作，那么是有可能把结果归属于行为人的行为的，至于行为人是否有故意或者过失是另一回事。但是在本案中，虽然是行为人来找被害人理论，但首先是被害人拉扯行为人并拳打脚踢，后来行为人也走了，被害人还不依不饶地追上去击打。完全可以说是被害人自己的行为导致其心脏病发作，凭什么把这个结果归属于行为人呢？也就是说，被害人自己有心脏病时，行为举止就要小心谨慎，自己的不当行为诱发急性心功能衰竭而死，就只能将死亡结果归属于被害人的行为了。

学生：本案中有没有条件关系其实也有疑问，即使被告人不摔那一下，被害人也可能照样会死亡。

张明楷：是的。在甲离开的过程中，乙继续拉扯并击打甲，甲转身抱起乙并将其摔倒在地，也可以说是正当防卫行为。这个行为在通常情形下不可能致人死亡。是由于被害人的特殊体质，才产生死亡结果的。但诱发急性心功能衰竭而死亡的，主要是被害人的一系列行为，不能认为是行为人摔了一下才导致被害人发生急性心功能衰竭。

学生：即使退一步认为，结果能归属于行为人，也应当说行为人的行为是正当防卫，只不过是过当还是不过当的问题了。如果综合手段过当和结果过当进行判断，我感觉这个手段也不过当。

张明楷：如果说是防卫过当，行为人也没有过失，他不可能预见到将被害人抱摔在地上就可能导致被害人死亡。所以，无论如何都不能认定行为人的行为构成犯罪。

学生：不过，这样的案件在实践中大多会认定为过失致人死亡罪。

张明楷：是的，公安机关就以过失致人死亡罪移送到了检察院，但检察院还是有争议的，这表明检察机关内部还是有人认为行为人不构成犯罪的。

学生：老师，我们最近办了一个案件：赵某为了使债务人李某还债，将李某关在赵某家里好几天。其间，赵某对李某的控制比较松散，可以正常吃喝，被害人也可以使用自己的手机，而且如果李某要外出筹款也可以。在拘禁李某的最后一天晚上，赵某因为要出门，就问李某是否出去，李某说不出去。赵某离开家里外出后，李某就打电话报警，警察上门后因为门被锁了，李某打不开门。警察一边喊来开锁的人，一边给被害人做工作。被害人可能因为被关了几天情绪不是很好，警察在门外又说了一些不合适的话，导致被害人情绪更加激动，被害人试图从窗户逃走，结果掉下去摔死了。这个案件我们只认定赵某构成非法拘禁，没有把死亡结果归属于赵某，没有认定为非法拘禁致人死亡。

张明楷：赵某构成非法拘禁罪是没有问题的，你们没有认定为非法拘禁致人死亡是正确的。

学生：在办案过程中，争论的问题是李某的死亡能否归属于赵某的行为。

学生：结果加重犯的结果归属应当更严格一些。本案介入了被害人不适当的行为，这个介入行为比较异常，而且对死亡所起的作用很大，所以，不能将死亡结果归属于赵某的拘禁行为。

张明楷：是的。而且，赵某对李某的拘禁并没有达到不堪忍受的程度，当天晚上出门时还问李某是否要离赵某家里，李某不愿意离开，这就更不能让赵某对李某的死亡负责。

学生：赵某不仅不成立非法拘禁的结果加重犯，而且对李某的死亡也不成立过失致人死亡罪。

张明楷：是的。不过，我几年前见到这样的案件有被认定为非法拘禁致人死亡的判决，被拘禁的被害人为了逃走而沿着窗户外的下水管道往下滑落时摔死了。我觉得这样的案件也是被害人的异常介入，不应当认定为非法拘禁致人死亡。

案例8　结果归属（与被害人特殊体质的关联）

某天晚上，行为人甲驾驶一辆普通私家车在一个城市的大道上由东向西方向行驶，快到一个十字路口时，疏于注意追尾了前车。被追尾的车是正常行驶的出租车，事发时停在十字路口等红灯。出租车被追尾之后，出租车的车头又撞到了前面一辆车，相当于两辆车追尾。追尾之后，出租车司机和行为人甲都下车察看，两人沟通了一下就打电话报警。这时，坐在出租车后排的乘客一看发生了交通事故，就自己下车走了，后来也没有找到这名乘客。报警后，出租车司机摸着自己的后脑勺蹲下身去，不到两分钟，就慢慢倒地了。甲立即拨打120求救，民警随后也到了现场。救护车大概10分钟左右抵达事发现场，急救医生对出租车司机做了心脏复苏，并将其送到了医院。第二天早上，出租车司机死亡。法医鉴定，被害人在患有高血压的基础上，颈部过度屈伸，导致颈髓脊膜下出血、中枢神经系统功能障碍而死亡。交通事故损伤与被害人自身疾病共同作用致死。

张明楷：这个案件涉及被害人特殊体质的问题吧。

学生：后排的乘客能自如走动，是不是说明这个追尾行为并没有致人死亡的危险？

学生：因为是从后面追尾的，而且前排会系安全带，明显是对坐在后排的乘客危险更大。应当还是被害人有特殊体质导致死亡。

张明楷：被害人因为颈部过度屈伸，导致颈髓脊膜下出血、中枢神经系统功能障碍而死亡。这说明即使没有人冲撞，只要被害人突然将颈部过度屈伸，也可能导致死亡。这说明特殊体质本身对死亡所起的作用更大。是这样吗？

学生：这种情形还是不能结果归属吧。因为这种特殊体质是属于被害人身上的特别要素，刑法不可能区分不同的被害人进行不同的保护，行为人也不可能选择要撞哪种被害人。

学生：在司法实践中，一般是将被害人特殊体质划入到偶然因果关系，然后一般是肯定因果关系和结果归属的。我之前办过一个真实案件，行为人是一名退役军人，之前表现都很好，在一个酒吧做大堂经理。当天有一个喝醉酒的顾客在闹事，他的同事先去制止，其间起了争执打了起来。行为人作为大堂经理前去制止，在制止的过程中也被醉酒的顾客即被害人踢了几脚，两人开始相互拉扯。被害人先动手打了行为人，然后，行为人还手一拳打中其眼睛。没想到被害人是重度近视患者，回去没几天就失明了，伤残鉴定为重伤。

学生：我怎么觉得这个案件结果归属没有问题，因为打别人的眼睛本身就是非常危险的，眼睛是身体非常脆弱的部分。

张明楷：殴打他人眼睛的行为的危险性确实是比较大的。即使被害人没有重度近视，一拳打中被害人的眼睛，也可能造成失明的结果。但在前面的案件中，追尾行为没有导致后排乘客的伤害，而司机却死亡。况且，司机一般来说是反应较快的，而且司机都会系安全带，所以，应当认为，本案是由于被害人的体质太特殊，才导致死亡结果的发生。所以，我觉得这个案件不能将死亡结果归属于追尾行为。

学生：被害人特殊体质的案件中，一般不是从主观方面出罪吗？因为一般情况下结果归属都没有什么问题。

张明楷：如果不能进行结果归属，就不需要考虑主观方面了。如果能够进行结果归属，才考虑主观方面吧。如果这个案件认定追尾行为构成交通肇事罪或者过失致人死亡罪，就会发现这些案件是否构成犯罪完全取决于偶然因素。但刑法要讲一般预防，一个通常不会造成法益侵害结果的行为，刑法是不应当禁止的，否则国民就没有自由了。此外，在通常情况下，一个行为如果没有达到类型性的危险，那不是构成要件的实行行为，当然也不能将结果归属于这种行为。

学生：实际办案过程中我遇到的一个案件是：A、B两个人在一起吃饭，吃饭的过程当中发生了一点口角。A 吃完饭之后自己往外走，这时 B 心里很不高兴，于是就向 A 的方向冲过去。A 看到 B 冲上来了，就朝 B 的脸上打了一拳，随后 B 就倒地身亡了。

张明楷：是因为被害人有特殊体质才身亡，还是因为倒地时头碰到水泥地而身亡？

学生：没有发现被害人有特殊体质。

张明楷：如果行为人使用很大的力量，一拳导致被害人倒地，头碰到水泥地而死亡的，一般难以否认结果归属。不过，你说的这个案件在肯定了结果归属之后，需要考虑是不是防卫行为，进而判断是不是防卫过当，这与普通的伤害案还是不同的。

学生：从行为本身的危险性来说，难道可以说挥拳致人死亡的风险比追尾致人死亡的危险还大吗，这可能吗？

张明楷：这是可能的。追尾有各种各样的情形，挥拳打人也有各种各样的情形。速度很慢的追尾没有造成死伤的危险，有时候追尾都没有造成车辆的任何毁损。挥拳也可能致人死亡，尤其是被害人没有防备，突然被打了一拳，然后就倒在了水泥地上的情形，致人死亡的危险还是比较大的吧。

学生：我刚才讲的这个 A 挥拳致人死亡的案件最后定的是故意伤害罪（致人死亡）。

张明楷：这个案件虽然可以结果归属，但认定为故意伤害罪（致人死亡）可能有问题。一方面，A 不一定有伤害的故意，也可能只有一般生活意义上的殴打故意，所以，可能成立过失致人死亡罪。另一方面，我觉得 A 此时是可以防卫的，如果认定为防卫过当，也应当认定为过失致人死亡罪。

学生：老师，刚刚那个汽车追尾致人死亡的案件，假如乘客拿着一杯热水或者一杯热咖啡，因为行为人追尾之后，咖啡洒到自己的身上被烫成重伤，要不要肯定结果归属？

学生：这也是介入了被害人自己的异常因素，不能肯定结果归属吧。

张明楷：我觉得乘客的这个行为很异常，估计出租车司机也会阻止乘客在自己车里喝热咖啡。

学生：金德霍伊泽尔教授的书里说，如果能肯定行为和结果的条件关系，几乎不可能否定行为具有危险性。

张明楷：是不是因为德国刑法理论中没有实行行为这个概念，所以不强调类型性的危险性？

学生：危险都是当时当地的具体危险，创设不容许的风险就是结合客观条件来判断的，哪怕是涉及被害人特殊体质，即使是轻微的行为也足以判断出行为的危险，不能只看行为是否通常与类型如何，还要结合时空条件，在当时当地它就是有类型性的致人死亡的危险。

张明楷：我觉得，现代社会危险越来越多了，从危险是否被允许的角度区分不是一个好的方案，应当通过归纳分为几个类型。欧洲一个关于人工智能的法律文件就把风险分为四类，第一是风险不可避免或者不可接受，第二是高风险，第三是风险有限，第四就是风险最低。制造前两种危险肯定会认定为有类型性的危险，最后一种风险最低，肯定就没有类型性。只是第三种风险有限，可能也要联系到行为的具体的场景等去判断。也就是说，在风险不可避免的场合，行为人就不得实施这样的行为。在行为具有高风险的场合，行为人原则上也不能实施这样的行为，除非有特别有效的手段避免风险的现实化。在行为的风险有限时，需要联系具体场景采取适当措施，不能任由危险现实化。

学生：国外刑法学里也有一些分类，比如，赫兹伯格将危险分为避免不了的危险、可以避免的危险和遥远的危险。

张明楷：这主要是从能否避免的角度来分类的，与上面的分类不一定有明显区别。

案例9　结果归属（自我答责）

季某常年在渔船上工作。高某听说季某烧河豚的手艺不错，建议在一个周日的晚上去季某家中聚餐吃河豚，季某表示同意。2019年12月22日，季某在镇里买了20斤河豚，在家中烹饪后和高某等多人一起食用，食用后不久高某表示自己嘴唇和手发麻，接着出现四肢以及面部麻木、神志模糊等症状。季某等人随即将高某送到附近医院，在120转诊途中高某突发心跳呼吸停止，经一系列抢救治疗后才脱离生命危险，但成了植物人。经鉴定，高某因食用河豚中毒造成重伤二级。季某交代，只要把河豚弄干净就应当不会有事，自己常年在吃，且当晚其朋友吃了也没有事。

张明楷：你们觉得这个案子要认定季某构成过失致人重伤罪吗？

学生：可否用被害人自我答责的法理，认为季某的行为不构成犯罪？高某自己提出聚会吃河豚，是高某自己支配了伤害结果的发生。季某虽然在渔船上工作，但是并没有什么优越的知识。他自己也一直在吃，没有认识到可能会吃死人。

张明楷：你后面一句说的是季某有没有故意或者过失的问题。在这个案件中，需要判断重伤结果是由高某自己造成的，还是季某造成的。这有点像讨论自杀的帮助和他杀的区别。如果被害人要自杀，行为人把一杯有毒的水端在被害人面前，被害人自己拿着喝，行为人大概只是帮助自杀。如果换成是一颗毒药，行为人放毒药在被害人嘴唇上，被害人自己吞下去呢？再假如行为人是把毒药放在被害人嘴里，但是没有强迫被害人吞下去，要区分被害人是主动吞下还是被呛着吞下吗？

学生：要根据被害人想反悔的时候，还有没有反悔的机会来判断。当被害人不想吃的时候，他是否可以不吃。如果灌入液体毒药，被害人可能想反悔也反悔不了，这就不是帮助自杀。也就是说，要看谁支配了结果的发生。比如说开车的时候，如果被害人自己是司机，出了车祸会倾向于认为被害人自我答责。如果他只是一个乘客的话，会更倾向于不是自我答责。

张明楷：被害人通过强制或者欺骗等手段处于间接正犯的这种场合，还是要评价为支配了结果的发生。日本千叶县的案件中，学车的人听教练的指挥，结果车翻了把教练撞死了。如果像你说的那样，是从物理上来讲还是从一般的生活经验上来讲呢？

学　生：双方之间的关系、双方的身份、特别知识等因素都要考虑吧。

张明楷：所以，你会发现凡是想把一个判断标准简化的时候，如果简化得很具体、清晰，常常不能涵盖所有的案件，除非用一个很抽象的概念。但是抽象的概念别人又容易把握不住。"支配"这个概念就很抽象，认为季某构成过失致人死亡罪的人会说季某支配了结果的发生；持反对观点的人会认为，高某自己支配了结果的发生。

学　生：所以，支配这个概念其实挺好的，什么东西都可以往里放。

学　生：如果河豚案要否认被害人自我答责的话，那么，那些抓河豚和卖河豚的都是过失犯了。

张明楷：如果说季某买了20斤河豚做给自己家人吃，应当洗干净而没有洗干净，家里有一人死了，季某要不要负责？还是会定过失致人死亡罪吧。这个案件事实交代得不清楚，为什么只有高某中毒了，是每条河豚分开做的还是一起做的？

学　生：应当是一起做的吧，如果分开做的话季某就不会辩解说其他人都没有事。

张明楷：回到刚才自杀和他杀的区别，帮助把毒药放在嘴唇上还是可以说是帮助自杀的吧。问题是放在嘴里的话怎么认定？如果被害人躺在床上，喂一颗毒药和用勺子喂毒药有区别吗？

学生：那要看被害人的身体状况。

张明楷：还是要看被害人有没有吐出来的能力。如果被害人没有能力吐出来就是他杀，如果有能力吐出来而不吐，那就是帮助自杀。如果帮助自杀无罪的话，在我们国家区分就很有意义了。再比如说，行为人把上吊的绳子挂好，再把被害人抱起来，被害人自己把绳子套在自己脖子上，然后行为人松手。这是帮助自杀还是他杀？

学生：应该是帮助自杀。

张明楷：其实学了法医学你就知道，站着、坐着、躺着都能吊死。关键是那一刻被害人是不是刚好丧失了意志。区分帮助自杀和他杀，和区分共同犯罪的正犯和帮助犯应该要共用一套标准吧？

学生：按理说要用一套标准。

张明楷：但是如果把共同正犯放在其中考虑就会麻烦一点。我们还是接着讨论河豚案。河豚案中，高某当然知道河豚有毒，知道如果处理得不好会出问题。

学生：估计高某以前就和季某一起吃过河豚，所以这次又要聚在一起吃。高某肯定知道河豚有毒，处理不好会出问题。既然如此，他就知道季某处理的河豚可能有问题。既然如此，高某就符合自我答责的条件。

张明楷：自我答责的条件是什么？

学生：老师的教材上讲了三个条件：一是被害人在制造危险以及危险的现实化中起到了决定性作用；二是被害人对危险具有认识能力与控制能力，并且接受危险；三是行为人并无阻止危险现实化的特别义务。

张明楷：教材上引用的是冯军老师的观点，德国学者大体也是这么认为的。对照这几个条件，高某符合自我答责的条件。一是吃河豚是由高某决定的，季某没有强迫他吃。高某吃河豚就对重伤的结果起到了决定性作用。二是高某知道河豚有毒，处理不好会出问题，而且在知道危险的情形下接受了危险。三是季某也没有阻止高某吃河豚的特别义务。这么说的话，结果就只能归属于季某的行为。

学生：也就是说，季某只是相当于帮助高某自伤，而不是直接伤害了高某。

张明楷：过失帮助他人自伤，当然不成立犯罪。不过，高某也不是故意自伤，只是危险接受。在危险接受的情形下，高某自己在危险现实化的过程中起到了正犯作用，所以，季某的行为属于自己危险化的参与，重伤结果不能归属于季某的行为。

学生：可是，高某是高度信赖季某才吃河豚的，由于河豚没有处理好，才导致高某重伤，根据信赖原则，是不是可以认为季某应当对重伤负责？

张明楷：信赖原则的适用条件是，行为人信赖他人将实施适当的行为，而且这种信赖在社会生活上是合理的，并且存在着信赖他人采取适当行为的具体状况与条件，自己的行为不违法。如果高某是在餐馆吃河豚，我觉得可以高度信赖，餐馆的相关人员可能成立过失犯。但高某知道季某就是普通人，也知道河豚有毒，处理不好会出问题。这种情况下恐怕缺乏信赖的条件，或者说高某的信赖在社会生活中并不合理。

学生：记得老师在哪里讲过，职业的摆渡工与普通人不一样。如果船只已经漏水了，摆渡工依然让他人上船过河，然后船沉了，导致被害人死亡的，职业的摆渡工要负刑事责任。如果是普通人在利用这条船过河时，被害人知道船只漏水还要一起过河，船到河中沉了，被害人死亡的，普通人不负刑事责任。

张明楷：我是这样讲过。职业的摆渡工要确保船只的安全，普通人自己利用船只过河时，被害人明知有危险还要跟着一起过河，只能是自我答责了。

案例10　结果归属（规范保护目的的关系）

行为人甲在取得驾驶证之后患了眩晕症，医生告诫他任何时候都不能开车。甲通常也并不开车，但某日因为有急事就开车出门。在驾驶过程中，甲造成了交通事故，导致4人死亡。事后查明，甲不是因为眩晕症发作而造成事故，而是因为突发癫痫病发生交通事故，但甲此前没有癫痫病发作史，他本人也不知道自己患癫痫病。

_____

张明楷：这个案件移送到法院之后争议比较大，有人主张认定为交通肇事罪，有人主张认定为以危险方法危害公共安全罪，当然也有人主张不构成犯罪。主张无罪的人不能说服被害人家属，被害人家属的理由很简单，既然医生告诫甲不能开车，甲就不能开车；如果甲不开车就不会发生事故。按照所谓的注意规范保护目的的理论，是否应当追究甲的刑事责任？

学生：这个案件涉及的是因果关系的错误，可以认定为故意犯罪既遂。

张明楷：认定为故意犯罪既遂不合适吧。你是说甲利用自己的病理状态，并且希望或者放任危害结果的发生吗？

学生：存在致人伤亡的间接故意吧。

学生：不能认定为故意犯罪，因为如果发生交通事故，尤其是撞上大卡车或者建筑物时，也许就是甲自己先死亡，难以认为他放任自己的死亡。我认为只是是否构成过失犯罪的问题。

学生：这种情形是原因自由行为吗？

张明楷：这个案件与原因自由行为还是有点区别的吧。行为人开车的时候就知道如果开车时患眩晕症就会出现交通事故撞死人，而不是故意或者过失使自己陷入无责任能力状态。

学生：行为人对死亡的实害结果是过失，但对危险结果是故意。

张明楷：如果是这样的话，那么，倘若结果能够归属于甲的行为，甲的行为就属于《刑法》第 115 条规定的结果加重犯了。所以，还是要先判断结果归属问题。

学生：注意规范保护目的理论将结果归属限定得太窄了。

张明楷：规范保护目的中的规范是指什么规范？

学生：应当是眩晕症患者不得开车的规范，禁止行为人开车的规范的目的是防止他因为眩晕症发作而导致交通事故。

张明楷：那为什么要做这样的限定呢？为什么要限定为防止行为人因眩晕症发作而发生交通事故呢？这只是因为知道甲患有眩晕症，所以才对他提出不得开车的要求。反过来也一样，如果是知道甲患有癫痫病，也要求他不能开车，是为了防止他开车时癫痫病发作而造成交通事故。如果甲后来开车时，癫痫病没有发作但突然眩晕症发作，甲也无罪了？

学生：因为行为规范一定要告知行为人规范的原因。

张明楷：医生已经告诉甲了，甲任何时候都不得开车，不是说甲白天可以开车、晚上不得开车，既然如此，甲的行为不就是违反了规范吗？

学生：如果甲开车时眩晕症没有发作，而是行人违章自己撞到车上，导致行人死亡，也要甲对死亡结果负责吗？

张明楷：那当然只有条件关系，不可能让甲对死亡结果负责，但问题是本案不同于这样的情形。

学生：日本有一种理论，主张将行为人自己的预见可能性，作为判断能否进行结果归责的标准。

张明楷：如果按照这个观点，甲是肯定能够预见眩晕症发作的，所以要将死亡结果归属于他的行为了。

学生：对！但是，由于癫痫病发作导致死亡的现实因果进程，对行为人自己来说是没有预见可能性的。不过日本的这个理论也遭到了批判，因为这个理论混淆了不法和罪责，而且把罪责挪到前面判断了，相当于先判断行为人有没有过失，再判断结果能否归属于行为人的行为。所以，我之前一直在纠结这个问题，就是有没有可能说故意和过失的认识对象，虽然不一定包括对因果流程的认识，但是至少要有预见可能性。

张明楷：这里预见的是因果流程的基本部分吗？

学生：就预见可能性而言，因果流程的基本部分和现实因果流程的预见可能性应该是一样的。

张明楷：我觉得这样的案件在我国肯定是要定罪的，在德国会认为甲不对结果负责吗？

学生：肯定也会有争议，也可能认为甲要对结果负责。

学生：如果要定罪，也只会认定为过失犯罪。如果说，行为人明知道自己有眩晕症然后还去开车，开车时眩晕症发作撞死人了，我们肯定会说他是既遂的故意犯。

张明楷：在本案中，由于眩晕症没有发作而是癫痫病发作致人死亡，所以，就只能认定为过失犯罪，是这个意思吗？

学生：是的。在本案中，如果仅仅因为他不知道自己有癫痫症，我们就去否认因果关系或者客观归责，那不就意味着这样一个因果流程或者客观归责、结果归属的要件，会随着行为人的认识发生变化吗？

学生：按相当因果关系的折中说是不是还真有这种可能？如果谁都不知道甲有癫痫症，甲自己也不知道，就缺乏相当因果关系。

张明楷：假如张三知道他的仇人要经过一条车辆较少的道路，他也知道自己有眩晕症，他想看能不能刚好利用这个机会把仇人撞死，结果癫痫症发作把仇人撞死了，应当如何处理？

学生：这是典型的因果流程偏离。

张明楷：认定为杀人未遂吗？

学生：我感觉按客观归责理论的话，还真有可能认定为杀人未遂。

张明楷：什么时候认定开始着手呢？行为人一开车就着手了？

学生：按德国的理论，他想杀人而开车的时候就着手了吧。

学生：按德国的理论，原因自由行为和间接正犯包括隔离犯等是类似的，这种情况就属于危险后置的情况，就是说，原因行为和最后危险发生的行为，实际上是存在一定的时间或者场所间隔。所以，如果是按照这套说理去理解这个案例的话，实际上就是说行为人的前一个原因行为对于后一个结果行为是具有可操控性的，可以认为前一个原因自由行为是着手。但如果回到张三这个案件，可以发现张三对于后一个结果行为不一定有可操控性，不是说张三最后撞死的人一定是他眩晕症发作时所撞死的那个人。所以，张三可能是对前一个原因行为仍具有故意，但是对后一个结果行为缺乏可操控性，反而不一定具有故意。倘若前一个原因行为已经着手的话，那么在对后一个结果行为可操控性不具有故意，或者过失没法确定的情况下，很可能被认定为故意杀人的未遂。

张明楷： 在这样的场合，刑法理论与一般民众的观念差异太大了。要么同时另外再认定一个过失犯罪或者意外事件，司法人员得把死亡结果放到那里去评价一下。而且，将原因自由行为中的原因行为或是间接正犯的利用行为认为是着手，是难以被接受的。最好反驳的一个情形是，行为人想杀人就去喝酒壮胆或者服用毒品，但由于喝醉或者吸毒过量之类的原因，在家里睡了一个晚上，第二天醒来什么都忘了，这个也定杀人未遂吗？在我们国家是肯定不能定故意杀人未遂的。其实，我就是想问，基于什么原因产生了一个行为人要遵守的规范？为什么要回过头来根据规范产生的具体原因对规范的适用进行限定，其中的道理何在？

学生： 他们的语境可能是过失犯比较多，想要限缩过失犯的成立范围。如果仇人从某条路上过来，行为人想用自己眩晕症发作专门撞死仇人的话，实际上是属于故意犯的范畴。德国一些学者就会认为这个时候不需要用客观归责理论了，因为客观归责理论是用来限缩过失犯的成立范围的，而它的着力点应该是注意规范，也就是说，任何时候都不能开车这么一个规范。但当这个仇人走过来，行为人想用眩晕症开车撞死他的时候，行为人违反的就已不再只是注意规范，而是禁止杀人这么一个直接的刑法上的行为规范。这个时候就不应该用规范保护目的来排除它的违法性。

张明楷： 现在也不能说客观归责理论就是为了限定过失犯的成立范围的吧？

学生： 有学者认为它同时适用于过失犯和故意犯，但也有学者认为它只适用于过失犯，因为违反的规范是不一样的。

学生： 我觉得规范的保护目的，是想去置换以前相当性说里面的一般预见可能性和经验通常性，所谓的规范就是注意规范，违反规范的行为，对应我们说的实行行为，分析行为人是否按照预先设定的因果流程导致结果发生。这跟相当性说中的一般预见可能性和经验通常性，实质上是一回事，只是他们觉得经验通常性这个标准较为模糊，因此要引入规范性评价，把规范引进来一并考虑。

张明楷： 规范保护目的，在一些情形是比较清楚的，但在许多情形下很不清楚。比如说，汽车要等年检之后你才能再开，年检之前你不可以开；如果因为车况不好而发生了事故，行为人就要对结果负责，这个是很清楚的。再比如，一些人吃了安眠药之类的，会知道几小时内不能开车，或者说在吃药期间不能开车，这是比较具体的。但我们现在讨论的这个案件，规范不是说什么之前可以开车、什么之后不能开车，而是任何时候都不能开车。被害人家属强调的就是，既然你任何时候都不能开车，你为什么违反这个规范？既然如此，你开车就违反了规范，而不是说你在开车过程中等到眩晕症发作时才违反规范。因为甲一开车就在制造危险，所以甲也违反了注意规范。我是想说，因为这个案件很特殊，所以，是否需要对规范保护目的作一点修改，也就是说，当由于某个特殊的具体原因，导致行为人在任何时候都不得实施某种行为时，那么，只要他实施了这种行为，即使是由于另一个具体原因导致结果发生的，行为人也要对结果负责。

学生： 但行为人任何场合不能开车的原因还是患有眩晕症啊。

张明楷： 是的，正是基于这个原因形成了一个规范，行为人在任何时候都不能开车。比如说，眩晕症分为旋转性和非旋转性，还可以分为自发性和诱发性。如果行为人患的是旋转性眩晕症，医生说他任何时候都不得开车。但有一次行为人还是开车，但不是旋转性眩晕症发作了，而是非旋转性眩晕症发作了，造成了重大交通事故，但行为人也不知道自己患有非旋转性眩晕症。在这种场合，行为人也不对结果负责吗？

学生： 感觉这种情形行为人还是要对结果负责的。

张明楷： 所以，注意规范保护目的的适用，不一定要按规范产生的具体原因予以限定。按理说，如果要根据规范保护目的判决无罪的话，应该说行为违反规范与结果之间缺乏关联性。

学生： 也可以认为是甲的行为违反规范，但不能进行结果归属。因为甲开车的危险没有现实化，是另一个危险现实化了，但甲不知道。

学生：确实有很多学者是放在危险实现里来理解规范保护目的的，如果行为违反了规范，但是没有以规范所预想的方式导致结果，就不能进行结果归属。

张明楷：那为什么还说行为违反了规范呢？

学生：有两种观点：一种观点是定位到危险创设里，另一种观点是定位到危险实现里。定位到危险创设里，可能就会说没有违反规范的结果，但罗克辛教授好像是放在危险实现里。

张明楷：如果放在危险实现里的话，行为人所创设的不被允许的风险是从哪来的？

学生：创设了眩晕症发作的危险，但眩晕症没有发作，所以危险没有现实化。

学生：这里应该是说，前一个规范违反的结果没办法落入到后一个导致结果发生的规范目的范围之内，也就是说还是同时存在两个规范违反，只是说就违反结果 A 和违反结果 B 的话，实际上存在两个不同的范畴，A 无法落入 B，B 也无法套住 A，应该是这个意思。

张明楷：如果因为患有眩晕症就不能开车的话，行为人开了车但眩晕症又没有发作，这个行为违反规范了吗？

学生：他们认为违反了规范。

张明楷：违反规范与否就不需要与规范的目的联系起来吗？

学生：这么理解的话，就违反规范而言，行为违反规范不需要跟规范目的联系起来，但是如果结果不能落到规范保护目的里就不能归责，结果归属还是要跟规范目的联系起来。

学生：我并不赞成规范保护目的理论。如果说医院没查出来行为人患有癫痫症，但行为人确实患有癫痫症，客观上从法益保护的角度来讲，他就是不应当开车的，他的开车行为就是一个违反规范的行为。

张明楷：我觉得也可以这么讲，即便行为人没有认识到自己患有癫痫症，但只要他患有癫痫症，他开车就是违反规范的，只是有无过失的问题。否则，就会导致过失行为是否违反规范，以行为人有无预见可能性为前提，导致在不法之前判断责任。

学生：不过，这个行为规范跟客观归责理论创设危险的行为规范不太一样，客观归责理论是事前视角，但老师刚才讲的可能更像是事后视角的评价规范。从事后看，行为人的行为就是违反了规范，违反规范的行为导致了结果，客观上归属没有问题。主观上的问题就是在于对因果流程的认识，在于故意或者过失应该怎么评价，也就是落到责任论的问题。

张明楷：我还是想问，就本案而言，如果法院要定罪，用什么理由？是修改规范保护目的理论，还是说适用规范保护目的也能将结果归属于甲的行为，抑或采用其他理论。过失犯里面本身有很多是认识错误造成的，只不过他不是故意犯的认识错误。其实，在本案中，行为人预见到的因果过程和现实发生的因果过程不一样，而现实的因果过程行为人是无法预见到的。问题是，在过失犯中，行为人对因果过程的预见可能性要达到什么程度呢？倘若不是经办这个案件的法官或者检察官，不面对那么多的被害人家属，分析这个案件就很轻松了。最轻松的回答就是，根据规范保护目的理论甲的行为不构成犯罪，甲创设的危险没有现实化，现实化的危险行为人不能预见。

学生：像这种行为人行为直接导致被害人死亡的情形，得出无罪的结论往往难以被一般人接受，因为其间并没有介入第三者的行为，如果介入了第三者的行为由第三者负责，一般人也容易接受。

张明楷：面对这样的案件，判决书怎么写，跟论文怎么写是大不一样的。你要在判决书上写根据规范保护目的理论，危险没有实现，一般人和被害人家属是不会接受的。如果在判决书里写，甲的行为虽然造成了死亡结果，但死亡结果是由于甲的癫痫病发作造成，而甲不知道自己患有癫痫病，不能预见到开车时会癫痫病发作，所以属于意外事件，一般人与被害人家属是不是反而容易接受一点？

学生：但是，轧死了4个人却不定罪，感觉不大可能。

学生：我一开始想到规范保护目的时，感觉不定罪是可以的。但如果要定罪，就必须有合适的理由，因为不懂医学，不知道眩晕症与癫痫症有没有某种关联性。

学生：其实，眩晕症跟癫痫症之间也不一定毫无关系。

学生：眩晕症有好多种引起原因，其中有一个原因是癫痫，不一定就毫无关系。或许，可以从病理学上讲讲理由。

张明楷：刚才我可能没有说明白。我的意思是说，刑法理论现在讲的规范保护目的，有时可能过于具体。比如说，酒后不能驾驶机动车，是因为控制机动车的能力减弱，如果行为人醉酒后驾驶机动车，但不是因为控制能力减弱而导致交通事故，就不能将死亡结果归属于醉酒驾驶。但是，这个规范保护目的需要具体到某种程度吗？有时候可能比较抽象。越是将目的具体化，越不能进行结果归属，越是将目的抽象化，就越可能进行结果归属。所以，王钢老师以前经常讲，说有罪也是用规范保护目的，说无罪也是用规范保护目的，因为大家都说不清楚目的是什么，所以就可以编。

　　学生：老师，能否这么说，对行为人犯病肯定不能无限细分，如果无限细分就不能成立犯罪，这显然不合适。因此，是否可以认为，在本案中，规范保护目的只能是跟行为人丧失控制能力相关，行为人当时能够认识到自己开车可能会因为丧失控制能力导致对方死亡，对于因果流程的情况也有预见，那么这个预见程度就已经达到了规范上关联的要求。因为刑法归根结底是处罚行为人放任自己丧失控制能力造成结果这一点。

　　张明楷：你实际上就是把规范保护目的提升了一个位阶，对吧？

　　学生：确实是提升了。

　　张明楷：简单说就是，行为人是有疾病的，有疾病就不能开车，只要是开车时疾病发作了，行为人就要对造成的结果负责。至于什么疾病，则不需要讨论那么具体。这么说，是不是也符合规范保护目的，也可以定罪了？比如说，行为人有 A 病不适合开车，但乡村医生说"你有病不适合开车"，行为人开车时发作 B 病导致交通事故，是不是反而容易实行结果归属？

学生：是的。

学生：但这样的话，就会变成故意犯罪既遂了。从原因自由行为的角度来讲，对于原因自由行为中的故意，主要认定的是后续行为的可操控性。如果对于构成要件该当的行为的可操控性进行一个概括性的认定的话，就往往能够认定为故意犯罪的既遂，也就是说甲故意杀害了 4 个人。

张明楷：也不一定要认定为故意犯，因为我前面说过，行为人其实不会希望和放任死亡结果发生。虽然可以说他有一种侥幸心理，但很大程度上是轻信眩晕症不会发作。

学生：规范保护目的如何适用于过失致人死亡这种一般性规范？这时候该怎么去具体限定规范的目的呢？

张明楷：按照新过失论的观点，在任何过失犯罪中，都要确定一个作为行为基准的规范，实际上大部分规范是不成文的，但法官也要找出来，进而判断行为人究竟违反了什么样的规范。如果把规范提升一下，其实也可以说，行为人不得致人伤亡，这也是一个规范。就我们所讨论的案件而言，医生也完全可能说"你的身体状况不适合开车"。如果这样的话，对规范保护目的就不需要作具体限定了。

学生：如果说在交通领域发生的事故，先适用交通规范，发现事故不在交通规范的保护目的里，那能不能再进一步去适用过失致人死亡的一般性规范？

　　张明楷：按理说一般不会这样的，如果说一个驾驶行为完全符合交通法规，就会被认为是一个完全正当的行为。但不排除另一种情形，虽然行为人的行为没有违反交通管理法规，或者不在交通规范的保护目的之内，但其行为违反了其他的行为规范，在其他注意规范的保护目的之内，如果是这样的话，还是有可能适用过失致人死亡的一般性规范的。

　　学生：比如说，行为人违章超车把被害人吓死了，用规范保护目的理论，可能会认为违章超车的危险是为防止意外碰撞，或者说被害人为闪躲而撞到路边等，不包括被害人被吓死的情形。但如果说按过失致人死亡的话，一个吓唬人的行为把人吓死了，还是可能成立过失致人死亡罪的。

　　张明楷：这样的确不构成交通肇事罪，看看能不能认定为普通过失致人死亡，这是有可能的。

　　学生：但我觉得这样有问题，规范保护目的的适用应该不是补足性或者补正性适用。一旦不符合我们设想的案例场景中的 A，我们会用 B 去补足，B 不足的话，我们就会用 C 去补足，这样会不会导致规范保护目的就没有意义了。

　　学生：但人的行为本来具有多个侧面，本来就可能会违反多种规范。

　　学生：这样的话就有可能导致，但凡存在一个我们可能去想象的过失的话，我们就一定能找出一个理由，至少认定行为人是过失致人死亡。

　　张明楷：那也不一定能找到理由。我理解这里的问题核心是，当行为不成立业务过失的时候，有没有可能成立普通过失。按理说是有可能的，也就是说，一个业务行为中其实也包含了普通行为，即使从业务规范的角度来说，不处于规范保护目的之内，但完全可能从一般生活规范的角度来说，处于规范保护目的之内。

学生：在我们国家存在问题的是，如果连交通肇事罪的基本犯的 3 年以下刑期都适用不了的话，我们却直接适用过失致人死亡罪 3 年至 7 年的刑期，相当于交通肇事罪的第二档刑期，这就不妥当。

张明楷：认定过失致人死亡的时候，就认定为情节较轻的情形，也是 3 年以下有期徒刑。

学生：老师，是不是可以考虑分为两种情形来讨论：第一种情形是行为人因为患有眩晕症而被禁止开车，可是他开车了，但行为人因为违反了普通的交通法规而导致人死亡，比如说因为闯红灯或者超速之类致人死亡；第二种情形是一个没有患眩晕症的普通人开车，开车时因为突发癫痫而致人死亡。如果拿这两种情形和我们现在的案子进行对比的话，是不是会有些帮助？

张明楷：正常的不知道有什么病的人在后一种情形下开车肯定是不成立犯罪，而且这个时候不定罪，一般不会从客观归责的角度讲理由，就是主观上没有预见可能性。为什么行为人知道有眩晕症，知道不该开车的，反而还从前面就开始为他考虑能否客观归责呢？

学生：没有患眩晕症的人，开车因为突发癫痫症而发生交通肇事，我们会认为他主观上没有预见可能性。回到我们刚刚的案子上，还是得看预见可能性有多具体，是说他没有预见到自己会因为突发癫痫症而肇事，还是说他没有预见到自己开车会肇事？如果因为没有预见到自己突发癫痫症而肇事是无罪的话，其实都是一样的。

张明楷：如果案件是一样的，为什么解决的方案不一样？为什么第二种情形在客观归责里完全不考虑，第一种情形行为人知道有眩晕症的，反而要在客观归责里考虑呢？

学生：因为知道自己有眩晕症的人开车，使得他比一般人多了一个规范，即多了一个正常情况下就不能开车的规范。

张明楷：行为人已经违反这个规范了。

学生：所以说，客观归责只针对多出来的规范起作用。而对于后面他突发癫痫症而交通肇事这个部分，他其实和一个普通人好像区别不是很大，都可以用主观上没有预见可能性排除，所以我们才把争议焦点放在了前面，因为它是多出来的。

张明楷：可是前面的怎么就客观上不能归责了呢？

学生：多了一个规范违反的不能归责，少一个规范违反的可以归责，有点奇怪。

张明楷：是的，明明多了一个规范违反，反而还不能客观归责。

学生：所以说客观归责理论对后一种情形，也不完全放在主观上，而在客观的异常因果流程这里来排除。

张明楷：我还是觉得这里面没有那么简单，不面对具体案件很容易形成结论，面对具体案件就很困难，要是造成被害人死亡的数量再多一点就更麻烦。

学　生：我觉得还是得看到底用不用原因自由行为的法理去梳理这个案件。

张明楷：问题的关键是，你用原因自由行为的法理，是想定他罪还是不想定他罪？你要是想定他罪，采用原因自由行为的法理就容易定一些，而且还可以定重罪。你要是不想定他罪，就很可能会绕过原因自由行为，用规范保护目的去说他无罪了。如果从直觉上来讲，我觉得对这个行为人还是要定他罪。不过，从原因自由行为角度得出未遂犯的结论，也可能是未遂犯加意外事件吧？

学　生：能否是未遂犯加上过失犯呢？

张明楷：不太好说有过失吧。因为行为人不可能认识到自己有癫痫；如果知道有癫痫，那就不就定故意犯既遂了。

学　生：如果把过失的认定往前提，提前到他不能开车这个节点，能不能说故意的行为规范和过失的注意义务，这两个节点是可以分离的，因为过失比故意更容易认定一些。把过失的注意义务节点单独往前提，就提前到不能开车的节点的话，可以说行为人违反注意义务，后面发生任何事情就都可能是过失，但不一定是故意。所以说，即使按照原因自由行为，也可以认定为故意杀人未遂和过失致人死亡的想象竞合。换言之，故意的行为规范和过失的注意义务不一定要在一起。

张明楷：要是提前到前面的开车行为，感觉就要定故意杀人既遂了。

学生：故意的行为规范不能管这么宽，但是过失的行为规范可以管宽一些，二者本来就有一个程度归结的关系，这样作区分其实也是合理的。

张明楷：就这个案件来说，感觉以规范保护目的来认定被告人的行为有可能会判得更重，还不如定个过失犯，判得轻一点。你现在还定了个杀人未遂？杀人未遂导致 4 个人死亡，不可能说情节较轻。如果你要去讲所谓故意的实质就是规范的违反，感觉对这个行为人更要认定为故意犯。

学生：故意犯所规制的行为，对应的保护法益需要更具体一点。但是过失犯所规制的行为，对应的保护法益抽象一点，有一个更模糊范围的可能性。相比故意而言，过失犯的认定就可以放宽点。

学生：像这种过失类犯罪或者说故意杀人、故意伤害类犯罪，其本身就是结果犯，行为人用什么样的举止不法去实现这个结果是没有要求的。所以，这种行为就更容易被认定为原因自由行为。比如，像强奸、抢劫、诈骗这类犯罪，行为人喝完酒去抢劫、诈骗，因为这类犯罪本身对于行为举止的具体模式是有要求的，所以说对于原因行为能否直接引发这种举止不法是存在一个不必然、不定在的关系的。这个案件如果一定要用原因自由行为的法理，我觉得反而是非常好认定着手的，因为它是一个结果犯。

张明楷：在这个案件中，运用过失的原因自由行为理论，这是提前解决了责任问题，但规范保护目的是此前的结果归属就要解决的问题。

学生：在本案中，如果把前面的开车行为认定为过失的话，那么之后就按照过失的原因自由行为来讲，最后还是应当认定为过失致人死亡，后面也只是对于因果流程的偏离，但还是在预见可能性范围内。我们不能说此时的规范保护目的是因为哪个具体的疾病。因为行为人的疾病是可以无限细分的，我们可能就因为语词的缘故，说他不是这个疾病，而是那个疾病，但实际上，关键还是因为他丧失了控制能力。因此，将规范保护目的抽象提升起来，好像也还是说得通的。

张明楷：这就是前面已经提到过的，由于行为人患眩晕症，所以他必须遵守一个规范，就是任何时候都不得开车，这个规范就是为了防止交通事故。如果行为人违反了这个规范，发生了交通事故，就处于规范保护目的之内，不需要再具体考虑行为人是什么具体原因导致交通事故。

学生：其实规范保护目的的一些典型案例也表明规范是一辈子要遵守的，比如说，任何人开车一辈子都不能闯红灯。

张明楷：那不一样。不能闯红灯也只是说行为人在遇到红灯的时候不能闯，但本案是行为人任何时候都不能开车。

学生：还是看怎么描述吧。说行为人一辈子不能开车，也是在行为人的眩晕症治好前，一辈子不能开车，治好以后就也可以开车了，还是看究竟怎么说。

张明楷：我们讨论的就是行为人没有治好的情形。

学生：我觉得，一辈子不能开车是一个能力规范，但是闯红灯是个行为规范，在这点上两者是有区别的。行为规范实际上是在行为的时间点去考察你的行为是否违反，但是能力规范是不分时间点去考察的，应该这么理解，我觉得是合适的。

张明楷：有能力规范这个概念吗？

学生：没有，我自己造的一个词。

学生：我感觉不能开车也是一种行为规范。

学生：就不开车这一点而言，在开车的时候它体现为行为规范，但在行为人不开车的时候它就是一种能力规范。但是开车的时候，不闯红灯就不是一个能力规范。

学生：是不是可以说，这个案件中，行为人开车就相当于一直在闯红灯，至少类似于这种违法的程度。

张明楷：是的。这个案件中行为人开车就相当于闯红灯、相当于逆行、相当于超速行驶。

学生：最后的核心问题，还是回到刚刚说的过失的原因自由行为理论，到底在规范保护目的这一点可以上升到丧失控制能力，还是说不用规范保护目的，类似于排他性适用。

学生：规范保护目的应该在前，原因自由行为是主观归责，规范保护目的是在构成要件中讨论的，不存在排他性适用的问题。

张明楷：原因自由行为是责任能力，应该先用规范保护目的。如果先讨论规范保护目的，那就回到我们先前讨论的那个问题，什么病都没有、什么规范都没有违反的，他满足了客观归责的条件；而违反了一个规范的，反而还不能客观归责，实在是有点奇怪。

学生：所以说，客观归责里面也有一个异常的因果流程，其实是行为人主观上不能预见的流程，但是客观归责理论把它囊括进去了。

张明楷：也就是说，有时候把正常的因果流程放在客观归责里面，反而不能归责？

学生：对！很多学者包括罗克辛、林钰雄教授的教科书里，在确定客观归责的下位规则时，都讨论异常的因果流程，就是为了解决刚才说的这个问题。

张明楷：这个案件能不能叫异常的因果流程？一个开车的人突然癫痫病发作致人死亡，这能叫异常的因果流程吗？

学生：讨论行为人的癫痫病发作异不异常，就感觉回到了相当性判断基准里面是采取客观说还是折中说。

学生：我在想，如果本案比什么都不知道的情形——行为人只是单纯开车时癫痫症突然发作了——要多出一个规范的话，那么在这种情况下，究竟是靠什么去认定危险创设呢？感觉好像少了一个认定危险创设的规范。

学生：就只能是事后来看，在发作之后发现他违反了哪些规范。

学生：那么，在本案中为什么不能直接事后来判断行为人违反了什么规范呢？感觉很乱，怎么会有这么多的规范。

学生：问题是，如果只是直接事后来判断，即使认为他的行为违反了规范，但由于行为人不能预见自己患有癫痫症，所以还是不能将死亡结果归属于他的行为。

张明楷：还是不要说，凡是不能预见的都属于客观上不能归责的了，否则，意外事件就都是合法的了。比如说，一个人在荒山野外狩猎，打野兽的时候，刚好有个人打扮得跟野兽一模一样，行为人打死了"野兽"，后来发现打死的是一个人。这个行为人完全没有预见可能性，这显然不是异常的因果流程，只是一个没有预见可能性的问题，客观归责也没有任何问题。

学生：这个案子好像确实不属于异常的因果流程。

学生：在开枪打死一个长得很像野兽的人的案件中，如果按照罗克辛的观点，是客观归责解决的问题，应该是结果本身能不能客观归属于这个人的开枪行为，也就是说这个行为到底是杀人还是伤害，我们只能解决到这一步。但在确定杀人或伤害之后，是构成故意杀人罪还是过失致人死亡罪，这是下一步的问题。也就是说，客观归责从结果的角度来讲，确实是一个客观归责，当然这个可以讨论，因为存在比如说特殊认知这么一个归责问题。但是我们刚才说的这种把人当作动物开枪打死的案件，客观归责能够判断的，仅仅在于行为人是不是构成杀人，或者说是伤害致人死亡，但是行为人是故意杀人还是过失致人死亡，或者说是过失致伤还是过失致人死亡，这三种情况的区分就是客观归责之后的下一个问题。

学生：按照客观归责理论，把一个长得像野兽的人打死了，应该就会认为没有创设危险吧。因为客观归责理论在创设危险上采用的是事前判断，是将一般人认识和行为人特别认识的事实当作判断资料，如果谁都不知道那个人是个真人、都以为是野兽的话，他们就会认为这个开枪行为根本就没有危险。也就是，他们认为的危险就是一般人感觉的危险，如果说谁都不觉得有危险，那就不认为创设危险了。

张明楷：如果是这样的话，危险的有无以及创设了危险没有，就不是一个客观判断，我难以接受。所谓事前判断的意思其实是，如果我们一般人以及行为人都认为没有危险，那就是没有危险的，就是大家都可以实施的。即使后来发现不仅有危险而且造成了实害，也是允许的危险造成了实害，并不违法。

学生：我有个问题，如果客观归责是构成要件符合性判断问题，那么，刚才那个射击野兽但击中了人的案件，等于说在构成要件阶层就已经被否定了，行为人的行为没有危险性，也就不违法了。是这个意思吗？

学生：不能直接说客观归责理论是一个构成要件理论，因为实际上所有客观归责理论的支持者都希望把客观归责发展成整个犯罪论体系。如果我们仅仅是在因果关系和客观归责这么一个领域去讨论它的话，我们可以说是否创造法所不允许的危险，它本身是一个客观的构成要件该当性问题。

张明楷：刚才讲的因果关系的重大偏离或者异常的因果流程，是不是通常只在故意犯中讨论，过失犯中也讨论异常的因果流程吗?

学生：可能是没有人在过失犯中研究异常的因果流程。

学生：过失犯的认定都是在发生结果后再从后往前考察，没有什么偏离不偏离的问题吧。

学生：我觉得要分情况，疏忽大意的过失可能没有异常的因果流程的问题，但过于自信的过失可能还是有的。

学生：应该说过失犯里异常的因果流程，是在预见可能性的环节讨论的。

张明楷：学习德国刑法理论的时候，还是多看看德国的判例，因为德国什么观点都有，德国的教授资格论文必须得有新观点。你们仔细看德国人写的论著，在批驳别人的时候，大多用很空泛的话语，比如理由不充分、存在逻辑缺陷等，这跟日本学者有很大区别。你们去看关于假想防卫的问题，三阶层对两阶层的反驳的几点理由全部是空泛的。我们现在的刑法理论不可能像以前那样，把德国的、日本的拿来，按德国的观点办，按日本的观点办，这个时代已经过去了，或者至少是暂缓了。你们要认识到这一点，你们可以去大量了解德国、日本乃至法国、意大利等其他国家的学术现状，但是你们更要了解它们的司法现状。司法现状太重要。你真正面临这个案件，和你在这里空谈，这是不一样的。你的理论对具体问题的解决，会产生什么样的影响，产生的影响是好是坏，这一点太重要了，需要特别重视。今天讨论的案件，肯定是有太多值得研究的问题，至少是让我们对于一些理论会产生怀疑。首先就是你要想到，这类案件不定罪是不是合适的？合适与否，不要按照德国学者的标准去衡量，案例出现在我国，在我国的解决要符合国民的正义感与价值观。拿不准的时候问一问不是学法律的同学，问一下你们的家人，或者问问马路边随便碰到的某个人，你就把事实讲给他听，问问他的看法。在涉及价值判断的时候，问一般老百姓比问法学教授要好。这个案件涉及客观归责理论的许多问题，也可能涉及原因自由行为，还涉及故意与过失的判断。可以把案例与问题装在脑子里面，反复思考。如果从结论上说，我还是倾向于认定为过失犯的。我是觉得，做学问时，相信别人的观点与怀疑别人的观点都很重要。如果完全怀疑，你就会发现你什么东西都学不到，总认为自己都是对的，你就几乎没有进步。但是如果你不怀疑别人，什么都听别人的，也不行。所以，看书也好、看文章也好，你首先想到这本书、这篇文章有什么可学习的，什么东西是可以借鉴的，包括写论文的时候可以引用什么之类的。越是跟你立场、观点不同的那些论著，你越要去想想里面有什么可取的，有什么值得你借鉴的，不要一看到跟自己立场观点不一样的文章，就觉得人家什么东西都是不可取的，这样的话你能学的东西就太少，你进步就太慢了甚至没有进步。所以，除了太差的文章之外，在读核心刊物上的文章以及其他著作时，你首先去想一下，里面有什么东西值得你吸收、借鉴的。然后要怀疑，要分析其中有什么问题；越是人们认为是正确的，越要怀疑。不要总是想着去替代别人的观点，要多想着积累，要想到许多不同观点完全可以并存。

第二堂

违法阻却事由

案例11　正当防卫（判断方法）

被告人甲把车停在自己家的停车位上，乙把自己的车停在甲的车位边，导致甲的车开不出来。乙将此事告诉了丙，丙跟甲的关系也不好。甲把这件事告诉了物业。物业来人后，丙随后也来了，丙左手拿着一个拐杖，使劲朝甲打过去，但不清楚是否打中甲。此时，甲上前去夺丙的拐杖，在甲夺拐杖的过程中丙坐在地上，导致尾椎骨骨折，属于轻伤。

张明楷：丙因拿拐杖打人被治安拘留 3 天，但后来检察机关以故意伤害罪起诉了甲。

学生：这不合适吧，甲的行为属于正当防卫。

张明楷：在判断行为是不是正当防卫之前，首先要判断伤害结果要归属于谁。如果伤害结果不能归属于被告人的行为，而是要由被害人自我答责，则被告人的行为不符合故意伤害罪的构成要件，不需要判断是不是正当防卫。当然，如果说故意伤害罪也处罚未遂犯，则需要进一步判断行为是不是正当防卫。

学生：甲夺拐杖的行为是正当的，丙坐地上导致尾椎骨骨折，应当由丙自我答责吧。

张明楷：我觉得，如果甲夺拐杖时，丙为了避免拐杖被夺走而后退进而坐在地上，虽然夺拐杖的行为与伤害结果之间有条件关系，但不能将伤害结果归属于甲的行为。但如果甲推了丙导致丙坐在地上进而受伤，则可以将伤害结果归属于甲的行为。

学生：甲夺拐杖的行为是正当防卫还是紧急避险？

学生：这是紧急避险。夺拐杖的行为是为保护自己的法益而不得已采取的措施。

张明楷：这不属于只能在不得已的情形下采取的措施吧。夺走不法侵害者的违法工具或者犯罪工具的行为，属于正当防卫吧，不是在不得已时才可以夺走凶器。即使是能够逃走，也可以夺走凶器。所以，不要认定为紧急避险。

学生：正当防卫造成轻伤，就不能认定为防卫过当。

张明楷：我一直持这个观点，防卫行为造成轻伤的，不能认定为防卫过当，即使不法侵害者的行为只是违反《治安管理处罚法》的行为，防卫行为造成轻伤的也不能认定为防卫过当。还有一个类似的案件。不法侵害者手握镰刀要伤害被告人，被告人就夺镰刀。在争夺镰刀的过程中，造成拿镰刀的不法侵害人受轻伤。

学生：按老师的观点，也要认定被告人的行为属于正当防卫。

张明楷：我刚才说过了，对于这样的案件，要首先判断轻伤结果究竟应当归属于谁的行为，如果应当归属于被害人的行为，被告人的行为就不符合犯罪的构成要件，不需要通过正当防卫排除犯罪的成立。如果应当归属于被告人的行为，才需要判断是不是正当防卫。当然，夺镰刀的案件因为素材有限，可能难以判断伤害结果应当归属于谁的行为，但按我的观点，在这样的场合被害人自我答责的可能性特别大。因为被害人的行为是违法乃至犯罪行为，而被告人的行为是正常介入，既然是正常介入，那么，伤害结果就不应当归属于正常介入的行为，只能归属于引起正常介入的行为。

学生：明白了。

张明楷：我再讲一个涉及防卫过当与否的案件。A 和 B 在一个派出所附近对甲、乙、丙三人实施抢劫后逃跑。甲、乙、丙三个人手持木棍在某个路段拦截 A 和 B。由于 A 和 B 在面对拦截时继续骑车往前冲，甲和丙就手持木棍打向 A 和 B，坐在车后座的 B 被甲打中，摔倒在地，后送到医院抢救无效死亡。这是防卫过当吗？

学生：如果按照《刑法》第 20 条第 3 款的规定，对于抢劫罪的防卫是没有限度的，不应认定为防卫过当。

张明楷：对于通常的抢劫而言，防卫行为造成抢劫犯死亡的，一般不会认定为防卫过当。就面对财产罪这种不法侵害来讲，我们现在都认为即使是在财产罪既遂之后，在现场还来得及挽回损失的，也可以进行防卫。问题是，在抢劫犯既遂之后，在现场还来得及挽回损失的场合，对抢劫犯的防卫行为是否也不存在防卫限度？如果既遂后的抢劫犯没有再实施暴力，即使他还在现场，这与盗窃犯还在现场有什么区别？

学生：A 和 B 抢劫既遂之后逃走和面对拦截时继续骑车往前冲的行为，不能评价为严重危及人身安全吗？

张明楷：这要看具体的情况。其实，这个案件给我们的一个启示就是说，不能因为不法侵害者前面的行为是抢劫，后面就一直按抢劫对其实施正当防卫。如果抢劫犯在逃走的过程中，对防卫人实施新的暴力，严重危及防卫人的人身安全，则没有防卫限度的限制。但如果只是单纯逃走，我不太主张所谓特殊的正当防卫。在这种场合，只能按非暴力的财产罪进行正当防卫。

学生：在德国，如果防卫人没有其他办法，只能将不法侵害者打死，即使是为了一点点财产，也成立正当防卫。

张明楷：是的，但德国现在的理论是不是也有所改变？

学生：感觉防卫过当与否和前面是不是抢劫关系不大，主要取决于不法侵害者后面的行为是不是严重危及人身安全。

张明楷：应当是这样的。如果不法侵害者前面的行为是盗窃，但在被追赶的过程中对防卫人行凶，防卫人杀害不法侵害者的，仍然成立正当防卫。在此意义上说，你说的是正确的。我想说的是，由于《刑法》第 20 条第 3 款列举出了不存在防卫过当的几种犯罪，其中包括了抢劫，有的人就会认为，在抢劫犯单纯逃走时，现场还来得及挽回损失的，即使抢劫犯不再实施新的暴力，也可以杀害抢劫犯。但我觉得这样的观点存在疑问。如果要适用《刑法》第 20 条第 3 款，还是要实质地判断，防卫时是否存在严重危及人身安全的暴力。

学生：老师，有个问题我可以问一下吗？《关于依法适用正当防卫制度的指导意见》强调对未成年人、精神病人的不法侵害的退避义务，这该怎么理解？

张明楷：我不认为指导意见强调对未成年人、精神病人的不法侵害规定了退避义务。指导意见的原话是："成年人对于未成年人正在实施的针对其他未成年人的不法侵害，应当劝阻、制止；劝阻、制止无效的，可以实行防卫。"这不是对退避义务的规定，仍然强调的是先制止、后防卫。但在现实生活中，还是要看具体情况。我跟你们讲过一个缉毒的纪录片，其中有一个镜头是 10 岁左右的小孩拿着机关枪扫射，另外一个镜头是两个小孩骗过保安后进入大楼投放手榴弹。面对这样的不法侵害，还能要求防卫人先劝阻或者退避吗？显然不能这样要求。当然，如果按照德国的说法，这是防御性的紧急避险，那是另外一回事。我不太赞成德国的这种说法。对于这种未成年人、精神病人的防卫，首先要考虑的就是紧迫性与必要性，如果具有紧迫性与必要性，我还是主张可以正当防卫的。我们没有谁主张对行贿受贿进行正当防卫，但是不能说行贿受贿不构成犯罪。德国刑法将我们所说的不法侵害表述为"不法攻击"。罗克辛之所以主张对不能犯不得进行正当防卫，就是因为不能犯不具有攻击性。其次，对于未成年人与精神病患者的不法侵害进行正当防卫时，要注重防卫限度。在正当防卫的案件中，防卫人并不是对已经固定化的或者静止的一个不法侵害进行正当防卫，而是对一个动态的不法侵害进行正当防卫。也就是说，防卫人并不是针对前面已经实施的不法侵害进行正当防卫，而是针对现在正在进行的不法侵害进行正当防卫。前面说过，如果抢劫犯既遂后只是单纯逃走，就不能没有限度地进行防卫；反之，如果盗窃犯既遂后对防卫人行凶，则可以没有限度地进行防卫。面对未成年人与精神病患者的不法侵害的防卫，也是如此。如果进行防卫时，他们根本没有任何反抗举动与反抗能力，当然要控制防卫手段与强度，而不能无限度地防卫。

学生：对正当防卫的认定还要按刑法规定进行，退避义务是没有法律根据的。

张明楷：我是一直不赞成防卫人有退避义务的。对于刑法规定的违法阻却事由，不应当随意添加一些限制条件，因为添加限制条件就是扩大犯罪的成立范围与处罚范围。例如，对侵害公共利益、国家利益的不法行为可不可以进行防卫？不能说不可以进行防卫，因为《刑法》第 20 条明确规定了可以进行正当防卫。如果说不能进行正当防卫或者要进行某种限制，只能在立法论上展开讨论。比如，现在遇到一个人窃取国家秘密打算提供给境外，对这种行为可以防卫吗？对一般盗窃都可以防卫，凭什么对为境外窃取国家秘密的反而不能防卫？人们有时候存在过于理想化的想法，总觉得在这种场合有警察在保护国家利益、公共利益的，但事实不是这样的，警察不可能在任何时候都能保护好国家利益、公共利益。

学生：退避义务的具体内容是什么？

张明楷：我没有看到过确定的内容，但不同的人可能有不同的理解。如果说退避就是指不防卫，那未成年人或者精神病患者持续攻击你怎么办？如果说退避义务就是逃避，那未成年人或者精神病患者攻击他人怎么办呢？我也不否认，如果未成年人实施的不法侵害很轻微，不防卫也是可以的。不仅如此，对于成年人实施的轻微不法侵害，也不一定要防卫。

学生：老师，我还有一个问题，就是对家庭暴力的正当防卫的认定有没有什么特殊之处？

张明楷：我这里有一个案件：丈夫和妻子经常吵架，并且丈夫经常殴打妻子，导致妻子的头部十几天不能挨着枕头睡觉。有一天，妻子和丈夫在电话里争吵，然后丈夫晚上 10 点回家一边辱骂妻子，一边拿手机砸妻子的头部。妻子见丈夫又动手打自己，多年来的积怨爆发，于是拿出一把折叠刀，朝丈夫刺了一刀，丈夫经抢救无效死亡。按照德国一些学者的学说，夫妻之间的攻击使得法确证的利益少于通常情形，故不能直接采取致命性的防卫手段。也就是说，受到威胁的一方要包容侵害者，尽可能避开侵害；即使在需要防卫的时候，也要选择最温和的手段；只要受到威胁的一方没有生命危险，防卫的一方就要放弃危及生命的防卫手段。按照德国的这种观点，妻子的行为就可能是防卫过当了。但我难以赞成德国的这种观点。丈夫用手机砸妻子的头部，接着又动手打妻子，妻子可以不退避，进行防卫是合法的。在夫妻之间，要求妻子采用与丈夫相同的工具或者手段，明显不合适。妻子用杀伤力更强的手段，才可能有效制止丈夫的不法侵害。所以，本案中妻子使用折叠刀进行防卫也没有问题。造成死亡是否过当，要看丈夫当时的暴力是否严重危及妻子的人身安全。我觉得，即使妻子成立防卫过当，也难以认为妻子对一刀刺死丈夫具有故意与过失。

学生：不明白德国刑法理论为什么提出这样的观点。

张明楷：我觉得德国刑法理论就正当防卫存在过于极端化的现象。比如，一位老人躺在轮椅上看到一位少年偷苹果，老人只有开枪才能阻止，所以开枪打死少年也是正当防卫。这种法确证的立场，导致正当防卫过于凌厉，所以，不得不从其他方面进行一些限制，但这些限制不宜直接照搬到我国来。比如，刚才讲的这个案件，为什么要求妻子避开丈夫的侵害呢？我们完全可能反过来说，既然夫妻之间有相互扶助的义务，丈夫对妻子的暴力就更严重了，怎么反而说法确证的利益减少而不是增加呢？再如，我国因婚姻家庭矛盾激化引发的故意杀人案件是从宽处罚的，但国外对这种杀人是从重的，一个简单的理由是怎么能故意杀害亲人呢？你们发现没有，这与德国刑法理论关于夫妻之间的防卫的观点，是不是不协调呢？

学生：老师，还有一个关于正当防卫的案子。被害人非法拘禁了被告人很多年，拘禁的过程中会给被告人吃饱穿暖，对被告人的生命与健康是没有任何危险的。但被告人想逃走恢复自由的话，唯一的方法就是要杀死被害人。在这种情况下，被告人最后把被害人杀死逃出来了。这是正当防卫还是防卫过当？

张明楷：我感觉可以认定为正当防卫。

学生：但是如果从结果的相当性这一点来看的话，法益之间是不是比较悬殊呢？

张明楷：可以肯定的是，不能为了保护微小的法益而给不法侵害者造成重伤或者死亡。但这个案件防卫人所保护的并不是微小的法益，人身自由是仅次于健康的重要法益。而且，不能认为被害人的长年拘禁行为不会给被告人的健康造成危险，吃饱穿暖可能不会给被告人的生理造成伤害，但会给被告人的心理与精神造成重大伤害。而且，如果不杀害被害人，就一辈子失去人身自由。我觉得可以认定为正当防卫。即使认为防卫过当了，我也觉得没有期待可能性，不能认定为犯罪。

案例12　正当防卫（不法侵害正在进行的判断）

被害人 W 和他的妻子 Z 都是 20 多岁，被告人赵某（40 多岁）在被上级政府派到农村参与扶贫工作的过程中认识 Z。W 怀疑其妻子跟被告人赵某有不正当的关系（经查明存在不正当关系），便于某年 8 月中旬的某个晚上 10 点钟，用妻子 Z 的微信，将赵某骗到一个公路附近的停车带。W 驾驶一辆丰田轿车，赵某步行前往。W 看到赵某后就下车走向赵某，用事先准备好的一根一米多长的钢管朝赵某腿部击打，钢管被击打断了。但因为击打的不是关键部位，没有造成重伤。事后鉴定赵某脚踝骨轻伤。W 向赵某索要手机，同时要求提供开机密码，随后要求赵某下跪。W 将钢管放在地上，与赵某商量怎么处理这件事情。商谈过程中，W 前往自己的轿车取东西。赵某趁机捡起地上的钢管，朝 W

头部击打，W 被打倒在地。W 挣扎着从地上爬起来，并向公路对面的小路方向逃跑。赵某继续手持钢管追 W。最终，W 栽倒在小路边的树丛里面，不断向赵某求饶，站起身想归还手机，就此了事。此时，赵某又朝 W 的胸部踢了一脚，赵某知道 W 此时的伤势可能比较严重，就独自走回 W 停放轿车的地方，用钢管砸烂了轿车的前挡风玻璃。之所以砸烂轿车的挡风玻璃，赵某称担心 W 后续开车又追赶上自己。W 第二天早晨 8 点被人发现并报警，送往就医经抢救无效死亡。经鉴定，W 头部遭钝器打击致颅脑损伤死亡。赵某头、面部、双下肢及全身多处软组织损伤，右脚外踝骨折，构成轻伤二级。

张明楷：检察院与法院没有认定被告人赵某的行为成立正当防卫，也没有认定为防卫过当。这个案件被害人已经死亡，也就没有办法作证。但从现有的证据看，被害人并未向被告人关键部位击打。赵某说当时被害人要求其赔偿 20 万元，但这一说法只有赵某的供述，无从查证。辩护律师想辩称被害人 W 抢劫，进而主张对赵某适用《刑法》第 20 条第 3 款。我们首先需要判断被害人的不法侵害是不是正在进行；如果是正在进行的话，再判断防卫行为是否过当。

学生：可以认定为不法侵害正在进行，因为被害人要求被告人下跪，且没收了被告人的手机。

张明楷：至少从两个方面来讲，还是可以认为不法侵害正在进行的。第一个是一旦商谈达不成合意，被害人再进一步实施不法侵害的紧迫性还是存在的。第二个是从拿走手机的角度看，被告人在现场还来得及挽回损失。这两点在有关正当防卫的指导意见中都被提到了。

学生：被害人索要手机和开机密码，可能是想确认被告人与被害人妻子的不正当关系，不一定是要非法占有手机。

张明楷：这种可能性是有的，但不管出于什么样的动机，索要他人手机和开机密码还是可以评价为不法侵害的。此外，让被告人下跪也是一种不法侵害吧。

学生：但这个防卫行为还是应该认定为防卫过当的。

张明楷：主要是被害人并没有击打被告人的要害部位，因而也就没有严重危及被告人的人身安全。辩护律师提及被害人索要20万元成立抢劫罪，即便可以被查证，但也难以认定为抢劫罪。这个案件我还是觉得认定为防卫过当比较合适，但是法院判决认为不法侵害已经结束了，被告人成立故意伤害（致人死亡）罪。

学生：在这个案件中，被害人强要手机的行为能认定为抢劫罪吗？

张明楷：这个行为不太好评价为抢劫罪，从查证的事实看，被害人索要手机更多地是想确认被告人与其妻子的不正当关系，可能想据此进一步索要一定的补偿费。难以认定被害人索要手机的行为具有抢劫故意与非法占有目的。即使认为被害人的行为构成抢劫，在特殊情形下还是要考察抢劫手段本身的危险程度。例如，甲通过投放安眠药的方式劫取被害人乙财物的，评价为抢劫罪是没有问题的，但乙在得知甲投放安眠药时或投放安眠药后直接杀害甲的，也不能认为是正当防卫吧。

学生：老师，这个案子从事后结果来看，被告人是轻伤，被害人是死亡，这就可能会认为防卫是过当的。但是，如果从事发当时去看，被告人遭受被害人钢管击打多次，自己估计也不好判断受伤的程度，在这种情况下，从手段来讲似乎还是不过当的。

张明楷：被告人肯定知道自己的受伤程度，从鉴定报告看，被害人击打被告人是比较克制的。根据《刑法》第 20 条第 3 款的规定直接杀害不法侵害人的防卫行为，还是应该限定在存在严重伤害的情形。而且，被告人捡起钢管反击的行为，并非发生在被害人实施击打被告人行为的过程中，而是趁被害人取东西时直接击打其头部，在被害人挣扎起身逃跑的路上继续击打，被告人的一系列行为明显超过了防卫的限度。所以，认定为防卫过当还是比较妥当的。

学生：如果被告人只是趁被害人不注意那一下击打其头部，就逃走了，被害人同样经抢救无效死亡，那能认定为正当防卫吗？

张明楷：这种情况还是应该认定为防卫过当，毕竟被告人是趁着被害人不注意，而且是直接击打要害的头部导致其直接栽倒在地。

学生：老师，被告人数次击打被害人，最终致使其栽倒在地不能动弹之后，明知被害人伤势严重而不予施救的行为，难道不成立不作为的故意杀人罪吗？感觉这种暴力伤害他人，随后不管不闻的案件也不少见。这种情况判定不作为的故意杀人罪，至少有宣示的效用，让民众知道正当防卫也好，暴力报复也好，造成严重伤势的情况下还是存在救助义务的。

张明楷： 从法院查证的事实看，被告人供述称自己知道被害人伤势严重，怕他因此死亡，也想着报警，但是怕自己反倒被抓获。应该说，司法机关通常会认定得比较稳妥一点，即便可能认定为故意杀人，也会比较稳妥地判定为故意伤害（致人死亡）罪。我发现，在我国被认定为故意伤害（致人死亡）罪的案件，有相当一部分在日本完全可能被认定为故意杀人罪。

学生： 老师，被告人趁被害人不注意击打其头部，致使其栽倒在地，被害人在其乱打一通的过程中挣扎着向小路逃跑，这个时候被告人再追击的行为难以认定为还具有防卫性质了吧？

张明楷： 这个案件，从鉴定的结果看，主要还是前面击打头部的行为导致被害人颅脑损伤而死亡，之后的追击行为并不是导致其死亡的原因。这一点跟昆山的那个正当防卫案件有点相似，被告人最后的两次刀砍其实都没有砍中，也就不是导致被害人出现死亡结果的原因。

学生： 像这种诸如限制人身自由，或者暴力仅造成他人轻伤的，能用钝器直接击打头部进行防卫吗？

张明楷： 能不能击打头部并不是重要的问题，我一贯的主张就是，得从防卫当时的情势去分析，要求防卫人一定只能针对某个部分击打是很困难的，防卫人通常也只能顺手实施防卫行为。关键的问题还是在于把握击打的程度。我们讨论的这个案件，被害人虽然击打被告人多次，但是的确都不是要害部位，且伤势并不重，这一点被告人自己是清楚的。在这种情形下，被告人的防卫行为就明显超过了必要限度。

学生：老师，在防卫过当的主观认定上，有没有可能按照这样的思路进行：首先考虑是否为意外事件或者过失，得出否定结论的前提下再去认定故意是否成立。

张明楷：你是想说对客观上的防卫过当要优先判断为意外事件或者过失吗？但我觉得只要判断方法是合理的，从故意开始判断与从意外事件开始判断，不应当得出不同结论。判断过程中需要贯彻事实存疑时有利于被告的原则。比如说，在故意与过失之间存在疑问的时候，按照过失去认定；在认定为过失还是意外事件存在疑问时，按照意外事件去判定。重要的不是优先认定意外事件还是过失，而是需要具体根据案件事实去判断。如果案件事实很清楚，那就没有所谓优先认定的问题。

学生：老师，被害人遭受被告人击打头部时，被害人是不是返回停放的轿车取东西？那被告人是否可以合理地认为，被害人可能想要加重不法侵害手段，或者采取一些更恶劣的措施呢？

张明楷：这个案件应该不存在这种情况。从查清的事实看，被害人的轿车里并没有比钢管更有杀伤力的凶器，被害人返回轿车实际上是想取可签字的文件资料。当然，我们是从理论上来探讨这个案件。如果是从辩护律师的角度，一审法院判定被告人成立普通的故意伤害（致人死亡）罪，基于被害人有过错判处有期徒刑12年。律师在二审的辩护空间实际上有限，想主张被告人成立正当防卫，进行无罪辩护几乎不太可能。如果是在二审主张防卫过当，那还相对有可能。基于防卫过当应当减轻或者免除处罚，这个案件被告人还是可以判缓刑的。而且，防卫过当的再犯可能性实际上是很小的，甚至是没有的。防卫过当的案子在量刑的时候，应该优先选择免除处罚，而在适用减轻处罚的时候，应当优先考虑缓刑。

案例13　正当防卫（与相互斗殴的区别）

2003年5月，被告人吕某（高中生）在学校因为足球场地问题与同校陈某等人发生口角，陈某一方有十多人，吕某只有一个人，双方叫嚣约架。陈某随后找来很多人，拿着各种器械，吕某在球场没有动，叫来了朋友张某。陈某方3个人先动手，吕某被陈某等人打倒在地后，从张某那里要了刀进行反击，造成对方一死一轻微伤。吕某身上3处受轻微伤。

张明楷：吕某的行为是正当防卫吗？

学生：双方叫嚣约架，是不是属于相互斗殴？

学生：是不是要考虑谁先约谁？如果是陈某等人先叫嚣约架，吕某同意约架，也不影响吕某的行为成立正当防卫？

张明楷：你的意思是如果吕某先约架，吕某就不是正当防卫吗？

学生：我感觉是这样的。

张明楷：那么多人在一起，估计查不清楚谁先约架，只能按事实存疑时有利于被告人的原则来归纳案件事实。真实的案件是2003 年发生的，当时被认定为正当防卫，现在又被重新提出来再审。

学生：2003 年时能够在死了人的情况下定正当防卫，相当不容易。即使在现在司法实践中也很难定正当防卫。

张明楷：司法实践中经常以双方约架为由否认防卫意思，进而否认正当防卫的成立。

学生：《关于依法适用正当防卫制度的指导意见》指出："因琐事发生争执，双方均不能保持克制而引发打斗，对于有过错的一方先动手且手段明显过激，或者一方先动手，在对方努力避免冲突的情况下仍继续侵害的，还击一方的行为一般应当认定为防卫行为。"

张明楷：这是不是意味着即使存在约架，也不必然否认正当防卫？

学生：对照这一规定来看，有一个问题不清楚，陈某等人先动手，但不知道是不是有过错的一方。此外，陈某等人虽然先动手，但吕某似乎没有努力避免冲突，所以，吕某的行为明显不符合上述规定的后一种情形，是不是符合第一种情形，也不清楚。

张明楷：吕某身上有三处轻微伤，我国的轻微伤其实并不轻微，而且陈某一方有十多人，已经着手的就有 3 人，吕某已经被打倒在地，应当认为陈某等人的行为严重威胁吕某的人身安全。

学生：陈某等人的行为没有造成吕某重伤，能说已经严重威胁吕某的人身安全吗？

张明楷：《刑法》第 20 条第 3 款所规定的严重威胁人身安全，只是要求有严重危险，不是要求已经造成重伤以上结果。如果不法侵害已经造成重伤结果，防卫人通常就难以再防卫了。

学生：如果不考虑双方叫嚣约架，吕某的行为肯定成立正当防卫。问题是在双方叫嚣约架的场合，是不是就不能够认定为正当防卫。

张明楷：我觉得不能因为双方叫嚣约架就直接否认正当防卫。在本案中，如果是陈某一方提出约架，吕某的同意并不等于他没有防卫意思。完全可能出现这样的情形，虽然不法侵害一方提出约架，而防卫一方所谓的同意约架其实是对正当防卫的准备。除此之外，还要考虑约架后谁先动手打人。不能仅根据是否有约架来认定正当防卫的成立与否。

学生：老师的意思是，不要直接根据双方话语的表面含义认定是不是相互斗殴。

张明楷：你们要思考一般年轻人或者你们自己在这样的场景会如何处理。双方都是血气方刚的高中生，都不愿意服输。在一方约架时，另一方说"好"是很正常的，难以要求年轻人在这种场合保持冷静说"我不跟你打架"。在这样的场景，答应与对方打架，并不必然就是和对方斗殴。所以，我觉得，关键的还是约架后谁先动手。先动手的一方就是不法侵害。其实，在本案中，吕某还是有所克制的，并不是一开始就攻击对方，更不是一开始就从张某那里拿了刀捅陈某等人。所以，我还是觉得吕某的行为属于正当防卫。

学生：真正的相互斗殴的话，任何一方都不会等对方先动手之后才反击对方。

张明楷：可以这样认为。

学生：感觉老师刚才的讲理，其实是否认了双方叫嚣约架，或者说认为吕某只是被迫答应。

张明楷：你要这样解读，也未尝不可。总的来说，即使约架也并非绝对排除正当防卫。以前认为斗殴无防卫，但现在都不这么认为，都承认相互斗殴中也有正当防卫。不仅如此，我觉得还要进一步判断，所谓的双方叫嚣约架，是不是真的就是要相互斗殴，其中一方是不是只能应付对方而随口答应。如果后者在现场并不先动手，尤其是在人少的情形下也不先动手，就不一定要评价为相互斗殴。

学生：感觉老师对先动手的一方不会作出有利评价。

张明楷：我一直不对先动手打人的一方作出有利评价。法律本来就是要用语言解决所有纠纷，比如有争议可以争乃至可以吵，但任何一方不能动手打人，否则就没有法秩序可言。所以，先动手的一方就是不法侵害。

学生：但有时候先动手的一方也可能是正当防卫。

张明楷：如果能够评价对方的行为是不法侵害正在进行，只不过对方的行为不是表现为动手打人，动手打人的一方当然也可能是正当防卫。我说的先动手打人，是指在不存在不法侵害的情形下先动手打人。

学生：我也觉得可以将吕某的行为认定为正当防卫。

张明楷：既然在2003年就认定为正当防卫，现在更没有必要改为防卫过当或者普通的故意犯罪。

学生：有个检察院问我的一个有关正当防卫的案件，我和当地检察官的意见不太一样。被害人和被告人是朋友，案发当天两个人和另外五个人一起在喝酒，喝得醉醺醺的，还一起玩骰子，被害人输了不想玩，被告人就说被害人输不起，还要和被害人再玩。被害人就挪了位置，离被告人远一点。被告人后来又经过被害人的时候，两个人再次发生了争吵。因为他们喝了很多酒，吵急了以后，被害人就拿起了桌上的空酒瓶砸向被告人的上半身，但是没有砸到，被告人用手一挡，这个啤酒瓶就摔在桌上而且摔碎了。被告人就拿碎的啤酒瓶朝着被害人脸部划了一下，从上划到下，导致脸和脖子两处轻伤。检察院认为被告人的行为能成立正当防卫。

张明楷：你的意见是不构成正当防卫吗？

学生：我是觉得被害人并没有也不会再实施不法侵害，或者说不法侵害已经结束，所以被告人的行为不是正当防卫。

张明楷：问题就在这里。简单地说，在当时的情景下，被害人有没有继续攻击被告人的意识和举动，如果有，被告人的行为就是正当防卫。如果已经停止了不法侵害，被告人的行为就不是正当防卫。

学生：在当时的情况下，桌子上还有其他的空酒瓶，完全可能是第一个空酒瓶没有砸到，就接着用另外的空酒瓶继续砸人。

张明楷：如果是这样的话，就更有可能认定被告人的行为是正当防卫。

学生：但是我觉得，被告人这种行为性质更像互相斗殴，不像是正当防卫。

张明楷：如果互相斗殴仅造成轻伤，也不构成犯罪。在我看来，在造成轻伤的情形下，能不能成立正当防卫和相互斗殴都是一回事，都是阻却违法性的。只不过前一种情形是正当防卫，后一种情形是被害人承诺。被害人用啤酒瓶砸被告人的什么部位，头部还是其他部位？

学生：被害人砸的是被告人的上半身，酒瓶打碎是因为被告人用手挡了一下，酒瓶没有打到被告人。被告人挡开以后啤酒瓶就摔到了桌上，然后碎了，被告人随即就拿碎的啤酒瓶划了被害人一下。

张明楷：那么迅速的话还是可以认定为正当防卫吧。你刚才说了，桌上还有空酒瓶，被害人有可能继续再砸，如果是这样，认定为正当防卫没有问题。如果不认定为正当防卫，也就是说即使被害人不再砸人，但因为桌上还有空酒瓶，被告人也是没有过失的假想防卫，也不宜认定为犯罪。此外，即使是量的防卫过当，由于只是造成了轻伤，不属于造成重大损害，也不宜认定为犯罪。总之，不能将被告人的行为认定为犯罪。

学生：如果造成了重伤，倒是有可能定罪。

张明楷：是的。我再讲一个案件。2020 年 6 月 10 日下午，王某与同村的村民刘某发生口角打架，刘某把王某骑在身下殴打，路过的孙某见状劝架，拉着刘某的肩膀，采取各种方式想把二人分开，结果孙某被刘某咬伤了手指，孙某气愤之下推倒了刘某，使王某得以翻过身来骑在刘某身上打，孙某踢了刘某一下，王某又打了刘某面部。经鉴定刘某胸部伤构成轻伤一级，头面部伤构成轻伤二级。但刘某的伤究竟是谁造成的，查不清楚。对孙某应当如何处理？第一种观点认为孙某的行为不构成犯罪，第二种观点认为孙某构成故意伤害罪。孙某的行为有可能是正当防卫吗？

学生：感觉不是正当防卫，是不是也属于量的防卫过当，但因为只造成了轻伤，所以，也不构成犯罪？因为孙某只是劝架，刘某却咬伤他的手指，这属于不法侵害，所以，孙某推刘某很正常，然后虽然踢刘某一脚，也不能证明他造成了伤害结果。

张明楷：孙某的行为中有防卫行为，但既然没有造成重大损害，就不可能认定为故意伤害罪吧。即使否认孙某的行为存在正当防卫，根据事实存疑有利于被告的原则，也不应当认定为故意伤害罪吧。难道要认定孙某与王某构成故意伤害罪的共同犯罪？

学生：孙某是不是承继的共犯？

学生：这要看刘某的伤害结果是归属于王某在孙某加入之前的行为，还是归属于王某在孙某加入之后的行为。

张明楷：这个事实不清楚。

学生：如果不清楚的话，根据事实存疑有利于被告人的原则，就不能认定孙某是承继的共犯。

张明楷：那么，对王某要不要定罪呢？

学生：王某的行为是防卫行为吧。一开始是刘某骑在王某身上打，但是不清楚在这之前是什么情况。

学生：如果王某之前的行为算正当防卫的话，后面事后防卫的行为有可能和前面的防卫行为构成一个整体。

张明楷：估计二人就是相互斗殴。

学生：按老师的观点，如果是相互斗殴，按被害人的承诺来解决，对王某也不能以故意伤害罪追究刑事责任。

张明楷：是的，我觉得对王某没有必要定罪处罚。实践中有时把相互斗殴造成双方轻伤的两人都关进监狱，这样的处理不会带来好的效果。既然二人选择了相互打架，就相当于承诺了可以被打成轻伤。相互斗殴时，谁给谁造成轻伤常常取决于偶然因素，或者说往往是运气决定的，不能去比谁运气好。

学生：王某和孙某后来确实形成了共犯关系。

学生：但是不能确定刘某的轻伤是王某和孙某形成共犯关系后造成的。既然如此，认定二人形成共犯关系就没有意义。

张明楷：我还见到过这样的判决：甲、乙夫妻与 A、B 夫妻是邻居，因为宅基地发生纠纷，于是两对夫妻相互斗殴，乙与 A

都受轻伤，法院认定甲与 B 构成故意伤害罪。可是，这样的判决会有什么好的法律效果呢？还不如教育一下让他们各自回家。

案例 14　安乐死（罪与非罪的界限）

程某在网上发布支持安乐死的信息，想推动安乐死的实施，于是自己制作了用于安乐死的一些药物。之后，程某请医院的护工向有意向实施安乐死的患者介绍自己的药物，并称如果介绍成功则给予护工一定的报酬。程某在制药的过程中被举报，截至案发，有几名患者就实施安乐死的费用等事项向程某咨询。法院认定程某的行为构成故意杀人罪（预备）。程某已经服刑一年，准备就这个案件提起申诉。

张明楷：程某知道安乐死在我国是被禁止的吗？

学生：应该是知道的。从口供来看，他本人认为绝症患者艰辛存活实际上是很痛苦的事，所以才想推动安乐死。案发被判刑后，他一直觉得自己无非只是宣传自己是实施安乐死的专门医师，他本人确实也是一个医生，所以觉得被判罪很冤枉。

张明楷：如果是没有对象的宣传，那不好认定为故意杀人罪，因为成立故意杀人罪要求杀害对象是具体的人，而不是抽象的人。问题是已经有患者就实施安乐死的事项联系到程某，不可能等到具体实施注射药物的行为才认定预备，法院判决程某成立故意杀人罪（预备），是可以接受的。

学生：程某一直辩称，自己只是制作可用于实施安乐死的药物，将药物直接售卖给需要的人，由患者自行食用或者注射，自己并不参与实施安乐死。换句话说，这跟帮助自杀的情况还是比较相似的，您觉得这个行为也可以评价为故意杀人罪吗？

张明楷：如果说不是由程某自己注射安乐死药物的话，那就难以将制作药物的行为认定为故意杀人罪。不过，将程某的制药行为评价为生产假药罪也是可能的。虽然安乐死的药物是就现有麻醉药进行调制的，但麻醉药本身也属于依法必须经批准才能生产、销售的。当然，按照生产假药罪（既遂）认定的话，被告人可能会被判处更重的刑罚。

学生：就麻醉药的制作而言，程某应该是经过许可的，而制成的所谓安乐死的药物实际上就是在麻醉药的剂量上进行调配。

张明楷：程某从事的职业是什么？为什么会获得制作麻醉药的许可？

学生：程某是一个医生。

张明楷：医生不一定有制造药品的资格。尤其是医院里的医生，因为医院的医生是根据集体的行医资格行医的，一旦离开医院个人行医的话得重新申请相应的行医资格。所以，即便程某是一名医生，其也没有资质擅自调配、制作麻醉药吧。

学生：不放开安乐死的原因，主要是考虑到国民在观念上接受不了，还是怕放开了会乱呢？

学生：德国联邦宪法法院作出裁定认定《刑法》第 217 条业务性促进自杀罪违宪，这难道不是承认安乐死的合法性吗？

张明楷：德国联邦宪法法院的这个裁定只是宣告业务性促进自杀罪是违宪的，也可以据此认为自杀并不违法，但并不意味着所有类型的安乐死都是合法的吧，因为德国刑法明文规定了得承诺杀人罪。

学生：日本在 50 年代以后，在横滨与名古屋都存在承认安乐死合法性的判例。

张明楷：安乐死在我国目前还是禁止的。现在医疗技术发达了，存在缓解患者痛苦的医疗方案。就是否应该推行安乐死合法化，还是应该进行充分的调研的，而且被调研的对象必须是与该制度的推行具有利害关系的人，比如说，医院里的重病患者等等，而不是泛泛地开展调研。而且，不得不承认的现实就是，中国的医疗资源和医生的职业伦理在全世界的排名还是比较靠后的，推行安乐死制度，如果没有相应的协同机制、配套的资源，很多人可能会在安乐死的制度外衣下被杀害。此外，盲目地推崇安乐死的制度，实际上也不利于医学技术的发展。否则，一旦是既有医学技术无法治愈的病症，优先考虑的将是实施安乐死，而不是想方设法开展与推进重症疾病的研究。当然，确实也存在承认安乐死合法化的国家与地区。但事实证明，这一制度还是有待商榷的。德国联邦宪法法院裁定业务性促进自杀罪违宪，多少还是说明了我之前经常讲的一点，也就是法学家们没有政治家的眼光与智慧。政治家在这个问题上考虑的不是自决权的问题，而是德意志民族的延续性。实际上，欧洲绝大多数国家都规定教唆、帮助自杀的行为属于犯罪行为。考虑问题不能仅以一国为参照资料，比如说，著名的电车案，为了避免造成更多的伤亡，人为改变电车既有的运行轨道导致少数人伤亡的行为，全世界超过80%的人是支持的。英美法上也不认为自杀是一种权利，英国也是直到 1961 年才从刑法中废除了"自杀罪"。德国法院也有判例，认定丈夫在妻子自杀时候不予救助的，也构成不作为的杀人罪。

学生：在安乐死方面，不同国家的处理差异太大了。

张明楷：实际上，绝症患者遭受病痛折磨时，痛苦是必然的，但谁又能保证，绝症就一定不能治愈呢？被宣称为脑死亡的，也有最后恢复意识状态的例子。没准治好了，患者又可以很开心地生活，对于经历过真正痛苦的人，更加如此。这样回过头去想的话，为什么一定要让他在那个时候选择安乐死呢？这也是我现在不赞成在我国推行安乐死的原因。

学生：曾经也听好多医生说过，任何药物实际上都不能完全治愈某一种疾病，药物只能在某种程度上控制症状，而实际上真正起效用的是个人的身体自身的修复机制，包括生理上与心理上的。我本人也向医生们求问过他们对于自杀的看法，反馈的意见都比较一致，其中，提到最多的还是医学伦理上所强调的医生的天职是救死扶伤，即便患者可能拒绝救助。

张明楷：从尊重患者决定权的角度讲，医生能做到的也就是不专断治疗。尤其是在患者自己决定不治疗的情况下，医生可以不予救助。在农村地区，因为支付不起医疗费而放弃治疗，最后死亡的实例并不少。要严格按刑法去认定的话，如果这个疾病是可以治愈的，患者的家属们选择放弃治疗导致患者最终死亡的，认定为遗弃罪也是没有问题的。但像这种情况，往往也不可能由司法介入。

第三堂
有责性

案例15 故意（故意的判断）

A、B二人素有仇怨，某一天 A 拿着射程只有 300 米的手枪，向着距离自己 400 米的 B 开枪，A 清楚地知道自己即使开枪也是打不中 B 的。

张明楷：这个案件不是有没有故意的问题吧。

学生：以前我们讨论这类案件时，主要围绕是未遂犯还是不能犯展开的。我想请教一下，这个时候能说 A 有犯罪故意吗？

张明楷：A 都明知开枪打不中 B，也就明知开枪行为并不会导致 B 伤害或者死亡的结果，怎么会有杀害或者伤害的犯罪故意呢？如果按照结果无价值论的观点，故意只是责任要素，那么，在构成要件阶段就可以判断 A 的行为不是构成要件行为，故不需要讨论他有没有故意的问题。

学生：但是，不能犯与未遂犯的区分是在责任之后的故意犯罪形态中讨论的，是不是要先讨论行为人有没有故意呢？

张明楷：在故意犯罪形态一章中是为了讨论未遂犯与不能犯的区分，但这一讨论是以对实行行为的讨论为前提的。在实行行为部分实际上讨论了实行行为必须是具有法益侵害危险的行为，事实上也说明了不能犯的行为不是实行行为。之所以没有详细展开，是因为难以在实行行为这部分联系未遂犯讨论。所以，如果按照结果无价值论的观点，在构成要件阶段就可以否认本案中的A的行为构成犯罪。

学生：现在有一种观点，将直接故意区分为认识故意与企图故意，然后分别对应认识因素与意志因素。老师您怎么看这种观点？

张明楷：《刑法》第 14 条明确要求故意包含认识因素与意志因素，这么区分很明显就不符合刑法有关故意的规定。如果从立法论上来说，怎么分类就是另一问题了。比如，德国与日本都有学者将故意分为三类：第一类是意图或者希望结果发生的情形；第二类是认识到结果确实要发生的情形；第三类是认识到结果可能要发生却放任其发生的情形。其实，第一类故意中，并非没有认识因素，如果没有认识到自己的行为会发生结果，怎么可能意图或者希望结果的发生呢？第二类故意也并非没有意志因素，因为既然认识到自己的行为确实要发生结果却仍然实施这种行为，不是希望至少也是放任。所以，我觉得上述第一类故意与第二类故意，也是认识因素与意志因素的统一。那么，为什么国外刑法理论尤其是德国刑法理论，对前两类故意分别只提出了意志因素或者认识因素呢？可能是因为从证明的角度来说，只要证明了行为人意图或者希望结果的发生，就不需要再特别证明行为人认识到了结果的发生；只要证明了行为人明知结果确实要发生，就不需要再特别证明行为人希望或者放任结果发生。我是这么猜想的，没有阅读过相关文献。

学生：这么说的话，将直接故意区分为认识故意与企图故意，其实就是德国刑法理论讲的两种故意。

张明楷：是的，德国刑法理论也将这两种故意称为直接故意吧。但据此认为，两种直接故意中，一种只有认识因素，另一种只有意志因素，其实是不准确的。

学生：德国的前两类故意中，第一类故意在我国属于直接故意没有争议，第二类是直接故意还是间接故意有争议。

张明楷：是的，这就是我国刑法理论以前争论的问题，即行为人明知自己的行为必然发生危害社会的结果，但只是放任这种结果发生时，是直接故意还是间接故意？通说认为是直接故意，但有人认为是间接故意。这个争论的意义不大，但我还是倾向于认定为直接故意。

学生：老师，我请教另外一个真实的案件：行为人出于恶作剧，将加入了致死剂量的氰化物的饮料放置在超市的冰箱当中。饮料的瓶子上面清楚地标写着"我有毒，请勿喝"。但还是有顾客没有注意这几个字，饮用了饮料后导致死亡。对这种情形是应当评价为故意还是过失呢？

张明楷：这个当然要评价为故意，至少是间接故意。因为对于超市内的商品，一般人都会认为是无毒的，这种所谓的有毒标注，一般顾客也不太会注意到。现在，反过来说话却是正面肯定的情形太多。比如，微信上经常看到的标题是，"这个东西千万不要吃"，打开内容后发现，其实是主张多吃这个东西。在标题党那里，"我有毒，请勿喝"的标题之下，完全可能是说"我无毒，请喝我"。我觉得认定为故意的原因最主要是这个饮料放在超市里，一般人不会注意标注的内容。而且，去超市购物的有老人、有儿童，有的人不一定识字，有的人不能看清较小的字，有的人分不清这几个字是不是他人添加的。所以，不能排除行为人放任他人的死亡结果发生。但如果这个饮料是放在被害人家里，"我有毒，请勿喝"的标注很清楚，一看就很异常，就可以认定行为人是过失。

学生：行为人只是出于恶作剧，是不是评价为过失好一点？

张明楷：出于恶作剧只是动机，不影响间接故意的认定。还有一个类似的真实案件：行为人用毒药毒死了一条很大的鱼，他知道毒死的鱼不能吃，但是又想卖鱼赚点钱，就把写着"此鱼有毒，不能吃"的纸条从鱼嘴里面塞进去，可是这塞进去的纸条一下子就被塞到鱼肠子里面去了。买鱼的人在杀鱼的时候，直接就把鱼肠子内脏什么的都丢掉了，哪里会注意到纸条。最后也是出现了中毒死亡的结果。这个案件，我觉得也要认定为间接故意。

学生：老师，在认定间接故意的"放任"态度时，到底是从什么角度切入去评价呢？

张明楷：我觉得先判断行为人是不是希望死亡结果发生，如果是希望结果发生，当然就是直接故意。如果不是希望结果发生，就判断行为人是不是希望结果不发生，是不是采取了相关措施或者有其他方法防止结果的发生。如果行为人没有采取任何措施，没有其他办法防止结果发生，基本上就可以判断行为人对结果的发生持放任态度。在这个意义上讲，对放任的判断通常是一种消极判断，而不是一种积极判断。也就是说，并非积极地去认定行为人是不是听之任之，而是通过另外两个判断，即不能证明行为人积极希望结果发生，又不能证明行为人有采取什么措施防止结果发生，不能证明行为人希望结果不发生，那就基本上可以认定是放任。换句话说，你可以将放任解释为不是希望结果发生，但也并没有希望避免结果发生。

学生：那这样的话似乎跟"防果说"是一样的了。

张明楷："防果说"讲了认定间接故意的主要内容，但我觉得不是太全面。行为人没有采取防止结果发生的措施，也未必一定是间接故意。因为采取防止措施是需要凭借行为人的主观能力，有些情况下很难判断行为人是否发挥了他的主观能力采取对应的防止措施。以前上课时，我的老师讲过这么一个案件。有一个搬运工经常用板车拉预制板，平时别人只拉两块预制板，被告人力气大一般就拉三块预制板。某天下雨路滑，而且搬运途经的路上还经常有上下坡。被告人还是不听其他人的劝告，照常拉了三块预制板。结果下坡的时候刹不住，把一名路人给撞死了。这种情况既可能说被告人采取了防止结果发生的措施，也可能说没有采取措施，因为平时在下坡的时候就要采取相应的措施。但我们不可能争论这个问题，而且不争论这个问题也能认为被告人就是自信地认为自己身强体壮有把握拉三块预制板。所以，不能单纯只看行为人是否采取防止结果发生的措施，而是要综合判断行为人是否希望避免结果发生或者行为人是否有能力避免结果发生。在难以认定的时候，尤其是客观上行为人合情合理地采取了某种可以防止结果发生的措施的时候，就不要肯定间接故意的成立。

学生：可不可以这样理解，刑法其实就是强调行为人不可以有侥幸心理，因而应该要将间接故意的范围放宽一点呢？

张明楷：没有必要说人不可以有侥幸心理，侥幸心理是普通的用语，并不能将它跟间接故意画等号。侥幸心理究竟包括哪些情形是难以确定的，或者说是很宽泛的。没有必要先判断行为人是不是出于侥幸心理，然后得出行为人是不是放任结果发生的结论。即使说侥幸心理与放任是同义语，也没有必要先判断行为人是不是出于侥幸心理。同样可以肯定的是，侥幸心理是一个判断资料，是判断行为人是不是放任结果发生的资料。举一个当年我读书的时候老师讲的例子：人民公社时代，行为人在生产队的仓库附近焚烧垃圾。一开始他还是在旁边看管着，后面突然下起雨来了，行为人觉得雨会将火苗淋灭，于是就直接回家了。假如引发了一场火灾，一般不会认为行为人有间接故意，毕竟存在下雨这一可以凭借的合理根据。换一种情况，假如当时没有下雨，只是飘来几朵云彩，行为人就想当然地认为没准等会儿会下雨，但实际上根本就没有下雨。当时我的老师也说后一种情形至少成立间接故意。我觉得，这个结论换到现在也是完全说得通的。

学生：这么说的话，我们在判断行为人到底是间接故意还是过于自信过失的时候，其实就是从认识上去区分的？

张明楷：不能完全这样理解，但认识因素所起的作用确实很大。过于自信的过失时，行为人实际上是打消了他之前预判的认识，也就是所谓的已经预见自己的行为可能发生危害社会结果，但是轻信能够避免。其实，认为能够避免也就是意味着不会让结果发生。所以，从这个意义上讲，有认识的过失最终也是一种无认识的过失。只不过有认识的过失多了一个预判，但这个预判最终也是被打消了的。而间接故意时，行为人并没有打消以前的预判，一直存在对结果可能发生的认识。

案例 16 故意（认识程度）

甲客观上帮助他人运输了毒品，但他一直辩解自己不知道是毒品，同时又承认自己认识到其所运输的可能是违禁品，司法机关也没有证据证明行为人明知自己运输的可能是毒品。

张明楷：这类案件其实并不少见。运输毒品罪的成立肯定以行为人认识到自己运输的是毒品为前提，包括认识到肯定是毒品与认识到可能是毒品。行为人认识到行为对象可能是违禁品时，就能肯定行为人认识到行为对象可能是毒品吗？

学生：如果抽象一点就可以画等号，因为毒品也是违禁品，行为人认识到了是违禁品，就可以推定他认识到可能是毒品。

张明楷：我觉得不能画等号。违禁品与毒品是包容关系，认识到是毒品当然可以说认识到是违禁品，但认识到是违禁品不等于认识到是毒品。违禁品除毒品之外还有很多，比如枪支、弹药、假币、宣扬恐怖主义的视频等。由于违禁品的种类太多，所以，不能说行为人认识到了是违禁品就认识到了是毒品。

学生：如果从认识程度来说，是认识到行为对象是违禁品难一些，还是认识到行为对象可能是毒品更难一些呢？

张明楷：这个不好下结论，对毒品的认识是对构成要件事实的认识，但对违禁品的认识包含了对违法性的认识。当一个人认识到是违禁品的时候，当然有可能根据其他事实推定行为人认识到可能是毒品。比如，甲交给乙一个物品，让乙帮他带到某个地方去。乙问是什么东西，甲说是一个违禁品，让乙不要问得那么仔细。在这种场合，如果里面是毒品，行为人也从违禁品的概念想到了可能是毒品，就能认定行为人认识到了自己运输的可能是毒品。如果里面是枪支、弹药，但行为人当时根本没有想到过枪支、弹药，则不能认定行为人认识到了可能是枪支、弹药。当然，这还要联系其他事实进行判断或者推定。比如，委托人是吸毒人员，或者是贩毒人员，受托人也知道这一点，那么，在上述情景下，认定受托人在得知是违禁品后认识到是毒品，应当是没有疑问的。

学生：您讲的是行为人已经认识到了是违禁品的情形，但本案中行为人只是认识到可能是违禁品，这是不是就不一样了？

张明楷：会有不同吧。如果行为人只是认识到自己运输的可能是违禁品，那么，认定其是否认识到自己运输的可能是毒品就更困难一点。本案没有什么具体案情，难以作出判断。但如果像案情交待的那样，没有其他证据证明行为人认识到可能是毒品，我觉得就不能认定行为人具有运输毒品罪的故意。

学生：当行为人认识到行为对象一定是违禁品时，能否以客观上行为对象是什么就按什么来定罪？有一些观点认为，对行为对象只要有概括的认识就够了。

张明楷：概括性认识包括了未必的认识，即认识到可能是什么。如果说"有概括的认识就可以"，是指"只要有未必的认识就可以"，当然是可以接受的。但如果说，有概括的认识是指将下位概念提升到上位概念的认识，就不合适了。

学生：您的意思是，如果行为人只是认识到是违禁品，就不能直接说行为人认识到是毒品。

张明楷：我觉得很多人所说的概括的认识，就是在这个意义上讲的。毒品是一个下位概念，违禁品是一个上位概念，不能说凡是认识到了上位概念指向的事物，就认识到了下位概念指向的事物。否则，就导致故意中的认识成为一种抽象的认识，采取了抽象的符合说，这显然不合适。

学生：一些人认为，如果行为人认识到了是违禁品，就意味着行为人认识到了违禁品的所有类型，所以如果他客观上运输的是毒品，他就认识到了是毒品。

张明楷：我难以赞成这个说法。比如，"人"包括了国家工作人员、非国家工作人员、妇女、儿童等所有类型，能说行为人认识到了是"人"，就认识到了其中的所有类型吗？显然不能。再比如，走私罪的对象有许多，假如说行为人认识到了自己走私的是违禁品，但确实没有认识到具体货物、物品的种类，客观上走私的是武器，就不能据此直接认定行为人构成走私武器罪。在这样的场合，需要有其他证据证明行为人认识到自己走私的是或者可能是什么货物、物品。如果行为人以为自己走私的是假币，但实际上走私的是武器，就不能认定为走私武器罪。这属于抽象的事实认识错误，不能因为假币与武器都是违禁品，所以就认定行为人有走私武器的故意。在这一点上，不能采取这样的判断方式：行为人认识到了自己走私的是假币，由于假币是违禁品，所以行为人认识到了自己走私的是违禁品；又由于武器是违禁品，所以，行为人认识到了自己走私的是武器。这样判断肯定是不行的。

学生：2002年7月8日最高人民法院、最高人民检察院、海关总署《办理走私刑事案件适用法律若干问题的意见》（法〔2002〕139号）第6条的内容是"关于行为人对其走私的具体对象不明确的案件的处理问题"，其中规定："走私犯罪嫌疑人主观上具有走私犯罪故意，但对其走私的具体对象不明确的，不影响走私犯罪构成，应当根据实际的走私对象定罪处罚。但是，确有证据证明行为人因受蒙骗而对走私对象发生认识错误的，可以从轻处罚。"按照这个观点，如果行为人以为自己走私的是假币，但客观上走私的是武器的，也要认定为走私武器罪。

张明楷：我不赞成这个解释，这个解释采取的是抽象的符合说，有违反责任主义之嫌。事实上，后来的公报案例也修正了上述规定。

学生：是的。《最高人民法院公报》2014 年第 5 期刊登了上海市人民检察院第一分院诉应志敏、陆毅走私废物、走私普通货物案。判决要旨是，在走私犯罪案件中，应当根据案情综合判断行为人对夹藏物品是否具有走私的故意。行为人不具有走私的概括故意，对于走私物品中还夹藏有其他不同种类走私物品确实不明知的，不能适用相关规范性文件中"根据实际的走私对象定罪处罚"的规定进行数罪并罚，而应当根据主客观相统一原则，以行为人主观认知的走私对象性质加以定罪处罚。对于客观上走私了夹藏的其他物品的，可作为行为人所构成特定走私犯罪的量刑情节予以评价，以体现罪责刑相适应原则。

张明楷：我建议你将判决要旨中所说的"概括故意"理解为未必的故意，即行为人认识到自己走私的可能包括什么货物、物品。不能理解为，只要行为人认识到自己走私的是违禁品，就直接认定行为人认识到自己走私的是武器。当然，判决要旨中的"概括故意"，也可以是说，如果行为人认识到自己走私的不是武器就是假币，不是假币就是毒品，事实上走私的是毒品，也要认定为走私毒品罪。如果是在这个意义上讲的"概括故意"，我觉得结论也是可以接受的。

学生：认识到可能是违禁品，和认识到一定是违禁品，还有认识到可能是毒品，这三者之间到底是个什么逻辑关系？

张明楷：没有必要讨论这三者之间是什么关系吧，只能根据具体案件作出判断。例如，行为人虽然认识到了自己运输的是违禁品，但主观上却排除了运输毒品的可能性，认识到只能是假币或者枪支时，就不能认定行为人认识到了运输的是毒品。如果行为人认识到了自己运输的可能是违禁品，同时也想到了有毒品的可能，事实上运输的也是毒品，就能认定行为人具有运输毒品的故意。

学生：所以，关键是看行为人知不知道有可能是毒品。

张明楷：对！关键不在于行为人是否认识到物品的上位概念，而在于行为人是否认识到具体犯罪中的具体对象。刑法没有规定走私、运输违禁品罪，只是规定了走私武器罪、运输毒品罪等，所以，不能抽象出上位概念指向的事物作为认识内容。

学生：明白了。

学生：还有一个问题，我们平时在讨论故意的时候，要讨论认识内容和意志内容。为什么在讨论违法性认识的时候，不讨论违法性意志，只讨论违法性认识呢？

张明楷：因为就成立故意犯罪来讲，只要行为人认识到了法益侵害事实仍然实施，并且在此前提下有违法性认识的可能性，就可以了，这是责任说的观点。也就是说，不需要行为人希望或者放任自己的行为是违反刑法的，或者说，不是只有知法犯法时才能作为故意犯罪处罚。

学生：这是不是相当于，行为人知道结果必然发生，意志上肯定是希望，就认定其是直接故意。所以如果有违法性认识而实施了行为，就一定有违法性意志。

张明楷：也不能这么说。德国、日本等大陆法系国家刑法一般没有规定故意的定义，刑法理论需要通过归纳刑法分则的相关规定提出故意的类型。我们以前说过，德国刑法理论认为犯罪故意包括意图（Absicht）、确定的故意和未必的故意；日本学者也会采取这样的分类。这种分类的根据是认识因素与意志因素的强度。两种因素的不同强度，可以组成四种情形：一是追求（意图）结果的发生，认识到结果发生的确实性；二是追求结果的发生，认识到结果发生的可能性；三是接受（放任）结果的发生，认识到结果发生的确实性；四是接受结果的发生，认识到结果发生的可能性。前两种情形的意志因素最强，被归入第一级直接故意（意图）；第三种情形的意志因素不强，认识因素很强，属于第二级直接故意；第四种情形则是两种因素都不强，属于未必的故意。我也赞成，在我们国家，认识到结果必然发生，就应当认定行为人希望结果发生，归入直接故意。但在德国，认识到结果必然发生时，属于第二级直接故意。但故意与违法性的认识不一样。因为违法性本来就是一个价值判断。构成要件事实是一个事实的判断，二者不完全等同。只是说在通常情况下，没有违法性认识错误的时候，认识到构成要件事实就有违法性的认识。问题是在违法性认识有错误的时候，即使有故意，也可能没有违法性认识的可能性。

学生：责任说主要是讨论违法性认识的可能性，所以意志没有那么重要。但是根据故意说，违法性意志就有必要讨论。

张明楷：是的。如果说违法性是故意的认识内容，当然也就成立故意的意志内容。

学生：有的学者将违法性认识叫做"不法怀疑"，是说知道自己的行为可能违法。这样的情况下，责任说认为不法怀疑是判断违法性错误有没有可避免性的一个契机。故意说好像需要讨论在不法怀疑的时候，什么样的情况可以认为行为人有违法性意志。

张明楷："不法怀疑"意味着行为人有违法性认识的可能性。故意说意味着行为人认识到了自己的行为是或者可能是违法的，依然希望或者放任违法事实的发生。我觉得，如果认识到了行为符合构成要件，同时认识到了行为的违法性，并且实施该行为，就表明行为人不仅希望或者放任构成要件事实的发生，而且希望或者放任违法事实的发生。在此意义上说，专门讨论违法性的意志，其实也没有多大意义。

学生：把违法性认识放到故意里面去，按理说故意的范围更窄。

学生：会窄一点，但不会窄很多，因为我认为违法性认识的"法"指的是整体法规。责任说中违法性认识的"法"指的是刑事法规范，从结论的范围来说也不会差太多。

张明楷：如果说行为人认识到违反的只是整体法规范，那么，倘若行为人认识到自己的行为违反《治安管理处罚法》，但确实合理地以为自己的行为不违反刑法的，怎么办？

学生：好像不会有人考虑"如果是行政违法我就做，如果是刑事违法我就不做"吧。

张明楷：那不一定，肯定有这样的情形。违法性认识的可能性与罪刑法定原则相关联。刑法就是让人预测罪与非罪的，行为人很可能就是知道违反其他部门法，但认为不违反刑法。比如，一个人认为持枪抢劫只构成普通抢劫。有的观点认为对这个人的行为只能认定为普通抢劫，因为他没有认识到持枪抢劫会加重处罚。这很显然是从罪刑法定的角度去讲的。再比如，行为人知道自己的行为违反《治安管理处罚法》，就是愿意被行政拘留几天，但确实不知道是犯罪。

学生：这是因为您持违法多元论的观点。如果是违法一元论的话，会认为没有必要去区分不同部门法的违法性。行为人只要知道自己的行为是违法的，就可以被谴责。至于用什么方式去谴责，那是国家的问题，和行为人没关系。

张明楷：我认为违法一元论有问题。违法一元论导致行为人以违反一般法的意志去实施行为时，都可以被当成刑法上的犯罪来处理。可是，行为人只想触犯刑法以外的法而不触犯刑法。这种情况还是有的。尤其是现在有学者主张刑法也是一种契约。比如说黑车司机知道开黑车是违法的，但是并不想触犯刑法。再比如说车辆限行，行为人限行那天故意开车，愿意交罚款。按规定4个小时罚100元，好多私企老板只有一辆车，出去谈生意也不适合叫出租车，于是选择1个月交一两千元罚款。他们知道违反了行政法规或部门规章之类的，愿意交罚款。但如果说这样的行为是犯罪，他们肯定就不会实施了。

学生：是的，我前两天看刑法典，突然看到一个以前我都不知道是违法的犯罪，连我一个学刑法的都不知道。

张明楷：所以把违法性认识放在故意里讨论就更麻烦了。

学生：关于违法性认识的可能性还有一个疑问。之所以讨论违法性认识，主要是因为如果有违法性认识，就会有反对动机。但是如果仅仅有违法性认识的可能性的话，怎么可能在现实中形成一种实然的反对动机呢？

张明楷：一方面，认识到构成要件事实和法益侵害结果就能形成反对动机。另一方面，违法性认识的可能性意味着行为人有可能知道自己的行为是违法的，就有可能不实施违法行为。正因为有可能不实施却实施了，所以值得谴责。也正因为如此，违法性认识的可能性不只是故意责任的要素，也是过失责任的要素。

学生：这个其实涉及公民自由的边界。我觉得刑法给公民的自由不是让公民权衡自己是违法还是犯罪，而是让公民权衡自己是违法还是不违法。

张明楷：在没有《治安管理处罚法》的国家，你这样说勉强可以。但是在中国这样说就明显有问题了。盗窃800元不构成犯罪，但是盗窃3800元肯定就是犯罪了，两者就是不一样。假如一个省公检法公布盗窃犯罪数额起点的时候将3000元错写成了8000元，行为人看到后盗窃5000元，结果第二天公检法撤销错误的公告改回了3000元。行为人清清楚楚地知道不够处罚起点才实施的，不能说有刑法的违法性认识。如果公告没有写错，而是行为人看错了的话，还是有违法性认识的可能性的。在区分违法与犯罪的我国，说刑法给公民的自由不是让公民权衡自己是违法还是犯罪，我觉得是不合适的。

案例17 故意（认识错误）

2020年1月3日下午5点，犯罪嫌疑人陈某（某公司的法定代表人）对公司的5名员工说，公司办公楼下的某酒店一层门前超市内的两台冰柜已经被店主丢弃了。随后，陈某带领5名员工搬走超市里面的一台澳柯玛冰柜和一台海尔冰柜（价值共4880元），抬回到自己的公司。超市已经撤店，店内有两台冰柜及货架等还没有搬离。店主报警后警察找到陈某，陈某将两台冰柜还给店主，而且获得了店主的谅解。需要补充的案情是：超市已长时间没有营业，店主也很长时间没有在超市出现，店门一直没有上锁，店内只有两台冰柜及货架。从监控录像可以看出，陈某等人搬走冰柜时天色并不黑，陈某等人堂而皇之走进超市搬走冰柜。

张明楷：这个案件其实就是一个故意的认定问题。陈某是事实认识错误还是法律认识错误？

学生：规范性构成要素的认识错误。

学生：也就是对"他人性"的认识错误。

张明楷："他人性"规范的构成要件要素的认识的判断方法是：当客观的事实摆在我们一般人的面前，一般人都认为是他人占有的冰柜，觉得物主还没有抛弃冰柜的时候，如果这个行为人也认识到了这个事实，那么我们就不会认为他存在事实认识错误。也就是说，这种规范的构成要素的认识，只需要行为人认识到被我们评价为"他人占有"的基础事实或者判断资料。如果他认识到了我们可以评价为"是他人占有的"这个基础事实，他就有了盗窃的故意。否则的话，谁都可以说"我以为是人家不要了的东西"。例如，马路上停放着一辆没有上锁的电瓶车，行为人说"我以为车主不要了，因为车主没有锁"。可是你一看，这是一辆新车，人家怎么可能就不要了呢？一辆新车停在马路上没有上锁这一事实，不会使我们得出这是车主抛弃的车的结论，而且即使没有上锁，也不能评价为遗忘物，仍然是他人占有的财物。如果行为人骑走据为己有，就构成盗窃罪。所以，刑法理论里面其实还是有很多地方考虑到了刑事政策的需要，考虑到了怎么去防止处罚漏洞，考虑到怎么防止犯罪人逃避责任。

学生：这是不是意味着，在判断故意的时候也存在一个一般人标准？因为我们平时说过失才会考虑一般人的标准，但是现在故意也要考虑一般人的标准。

张明楷：其实这里不一定是一般人标准，是因为"他人占有"等规范的构成要件要素原本就是按一般人的观念进行判断的，法官所采用的判断标准就是以一般人的观念为依据的。就是说，把这个事实拿出来让法官去判断，法官按照一般人的观念认为那是被害人占有的财物，然后就判断行为人是否认识到了法官得出这个评价所依赖的事实。如果行为人认识到了这些事实，那么行为人就有故意。比如说，你把你的东西已经交给快递员了，快递员上门取走了，你觉得"那是我的快递，我不寄了，我要偷回来"。你辩解说"那是我的东西，所以我没有盗窃的故意"。但我们不能认为你没有盗窃的故意。这个时候法官的评价是，快递员客观上已经占有了财物，而你知道财物已经交给了快递员，只要认识到这一点，那么就是已经认识到了这是他人占有的财物。

学生：也就是说，在陈某盗窃冰柜这个案件中，一般人根据"超市已长时间没有营业，店主也很长时间没有在超市出现，店门一直没有上锁，店内只有两台冰柜及货架"这样的事实会得出什么结论。如果一般人认为这是店主丢弃的，行为人也这么认为，行为人就没有盗窃的故意；如果一般人认为店主不会丢弃这样的财物，而行为人却自以为是店主丢弃的，就不能排除行为人有盗窃的故意。

张明楷：应该是这样的。

学生：可是，陈某的内心可能确实以为冰柜是被害人丢弃的。

张明楷：如果确实以为冰柜是被害人丢弃的，就一定是在一般人看来这么认为是有道理的。如果一般人认为陈某的"确实以为"没有道理，就不能认定陈某没有盗窃的故意。

学生：那么，这个案件能认定陈某的行为构成盗窃罪吗？

学生：我觉得，一般人都可能认为被害人放弃了对这些财物的占有，因为冰柜也不是新的，长时间不使用，也不锁门，也没有人看管，完全可能是丢弃的。

张明楷：你这样分析当然是有道理的。如果一般人都这么认为，就表明陈某没有盗窃的故意。但我觉得陈某这么认为是没有道理的，因为冰柜与货架都不是体积小的物品，放在超市内也不需要上锁，更不可能派人看管。我们一般人一看，就知道这是店主的财产，不能因为人家长期没有搬走就自己搬走。

学生：我这里有一个案例：嫌疑人去一个商场里的超市，他在里面逛的时候发现地上有个手机。其实，这个手机是一个母亲在旁边照看小孩时放在地上的，后来母亲忘了把手机拿起来，就到其他货架上去挑选其他东西了。嫌疑人发现地上有一个手机，就觉得可能是别人掉的，于是他就拿走了。那个地方也不能说是一个完全封闭的场所，而是那种像特卖场一样的地方。

张明楷：特卖场是什么样的？

学生：商场里面设置好几个独立的柜台，只不过独立的柜台之间都会有一道门禁。

张明楷：也就是说，手机所在的场所是一般人都可以进的地方吗？

学生：对，都可以进。

张明楷：那就是相当于公共场所了。

学生：是的，但是外面也会有一道门禁，如果你在里面买东西没有付款，门禁就会发出警报。

张明楷：这里面卖东西的货架是开放的吗？

学生：对，它的里面又设置了各个专卖店，各个店之间其实没有什么关联。

张明楷：母亲是在逗小孩玩的时候把手机放在地上的吗？那个地方是超市设置的给小孩玩的地方吗？

学生：那个地方是一般超市内货架跟货架中间的过道，母亲要帮小孩系鞋带，就把手机随手往地上一放，站起来的时候就忘记拿了，直接走开去买其他东西了。随后，行为人一看地上有个手机，就想着是别人掉落的，于是就拿走了。

张明楷：如果被害人还在手机附近、距离很近的话，倒是可以评价为被害人占有着手机。如果行为人也知道被害人在附近的话，那么认定其行为构成盗窃罪是没有问题的。但是，因为那个地方本来就不是超市提供给顾客存放手机的地方，而是顾客可以随意经过的货架过道，那么一般人其实都会觉得那就是一个遗忘物，也是有可能的。

学生：既然是超市，就会有管理者吧？

张明楷：你是说手机当然转移给管理者占有了吗？感觉在我国还不能这么说。

学生：这个案子的情形是，被害人就在旁边，其实是没有丧失占有的，但是行为人主观上觉得这是其他人掉落的手机，那么，具体的认定上以哪个标准来判断呢？

张明楷：首先进行客观上的判断，然后进行主观上的判断。客观判断的结论是，被害人仍然占有自己的手机，行为人客观上就是一个盗窃行为。如果主观的判断是行为人误以为被害人不在旁边，就可以认为他只有侵占的故意。

学生：行为人没有认识到被害人在附近，就没有认识到手机仍旧处于被害人占有的客观事实。

张明楷：如果手机在货架上或者桌子上，我觉得还是可以认定行为人具有盗窃故意的。但是，这个案件中，手机掉落在地上，地上通常不是一个放手机的地方，所以，只要行为人没有意识到被害人还在旁边，就难以认定他有盗窃的故意。这个案件跟我们以前讨论过的案件不一样：两姐妹过马路，刚走到马路中间，手机就掉在地上了，后面的行为人看到了全过程。行为人发现手机后立即捡起来往回走。两姐妹一过马路就发现手机掉了，回过头就发现手机没有了。像这样的行为人看着人家掉了手机之后立马就捡走的，我觉得还是应该认定为盗窃罪。如果行为人确实不知道被害人就在财物旁边，那么至少可以说这是一个抽象的事实认识错误。换言之，我们要判断的是，被告人认为是遗忘物的这一认识，有没有道理？如果我们越觉得他这么认为是有道理的，那么他就越没有盗窃的故意。像我们刚才讨论的这个案件，冰柜还在超市内，虽然没有锁门，但是不只有冰柜没有搬完，而且还有货架等财物，怎么就能说这两个冰柜是人家丢弃的呢？行为人这样认为是没道理的，所以，我觉得认定陈某具有盗窃的故意是没有问题的。当然，由于数额刚达到较大的标准，被害人也谅解了，作出相对不起诉的处理也是可以的。

案例 18　故意（故意内容的转换）

行为人甲以抢劫财物的故意对被害人乙实施暴力，在暴力压制乙的反抗后，甲发现乙随身携带了枪支，于是取走了枪支，没有取走其他财物。

张明楷：这个案件能认定甲的行为构成抢劫枪支罪吗？

学生：这个案件能不能按照承继的共犯的法理来处理？例如，张三实施暴力行为压制了被害人反抗后，李四知道真相参与取走财物，我们一般认为李四构成抢劫罪的共犯。既然如此，老师讲的这个案件的甲也构成抢劫枪支罪。只不过，承继的共犯是有两个人实施，而我们讨论的这个案件是由同一个行为人实施的。

张明楷：这个案件与承继的共犯不一样。在承继的共犯的场合，张三是肯定构成抢劫既遂的，只是李四是否构成抢劫罪的共犯的问题。但在我们讨论的这个案件中，还不能确定甲的行为就是构成抢劫枪支罪。如果按承继的共犯来设计案情的话，应当是这样的：A 为了抢劫普通财物对 B 实施暴力，导致 B 昏迷。此时，没有共谋的 C 到了现场，A 将真相告诉 C。两人在搜索财物的过程中，发现 B 携带了枪支，于是共同起意取走枪支。这种场合，A 是否构成抢劫枪支罪以及 C 是否构成抢劫枪支罪的共犯，才是需要讨论的问题。

学生：这种案件跟强奸罪确实不一样，因为在强奸罪中，如果行为人以其他故意压制了被害妇女的反抗后，才想到强奸妇女进而奸淫妇女的，肯定成立强奸罪。因为趁妇女不能反抗而实施奸淫行为本身就完全符合强奸罪的构成要件。但抢劫罪则不同，后来取走财物的行为不一定只是符合盗窃罪构成要件的行为。就我们讨论的案件而言，能不能说，甲利用了自己的暴力压制乙反抗的状态，进而将其整体评价为抢劫枪支罪呢？

学生：按照因果共犯论，后面取走枪支的行为，应该只能认定为盗窃枪支罪。

学生：抢劫财物的故意可以包含抢劫枪支吗？

张明楷：抢劫财物的故意肯定不包括抢劫枪支的故意，因为普通财物不能评价为枪支，但枪支可以评价为普通财物。如果说后面的行为只构成盗窃枪支罪，那么，前面的抢劫罪就成立中止犯了。如果前面的暴力没有致人轻伤，对前面的抢劫中止就只能免除处罚，最终只能以盗窃枪支罪定罪处罚。

学生：前面的抢劫罪是成立中止犯还是未遂犯？我想到之前您举到的一个案例。甲瞄准前方，准备扣动扳机时，发现不是自己意图杀害的乙，于是放弃了枪击行为。这种场合，您认为应该认定为故意杀人罪（未遂）。为什么在这种情况下是未遂犯，而我们刚刚讨论的案件是中止犯呢？

学生：感觉甲可以开枪而不开枪，也应该认定为中止犯。

张明楷：甲想杀害的是乙，但甲瞄准的人并不是乙，这是甲意志以外的原因而不开枪。也就是说，即使甲开枪也不能实现自己杀害乙的目的，所以，甲没有开枪不是中止犯，而是未遂犯。如果从实质上说，甲并不是回到了合法性的轨道，而是因为自己想杀的人不在现场而放弃开枪。这在德国的话认定为未遂犯是不存在疑问的。

学生：您在教材中有举到这样一个例子。行为人为了抢劫普通财物，而对被害人实施暴力，在强取财物的过程中发现被害人的包内不仅有财物，而且有枪支，于是使用强力强行夺取了被害人的枪支。您在教材中认为此处应认定为抢劫罪中止和抢劫枪支罪的想象竞合。

学生：在这个案例中，行为人就枪支而言还是存在暴力强取的行为。

张明楷：这里的表述相对比较模糊。由于行为人发现枪支之后实施了强力强行夺取了枪支，所以认定为抢劫枪支罪是没有疑问的。如果认为行为人只有一个行为，而且原本也想劫取财物，所以，对抢劫罪成立中止，因而构成想象竞合。这应当没有什么疑问。我们现在讨论的是，在甲实施暴力导致乙被压制反抗后，甲才发现有枪支，但发现乙有枪支后没有实施暴力、胁迫等强制手段，后面取走枪支的行为是成立盗窃枪支罪还是抢劫枪支罪？

学生：如果只认定为盗窃枪支罪，感觉与承继的共犯理论不协调。

学生：在承继共犯的场合，如果第一个实施抢劫的行为人已将被害人打昏迷，后行为人参与进来，后行为人也不一定能就抢劫罪成立承继的共犯吧？

张明楷：你们两人对承继的共犯采取的立场不同，将甲的行为认定为盗窃枪支罪与对承继的共犯采取肯定说或者部分肯定说是不协调的，但与对承继的共犯采取否定说则是协调的。

学生：我个人觉得，除非第一个行为人实施暴力的行为一直在继续，后行为人参与进来才可能成立共犯。如果第一个行为人已经暴力导致被害人昏迷了，后行为人参与取走财物的行为也只能成立盗窃罪，不可能就抢劫罪成立共犯。

张明楷：你对承继的共犯采取的是否定说。按照因果共犯论确实有可能认定为后面的参与人仅构成盗窃罪。如果前行为人的暴力行为没有导致被害人昏迷，但是造成其没有反抗能力，结论是否就不一样了？由于日本的财产犯罪没有数额方面的限制，就此来说，否定说在日本刑法中是不存在漏洞的，也不会有太大的问题。但是，在中国采取否定说会存在很大的问题。例如，第一个行为人实施暴力导致被害人昏迷，后参与人取走了价值不到2000元的财物。根据日本刑法，后参与人可以认定成立盗窃罪，但在中国明显不符合数额较大的标准，不成立盗窃。反过来说，在事后抢劫的场合，如果甲盗窃既遂后，乙为帮助其窝藏赃物共同对被害人实施暴力，在日本乙的行为可以认定为暴行罪，但中国刑法中没有这一犯罪类型。再如，第一个行为人基于敲诈勒索或诈骗的故意实施了恐吓或欺骗行为，后行为人知道真相后帮忙取得钱财的，在日本可以认定后一行为人的行为构成侵占罪，但在中国同样可能存在数额方面的问题。所以，对于承继的共犯我还是采取部分肯定说。

学生： 我们举的这个例子中，前行为人在压制被害人反抗时没有抢劫枪支的故意，后参与人取走枪支的话也只是盗窃枪支，不会被认定为抢劫枪支罪。这跟部分肯定说并不矛盾。

张明楷： 现在的问题是，在前面所说的一人单独犯罪中，甲以抢劫的故意实施暴力压制乙的反抗，发现有枪支之后取走枪支的行为是成立抢劫枪支罪还是成立盗窃枪支罪。这个问题不解决，后一行为人的问题也不能解决。

学生： 我觉得不能用两个共犯的例子去对比，而是要对比共犯与单独犯。在共犯的场合，后参与人可以利用前行为人的故意而实现故意犯罪，但在单独犯的场合，不能认为其利用了自己前面的故意。

张明楷： 讨论承继的共犯是否成立共犯，不能单纯地讲后行为人利用了什么。对承继的共犯持部分肯定说，是因为后行为人参与了前行为人的部分行为，而前行为人的行为是抢劫行为，所以，后行为人参与了抢劫行为。当然，这个说法是不是理由，可能存在疑问。山口厚老师就认为，这不是理由。但我认为，这是一个理由。我们讨论的这个案件，与承继的共犯是不同的。因为甲在乙被压制反抗后，甲并没有参与他人的抢劫枪支的行为，而是自己实施了取走枪支的行为。

学生： 既然甲在实施暴力时没有取走枪支的故意，就不能认定后面的行为成立抢劫枪支罪。

张明楷： 这个结论是容易接受的。不过，如果承认不作为的抢劫，还是可以认定甲的行为成立抢劫枪支罪的。

学生：我国的学者与司法实务可能难以接受不作为的抢劫。

张明楷：从理论上讲，不作为的抢劫是可能的。山口厚老师原来对承继的共犯采取否定说，后来改为肯定说或者部分肯定说，其实就是肯定了不作为的抢劫。这是一个大问题，只能等积累大量案件后再讨论。

学生：老师，我还是想再问一下，不管甲后面的行为是成立抢劫枪支罪还是成立盗窃枪支罪，为什么前面的抢劫财物不是未遂犯而是中止犯呢？比如，甲本来想杀害乙，用枪支瞄准被害人后发现是丙而不是乙就放弃开枪行为。这种放弃也是自动的，也避免了结果的发生，为什么不成立中止犯呢？如果认为甲的行为构成杀人未遂的话，那未遂的处罚根据肯定是以丙作为被害人来评价的。可是甲并不想杀害丙，怎么说他对丙是杀人未遂呢？

张明楷：在你说的这个案件中，丙并非甲原本想杀害的对象，因而就谈不上甲放弃了杀害丙的意思。甲不实施杀害丙的行为，是因为杀害丙不能实现他的目的，因而被迫放弃了枪击的行为。如果乙在场的话，甲放弃了枪击乙的行为，甲则成立犯罪中止。从法定符合说的角度来说，甲瞄准丙开枪时，就已经是杀人的着手，但由于丙不是甲所要杀的人，所以，甲是意志以外的原因未得逞。认定甲对丙构成杀人未遂是没有问题的。即使按照具体符合说，甲将丙当作乙瞄准，也只是对象错误，也已经着手实施了杀人行为，仍然成立未遂犯。

学生：按照这样理解的话，如果 A 本意想强奸 B，实施暴力压制被害人反抗的过程中发现行为对象是 C，A 于是放弃了继续奸淫行为。这种情况下，A 是否也是成立强奸罪的未遂，而非犯罪中止呢？

张明楷：你说的这种情形在实践中比较罕见，除非 A 是基于诸如报复之类特定目的强奸 B，但暴力压制被害人反抗后发现是 C 而非 B。在这种情况下，同样也应该认定为强奸未遂。总之，行为人 A 并非主动放弃犯罪，而是因为他本来想要实现的动机或者目的不能实现而放弃继续实施犯罪，这不能表明其特殊预防的必要性减少。

学生：在甲瞄准丙时，发现丙不是自己想要杀的乙，虽然乙在场，但甲放弃瞄准乙的，只评价甲对乙的行为成立犯罪中止，而不再评价其对丙的行为成立杀人未遂吗？

张明楷：应当要评价甲对丙的瞄准行为构成故意杀人未遂吧，当然要以对丙着手实行了杀人行为为前提。如果甲开枪后发现被打中的丙不是自己想杀的乙，事后鉴定开枪行为造成了丙的伤害，也是要认定为故意杀人未遂的吧。如果甲此时发现乙就在现场，但放弃对乙开枪的，则对乙成立故意杀人中止。至于对乙是预备阶段的中止还是实行阶段的中止，就取决于案情了。如果甲枪击致使丙死亡后，又实施了瞄准在场的乙的行为，随后自动放弃开枪射击的行为，那对乙而言成立实行阶段的中止。

学生：也就是说，还得分析甲有几个瞄准被害人的行为？

张明楷：行为人只有一个持枪瞄准的行为的话，那只能按照一个行为去评价。如果是犯罪既遂后，又实施了持枪瞄准的行为，那当然应该评价为两个行为。而且对于生命的犯罪，还需要考虑被害人的数量。

学生：但是，我们讨论的这个案件，如果乙不在场，甲发现瞄准的人是丙而不是自己想杀的乙之后，将其放弃枪击行为认定为犯罪未遂的话，似乎不利于鼓励行为人放弃犯罪。行为人可能会认为，即便放弃枪击丙的行为也只能认定为犯罪未遂，那不如直接开枪算了。相反，如果在这种情况下认定为犯罪中止，那还是可以鼓励行为人放弃实施犯罪行为的。

张明楷：你这样理解不太合适。这种情况下认定为犯罪未遂，行为人依法可以从轻、减轻处罚，而且在实务中通常也会从轻、减轻处罚。如果行为人认为不如开枪算了，造成了伤害或者死亡，量刑肯定存在重大区别。在这个案件中，即便认定甲成立犯罪未遂而非犯罪中止，同样还是有利于鼓励其放弃继续实施犯行的。况且，你们从行为人甲的立场思考，难道这种情况下认定甲成立犯罪未遂，会鼓励其继续实施枪击行为？我觉得不会。

学生：如果我们否定认错人的情况可以成立中止，那会导致另一个后果。如果行为人打算无差别杀人，或者是杀害在场的所有人，随后自动放弃的可以认定为犯罪中止。但是，如果行为人只是计划杀害特定的人，但发现认错人之后放弃实施杀害行为的，这种危险性比前面计划无差别杀人的更轻，反倒只能认定为犯罪未遂。这样认定是否不太合理？

张明楷：行为人自动放弃无差别杀人的，当然可以成立犯罪中止。我们讨论的案例得区分两种情况，这对行为人的犯罪形态的认定会有不一样的影响。一种是行为人想杀害的对象不在现场的，不能认定为其自动放弃了杀害他人的意思，不可能有犯罪中止；另外一种是行为人想杀害的对象在现场的，行为人自动放弃杀害自己想杀害的那个对象，同样可以成立犯罪中止。

学生：我觉得瞄准和扣动扳机还是存在差别的。同样是发现不是自己意图杀害的对象，行为人只是用枪瞄准没有扣动扳机，与行为人开枪后没有打中的，两种情况都成立犯罪未遂，但这两个未遂明显是存在区别的，尤其是就对法益侵害的危险性而言。

张明楷：犯罪未遂之间存在区别的情况是很普遍的，不能因为未遂之间存在区别就否定其中一种情况成立犯罪未遂。行为的危险性当然是存在差异的，实际上就好比阶梯一样。比如说，0 是不能犯，1 至 49 基于危险程度较低而不视为犯罪，从 50 至 99.999 都视为存在危险性而认定为犯罪，100 则视为犯罪既遂。就 50 至 99.999 之间的危险性来讲，那确实是存在差异的。

学生：有没有可能将杀人罪的着手推迟到瞄准后准备扣动扳机的时刻呢？

张明楷：那样认定着手可能太晚了，而且用枪支实施杀害行为的，一旦实施瞄准行为对于被害人的生命危险就很紧迫了，从瞄准到扣动扳机之间的时间距离是很短暂的，所以没有必要将着手的时点往后推迟。

学生：在是否发生被害人死亡结果的情况下，我们在认定的思路上似乎有点不协调。例如，行为人甲错把丙当成乙杀害了，这种情况根据法定符合说我们会直接认定甲成立故意杀人罪的既遂犯。但是，甲同样是错把丙当成乙而瞄准开枪，在没有打中的情况下，我们却需要评价甲是否存在认错人的情况。

张明楷：这不是同一个层面的问题，并不会不协调。我们讨论甲是成立犯罪未遂还是犯罪中止，是从其是否主动放弃实施杀害行为的角度分析。如果说甲将丙当成自己意图杀害的乙而瞄准开枪的话，那就涉及认识错误的问题，按照法定符合说，只要甲用枪瞄准丙，那就是对丙的杀人行为的着手。

学生：能否在讨论甲是否放弃杀人的问题上稍微抽象一点，抽象成甲放弃了杀人，而非放弃杀害特定的人呢？

张明楷：问题在于，不管甲是基于对象错误还是打击错误，当我们讨论是否成立犯罪中止的时候，并不是在讨论甲是否成立故意杀人罪，因为其已经着手实施故意杀人行为。我们需要判断的是，甲是否主动放弃实施犯罪。例如，你们刚刚举的强奸案件，行为人暴力压制被害人反抗后，发现并非自己意图强奸的对象，随后放弃奸淫行为。这里存在两个层面的问题。一个是认识错误情况下暴力压制被害人反抗的行为怎么评价；另一个是行为人意识到认错人的情况下放弃奸淫行为，是否可以评价为回到了合法性轨道的犯罪中止的情况。而后一个情况，跟法定符合说实际上没有直接关系。

学生：这个合法性的轨道，究竟是指行为人自动放弃杀害眼前这个具体的人，还是说行为人从此就不再实施杀人行为呢？

张明楷：应该说，是就这一次杀人计划而言来评价行为人是否放弃了杀害行为。我们讨论的案件中，如果乙在现场而甲放弃杀害行为的话，那可以很清楚地认定甲自动放弃了杀人行为。但是，如果乙不在现场的话，那甲放弃实施杀害丙的行为就无法表明其不想杀害乙，而是因为认错人。

学生：在乙不在现场的情况下，对甲的行为就不需要评价其是对谁成立犯罪未遂吗？

张明楷：甲的行为成立对丙的杀人未遂呀。

学生：为什么不是对乙的杀人未遂呢？

张明楷：乙都不在现场，怎么可能对乙杀人未遂呢？

学生：如果行为人甲在公交车上实施盗窃行为，手已经伸到被害妇女的口袋中并触摸到钱包，随后基于同情放弃取走钱包，转而窃取其他乘客财物的，应当怎么评价呢？

张明楷：严格意义上讲，前面基于同情放弃犯行的成立盗窃罪的中止，后面窃取其他乘客的是另外一个盗窃行为。

案例19　故意（未遂故意和既遂故意的关系）

甲对被害人实施暴力行为，希望被害人死亡，而且也导致被害人死亡。乙对被害人实施暴力行为，希望被害人死亡，但由于意志以外的原因，被害人没有死亡，但造成严重后果。

　　张明楷：这两个案件的定性不值得讨论。我们今天的讨论重点是未遂犯的故意与既遂犯的故意的关系，因为有同学问过这个问题。

　　学生：我们的刑法理论一般认为未遂故意与既遂故意是一样的，没有什么区别。

　　张明楷：如果从行为计划或者行为意志的角度来说，未遂犯的故意与既遂犯的故意确实没有区别。比如，张三杀人未遂，李四杀人既遂，两人都是希望或者放任被害人死亡，如果张三不希望或者不放任被害人死亡，就表明他只有伤害的故意，而不可能成立杀人未遂。在这个意义上讲，未遂犯的故意内容与既遂犯的故意内容没有区别。但如果从责任的角度来说，二者还是有区别的。在德国、日本都有学者认为，在未遂犯中，既遂故意是不法要素，但在既遂犯中，既遂故意就是责任要素。有的学者认为这种观点自相矛盾，我觉得一点矛盾都没有。为什么说一点矛盾都没有呢？当人们说故意包含认识因素和意志因素的时候，在未遂犯的场合，作为责任要素的未遂故意内容是，行为人明知自己的行为会产生某种危险，并且希望或者放任这种危险的发生。可是在未遂犯中，行为人还必须有一个希望或者放任实害结果发生的心理状态，这是一个主观的超过要素，因为客观上没有一个对应的实害，这一部分就多出来了，多出来的部分类似于目的，就是主观的超过要素。所以，在新古典犯罪论体系那里它就成了不法要素。

　　学生：也就是说，在故意杀人的未遂犯中，希望或者放任被害人死亡，是一个主观的超过要素，因为客观上没有发生死亡结果，这个主观的超过要素就属于主观的违法要素。在故意杀人的既遂犯中，希望或者放任被害人死亡，不是主观的超过要素，因而客观上存在与之对应的死亡结果，于是，整个故意内容都是责任要素。

张明楷：平野龙一老师与山口厚老师也都是这么讲的。在未遂犯中，希望或者放任结果发生的意志因素就是目的犯中的目的。也就是说，如果采取容认说，在故意杀人的未遂犯中，行为人要认识到自己的行为可能致人死亡，也希望或者放任这种危险的发生。这些内容与故意杀人未遂的客观事实是对应的。但仅此还不够，还要求行为人主观上有希望或者放任他人死亡的要素，这个要素就相当于目的犯中的目的，也被称为既遂的故意，是主观的超过要素，因而是主观的违法要素。山口厚老师在教科书的主观的违法要素这部分里，在讲完目的犯的目的后就说："未遂犯中的引起既遂结果的意思（既遂行为意思）也是由于其为属于未遂犯之处罚根据的既遂的危险奠定基础，从而属于主观的违法要素"。这个表述很清楚，这里的既遂结果就是指实害结果，而未遂的时候实际并没有发生这个实害结果。

学生：那为什么在故意杀人的既遂犯中，希望或者放任结果发生的心理内容不是主观的违法要素呢?

张明楷：按照平野龙一老师的说法，在故意杀人的既遂犯中，客观事实就已经实现了故意杀人罪的不法内容，因此不需要通过主观要素判断故意杀人罪的不法内容，所以，希望或者放任被害人死亡的心理状态只是责任要素。但在故意杀人的未遂犯中，客观事实还不能表明故意杀人罪的不法，只有当行为人主观上希望或者放任被害人死亡时，才表明案件存在故意杀人罪的不法，否则就只有故意伤害罪、暴行罪的不法。简单地说，在杀人的既遂犯中，因为客观上已经发生了死亡结果，所以不需要既遂故意来说明故意杀人的不法；但在杀人的未遂犯中，因为客观上没有发生死亡结果，所以需要既遂故意来说明故意杀人的不法。

学生：是不是可以这样认为，如果在未遂犯中不考虑行为人希望或者放任结果发生的意志内容，就不能认定行为人的行为是杀人行为，因而不能认定为故意杀人罪的未遂犯。但在既遂犯中，不考虑行为人希望或者放任结果发生的意志内容，也能认定行为人的行为是杀人行为，客观上就是杀人罪的既遂犯。

张明楷：这样理解也可以。但需要注意的是，客观上的杀人罪的既遂犯，也可能因为行为人主观上没有杀人故意，因而不能负故意杀人罪的既遂犯的责任，只能承担故意伤害致死的责任。

学生：我们在学刑法的时候，老师们总是先讲出行为人有杀人故意，然后实施杀人行为，我们也习惯于这样讲，于是，杀人故意就相当于行为计划或者行为意志，而不是最后作为责任要素来判断。

张明楷：我在很多年前的教学中就意识到这个问题。比如未遂犯的时候，总要先讲行为人以杀人故意开枪，因为如果不这么讲的话，学生会说凭什么说是杀人未遂呢？为什么不是故意伤害呢？但是如果换一种讲法又觉得不顺。比如说，行为人开了一枪没有造成死亡结果，但后来查明行为人是希望或者放任被害人死亡的，这样表述就很麻烦。

学生：我还是想再问一下，为什么行为人对既遂结果的意思，对未遂犯的不法奠定处罚根据，却不需要为既遂犯的不法奠定根据呢？

张明楷：因为既遂犯时既遂结果已经发生，既遂犯的不法已经显现出来了。而在未遂犯时，如果不考虑行为人对既遂结果的意思，就不能表明行为是杀人行为，不能认定为故意杀人罪，就只存在伤害罪的不法，只能认定为故意伤害罪了。另外，由于行为人是有发生死亡结果的意思的，这个意思会使行为人实施杀人行为，从而提升了行为致人死亡的危险性。平野老师举例说，行为人用枪瞄准人，手指放到扳机上，此时被警察制服了。行为人在这个时候是只有胁迫罪的不法，还是有暴行罪、伤害罪的不法，抑或是故意杀人罪的不法？如果行为人有造成死亡结果的意思，就具备了故意杀人罪的不法，要认定为故意杀人未遂。如果行为人没有造成伤害与死亡的意思，就只有胁迫罪的不法。

学生：这是否会导致同一个主观内容，会随着客观情况的不同，体系位置发生变化？

张明楷：这在平野老师、山口老师那里应当不是问题。主观内容是一个事实，需要进行规范的评价，但客观情况的不同就会导致规范评价不同，没有必要也不应当将所谓同一内容固定在某个体系位置。而且，何谓同一内容也有疑问。例如，非法占有目的中的排除意思与利用意思，是同一内容还是不同内容。完全有可能认为，排除意思是主观的违法要素，利用意思则是责任要素。再如，行为主体的特殊身份与责任年龄、责任能力是不是同一主体内容，我觉得不是的，但我国的传统刑法理论就认为是同一内容，现在还有学者主张不能将特殊身份从主体中拿走。

学生：如果客观方面不够的话，按理说就不应该构成犯罪，平野老师、山口老师的观点是不是相当于是把原本属于责任要素的故意去补足客观方面，进而能认定犯罪。

张明楷：不是你这样理解的。客观方面没有发生死亡结果时，不构成故意杀人既遂，将发生既遂结果的意思作为主观的违法要素，并不是说要将这个行为认定为故意杀人既遂，所以并没有用责任要素的故意去补足客观方面。但客观方面没有发生死亡结果时，难以仅从客观方面判断行为是杀人还是伤害，因而不能确定客观事实是杀人未遂的不法还是伤害罪的不法，所以需要通过主观方面有没有希望或者放任他人死亡的意思来判断；如果有这个意思，就成立故意杀人未遂，于是这种既遂的故意就成为主观的违法要素。

学生：我们刚刚讨论的是未遂故意和既遂故意的体系地位的问题，那它们的故意内容是不是一样？

张明楷：在平野老师那里，未遂故意本身还是责任要素，只是未遂犯中行为人追求实害结果发生的那个既遂结果的意思，属于主观的违法要素。既遂犯的既遂故意，则都是责任要素。

学生：能否这么认为，未遂故意和既遂故意虽然其中一部分体系地位发生变化，但整体来说未遂故意和既遂故意的内容还是一样的？

张明楷：严格地说还是不一样的。在未遂犯的时候，行为人开枪没把人打死，只是有打死人的危险，让行为人对这个危险负责，就只需要行为人认识到这个危险，希望或者放任这个危险。未遂故意的全部内容就是这些，但除此之外，行为人还必须有造成死亡的意思，这个意思就不再是未遂故意的内容，而是相当于目的犯的目的。所以，你可以将未遂犯理解为目的犯。这个造成死亡的意思是未遂故意以外的内容了。

学生：如果不承认主观的违法要素这种观点，是否能认为未遂故意和既遂故意的内容是一样的呢？

张明楷：如果不承认主观的违法要素，未遂故意与既遂故意就都是责任要素，按照内藤谦老师、中山研一老师的观点，即使是主观的超过要素，也属于责任要素。但未遂故意与既遂故意还是有点小区别，也就是说，即使都是责任要素，但未遂犯中的造成死亡的意志仍然是主观的超过要素。

学生：我是这么看的。刑法中的危险指的是实害结果发生的可能性。如果这样的话，其实未遂故意和既遂故意的区别，就是在于认识到这个结果发生的可能性大小不同。

张明楷：你这是单纯从认识因素的角度来说的，我们前面主要是从对造成死亡结果的意志来讲的。而且你讲的不一定是未遂故意与既遂故意的区别，可能是故意与过失、直接故意与间接故意的区别。其实未遂犯的主观要素与既遂犯的主观要素，并不是前者少一点后者多一点，也不是前者的程度低一点后者的程度高一点，而是造成死亡结果的意志是故意的内容还是故意以外的目的。之所以要这样讲清楚，就是因为目的犯中的目的是主观的违法要素还是责任要素还存在争议。

学生：现在不少日本学者讲行为意志，并且认为行为意志是违法要素，但故意内容不是违法要素，这是不是把我们所说的故意的意志因素作为违法要素了？

张明楷：行为意志不等于我们所说的故意的意志因素，因为故意的因素是希望或者放任危害结果的发生，行为意志只是表明行为人实施特定行为的打算或者想法，但不必然希望或者放任危害结果发生，但二者可能有重合。比如，行为人拿着一支枪准备开枪就是有行为意志，但不等于行为人就是希望或者放任他人死亡。我经常讲的例子，行为人从警察手上拿过来一支枪，警察说枪里没子弹，但事实上还有一发子弹。行为人要瞄准他人扣动扳机时，就是有行为意志，但如果他确实以为枪支没有子弹，就不仅没有杀人故意，甚至没有过失。

学生：这个行为意志看上去好像没有什么实际意义。

张明楷：按照日本学者的说法，意义在于如果有行为意志就增加了行为的危险，当行为人不想开枪时，危险肯定小一点；一旦行为人想开枪，立即瞄准开枪，危险就增加了。

学生：如果从事后的角度来看，所有的案件都有行为意志。

张明楷：大体可以这样说，但忘却犯可能是例外吧。

学生：既然所有的案件都有行为意志的话，单独把这个行为意志拿出来也没有意义。

张明楷：把这个行为意志拿出来，在很大程度上是不愿意承认故意是违法要素。

学生：以前课堂上讨论过特别认知和行为意志，特别认知作为一个认识内容，它是行为意志的前提吗？

张明楷：没有必要说特别认知是行为意志的前提吧。因为行为意志只是说行为人要实施某个行为，而这个行为客观上是有危险的，但行为人是否认识到这个危险，不影响对行为人有没有行为意志的判断。

学生：我阅读有关因果关系的文章时，发现日本学者在论证将特别认知这个主观要素掺进危险的判断里并不异常的时候，就引用高山佳奈子老师关于行为意志的论证，就说行为意志提高危险，所以将特别认知作为因果关系起点的实行行为的判断要素也是可以的。

张明楷：我觉得不是特别认知本身提升危险，是特别认知到的那个事实本身存在危险。即使行为人没有特殊认知，客观危险也是存在的。比如，行为人将毒蘑菇给他人吃时，不管行为人有没有特别认知，对他人的危险是一样的。但行为人打算给他人吃时，就是有行为意志，就增加了行为的危险。

学生：特别认知是行为意志存在的前提。

张明楷：也不能这么说，有没有特别认知都可能有行为意志，特别认知是故意的意志因素的前提。如果行为人没有认识到是毒蘑菇，就不可能希望或者放任他人死亡。但没有特别认知，也有行为意志。两个人手上都有毒蘑菇，一个人没有打算给人吃，另一个人打算给人吃，前者没有行为意志，后者因为有行为意志所以就增加了危险。

学生：行为意志其实只是一个中性的概念。

张明楷：对！行为意志就是一个中性的概念。当行为人基于行为意志实施客观行为时，如果客观行为有危险，这个行为意志就增加了危险。但是这个行为意志和故意、过失完全不等同，只是说有时候它们可能就重合了。

学生：虽然未遂故意和既遂故意的内容不一样，也就是说既遂故意比未遂故意多出一个追求既遂结果发生的心态，实际上在现实生活中发生的未遂犯案件里面，也存在追求既遂结果的心态，只不过这个心态不在故意之内，而在故意之外。所以，总体来说，未遂犯的主观心态与既遂犯的主观心态的内容是一样的。

张明楷：如果对故意采取认识说，内容也不一样。如果采取认识说，那么，在杀人既遂的案件中，只要行为人认识到死亡结果就可以了。但在杀人未遂案件中，还要求行为人有追求死亡的目的。

学生：未遂故意与既遂故意的差别是不是像《刑法》第114条的故意和第115条第1款的故意之间的差别？

张明楷：这取决于你怎么理解第114条与第115条的关系。当你认为第115条是基本犯，第114条是未遂犯时，那么，第114条的故意就是未遂犯的故意，第115条就是既遂犯的故意。于是，适用《刑法》第114条时，既需要行为人认识到具体的公共危险，也要求行为人具有致人重伤、死亡的意志。这个意志就是主观的超过要素，至于是违法要素还是责任要素，则因人而异。但如果说第114条是基本犯，第115条是结果加重犯，那么，行为人对第114条就只需要认识到具体的公共危险，并且希望或者放任这种危险发生就可以了，不需要有致人重伤、死亡的意思。

案例20　过失（结果归属与过失心理的判断）

一名刚满18周岁的学生在操场（公众体育场，非学校操场）练习400米跑步，速度有点快，在拐弯后与迎面走来的锻炼者相撞（地点在跑道的拐弯处）。逆向走路的锻炼者被撞倒在地，当时他还能站起来，送往就医后脑出血死亡。经鉴定，其死亡由外力因素和死者自身因素（曾经中风、患有脑梗等基础疾病）共同作用导致，两者对结果的作用各占50%。

张明楷：司法机关对该案的分歧在于到底是认定为意外事件还是过失致人死亡。这样讨论的前提是肯定死亡结果由跑步学生的行为造成。

学生：案例是说跑步学生的跑步方向是符合惯例的，而走路锻炼者的走路方向是不符合日常惯例的。

学生：这种在公共体育场参加文体活动的，按照《民法典》的规定不都是风险自担吗？

张明楷：不能简单这么说吧。如果反过来，这个跑步者的方向是不符合惯例的，这个被害人的走路方向是符合惯例的，两个人撞上了，走路的人死亡了，结论会不一样吗？

学生：我觉得即使是反过来，结论应当也是一样的，就是都构成意外事件。因为条件因果关系肯定是有的，即便是被害人特殊体质也不会影响因果关系的认定，但是这个跑步者很明显谈不上故意或者过失，因为这种情况根本不可能预见到死亡结果。

张明楷：如果反方向跑步撞倒他人致人死亡也没有成立过失犯的余地吗？

学生：难道我们走在大街上撞到人，他人因此倒地死亡的，都要认定为过失吗？因为这种日常生活中的不小心撞倒他人，并没有像车辆那种程度的冲击力，如果认定为过失犯，就导致过失犯的处罚范围过于宽泛了。只有像驾驶车辆那样不小心撞倒人致人死亡，才需要承担过失犯的刑事责任。

张明楷：你这个说法有问题。既然是不小心，就表明行为人有过失。你是说日常生活中不小心撞倒人致人死亡时，不能将死亡结果归属于不小心撞倒人的行为吗？

学生：既然是不小心撞倒人致人死亡，被害人不是自我答责的话，行为人还是会构成过失犯的吧。

张明楷：我觉得，如果行为人是反向跑步，而被害人是正向走路，行为人撞倒被害人导致其死亡，一般还是可以认定为过失致人死亡罪的，除非有其他很特殊的情节。在本案中，行为人是正向跑步，被害人是逆向走路，简单地说被害人是有过错的，这个过错是否影响结果的归属；如果不影响，是否影响对行为人过失心理的判断。

学生：我很好奇这个鉴定机构所说的各占50%的结论是怎么鉴定出来的。

学生：感觉也能从结果回避可能性的角度去讨论。就是说，在当时跑的速度已经很快的情况之下，很难要求跑步者一下就停住，因为在转弯处发现走路者的时候，跑步者与走路者之间也只有几米的距离，跑步者没有回避结果的可能性。

学生：也就是说，跑步者停不住才是正常的。

学生：如果逆向走路的是一名小孩，是不是还是会要求跑步者承担一定的注意义务？

学生：可以说，关于跑步者承担的注意义务的范围与程度，不仅要考虑他遵守操场内的跑步方向、跑步的跑道这些自己可以控制的因素，还要随着对面是什么样的人这样的变量因素而变化。

学生：一般来说，操场肯定会笼统地说要文明跑步，这是不是包含了注意前方是什么样的人这样的注意义务？

张明楷：我觉得即使前面是小孩，也不一定能将死亡结果归属于跑步者。在操场上跑步较快是很正常的，如果走路的人与跑步的人方向相同，一般是不容易撞上走路者的。一方面，走路者将自己置于这种危险境地；另一方面，跑步者也不具有结果回避可能性。在这种情形下，如果认定为过失致人死亡罪，就会导致只要导致他人死亡，即使行为本身是正常的，也要承担刑事责任，我觉得不合适。

学生：也就是说，风险要分配给不遵守规则的人。或者，我们从危险接受的角度来说明好像也可以。

学生：我觉得不是危险接受，因为危险是被害人自己制造的，不是跑步者制造的。

张明楷：其实，被害人未必认识到了危险，所以，不宜用危险接受的理论来解决。

学生：问题是跑步者有没有义务抬头看得远一点，看一下跑道上有没有其他人，如果有义务，是不是也会认为他的行为是过失致人死亡。

张明楷：跑步者当然有一定的注意义务，尤其是防止自己撞倒在自己前面走路的人。但是，不能要求跑步者注意逆向走路的人，按照合理信赖原则，跑步者会信赖操场上的人都是会遵守规则的，都是正向跑步或者正向走路。如果走路者是和跑步者一个方向，跑步者看到前面有人，就很容易避让了；走路者是逆向走路的时候，即使跑步者发现了，也很难避让成功。所以，不能以跑步者有注意义务为由，将死亡归属于跑步者。

学生：那就是说，跑步者有注意义务，但是没有结果回避可能性。

张明楷：我觉得注意义务既不能过于宽泛，也不能过于抽象，只能根据客观环境等诸多因素，确定行为人有什么样的具体注意义务，实际上也就是判断，在当时的情形下，什么样的行为有造成结果的具体危险，什么样的行为没有造成结果的具体危险。如果说在当时的具体情形下，危险分配给了被害人，那就意味着行为人没有注意义务，行为人也没有制造危险。

学生：老师的意思是，在本案中，根据合理信赖原则，跑步者没有注意逆向走路者的义务，所以，就算存在结果回避可能性，也不能将结果归属于跑步者。比如说，两个人还隔了一段距离的时候，跑步者就发现了逆向走路者，跑步者合理信赖走路者主动让开，但走路者就是不动。因为跑步者是没有义务换跑道的，所以危险还是被害人自己制造的，不能将结果归属于跑步者。

张明楷：你这样的设定不一定周全，所以不太好讨论。我觉得在本案中，跑步者的行为不是一个构成要件行为，不是制造危险的行为。相当于行为人的汽车在道路上正常行驶，被害人自己突然冲到车前被撞死，我们不能说这个危险是行为人制造的吧？

学生：谁制造了危险的标准到底是什么呢？

张明楷：是根据生活经验确定的吧，或者说是根据客观的因果法则确定的。

学生：是不是根据违反注意义务标准？

张明楷：是否违反注意义务的标准也是根据生活经验确定的吧。

学生：如果是交通领域会有一些具体的法规，但在公共操场的场合，确实只能按照生活经验。即使有一些行为守则，也不会非常明确具体。

学生：老师，如果不是在拐弯处，而是在100多米的直道上，跑步者在锻炼百米冲刺时，看到了一个逆向走路的人，是不是有躲避义务？

张明楷：那可能就不一样了，但也不一定能得出跑步者的行为构成过失犯的结论，还是需要根据具体情形进行判断。一般来说，逆向走路的人看到前面有人跑步就要避开，跑步的人也会信赖逆向走路的人会避开。当然，如果是小孩就不一样了。

学生：比如说，跑步的人很远就看到这个逆向走路的人不移动了，那他可能就不能合理信赖走路的人会避开。

张明楷：那也可以合理信赖吧，除非这个被害人是背对着这个行为人的。

学生：老师，如果行为人在练习50米冲刺跑，他知道自己冲刺的时候会闭上眼睛，然后恰好撞死了同向走路的被害人。

张明楷：这种情形行为人可能构成过失犯了吧。

学生：老师，在我们讨论的这个案件中，即使不从结果归属的角度，单纯从过失心理的角度，也可以说跑步者的行为没有过失，因而不构成过失致人死亡罪，属于意外事件吧。

张明楷：司法机关就是这样展开讨论的，他们多数人认为，行为人主观上没有过失。但这样讨论会有一个问题，假如操场上总是有一些人逆向走路，行为人是不是就有预见可能性了，因而构成过失犯罪？

学生：操场上的确有人逆向跑步或者走路。

张明楷：我在清华的东操场总是看到有人逆向跑步，有的人是在内侧跑道上逆向跑步，有的人是在外侧跑道上逆向跑步，每次都想劝阻一下，但总是没有劝阻成。当然，在操场上逆向跑步或者走路的总是少数人，不可能是多数。

学生：还是从客观归责的角度来讨论更合适一些。

张明楷：就一个具体案件而言，如果从因果关系与结果归属的角度说明结果不应当归属于行为人的行为，就不需讨论行为人有没有过失了。不知道你们发现没有，一旦肯定行为人主观上有过失，就会反过来说行为人有注意义务，进而容易肯定因果关系与结果归属。所以，我觉得这个案件不能将死亡结果归属于跑步者的跑步行为，跑步者也没有违反什么注意义务。

学生：老师，您是将危险接受放到被害人承诺里去讨论的，这个危险接受是属于结果归属的一个子项吗？

张明楷：这就因人而异了，我是把危险接受放在被害人承诺的延长线上去讨论的。我是觉得在构成要件里面讲因果关系与结果归属，最好是正面讲具备哪些条件或者因素就能够肯定因果关系与结果归属的，而不要总是从反面的或消极的角度讲阻却构成要件符合性，不然学生也难以理解和接受。

学生：老师，还有一个问题是，我们在区分不可罚的自己危险化的参与和可罚的基于合意的他者危险化时，适用的标准到底是行为人还是被害人支配了结果的发生？我总觉得，谁创设了这个风险也不是很重要。或者说，为什么重视危险实现而不重视危险创设？

张明楷：自己危险化的参与的时候还是被害人自己创设了风险吧。不能说行为人创设了什么危险。比如说，我们讲过的那个案例，姐姐因非法经营被公安机关带到派出所后，要妹妹买农药，打算喝农药吓唬警察，想着在卫生间喝一些就出来，结果自己不小心喝多死亡了。在这个案件中，妹妹并没有创设什么危险，危险完全是姐姐创设的，将妹妹的行为认定为过失致人死亡罪就明显不当。

学生：妹妹创设了帮助自杀的危险。

张明楷：你这样说，无非是说妹妹的行为与姐姐的死亡有条件关系，就算妹妹创设了帮助自杀的危险，但这个危险的现实化还是完全取决于姐姐的行为，或者说是姐姐自己的行为使危险现实化。

学生：所以，最终的判断标准还是看谁支配了危险并使之现实化，至于谁创设的危险则没有那么重要。

张明楷：你的这个说法就共同犯罪而言可能是成立的，但就单个人犯罪而言则难以成立。因为在共同犯罪中肯定有正犯，帮助行为没有独立创设危险，都只是创设了帮助犯罪的危险。但在单个人犯罪中，行为人创设的就不是帮助犯罪的危险，而是导致结果发生的危险。而且，在单个人犯罪中，必须判断行为本身是否符合构成要件，只不过因为杀人、伤害的行为不具有定型性，或者说不是举止关联犯，所以，客观归责理论用行为创设了危险来替代构成要件行为的判断。

学生：应该说，危险创设阶段只是一个倾向于形式化的筛选，只有在危险现实化阶段才是一个相对实质的审查过程。

学生：罗克辛教授在论文里说到，风险支配以及谁创设了这个风险都很重要。就像那个"梅梅尔河案"，看似是船家掌舵在支配危险，但是具体案例里面是乘客在不断催促船夫。所以，罗克辛教授才会强调谁创设了这个风险是更重要的。

张明楷：在中国，如果这个船夫是职业的船夫，怎么可能认为风险不是他创设的呢？

学生：实际上，也是这个船夫在掌舵开船啊，除非乘客拿着枪逼他。

学生：像出海航行这一领域，肯定有极端天气不能出航的规则。职业航行者不可能因为他人的催促就出航。

张明楷：肯定有规则，所以我认为，如果"梅梅尔河案"的船夫是职业的船夫，案件发生在中国，我还是觉得要认定为过失致人死亡罪的。我看日本也有学者认为船夫构成过失犯。

学生：换一个没有规则的领域。比如，人们讲的艾滋病案，女友反复要求与男艾滋病患者发生性关系。罗克辛教授说这个案例就是女友创设了风险。但是，我们问是谁支配风险发生，那肯定是患有艾滋病的男友支配了风险。

张明楷：那也不能这么说吧，如果女友不同意，那怎么可能发生呢？除非是男的实施了强奸。这种情形是两个人共同创设了风险，如果女友知情还要求与男艾滋病人发生性关系，那就是典

型的危险接受，而且这种情形应当将男士归入自己危险化的参
与，而不是基于合意的他者危险化。

学生：感觉罗克辛教授是想前移这个判断标准，也就是说，
这个创设危险的门是谁打开的比较重要。

张明楷：那怎么能说清楚呢？

学生：客观归责理论有时候确实可能得出奇怪的结论。比如
说，在美国绑匪劫持人质的案件中，警察开枪打死了人质，这个
人质死亡的结果要归属到绑匪头上。美国人的逻辑就是开枪之前
肯定是经过谈判专家谈判的，谈判之后绑匪还不放人的话，这个
时候即使人质就是被警察这颗子弹打死的，那也要把结果归属到
绑匪头上。按照客观归责理论，可能会问绑匪有没有制造一个导
致人质死亡的风险，绑匪很可能会说没有，因为完全可以说没有想
过杀害人质。明明是警察的子弹让人质死亡的危险现实化了，就
算是绑匪一直绑着人质，人质起码也不会死。客观归责理论也可
能会说，先不管制造风险和后面的致死行为是否是一样的风险，
那也是风险，也可以客观归责，所以似乎确实怎么说都有点道
理，但在得出结论方面又都不太稳定。

张明楷：其实，德国的判例还是很重视介入行为是否异常
的，日本刑法理论也重视介入行为是否异常，所以，几乎所有的
教科书都会讨论介入行为异常与否，这就使得有关危险现实化的
讨论很具体。英美刑法也是一样的。绑匪绑架他人后，警察当然
要救助被害人，在不得已的情形下只能向绑匪开枪，所以开枪是
正常的，但绑匪与被害人在一起时，警察开枪打中了被害人也不

是那么异常，所以，总的来说警察的介入行为并不异常，于是要将死亡结果归属于绑匪的绑架行为。在美国，犯重罪致人死亡的，就成立谋杀罪。但在中国，这个案件虽然也可以说要将被害人的死亡归属于绑匪的行为，事实上也不可能认定为绑匪杀害被绑架者，《刑法》第 239 条也没有规定绑架罪的结果加重犯，所以，结果归属的问题还是要联系刑法的规定来展开讨论。

学生：记得老师说过，我国上世纪 80 年代初的教科书在讲因果关系时就是这么写的：第一，作为某种原因的行为，必须具有发生结果的实在可能性。这其实是讲行为制造了危险。第二，某种行为具有危险即结果发生的实在可能性，只是说明该行为与危害结果具有因果关系的前提，但不等于它们之间有因果关系。只有当具有结果发生的实在可能性的某一现象，已经符合规律地引起了另一结果发生时，才能认定为有因果关系。这其实就是在讲危险现实化。第三，因果关系只能是一定条件下的因果关系。当然，第三点确实没有客观归责的第三点讲得具体。前两者确实与客观归责理论的基本观点是一样的。

张明楷：是的。刑法理论要想真的管用，就必须是无论谁适用这个理论都能得出一样或者说大致是一样的妥当的结论，如果一个理论得出的结论因人而异，这个理论就有问题了，至少是表述上存在问题。

学生：如果一部分人运用这个理论得出这个结论，另一部分人运用这个理论得出另一个不同的结论，说明这个理论内部的结构并不清晰，还存在进一步清晰化的空间。

学生：还有一种情况，只有有话语权的人自己懂他的那个话语系统，别人都不懂，这种理论就更加不合适了。

张明楷：是的。

案例21 原因自由行为（与责任形式的关联）

被告人石某无证驾驶，中途停在路边吸食毒品，然后继续开车。行驶到医院附近时突然加速，撞倒一位骑电动车的人，致其死亡。石某没有停车的意思，继续开车，车速更快，第二次发生碰撞事故，导致一人重伤一人轻伤，后来车撞到花坛的景观树才停下来。石某一直吸毒，之前没有发生过吸毒后撞车的情况。

张明楷：你们觉得对这个案件的处理会存在什么观点？

学生：有没有观点认为，对这个案件中的石某应认定为以危险方法危害公共安全罪？

张明楷：那肯定有，而且还是强势观点，或者说是多数人的观点。

学生：只认定为交通肇事罪就可以了吧。

张明楷：我是想让大家从原因自由行为的角度讨论一下，这样的毒驾案件，怎么认定被告人有故意呢？按照原因自由行为理论，被告人明明知道吸毒后控制不住自己的驾车行为还要去毒驾，所以要认定为故意犯罪吗？

学生：不知道吸毒了以后吸毒者的具体反应是什么，不知道能不能控制住自己的行为。

学生：如果不是第一次吸毒后驾驶机动车，那就应该认识到了毒驾的危险性吧。

张明楷：吸毒后还是有一定控制能力的吧，不然，怎么让汽车发动起来呢？因为被告人具有控制能力，就能说后面的驾驶行为致人伤亡是故意的吗？

学生：可以吧。

张明楷：有的人吸毒可能会产生一种幻觉，这和精神兴奋还不一样，这个时候也是有控制能力的，实践中很多假想防卫的案件都是行为人吸毒产生幻觉以为别人在追杀自己，然后用刀捅伤、捅杀被害人。对这样的案件实践中一般认定为故意犯罪，但我总是有疑问。

学生：这种吸毒后产生幻觉捅伤、捅杀"追杀自己"的被害人，能认为是假想防卫吗？这在普通人看来毫无理由。

学生：是否合理地陷入假想防卫是判断过失有无的资料，不是判断假想本身是否存在的资料，行为人就是假想别人在追杀自己，当然要评价为假想防卫。

张明楷：我觉得属于假想防卫。

学生：这种情形不能适用原因自由行为理论吗？如果行为人

不是第一次吸毒的话，应该知道自己吸毒后会产生这种幻觉。

学生：吸毒也不是每一次都产生幻觉，更不是都产生这种幻觉。

张明楷：如果要认定为故意犯罪，是需要双重故意的，当然其中的一重故意并不是我们刑法中规定的故意：一是行为人故意陷入无责任能力的状态，二是行为人有在无责任能力状态下实施犯罪的故意。可是，在吸毒产生幻觉进而将被害人当作不法侵害人进行反击的场合，只有前一重故意，没有后一重故意吧。

学生：或者说，只有当行为人吸毒之前知道自己吸毒后通常会产生幻觉，产生的幻觉还是别人追杀自己的这种幻觉，并且也知道自己会作出相应的行为，还去吸毒，那这种情况认定为故意还是合适的。

张明楷：你的意思和我的意思是一样的吧。只有前一重故意还不能根据原因自由行为的理论认定为故意犯罪，只有同时具有后一重故意时，才能认定为故意犯罪。也就是说，关键在于行为人吸毒的时候，是不是知道马上会产生幻觉并且会拿刀捅人。如果没有认识到后者，就不能认定为故意犯罪。

学生：这样的话，很多原因自由行为都定不了故意犯罪。

张明楷：原因自由行为认定为故意犯罪的情况，说的是行为人在实施原因行为的时候已经就客观构成要件事实有故意。例如，喝酒后杀人的案件，讲的就是行为人在喝酒的时候就对杀人事实有故意，也就是，行为人在喝酒当时，就是想着去杀人的。回到开始那个案例，这种吸毒后驾车上街的，就能说他有杀人的故意吗？

学生：确实没有。

张明楷：此外，像这种发生事故时自己和被害人处于同等危险状态的情形，不要轻易认定为故意犯罪。例如，在公共汽车上抢夺方向盘的案例，以前都是定以危险方法危害公共安全罪，其实行为人一般是不会希望或者放任出现交通事故的，因为行为人就在车上，出现交通事故他自己就特别危险。所以，现在刑法增加了妨害安全驾驶罪，适用降低的法定刑。罗克辛教授举的例子是，行为人躺在宾馆床上抽烟，发生火灾时行为人自己会先死。在这种情况下，对行为人就不能轻易认定为故意犯罪，因为如果发生火灾，也是行为人先被烧死。

学生：可不可以说，不一定要考虑行为人之前有没有发生过类似情况，但是要考虑行为人能不能通过新闻媒体知道毒驾会有这种危险？

张明楷：两者不矛盾，你说的两种情形都可以考虑。在这个案件中，判决说的是行为人作为长期吸毒者，明知吸毒驾车会危害公共安全，所以认定为以危险方法危害公共安全罪，也没有其他的说明。

学生：能否说行为人主观上有危害公共安全的故意，就是对造成死伤结果的具体危险的故意呢？因为行为人吸毒之后不是去干别的事情，而是去开车。

学生：仅有认识还不够，对公共安全的危险起码是放任的间接故意。

张明楷：从法院判处的量刑看（11 年 6 个月），法院应该是没有认定行为人对致人死亡具有希望或者放任的态度，否则，判处的刑罚应该是无期徒刑以上了。当然，这是我的推定，不一定是法院的真实想法。

学生：法院是只定了一个以危险方法危害公共安全罪吗？这样的话，就没有评价前面那个死亡结果，只是评价了后面的行为与结果。

学生：判决应该会说行为人以危险方法危害公共安全致一人死亡、一人重伤、一人轻伤，不会说只是后面的行为成立以危险方法危害公共安全罪，否则也不可能判处 11 年 6 个月的有期徒刑。法院肯定是将被告人的行为整体评价为以危险方法危害公共安全罪。

张明楷：我觉得法院是整体评价了。如果认为前面的致人死亡是过失，将后面的行为认定为以危险方法危害公共安全罪，那如何处理两个罪的罪数关系呢？

学生：我在办案过程中也遇到过类似的案件。大概的案情是这样：行为人前面的行为是交通肇事罪，但交通肇事之后担心自己无证驾驶需要承担责任，就开车继续冲撞，最后导致另外四个人死亡。这个案件，我们当时定了两个罪，交通肇事罪和以危险方法危害公共安全罪数罪并罚。

张明楷：如果前面也是故意的呢？

学生：如果前面也是故意的话，估计就整体评价为一个以危险方法危害公共安全罪了。

张明楷：这样处理就会发现有时会导致前面是过失反而处罚更重。也就是说，前面是过失行为，后面是故意行为，反而要定两个罪，实行数罪并罚。可前面与后面都是故意行为，则只定一个罪，不需要并罚。当然，在实务操作中，完全也有可能说并罚的比不并罚的处罚得轻一点，完全取决于实践中法官怎么去判。但是完全可能出现不协调的情形，因为前面认定轻罪，反而最后处罚重了，这也是完全可能的，这就是我经常说的悖论问题。

学生：老师的意思是，毒驾这个案件不应当认定为以危险方法危害公共安全罪吗？

张明楷：我倾向于认定为交通肇事罪。因为如果不运用原因自由行为理论，很难认为行为人对死伤结果持希望或者放任态度。行为人因为吸毒导致控制能力降低，才造成了交通事故。从原因自由行为的角度来说，行为人虽然是故意使自己陷入控制能力降低的状态，但他一直吸毒，以前也没有发生类似的情形，难以认为他希望或者放任自己在毒驾过程中发生交通事故。而且，我前面也说过，在这样的案件中，一旦发生交通事故，他本人也是十分危险的，因而他不会希望或者放任交通事故的发生。综合上面几点来看的话，将石某的行为认定为交通肇事罪是可以接受的。

学生：如果是这样的话，会不会有人认为，吸毒反而导致对行为人的处罚更轻，从而鼓励行为人吸毒后犯罪呢？

张明楷：这种思维在司法实践中可能比较普遍，但我觉得不能这样思考。如果行为人没有吸毒，一般就不会出现交通事故。

如果出现一般的行为人在交通事故后故意冲撞行人，当然是典型的故意犯罪。这与吸毒后因为控制能力降低而致人死亡是完全不一样的。况且，怎么能认为对一个犯罪不定重罪只定轻罪，就是鼓励行为人犯罪呢？

案例22　期待可能性（期待可能性的消极错误）

行为人甲以为自己窝藏的是与自己没有近亲属关系的犯罪人，实际上窝藏的是自己的亲生儿子。

张明楷：这个案件有什么问题吗？

学生：追究刑事责任的前提是要求行为人具备期待可能性，如果没有期待可能性，就没有办法发挥刑罚的机能。但在这个案件中，是不是可以认为，行为人其实是具有特殊预防必要性的。下次再遇到这种情况，行为人还是会实施窝藏行为，就此而言，似乎还是有处罚的必要性的。

张明楷：单纯从心理状态来讲，行为人是具有期待可能性的。

学生：按照日本的佐伯千仞先生的说法，可能就会比较复杂：首先进行第一个推定：只要是有真实的亲属关系，就要推定行为人知道亲属关系，而且还是不允许反证的推定。随后再进行第二个推定：行为人由于认识到了亲属关系，因而在法的要求与亲情之间，就陷入了精神纠结，随后为了亲情，行为人只能这么做，这一推定同样是不允许反证的。不过，这里的第二个推定，应该说只是对期待可能性的运用。

张明楷：我们讨论的这个窝藏亲生儿子的案件，其实可能有另一条路径，就是说，不需要从期待可能性的角度否认行为人的行为构成犯罪，而是从构成要件的角度否认其行为构成犯罪。

学生：甲的行为完全符合窝藏罪的构成要件吧？

张明楷：如果你将期待可能性原理运用到窝藏罪的构成要件中去，那么，窝藏罪的对象就不包括亲生儿子等近亲属。既然甲客观上窝藏了亲生儿子，就不满足行为对象要件，其行为就不构成窝藏罪。

学生：这么说也是因为缺乏期待可能性。

张明楷：要再解释就有一点复杂了。山口厚老师与西田典之老师在这一方面就有分歧。比如，《刑法》第 307 条第 2 款规定："帮助当事人毁灭、伪造证据，情节严重的，处三年以下有期徒刑或者拘役。"据此，如果行为人毁灭了自己犯罪的证据，就不符合帮助毁灭证据罪的构成要件。之所以将毁灭本人犯罪的证据的行为不规定为犯罪，就是因为缺乏期待可能性，而期待可能性是责任基础或者责任要素。正因为如此，西田典之老师就认为，构成要件是违法有责类型，也就是说，构成要件不仅表明行为人的行为违法，而且表明行为人有责。但山口厚老师则认为，既然刑法没有规定毁灭本人犯罪证据的行为构成犯罪，就表明只有毁灭他人犯罪证据的行为才符合构成要件，换言之，刑法不禁止行为人毁灭自己犯罪证据的行为，所以，这一构成要件依然是违法类型。

学生：但是，《刑法》第 310 条没有限定窝藏罪的行为对象必须是近亲属以外的犯罪人。

张明楷：我接下来就要讲这一点。《刑法》第 310 条虽然没有限定窝藏罪的行为对象是近亲属以外的犯罪人，但如果承认期待可能性的理论并将其运用到窝藏罪中，那么，窝藏罪的对象就应当是近亲属以外的犯罪人。于是，客观上窝藏了自己亲生儿子的行为就不符合窝藏罪的构成要件。

学生：也就是说，《刑法》第 307 条第 2 款限定为他人的犯罪证据是法条明文规定的，法条的明文限定是基于期待可能性的原理；而第 310 条没有明文限定，但根据期待可能性的原理，我们在解释论上要作限定，只有窝藏近亲属以外的犯罪人，才认定其符合窝藏罪的构成要件。

张明楷：是的。如果这样理解，就不需要到有责性阶段才排除甲的行为构成窝藏罪。当然，能否这样理解，肯定是存在争议的。

学生：但我觉得甲的行为还是具有特殊预防的必要性的，因为这一次他并不是因为缺乏期待可能性实施了窝藏行为。

张明楷：但是，你不能跨越构成要件与违法性阶层，直接以行为人可能再次实施相同行为为由，认定他的行为构成犯罪。

学生：这里是不是可以理解为浅田和茂教授讲到的可罚的责任的问题呢？不过，日本学者似乎没有怎么讨论可罚的责任的问题。

张明楷：我不觉得涉及可罚的责任问题。如果不从构成要件角度来说而是从期待可能性的角度来说，则是期待可能性的消极错误。

学生：就是说，客观上存在使行为人丧失期待可能性的情况，但行为人没有认识到这种情况的存在。

张明楷：本案就是典型的期待可能性的消极错误。当然，行为无价值论与结果无价值论对期待可能性的消极错误存在不同处理意见。行为无价值论认为，这种消极错误对于行为人的意志决定没有产生任何影响，所以不阻却责任。井田良教授就是持这一观点。结果无价值论则认为，既然客观上存在缺乏期待可能性的事情，理当阻却责任。而且这种情形极为罕见，也缺乏一般预防的必要性。浅田和茂教授就持后一种观点。

学生：老师是持后一种观点的。

张明楷：是的。我的想法是，只要甲认识到了自己窝藏的是其亲生儿子，肯定是缺乏期待可能性的。不能因为他没有认识到，就让他承担刑事责任。即使说甲没有认识到是因为他疏忽大意了，但他没有认识到的不是客观构成要件事实，而是阻却责任的事实。按照我的观点，有两个路径可以使得甲的行为不构成窝藏罪：一是说甲的行为不具备窝藏罪的行为对象这一构成要件要素；二是说甲的行为属于期待可能性的消极错误，客观上属于缺乏期待可能性的情形。前一路径可能面临质疑，因为《刑法》第310条并没有将被窝藏的犯罪人限定为近亲属以外的人。

学生：老师的意思是，将被窝藏的人限定为近亲属以外的人，实际上是不成文的构成要件要素。

张明楷：可以这样理解。

学生：添加这一不成文的构成要件要素，也是基于期待可能性的原理。

张明楷：是的。但将某个要素添加为构成要件要素之后，就没有必要将这个要素作为责任要素对待。

学生：但不可否认的是，这个要素就是有关期待可能性的要素，为什么不作为责任要素对待呢？

张明楷：完全有理由认为，刑法并不禁止近亲属之间的窝藏行为，既然不禁止，就表明行为并不违法。比如，张三知道自己的亲生女犯罪后，原本没有打算窝藏亲生女，但邻居李四唆使张三窝藏其亲生女，于是张三就窝藏了其亲生女。如果说张三的行为仍然是违法的，只是没有期待可能性，则李四的行为构成窝藏罪的教唆犯。但我感觉对李四的行为也没有必要以窝藏罪的教唆犯处罚。当然，这肯定是有争议的。

学生：张三和李四的行为都给司法机关增加了负担，还是有违法性的吧。

张明楷：你要一般性地这么说，当然也是可能的。但如果仔细思考《刑法》第310条究竟禁止哪些行为，你的这个说法未必是妥当的。司法机关原本就要负担犯罪人及其近亲属为逃避刑事责任而采取措施所带来的各种麻烦，不能总是期待犯罪人及其近亲属都配合司法机关的查处行为。

学生：这个案件中，我纠结的是甲有特殊预防必要性，他下次遇到实施犯罪的人，即便不是自己的近亲属，也可能予以窝藏。

张明楷：这是你的推测，我们现在的一些刑事政策也是基于这样的推测，但这只是看到了一个方面。比如，在这个案件中，你会认为如果这一次不予处罚的话，甲下次还会窝藏不是近亲属的犯罪人。也正因为如此，司法机关总强调有罪必罚。但完全有另外一种可能：甲心里想，幸亏这一次碰巧窝藏的是自己的亲生儿子，如果窝藏了别人自己就要进监狱了，下次不再窝藏任何犯罪人了。甲就不可能产生后一种想法吗？

学生：完全有可能。

张明楷：既然如此，就不能只是想到一个方面，而必须全方位地思考。

第四堂
故意犯罪形态

案例23　犯罪预备（附条件的故意）

王某、张某二人赌博输了十几万元，于是共谋物色驾驶高档轿车的单身女子作为作案对象。如果被害人随身携带财物价值大，则当场抢劫，反之则实施绑架，勒索十几万元。某天，两人准备了折叠刀、粘胶带、绳子，以及不记名的电话卡等一系列作案工具，物色到了驾驶宝马汽车的女子陈某，然后尾随跟踪。陈某察觉到有人跟踪之后，给刘某打电话说明情况，同时将王某、张某两个人引到了一个小区。到了小区后，还没等到王某与张某下手，两人就被赶到小区的刘某等人当场抓获，并扭送到了公安机关。事后查明，被跟踪的女子陈某当日随身携带的财物共计20余万元。

张明楷：要讨论的问题是，二人的行为是构成抢劫的预备还是构成绑架的预备？

学生：是不是按两罪中的重罪的预备犯处理？

张明楷：产生争议的原因，主要是将故意提前判断了。所谓提前进行判断的故意，其实只是行为人的主观计划，但行为人的主观计划中会有多种方案，于是就麻烦了。也就是说，提前就认定被告人有两个故意同时存在，一个是抢劫故意，一个绑架故意，而尾随被害人的行为，在着手的时候可能是抢劫也可能是绑架，因而产生从一重罪处罚的观点。但是，如果不提前判断故意的话，而是根据客观事实进行认定，根据常理去分析判断，本案被害人随身携带财物价值 20 多万元，两名被告人着手实行时不太可能放弃当下容易得逞的劫取财物，反而去实施更为不确定的绑架行为。总之，只要从客观上去分析，按照常情常理去认定案件事实，也就不太可能认定为绑架行为。

学生：可是，如果不考虑行为人的故意内容，也许就不能认定为犯罪了。

张明楷：的确是这样的，但我们首先还是要判断这个跟踪行为接下来会导致行为人着手实施什么样的行为，由于被害人身上带着 20 多万元财物，行为人着手的应该是抢劫，而不会是绑架。被害人如果不能抗拒，也会交出财物，而不是让行为人绑架。当然，如果你一定要按照主观的想法去认定，那也完全可能认为行为人成立抢劫（预备）与绑架（预备）的想象竞合，毕竟，跟踪尾随被害人的行为，同时为抢劫和绑架提供了准备条件。不过，我个人的想法，还是认定为抢劫罪的预备比较合适。

学生：会不会有人认为本案两名被告人的故意是未确定的故意，也就是说行为人还没有故意？

张明楷：我觉得可以认为行为人具有附条件的故意。如果被害人随身携带的财物多，就实现抢劫的故意；否则就实现绑架的故意。但由于被害人随身携带的财物多，行为人又没有着手实行，所以只能认定为抢劫罪的预备犯。

案例 24　犯罪未遂（实行的着手）

行为人甲埋伏在浮桥旁边，试图趁着天黑被害人乙过桥时将其推入河水中。因为水流非常湍急，一旦从浮桥掉下去基本上就没有生还可能。甲跑到被害人丙跟前准备用力推时发现自己认错了人，于是悻悻离开。

张明楷：这是真实案件吗？

学生：不清楚是不是真实案件。我想问的是，在这种情况下可以认定行为人的杀人行为已经着手了吗？

张明楷：行为人只是跑到了被害人的跟前，还没有推人，难以认定为杀人的着手吧。

学生：为什么在枪击杀人案中，我们认为行为人瞄准的时候就可以认定为着手，而不能推迟到扣动扳机的时候呢？

张明楷：着手是未遂犯的处罚根据，要求行为产生了紧迫的危险。本案的行为人没有携带任何危及被害人生命安全的工具，只是计划徒手推人下河。只要他没有开始推人下河，被害人的生命就没有危险，或者危险程度很低，难以认定为杀人的着手。枪支的危险性不同，瞄准的时候已经对被害人的生命安全造成紧迫的危险。

学生：要是行为人在推下被害人的瞬间发现自己认错了人，又将其拉上浮桥的，可以认定为犯罪未遂吗？

张明楷：这种情况可以认定为杀人行为已经着手，认定为犯罪未遂也是没有问题的。

学生：为什么不能认定行为人构成故意杀人中止呢？因为行为人客观上实施了防止被害人死亡的中止行为，也是自动实施的。

张明楷：这是多次讨论过的问题。在这种认错被害人的杀人案件中，行为人不是因为回到合法性轨道而放弃杀人，而是因为想杀的被害人不在眼前，导致其不能实现自己的犯罪计划。或者说，行为人并没有放弃自己杀害乙的计划，所以，一般不会认定为故意杀人的中止犯。

学生：这种情况怎么证明行为人回到了或者没有回到合法性的轨道呢？

张明楷：回到合法性轨道是认定中止犯的实质根据，我们并不是直接判断行为人是否回到了合法性轨道，而是通过其他要素判断或者推定行为人是否回到了合法性轨道。刚刚说的认错了被害人的这类案件中，为什么说不能表明其回到合法性的轨道呢？

因为行为人并非在能够实现自己的犯罪计划的时候却放弃实施，而是在其不能实现计划的时候，才不实施犯罪的。在这个意义上说，行为人并不是自动地放弃了犯罪，而是因为杀害眼前这个人不符合他的犯罪计划。

学生：我们讨论的案件中，判断行为人预防必要性高低以及是否回归到合法性轨道上时，应该是跟犯罪常态有关联性的。在故意杀人的案件中，对于行为人来讲杀害对象是重要的事情。常态的故意杀人案件中，行为人是针对特定对象实施杀害行为的，一旦发生自己认错人，也就通常会放弃继续实施犯行，所以这种情形下应成立犯罪未遂。但是财产犯罪则不同，行为人关心的只是能否取得财物，至于是谁的财物一般不是行为人所关心的事情。所以，行为人在财产犯罪过程中发现自己认错人的，在常态的财产犯罪中并不会影响行为人继续实施犯罪，在这种场合下如果行为人放弃继续实施的，反而是可以认定为犯罪中止。

张明楷：就我们讨论的案件中所出现的认错人的情况，无论是侵犯人身的犯罪，还是侵犯财产的犯罪，都得判断行为人是不是自动放弃了他所要实施的犯罪。由于财产罪的行为人一般只是想取得财物，而不管是谁的财物，所以，基本上不存在认错人的问题，所以，只要行为人自动放弃了盗窃等行为，就可以认定为犯罪中止。但不排除一些特殊情形，也是由于不能满足行为人的计划或要求而放弃犯罪的。比如，行为人为了凑足购房的首付款企图盗取银行 30 万元现金，撬开保险柜后发现里面只有 3000 元，觉得这一点儿对于购房没有意义，于是放弃盗走这 3000 元。在这种情况下，不能认为行为人本来可以取走这 3000 元的，一旦他放弃继续实施盗窃行为的就成立犯罪中止，而是应该考虑到行为人是由于自己的计划实现不了而放弃盗窃行为，因而不属于中止所要求的自动放弃犯罪，应当认定为盗窃未遂。

学生：我们在考虑特殊预防必要性、行为人的再犯可能性时，要考虑到哪种程度呢？只是需要就这一次犯罪不再继续实施就可以，还是得考虑到行为人再犯这一类犯罪的可能性呢？

张明楷：再犯可能性的判断只是就行为人计划的这一次犯罪来理解和认定，如果是要考虑到是不是再犯这一类的犯罪，那被认定为犯罪未遂的情况就实在太多了。例如，判断盗窃犯的再犯可能性，就得从行为人这一次计划的犯罪来认定。

学生：判断行为人是否回到合法性轨道，要注重行为人心理上的犯罪计划，对吗？

张明楷：行为人心理上的犯罪计划是一个判断资料。如果行为人是因为不能满足自己的犯罪计划而不实施犯罪的，就难以表明他是自动放弃犯罪，因而难以认定为犯罪中止。

学生：行为人的犯罪计划中，到底哪一些事项是有意义的重要部分而需要考虑的，哪一些事项是不需要考虑的呢？

张明楷：只能综合所有的判断资料，并按照一般人观念去判断，行为人是不是回到了合法性的轨道，是不是自动放弃犯行而不愿意再犯罪。对于中止犯的认定，还是应该考虑行为人是否属于自愿放弃，如果是基于其他的原因导致行为人放弃实施犯罪行为的，那就不符合中止的要求。例如我们刚刚讨论的案件，行为人甲原本要杀乙，但误将丙当作乙而瞄准，将要扣动扳机时发现认错了人。显然，继续开枪对行为人来讲没有意义，因此而放弃杀害行为的就不符合中止的自动性。如果甲瞄准的就是自己意图杀害的乙，此时放弃继续扣动扳机的，那才成立犯罪中止。再比如雇凶杀人的情况，如果雇凶者没有指定被害人，只要行凶者实际杀害他人的就给予酬金 30 万元，行凶者在实行过程中放弃继续实施犯行的，行凶者成立犯罪中止。如果雇凶者指定了特定的行为对象，行凶者杀害了其他被害人的话，雇凶者当然不会给予酬金。如果行凶者发现认错了人而放弃开枪的，肯定不会认定为杀人中止。

学生：如果从鼓励行为人不要继续实施犯行达至既遂状态的效果看，犯罪未遂与犯罪中止是不是在这一点上没有区别？就我们刚刚讨论的发现认错人的枪杀案件来说，甲发现自己用枪瞄准的对象并非自己意图杀害的对象时，放弃了扣动扳机。如果从保护法益的角度讲，甲事实上也没有使被害人的生命法益遭受进一步的侵害。如果将甲的行为认定为犯罪未遂的话，相比较于认定为犯罪中止，似乎不能更好地起到鼓励甲回到合法性轨道上来的作用。

张明楷：不能单纯从是否有利于鼓励行为人回到合法性的轨道上来认定犯罪中止，而是因为行为人已经回到了合法性轨道，才认定其行为属于犯罪中止。

学生：日本的实务中对于中止的认定情况也是同样的吗？

张明楷：我感觉日本的司法实务中对于犯罪中止的认定范围是很窄的，我们讨论的这个认错人而放弃杀害的案件，在日本大概率也是会被认定为犯罪未遂的。日本的判例基本上只将基于同情、悔悟等而放弃犯行的情形认定为犯罪中止。一方面，日本的法官在量刑上总体而言比较轻，即便是犯罪未遂，也不会判处很重的刑罚。另一方面，日本的犯罪中止在处罚上也不是单纯地免除处罚，也存在减轻处罚的情形。就犯罪中止而言，至少还是要表明行为人的确不想实施计划的犯罪，这才能称得上自动放弃。

学生：我们讲刑法的目的是保护法益，就认错人而放弃继续枪击的这个案件而言，至少可以说明行为人尊重了被认错的这个人的生命法益。

张明楷：即使你这个说法是成立的，也不能因此将认错人的案件认定为犯罪中止。或者说，行为人尊重被认错的这个人的生命法益，不是其行为成立犯罪中止的理由。比如，张三持枪到某个工地上杀害了自己的仇人李四，然后就逃走了，没有杀害其他在场的人。你也可以说，张三尊重了其他在场的人的生命法益。可是，这能否认张三的行为构成故意杀人罪的既遂吗？

学生：这么说的话，杀人犯完全可能只是不尊重自己计划杀害的对象的生命法益，但是尊重其他人的生命法益。

张明楷：所以，还是要根据中止犯的实质根据与具体条件区分中止犯与未遂犯。

学生：老师，行为犯是行为与结果同时发生的犯罪，就危险驾驶罪而言，一旦实施了危险驾驶的行为，就会发生构成要件结果，也就犯罪既遂了。但是，您又认为，如果醉酒的行为人在道路上发动了机动车，但还没有行驶就被制止的话，只是犯罪未遂。是不是可以理解为，发动了机动车还不是危险驾驶的构成要件行为呢？

张明楷：发动了机动车只是着手，但还不是危险驾驶的实行行为，驾驶是需要在道路上行驶的。这里其实涉及着手与实行行为的关系。也就是说，发动了机动车这个着手，其实是在驾驶机动车这个实行行为之前。如果只是发动了机动车，但没有在道路上行驶，就不能说行为人已经实施了危险驾驶的行为吧。

学生：醉酒的人发动机动车的时候，不是已经控制着机动车了吗？行为人随时踩一下油门，车就这么开出去了。如果醉酒驾驶的处罚根据在于行为具有抽象危险，那这种醉酒者在道路上发动了机动车的，抽象的危险也是存在的。

张明楷：司机只要坐上车都控制了机动车，他想发动就发动，不想发动就不发动，所以，说控制了机动车是没有什么意义的。行为人只是发动了机动车，机动车还处于静止的状态，不能说他已经在道路上驾驶了机动车。即使存在抽象危险，但如果没有实行构成要件行为，还是不能认定为既遂犯的吧。

学生：也就是说，发动了机动车的行为虽然具有抽象的危险，但还不能直接认定为犯罪既遂。

张明楷：发动了机动车只能视为着手，是否构成犯罪既遂，至少需要满足车辆被醉酒者在道路上行驶着这么一种结果。

学生：如果抽象危险的结果不是醉酒驾驶的既遂标准的话，

那抽象危险的认定的意义在哪里呢？

　　张明楷： 抽象危险是醉酒驾驶的实质处罚根据，但不是说只要有抽象危险就当然符合了危险驾驶罪的构成要件，而且危险驾驶罪的既遂与未遂，是另外的标准。比如说，在德国，得承诺杀人是抽象危险犯，但行为人开始实施杀人行为只不过是着手，而不意味着就是犯罪既遂，必须在出现被害人死亡结果的时候，才可以认定为得承诺杀人犯罪既遂。千万不要以为，在所有的抽象危险犯中，只要出现了抽象危险就成立犯罪既遂。

　　学生： 老师能举几个中国刑法中的抽象危险犯的例子吗？

　　张明楷： 比如，我国的盗窃枪支罪是抽象危险犯，这个抽象危险是针对公共安全而言的，行为人着手盗窃但还没有转移枪支时，只是着手或者未遂，此时也可以说对公共安全有抽象危险，但只有当行为人取得了对枪支的占有时，才构成盗窃枪支罪的既遂。行为人占有枪支这一结果，才是表明盗窃枪支罪的既遂的结果。再比如，《刑法修正案（十一）》增加的"负有照护职责人员性侵罪"，也是抽象危险犯，但只有当行为人与少女实施了性交行为时，才构成本罪的既遂。

　　学生： 那么，危险驾驶罪的既遂结果是什么呢？

　　张明楷： 陈子平老师有一次讲课时是这么界定醉酒驾驶的结果的：一辆机动车被一个控制能力减少的人驾驶在道路上。所以，如果醉酒的人只是发动了机动车，但还没有将机动车驾驶在道路上，只能认定为着手，但不能认为已经既遂，因为只有着手而没有实施构成要件行为时，是不可能既遂的。行为犯是指实行行为与构成要件结果同时发生，而不是着手与构成要件结果同时发生。

案例25 犯罪未遂（与不能犯的区别）

某女士骑着摩托车时在路边停下，从口袋里掏出纸巾擦手，擦完手后正准备扔纸巾时，后面的被告人以为该女士手上拿着手机，突然上前夺走就跑了。女士当然不知道被告人为什么夺走纸巾，前面一位男士以为被告人抢夺了手机就抓获了被告人。

张明楷： 假定纸巾是有财产价值的，这个案件涉及如何确定被害人同意或者承诺的有效性问题；如果考虑到纸巾没有财产价值，这个案件涉及被告人的行为是不能犯还是未遂犯的问题。按结果无价值论的观点，这个案件没有太大的讨论价值。如果纸巾是有价值的，但由于被害人原本就要抛弃纸巾，所以，即使行为人没有认识到，其行为也没有侵害法益，不成立犯罪。由于纸巾没有财产价值，行为人在当时的场景下不可能抢夺到财物，所以是不能犯，而不是未遂犯。

学生： 老师，我有一个问题，就是我在读山中敬一教授的刑法学教科书的时候，有两句话不太理解，想请教一下。他在讲到被害人同意的要件时，就有关行为人是不是要认识到被害人同意的问题上，先是讲到被害人的同意是要表示出来的，但是后来又说只要被害人的同意表示出来即可，不需要行为人认识到。在这个前提下，他进一步说如果采取被害人的同意具有阻却构成要件符合性效果的观点，那么行为人对被害人同意的认识就不是主观正当化要素的问题，只不过是构成要件故意的问题。以使结果发生的故意而着手实行犯罪时，行为人没有认识到被害人的同意，所以，应当认为行为人是有构成要件故意的。由于客观上存在被害人的同意，因而可以认为没有发生法益侵害结果，但行为人不知情而故意着手实行的，这个场合涉及成立未遂犯还是不能犯的问题。如果采取同意具有阻却构成要件效果的观点，只要客观上被害人存在同意，就阻却了构成要件符合性。但为何在这种场合还讨论是成立未遂犯还是不能犯，是不是意味着山中教授认可了构成要件行为的存在？

张明楷：山中教授的意思是只要客观上存在被害人同意，即便行为人没有认识到，也还是存在构成要件故意的，只是否定了客观的法益侵害结果。所以，剩下的问题就是构成不能犯还是未遂犯的问题。

学生：那么，在这种情况下，同意到底是阻却了什么呢？

张明楷：山中教授在这个问题的说明中举到这么一个例子：叔叔从瑞士回来买了一块表要给侄子，放在自己卧室里的桌子上，准备侄子来家时拿给他。结果侄子到叔叔家里去之后，一看到那个手表很好，就据为己有了。因为叔叔本来就是要把这个表送给侄子的，所以就没有法益侵害的结果。但是，侄子没有认识到叔叔要给他手表，所以还是存在构成要件的故意。在客观构成要件方面，存在着一个问题，这叫不叫违反叔叔的意志转移了手表的占有？如果不考虑是不是违反被害人的意志的话，客观上是存在一个转移手表占有的行为的，但是因为存在被害人的同意所以没有法益侵害结果，剩下需要探讨的就是到底是不能犯还是未遂犯的问题了。

学生：如果山中教授讨论不能犯和未遂犯的话，前提是肯定了构成要件行为的存在，也就是说，被害人同意阻却的不是全部的构成要件，对吗？被害人的同意不是对构成要件的全部阻却吗？

张明楷：所谓阻却构成要件符合性，不意味着阻却了所有的要素，既可能是阻却了所有的要素，也可能阻却了部分要素，如果阻却了部分要素，也是阻却构成要件符合性。

学生：那就是说，被害人同意只是阻却了构成要件结果而已，对吗？

张明楷：这个也不一定吧，这要看被害人同意的内容是什么，还得看是从何种学说的角度看这个问题。如果说构成要件行为都必须是具有发生结果的紧迫危险的行为，那么，在被害人同意的场合，也不存在构成要件行为。既然不可能发生法益侵害结果，当然也就不存在构成要件行为。如果说构成要件行为是一个单纯的违反规范的行为，不要求法益侵害的紧迫危险的话，也许构成要件行为就是存在的，只是阻却了构成要件的结果而已。所以，还是得看是站在何种立场来分析问题的。此外，我们讲不能犯与未遂犯的区分，其实也是在讲有无构成要件行为，如果有构成要件行为，就是未遂犯，否则就是不能犯。所以，可能还难以认为，在有被害人同意的场合，山中教授认可了构成要件行为的存在。当然，需要大家注意一下的是，在日本和我们这里才会有未遂犯与不能犯的区分问题，在德国讲未遂犯的时候就包括了不能犯。例如，偶然防卫在德国就被认为是一种不能犯，但要认定为未遂犯。

学生：所以，能不能理解为这里的关键区别还是在于构成要件行为是否要求具有紧迫危险？

张明楷：是的，关键还是在于怎么理解构成要件行为。是否要求构成要件行为具备一定的危险是一回事，要求构成要件行为具备什么样的危险是另一回事。比如，有人认为构成要件行为只要具有类型化的危险就可以了，有人认为具有抽象危险就可以了。这与预备犯的处罚也有关联。

学生：有没有可能存在即使客观上有被害人的同意或承诺，还是能认定构成要件行为有法益侵害危险的情形呢？

张明楷：如果采取客观的未遂犯，只要承诺是有效的，那就不太可能存在这种情形。客观上存在被害人的同意，那就意味着被害人已经放弃了法益的要保护性。既然客观上已经放弃了，那怎么还会存在法益侵害危险呢？除非你就未遂犯的认定上采取抽象的主观说。采取具体的危险说有可能吗？也就是说，被害人当时是存在同意的，但他有可能不同意，但是这样的假设明显是不符合事实的。当然，如果说法益侵害的危险只是一个中性的表述，那也可能有法益侵害的危险，甚至有法益侵害的实害。比如，被害人同意将他的小手指砍掉，行为人就砍掉了他的小手指。如果你说尽管有被害人的同意，但还是造成了一个法益侵害结果，也是有可能的。但是，这个意义上的结果，严格来说不是法益侵害结果，因为被害人放弃了法益的要保护性，刑法已经不保护这个法益了。

学生：如果法益主体有可能不同意，则认为有法益侵害的危险是可能的。比如说行为人对有处分权限的国家工作人员实施欺骗行为，企图骗取公共财产。国家工作人员对此知情，依旧同意处分了国家公共财产的情况。这种情形下，对公共财产的损失是不是仍然有客观的紧迫危险？

张明楷：你的这个举例不合适，涉及对公共财产造成损害时，行为人即便是国家工作人员也是承诺不了的。

学生：老师，着手后得到承诺的不可能成立未遂吗？

张明楷：是有可能成立未遂的。因为着手是未遂犯的处罚根据，既然已经着手了，就表明已经具备未遂犯的处罚根据，正是因为着手后得到了承诺，所以不构成犯罪既遂，但依然是成立未遂的。

学生：老师，像盗窃罪这样的情形，行为人已经着手物色财物，还没转移占有时，被害人直接将财物送给行为人，这个能定盗窃罪的未遂犯吗？

张明楷：这个案件在理论上仍然是盗窃未遂，但在中国是不可能定罪处罚的。盗窃罪的着手一般在实行行为之前，在这样的场合，我觉得没有必要处罚未遂犯。如果着手在实行行为之后，理论上倒是有可能认定为未遂犯。不过，你说的这个案件一般不可能发生，因为实际上几乎不可能发生这样的情况。讨论案件也好，撰写论文也好，要考虑可能案发的情形以及现实的真正问题。

学生：刚才您讲的山中教授书中的叔侄手表案，如果说被害人同意转移财产占有的意志可以包含以什么样的方式、在什么时间转移等，这么细化地理解被害人的意志内容的话，是不是也还是可能认定侄子的行为构成盗窃的未遂犯呢？

张明楷：按照行为无价值论的观点，侄子的行为就是盗窃的未遂犯。但如果你说被告人的行为不符合叔父在特定时间以赠送的方式将手表给侄子的意志，这意味着违反了叔父的意志，那就是盗窃既遂了。但这样的结论肯定不合适。在叔侄手表案中，时间与方式可能不是重要问题。但这不排除某些情形下可能很重要。比如，被害人花 30 万元买了一辆车，打算使用一年后再送给外甥，但开了不到一个月就被外甥偷走了。这个转移的时间就是被害人意志的重要内容，外甥的行为当然是成立盗窃罪的，而且是盗窃既遂。但是，山中教授举的这个叔侄手表案，叔叔就是为侄子买的手表，搁在桌子上就是为了等会儿直接送给侄子的。你觉得后面的转移方式也好、时间也好，有那么重要吗？

学生：我觉得还是挺重要。即便这个手表最终注定是给侄子的，但是叔叔直接交给侄子，还是侄子自己偷偷拿走，其实还是不一样的。

张明楷：你这是从一般人的道德观念上，或者说人情世故往来的角度讲的。如果你从叔叔准备将手表送给侄子，转移占有的核心内容实际上已经是同意了的角度来看，剩下的那一点点时间与方式，在刑法意义上其实就不重要了。

学生：那为什么在性犯罪方面，被害人的意志内容需要细化考虑时间、地点、方式等等呢？

张明楷：那本来就是不一样的。因为从盗窃罪的核心内容来讲，就是是否同意转移占有，但是性犯罪中的被害人意志包含的内容显然不只是是否同意发生性关系，而是包括与发生性关系相关的时间、地点、方式等。

学生：突然想到一部电影的一个场景：男主角持刀奔向小商贩（女主角）想要劫取财物。女主角想起男主角在自己小时候对自己有过恩情，心里想着你是我的大恩人，想拿走什么都可以。由于女主角是一个哑巴，而男主角没有认出女主角，也不知道女主角有这个想法，还是持刀威胁取走了财物。这种情况，对男主角能定罪吗？

张明楷：按照结果无价值论的观点，这种情况只能看手段行为能不能入罪了，单纯跑过去，或者说赶往犯罪现场的日常的中性化的行为，定犯罪预备通常是不太合适的。如果手段行为是暴力，那就看暴力行为是否构成犯罪，这一暴力是否也在女主角同意的范围内。按照行为无价值论的观点，会认定男方的行为构成抢劫罪的未遂犯吧。

学生：如果男主角持刀威胁的同时，还将女主角推倒在地取走财物。女主角改变了心意，撤回自己同意男主角取走财物的想法，还能认定是抢劫罪吗？

张明楷：如果抢劫行为已经着手且实行终了，女主角才改变主意，那就不能认定为抢劫罪，如果在胁迫行为实施完之后，女主角改变主意，也不能认定为抢劫罪，但可以考虑行为是否成立盗窃罪。

学生：老师，我在上民法课的时候，感觉民法就欺诈、胁迫的规定或者理解与刑法的规定有很多不一致的地方。比如说，刑法规定的敲诈勒索罪对于手段并不要求不法性，对吗？

张明楷：不能这样笼统地说不要求手段的不法性，只能说对于恐吓的内容本身不要求非法。举个例子：行为人抓住了一个窃取他人财物的小偷，威胁他说给自己5000元，否则就扭送到派出所。公民有扭送现行犯的权利，但是由于行为人的行为使被害人产生恐惧心理，这个恐吓行为就是违法的，行为人当然可以成立敲诈勒索罪。可以这样讲，行为人可以利用合法的举止对被害人实施敲诈勒索罪，但这个利用行为本身仍然是非法的。再如，行为人知道某国家工作人员的受贿事实，然后恐吓对方说，如果不给自己10万元，就向监委举报其受贿事实。这个行为也构成敲诈勒索罪。在这种场合，行为人的恐吓行为本身也是违法的，因为民法与刑法都不可能承认行为人有这样的权利。

学生：那恐吓行为的判断是按照被害人的标准来判断和认定的吗？

张明楷：也不能笼统地说是被害人标准，可以说是按照一般人的标准来判断的，但在判断时要考虑被害人的年龄、身份、处境等情形。行为是否成立敲诈勒索，不取决于行为人是利用什么性质的手段进行恐吓，主要还是看行为人的目的是否合法。

学生：老师，有这样一个案件。被害人酒后驾车和被告人发生交通事故，被告人要求与被害人私下协商解决问题，否则的话就报警控告被害人醉驾。这种私了的方式，很难说是合法还是非法吧？

张明楷：如果法律允许这种情况下由当事人私了的话，那就不存在目的不正当的问题了。

学生：也就是说，如果行为人的目的是正当的话，那就不是恐吓行为，对吗？

张明楷：目的正当的话，要么就是行为本身不是恐吓行为，要么就是行为虽然是恐吓行为，但在违法性层面属于权利行使，因而阻却犯罪的成立。

学生：那如果目的正当但手段不正当的情况该如何处理呢？比如说，目的是想实现自己的债权，但手段上采用的是暴力、威胁手段。

张明楷：目的正当手段不正当的话，在很多国家的争议都比较大，中国的司法实践基本上不会认定为敲诈勒索罪，从日本的判例与学说来看，为了实现自己的债权而恐吓被害人的，仍然是符合构成要件的行为，有人主张是符合恐吓罪也就是敲诈勒索罪构成要件的行为，有人认为只是符合胁迫罪构成要件的行为，有人认为不构成犯罪。

学生：还有一种情况是目的正当，手段也正当，但是目的和手段之间不具有关联性，这是指什么情形呢？

张明楷：这种情形很少见，但这个说法应当是成立的，德国刑法学界也有类似的阐述，但我没有见到这种情形的真实案例。

学生：比如说刚刚提到的那个酒驾案，如果被告人恐吓的内容不是这一次的酒驾，而是被害人以前的酒驾行为的话，那手段与目的之间就没有关联性。这种情况在民法上会认为被告人的行为是正当的，在刑法上还是会认为这个行为属于恐吓行为。

张明楷：这个当然是恐吓行为，但在中国的司法实践中，这种情形一般不会认定为敲诈勒索罪，尤其在行为人的目的正当的情况下，传统刑法理论以及司法实践中主观主义的思维会特别关注目的是不是正当的。只要目的正当，通常就不会认定为犯罪。如果被害人以前的酒驾没有给行为人造成损失，行为人利用这次酒驾进行勒索的，则目的不正当，构成敲诈勒索罪。

案例 26 犯罪未遂（与犯罪既遂的区分）

某个院子的 53 号楼的二楼住了一位 82 岁的老人，某天窗户没有关，被告人甲从窗户翻到被害人家里，但在翻窗户的时候，被邻居发现了，邻居立即打电话报警，邻居还找了另一个居民，两人一起守在 53 号楼的门口。中间大约经过了 10 分钟的时间，甲从被害人家里把 300 多元现金，还有三包香烟（价值 170 多元）放在口袋里，从 53 号楼里走出来的时候被两位邻居抓住了，邻居还从甲的上衣口袋里搜出一把匕首。两名邻居搜出匕首后，民警赶到了。

　　张明楷：这个案件以前讨论过，我们今天通过这个案件再引入其他一些案件，讨论一下犯罪未遂与既遂的区分。我先问一下，如果老人在家，按照一些人的观点，甲的行为是不是属于携带凶器抢夺，进而要以抢劫罪论处？

　　学生：我觉得即使老人在家，甲的行为也成立盗窃罪，而不能成立抢劫罪吧。

　　张明楷：按照我们的观点，公开盗窃也是盗窃而不是抢夺，不管老人是否在家，是否看着甲盗窃，都只成立盗窃罪。但问题是，甲的行为是盗窃既遂还是盗窃未遂？

　　学生：我觉得翻窗户的时候是预备，物色财物的时候是着手，但全案是盗窃未遂。

　　学生：我觉得是盗窃既遂。

　　学生：我觉得两个邻居堵在53号楼门口并不必然代表甲的犯罪就没有办法完成，甲可以选择从窗户翻出去。

　　学生：然而事实上甲确实是在从门口走出去时被抓住的。

　　学生：这跟普通盗窃既遂后再被抓住没有什么区别吧。

　　学生：不一样，这个案件是在预备的时候就有人发现了，然后有人守在门口，一般的盗窃是在转移占有之后才被抓到的。

　　张明楷：预备或者着手之后被人发现了，是否直接影响既遂与未遂的判断？我举一个真实例子。被告人到一个车棚偷摩托车，保安第一次看到被告人正在偷车的时候，就把他抓住了，送到派出所，派出所警察认为这是盗窃未遂，不能作为刑事案件立案。后来，保安就故意等到被告人偷到摩托车之后，开走了一段距离再把他抓住，然后送到派出所，派出所就以盗窃既遂立案了。你们觉得这个盗窃摩托车的案件是盗窃既遂吗？

学生：我觉得是盗窃未遂，因为行为时自始就决定了法益不会受到侵害。

学生：我觉得不是既未遂问题了，是未遂犯和不能犯的问题。

张明楷：在什么意义上说自始不能既遂呢？

学生：就是行为人对财物不可能建立稳定、平稳的支配关系。

张明楷：你这个既遂标准我觉得太晚了，只要能评价为行为人占有了财产，或者说对财产建立了新的占有就既遂了。

学生：我觉得是不是既遂主要还是要看转移占有是不是完成了，在甲拿到300元现金和香烟的时候，财物其实可能同时处于由被告人占有与被害人占有的状态，所以客观上要看一看哪一方的支配力更强。比如说，本案中两个邻居在外面守着，支配力就更强，还是没有转移占有，被告人的行为仅成立盗窃未遂。

张明楷：如果是大件物品，你这样说是可以的。但像本案这样的现金与香烟，甲将其放在自己口袋里，就产生了人格领域的障碍，被害人就不能任意处置自己的财物了。也就是说，你们可以反过来判断，被害人是不是没有任何障碍地可以继续占有、处置自己的财物？如果可以，就表明被告人还没有建立新的占有；

如果不可以，就表明被告人建立了新占有。这个障碍除了物理的障碍之外，还有人格领域的障碍。当一个财物装入到别人口袋里后，被害人要夺回来，这是有障碍的。反过来说，被告人可以任意处置自己口袋里的财物，因而能认定其行为构成盗窃既遂。当然，我们可以说被害人夺回财物是自救行为、私力救济，但这只是说，因为被害人是私力救济，才说实施私力救济的行为不构成犯罪。但这不意味着被告人没有建立新的占有。即使被告人将财物拿回家，被害人也可能通过私力救济夺回自己的财物。在德国，被告人在超市窃取体积小的财物后将财物放入口袋里的，即使还没有经过收银台，或者装入口袋时被保安看到了，也会认为盗窃罪既遂，因为此时产生了人格领域的障碍。如果被告人是抱着一个体积很大的财物，比如冰箱之类的，那当然就不一样了。所以，我觉得，即使甲还没有离开现场，他的盗窃行为也已经既遂了。而且，即使甲还在老人家里时，只要他已经把现金和香烟装入了自己的口袋，就意味着被害人已经丧失了对财物的占有，要认定被告人的行为构成盗窃既遂。

学生：人格领域障碍也应该有一定前提吧？比如行为人没有干坏事。只要行为人干了坏事，就不存在什么人格领域的障碍了。

张明楷：人格领域的障碍，是说在日常生活中一个人不能随便把手伸到别人的口袋里。本案中，甲已经将财物装了自己的口袋，他人把手伸入其口袋是有障碍的，只要有了这种障碍，就说明甲的行为已经既遂了。这个人格领域的障碍与被害人拿回来的行为合不合法、正不正当，没有直接关系，不是说被害人拿回财物的行为是合法的就不存在这种障碍。在判断是否转移了财物占有的时候，既可以正向判断行为人是不是事实上支配了财物，也可以反向判断被害人可不可以继续没有障碍地占有、处置财物。二者是一致的，正反两方面的判断会使我们更加确信自己的结论。

学生：如果甲出门的时候，将现金和香烟拿在手上，还有人格领域障碍吗？

张明楷：我觉得有人格领域的障碍。你平时会掰开别人的手看人家手上的东西或者拿走人家手上的东西吗？显然不会。这就是人格领域的障碍。

学生：甲离开老人家门的时候，也可以说他就有了物理障碍。对于被害人而言，财物离开了自己支配的领域。

张明楷：存在物理障碍，是指被告人将财物置于某个物理空间，而被害人或第三者不能进入该物理空间或者不可能从该物理空间拿回财物，因而存在物理障碍，此时要认定盗窃既遂。

学生：如果甲把香烟丢到窗户外面，然后再取走。这期间怎么认定呢？

张明楷：把香烟丢出去的期间，如果只有甲自己知道香烟在哪里的话，那也盗窃既遂了。在日本有一个判例讲得很清楚，当只有行为人自己知道被盗财物在哪里的时候，就认为行为人占有了财物。当然，如果窗户外面有许多人，盗窃犯也不会随意将所盗财物扔窗外吧。

学生：您刚才说的人格领域障碍，是说将财物放进口袋吗？

张明楷：放进口袋只是情形之一，还存在其他情形。比如，被告人把盗窃的项链捏在手上，把财物藏在内衣里，都属于存在人格领域的障碍。

学生：如果甲把钱包丢在楼下，是不是只有等拿到钱包并要离开的时候才算既遂？

张明楷：这要看具体情形。如果行为人夜间入户盗窃时从被害人家里丢出钱包，路上没有什么行人，是可以认定为盗窃既遂的。盗窃犯一般不会将钱包扔在楼下人多的场所，否则就没有盗窃的故意，只是故意毁坏财物而已。

学生：老师前面说的那个盗窃摩托车的案件，行为人从车棚离开了一定距离，也是盗窃既遂吗？

张明楷：被告人骑走了摩托车，骑了一段又被追上的，不可否认已经占有了摩托车，要认定为盗窃既遂。

学生：平稳占有说在日本不是有力说吗？

张明楷：平稳占有说是从法益保护的角度说的，而不是从既遂的角度说的。平野龙一老师说的是，盗窃犯窃取了他人财物后，如果平稳地占有了该财物，即使被害人盗回来的也构成盗窃罪。平稳占有说对占有说进行了一定限制，这是从什么样的占有值得保护的角度来说的，而不是说只有当行为人平稳占有了所盗财物后才属于盗窃既遂。根据平野老师的观点，盗窃犯在盗窃既遂后如果还没有平稳地占有该财物，被害人盗回该财物的就不构成盗窃罪。

学生：为什么几种特殊类型的盗窃的既遂标准要跟普通盗窃的既遂标准一样呢？为什么一定要取得财物呢？

张明楷：因为盗窃罪是转移占有的侵犯财产罪。

学生：能否认为入户盗窃是具体危险犯呢？即使没有取得财物但已经入户了，也有了造成财产损失的现实紧迫危险，所以就是入户盗窃既遂。

张明楷：那也只能说它成立未遂犯，怎么就既遂了呢？

学生：如果这样的话，其实没有必要单独把那几种特殊类型明文规定出来。

张明楷：明文规定几种特殊类型是为了扩大盗窃罪的处罚范围，不是为了使盗窃罪的既遂标准提前。

学生：假设法条没有规定入户盗窃这一项，入户盗窃没有取得财产的不也是盗窃未遂吗？

张明楷：是啊。可是，普通盗窃要取得数额较大的财物才既遂，其他几种特殊类型盗窃的既遂不要求取得数额较大的财物，但不等于不要求取得财物。几种特殊类型的盗窃，通过降低数额较大的要求扩大了处罚范围。

案例 27　犯罪中止（与犯罪未遂的区分）

被告人怀疑其妻子（被害人）出轨，用菜刀砍击被害人的头部、颈部、背部、腿部等处（重伤二级）。被告人误以为被害人已经死亡，将被害人藏至床底下，并欲报复疑与妻子有染的男子。在洗了手、脸后，因想到孩子年幼等因素放弃了报复，并拨打110、120，试图救活被害人，最终被害人因此获救。

张明楷：这个案件有什么争议吗？

学生：争议问题是被告人行为是否成立故意杀人罪的中止？有观点认为，中止犯的自动放弃以及阻止的对象，除了客观的构成要件结果之外，还包括主观上的故意。在被告人误以为被害人已经死亡的情况下，他的杀人故意就消失了，因为他不可能再杀害一个已经死亡的人。对于一个已经消失的故意就不可能再自动放弃，也就不能再成立中止。所以，按照这样的观点，在被告人存在错误认识的时候，就已经奠定了未遂犯的处罚根据。如果被告人后来另起犯意后又放弃的，则是对后面另起犯意的中止而已。但我认为，故意的存在与否不是判断中止的时间条件的根据，所以即使被告人一度出现了故意的消失，也未必就当然成立未遂犯。按我的观点，被告人后来发现被害人没有死亡时，拨打120将被害人送往医院的行为，也能成立故意杀人罪的中止犯。

张明楷：被告人从把被害人藏在床下后拨打120，中间隔了多长时间？

学生：时间不长，行为人就是离开现场洗脸洗手，然后就回来了。

张明楷：法院是怎么认定的？

学生：故意杀人罪的中止。

张明楷：行为人一开始以为被害人死亡了，后来什么时候发现被害人没有死亡的？

学生：我看了判决书，被告人的供述和辩解说，他把被害人藏到床下后，本来想去与妻子的情人拼命，但想到去拼命了孩子怎么办，于是就想救活被害人，然后他回到房间把被害人拉出来拍被害人的脸，被害人可能被拍醒了。行为人就拿出手机拨打120。相当于说，被告人把被害人藏在床下的时候只是觉得被害人可能死了，也不是非常确定。

张明楷：我想起了以前讨论的另一个案例：行为人把被害人从悬崖推下去了，以为被害人肯定会死的。三四个小时后行为人从山下经过时，发现被害人还没死，就把被害人送医院抢救，被害人因此得救了。这个案件和我们今天讨论的案件的区别在哪里？

学生：我认为，只要客观上构成要件结果还没有发生，危险还在不断增大的过程中，就有成立中止犯的余地。因为即使危险是在缓慢地向既遂结果发展，我们也可以说中止行为是在这个过程中消灭了危险。只要危险还在增加的过程中，行为人采取阻止结果发生的措施，那就是中止犯。

张明楷：今天讨论的这个案件，我觉得认定为故意杀人中止是可以的。因为从被告人误以为被害人死亡到发现被害人没有死亡之间，时间间隔并不长，而且被告人起初并不是确信被害人已经死亡，既然他后来想救活妻子，就表明他并没有确信被害人已经死亡，就不能说已经形成了未遂形态。但以前讨论的将被害人推下悬崖案可能不一样，这个案件经过了三四个小时，而且行为人认为被害人肯定会死，应当认为行为人的行为已经形成了未遂形态。

　　学生：也有人认为，只要行为人误以为既遂结果已经发生，那么在主观上就没有中止犯的成立余地，因为行为人主观上不存在阻止结果发生的可能，这就为未遂犯奠定了处罚根据。后面行为人发现被害人还活着，继而进行施救，只是放弃了再次实施杀人行为。好像罗克辛教授就是这么讲的。

　　学生：我感觉是认定为中止犯还是未遂犯，要考虑先前的客观行为与造成的危险状态。比如行为人只是打了妻子一拳，妻子晕过去了，行为人一开始以为妻子死了，后来又觉得妻子可能没有死，便救活了妻子。对这种行为认定为故意杀人的未遂犯就不太合适。如果行为人向妻子砍了好几刀，砍得比较深，伤势比较严重，此时行为人以为妻子已经死了，不需要再实行侵害行为了，后来发现妻子没有死亡也不再砍的，认定为故意杀人未遂就比较合理。

　　张明楷：我感觉你只是根据一个判断资料就得出了结论，可能不合适。而且，尤其是像杀人、伤害这样的场合，很难说一拳就不能打死人，一枪就必然把人打死，偶然性还是挺多的，不能由偶然性来决定中止犯与未遂犯的区分。其实，对今天讨论的这样的案件主张成立未遂犯的理由主要是，行为人认为结果已经发生了，已经既遂了，就不需要再实施什么行为了，所以行为人并没有自动放弃杀人行为，于是就已经是杀人未遂了。行为人后来放弃的是一个可以重复侵害的行为，但是放弃重复侵害的行为是否成立中止犯，取决于行为人前面是不是已经构成终局性的未遂形态。判断是不是已经构成终局性的未遂形态时，就需要考虑时间、场所等相关事项。如果说行为人虽然以为被害人可能死亡了，但就在现场观望，就不能认为已经形成一个终局性的未遂形态。但比如将被害人推到悬崖下的案例，行为人经过了三四个小时又发现被害人没有死亡，应当说已经形成了终局性的未遂形态。在这个悬崖案中，如果说由于行为的危险还在向既遂发展的过程中，行为人阻止了结果的发生因而成立中止犯，可能还存在疑问。这与中止犯的法律性质密切相关。如果主张违法减少、消灭说，认定为中止犯倒是有可能的。

学生：将被害人推下悬崖的案例，如果是说前面的行为已经形成了终局性的未遂形态，那么，行为人在三四个小时之后发现了被害人能救而不救，难道另外成立一个不作为的故意杀人既遂吗？

张明楷：如果后来不救助，被害人死亡了，就可能将死亡结果归属于前行为吧。

学生：那如果是这样说的话，又说前面的行为已经形成了未遂形态，不是自相矛盾了吗？

张明楷：也不一定矛盾。即使认定前面的行为成立杀人未遂，后面的不救助导致被害人死亡，也只能认定为包括的一罪，即认定为一个故意杀人既遂吧，不会认定为两个故意杀人罪。

学生：我觉得只要客观上存在救助的可能性，行为人自动救助的，就认定为杀人中止，不需要考虑其间的时间与空间关系，这还是挺有道理的。如果在罪数上认定两者是包括的一罪，但是在未遂的判断上又将两者截断，这两种认定之间还是有矛盾的吧。既然罪数上可以是包括的一罪，为什么在判断未遂、中止、既遂的时候，又要将两个行为严格区分呢？

张明楷：这不矛盾。正因为前面的行为是未遂，后面的行为造成了既遂结果，两个行为侵犯同一个人的同一个法益，所以说是包括的一罪。

学生：我也觉得不矛盾。我们截断的只是举止规范，但在罪数讨论时，考虑的是制裁规范。我觉得主要矛盾点在于，如果我们认为前面的行为是一个终局性的未遂，这个终局性未遂的行为又作为后面不作为的义务来源，那它的终局性意义到底何在？还是说我们将前面的行为作为后续作为义务的来源，不一定将其认定为终局性的未遂形态？我觉得这是个问题，挺值得考虑的。

张明楷：我们在讲犯罪形态的时候说，通常都认为既遂之后不可能产生中止，未遂了也同样不可能产生中止。所谓的终局性未遂就是讲已经形成了犯罪未遂的形态，而不是还处于一个没有结束的动态的发展的过程中。

学生：前面的犯罪行为成为后面不作为犯的义务来源时，实际一般指两种：第一种情况是前面一个形态是未遂，在未遂向既遂发展的阶段，存在基于先前犯罪行为的作为义务。第二种情况是，先前行为已经既遂了，但是在既遂未终了的阶段，也可以存在基于先行行为的作为义务的创设。我们将这两种情况视为同一类，实际上并不需要说前面要有什么终局性形态，只要存在没有发展到终了的状态就可以了。至于前行为是未遂后既遂前的未终了还是既遂后的未终了，区别意义不大。

张明楷：在我国刑法学的语境中，用不用"终局性"其实也无所谓。德国、日本学者所说的未遂，不一定是指终局性的未遂形态，有可能就是指已经着手，所以，我这里强调一下不只是着手，而是已经形成了未遂形态。说已经形成了未遂形态，旨在说明不可能再中止，更不可能退回到预备，但从未遂到既遂还是有可能的。比如说，甲在杀害乙的过程中，被警察阻止了，甲不可能再杀害乙了，我们可以说已经未遂了，但如果后来乙仍然死亡了，还是可以说甲是杀人既遂的。在警察阻止甲的行为至乙死亡之间，可能经过了好几天，我们不可能说这几天甲仍然处于犯罪过程中。

学生：老师的意思是，我们今天讨论的这个案件中，被告人的先前行为还没有形成未遂形态。

张明楷：我觉得还没有形成未遂形态。以前的问题可能在于，只要行为人以为被害人死亡了，就认定犯罪已经结束了，就已经出现了一个终局性的犯罪形态。如果被害人没有死亡，就属于未遂。但未遂后就不可能再中止了。所以，不能像以前那样，只要行为人以为被害人死亡了，就直接认定为形成了终局性的未遂形态，这样的判断是仅以行为人的主观认知为根据的。如果说已经形成了一个终局的未遂形态，后来被害人死亡了怎么处理呢？在此意义上说，也完全可能认为，只要行为人有可能自动中止，就没有形成终局性的犯罪形态。

学生：以前的观点是不是出于对中止自动性的考虑？如果行为人误以为被害人死了，就没有选择的余地了，就不能自动中止，所以认定为未遂。

张明楷：也可能有这方面的问题。但在短暂的时间内，发现被害人没有死亡而主动救助的，还是要肯定自动性吧。

学生：我的疑问是，就本案而言，行为人一开始误以为被害人死了，后来又想到被害人可能没有死，这表明行为人的认知是在不断变化的。一开始误以为被害人死了，结果被害人还活着，这就是行为人意料之外的事；后来行为人想着被害人可能没死，结果被害人确实没死，那就变成行为人意料之内的事了。不能将前面那个误认的时点作为未遂的时点，因为这样认定确实比较片面。所以，我个人还是认为这个案件是能够成立中止犯的。

张明楷：我觉得这个案件认定为杀人中止没有问题。但值得进一步讨论的是，像将被害人推下悬崖那个案件，是不是仍然可以认为行为人也成立中止？

学生：我觉得时间的间隔对未遂、中止的认定有影响。比如说行为人开枪杀人，手枪里面有 5 发子弹，打了 3 发都没中就没再打了，之所以没有再打了，是因为行为人当时误以为手枪里只有 3 发子弹，但在离开后很短时间内，突然发现手枪里面还有 2 发子弹，这个时候行为人选择不再开枪杀人，可以说成立中止。但如果行为人回家了，隔了两三天之后发现手枪里面还有 2 发子弹，行为人放弃了继续杀人的念头，那对整个案件肯定要认定为杀人未遂而不是杀人中止。

　　学生：我觉得时间间隔是有影响的，但影响并不是必然性的。我们要考虑的是时间间隔有没有导致行为人后面的行为所消灭的危险不再是前面的危险。有的情况下时间拉长了，引发结果的危险就不一样了。比如在今天讨论的这个案件里，如果行为人隔了半天乃至是大半天才发现被害人没有死，即使是这样，我也觉得行为人仍然有中止的契机。因为在这样的情况下，行为人后面消灭的危险，依然是前面的杀人行为所制造的危险，两者的危险是具有同一性的。但是，你说的隔了两三天才发现还剩 2 颗子弹没有打的这个案件不一样，也就是说，行为人两三天之后发现还可能再开枪造成的危险，和前面对他人开了 3 枪所制造的危险不是同一危险，所以不可能成立中止犯。

　　学生：我们今天讨论的案件和老师前面说的将人推下悬崖的案件类似，我觉得核心在于，一度误以为被害人已经死了，后来发现没有死，都是避免了前一行为的危险现实化，按理说都可以认定为中止犯，但这两个案件明显不同于开 3 枪后以为没有子弹的案件。

　　学生：我们判断一个案件到底能不能成立中止，应该还是先从客观上去判断。如果客观上这个人没有死，那么直到被害人死亡之前的所有过程都是可能成立中止的，这是一个前提。在此前提下，即使行为人一开始在其中的某个阶段误以为被害人已经死了，但是后来发现被害人没有死亡时，可以回溯到前面行为人误认的阶段，这样的话就也能够提供行为人依然成立中止犯的主观上的依据。

学生：我的核心观点是，能不能成立中止犯，不在于行为人主观上怎么想，而在于他实施中止行为的时候，所消灭的危险是不是原本危险的延续。无论是行为人误以为被害人死了把被害人藏起来，还是将被害人推下悬崖过了三四个小时再经过，后来的救助行为所消灭的危险，都是原本的实行行为制造的危险的延续，它们是同一个危险。所以，都可以认定为杀人中止。

学生：怎么解释你说的这两个案件中，行为人一开始确实以为被害人已经死亡的这个事情呢？

学生：这个认识在客观上没有意义。

学生：但是我们在最终认定中止的时候，还是要考虑主观上的想法的。

学生：按照同时存在的原则，行为人在实施中止行为的时候知道自己在消灭危险就够了。在实施中止行为的时候知道自己救活的是一个还没有死的人就够了。先前的误认不应当影响中止的认定。

学生：你是用非常客观的方法去判断这个中止犯吗？你的意思是说，只要危险没有发展为既遂是由于行为人的中止行为，就可以认定中止。那是否要求中止行为和结果不发生之间一定要有因果关系？

学生：是的，需要有因果关系。

张明楷：我也能理解你的观点，也觉得你的观点有道理。这样的话，中止犯的认定范围可能就更宽了一点，我也能接受。不过，我还是认为，只要行为人作出了真挚的努力，且结果没有发生，即使没有因果关系，也可以认定为中止犯。

学生：我再说一个案件：行为人李某在步行楼梯的三楼至四楼中间，用双手掐住女被害人脖子致其昏迷，误以为被害人已被掐死，便将被害人扔到该单元地下负一层。转身离开时，被害人开始咳嗽哭喊，行为人返回用左手掐住被害人脖子，但最终放弃杀害行为并实施了强奸行为，威胁被害人不许告诉别人后离开现场。

张明楷：行为人后来的行为构成强奸罪没有疑问，只是杀人行为是中止还是未遂的问题。法院是怎么判的？

学生：法院的判决认定为犯罪中止，我也认为李某的行为构成杀人中止。因为在本案中，单纯放弃进一步的杀人行为就可以满足中止的条件，不需要采取积极的救助行为。

张明楷：这个案件与前面讨论的案例有相似之处，就是行为人致使被害人昏迷且误以为其已被掐死时是不是已经构成犯罪未遂了。我觉得，像这种时间场所短暂间隔，行为人还在现场的场合，还不能说前面的行为已经形成了杀人未遂形态。后来行为人自动放弃掐脖子，就属于自动放弃了杀人行为。

学生：这个案件中行为人没有制造出那种需要入院治疗的伤害，所以，不需要行为人作出真挚的努力将被害人送往医院。

张明楷：这个案例属于未实行终了的中止。

第五堂
共同犯罪

案例28　共同犯罪（共犯的成立条件）

2019年11月25日至2020年4月8日，高某和张某在山西大同设立了一个Super工作室，雇佣一批人，共同经营帮助解封微信号的业务，总共赚了50多万元。解封的方式有两种：第一种是预加好友解封，比如说甲是解手，甲与乙加上微信，如果乙的微信号被封以后，向解手请求解封，解手就按照微信官方流程，帮助委托客户解封微信号。第二种就是实名解封，委托客户会提前告知需要解封的微信号和密码，解手就用自己的手机登录解封。解封业务中的对象客户大概分两类：一类是微商和普通用户，另一类主要就是网络诈骗的违法分子。就第二类客户的情形而言，高某和张某等被告人明知他们的微信号被封是因为实施网络诈骗，因为在具体解封过程中，微信平台会有提示涉嫌诈骗、多人投诉、恶意欺诈之类的信息。而且，高某和张某等被告人自己也会发现有的客户在解封微信号之后利用微信进行了电信诈骗。尽管如此，被告人还是多次通过预加好友等方式帮助他人解封微信号。Super工作室的组织结构有四个层级，第一个层级是首要分子。第二个层级是工作人员，他们负责联系代理，将需要

解封微信号的客户下发给代理，让代理联系解手解封或代理自己
直接帮助委托人解封。第三个层级是各代理人，负责招揽解手，
并将解封任务下派给各解手。第四个层级就是解手，负责对微信
号进行解封。

张明楷：第一种观点认为，高某和张某等人构成诈骗罪的共
犯；第二种观点是不宜认定为诈骗罪的共犯，而应认定为破坏计
算机信息系统的犯罪；第三种观点是，高某和张某等人成立帮助
信息网络犯罪活动罪。

学生：就是说行为人解封的这些微信号当中至少有相当一部
分涉嫌诈骗，他们也是知道的。

张明楷：是的。你们先看看《刑法》第 287 条之二，这个行
为构成帮助信息网络犯罪活动罪吗？

学生：帮信罪是肯定成立的。

张明楷：帮信罪的成立不能直接否认诈骗罪的共犯的成立
吧。按现在的技术，司法机关应该能查清哪些解封的微信号用于
诈骗以及诈骗数额。也就是说，能够查清被行为人解封之后的微
信号用于诈骗的数额是多少。

学生：这个没问题，可以查清的。但电信诈骗犯与解封的人
之间不会就电信诈骗有犯意联络。

张明楷：成立诈骗罪的共犯不需要有什么犯意联络的，只要

行为人知道解封后客户可能利用这个微信号继续去实施诈骗，又能查清楚这些事实，并能查清电信诈骗犯的诈骗数额，就可以认定解封的行为人构成诈骗罪的共犯。如果诈骗数额查不清楚，就按事实存疑时有利于被告的原则确定诈骗罪数额。所以，这个案件中的行为人构成诈骗罪的共犯没有什么问题。可是，撰写这个案例分析的作者却在论证为什么行为人的行为不成立诈骗罪的共犯。

学生： 如果说解封的行为人只知道客户是实施违法犯罪的，但不知道实施的是什么具体违法犯罪活动，就不能认定为诈骗罪的共犯。

张明楷： 可是这个案件说得很清楚，行为人知道一些客户是因为实施电信诈骗才被封号的，而且知道一些客户的微信被解封后又实施电信诈骗。这就没有什么疑问了。

学生： 假如行为人知道客户有可能是实施网络赌博，有可能实施电信诈骗，但不清楚客户会实施哪一种行为，而客户实际上只是实施了电信诈骗，也能认定为诈骗罪的共犯吗？

张明楷： 这样的情形也能认定为诈骗罪的共犯，因为从客观到主观分析，没有任何一个环节有障碍。首先，正犯实施了诈骗犯罪行为。其次，解封行为对诈骗罪的实施作出了贡献。最后，解封的行为人也知道正犯可能实施电信诈骗犯罪。到此为止，就完全符合了诈骗罪的共犯的成立条件。

学生： 司法实践在认定共犯时总是强调有犯意联络，认为本案的解封行为人与客户没有犯意联络，所以不成立共犯。

学生：还有人认为，解封的行为人只是怀疑客户会利用微信号实施电信诈骗，没有达到共同犯罪中的共同故意的要求。

张明楷：这些观念太陈旧了。你们看看国外刑法的教科书，有谁对成立共犯要求意思联络？即使我们国家刑法理论的传统观点，也承认片面的共犯。再者，传统刑法理论还承认事前无通谋的共犯。既然如此，怎么要求共犯与正犯之间有犯意联络呢？至于共犯人的犯罪故意，也只需要按照《刑法》第 14 条来认定就可以了，一方面，只需要行为人认识到正犯的行为可能造成危害社会的结果；另一方面，只需要行为人认识到自己的行为可能帮助正犯造成危害社会的结果。就诈骗罪而言，一方面，只需要行为人认识到正犯可能对他人实施诈骗行为，造成诈骗结果；另一方面，只需要行为人认识到自己的行为可能对正犯的诈骗起到了作用就可以了。所以，共犯的故意都可能是间接正犯。只有当行为人以为正犯要利用微信号实施网络赌博，但正犯实际上是利用微信号进行电信诈骗时，才能说行为人的行为不成立诈骗罪的共犯。

学生：这个案件中的认识到客户可能利用微信号诈骗，是不是还有疑问，或者说，不能证明行为人对客户实施诈骗有比较充分的认识？如果只看微信官方平台的提示，说服力感觉不是很强。

张明楷：怎么说服力还不强呢？封号的原因说得很清楚，就是涉嫌诈骗。既然涉嫌诈骗了，行为人当然知道解封号客户还可能再利用这个微信号实施诈骗行为。而且事实上，客户也利用解封后的微信号诈骗他人了。我不是说，只要解封的人知道客户可能诈骗，客户没有诈骗时，对解封的人也要定诈骗罪的共犯。

学生：可是，涉嫌诈骗不是事后查明涉嫌诈骗的吗？

张明楷：你理解错了。行为人在帮助客户解封微信号时，就知道这些微信号封号的原因是涉嫌诈骗。在解封的整个过程中，知道已经解封的微信号又用于电信诈骗。这还不成立诈骗罪的共犯吗？

学生：如果没有提示被封号的原因，但行为人由于一直从事这方面的业务，他也可以大概猜到为什么这个人经常被封号，这算不算认识到对方可能利用这个账号诈骗呢？

张明楷：当然也认识到了，只要解封后客户利用微信号实施了诈骗，依然可以认定为诈骗罪的共犯。

学生：这样认定是不是有点儿处罚太宽了呢？

张明楷：为什么觉得处罚太宽呢？行为人的行为不是中立行为。

学生：但是他们的行为确实遵循了微信的相关程序。

张明楷：行为人的行为原本就是非法的，不是什么日常生活行为或者业务行为。所谓遵循了微信的相关程序只是从技术上说的，不遵循微信的相关程序就不可能解封微信号，但这个行为是非法的，而中立行为通常是一个正规的业务行为，日常生活行为。

学生：但行为人不是利用微信的漏洞之类的，而是利用了微信的规则。这些解手就是充当客户的微信联系人，是在微信的规则下行事的。

张明楷：你这是什么逻辑，利用微信的规则从事网络赌博，也不构成犯罪吗？既然微信号被封了，就是不允许再使用的，或者经过一段时间才能使用的。

学生：但微信封号不是防止客户继续犯罪，而是为了确认他的身份。

学生：微信封号有多种目的，有的是为了防止犯罪。但是解封确实是这么解的。

学生：帮助行为并不限定帮助的形式。帮助电信诈骗犯到ATM 取款，也符合 ATM 的规则，但仍然是帮助行为。

学生：这种情形下帮助犯是百分之百的明知，所以是犯罪。

张明楷：什么叫百分之百的明知？不要在刑法规定之外自己设定犯罪的成立条件。明知、故意都只需要按照《刑法》第 14 条的规定，以及具体犯罪的构成要件与共犯的成立条件来确定和认定就可以了。

学生：关于明知的要求，我们那个地方有个案例。有人在网上联系被告人，让被告人提供银行卡，并将银行卡送到另外一个地方去，送去后给他好处费。被告人也不知道网上那个人到底是干啥的，但是就觉得这种方式肯定不太正常，知道对方肯定是从事违法犯罪的事情，但是也不知道具体是什么违法犯罪的事情。后来查明了网上那个人是实施诈骗。

张明楷：被告人是先把银行卡给实施诈骗的人吗？

学生：就是有人找到被告人说，只要你提供银行卡，我们就给你钱。后来这张银行卡就被用于电信诈骗转流水了。

张明楷：如果我是法官，我也会认定被告人的行为构成诈骗罪的共犯。

学生：王钢老师周五上课的时候就说帮助故意的认定可以范围比较宽一点的。

张明楷：是的，在表述时，不要说行为人可能知道，而是要表述为，行为人知道对方可能实施某种犯罪，就可以了。

学生：但是，被告人确实不知道网上联系他那个人真正要干什么。

张明楷：怎么不知道呢？至少他知道对方可能用银行卡进行诈骗，要不然用银行卡干什么呢？

学生：我是觉得对中性帮助行为和非中性帮助行为构成犯罪的条件要区分开来，中性帮助行为的明知要严格一点。

张明楷：怎么还说中性帮助行为。不管是将银行卡给他人用，还是我们讨论的解封行为都不是中立行为，也不是什么中性行为。

学生：我觉得这个问题不需要再讨论了，对那些客户因为诈骗而被封号，解封后又利用微信号实施诈骗犯罪的，解封的行为当然成立诈骗罪的共犯。

张明楷：是的，我觉得这个案件的行为人在这方面成立诈骗罪的共犯没有任何疑问。

学生：最后法院是怎么定罪的？

张明楷：我不知道啊，撰写案例的作者好像也没有交待，我主要是关心这个诈骗罪的共犯有没有认定。

学生：刚刚查了一下，这个案子刚判完，杭州市江干区人民法院定了帮助信息网络犯罪活动罪。

张明楷：就是我刚才讲的解封微信号的案件吧？

学生：对。帮助解封3000多个诈骗账号，解封后的实际诈骗数额96万元，已经立案的12起。

张明楷：那就清楚地说明是可以查清楚的。我觉得定诈骗的共犯没有障碍。

学生：司法人员说定诈骗的共犯怕处罚太重。

张明楷：认定为诈骗罪的从犯，应当从轻、减轻或者免除处罚。都可以免除处罚了，怎么会怕处罚太重呢？

学生：因为12起诈骗罪的正犯都可能只是数额较大，判处3年以下有期徒刑，而解封的行为人对12起诈骗的数额负责，就是96万，就要适用数额特别巨大的法定刑，就可能比正犯判得重。

张明楷：帮助多个正犯时，帮助犯负责任的数额比单个正犯数额多，是完全可能的。这样认定没有任何问题，前提是只要每个客户构成诈骗罪就可以了。在这样的情形下，即使对帮助犯判得比正犯重一点，也是没有问题的。

学生：这个案件有可能构成计算机犯罪吗？比如，非法控制计算机信息系统罪或者破坏计算机信息系统罪？

学生：行为人是按照微信的解封规则来操作的，应当不构成这方面的犯罪吧。

张明楷：那也不一定，至少可以进一步研究。如果认为微信属于计算机系统，那么，将封号的微信进行解封，有没有可能是对该计算机信息系统实施非法控制呢？有没有可能是对封号的微信的应用程序进行修改、增加的操作呢？

学生：还是有可能的。

张明楷：只是没有情节与后果方面的说明，难以判断是否符合情节严重、后果严重的要求。我觉得这个案件反映出司法机关存在两个方面的问题：一是对共犯的认定还存在缺陷，或者说没有准确理解共犯的原理与共犯的成立条件；二是不善于运用想象竞合的法理，总是喜欢用一个罪的成立排除另一个罪的成立，而不认定一个行为触犯两个罪名。

案例29　共同犯罪（因果性的判断）

甲注册了一个公司，通过网上招聘的方式招募了很多员工。甲租了一间办公室，里面有很多桌子，每个人一台电脑，每个人以网恋的名义进行诈骗。这些员工无论男女都说自己是女的，然后通过和对方网恋的方式欺骗对方给自己送东西。甲和这些员工都是一对一对接的，大家共用一个话术本，这些具体实施欺骗行为的员工之间没有联系。员工们如果骗到了钱，就转给老板，老板给员工发放提成。

张明楷：甲要对所有的诈骗数额负责是没有问题的。需要讨论的是，这些员工是只对自己的诈骗数额负责，还是也要对其他员工的诈骗数额负责。这种情形在司法实践中是怎么处理的？

学生：对于这样的情况，有的地方直接按照员工欺骗的金额认定犯罪数额；有的地方以员工加入之后所有人诈骗得到的金额认定犯罪数额。比如，某个人加入比较晚，数额还达不到定罪标准，但如果将这段时间所有人的数额都认定为他的诈骗数额的话，就构成犯罪。

张明楷：也就是说，有的地方认定员工只对自己直接诈骗的数额负责，有的地方认定对所有员工的诈骗数额负责。

学生：是这样的。

张明楷：这些员工不仅知道自己在实施诈骗行为，而且知道其他员工也在实施诈骗行为，所以，需要判断的是，每个员工对其他员工的诈骗结果有没有因果性？如果有因果性，就要对其他员工的诈骗数额负责，否则就只对自己的诈骗数额负责。

学生：主张员工对所有员工的诈骗数额负责的人认为，这些人知道自己在犯罪，也知道自己在和其他人一起犯罪，所以构成共同犯罪，进而要对总额负责。

张明楷：不能这样分析案件，每个人只能对与自己的行为具有因果性的结果负责。判断共同犯罪的成立与否，其实是判断员工的行为与其他员工造成的结果之间是否具有因果性。

学生：员工平时都是各干各的，不具有物理的因果性。

张明楷：但是，员工都知道大家是在甲的组织下一起做这个事情吗？

学生：这个肯定知道，因为就在一间办公室里。

张明楷：这就主要看有没有心理的因果性。物理的因果性是没有的，但是心理的因果性还是存在的，因为相互都在给对方壮胆，各自的诈骗行为都对他人的诈骗行为起到了鼓励作用。所以，我觉得可以认定有心理的因果性。但是如果从刑事政策的角度讲，不起诉其中诈骗数额相对较少的员工也是可以接受的。

学生：如果员工都要对其他员工的诈骗数额负责，数额就巨大乃至特别巨大，不起诉是不可能的。如果只对自己的诈骗数额负责，则对诈骗数额较小的可以不起诉。

张明楷：我觉得只要肯定了心理的因果性，就不能因为员工自己诈骗的数额少就不认定犯罪或者相对不起诉。既然员工的行为与他人的诈骗结果具有因果性，就不能为了不起诉而扣除部分诈骗数额。在这种场合，可以认为员工对于整个犯罪数额的诈骗只是从犯，可以免除处罚，进而不起诉。

学生：如果是杀人集团的组织者派出很多杀手去不同的地方

杀人该怎么处理？

　　张明楷：这个时候也要具体判断心理的因果性，如果组织者是分别安排各个杀手分别杀害不同的被害人，杀手之间根本不知情，那就没有心理的因果性。如果组织者召集多名杀手一起开会，安排不同的杀手去不同的地方杀人，杀手一看不只是自己去杀人，还有其他人去杀人，这就会相互强化其他杀手的杀人心理，因而认为具有心理的因果性。在日常生活中会发现，和别人一起做某事时，胆子一定会大一些；一个人不敢做的事情，两个人以上就敢做了。

　　学生：还有另一种情况。甲、乙是姐妹俩，住在一起。甲和自己的男友在自己房间里一起实施诈骗，同住在一个房子里的乙看到甲挣钱很快，也开始实施诈骗行为。在一个房子里面，甲、乙各自进行诈骗。

　　张明楷：这种情况可能不一样。这种情况不是在某人的组织之下进行的，感觉类似于同时犯。当然，要根据具体案情判断是否存在心理的因果性，也就是说，如果没有其他的判断资料，乙看到甲诈骗来钱快，自己也实施诈骗的，难以认定甲、乙都对对方的诈骗数额负责。如果乙看到甲诈骗来钱快，向甲请求如何诈骗，甲将诈骗方法告诉乙，甲肯定要对乙的诈骗数额负责。你们要注意的是，在这样的案件中，有可能甲方对乙方的诈骗数额负责，但乙方对甲方的诈骗数额不负责，这取决于因果性的判断，而不是所谓是否成立共同犯罪的一般判断。

　　学生：为什么有人组织，就容易认定被组织者之间的犯罪行为具有心理的因果性呢？

张明楷：我觉得，数人都知道自己是在某人的组织下从事犯罪行为时，就容易形成相互激励、相互壮胆的效果。

学生：关于心理的因果性，您的教材上有一个案例。甲去盗窃，乙给甲提供了钥匙，甲在盗窃的时候直接用其他工具打开了门。您在教材中认为存在心理因果性。在甲用其他工具打开门的时候，这个心理因果性难道不是就消失了吗？

张明楷：因为甲在用其他工具打开门时，心里还知道，即使自己的工具不能打开门，还有乙提供的钥匙可以打开门。所以，乙提供钥匙的行为，激励了甲把这个事情做下去，所以具有心理的因果性。如果甲先使用了乙提供的钥匙，但没有打开门，甲后来使用自己的工具打开了门。这个时候可以肯定乙的行为与甲的盗窃结果之间不具有物理的因果性，但是否具有心理的因果性可能存在争议，我记得日本有学者依然认为具有心理的因果性，但我觉得这个时候就没有心理因果性了，可以说乙只是构成盗窃的未遂犯。

学生：帮助犯的因果关系，对于老师所说的通常的结果归属缓和到了什么地步？

张明楷：讲帮助犯的因果关系的时候也不是说没有客观归责了，而是不需要判断条件关系，只需要判断帮助行为对正犯结果是否起到促进作用。心理的帮助，就是在心理上是不是对他人起到了促进、激励作用或者强化犯意的作用。比如，一个房间已经有人在从事电信诈骗，然后又有人组织你参加，你一看已经有这么多人在从事电信诈骗，所以就参与了。其实，已经在实施电信诈骗的这些人，对你就起到了心理性的促进作用。你参加进去之后，其他人就感觉到队伍又庞大了，心理又强化了，你对他们同样也有了心理上的作用。刚才讨论的案例，我觉得每个人都要对参加后的总数额负责。但是，即使是对总数额负责，也还是要区分每个人的正犯数额是多少、从犯数额是多少。现在的司法实践因为不敢免除处罚，对从犯几乎没有免除处罚的，甚至有的连减轻处罚也没有，而完全按总额量刑，又觉得量刑过重，所以就想改变数额的认定规则，只认定行为人对自己直接诈骗的数额负责。怎么说呢？原本就有一条合法理的路可以走，可是大家都不走，偏要选择一条不合法理的路去走。这是司法实践中经常见到的现象。问题在哪里，问题是什么，就解决那个问题。但现在不是这样，明知问题在这里，但这里的问题不好解决，就只好改掉别的地方的规则。于是恶性循环，永远有问题，永远解决不了问题。所谓犯罪的附随后果严重，也是如此。因为犯罪的附随后果严重，所以，对许多犯罪就不当犯罪处理，提高醉酒驾驶的标准也是如此。可是，问题不在于醉酒驾驶成立犯罪的标准低，而是附随后果的规定本身有问题，需要修改各种法律中有关犯罪附随后果的规定，而不是动不动就降低犯罪的成立标准。

学生：但办案人员在许多方面无能为力。

张明楷：是的，但在无能为力的地方也不要助长破坏规则的做法。

学生：关于共犯的因果性，我这里还有一个案件。A到饭店去吃饭，在吃饭的过程中手机掉到椅子下面，A没有觉察到就结账离开饭店。A 离开之后没多久，B 和 C 两个人就坐到了 A 原来坐的餐桌。B 发现了 C 的座位下面有 A 落下的手机，于是就告诉 C，并让 C 帮忙捡起来。C 拒绝，让 B 自己捡，但顺脚将手机踢到 B 的座位附近，B 俯身将手机捡走。

张明楷：我知道这个案件，法院判决认定 B、C 二人都构成盗窃罪。

学生：我总觉得将 C 认定为盗窃罪的帮助犯似乎有点难以接受。

学生：你认为 C 不构成帮助犯的理由，是因为 C 是不小心踢的这一脚，没有帮助犯的故意吗？

学生：不是，主要是 C 是否帮忙踢这一脚，实际上对 B 实施盗窃所起的作用不大。因为两人都在一张桌子坐着，B 起身走过去就可以取得手机，这不是一个困难的事情。

张明楷：这个问题涉及帮助犯的因果性的成立是否以具有条件关系为前提。通说是不要求因果性具备条件关系的，也就是说，只要行为客观上作出了贡献，就具有因果关系。在此意义上说，"即使 C 不踢一脚 B 也能取得手机"虽然能否认条件关系，但不能否认因果性。所以，理论上讲认定为从犯没有问题。只是从现实的角度看，被害人的财物是一个普通手机，不是价值很高的财物，对于 C 不提起公诉或者免除处罚也完全没有问题。即使是对 B 也可以相对不起诉或者免除处罚吧。

学生：在帮助犯的认定上，是否有必要对因果共犯论作一定的限制呢？

张明楷：因果共犯论不是从条件说的角度去讲的，而是从通过或者利用正犯行为引起了构成要件的结果，或者对正犯引起构成要件结果作出了贡献这个意义上去探讨的。如果要进行限制，就是从因果性上进行限制，而不是对因果共犯论本身进行限制吧。

学生：要求帮助犯的因果性以具备条件关系为前提，就是一种限制。

张明楷：是的，但这不是对因果共犯论的限制。如果以具备条件关系为前提，也并非没有疑问。例如，在本案中，如果要求有条件关系，主张 C 的行为构成帮助犯的人会说，如果 C 不踢一脚，B 就不可能很快就取得了手机，或者 B 就不可能坐在原地取得手机。这样讲是不是就有条件关系了呢？

学生：这里讲的条件关系不是踢一脚与结果之间的条件关系，是踢一脚与 B 的构成要件行为之间的因果关系。

张明楷：你可以这么说，但也有认为只要帮助行为与正犯的构成要件行为之间有因果性即可的观点。当然，我是主张与正犯结果之间有因果性的。问题是，即使是要求帮助行为与正犯结果之间有因果性，但如果将结果具体化到发生的具体时间，也有人会说，C 的行为使 B 提前几秒占有了手机，提前几秒造成了结果，所以也有条件关系。

案例30　共同犯罪（参与形态的区分）

甲想杀乙，于是就隐藏在了乙晚上必然经过的一个地方。丁知情后就将真相告诉乙，让乙不要去。与此同时，丁诱使自己的仇人丙经过甲守候的地方，甲误将丙当作乙杀害了。

张明楷：罗克辛教授认为，丁是间接正犯，我难以赞成。明明就是甲杀害了丙，丁怎么支配了甲的杀人行为呢？当然，他强调的或许是，丙通过欺骗甲的手段把被害对象完全变了，就杀害丙这个特定的人而言，丁是间接正犯。这可能与他对认识错误采取具体符合说有关系。可是，甲只是对象错误，这种对象错误在具体符合说那里也不影响甲构成故意杀人罪既遂的结论。

学生：感觉在德国刑法理论中，认定间接正犯比较宽泛，只要介入了一个行为主体最后都有可能认定间接正犯，但日本刑法理论还要判断行为人具体发挥的作用。不是说只要介入了一个行为主体，就会直接认定为间接正犯。比如说，张三明知几点会来火车，扳道工要去扳道了，于是就在夜里故意灌醉这个扳道工，导致其没有按时扳道而发生了交通事故。德国刑法基本会认定张三是间接正犯，因为介入了扳道工这个行为主体，但老师认为张三应该是直接正犯。

张明楷：这种情形没有必要说张三是间接正犯，而且认定张三是间接正犯会存在障碍。因为如果说介入了扳道工的行为，则扳道工的行为是不作为，也就是应当扳道而没有扳道。但间接正犯是正犯，就成立不作为犯而言也需要有作为义务，可是张三并没有作为义务。在这种情形下，不应当认定张三是间接正犯。你确定德国刑法理论会这么认为吗？

学生：不敢确定，只是平时看书感觉他们是这么认为的。

张明楷：我觉得就作为犯而言可以这样说，就不作为犯而言，不能这样考虑。

学生：如果按照日本刑法理论的观点，不一定能认为丁是间接正犯。

张明楷：山口厚老师认为丁是共同正犯，我觉得说丁是共同正犯比说丁是间接正犯好一些。在我看来，山口老师之所以认为丁是共同正犯，是因为日本的判例很少认定狭义的共犯，再加上山口老师主张具体符合说，所以认为丁是共同正犯。但我们国家的刑法理论所主张的共同正犯的范围其实比日本窄。所以，我觉得，在我们国家认定丁的行为构成帮助犯是合适的。

学生：在德国还有其他观点吗？

张明楷：什么观点都有，我见过德国有学者主张丁是教唆犯的。

学生：丁怎么可能构成教唆犯呢？

张明楷：其实也不难理解，意思是甲原本是要杀害乙的，但丁诱使甲杀害了丙，相当于片面教唆。雅科布斯教授也认为丁是共犯而不是间接正犯与共同正犯，但不确定他说的共犯是指教唆犯还是帮助犯。

学生：如果说丁是帮助犯的话，也是片面的帮助。

张明楷：可以这么认为。你们想一想这样的案例：A 想杀 B，就隐藏在某个地方，同时请 C 把 B 引诱到现场，C 把 B 引诱到现场后，A 杀害了 B。在我们国家的刑法理论中，都将这种引诱被害人到现场评价为帮助行为。既然有合意的帮助都是帮助犯，为什么没有合意的片面的帮助反而成了间接正犯呢？

学生：也许有人认为我国刑法理论的上述观点是错误的。

张明楷：我国刑法的法定刑重，法官量刑也重，不能像日本那样扩大共同正犯的范围，而是要适当缩小共同正犯的范围。这样就会使量刑合适一点。

学生：老师，单一正犯体系是在量刑中才区别正犯、教唆犯与帮助犯吗？

张明楷：真正的单一正犯体系不承认共犯的从属性，一定是认为所有参与人都具有独立性。例如，甲看到自己的朋友乙到丙家去了，估计朋友乙是入户盗窃，于是主动在门外给乙望风，但事实上乙只是去丙家里做客。真正的单一正犯体系的主张者会认为，望风的甲也成立盗窃未遂。我们国家也有学者主张对甲的行为要认定为盗窃未遂。但我不赞成这种观点。

学生：单一正犯体系的主张者可能会把甲的行为评价为不能犯，也不一定是盗窃未遂。

张明楷：如果采取客观的未遂犯论，可能认为是不能犯，但如果采取主观的未遂犯论，则会认定为盗窃未遂。

学生：单一正犯体系可能是在担心，二元区分体系在立法上就把定罪和量刑挂钩了，他们认为量刑这个事情应该交给法官。不论是实施了帮助还是教唆，最后的量刑都要由法官来判断，而不能直接在立法中规定。比如，意大利刑法的规定就是这样。

张明楷：二元区分体系在立法上把定罪与量刑挂钩也没有什么不好，即使挂钩了，最终的量刑还是取决于法官。意大利刑法其实采取的是从属性原则，一部分正犯对另一部分正犯具有从属性。如果主张单一正犯体系就要主张正犯的从属性，但这样可能并不合适。以前没有把正犯和共同正犯明确区分出来，导致正犯与共犯的区分成为难题。如果采取形式标准，就会认为没有实施构成要件行为的不是正犯，只是共犯。按照我说的采取四分法，区分正犯、共同正犯、教唆犯、帮助犯，就没什么问题。即直接实施构成要件行为造成法益侵害结果的是正犯，没有实施构成要件行为或者只实施了部分构成要件行为，但在共同犯罪中起到重要作用的是共同正犯。

学生：按照老师的体系，既然共谋共同正犯的范围扩张到没有直接实施构成要件行为但对犯罪的实现起到重要作用的参与者，为什么不将间接正犯纳入共谋共同正犯之中？

张明楷：因为间接正犯是正犯，在身份犯的场合需要具备特殊身份；但共同正犯不是正犯，所以不需要身份，日本大多数学者都这么认为。如果将间接正犯归入到共同正犯中，会导致间接正犯不需要身份，这会违反罪刑法定原则。

学生：老师，如果按照重要作用说去认定共同正犯，那么，在一对多的场合，比如电信诈骗中，一个人帮助很多人进行诈骗，这个时候的"一"作为我们通常意义上认定的帮助行为，是不是可以认定为共同正犯，从而避开从属性说？

张明楷：这个要看具体情形，完全有可能评价为共同正犯。要看行为人在电信诈骗过程中起到的作用大小，这种行为人在日本一般不会被认为是帮助犯。比如帮人把电表改了，电表就不显示用电量，这个就是盗窃的正犯行为。当人们说改电表的行为是帮助行为的时候，脑子里装的实际上是主观说，也就是行为人是在帮别人改电表，不是给自己改电表。但是如果客观判断的话，就会发现这个改电表的作用太大了。一个人帮助多个电信诈骗犯的场合，不能因为一个人帮了多个人，就直接认定为共同正犯，还是要看他帮助的内容是什么，起到了什么作用。也可能被帮助的人都不构成犯罪，如果是这样，帮助的人也不成立犯罪。

学生：如果采取单一正犯体系，就能认定一对多的帮助是正犯。

张明楷：不能为了认定为正犯就采取单一正犯体系。我国还是需要采取二元区分体系的，或者说，在我国，判断一个行为是不是构成要件行为还是很重要的。因为法官和检察官们的这种观念很缺乏，总是习惯于直接以社会危害性的大小判断行为是否成立犯罪，所以还是需要构成要件行为的概念。如果没有这个概念，就变成只要大家觉得有危害性了就认为符合构成要件。教唆的情形还好一些，帮助行为的类型无边无际，如果采取单一正犯体系，就会导致符合构成要件的正犯行为类型变得无边无际，这是不合适的。采取哪一种理论，要符合中国当下的现实，这个现实就包括法官们、检察官们的裁判能力、水平、观念。如果说我们的法官一碰到案件首先想到能不能不以犯罪论处，然后在量刑上想方设法地找从宽情节，那可能就不一样了。

学生：老师，单一制有什么好处呢？是不是可以将量刑实质化？

张明楷：我不觉得有什么好处。如果有好处，就是比较省事，所有的参与者都是正犯，但如果认为所有的参与者都是正犯，怎么可能使量刑合理化呢？当然，二元区分体系在德国和日本有一个形式上的矛盾：一方面把教唆犯作为共犯，但另一方面法条又写着对教唆犯按正犯处罚。如果说区分正犯和共犯，就是为了让共犯的量刑轻一点，那么，对教唆犯的量刑原本就要轻一点，可事实上并非如此。我感觉这里存在一点矛盾。但从实务上说，这也不是什么问题，因为日本的裁判所一般将我们所说的教唆犯认定为共谋共同正犯，这一认定与将行为人认定为教唆犯一样，都是按正犯处罚。即使在德国认定教唆犯的范围比日本宽，但因为刑法规定对教唆犯按正犯处罚，所以也没有什么量刑不合适的问题。在我国，教唆犯按照共同犯罪中的作用处罚，这个规定比德国和日本的都好。其实，我们完全可以说，如果教唆犯在共同犯罪中起主要作用，那么他就是共谋共同正犯；如果在共同犯罪中起次要作用，他就是教唆犯，只能按从犯处罚。这种按从犯处罚的教唆犯，才是真正的狭义的共犯。所以，在我们国家，采取二元区分体系是最契合刑法规定的。

学生：日本是不是为了把某些教唆犯处罚重一些，才会有共谋共同正犯的概念？

张明楷：我觉得不是为了处罚重一点才出现共谋共同正犯的概念，或许是因为对正犯的量刑也比较轻，才使用这一概念。由于刑法理论将教唆犯归入共犯，而共犯的作用总是比正犯小。但有的时候教唆行为不只是引起犯意，而且提出如何实施犯罪的计划、方法，这个作用就很大了，超出了很多人心目中的共犯的形象，所以按共谋共同正犯处理。不仅是教唆，一些看起来是帮助行为的，其实也起了相当大的作用。比如，甲制造了某种药物，这个药物看起来和治病的药物一模一样，然后乙用这个药物杀人；再比如，甲制造了某种伪劣产品，然后乙利用伪劣产品去骗人财物。在这种场合，甲所起的作用就很大。共谋共同正犯就是指这种没有实施构成要件行为，但实际上起到了重要作用的情形。但是如果从形式上看，甲的行为可能只是帮助行为，应当减免处罚，这就不合适了。

学生：共谋共同正犯与实行共同正犯究竟应当怎么区分呢？比如，甲与乙商量好之后，由乙从丙的身后抱住丙，甲在前面对丙实施伤害行为，甲肯定是故意伤害罪的正犯，乙是共谋共同正犯还是实行共同正犯呢？

张明楷：我主张这种情形乙是共谋共同正犯。因为实行共同正犯，意味着参与者实施了构成要件的行为，但乙的行为不是故意伤害罪的构成要件行为，所以不是实行共同正犯。

学生：有的学者认为，只有单纯出谋划策的才是共谋共同正犯，只要客观上实施了某种行为的，都是实行共同正犯。

张明楷：这样设定也是可能的，但我没有采取这样的区分标准。因为就故意伤害罪出谋划策与乙从身后抱住丙的行为，都不是故意伤害罪的构成要件行为，既然如此，两种情形就是完全一样的。如果说乙从身后抱住丙是有身体动作的，同样能肯定出谋划策也是一种身体动作。既然都有身体动作，为什么说乙就是实行共同正犯，而单纯出谋划策的就不是实行共同正犯呢？此外，我觉得按是否实施了构成要件行为来区别，也特别明确，不至于产生争议。

学生：明白了，老师将《刑法》第26条解释为共谋共同正犯，就是指按《刑法》第26条的规定认定为正犯的参与者都是不需要实施构成要件行为的人。如果实施了构成要件行为，就直接按刑法分则处理就可以了。

张明楷：是的。在我国，首要分子也就是共谋共同正犯，只不过我们用了首要分子这个概念，给人的感觉就是要处罚得重。在一般共同犯罪的场合，教实行者如何实施犯罪，就不只是单纯的教唆，而是共谋共同正犯。所以，没有必要否认共谋共同正犯这个概念。如果否认共谋共同正犯的概念，就可能导致只有共同实行了构成要件行为的，才是共同正犯，或者导致构成要件行为的泛化。也就是说，如果共谋共同正犯与实行共同正犯没有区别，就会淡化构成要件行为的观念，不利于犯罪的认定。如果二人都拿着枪瞄准被害人射击，我们就说二人都实施了构成要件行为，是实行共同正犯；如果一个人编造诈骗的话术，另一个人利

用该话术打电话诈骗他人财物，我们就会说打电话的那个人实施
了构成要件的诈骗行为，编造话术的人是共谋共同正犯，但不是
正犯，因为没有实施构成要件行为。

学生：可能因为共谋共同正犯这个概念源于日本，所以一些
人主张不要采用。

张明楷：我国刑法使用的概念要么源于苏联，要么源于德国
或者日本，如果一些概念所指称的对象在中国是客观存在的，我
们就不能放弃使用这个概念，也没有必要特意使用另一个别人不
知道的概念，否则就不利于国际学术交流。概念的原创不是一件
简单的事情。一方面，概念的原创一定是现在的概念还不够用；
另一方面，原创者的确发现了一类新的现象或者观念。

学生：老师，您的第六版教材对共同正犯的改动比较大，想
问一下，您为什么还坚持共同正犯没有从属性呢？因为在乙抱住
丙，由甲在前面实施伤害行为的案件中，如果甲不伤害丙，乙的
行为也不可能成立故意伤害罪，所以即使认为乙是共同正犯，他
也从属于甲的伤害行为。

张明楷：我没有对共同正犯使用从属性这个词，但是在某些
场合的确是需要正犯实施构成要件行为，但一概说都要求从属性
的话，那就很麻烦。比如说，两个人共同开枪打死了人，但是查
不清谁的一枪击中被害人，这个时候肯定不能要求从属性。另一
方面，在共谋共同正犯的场合，正犯肯定要实施构成要件行为才
能成立共谋共同正犯，这个从属性就明显一点。所以，我在第六
版的教材中，没有使用从属性这个具有特定含义的词语。因为从

属性所讲的是共犯对正犯的从属性，但这里既然讲共同正犯了，就不太好用这个词语了。

学生：似乎在理解上，两种从属性也不会有太大的差别。

张明楷：但是，最好不要跟共犯的从属性的意思等同起来。

案例 31　共同犯罪（间接正犯）

2016 年 8 月至 9 月间，被告人徐某以非法占有为目的，向某国际商贸学院的学生张某谎称自己认识某国际商贸学院和某服装学院财务处的工作人员，可以代缴学费，而且代缴学费的时候可以减免一半。徐某还跟张某说，每拉一个代缴学费的学生可以给张某 500 元的提成。张某信以为真，通过在校学生卢某、郑某等人在校内宣传，收取了上述两个学校 38 名学生的学费共计 31 万元。但是张某、卢某和郑某不是按学费的一半收的，而是按 7 折收的，即多收了 20%，而且只按 5 折交给徐某，自己扣留了多出的 20%。张某等三人共多收了 9 万元，由三人瓜分。徐某收到了 22 万元后又给了张某 17500 元。徐某向缴费的学生出具了伪造的学费收据。

张明楷：这个案件涉及两个问题。第一个问题是，对张某等三人多收 9 万元的行为要不要定罪？第二个问题是，徐某是对 22

万元负责，还是对 31 万元负责？我们首先讨论一下，徐某是诈骗罪的直接正犯还是间接正犯。

学生：徐某对张某、卢某、郑某他们三人自己交的学费是诈骗罪的直接正犯。

张明楷：对这三个人的部分就不讨论了。徐某对另外 38 名学生是不是诈骗罪的间接正犯？

学生：应该是间接正犯，因为被利用的三人并不知情，也确实欺骗了另外 38 名学生。

张明楷：张某、卢某、郑某这三个人实施了诈骗罪的客观构成要件行为吧？

学生：是的。

张明楷：张某、卢某、郑某对多收的 20% 是否要负刑事责任？

学生：他们三人对多收的 9 万元要负诈骗罪的刑事责任。即使他们被徐某利用，但徐某只是说代缴学费可以减免一半，也就是说，只需要缴纳 50%，但他们三人却多要了 20%，如果其他学生知道只需要缴纳一半，就不会缴纳 70%，所以，张某、卢某、郑某对多收的 20% 负诈骗罪的刑事责任。

张明楷：这三个人凭什么无罪呢？写这个文章的人说，"张某等人的行为类似于地产商的关系户炒卖房号，比如从房地产商那里拿到 8 折购房优惠，又加价到 9 折给消费者赚取差价。炒房的行为存在违法或不合规之处，但是没有诈骗的故意。"这怎么没有诈骗的故意呢？明明是多要了。除非张某等三人跟其他学生明确地说，自己有关系，只需要交 5 折学费，但是我要多收你们 20% 的学费。这样说就没有骗人。

学生：假如减半交学费的事情是真的，张某等三人多收费的行为应该不是诈骗。但现在减半交学费本身就是假的，能认定张某等三个人的行为独立构成诈骗罪吗？

学生：那也可以成立诈骗吧，因为本来每位学生只需要交 50% 就可以。

学生：每位学生只需要交 50% 就可以也是假的，如果把这个也当真的话，被害人的交易目的也实现了。他们本来就是想少交学费，交 7 折学费他们都会愿意。

张明楷：你们这样讨论可能不合适。应当说，徐某本身只是想骗每个学生一半的学费，现在张某等人则骗了 70% 的学费，只是张某等人不知道其中 50% 是骗学费，但对超出的 20% 知道是欺骗了学生的，如果学生知道徐某只要收取一半的学费，也不会多交 20% 的学费。所以，不能否认张某等三人对 9 万元构成诈骗罪。

学生：我觉得，在张某等三人的认识里，那些被害学生的交易目的没有落空，被害人就是要交 70% 的学费，所以，对被害人的财产损失没有认识。也就是说，这些学生按正常流程本来是要足额交费的，现在张某等三人找到一种"后门"，可以只交一半的学费。三人利用自己这种"后门"让其他人少交学费的时候，他们对于多交的 20% 的财产损害这个要件会有认识吗？

张明楷：你这个说法是错误的，不能说只要学生交的钱少于全部学费，他们就没有财产损失，有没有财产损失要看相对于什么而言。如果只交一半就可以，让学生多交20%当然也是财产损失。即使只交一半确实就可以了，让学生多交20%就是学生的财产损失。现在整个都是诈骗，怎么反而说其中的20%不是财产损失呢？所以，张某等三人对诈骗9万元要负责是没有问题的，关键是徐某对什么数额负责呢？

学生：徐某对张某、卢某、郑某收取的9万元没有故意。

张明楷：他会不会猜到这三个学生会多收钱？

学生：猜到也很难达到间接故意的程度。

张明楷：徐某只对22万元负责吧？

学生：是的，感觉有点像教唆一个人去杀人，结果那个人认错人，把一个无辜的人杀害，发现杀错人以后又把对的人杀害。

张明楷：对人身的犯罪不一样，还是类比财产犯罪的例子。

学生：徐某诈骗的故意中，对数额的认识其实并不确定。案件中张某等人收取了38名学生的学费，即使收取了50名学生的学费，徐某也是接受的，主观上并没有对收取多少钱有什么限制。所以我觉得，否认徐某对9万元有诈骗故意很难，只能说他最后获利是22万元。

张明楷：所以问题是，对数额的故意要认识到什么程度。徐某对数额其实是没有限制的。他不是只收取38个人的学费，如果有380个学生缴纳学费他也照样收。从这一点来讲，数额是没有超过他的主观认识的。但问题是，他主观上只是想骗取每个学生一半的学费，没有想骗取学生70%的学费。

学生：这跟老师您之前举的一个例子类似。行为人（成年人）让一个小孩去偷东西，小孩却叫上一个小伙伴偷了比行为人教唆的更多的财物。

张明楷：我也在想这个案例。这是南京的一个案件，行为人没有跟小孩说具体偷多少东西，就是让小孩去大楼里面偷电子产品。这个小孩10岁，又叫了另一个10岁的小孩一起偷。行为人没有说数额，又是个间接正犯，然后小孩也不能对自己的行为负责，感觉全部算到间接正犯者的头上没什么问题。

学生：如果能定张某等人诈骗9万元，张某等人多收的这9万元对徐某的定罪数额还是有点影响的，因为中间介入的是张某三人的故意犯罪行为。

张明楷：如果张某等三人从50个学生那里收取了一半学费，总额可能超过31万元，徐某肯定要对全部数额负责。现在张某等三人从38个学生那里收到31万元，为什么徐某只对22万元负责呢？因为只要是从每个学生那里收取一半的学费，都在徐某的故意范围之内，但超过一半的部分徐某是不知情的，不能让他负责。

学生：而且徐某要出具收据，是给每个人单独出具伪造的收据，这样看更加印证了他只对每个学生的50%的学费有故意。

张明楷：写这个案例的人还举了另一个例子。甲明确授意13岁的儿童乙到丙家盗窃丙放在衣柜里的金银首饰。乙到了丙家之后，不仅拿了金银首饰，还拿了丙的钱包，并且单独占有了钱包，甲不知情。问甲要不要对这个钱包负责。

学生： 甲不能对钱包负责吧。因为甲明确说明了只盗窃丙的金银首饰，没有说要盗窃钱包。

张明楷： 从客观方面说，甲的行为对丙的钱包损失还是具有因果性的，因为乙是一名儿童，不是成年人，乙的行为超过或者没有达到甲的授意，并不是异常现象。所以，关键是主观方面，甲对乙可能同时盗窃丙的其他财物有没有故意，只要有间接故意就可以了。如果不能认定间接故意，甲就只对金银首饰负责吧。

学生： 我们今天讨论的徐某案好像还有疑问，徐某不关心实际上有多少学生受骗，他实际上也不关心张某等人以什么样的方式收取学费以及收取多少学费，多收取的学费似乎也在其犯意之内。

张明楷： 这就看你怎么根据案件事实进行评价了。如果徐某对张某等人多收学费是有认识的，只要有未必的认识，或者说有间接故意，就能肯定徐某对 31 万元负责。

学生： 但是徐某已经给了张某等三人每笔学费 500 元的提成，所以，不太好认定他会认识到张某等人还会加收 20% 的学费，否则他就不会给张某等人提成了。

张明楷： 这个案例讲述得不够具体，在这方面的确还存在事实不清的问题。不过，我觉得从现有事实来看，还不能说徐某对张某等三人多收学费有间接故意。

学生：我觉得徐某作为源头还是要对后面张某的犯罪负责的。

张明楷：你这个观念在司法实践中普遍存在，起因是徐某是源头，所以徐某要对总额负责。但这样的观念可能存在两个方面的问题，一是将条件关系作为结果归责的全部条件，二是可能违反责任主义。

学生：如果张某等三人也通过徐某交了一半学费，那么徐某就会认为在张某的认识中这个事情是合法的，徐某就不会认为，张某等三人会在他们认为合法的事情的基础上犯罪。反过来说，如果徐某知道张某等三人认识到这个事情是成立犯罪的，那么，徐某就更有可能预见到张某等三人会在其要求的 50% 的基础上多收费。例如，一个人假冒国家工作人员让一个中介人去代收税款，如果他认为中介相信了自己是有职权的国家工作人员，就不会认为中介会去做他要求之外的违法的事情。

张明楷：你是想说，徐某是不是认识到了张某等三人可能加收学费，和张某等三人是不是认为这个事情是合法的有一定关系。但这些都是判断徐某是否认识到张某等三人会加收学费的资料。我想问一下，如果张某等三个学生比较天真，把 31 万元全部给了徐某，问徐某能不能多给些提成，应该怎么处理呢？徐某对多出来的 9 万元只是侵占，还是掩饰、隐瞒犯罪所得？抑或要认定为诈骗数额？

学生：对于可预见的范围，可以通过事后承认的方式去确认事前的故意。

张明楷：不能这么说吧。

学生：我觉得还是要保守认定。间接正犯作为一个意志支配的犯罪类型，不能对没有支配的而只是有预见的事情负责。对没有支配的但是有可能预见的事情，只能成立教唆犯。

张明楷：你说的支配就是利用欺骗的方法，让张某等三人去收取他人一半的学费。但由于对其他学生的费用打 8 折、9 折，人家也很开心，所以，张某怎么对其他学生讲，徐某可能支配不了。

学生：对，所以后面的事情就不属于徐某的支配范围了。

张明楷：徐某欺骗张某后，后面的事态发展就完全取决于张某等人，从客观方面来说，徐某要不要对后面的事情负责？

学生：要负责，但不是作为间接正犯负责。间接正犯是把他人当作工具实施犯罪，但是工具不可能自己多收 9 万元。

学生：徐某客观上是间接正犯没问题，问题是怎么衡量他故意的范围。我认为应当看徐某能否认识到自己所控制的这个事情的发展在多大程度上不偏离。

学生：可是如果我们说徐某对数额的认识有问题的话，这个认识上的问题不仅影响间接正犯的故意，也影响整个诈骗罪的故意。问题不是说他有没有认识到自己支配，或者有没有认识到被利用人的行为，而是说他对多大的数额有诈骗的故意。这不受共犯形态的干扰，而是数额的问题。

张明楷：徐某的行为对多出来的 20% 肯定是有条件关系的。

我们首先要判断结果归属，如果 31 万元能够归属于徐某的行为，就要再判断他对 31 万元有没有故意。其实徐某不能支配张某等人按几折收钱，他能认识到不会低于 5 折。至于会不会高于 5 折，他可能并不那么关心。但案件没有交待这方面的内容。

学生：张某只是徐某用来犯罪的一个工具，他内心肯定是希望骗得越多越好。

张明楷：但是也可以说徐某只是希望被骗的学生越多越好。

学生：问题就回到了被害者的个体性要不要放到财产罪的评价中。

张明楷：本案不是被害者的个体性问题吧。

学生：如果要徐某对 31 万元负责，就应该作为因果关系错误处理，每一个人被骗了多少就不是一个必须认识的重要事实。

学生：就是说要看张某临时起意多收学费的行为是不是异常。如果说不异常的话，就不需要徐某主观上有认识。

张明楷：如果说按因果关系错误处理，多收取的 20% 的学费能不能归属于徐某的行为，可能存在争议。如果不按因果关系错误处理，认为多收的 20% 的学费超出了徐某的故意，则是可以被接受的。

学生：我觉得徐某对 22 万元也可能不成立间接正犯。因为这里存在一个问题，也就是徐某能够操控的仅仅是张某是否实施诈骗行为，但对于诈骗多少人以及诈骗每个人多少，并不具备可操控性。如果说被利用行为能够向利用行为进行归责的前提在于前面的利用行为对后面被利用行为的可操控性的话，徐某的教唆行为（利用行为）对张某等人的后续行为没有操控性，也就不能成立间接正犯。另外，拿这个案件和盗窃、故意杀人、故意伤害的案件去类比不妥，因为诈骗罪是特殊的举止不法大于结果不法的财产犯罪。盗窃和故意杀人行为只存在结果不法，所以把结果不法归责于利用行为是没有问题的。

张明楷：问题是间接正犯要操控什么？要操控到什么程度呢？

学生：至少可以说，如果不具备可操控性，是不能肯定归责的。之所以间接正犯的利用行为不符合构成要件该当性，也可以成立犯罪，原因就在于构成要件该当性是通过一个结果向前归属的流程被实现了。

张明楷：比如一个成年人站在楼顶上，行为人让一个小孩把成年人推下去，小孩就把他推下去了，你说这属于操控还是没操控？

学生：我觉得不能这么类比，因为诈骗罪的举止不法要大于结果不法。

学生：你的意思是不是，如果行为人告诉被利用者具体偷多少钱，成立间接正犯。如果告诉他能从 X 个人那里偷每个人 50% 的钱，就不是间接正犯吗？但是 X 个人在案发时是确定的啊。

学生：诈骗罪和盗窃罪不一样。盗窃罪的成立与否仅仅在于盗窃行为的结果不法本身，但是诈骗罪是基于欺骗行为的行为不法加上财产损害这个结果不法才能构成。如果抛开举止不法，只考虑财产损失的话，不构成任何犯罪。你刚才所举的盗窃的例子，只存在结果不法，这个结果的归属可以直接归责到具体的指示行为。此外，我们说的小孩子把人推下楼的案例又不一样，因为小孩子不是可以被归责的主体。但是张某他们是有完全责任能力的，所以徐某仅仅对张某等人的举止不法有一定的操控性，而对结果不法没有操控性，徐某对22万元不成立间接正犯。

学生：这样说的话，只要不告诉被利用人具体诈骗多少钱，就是教唆犯。

学生：我个人认为在诈骗的场合是这样的。诈骗罪的财产损害不是单纯的财产转移，而是基于欺骗行为的特定因果流程。

学生：可是诈骗罪的因果关系和财产损害是一套评价体系，二者不能分开吧。

张明楷：被害人受骗产生认识错误是个中间结果，类似于抢劫罪中的被压制反抗。你觉得所有的诈骗都没有间接正犯吗？

学生：是的，除非行为人明确让被利用人具体骗多少钱。否则如果只是笼统让被利用人去学校收费，不能成为间接正犯。

学生：这一点我不太同意，因为案发的时候被害人的损失数额是一定能够确定的。

学生：但是在案发的时候数额确定，不代表利用他人去实施诈骗行为的时候能对后续的数额有可操纵性。

学生：操控了行为不就是操控了结果吗？

学生：在单独正犯的情况下，完全可以说操控了行为就操控了结果。但是在间接正犯的情况下不能得出这样的结论。间接正犯只能操控中间结果，我们没办法推断中间结果在被利用人的后续行为导向最终结果的因果流程中起到了什么样的作用。

学生：能不能说在诈骗罪中，间接正犯只需要操纵中间结果就可以了。当他操纵了中间结果的时候，后续向最终结果的发展是一个自然的因果流程，就不需要再说行为人操控了最终结果。

学生：从中间结果发展到最终结果是一个自然的因果流程没有问题，但是从中间结果发展到怎样的一个最终结果，是存在问题的。

张明楷：行为人对每个中间结果不都操控了吗？

学生：但是他无法操控具体的最终结果，所以要区分单独正犯还是间接正犯。在单独正犯的场合，最终结果完全是落入到行为人的认知范围之内的。

学生：如果行为人抓了一些小孩让他们乞讨，是间接正犯吗？

学生：这样类比不太合适，因为拿小孩类比永远存在一个问题，那就是只存在行为人这一个可被归责的主体。如果是成年人就是另一回事。涉及成年人时，在盗窃或者故意杀人时，行为人仅对结果不法这样一种具体内涵进行操控，可以成立间接正犯。但是在诈骗犯的场合，行为人对于结果不法能否操控是存疑的。

张明楷：还有另外一个问题，就是成立间接正犯所要求的操控要达到什么程度。因为教唆犯通常的处罚本来就跟正犯差不多，德国刑法、日本刑法和我国民国时期的刑法都是按正犯处罚。相较之下，为什么间接正犯要求达到那么高的操控程度？操控程度的要求是不是要缓和一点？

学生：单独正犯其实也不需要对于因果流程掌握得非常细致，只要能够操控中间结果的前半段就可以。

张明楷：单独正犯不管怎么说是一个人造成结果，不涉及他人。

学生：如果单独正犯都不要求达到这种操控程度的话，间接正犯为什么要求这么高的操控程度？

张明楷：如果这么说，只要被利用者在不知情的情况下实施了导致结果的行为，行为人就成立间接正犯？

学生：就是说，间接正犯只需要像单独正犯一样，支配中间结果靠前的部分就可以了。是否支配后半段无所谓，只要支配了被害人产生处分意识的认识错误的部分就可以了。

张明楷：你的意思是，间接正犯的支配就是只要使被利用者实施足以使他人产生认识错误的欺骗行为就可以了。

学生：是的。

学生：但是我国刑法对结果不法的内涵区分了不同的刑期。所以问题是，在我国能否忽略结果不法的具体内涵，笼统地认为只要存在结果不法就可以了，还是说我国的间接正犯一定要匹配分别设立的不同档次的刑期？

张明楷：你的意思是，因为刑法分则的法定刑实际上侧重的都是结果。所以间接正犯还是要对具体的结果有支配。

学生：是不是可以笼统地支配到数额巨大或者数额较大这种区间就可以了？

学生：我还是觉得，只要对这种具有危险性的行为有支配就可以了。

学生：问题是，如果说行为人可以操控中间结果，但是操控不了最终结果，即可以操控被利用者去实施诈骗，但操控不了他诈骗多少财物，那么也不能说操控了中间结果。行为人只是教唆被利用人，但其实根本无法确定对方去不去实施诈骗，可能对方最后一个人也没有骗。

学生：对，所以说行为人仅仅操控一个中间结果是没有意义的。对本案中的 22 万元认定为教唆就可以了。

张明楷：间接正犯的成立不要求被利用者什么都听行为人的，因为就算是采取强制方法，对方也不一定服从，采取欺骗的方法人家也可能识破。如果要求到这种程度，单独正犯也不一定能达到。不可能要求间接正犯的成立条件比单独正犯还严格。

案例 32　共同犯罪（归责范围）

郭某、王某、李某三人曾经一起共同抢劫过三次，其中一次造成被害人轻微伤。2001 年 5 月底，三人去上海，途中王某买了两把折叠水果刀。6 月 2 日，三人结伙在上海浦东对一个行人实施了抢劫。6月3日，三人于居住的招待所认识了陈某。陈某提出其同乡赵某身上应该有钱，可以去抢，其余的人均同意了。6月3日晚上，4人拟定抢劫计划：用他人的身份证到另外的旅馆开一间房，将赵某引诱至房间内，同时用绳索捆绑、胶带封嘴的手段进行抢劫。6月4日上午，王某、李某用一张假身份证在附近的一个旅馆登记在216房间，王某购买了尼龙绳和胶带。后来郭某、王某、李某三人就在216房间等待。陈某以见同乡为由，将赵某带到216房间。刚开始众人闲聊，闲聊的过程中，王某持刀威胁赵某，李某用尼龙绳子捆住了赵某的手脚，郭某用胶带封住了赵某的嘴，当场抢了50元现金。后来，赵某被塞到床底下由郭某和王某两个人看管，陈某和李某去赵某住的旅馆取赵某的包。在郭某和王某看管赵某的时候，赵某挣脱绳索想逃跑，郭某和王某两人在阻止时先后用刀刺戳赵某的胸部、肩部，共刺了十几刀，然后又将赵某重新捆好塞到床底下。后致赵某死亡。陈某和李某因没有赵某的身份证无法进入赵某房间，便返回216房间，看到郭某和王某身上以及房间有血，就问怎么回事。陈某、李某拿了赵某的身份证又去取包，仍然没有取到。后4个人逃跑。经尸检确认，赵某前胸部有5处刀伤，肩背部有6处，都是郭某和王某用刀造成的。

张明楷：对郭某、王某认定为抢劫致人死亡没有问题，现在要讨论的是对李某和陈某要不要认定为抢劫致人死亡？

学生：我先说一下自己的一个想法。前面4人一起在场商议的过程中，只是说用绳索捆绑、胶带封嘴的方法来实施抢劫。在陈某与李某不在现场的情况下，郭某与王某用刀戳赵某，导致赵某死亡的结果，从作为的角度来说，是不能归责于陈某与李某的。但当陈某与李某返回现场，看到赵某的状况后，就有作为义务。也就是说，在这种情况下，如果陈某与李某已经意识到被害人遭受了严重伤害，却没有实施救助行为，与赵某的死亡结果之间也有因果关系，有可能构成不作为的犯罪，因此对二人也能认定为抢劫致人死亡。

张明楷：抢劫致人死亡不限于故意致人死亡，包含过失致人死亡。在这个案件中，被害人是被郭某和王某捅死的，要先讨论这个赵某被捅死的结果和李某、陈某的行为之间有没有因果性；如果有因果性，再讨论李某和陈某有没有故意或过失。

学生：我觉得因果性还是可以论证的。第一，李某和陈某都知道郭某、王某有刀；第二，他们有分工，就是说两个人看管两个人找包，陈某与李某二人后来返回看见有血时，肯定意识到他们在看管过程中对被害人实施了暴力行为。

张明楷：你这说的主要是能不能认识到的问题，要先说明有没有因果性。当郭某和王某的暴力行为的危险直接现实化之后，讨论其他人的罪责时，不可能再独立地要求危险的直接现实化，只要有一般的共犯中的物理或者心理的因果性就够了。也就是说，在二人以上共同实施的结果加重犯中，不要求每一个人的行为都与加重结果之间具备直接性要件，只要其中一个正犯的行为与加重结果之间具备直接性要件，而其他共犯与这个加重结果之间具有通常的因果性，其他共犯也要承担结果加重犯的责任。这个案件法院没有判李某和陈某抢劫致人死亡。但我觉得这是值得讨论的。前面是通过4个人的行为压制了被害人反抗，郭某和王某为什么能够把赵某给捅伤，这个结果与4个人前面的行为是不是有因果性？

学生：这样说的话应当是有物理的因果性的。

张明楷：4人共谋抢劫，拟订了犯罪计划，计划中就有使用暴力的内容，且从准备的工具来看，暴力的内容并不轻微。郭某与王某的行为也没有超出计划的范围，所以，暂且不讨论陈某与李某后来的不作为，就应当认为4人前面对抢劫的共谋与赵某的死亡之间具有因果性。陈某和李某的行为与死亡结果具有这种因果性后，就只需要判断陈某和李某有没有预见可能性。在这样的场合，不能说陈某与李某没有就死亡结果进行共谋，就不能对加重结果负责。在实践中，经常有人在雇凶伤害人时，跟凶手反复交待不要把人打死了，但凶手就是把人打死了。凶手成立故意杀人或者故意伤害致死时，不能说雇凶者没有致人死亡的过失。反复交待凶手不要打死了，就表明他对死亡是有预见的，至少是有预见可能性的。

学生：老师，我想替陈某辩护一下，郭、王、李三人结伙抢劫多次，对于实施抢劫过程中持刀可能致人伤亡的这种情况有比较高的认识可能性。但是，陈某是刚加入进来的，在这种情况下，是不是陈某的预见可能性会稍微弱一点呢？

张明楷：陈某虽然是刚加入的，但他将赵某带到了216房间，也看到王某用刀威胁赵某，这表明他对赵某的死亡也是有预见可能性的。如果陈某把赵某带到 216 房间后，自己就离开了，不知道王某有刀，你可以说陈某预见可能性比较低一点，甚至可能说陈某没有预见可能性。

学生：我还是想说，陈某与李某回到 216 房间后，没有救助赵某的行为与赵某的死亡结果之间具有因果性，所以，赵某与李某的行为构成抢劫致人死亡。

张明楷：我觉得如果不考虑结果回避可能性，这一点也没有疑问。陈某、李某两个人回到房间后，知道了赵某的伤势，但为了拿走赵某的身份证继续实施劫取财物，没有救助赵某。我认为，共犯人对其他共犯人造成的危险是有救助义务的，所以，陈某与李某有救助义务，当然郭某与王某也有救助义务。但要考虑有没有结果回避可能性的问题。如果具有结果回避可能性，可以认为本案是故意的结果加重犯，陈某与李某对死亡结果也是故意的，至少是间接故意。但即使这一点不能查明，也可以认定 4 个人都构成抢劫致人死亡。在本案中，4 人后来都跑了，也没有把赵某放走，如果认为李某和陈某只是构成普通抢劫的话，我感觉不太合理。在我们国家的司法实践中，对结果加重犯的认定也很奇怪，有时候认定得很宽，有时候认定得很窄，常常讲的一个理由就是所谓的实行过限，或者说用实行过限来否认共犯对结果加重犯的责任。我国刑法理论上通常讲的实行过限，实际上讲的是行为人的行为超出了其他共犯人的故意范围。就故意犯罪来说，这可能问题不大，但如果在过失犯罪与结果加重犯的情形中，用实行过限来否认共犯人的责任就要很谨慎了。总之，你们只能一步一步地先判断因果性，然后再判断行为人有没有过失。不能笼统地用实行过限这个概念把过失的这部分忽略了。这个案件还有什么问题吗?

学生:老师,我问一个问题,我觉得在结果加重犯的共犯的情况下,先前行为引起的作为义务是不是感觉上要更高一些?

张明楷:每个具体案件情况是不一样的,要看前面共同制造的危险是什么。如果说共同盗窃的话,行为人制造的危险只是财物的转移,但是像这种对人身的犯罪来说,可能就不一样了。在本案中,郭某与王某直接制造了危险,陈某与李某也因为自己的先前共谋行为与赵某的生命危险之间具有因果性,因而4人都有义务救助赵某,感觉也没有必要说4人中的某人的作为义务高,某人的作为义务低。可以认为,他们4人都有共同的作为义务。

学生:老师,关于实行过限我有一个疑问想跟您确认一下。比如说两人一起入户盗窃,其中的一个人强奸了女主人;还有一种情形就是咱们这个案例里面的抢劫致人死亡,这两种都是实行过限。但前一种是超出盗窃罪之外的,后一种是可以纳入抢劫罪名里面来的。这两种有什么区别吗?

张明楷:入户盗窃的时候,两个人进入一个房间,各自实施盗窃行为时,即使是其中一人实行强奸的,另一人也未必有阻止义务。当然,这个问题肯定有争议。但是如果说两个人共同实施抢劫,共同压制了被害妇女的反抗之后,其中一人实施强奸,这个时候另一人是有作为义务的,因为是两个人的共同行为让被害妇女不能反抗。你说的后一种情形不是实行过限吧,也就是说我们今天讨论的这个抢劫罪不存在实行过限的情形。实行过限本来就不是个法律概念。一般所讲的过限行为，就是与其他共犯的行为没有因果性，或者虽然有因果性，但其他共犯对此没有故意与过失。

学生：比如，两个人半夜去盗窃，一人去了女主人卧室，另一人去了其他房间。到了女主人卧室的人实施强奸行为，我觉得另一人有阻止义务。因为入户盗窃不仅侵犯了财产权利，而且还侵犯了住宅安宁权，安宁权被侵犯之后，必然对住宅里面的被害人的人身形成一定危险，因此有作为的义务。所以，没有阻止的人也构成强奸罪的共犯。

张明楷：入户盗窃对住宅安宁的侵犯是否意味着对被害人的人身或者性行为自主权形成了危险，不能一概持肯定回答。如果一人在卧室强奸妇女，另一人在旁边使被害妇女觉得反抗没有意义，倒是有可能认定为强奸罪的作为的帮助犯。但是，如果另一人不在卧室，被害妇女也不知道另一人在旁边房间，不能认定另一人实施了作为的帮助，我认为从哪一个角度来讲都难以认为另一人有作为义务。一方面，不能说另一人对危险源有监督义务；另一方面，也不能说另一人与被害妇女有特殊关系，存在保护义务。

学生：可不可以说另一人的先前行为导致其有阻止强奸的义务？

张明楷：另一人的先前行为是入户盗窃，但入户盗窃的行为不会使被害妇女的性行为自主权处于危险状态。而且，先前行为之所以能成立作为义务，是因为只要行为人不作为我们就能从事实上认定这个结果也是其先前行为造成的。但本案不可能是这样的。

学生：老师，我想请教一个日本的学说。按照这个学说，行为人和法益之间确实形成了一种紧密关系时，行为人就应该救助，是有作为义务的。

张明楷：这个学说只承认先前行为是作为义务的唯一来源，所以其认定的先前行为的范围肯定会宽一些。

学生：我发现日本学者好像对不作为的帮助犯讨论得不太多，德国学者讨论得多一点，这是什么原因呢？

张明楷：日本也讨论不作为的帮助，但结论与德国不同。德国的学说一般认为不作为犯都是正犯而不是帮助犯。日本的通说基本上认为不作为既可能成为正犯，也可能成为帮助犯，还是要看不作为在犯罪中所起的作用大小。此外，日本的裁判所认定的狭义共犯较少，许多在我们看来属于狭义共犯的，在日本都被认定为共谋共同正犯，这可能是因为日本的法官量刑很轻的缘故。如果说相对于德国，日本对不作为的帮助讨论得较少，这可能是一个原因，但我还不能确定。

学生：老师，我能不能接着问一个问题？我最近总感觉作为和不作为不可能等价。比如，一个父亲用刀杀死了孩子，和别人杀孩子时父亲不救助相比，作为的因果力明显更强，这怎么能等价呢？

张明楷：等价不是指因果力相同吧。要求不作为与作为等价，这个问题其实比较复杂，究竟在什么意义上等价，存在许多问题。如果说作为与不作为都是被害人死亡的原因，被害人的死亡既要归属于作为，也要归属于不作为，那么，就可以说作为与不作为是等价的。另外，强调等价性，其实是为了将某些不作为排除在犯罪之外，因为处罚不作为是例外，如果广泛处罚不作为就会严重侵害国民的自由。张梓弦在《中外法学》发表过一篇关于作为与不作为等价性的论文，你们可以看一看。

学生：老师，我想问一个问题。在日本刑法中，警察看到一个人在犯罪，如果这个警察能够阻止却不阻止，那是成立共犯还是正犯呢？

张明楷：日本没有玩忽职守罪，日本的滥用职权是指公务员利用职权让他人做没有义务做的事情或者妨碍他人行使权利，警察的这种行为在日本也不会成立滥用职权罪。警察看到有人犯罪时故意不阻止，也会被认定为共同犯罪。如果从刑法理论上讲，警察是构成共犯还是正犯，要看他不作为作用的大小来判断他是正犯还是帮助犯，如果他很容易制止而不制止，在日本认定为共同正犯的可能性较大。但我没有发现日本有这样的判例。

案例33 共同犯罪（归责范围）

甲、乙共谋伤害丙，两人商量先由甲去找丙谈判，要是谈不妥，再由乙带人去打丙。随后，甲就去找丙谈判。与此同时，乙邀约了 A 和 B，让 A 和 B 分头开车去丙家楼下守候，等待甲的通知，看谈妥了没有。过了一会，甲已在 30 层楼的丙家外等待和丙谈判，但丙还没回家。半路上，B 的车坏了，B 就和甲联系，说自己的车坏了。甲让 B 过来直接到谈判现场（30 层楼的楼上），不要在楼下（殴打现场）。乙和 A 则仍在楼下等候，看到丙回来时，以为没有谈妥，就将丙打成重伤，实际上丙刚回来，还没有与甲谈判。

张明楷：乙和 A 的行为构成故意伤害罪肯定没问题。我们要讨论甲和 B 应否对丙的重伤负责。乙此前跟甲说好的是谈不妥才实施伤害行为，这是不是叫附条件的故意？如果是附条件的故意，这个条件还没有成就，乙和 A 就把丙打伤了。

学生：B 还在去谈判现场的路上是吗？

张明楷：B 应该还没有到谈判现场。

学生：乙跟 B 说过要去打人吗？

张明楷：应该是说过去打人，因为甲跟 B 也说了直接来谈判现场，不要去打架现场，所以，B 也知道自己的任务是去打人。

学生：对 B 可以定心理的帮助犯。

学生：感觉 B 没帮助到谁，B 和 A 是分别到现场的，A 在伤害丙时，B 根本没有出现在现场。

学生：对乙和 A 两个人来说，他们会感觉到有一个来帮忙打架的 B 在路上，比较安心。

学生：感觉乙和 A 他们打不打丙，跟 B 来不来没什么关系。他们没有等 B 来就开始打丙了。要认定有心理的帮助，还是得等 B 到现场吧。如果 B 在现场，属于乙和 A 阵营的人，才有心理的帮助。

学生：B 是否知道要听甲的吩咐才能动手？

张明楷：我觉得他是知道的，因为他听甲说要先到谈判现场，也就是得先谈判。乙也跟 B 说谈不妥才动手打丙。

学生：所以，B 其实也只有附条件的故意，但条件还没有成就。

张明楷：但是事先这个计划是甲和乙共谋的，B 没有参与共谋。

学生：感觉应该肯定甲有责任，但 B 没有什么责任。

张明楷：除感觉外，得出这个结论的理由是什么？

学生：B 是听甲的，甲不说打丙，B 就不会打丙，B 对丙的重伤结果没有起到物理的与心理的帮助作用，所以应当没有什么责任。

学生：可是，B 虽然是要先到谈判现场，但他知道可能要转到打架现场，这说明他还是要参与到打架过程中的。

张明楷：也不能说 B 一定会转到打架现场，因为甲与丙谈妥了，就不会去现场打丙了。B 确实知道可能转到打架现场，但单纯知道这一点，还不能说构成共犯吧。

学生：能不能说甲对丙的重伤也没有责任。

学生：但是，这个事情是甲和乙共谋的，如果说甲没有责任，许多人会难以接受。

学生：即使甲与乙共谋，但说的是谈妥了就不打丙，还没有开始谈，乙和 A 就打伤了丙，甲怎么可能要对丙的重伤负责呢？

张明楷：甲与乙的共谋行为本身不可能造成丙的伤害结果，由于共谋的内容是附条件的故意，甲清楚地知道条件还没有成就，一方面是丙的重伤能否归属于共谋行为的问题，另一方面是甲有没有实行的故意的问题。

学生：可以说，一个问题是实行过限，这解决的是因果性的问题；另一个是实行故意的问题。

学生：在附条件的故意的情形下，有没有可能成立实行过限？

张明楷：这不是典型的实行过限或过剩的问题吧。应当说乙与 A 产生了误判，条件原本没有成就，但两个人误以为条件成就所以对丙实施了重伤行为。从案件事实来看，并不是甲的什么行为使乙与 A 产生了误判，而是乙与 A 误以为谈判没有成功，也没有问一下甲，就直接重伤丙。如果说甲乙二人的共谋与结果之间有因果关系的话，乙与 A 的误判是一个异常的介入，使得丙的重伤结果不能归属于甲与乙的共谋行为。

学生：我觉得丙的重伤结果归属于甲的共谋行为是没有问题的，只需要讨论甲的主观故意问题。

张明楷：你是说，丙的重伤结果是可以归属于甲的共谋行为的？

学生：不过也可能有疑问，他们共谋的内容是在没有谈妥的情况下把丙打伤，但现在是在根本就没有谈判的情况下，乙和 A 就把丙打伤了，这个结果已经超出共谋的范围了。如果我们这么理解的话，结果归责给甲就有疑问了。

张明楷：可以说，乙与 A 的介入太异常，他们不了解情况，也没有问甲是否谈判成功，就误以为没有谈成功。既然如此，就不能将丙的重伤结果归属于甲先前的共谋行为吧。在这个意义上说，也可以认为乙与 A 是实行过限。

学生：甲不只是没有实行的故意，可能连构成要件都不满足。

张明楷：相当于乙和 A 是自己另起犯意实施的？

学生：乙和 A 客观上就没有按原计划执行，原计划事实上已经被抛弃了。

学生：如果认为甲与乙是共谋共同正犯或者是共同正犯的话，首先得承认甲和乙本身可以直接相互归责，如果这层关系都没有的话，我们就没有必要讨论到实行过限的问题上。

张明楷：不能说甲与乙是共同正犯，虽然可以说是共谋共同正犯，但其实只是预备阶段的共谋共同正犯。

学生：在乙和 A 没有接到甲的电话就直接动手打丙时，乙和甲之间的共谋关系可能就解消掉了。

张明楷：我觉得 B 不构成故意伤害罪的共犯，甲充其量成立故意伤害罪的预备，但对故意伤害罪的未遂都不会处罚，对故意伤害罪的预备就更不应当处罚。不过，办案机关只是问我对 B 应当如何处理，没有问对甲应当如何处理，也不知道他们对甲是怎么处理的。

学生：没有问甲如何处理吗？

张明楷：没有问，不知道他们是不是对甲构成犯罪没有争议了，现在想想可能还是应当多说一句的。我当时只是说了 B 不构成犯罪，因为他们就只问了 B，我就只回答了 B 肯定不构成故意伤害罪，没有因果关系。我说 B 最多有一个伤害预备，但伤害未遂都不处罚，怎么可能处罚伤害预备行为？

学生：司法实践对共谋或者造意者都会处罚的，即使是附条件的故意，也是有故意，只要认为有条件关系，就认为共谋行为引起了结果，所以会定甲构成故意伤害罪，要对丙的重伤负责。

张明楷：甲的共谋行为与丙的重伤结果虽然有条件关系或者因果关系，但我觉得不能将丙的重伤结果归属于甲的共谋行为，因为乙与 A 的行为具有异常性，且直接造成了丙的重伤结果。退一步说，即使肯定结果归属，但甲根本没有实行的故意，就像某人准备了毒药，等两小时后端给被害人喝，结果第三者就提前给被害人喝了。这只能认定某人为故意杀人的预备犯，不能认定为杀人未遂与既遂。当然，其中如果有过失，则成立过失致人死亡罪。

学生：甲可以成立过失致人重伤罪。

张明楷：定过失致人重伤罪也有疑问，甲会辩解说，我怎么能预见到乙和A在我还没开始谈判的时候就动手打丙了呢？说好了等我谈完了再看，我也没告诉他们说没谈好，我一直等着和丙谈判呢。难道甲这样辩解没有道理吗？

学生：这样辩解有道理，事实原本就是如此。

张明楷：所以，我觉得对本案中的甲与B都不应当认定为故意伤害罪，即使存在伤害的预备行为，但也不应当追究刑事责任。

案例 34　共同犯罪（共犯与认识错误）

甲教唆乙打死丙右边的一条狗，但乙听错了，听成了要打死丙左边的狗，其实丙左边是一个儿童，但乙不知道丙左边是儿童，乙开枪打死了儿童。

张明楷：乙的行为构成过失致人死亡罪。甲的行为构成什么罪呢？过失致人死亡的间接正犯？还是教唆犯？还是共同正犯？

学生：如果甲是真的表达得很清楚了，让他对乙的过失致人死亡负责，不合适吧？

张明楷：德国不会承认过失的间接正犯，但我觉得过失也可能成立间接正犯,当然,这个案件中的甲不一定是过失的间接正犯。如果在客观上符合间接正犯的条件,主观上没有间接正犯的故意的时候,要么就成立教唆犯,要么就成立帮助犯,是这样的吗?

学生:甲的过失表现是什么呢?

张明楷:你是问客观上的过失行为还是主观上的过失心理状态?

学生:两个方面都想问。

张明楷:儿童的死亡与甲的唆使行为具有因果性吧,也就是说甲的行为间接引起了构成要件结果,这是可以认定为过失行为的吧。因为甲在唆使乙打死丙右边的狗时,有义务防止构成要件结果发生,但他没有履行注意义务,没有防止死亡结果发生。主观上的过失也没有问题吧。关键是能不能说甲是过失的间接正犯?

学生:感觉说间接正犯太勉强了。

张明楷:可是又不能认定甲构成过失的教唆犯与过失的帮助犯,那就只能定共同正犯了吗?

学生:如果甲是故意的,那就是典型的利用无故意的工具,构成间接正犯。

张明楷:甲就是没有故意嘛,过失的共同正犯有问题吗?

学生:考虑甲的行为构成教唆犯不行吗?

张明楷:那就是过失教唆过失犯吗?

学生:甲有没有过失是不是还要具体判断?

张明楷：说甲有过失没有太大障碍吧？甲让乙向丙的右边的狗开枪，对丙也是有危险的，同样对丙左边的儿童也是有危险的，甲对此具有预见可能性。

学生：如果说共同正犯不需要实施构成要件行为，只需要起重要作用，认定甲是过失致人死亡罪的共同正犯也没有问题。

张明楷：再如，张三与李四共谋杀害在博物馆工作的王五，同时举枪向王五射击，张三击中了珍贵文物，李四没有击中任何目标。在这个案件中，张三与李四构成故意杀人未遂的共同正犯没问题。但张三因为击中了珍贵文物，构成过失损毁文物罪，与杀人未遂是想象竞合。那么，李四是否构成过失损毁文物罪的共同正犯？

学生：首先是过失犯是否存在共同正犯的问题。

张明楷：如果前提是承认过失的共同正犯的话，李四是不是过失损毁文物罪的共同正犯？

学生：如果承认过失的共同正犯的话，就意味着所有参与射击的人都要定过失的共同正犯，因为都有可能射偏，李四就是过失损毁文物罪的共同正犯，张三是正犯。

张明楷：既然张三与李四是共谋杀害博物馆里的王五，博物馆里面肯定有很多文物。从客观上讲，张三和李四的共谋与张三打中珍贵文物之间还是有因果性的，客观上还是要将文物毁损的结果归属于李四的行为，而且李四主观上也是有过失的。那么，前面讨论的甲唆使乙打死狗的案件，甲究竟是过失致人死亡罪的共同正犯，还是直接认定为正犯呢？

学生：如果是在德国，估计就直接认定为过失的正犯，唆使他人打狗但没有防止致人死亡的结果发生，就是过失致人死亡的行为。

张明楷：如果说过失行为没有定型性，任何与死亡结果有因果性的行为，只要行为人主观有过失，就是过失致人死亡的正犯行为，直接认定甲的行为构成过失致人死亡罪就可以了。我一直思考的是，有没有可能承认过失的间接正犯，也就是说，行为人的行为客观上支配了第三者的行为，但行为人主观上没有故意只有过失，有没有可能成立间接正犯。

学生：您这样讲的意义是什么呢？

张明楷：我是想维持构成要件行为的定型性，不要将什么行为都认定为过失致人死亡罪的构成要件行为。在这个案件中，儿童就是乙打死的，我们却同时认为也是甲打死的，这不符合一般人的观念。如果说这个儿童是乙打死的，但乙打死儿童的行为与结果是甲的行为引起的，既符合客观事实，也符合一般人的观念与评价。

学生：但将甲的行为评价为过失杀人罪的间接正犯总是难以被人接受，因为甲没有利用丙杀人的意思。

张明楷：如果不能接受甲的行为成立过失的间接正犯，最好还是将甲的行为认定为过失的共同正犯，而不要认定甲是直接正犯。因为甲的行为并没有直接造成构成要件结果，死亡结果是由乙的行为造成的。

第六堂

罪数

案例35 罪数（行为数量的判断）

被告人甲在凌晨一点钟蒙面持菜刀潜入一位单身女性的家中，威胁被害人交出钱财。被害人很害怕，就拿出了家里仅有的300元现金。甲嫌钱太少不接受，继续威胁被害人第二天准备好3000元，随后离开被害人的住处。甲走了之后，被害人就立即报警。次日早上6点，甲打电话和发短信威胁，向被害人索要钱财。被害人回复已准备好了2000元钱，让甲前来领取。甲在被害人家中取钱时被民警现场抓获。案发地敲诈勒索的数额较大的起点就是2000元。

张明楷：第一种观点认为，甲只实施了一个行为，对该行为应认定为入户抢劫未遂。第二种观点认为，甲实施了两个行为，应当认定为抢劫中止和敲诈勒索未遂。第三种观点认为，甲存在两个行为，应认定为入户抢劫既遂和敲诈勒索未遂。第四种观点同样认为甲存在两个行为，主张成立抢劫未遂和敲诈勒索未遂。第三种观点明显不妥当，可以先予以排除。

学生：老师，像这种行为数量的评价，德国刑法学界似乎没有什么争议，但是中日刑法学界好像就此总是会存在一些争议。这个案件，如果按照自然的裸的行为的评价标准的话，那就是两个行为。

张明楷：其实在德国刑法学界也有争议，只是说他们把一个行为分成三种情形。即便是按照自然意义上的评价标准，这个案件在德国也可能认为是一个行为。

学生：不可能吧，在德国应该是会认定为两个行为。

张明楷：我觉得在德国也完全可能就是一个行为。在德国，自然意义上的一个行为实际上包含了很多内容的。在这个案件中，行为人现场胁迫未能得逞，与继续威胁要求准备钱财，在德国估计也只是评价为一个行为。不过，在第二天重新电话与短信威胁准备钱财，是不是要评价为独立的新行为这一点上，可能需要进一步探讨。

学生：后面重新打电话以及以信息威胁的话，似乎应该评价为两个行为。

张明楷：因为行为人第二天又有新的胁迫，这个案件认定为两个行为是容易被接受的。问题是，如果第二天行为人没有重新实施胁迫行为，只是去现场拿钱，你们觉得应该认定为一个行为还是两个行为？就这个案件本身来讲，第二天行为人再实施胁迫的行为可以成立敲诈勒索罪（未遂）。问题是前一天的行为是抢劫的中止还是未遂？可以肯定的是，行为人嫌弃钱太少而拒绝接受的这种情况，在德国都是会认定为未遂的。

学生：因为从刑事政策意义上讲，行为人并没有想改过回归到合法轨道。

张明楷：对的。不是说行为人真的后悔实施了犯罪行为，而是嫌弃钱太少了，这就说明行为人想要抢更多的钱，也就不能表明其特殊预防的必要性减少。如果第二天行为人没有实施新的威胁，只是发微信询问被害人是否准备好钱，就直接前往被害人家中取钱，随后被警察当场抓获，那应该认定为一个罪还是两个罪？

学生：可不可以按照想象竞合来处理呢？

张明楷：在我国，想象竞合存在这样一个问题，就是在数额犯的问题上，当一个行为触犯两个财产犯罪，且被害对象又不一样的时候，如果按照想象竞合处理，一般就只能是按照其中数额最大的那个被害人的财产损失数额来评价与量刑。虽然这样处理通常问题不是很大，但是有时候处理的结果可能会不太公平。回到刚刚的案件，你们需要好好思考一下，行为人的后行为与第一次抢劫是一个行为吗？行为的个数究竟应该用什么标准去判断？

学生：我觉得在自然意义上是一个行为，因为行为人前一行为未得逞就接着要求被害人第二天准备财物，这是一个自然的过程，而且第二天准备财物并没超出抢劫罪的保护法益。

张明楷：如果说行为人要求被害人第二天准备财物，也是一个抢劫行为，估计你们都会认为只有一个行为吧。

学生：那就肯定是一个行为。

张明楷：这么说，行为性质的同一性与不同一性，会影响行为数量的判断。

学生：应当会有影响。

张明楷：但如果时间、场所极为紧密，也可能只认定为一个自然意义上的行为。

学生：行为数量的判断的确不容易。

张明楷：为什么大家都认为行为人让被害人第二天准备财物是敲诈勒索而不是抢劫呢？

学生：因为不是当场取得财物，而是事后取得财物，被害人是否准备财物，有选择的余地，而不是完全压制了被害人的反抗。

张明楷：可是，被害人当时就只能同意第二天准备财物，而不可能反抗，这是事实。所以，这种当场压制被害人反抗，迫使被害人次日交付财物的行为，究竟只是敲诈勒索还是抢劫，也是值得研究的。

学生：两个当场的要件已经深入司法实践，所以，要改变观点特别难。

张明楷：我倒是觉得，即使认为行为人前一天晚上实施了两个行为，也只需要认定为一个抢劫未遂，不是想象竞合，而是包括的一罪。也就是说，数行为最终只是侵犯一个犯罪的保护法益，所以，只认定为抢劫罪的未遂犯就可以了，没有必要再认定一个敲诈勒索罪的未遂犯。况且，当地敲诈勒索罪的定罪起点是

2000 元，行为人仅让被害人准备 3000 元，对这种基本犯的未遂也没有必要当犯罪处理。

学生：老师，我顺便问一个案情简单的案件。刘某醉酒驾驶机动车，为逃避检查，在到达检查点时冲杆逃跑。民警驾车拦截，刘某在逃跑过程中与警车发生碰撞，后来被逼停。检察机关以妨害公务罪、危险驾驶罪起诉，法院只判决了一个妨害公务罪。这个判决有什么问题吗？

张明楷：我觉得有问题。

学生：法院判决是根据吸收犯原理，危险驾驶罪被妨害公务罪吸收了。

学生：但还是应当认定为两个罪，体现构成要件的明示作用。

张明楷：刘某的行为属于牵连犯吗？

学生：不是的，既不是手段行为与目的行为的牵连，也不是原因行为和结果行为的牵连。

学生：如果律师能够查明大量存在类似案件，那就可以证明牵连关系的类型性了。

学生：这应该是司法机关去进行的工作。

张明楷：我倒是觉得可以不认定为妨害公务罪，只认定为危险驾驶罪。因为行为人并没有对民警实施暴力、胁迫等行为，只是在逃跑的过程中与警车发生碰撞。而且，后面的逃跑行为与醉酒驾驶行为是重合的。对于被执行人而言，在期待可能性减少的情形下，不要轻易认定为妨害公务罪。

案例36 罪数（行为数量的判断）

2020 年 12 月 29 日一场大雪后，行为人甲等四人拿着气枪去狩猎，这一行为本身构成《刑法》第 341 条第 2 款规定的非法狩猎罪，甲等人一共猎杀了 43 只野生动物，其中有珍贵、濒危野生动物，构成《刑法》第 341 条第 1 款规定的危害珍贵、濒危野生动物罪。在狩猎的过程中，一名被害人被甲当作野兽开枪射击致死。

张明楷：行为人的行为触犯了非法狩猎罪，危害珍贵、濒危野生动物罪与过失致人死亡罪，这三个罪是什么关系呢？

学生：能查明行为人是在猎杀普通野生动物时过失导致被害人死亡，还是在猎杀珍贵、濒危野生动物时导致被害人死亡吗？

张明楷：不可能查明，也不可能查明那一枪是否打到了野生动物。

学生：非法狩猎罪的保护法益是普通野生动物资源，危害珍贵、濒危野生动物罪的保护法益是珍贵、濒危野生动物资源。行为人的数个行为侵犯了数个法益。

张明楷：本案中的非法狩猎罪与危害珍贵、濒危野生动物罪是什么关系呢？

学生：危害珍贵、濒危野生动物罪是非法狩猎罪的特别法条，如果说成是对立关系，那就很麻烦了，比如在认识错误的场合就无法定罪了。

张明楷：特别法条的特殊之处就是对象的不同，这个特别之处对罪数有什么影响吗？如果一个人的部分行为构成普通法条的犯罪，部分行为构成特别法条的犯罪，还是要实行数罪并罚的吧。

学生：以诈骗罪为例来思考的话，行为人实施了保险诈骗的行为，也实施了普通诈骗行为，这就要实行数罪并罚。

张明楷：我们讨论的这个真实案例能不能认为是想象竞合呢？比如说，甲等人在大雪后去狩猎，一看到动物就开枪，一共开了50枪，有的打中了普通野生动物，有的打中了珍贵、濒危野生动物，还有一枪打中了被害人，这是一个行为还是数个行为呢？如果是一个行为，能不能认定为想象竞合？

学生：这可以认定为包括的一罪吗？很像日本那种先盗窃，盗窃成功了，财物已经拿到手了，随后又实施抢劫，就是后面的行为压制了反抗，日本法院认为只定后罪，就是抢劫罪包括前面的盗窃罪。将日本的判例观点运用到我们刚刚讨论的这个案件就是，危害珍贵、濒危野生动物罪的不法比非法狩猎罪更重，因此，可以用危害珍贵、濒危野生动物罪包括评价非法狩猎罪。

张明楷：我们讨论的案件与先盗窃后抢劫不一样，日本判例的观点是，行为人针对同一个被害人先盗窃、后抢劫只认定为包括的一罪。但我们讨论的案件不是这样的。仔细区分的话，非法狩猎罪和危害珍贵、濒危野生动物罪的保护法益还是不一样的。一个是普通野生动物资源，另一个是珍贵、濒危野生动物资源。

学生：就是说普通野生动物资源和珍贵、濒危野生动物资源是对立关系？

张明楷：也不是对立关系。如果一枪打中的是珍贵、濒危野生动物，肯定是按特别法条处理；如果一枪既打中了普通野生动物也打中了珍贵、濒危野生动物，肯定是想象竞合，而不是按法条竞合处理。

学生：珍贵、濒危野生动物资源是比普通野生动物资源更重要的法益。

张明楷：这样说没有问题。问题是，行为人猎杀珍贵、濒危野生动物的行为，是更严重地侵犯了野生动物资源，还是说侵犯了野生动物资源里更值得保护的珍贵、濒危野生动物资源。换句话说，行为是更严重地侵犯了一个法益，还是说侵犯了更重要的法益。这两种情形是不一样的。

学生：本案甲的行为相当于盗窃时同时盗窃了普通财物和枪支弹药。

张明楷：在盗窃的场合，行为人一只手伸到他人的包里，包里装着10万元现金和一支手枪，行为人对于盗窃的对象也知情。这种情形明显是一个行为，按照想象竞合认定就可以了。不过，本案与同时盗窃普通财物和枪支弹药好像还不一样。更类似的案件是行为人去抢劫一辆车，车里面既有普通财物，也有救灾救济物资，对行为人肯定是按普通抢劫和加重抢劫的想象竞合来处理，因为只有一个行为。我们讨论的案件就类似于，行为人一次拦路抢劫多辆车，其中有的车里装的是普通财物，有的车里装的是救灾救济物资。其实，抢劫罪规定的八个加重情节就是特别法条，只是规定在了一个法条里面。在我国，肯定只认定为一个抢劫罪。可是，非法狩猎罪与危害珍贵、濒危野生动物罪虽然是特别关系，规定在一个法条里罪名却不同，于是就麻烦了。

学生：假如说在两天的时间里，行为人第一天猎杀的都是普通野生动物，第二天猎杀的都是珍贵、濒危野生动物，还是会实施数罪并罚吧。

学生：如果行为人两天都是猎杀珍贵、濒危野生动物，也不可能数罪并罚。比较下来，行为人两天只猎杀珍贵、濒危野生动物，只定一个罪，可是如果其中一天只猎杀普通野生动物，反而要数罪并罚，刑罚更重了，这不公平啊。

张明楷：这就是我写的《电信诈骗罪中取款人的刑事责任》里面提到过的定罪量刑上的问题。这个案件的判决是把非法狩猎罪与危害珍贵、濒危野生动物罪都认定了，实行了并罚，一共四个罪名：非法制造枪支罪，非法狩猎罪，危害珍贵、濒危野生动物罪和过失致人死亡罪。也就是说，判决并不认为行为人甲只实施一个行为，而是实施了数个行为。

学生：还有一个问题是行为的时间、空间的连续性，如果是上午下午分开的话，可以看作是两个行为，如果是一天一直在打猎的话，那就是一个行为。

张明楷：为什么上午下午分开就是两个行为呢？

学生：这不就是日本判例所说的行为的时间、空间的连续性吗？

学生：我们国家到底是数罪并罚重还是想象竞合从一重处罚会更重，是不是也没有一个定论？

张明楷：是的，要看具体案件中的具体数额，我国刑法罪名因为规定了数额，不能笼统地说数罪并罚一定重，也不能说按一罪处理就一定轻。

学生：如果行为人一天都在山上狩猎，见到动物就开枪，打中多少都可以，这是几个行为呢？

张明楷：如果行为人打中的都是普通野生动物，大家都会认为这是一个行为吧。反过来说，假如说打死一只熊猫就是一个罪，在山上看到了三只熊猫，行为人就开了三枪，在我国肯定也是认定为一个犯罪吧。难道还要认定为三个同种数罪吗？但如果有时打中野生动物，有时打中珍贵、濒危野生动物，就会认定有两个行为了，因为触犯的罪名不同，法益也有所区别。

学生：假如说行为人在大街上开枪，有的打死了人，有的打伤了人，有的毁坏了财物，这肯定还是会数罪并罚的，因为侵犯的法益不一样。

张明楷：这种情形要数罪并罚吧。

学生：如果说非法狩猎罪的情节严重中可能包含多次行为的话（司法解释中并没有规定多次非法狩猎），是不是可以说立法者就非法狩猎罪的构成要件预设了多次非法狩猎的行为属于情节严重，以一个非法狩猎罪评价就可以了。

张明楷：那完全有可能，其他很多法条里面情节严重就包括多次行为。但是问题在于，就算行为人开一百枪也不一定打死几只动物，所以司法解释最终还是只考虑被打死动物的数量这个标准。其实，在有情节严重这种整体评价要素规定的构成要件中，区分行为数量的意义有限，按照司法解释的规定，认定为一个罪未尝不可。但是涉及跨罪名的就麻烦了，究竟是想象竞合还是数罪并罚，要考虑一个行为还是数个行为？最典型的是行为人开一枪，打死了人也打碎了花瓶，这种情况按照想象竞合进行认定没有疑问。但问题是行为人开第一枪时知道名贵花瓶就在被害人的旁边，开第一枪以后花瓶被打碎了，但发现被害人没死，又开了一枪才把人打死，这种情况是想象竞合还是数罪并罚就需要考虑区分行为数量。如果是两个行为就会并罚，一个行为就是想象竞合。如果采取主观说，基于一个意思发动，就是要打死这个人，那就是一个行为。但是就算按照主观说，行为人其实也认识到了可能会打碎名贵花瓶。而且主观说行不通。采取自然意义说的话，怎么认定这就是自然意义上的一个行为呢？采取构成要件行为说的话，感觉应当数罪并罚，对行为人又似乎不太公平了。

学生：身体法益与生命法益之间的关系是否类似于普通野生动物资源与珍贵、濒危野生动物资源的关系？其实有许多类似的案例，刑法理论都没有讨论。

张明楷：是的。盗伐林木和危害国家重点保护植物罪之间也是一样。比如说，银杏树是受到国家保护的植物，行为人在山上砍了一天树，既砍了许多银杏树又砍了许多杨树，那是不是感觉还是数罪并罚合适一些？这样看来，我们今天讨论的案件是不是也是数罪并罚合适一些？比如说，行为人第一小时到某个山头，那个山头上只有普通野生动物，行为人猎杀的都是普通野生动物；第二小时行为人转到另一山头，这个山头上都是珍贵、濒危野生动物，行为人猎杀的都是珍贵、濒危野生动物；第三小时又转到前一个山头，猎杀普通动物；第四小时又到另一个山头，猎杀的都是珍贵、濒危野生动物。总不能说行为人第一、三小时是一个行为，第二、四小时是另一个行为吧，还是可能按猎杀对象认定罪数。

学生：台湾地区的学者郑逸哲教授研究过行为数、罪名数和罪数，他认为在行为数和罪数之间还要研究罪名数，是一种纯逻辑推演的感觉。

张明楷：我在教材上也说了如何确定罪名数是一个重要问题，但以往的刑法理论都把精力放在罪名的名称上。就本案而言，虽然非法狩猎罪与危害珍贵、濒危野生动物罪可能并罚，但与过失致人死亡罪不能并罚吧？但比较麻烦的是，行为人是在非法狩猎时过失致人死亡还是危害珍贵、濒危野生动物时致人死亡，查不清楚。

学生：所以，过失致人死亡与哪个罪构成想象竞合不确定。

张明楷：那就只能按事实存疑时有利于被告人的原则处理了，也就是认定行为人的危害珍贵、濒危野生动物罪与过失致人死亡罪是想象竞合。

案例37　罪数（罪数的区分）

2020 年 3 月，张某因为涉嫌非法制造发票罪，被公安机关逮捕。张某的朋友徐某请托派出所所长朱某，并给予朱某 15 万元现金，希望他帮忙找检察院"操作一下"，争取不批准逮捕张某。于是朱某请检察院的王某帮忙，并给予王某 6 万元现金。王某徇私枉法，以共犯没有逮捕必要为由，没有批准逮捕张某。徐某、朱某、王某互不知道内情。

张明楷：张某构成非法制造发票罪、王某构成徇私枉法罪、徐某构成行贿罪，这些都没有问题。现在的问题是，对朱某定一个还是两个罪，如果定两个罪的话，罪数关系是怎样的。这个案件在实务部门争议很大。朱某涉及的两个罪分别是斡旋受贿罪和行贿罪，这两个罪是什么关系呢？

学生：司法解释规定受贿罪和渎职犯罪是要数罪并罚的。

学生：一方面，斡旋受贿是从事斡旋的国家工作人员利用本人的职权地位形成的便利条件，实际上侵害了自己的职务行为的不可收买性；另一方面，朱某向王某行贿，侵犯了被斡旋的国家工作人员王某的职务行为的不可收买性与公正性。两个行为没有重合的地方，那就要数罪并罚吧。

学生：可是，在本案中，归根结底是王某的职务行为的不可收买性与公正性受到了侵害。

张明楷：就受贿罪的保护法益而言，可以分为阻挡层法益和背后层法益，阻挡层法益是职务行为的不可收买性，背后层法益是职务行为的公正性。但只要行为侵犯了职务行为的不可收买性，就能成立受贿罪。所以，即使朱某接受斡旋的请托收到 15 万元以后，没有向王某斡旋或者虽然斡旋了，但王某没有同意，朱某的行为也成立斡旋受贿的既遂犯。在此意义上说，朱某后面的行为完全是另一个行贿行为。但是，就职务行为的公正性而言，本案似乎只有一个职务行为的公正性受侵害，而不是两个职务行为受侵害。也就是说，这个案件给人们的整体印象是，只有一个钱权交易，所以是否数罪并罚就产生了争议。

学生：司法实践中遇到这种案件一般都是以一罪处理，只定一个受贿罪。比如说，请托人给某个国家工作人员一笔钱，让他去打通各个环节"办事"，国家工作人员拿着这笔钱去处理各种关系，最后一般只认定这个国家工作人员受贿罪。

张明楷：如果这位国家工作人员就是凭自己的职务或者地位等形成的条件找各种关系，找各种关系的行为本身也不构成犯罪，当然只成立受贿罪。但本案并非如此。朱某后来是向王某行贿，同时也唆使王某徇私枉法，所以有观点认为不能仅认定为一罪。其实，实践中这类案件还是比较常见的。比如说，甲国家工作人员只负责三个流程中的一个，甲收到行贿人的 30 万元，自己留下了 10 万元，剩下的 20 万元分别给负责另外两个流程的乙和丙各 10 万元。是认定甲一个受贿既遂、两个行贿既遂，还是一个受贿 30 万元既遂，其后的行为属于分赃行为？这种情况，能评价为牵连犯吗？

学生： 感觉不是牵连犯，因为没有牵连关系。

张明楷： 先讨论前面那个真实案例。朱某实施了两个行为，但是不是侵害了两个法益呢？这两个法益是什么关系？按理说朱某的行为侵犯了两个法益，一个是自己的职权或地位形成的便利条件的不可收买性，另一个是王某的职务行为的不可收买性与公正性。从这个角度来说，应当实行数罪并罚。但如果认为贿赂犯罪侵犯的是集体法益，是不是会认为对朱某的行为仅认定为一罪即可？仅认定一罪即可或者仅按一罪处罚的根据是什么？

学生： 因为侵犯的法益不同，所以，对朱某的行为也不能说是包括的一罪，但是还是有认定为牵连犯的余地的。

张明楷： 是原因行为与结果行为的牵连吗？

学生： 肯定不是手段行为与目的行为的牵连，那就只能认定为原因行为与结果行为的牵连。

张明楷： 其实，也有可能说朱某的两个行为侵犯的是同一个法益，就是职务行为的不可收买性与公正性，属于包括的一罪。所以，核心的问题还是在于，在这样的案件中，如何判断行为究竟侵犯了几个法益，是按国家工作人员的数量去判断，还是按国家工作人员之间的职务的关联性判断？因为这种法益不同于个人专属法益，所以各人的看法可能不同。

学生： 老师是倾向于以一罪论处还是实行数罪并罚？

张明楷： 我认为对朱某要么实行数罪并罚，要么作为科刑的一罪处理。数罪并罚或者按科刑的一罪处理，有利于向行为人与一般人明示，朱某斡旋受贿是一个犯罪，将 6 万元给王某是另一个犯罪，从而有利于预防犯罪。但我们现在讲的科刑的一罪只有想象竞合与牵连犯，认定朱某的行为是想象竞合或者牵连犯，又比较勉强。

学生：朱某明显实施了两个行为，两个行为没有重合的地方，所以只能认定为牵连犯。

张明楷：其实包括的一罪中，有部分情形也可能应当作为科刑的一罪处理，只不过我们在这方面的研究不够。如果说朱某前面的行为是原因行为，后面的行为是结果行为，也勉强能接受。

学生：这种牵连关系具有类型性吗？

张明楷：如果实践中比较常见就是有类型性，感觉问题不大。其实就朱某的行为而言，还有一个问题，我们平时也都没有研究。行贿人或者斡旋人向办案的司法工作人员请托，要求司法工作人员徇私枉法办案，司法工作人员接受请托和贿赂徇私枉法的，行贿人除构成行贿罪的正犯之外，是否同时构成徇私枉法罪的教唆犯？

学生：就请托一下司法工作人员也能构成教唆犯吗？

学生：为什么不能构成教唆犯？用利诱的方法让司法工作人员徇私枉法，引起了司法工作人员徇私枉法的犯意与行为，能够认定为教唆犯吧。

学生：司法工作人员本来就要依法办案，行贿人一请托就徇私枉法，这是司法工作人员自己的问题。

学生：可是，如果没有行贿人的金钱利诱，司法工作人员就不会徇私枉法。

张明楷：我觉得有可能认定为教唆犯。用金钱利诱的方法使他人犯罪，当然是一种教唆行为，况且事实上也引起了犯罪。根据共犯从属性的原理，可以认定行贿的人构成徇私枉法的教唆犯。当然，如果行贿的人是犯罪人本人，可能缺乏期待可能性，不能认定为教唆犯。但如果不是犯罪人本人，则认定为教唆犯没有多大疑问。至于司法工作人员原本要依法办案，则不是否认行贿人构成徇私枉法教唆犯的理由。一般人原本都要依法办事，不可以杀人、放火，他人用金钱引诱一般人杀人、放火的，同样构成教唆犯。

学生：我觉得认定教唆犯的条件要严格一点，不能过于宽泛。

张明楷：日本有一些学者对教唆犯提出比较严格的成立条件，甚至要求教唆者就实施犯罪的方法等提出要求。但我觉得这与日本刑法对教唆犯的规定有关，也就是说，日本刑法理论将教唆犯视为共犯，但刑法规定对教唆犯按正犯处理，所以，部分学者要把起较小作用的教唆行为排除在教唆犯之外。但在我国刑法中，教唆犯是按作用大小处理，也就是说，对教唆犯完全可能按从犯处罚。既然如此，就不要对教唆犯提出严格的成立条件。比如，对一般性地建议他人实行犯罪的人，按从犯处理即可，而没有必要否认教唆犯的成立。

学生：这么说的话，朱某向王某行贿的行为，同时也是唆使王某徇私枉法的教唆行为，属于想象竞合。

张明楷：朱某对王某行贿的行为与徇私枉法罪的教唆犯不可能并罚，只能按想象竞合处理。

学生：是的。

张明楷：我再讲一个案件。有一艘油船涉嫌走私柴油，被查扣后，船主就找国家工作人员张某帮忙斡旋，给张某50万元。张某就找到海事局的李某，说愿意出40万元办这个事情，李某就找到管理查扣油船的海关工作人员赵某，希望予以关照，但赵某没有搭理。后来这艘油船被船主私自开走了，船主也没有受到处罚。张某总共收取了80万元，张某对李某说一共收到20万元，就给了李某20万元。

学生：船主以为已经没事儿了，就自己开走了被扣押的油船吗？

张明楷：估计是这样的，但案件没有交待清楚。

学生：张某与李某都是斡旋受贿吧。

张明楷：李某斡旋受贿20万元是没有问题的。问题是张某受贿数额是多少呢？

学生：张某是受贿60万元，帮助行贿20万元吗？

张明楷：为什么是帮助行贿20万元而不是帮助受贿20万元呢？船主既然知道这个事情张某自己办不了，还需要找别人，也明知给的钱有一部分肯定是要给海关直接负责查扣船只的工作人员的，对张某来说，这个 20 万元是不是既是行贿又是受贿呢？

学生：如果定行贿的话，是不是就不好定受贿了。因为既然已经预期肯定要给别人，那这 20 万元就相当于在张某这儿暂时存放一下。

张明楷：那就不能说是帮助受贿吗？

学生：那肯定也是帮助受贿了，但感觉说帮助行贿好一点，因为受贿毕竟是后面的那个行为。

张明楷：如果说张某站在行贿一方向李某斡旋，那就不能用共犯原理认定张某是帮助李某受贿，只能认定张某帮助船主向李某行贿。

学生：老师，船主是否知道张某会给其他国家工作人员一部分钱，是否影响船主行贿的数额？

学生：我认为没有影响，客观上船主行贿的就是 80 万元，只是哪些人受贿以及各自受贿多少实际上是由张某决定的。

张明楷：船主行贿 80 万元是没有争议的，争议在于对张某应当如何认定，可能有五个认定结论，一是受贿 80 万元；二是受贿 80 万元，帮助行贿 20 万元；三是受贿 60 万元，帮助受贿 20 万元；四是受贿 60 万元，帮助行贿 20 万元；五是受贿 60 万元，帮助行贿、帮助受贿 20 万元。最后一种观点不合适，第三种观点也不合适，因为认定张某站在行贿一方将 20 万元给李某是合适的，要么是张某帮船主行贿，要么是收受了 80 万元后自己向李某行贿。但既然认定张某是斡旋受贿，而不是自己通过行贿找李某帮忙，最好不要认定张某收受 80 万元贿赂后向李某行贿。所以，认定张某自己斡旋受贿 60 万元，同时帮助船主向李某行贿 20 万元，可能合适一些。问题只是在于，对于张某的受贿与行贿是否需要并罚。

学生：老师，我们司法实践办案的话，应该会直接认定为受贿 80 万元。有两个理由，一个就是看这个船主怎么说的，一般来说有两种说法。一种是对张某说，反正我给你 80 万，剩下的你去找谁、给谁多少钱我都不管；另一种是对张某明确说我就给你 60 万，剩下的 20 万你再去找李某或者其他人。但是这两种说法其实没有实质差别，我们会认为张某就是拿了 80 万，支配了这 80 万，然后剩下的分配行为就是张某自己的一个受贿罪既遂后的行为了。

张明楷：那你还是没说明，为什么张某明明给了国家工作人员李某 20 万元却不是行贿？

学生：我们是放在受贿中一并考虑了。

张明楷：那不行吧。明明后面有一个符合行贿罪构成要件的行为却不考虑，或者要把它归入受贿数额，这不合适。

学生：其实，即使认定张某前面收受贿赂 80 万元，也要认定张某后面行贿 20 万元，否则就没有全部评价案件事实。

张明楷：假如国家工作人员贪污了 80 万元，将其中 20 万元拿去行贿了，后面的 20 万元行贿就不定行贿罪了吗？哪有这个道理？

学生：如果认定张某前面的受贿数额为 80 万元，对后面的行为是不是不能认定帮助受贿了？

学生：那就是张某自己行贿了。

张明楷：本案中因为李某不知情，误以为船主一共只给了 20 万元，不能认定张某与李某构成受贿的共同犯罪。如果认定张某给李某 20 万元是受贿共犯，张某只有一罪，处罚还轻一点；如果认定张某给李某 20 万元是行贿罪，就可能数罪并罚，反而会处罚重一点。但我还是认为，就 20 万元不能认定为共同受贿，因为张某与船主虽然是对向犯，但张某与船主也是作为共同的一方向李某行贿，认定为帮助船主行贿更妥当一点。张某对李某说从船主那里收到 20 万元，也表明了这一点。

学生：如果张某向李某和盘托出，说船主一共给了 80 万元，我们各分 40 万元，那就是共同正犯，两个人都对 80 万元负责。

张明楷：即使是这样的话，也可以认为张某既受贿又行贿，但受贿与行贿都是基于同一事项，可以按科刑的一罪也就是想象竞合处理。

学生：如果是这样的话，我们讨论的真实案件也是认定为受贿与行贿的想象竞合吗？

张明楷：如果说我国的刑罚过重，按科刑的一罪处理可能就是比较合适的。

案例 38 罪数（包括的一罪）

被告人冯某从淘宝 A 店购买一条黄金手链，价值 6000 余元，注明收货人为江某。另从淘宝 B 店购买三件黄金首饰，价值 3 万余元，注明收货人为李某。几天后，快递员将收件人为江某的黄金手链派送给冯某。冯某假装验货，用事先准备好的假黄金手链调包，然后就以样式、克数与订单不符为由拒收并要求退货。同一天，快递员又将收件人为李某的黄金首饰派送给冯某，冯某又采取同样的方法，将首饰调包、拒收、退货。两个淘宝店商家发现退换的黄金首饰是假货，于是报案。案发时，冯某已得到了第一笔交易的支付宝退款 6000 余元，第二笔交易款 3 万余元还没退款。

张明楷：先想一想谁是被害人？被害人损失的是什么？被害人损失的财物由谁占有？

学生：我觉得被害人是淘宝店的商家，被害人损失的应该是支付宝平台的那笔交易款，也就是说，交易款本来应该交给商家的，结果直接退款给行为人了。行为人构成诈骗罪，骗免了黄金饰品对应的价款支付债务。

张明楷：那淘宝店被调包的黄金饰品，是不是被害对象？如果交易款与黄金首饰都是被害对象，是不是应该评价为两个犯罪？是适用想象竞合还是包括的一罪呢？先想一下，冯某收货前，黄金首饰谁占有呢？

学生： 由快递员派送的话，是不是可以视为快递员占有呢？

张明楷： 如果认定为快递员占有，那快递员取走快递成立侵占罪或者职务侵占罪吗？

学生： 快递包裹之类不是应该评价为封缄物吗？

张明楷： 封缄物在验货打开时还能评价为封缄物吗？

学生： 我觉得，行为人是欺骗支付宝这个第三方平台，使其处分了淘宝店本应得到的货款。

张明楷： 支付宝第三方平台退款之后，淘宝店也就没有债权请求权是吗？考虑一下，被告人的行为是否属于包括的一罪？针对黄金首饰成立盗窃罪，而针对支付宝平台构成诈骗罪，由于被害人只存在一个财产损失，因而属于包括的一罪。

学生： 老师的意思是，被告人在收货前并没有占有黄金首饰，在验货时黄金首饰并不是由被告人占有，被告人的调包行为属于盗窃罪；后来又以退款为由，从第三方平台骗取了交易款，构成诈骗罪。所以，被告人的行为触犯两个罪名，但最终遭受财产损失的只有商家，被告人的行为最终只造成一个财产损失，所以属于包括的一罪。

张明楷： 是的。之前一直强调的是，像这种财产犯罪的案件，分析的时候先找到被害人，再具体考察被害的内容是什么。在这个案件中，如果退回的是真的黄金首饰，被害人不存在财产损失。如果调包了真的黄金首饰，但没有要求支付宝平台退款，被害人也不存在财产损失。我们讨论的这个案件，无论是从黄金首饰角度还是从货款的角度，被害人的目的都没有达到，或者说两个方面都存在损失。因而，对这两个方面都要进行分析。针对淘宝店而言，行为人对黄金首饰成立盗窃罪的既遂；针对支付宝平台，前一笔已经构成诈骗既遂，后一笔因为款项还未能退回，成立诈骗未遂。

学生：诈骗未遂没有问题，但认定为盗窃既遂有点疑问，毕竟淘宝 B 店是可以收到货款的。在店家届时可以如期收到支付宝平台货款的情况下，盗窃罪是不是不成立呢？

学生：我觉得，对于黄金首饰而言似乎也可以成立诈骗罪，因为商家如果知道行为人企图调包退款，也就不会跟其达成交易，所以讲商家的交易目的落空也不是没有道理。

张明楷：如果认定被告人对黄金首饰成立诈骗罪就会存在一个问题：如果行为人调包拒收之后，没有向平台申请退款，这个行为怎么评价呢？换句话说，当一个外观行为很正常，而且后面还有变数的时候，认定犯罪是需要特别谨慎的。也就是，这种情形不同于直接朝着一个损害结果去发展的犯罪行为，行为人一旦想法发生改变，行为就不一定朝着损害结果继续发展，这个时候想要将其认定为构成要件的行为是比较困难的。如果将被告人购买黄金首饰的行为认定为诈骗罪的着手，那么司法实践中可能出现另外一种风险，也就是外观上正当的行为很可能就被认定为犯罪的未遂或者中止。例如，在贷款诈骗的场合，即便行为人基于不归还贷款的意思，向银行申请贷款，但如果他只是单纯隐瞒了内心的意思，后来还是如期归还贷款，则不可能认定为犯罪。在合同诈骗场合也是同样的道理。例如，行为人本想骗取定金与对方签订合同，但后续发现履行合同自己可以获得巨大利润，于是就如约履行合同。在这种场合，想要认定为诈骗未遂或者中止，风险太大。所以，如果一个外观上看很正常的行为，尤其是朝着哪个结果发展还不能确定的场合，还是不要轻易主张其符合构成要件行为。回到我们讨论的案件中，针对淘宝 B 店的第二个行为，结合针对淘宝 A 店的第一个行为比照性考虑一下，为什么你们会觉得第二个行为不成立盗窃罪，或者只能认定为诈骗未遂？

学生：老师，我觉得两个行为的认定上，黄金饰品实际上是不重要的，而重要的还是支付宝的货款。

张明楷：但从结局来看，当淘宝店没有收到货款，被害人就会很自然想到，自己的真黄金首饰被调包，快递退回来的只有假的黄金首饰了。

学生：老师，这个案件如果是先签收，而后再退货，情况是否会不同？

张明楷：那就很不一样了，如果是先签收后退货，那是可以成立诈骗罪的。比如某年的法律职业资格考试题就有类似的案件。行为人买 10 部手机，收货后将手机主板换掉。然后，根据 7 天之内无条件退货的条款，将调换了手机主板的手机退回商家，商家将货款退还给行为人。在这个案件中，即便存在 7 天无条件退货的条款，行为人签收手机后就占有了手机并取得了手机的所有权。我们不可能认定行为人的行为构成盗窃罪。如果说行为人调换主板的行为构成盗窃罪，那行为人事后不退货的也要认定为盗窃罪吗？这是不可能的。但是，我们刚刚讨论的案件不同，行为人验货时拒收黄金首饰，黄金首饰还没有由行为人占有，行为人的调包行为就属于盗窃。所以，分析的重点在于，行为人调包时黄金首饰由谁占有，行为人就黄金首饰是否成立盗窃罪。

学生： 针对淘宝 A 店的调包退货行为，淘宝店本来就要把首饰给到购买者这边，只要收到对应的货款，那么，即便首饰不能取回乃至被调包也没有关系。从这个意义上评价的话，似乎仅成立诈骗罪。

张明楷： 被告人对淘宝 A 店的行为成立诈骗罪，是就将货款骗回而言。也可以认为，盗窃黄金首饰的行为类似于诈骗罪的预备行为，但这个预备行为本身的确符合盗窃罪的构成要件，需要进行评价。正是在这个意义上，我不认为被告人的行为是想象竞合，而是包括的一罪。

学生： 但是，针对黄金首饰认定为盗窃存在随意性。一旦行为人没有签收时调换就成立盗窃罪，如果是签收后调换则不成立盗窃了。所以，是不是不将黄金首饰作为行为对象更为合理呢？

张明楷： 如果单纯从结论上看，不将黄金首饰作为行为对象进行评价，是没有什么问题的，毕竟最后也只会按一罪处理。问题是，需要论证一下，为什么就黄金首饰本身不成立盗窃罪呢？店铺在实际收款后，可能不会在意真的黄金首饰能否退回，但是，在实际收到货款前，应该还是在意黄金首饰能否退回的。而且，在被告人收货前，黄金首饰的确不是由被告人占有。被告人的调包行为明显违反了商家的意志，也违反了快递员的意志。

学生：我觉得店主应该不在意黄金首饰是否被调包、是否毁损或者能否退回，店主所在意的应该是，黄金首饰购买者不要申请退款。

张明楷：不申请退款的前提是黄金首饰被购买者接收，在购买者接收前，商家当然会关心自己的真黄金首饰是不是由购买者接收了，如果购买者不接收，也不能调换真的黄金首饰。所以，不能说商家不关心黄金首饰是否被调包。试想一下，如果是快递员调包，也会导致商家遭受财产损失。

学生：我觉得按照老师的讲法比较符合店主的实际情况。因为根据 7 天无理由退货条款，商家没有理由要求购买者不能退货，但是，商家有权要求购买者不能对其寄送出的商品造成损失。所以，这个案件只认定为盗窃罪应该就可以了。

学生：针对淘宝 B 店的行为，跟行为人半夜潜入商店，放下对应货款直接取走商品的情况相比，似乎从个别财产的角度分析，是无法否认商家存在损失的。换句话说，我们就黄金首饰探讨是否成立盗窃罪时，就不应该再去考虑 3 万元的货款问题。

张明楷：按照你的说法，第二个行为应该认定为盗窃既遂与诈骗未遂。这样的分析结论，跟第一个行为的分析结论确实是协调了。但是问题是，第二个行为，针对黄金首饰可以成立盗窃既遂吗？

学生：老师，就第二个行为而言，案发后，黄金首饰最后应该会退还给被害人，还在支付宝的那笔货款是不是就视为犯罪工具直接没收了？

张明楷：这么处理是不是太严厉了。实践中可能的处理方案是，货款由淘宝店主享有，真的黄金首饰归被告人所有，用以调包的假饰品则作为犯罪工具予以没收。说到这里，我想起另外一个案件。被告人偷了被害人家里价值 3 万多元的金银首饰。案发后，被害人坚持认为首饰被盗窃了很晦气，自己不会再要了，要求被告人直接赔钱。被告人确实也赔了钱，而这些被扣押的金银首饰，法院还是直接退给被告人了。实际上，基于法律判处罚金或者没收财产都是没有问题的，但除此之外不能让被告人的正当利益遭受损害。比如说，我们讲盗窃罪的保护法益的时候说，当张三偷了李四的摩托车后，其他人也不能去盗窃张三偷来的摩托车，因为如果张三偷的摩托车又被窃取，张三就得额外用自己的合法财产去赔偿李四的损失。我们讨论的这个案子，货款归淘宝店主而黄金首饰还是归被告人也是没有问题的，这跟同时判处被告人罚金或者没收财产并不矛盾。当然，实践中让被害人自己选择也是可行的方案。回到我们刚刚讨论的针对淘宝 B 店的第二个行为，认定为盗窃既遂与诈骗未遂是否有问题，与针对淘宝 A 店的第一个行为的认定相比，是否相矛盾？应该说，就黄金首饰成立盗窃既遂在认定上没有问题，毕竟，行为人确实是违反被害人意志转移了真的黄金首饰。这是一个一般性的可能解决方案，即在快递过程中，不管是购买者还是其他人调包，都必须评价为盗窃。至于商家遭受了几个财产损失，则是另一问题。我觉得，将本案被告人的行为认定为盗窃罪与诈骗罪的包括的一罪，从一重罪论处还是合适的。

案例39　罪数（包括的一罪）

被告人刘某（男）与周某（女）恋爱后同居。某日，刘某使用周某的手机，冒用周某的身份信息，谎称医院挂号需周某刷脸等，通过网上平安银行手机 APP 申请贷款。2020 年 10 月 16 日，平安银行通过审核后发放贷款 18 万元，该贷款发放到周某的平安银行卡上后，刘某让其母亲冒用周某的声音更改了银行卡的预留电话。2020 年 10 月 18 日，刘某与周某去万州，刘某谎称有朋友还款 1 万元到周某的平安银行卡上，与周某一起到银行取出现金 1 万元。2021 年 1 月 18 日，刘某与周某去成都，刘某谎称有 15 万元货款转到周某的平安银行卡上，两人一起去银行取出 15 万元。2021 年 1 月 27 日，平安银行工作人员告知周某贷款逾期，周某与刘某去平安银行核实，周某方才知道真相，之后刘某逃走。上述 16 万元均由刘某用于偿还债务和日常消费。

张明楷：本案是要认定刘某对银行构成贷款诈骗罪，还是对周某构成诈骗罪，抑或两个罪都成立？怎么能认定刘某对周某构成诈骗罪呢？

学生：刘某到银行取钱的时候，向周某谎称是朋友还给他的钱或者是货款，周某信以为真，取出 16 万元之后交给刘某。在这个意义说，刘某对周某构成了诈骗。

张明楷：认定刘某对周某构成诈骗罪有两个可能：一个是刚才讲到的到银行取钱；另外一个就是三角诈骗，银行工作人员受骗，使周某遭受了财产损失。

学生：银行工作人员是将贷款处分给周某的。

张明楷：银行工作人员将贷款处分给周某，只是意味着银行是被害人，刘某的行为对银行构成贷款诈骗罪。

学生：银行把贷款打到了周某的银行卡上，感觉在取出现金之前，刘某根本没有获得这个款项。

张明楷：在取出现金之前，刘某就把银行贷款放在周某的银行卡上了，这个时候的贷款诈骗既遂了吗？

学生：银行已经发放了贷款，贷款诈骗罪既遂了。

张明楷：刘某后来又从周某的银行卡取款，这是贷款诈骗后的诈骗吗？

学生：这两个罪能一起成立吗？

张明楷：两个罪都成立是可能的。我们在讲包括的一罪的时候，就是指两个罪都成立，才说对于一个罪的评价包括了对另外一个罪的评价，或者把两个犯罪包括地评价在一个罪中。包括的一罪，实际上还是要肯定行为触犯了两个罪名。一般情形下，冒名贷款时，比如甲借用乙的名义贷款时，贷款是直接打到甲控制的账户上，这种情形肯定成立贷款诈骗罪，因为行为人取得了贷款，而且没有归还的意思。但本案不一样，刘某是冒用周某的名义贷款，贷款打到了周某的银行卡上。只要肯定刘某没有归还的意思，就能认定刘某对银行构成贷款诈骗罪的既遂。所以，关键是要讨论刘某对周某是否构成犯罪？

学生：可以认定为诈骗罪吧。因为既然贷款在周某的银行卡上，就是周某占有的财产，刘某使用欺骗手段从周某那里取得了财产，使周某背负了银行的债务，周某也有财产损失。

张明楷：刘某后面的确对周某有诈骗行为。能不能认为刘某通过不知情的周某又欺骗了银行工作人员，从而取得了现金？

学生：刘某后面骗取的应当是周某的现金吧。

张明楷：周某哪有现金，现金是银行的。

学生：周某取出现金后，现金就是周某的。

张明楷：案情有一点不清楚，是刘某陪周某一起去银行的，应当是周某本人到柜台取款吧？前面的 1 万元是不是在自动取款机上取的？

学生：只要是周某取款，就不能说取款行为是对银行工作人员的欺骗。

张明楷：其实不管周某是在机器上取款还是在柜台上取款，都可以说刘某把周某取出来的现金骗走了。对刘某的这个行为要独立评价吗？能不能说刘某后面的这个行为是确保自己贷款诈骗的利益得以实现的行为？估计在德国属于法条竞合中的吸收关系。对本案的处理存在两种观点，一种观点是着眼于前面的行为，主张认定为对银行的贷款诈骗罪；另一种观点着眼于后面的行为，主张从周某那里把现金骗来构成诈骗罪。如果说只认定为对周某的诈骗罪，就只考虑了刘某的行为给周某增加了债务，而且肯定了银行能够从周某那里实现债权。如果认为刘某的行为构成贷款诈骗罪的话，让刘某直接还给银行就可以了。这一点是不是我们判断对刘某定什么罪时需要考虑的因素？周某本来是一个被害人，结果还要让周某向银行还款，然后再让周某找刘某索要，这给被害人的负担太重了，我觉得不能否认刘某的行为构成贷款诈骗罪。所以，剩下的问题是，能认定刘某的行为对周某构成诈骗罪吗？周某没有意识到钱款是自己的，她只是知道这个钱款在自己的银行卡上。周某把自己从银行柜台取出来的现金给了刘某，形式上是有处分意识、处分行为的。

学生：周某没有转移占有的意思，因为她不认为这个钱款就是她占有的。

张明楷：没有转移占有的意思？还是说她原本就没占有？如果周某占有了，那她还是有转移占有的意思吧。

学生：款项已经打到周某的银行卡上，名义上她享有对银行债权的占有。

张明楷：但是周某又以为这个银行债权不是自己的，而是刘某的，所以把取出来的现金给刘某了。刘某后面的行为是整个贷款诈骗罪的一个环节，还是贷款诈骗罪既遂后的另一个独立的犯罪？不管怎么说，都不会实行数罪并罚，如果后面的行为构成诈骗罪，就属于包括的一罪，因为最终只会造成一个财产损失。

学生：好像还是要先认定周某占有了银行的贷款，刘某再骗取周某占有的款项。

张明楷：刘某将非法所得存放在了周某的银行卡上，不管周某是否对这 16 万元享有正当权利，她确实占有了这笔款项。

学生：事实上，银行会要求周某还款，相对于银行而言，周某就享有银行债权，或者说周某需要向银行还款。如果这样思考，会认为周某对贷款享有正当权利。

张明楷：不管怎么说，只要 16 万元给了刘某，周某就有财产损失。而且，如果刘某将真相告诉周某，周某就不会将取出的 16 万元给刘某。所以，还是要肯定刘某对周某构成诈骗罪。

学生：诈骗罪的对象应当是从银行取出来的现金吧。

张明楷：周某从银行取出来的现金肯定是周某占有。

学生：即使周某占有，但如果周某不知道是自己占有，就没有转移占有的意思吧。

张明楷：还是有转移占有的意思的。你是不是认为，只有当周某认识到要把自己所有的财物转移给别人，才有转移占有的意思？只要根据一般人的观念，周某占有了从银行取出来的现金，周某也认识到现金交给了刘某，周某就具有转移占有的意思，不需要周某认识到取出来的现金属于自己所有。

学生：但是周某取出现金后，可能以为自己只是一个占有辅助者。

张明楷：你其实是说，周某压根儿没意识到这笔现金应该是自己的吧？

学生：周某以为自己是帮刘某取的。

张明楷：说周某以为自己是帮刘某取款，是从一般意义上说的。但周某确实意识到这笔现金是从自己的银行卡中取出的。

学生：是不是可以认为，刘某让周某银行卡上的银行债权减少，就是诈骗既遂？

张明楷：这样的话会有一个问题，如果周某取出现金后没有给刘某，也会认定刘某的行为构成诈骗罪，这显然不合适。

学生：其实，周某只是没有意识到自己占有现金的根据，可是她客观上实施了一个转移现金占有的行为，而且也意识到了这一点。

张明楷：周某确实实施了一个转移现金占有的行为，也有处分意识。而且，认定周某在交付给刘某之前占有了从银行取出的现金，是没有障碍的。因为周某的占有在法律上也有根据，现金就是从她的银行卡里取出来的。

学生：这个太形式化了吧。

张明楷：但是，你能说这笔现金从银行窗口递出来后就直接由刘某占有了吗？显然不能，因为银行工作人员是将现金给周某的，而不是直接给刘某的。

学生：现在在银行柜台取款必须是本人坐在那个位置上办理。

张明楷：根据社会的一般观念，周某用自己的银行卡在柜台取现金时，银行工作人员是将现金给周某的，而不是给其他人的。即使周某没有用手拿那笔现金，而是直接让刘某去拿现金，还是要评价周某有处分行为和处分意识。

学生：现金放在凹槽的那一刻就是周某占有的。

张明楷：所以，我还是觉得可以认定刘某对周某构成诈骗罪，与前面的贷款诈骗罪形成包括的一罪。

学生：将刘某的行为认定为贷款诈骗罪和诈骗罪，对后续的民事关系会有多大影响？如果认定贷款诈骗罪的话，银行是被害人，银行不应当要周某偿还，而应当要刘某偿还。于是，银行与周某就没有债权债务关系了，也就不能认定周某是被害人了。如果认定周某是被害人的话，是不是意味着她还要偿还银行的贷款？我觉得认定贷款诈骗罪的成立会让背后的民事关系不太清楚。

张明楷：如果肯定刘某对周某也成立诈骗罪，由于诈骗罪与贷款诈骗罪是包括的一罪，最后还是会以贷款诈骗罪论处。如果定贷款诈骗罪的话，在民事上，刘某直接把钱还给银行就行了。

学生：既然是这样，为什么又说周某是被害人呢？

张明楷：在案发前，如果公安机关没有立案，银行肯定是找周某还款，就此而言，周某当然成为被害人。你不能就案发后的民事关系的处理来否认周某是被害人。而且在银行找周某还款之前，刘某将现金骗走之后，周某就背负了16万元的债务，她当然就是被害人。

学生：正是因为如此，另一种观点认为刘某的行为仅成立对周某的诈骗罪。

张明楷：如果按照第二种观点只认定为诈骗罪的话，这个案件在民事上处理也比较困难，就相当于周某必须向银行还款了。如果刘某没有能力还款，周某就是最终的被害人，感觉有点不合适。

学生：第二种观点为什么不认定刘某前面的行为构成贷款诈骗罪呢？

张明楷：那你看看第二种观点怎么讲理的。

学生：第二种观点的理由大概是银行工作人员已经尽到了审核义务，没有受骗。

张明楷：这是什么理由？银行工作人员尽到了审核义务，却还是形成了冒名贷款的事实，那不是表明银行工作人员被骗得更厉害吗？

学生：第二种观点会不会觉得，万一事后周某追认，法益恢复了，所以对银行不成立犯罪。

张明楷：不要用法益恢复这个概念。其实，即使周某追认，也不能否认刘某的行为对银行构成贷款诈骗罪。第二种观点的理由只能说明刘某的行为对周某构成诈骗罪，不能否认刘某的行为同时构成贷款诈骗罪。

学生：如果认定刘某前面的行为是贷款诈骗罪，认定后面的行为是共罚的事后行为不可以吗？

张明楷：共罚的事后行为不就是包括的一罪里面的一种情形吗？刚才我们讲的是，认定刘某的行为成立贷款诈骗罪与诈骗罪，但由于最终只会有一方遭受财产损失，所以成立包括的一罪。你的意思是，如果认定刘某的行为成立贷款诈骗罪，就将后面的诈骗行为一并处罚了。如果在刘某实施贷款诈骗后，李某中途参与进来与刘某一起骗周某，就不可能对李某一并处罚了，因为李某没有参与前面的犯罪，只能认定他后面的行为成立诈骗罪的共犯。麻烦的是，在我国刑法中，有时候后面被共罚的犯罪的法定刑可能比前面的犯罪还要重，在这种场合就不应再承认所谓共罚的事后行为了，应当是从一重罪论处了。中途参与一部分的行为人都要成立一个重罪，怎么前面实施了犯罪行为后面也实施了犯罪行为的人反而只成立前面的一个轻罪呢？比如说，被害人丙把自己的摩托车借给了甲，甲把它卖掉了，这就构成了侵占罪。后来丙要甲归还这个摩托车，甲就串通乙说这个车确实是被盗了，乙也作证说：我们当时看到一个人偷的，我还和甲一起追了好久，但没有追上。甲乙通过这个欺骗的方法，让丙免除了归还摩托车的债务。这个时候就不能说后面骗免债务的行为是前面侵占罪的共罚的事后行为。共罚的事后行为意味着把这个诈骗罪包含在侵占罪里面一起处罚。这可能不合适。

学生：德国就会认为甲是为了确保前面的侵占罪的利益而实施的诈骗行为，所以，诈骗行为是共罚的事后行为，或者说是被侵占吸收了。

张明楷：我难以接受这样的处理结论。

学生：我感觉这个共罚的事后行为概念没什么用。

张明楷：共罚的事后行为属于一个中间概念，或者说是包括的一罪中的一种情形。由于包括的一罪中有太多的情形，所以笼统地讲某种情形属于包括的一罪不一定说得清楚，保留这个概念还是有必要的。但我觉得共罚的事后行为与不可罚的事后行为需要区分开来。

学生：老师在刑法学教材里讲清楚了这一点。

案例40 罪数（想象竞合）

2019年10月13日，被告人莫某独自驾驶一辆小轿车从广东回到广西，在桂平市金田镇垌心乡和平南县的大鹏镇等地驾车游荡，寻找女子实行强奸。当晚11时许，莫某在平南县大鹏镇某路口发现余某、陆某夫妇骑电动车经过，便欲强奸陆某，遂开车加速追去，用车将余某、陆某夫妇的电动车撞倒，致使余某、陆某夫妇摔跌倒地。莫某将车开到前面不远处掉头回来，将受伤的陆某抱上其车后排带离现场，后在途中发现陆某没有了呼吸。莫某将车开到平南县大鹏镇某村某处停车，对陆某进行奸淫，随后将陆某丢弃在路边，开车逃离现场。莫某为毁灭罪证，将所驾车辆烧毁。余某后经送医院抢救无效死亡。经法医鉴定，陆某因交通事故摔跌致颅脑损伤而死亡，余某因交通事故摔跌致严重颅脑损伤并心脏挫伤而死亡。

张明楷：检察机关起诉的罪名是故意杀人罪和侮辱尸体罪，

这样定罪有问题吗？

学生：莫某开始不是想强奸妇女吗？

学生：莫某实施奸淫时被害人陆某已经死亡，所以检察机关起诉的是侮辱尸体罪。

张明楷：从罪数角度来分析，前面的开车撞人是不是强奸罪的着手？

学生：莫某是为了强奸被害人实施的开车撞人行为，这个行为当然属于强奸罪中的暴力。

张明楷：不可否认，前面开车撞人的行为也构成故意杀人罪。那么，莫某前面的行为是强奸致人死亡和故意杀人罪的想象竞合，还是普通强奸罪与故意杀人罪的想象竞合？这样的案件在日本一直都有争议。我记得，浅田和茂老师和西田典之老师都认为，只能是普通强奸罪和故意杀人罪的想象竞合，如果认定为强奸致人死亡和故意杀人罪的想象竞合，就把死亡结果评价了两次，因而是重复评价。但是，德国刑法理论好像一般都认为是强奸致人死亡与故意杀人罪的想象竞合，日本的只木诚老师也是这么认为的。浅田老师和西田老师所说的重复评价，其实就是单纯的重复评价，只是定罪上的重复评价；也就是说，不是给被告人带来实际不利的重复评价，不是处罚上的重复评价。如果说想象竞合虽然认定为数罪但只是按照一个重罪处罚的话，将莫某前面的行为评价为强奸致人死亡与故意杀人罪是不是重复评价？这里的强奸致人死亡，并不是过失致人死亡，而是故意致人死亡。所以，传统观点以前所说的"抢劫致人死亡可以是故意，强奸致人死亡不可以是故意"的说法根本就不成立。

学生：既然莫某开车撞人是为了强奸，能认定他对被害人的死亡是故意的吗？

张明楷：我觉得没有问题。一方面，他对余某的死亡完全可能是直接故意，因为余某的存在肯定妨碍他的强奸行为。另一方面，他对陆某的死亡至少有间接故意。事实上，不排除有一些强奸犯在实施暴力时根本不管被害人的死活，而且会认为即使死亡也只是会在自己实施奸淫行为后死亡。所以，从对构成要件的解释的角度来说，限定强奸罪中的暴力是不合适的；从事实上说，有一些强奸罪在实施暴力时完全可能不顾被害人的死活。

学生：如果是想象竞合的话，上述的两种观点是不是就没什么区别了，因为最后都是按一个重罪的法定刑处罚，结局可能都是按故意杀人罪量刑，实际上没有区别。

张明楷：处罚肯定是没有区别，或者说不存在重复处罚的问题。问题是，只要肯定对想象竞合必须认定为数罪，那么，除故意杀人罪之外，对强奸罪是表述为强奸致人死亡还是普通强奸罪，还是有意义的。当然，在我国的意义可能小于在德国与日本的意义。

学生：为什么在我国的意义小于在德国与日本的意义呢？

张明楷：因为在我国，普通强奸与强奸致人死亡的罪名是相同的，都是强奸罪，但在日本，普通强奸与强奸致人死亡是不同的罪名，两个罪名不在一个法条，涉及引用哪个法条的问题。

学生：在我国也涉及如何引用法条的问题，比如，要不要认定莫某的行为触犯了《刑法》第236条第3款第6项，还是只引用第236条第1款。

张明楷：是的，所以，在我国区分普通强奸与强奸致人死亡，也是有意义的。

学生：如果评价为强奸致人死亡和故意杀人，就是将死亡结果评价了两次。

张明楷：定罪或者说表述罪行的时候是将死亡结果评价了两次，但被告人没有因为这个死亡结果而受到重复处罚。所以，我们通常所说的禁止重复评价，究竟是指什么评价？

学生：如果对想象竞合最后只按一个重罪处罚，也没有什么问题。但是司法实践中，有些情形虽然对想象竞合是按一个重罪处罚，却同时将轻罪的情节考虑成重罪的从重处罚情节，这样的话确实会有重复评价。

张明楷：这也就是部分观点所提出的对想象竞合从一重罪从重处罚的情形。按照这个观点，如果对莫某的行为认定为普通强奸与故意杀人罪的想象竞合，也可能在以故意杀人罪量刑时，将普通强奸作为从重处罚的情节。当然，在这一点上，想象竞合与牵连犯的确有区别，牵连犯毕竟有两个行为、两个罪过，从一重罪适用法定刑并且再从重处罚，没有太大的问题。但想象竞合只有一个行为，但行为人还是认识到了自己的行为会同时触犯其他罪名，在从一重罪处罚时略微再从重处罚，也不是严重的问题。但我认为，对想象竞合并不是必然从一重罪处罚后再从重处罚，我记得我在教材上也说过不排除在少数情况下不需要从重处罚。如果触犯两个罪名的行为完全是重合的，就不宜从重处罚。比如在本案中，强奸罪的暴力与故意杀人罪的暴力是完全重合的，所以，即使认定为强奸致人死亡与故意杀人罪的想象竞合，也不宜从一重罪再从重处罚。但是，如果莫某前面的行为成立强奸既遂，那么，按想象竞合认定为强奸致人死亡与故意杀人罪时，我感觉还是可以从重处罚的，因为除故意杀人之外，还有一个与被害人性交的情节。

学生：我觉得莫某的行为是强奸致人死亡和故意杀人罪的想象竞合。因为他对强奸有故意，对杀人也有故意，而且莫某就是为了强奸才开车撞人的。

张明楷：德国好像就是这个观点，如果认定为强奸致人死亡和故意杀人罪的想象竞合，就同时说明这个案件中的致人死亡是行为人故意造成的。

学生：老师刚才说，如果莫某前面的行为成立强奸既遂，也认定为强奸致人死亡与故意杀人罪的想象竞合，为什么不是实行数罪并罚呢？

张明楷：这是另一个问题了，也就是说，行为人以强奸的故意暴力致人重伤后奸淫妇女，妇女后来死亡的，是两个行为还是一个行为？如果是两个行为的话，两个行为是主要部分重合还是非主要部分重合？想象竞合的成立是要求主要部分重合还是有一点点重合就可以了？

学生：如果莫某在被害人活着的时候实施了奸淫行为，暴力行为就是重合的，应当是主要部分重合吧。

　　张明楷： 按照我国传统理论对强奸罪的理解是这样的，但如果对强奸罪重新解释，也可能认为主要部分不是重合的。也就是说，如果认为强奸罪是违反妇女意志的性交行为，至于暴力、胁迫则不是强奸罪的构成要件行为，只是表征违反妇女意志的因素。这样来理解强奸罪的构成要件，则主要部分不是重合的，就可以实行数罪并罚。也就是说，假定莫某前面就强奸既遂了，那么，认定为故意杀人罪和普通强奸罪并且实行数罪并罚，就是真正的重复评价了，也就是将暴力处罚了两次。但如果说暴力、胁迫不是强奸罪的构成要件行为，只是表征违反妇女意志的因素，实行数罪并罚则没有重复评价。

　　学生： 我认为强奸罪不需要暴力、胁迫等手段行为，只需要违反妇女意志就可以成立。

　　张明楷： 国际社会中的强奸罪立法有两种模式，可谓二阶模式和一阶模式。二阶模式是要求奸淫行为之外有一个暴力、胁迫等手段，再有一个奸淫行为。一阶模式就是只要是妇女不同意的就可以了，不需要暴力、胁迫等其他手段。比利时刑法现在修改成一阶模式了。但我国《刑法》第236条的表述应当还是二阶模式，当然，奸淫幼女的场合可以说是一阶模式。此外，司法实践中对奸淫精神病妇女的案件，事实上采取的就是一阶模式。

　　学生： 老师，有一个相关的问题想问一下。我们一般说利用对方昏迷的状态取走财物的，会认定为盗窃罪，但不会认定为抢劫罪。为什么利用妇女昏迷的状态奸淫的会认定为强奸罪呢？感觉两者的性质是一样的，都是利用了不是自己造成的昏迷状态。

张明楷：抢劫罪和强奸罪对暴力压制的程度的要求不一样，就财产罪而言，除了抢劫罪还有敲诈勒索罪、盗窃罪；但是强奸罪之外没有类似于敲诈勒索、盗窃那样的犯罪。所以，利用对方昏迷的状态取走财物的，可以认定为盗窃罪，但利用对方昏迷状态实施性交的，因为没有一个类似于盗窃的"盗奸罪"或者"偷奸罪"，只能归入强奸罪。此外，就财产罪而言，行为人基于别的动机、目的压制反抗之后取财的，有盗窃等罪名可以定；但是强奸罪的场合，出于别的动机压制妇女反抗，使妇女昏迷之后实施奸淫行为的，没有别的罪可以认定，又不能不处罚，也只能认定为强奸罪。

学生：莫某这个案件，检察院以故意杀人罪和侮辱尸体罪起诉，从处罚的角度来说，也没有什么问题。

张明楷：单纯从处罚的角度来说，只定一个故意杀人罪也没有问题，但不能仅考虑处罚是否均衡或者合理。要考虑罪数理论的普遍适用性，不能因为在这个案件中只定一个罪能做到罪刑相适应，就违背罪数的基本理论。因为只认定莫某的行为构成故意杀人罪与侮辱尸体罪，就没有评价其强奸罪行。所以，我还是认为，莫某的行为构成强奸（致人死亡）罪、故意杀人罪与侮辱尸体罪，但前两个罪是想象竞合关系。

学生：如果评价为普通强奸罪与故意杀人罪的想象竞合的话，是不是也有所谓评价不足的问题？因为明明就是强奸罪的实行行为内在蕴含的危险导致了死亡结果的发生，这就完全符合强奸罪的结果加重犯的条件。这个时候如果不将死亡结果归属于强奸罪的基本犯的行为，是不是会产生评价不足的问题。

学生：如果评价为结果加重犯的话，就意味着这种强奸的暴力行为比没有致人死亡的暴力行为更重，因为导致了死亡结果。

张明楷：一个行为既是杀人既遂行为，也是强奸致人死亡的行为，这样评价是没有什么问题的。

学生：如果只评价为强奸罪的基本犯，就没有评价强奸行为致人死亡的特殊危险。

张明楷：持反对观点的人会说，这个特殊危险已经被故意杀人罪所评价了。

学生：结果加重犯的特殊危险是比一般的结果犯更严格的结果归属。一般的故意杀人罪还不足以评价到这一点。

张明楷：你这样说也有道理。在其他情形中，比如当场杀死被害人后取得财物的行为，同时触犯故意杀人罪，但最后按照抢劫致人死亡量刑，因为抢劫罪还有附加刑。

学生：在莫某案中，如果被害女性没有死亡，但她的丈夫死亡了，这能定强奸致人死亡吗？

张明楷：按理说，本案中针对男性被害人的暴力不同于强奸罪中的暴力，因为强奸罪的暴力是使妇女本人难以反抗的手段行为。如果是针对第三者的阻挠而实施的暴力，就要独立认定为犯罪。

学生：但莫某只实施了一个行为。

张明楷：只实施了一个行为要按照想象竞合去评价，对行为人也要认定为故意杀人罪。如果被害女性没有重伤和死亡，那就是故意杀人罪和强奸罪的想象竞合。应该不可以并罚，因为暴力行为是完全重合的。以前我们在武汉上大学时，遇到过这样一个案件。男女两人晚上在大堤上坐着谈恋爱，被告人把男性从大堤上踹下去，大堤很陡，男性摔成重伤。被告人就对女性实施暴力和奸淫行为。我觉得前面把男性踹下去的行为就是故意伤害罪，再实施暴力和奸淫就是强奸罪既遂，这就是两个罪，要实行数罪并罚。但本案中莫某是用车冲撞两名被害人，不能评价为两个行为。如果按国外刑法理论观点，可能评价为两个故意杀人罪与强奸罪或强奸致人死亡的想象竞合。因为生命是个人专属法益，杀一个人就构成一个罪，杀两个人就构成两个罪。但在我国，没有按杀人数量评价罪数，所以只会认定莫某前面的行为构成一个故意杀人罪与强奸致人死亡的想象竞合。

学生：在我国司法实践中，认定杀害一人还是两人只是对量刑有意义，对定罪没有意义。

张明楷：在莫某这个案件中，莫某在实施奸淫的时候，被害女性是否已经死亡其实并不清楚。只是说被告人自己觉得被害人没有气了，但不一定真的死了。不过，如果按照事实存疑有利于被告的原则，究竟是再定一个侮辱尸体罪好，还是不再另外认定为侮辱尸体罪合适呢？这里又出现了一个悖论，事实存疑有利于被告的原则是从什么意义上讲的？是否要求处理结局也有利于被告？如果单纯就一个事实的认定有利于被告，但这个有利于被告的认定会导致被告受到更严重的处罚，是不是也不合适。

学生：会有这样的情形吗？

张明楷：当然会有。比如，A 在一个地方发现一名"没有气"的妇女，不确定她是死是活，A 对她实施了奸淫行为，被害人后来确实死亡了。如果根据事实存疑时有利于被告的原则，应当认定被害人当时已经死亡了，A 就只成立侮辱尸体罪，而不成立更重的强奸罪。但在莫某案中，假如被害人什么时候死亡的并不清楚，是认定莫某奸淫的时候被害人已经死亡有利于被告，还是认定被害人没有死亡有利于被告？

学生：按理说，应当是认定被害人已经死亡有利于被告。

张明楷：这样认定的话就导致被告人多了一个侮辱尸体罪，实际上不利于被告。更为典型的案例是，国家工作人员甲贪污 190 万元，这个事实没有疑问。另有 100 万元究竟是贪污还是挪用公款存在疑问，或者说，行为人是否打算归还存在疑问，按事实存疑时有利于被告的原则，就只能认定为挪用公款罪。于是，甲的行为就构成两个罪，即贪污罪与挪用公款罪。但如果将 100 万元认定为贪污罪，即事实存疑时不利于被告，甲反而只成立一个贪污罪，所判处的刑罚反而会轻一些。

学生：确实有这样的问题。

张明楷：但如果将事实存疑有利于被告解释成必须是最终的处罚与否以及处罚轻重要有利于被告，就可能违反罪刑法定原则。比如，上面的那个甲，如果将 100 万元认定为贪污，就是将不符合贪污罪的主观要素的行为认定为贪污，这不违反罪刑法定原则吗？

学生：老师以前就讲过这个问题，但一直没有人研究。

张明楷：如果贪污和挪用的被告人懂刑法的话，就会说那100万元也是贪污，我也不想归还的。当然，检察院没准还是会说，你这100万元不是贪污，是挪用公款，就是为了要数罪并罚。

学生：在奸淫妇女的案件中，就单纯只有强奸和只有侮辱尸体的场合，后者更轻，但并不代表在任何场合下都是后者轻。如果不看最后的结果，很难说哪个重哪个轻，其实我们还是要看最后的结果。

张明楷：问题是，这个事实存疑有利于被告中的"事实"，究竟是指那一点点事实即妇女是否死亡，还是整个案件的事实。按理说就是那一点点事实呀，因为前面的事实没有疑问。在莫某案中，前面的事实是否存疑不影响强奸罪的认定。只是后面的事实是否存疑，才会影响是否要认定为侮辱尸体。

学生：感觉事实不能切割开来。

学生：事实可以是一点点的事实，但是"有利于"按照整体评价，好像也没有矛盾。

张明楷：单纯事实认定上的"有利于"被告还不等于处理结论上"有利于"被告。但是，如果要将事实存疑有利于被告变成最后处理时有利于被告，也会出现很多混乱现象。我前面已经讲了这一点。再比如说，两次的入户盗窃都是数额巨大，但是加起来没有到数额特别巨大。如果将其中一次仅评价为非法侵入住宅，实行数罪并罚，量刑可能重一点。反之，如果将两个行为都评价为盗窃，数额相加，可能量刑还轻一点。至少在逻辑上可能会出现这样的情形。如果是这样的话，所谓同种数罪一概不并罚或者一概并罚，都会出现问题。

学生：这种情况在司法实务中很多。我之前办理的一个案子是，同一个人受贿，但因为身份有变化，前面是国家工作人员，后来变成非国家工作人员，如果一直是国家工作人员就只是一个受贿罪，量刑还轻一点。现在身份变轻了，反而成了数罪，量刑更重了。我们当时跟法院对接了很久，但是法院的意思是，一个罪可能判缓刑，两个罪的时候只能判实刑。这就很不合理。因为这个被告人的上司，一直都是国家工作人员，受贿的总数额差不多，可以判缓刑；但身份发生了变化的下属，反而因此要被判处实刑。后来我们通过羁押必要性审查，还是把人放了。

张明楷：还有，我一直觉得那些没有意义的特别法条要删除，比如合同诈骗罪、金融诈骗罪等。这些没有意义的特殊法条，只会导致量刑不均衡。

学生：因为这可能会牵涉到多个数额标准，导致量刑均衡存在问题。

张明楷：今天的讨论扯得有点远，但还是很有意义。

案例 41　罪数（与盗掘古墓葬罪的关联）

被告人甲盗掘古墓葬，并窃取了珍贵文物，随后又将文物倒卖给他人。

张明楷：甲的行为是否构成《刑法》第 328 条盗掘古墓葬罪和《刑法》第 326 条倒卖文物罪，然后实行数罪并罚？司法解释在这方面有什么规定吗？

学生：2015 年 12 月 30 日最高人民法院、最高人民检察院《关于办理妨害文物管理等刑事案件适用法律若干问题的解释》第 6 条规定：出售或者为出售而收购、运输、储存《中华人民共和国文物保护法》规定的"国家禁止买卖的文物"的，应当认定为《刑法》第 326 条规定的"倒卖国家禁止经营的文物"。根据这一规定，单纯出售文物也是倒卖文物的行为。

张明楷：行为人自己合法购买文物后再出售的，也要认定为倒卖文物罪吗？比如，有人很内行，到潘家园发现某个东西是汉代的文物，于是自己买下后再卖出去的，也定倒卖文物罪吗？

学生：这要看这个文物是不是《文物保护法》规定的"国家禁止买卖的文物"吧。如果是，当然要定倒卖文物罪；如果不是，就不定倒卖文物罪。倒卖文物罪是行政犯，倒卖的对象要由前置法规定来决定。

张明楷：从构成要件来说，不只是行为对象的问题，还有对倒卖行为本身如何解释的问题。比如说，行为人盗窃了文物之后再卖出去的行为，是不是侵犯了新的法益呢？前面的行为侵犯的是财产法益，后面的行为侵犯的是文物交易、管理秩序这类的公法益。当然，后面这个行为也是具有期待可能性的。现在的问题是，盗掘古墓葬中的文物后又出卖了文物，究竟是侵犯了一个法益，还是侵犯了两个甚至两个以上的法益？

学生：《文物保护法》第 67 条规定："文物收藏单位以外的公民、组织可以收藏通过下列方式取得的文物：（一）依法继承或者接受赠与；（二）从文物销售单位购买；（三）通过经营文物拍卖的拍卖企业（以下称文物拍卖企业）购买；（四）公民个人合法所有的文物相互交换或者依法转让；（五）国家规定的其他合法方式。""文物收藏单位以外的公民、组织收藏的前款文物可以依法流通。"第 68 条规定："禁止买卖下列文物：（一）国有文物，但是国家允许的除外；（二）国有不可移动文物中的壁画、雕塑、建筑构件等，但是依法拆除的国有不可移动文物中的壁画、雕塑、建筑构件等不属于本法第三十一条第四款规定的应由文物收藏单位收藏的除外；（三）非国有馆藏珍贵文物；（四）国务院有关部门通报或者公告的被盗文物以及其他来源不符合本法第六十七条规定的文物；（五）外国政府、相关国际组织按照有关国际公约通报或者公告的流失文物。"

张明楷：这还是从行为对象的角度来说的。盗掘古墓葬所获得文物不符合《文物保护法》第 67 条规定的合法方式，肯定都是不得买卖的文物。如果说盗掘古墓葬罪与盗窃罪是想象竞合关系，那就不能并罚了。

学生：为什么《刑法》第 328 条第 1 款第 4 项规定，对"盗掘古文化遗址、古墓葬，并盗窃珍贵文物或者造成珍贵文物严重破坏的"，适用升格的法定刑，而不实行数罪并罚了呢？

张明楷：这表明盗掘古墓葬时获得文物，属于一个行为触犯两个罪名，所以是想象竞合关系，因而只按盗掘古墓葬罪一罪处理即可。

学生：这就不是单纯的从一重罪处罚，而是从一重罪并加重处罚了。

张明楷：感觉问题越来越多了。也就是说，在刑法分则的规定中，想象竞合既可能只是从一重罪处罚，也可能是从一重罪从重处罚，还可能是从一重罪加重处罚。是这样的吗？

学生：《刑法》第 328 条第 1 款第 4 项的规定是法律拟制，就将应当并罚的数罪拟制为加重的一罪了。

张明楷：你的意思是盗掘古墓葬时从中窃取珍贵文物是两个行为，原本构成数罪吗？

学生：是的。

张明楷：评价为两个行为也有道理，因为法条的表述是，"盗掘古文化遗址、古墓葬，并盗窃珍贵文物"，看上去就是两个行为。可是，一般来说，行为人并不是为了破坏珍贵文物而是为了窃取珍贵文物才去盗掘古墓葬的。在这个意义说，将"盗掘古文化遗址、古墓葬，并盗窃珍贵文物"的行为评价为基于一个意思发动而实施的一个行为也是可能的。

学生：如果是这样的话，《刑法》第 328 条第 1 款第 4 项的规定也是法律拟制，就将从一重罪处罚拟制为从一重罪加重处罚。

张明楷：没有必要说是法律拟制吧。因为刑法原本就没有关于想象竞合的规定，可以说对于想象竞合存在不同的处罚规则。

学生：《刑法》第 328 条第 1 款第 4 项规定的"盗掘古文化

遗址、古墓葬，并盗窃珍贵文物"包括了两个行为，因为单纯的盗掘达到一定程度就已经既遂了，既遂后再窃取珍贵文物，就是另一个行为。而且，前后两个行为侵犯的法益不完全一样。

张明楷：抽象一下问题：当一个前行为侵犯了 A、B 法益，后行为又侵犯了 B 法益时，是数罪并罚还是包括的一罪？如果说前面的行为主要侵犯的是 B 法益，那就可以定包括的一罪。如果说盗掘古墓葬本身也是盗窃文物，那和盗窃罪是不是就构成法条竞合了？这样，《刑法》第 328 条第 1 款第 4 项就是结合犯了吗？就是盗掘古墓葬罪和盗窃罪或者故意毁坏财物罪的结合犯？

学生：如果前面一个罪侵犯主法益和次法益，后面一个罪侵犯的是次法益，比如生产、销售假药罪和妨害药品管理罪这种情形，就不是主要法益重合，而是次要法益重合，就不能被评价为包括的一罪吧？

张明楷：《刑法》第 328 条盗掘古墓葬罪在《刑法修正案（八）》之前是规定了死刑的，原来比盗窃罪重，所以修正后就规定了第 1 款第 4 项，因此就不并罚了。现在删除了死刑之后，要不要数罪并罚，是不是需要讨论呢？

学生：盗掘古墓葬罪和故意损毁文物罪是什么关系呢？

张明楷：那就是法条竞合了吧。有没有可能说，盗掘古墓葬罪是盗窃罪、故意损毁文物罪的特别法条呢？根据 2015 年 12 月 30 日最高人民法院、最高人民检察院《关于办理妨害文物管理等刑事案件适用法律若干问题的解释》第 8 条的规定，"实施盗掘行为，已损害古文化遗址、古墓葬的历史、艺术、科学价值的，应当认定为盗掘古文化遗址、古墓葬罪既遂。"这表明,损害了文物就是盗掘古文化遗址、古墓葬罪既遂。2022 年 8 月 16 日最高人民法院、最高人民检察院、公安部、国家文物局《关于办理妨害文物管理等刑事案件若干问题的意见》规定:"以盗掘为目的,在古文化遗址、古墓葬表层进行钻探、爆破、挖掘等作业,因意志以外的原因,尚未损害古文化遗址、古墓葬的历史、艺术、科学价值的,属于盗掘古文化遗址、古墓葬未遂……"这些规定是不是能够表明,盗掘古墓葬罪要么是盗窃罪的特别法条,要么是故意损毁文物罪的特别法条呢? 如果说是特别法条,又很难解释《刑法》第 328 条第 1 款第 4 项的规定。

学生:特别法条的适用本来就以符合普通法条的构成要件为前提,如果是特别法条,就不应当有《刑法》第 328 条第 1 款第 4 项的规定。

张明楷:其实,第 328 条规定的三档法定刑与盗窃罪的法定刑是一样的,只是与故意损毁文物罪的法定刑有点区别。所以,即使将第 328 条理解为盗窃罪与故意损毁文物罪的特别法条,到此为止也没有什么大问题。但问题在后面。

学生:后面的问题是什么问题?

张明楷:根据《文物保护法》的规定,历史上各时代重要实物、艺术品、文献、手稿、图书资料、代表性实物等可移动文物,分为珍贵文物和一般文物;珍贵文物分为一级文物、二级文物、三级文物。那么,如果行为人盗掘古墓葬,没有盗取珍贵文物,只是窃取了一般文物,就不能适用《刑法》第 328 条第 1 款第 4 项的规定。这种情形怎么办呢？

学生：这种情形要么就将盗掘古墓葬罪与盗窃罪数罪并罚，要么只能定盗掘古墓葬罪。

张明楷：如果将盗掘古墓葬罪与盗窃罪数罪并罚，就反过来说明盗掘古墓葬罪与盗窃罪不是法条竞合的特别关系。

学生：而且，如果数罪并罚的话，就会导致盗掘古墓葬并窃取一般文物的，反而可能判处更重的刑罚。

张明楷：有这种可能性，但并不必然。有人会说，既然《刑法》第 328 条第 1 款第 4 项没有规定"盗掘古文化遗址、古墓葬，并盗窃一般文物"的适用第三档法定刑，就表明对这种行为适用前两档法定刑；有人会说，既然《刑法》第 328 条第 1 款第 4 项没有规定"盗掘古文化遗址、古墓葬，并盗窃一般文物"的适用第三档法定刑，就表明对这种行为要实行数罪并罚。同样的表述，两种解释都有可能。

学生：我觉得，如果行为人盗掘古墓葬，从中窃取了珍贵文物，根据现行刑法的规定，不可能实行数罪并罚，只能认定为盗掘古墓葬罪，适用加重的法定刑；如果行为人窃取一般文物，就要数罪并罚。因为《刑法》第 328 条第 1 款第 4 项的规定属于法律拟制，是将数罪拟制为一罪，所以，没有对盗窃一般文物设立拟制规定时，当然就是数罪并罚。

张明楷：关键还是在于如何理解《刑法》第 328 条第 1 款第 4 项的规定性质。如果说是关于想象竞合的规定，则对"盗掘古文化遗址、古墓葬，并盗窃一般文物"的，只能按盗掘古墓葬罪处罚。如果说是对特别关系的规定，也是按盗掘古墓葬罪定罪处罚。

学生：也许实践中盗掘古墓葬的行为，盗窃的都是珍贵文物，所以没有形成争议问题。

张明楷：如果对这个问题有争议，就表明盗掘古墓葬罪与盗窃罪、故意损毁文物罪不是法条竞合的特别关系。因为如果是法条竞合的特别关系，就是按特别法条处理，不会有争议。但如果行为人盗掘古墓葬，从中窃取了特别多的一般文物，一般文物的价值超过了 50 万元，按盗窃罪处罚应当处 10 年以上有期徒刑，而按《刑法》第 328 条第 1 款最多只能处 10 年有期徒刑。在这种情形下，如果按想象竞合处理，可能更合适一些。当然，实行数罪并罚也是可能的。

学生：但如果数罪并罚就有可能导致处罚与《刑法》第 328 条第 1 款第 4 项的处罚相同。

张明楷：是的，如果考虑这一点，就应当认为，盗掘古墓葬并从中窃取了一般文物的，通常按盗掘古墓葬罪处理即可；如果数额特别巨大，则仅按盗窃罪处罚就可以。

学生：这么说的话，还是要将《刑法》第 328 条第 1 款第 4 项规定的情形，理解为想象竞合。

张明楷：是的。再回到我们前面讨论的问题，如果行为人盗掘古墓葬并盗窃了珍贵文物，然后再出卖的，是否应当数罪并罚？

学生：盗掘古墓葬并盗窃了珍贵文物，然后再出卖的，前一行为是两罪的想象竞合，后一行为侵犯了另一法益，应当数罪并罚。

张明楷：这样认定看上去是没有问题的。但这一观点要适用于相同或者类似的情形。行为人盗窃了文物后再出卖的，是不是也要认定为倒卖文物罪，实行数罪并罚呢？

学生：如果说没有期待可能性就不能并罚，如果具有期待可能性则可以并罚。

张明楷：感觉盗窃文物后再出卖的行为，还是有期待可能性的。

学生：那就要实行数罪并罚。

张明楷：其实我最关注的是如何理解倒卖文物罪中的倒卖。按照我们前面的讨论，只要是非法获得的文物再出卖的，好像都可以评价为倒卖；但如果不是非法获得的，而是合法获得的，都不属于倒卖。这样的话，关键就不在于怎么理解倒卖，而是行为对象。

学生：按司法解释的规定，只要出售了国家禁止出售的珍贵文物，就属于倒卖文物，不需要购买之后再出卖。

张明楷：按司法解释的规定是这样的。从国有博物馆里面盗窃文物后再去卖的，都要实行数罪并罚吧。行为人从古墓葬里面盗窃了文物后再去卖的，当然也要并罚了。因为从行为的数量与侵犯的法益来说，没有实质的不同。

案例 42　罪数（与挪用公款罪的关联）

被告人孙某是国家工作人员，从 2008 年到 2020 年利用职务上的便利，先后单独或者伙同他人，收受多名个人与单位的财物共计 2367 万元。其中，为了解决某置业公司缴纳土地使用权、挂牌出让保证金的资金缺口，孙某利用职务上便利，个人决定将某国有公司的 4000 万元借给置业公司用于缴纳保证金。之所以如此，是为了收受某置业公司的一套别墅，事后也收受了别墅（价值 297 万元）。

张明楷：根据立法解释的规定，个人决定以单位名义把公款出借给其他单位使用，谋取个人利益的，构成挪用公款罪。在这个案件中，个人决定以单位名义将 4000 万元出借给置业公司用于营利活动，是因为置业公司承诺给他一套别墅，那么，在这种情形下，对孙某的行为是并罚还是不并罚？对这个问题，司法机关一直都有争议。有的认为，如果认定孙某的行为构成受贿罪与挪用公款罪，就属于重复评价。有的则认为，应当实行数罪并罚。简单地说，立法解释关于挪用公款罪规定的第三种情形，即"个人决定以单位名义将公款供其他单位使用，谋取个人利益的"，如果谋取个人利益的行为构成犯罪，是否需要与挪用公款罪实行并罚？

学生：主张不并罚的理由是什么？

张明楷： 主张不并罚的理由是，收受别墅这一事实如果既作为挪用公款罪中的谋取个人利益来评价，又作为受贿事实来评价，就会构成重复评价。

学生： 老师一直认为，挪用公款的第三种情形中，谋取个人利益不是必须有客观事实，只要是出于谋取个人利益的目的或者动机就可以了。

张明楷： 是的。问题是，即使认为"谋取个人利益"只要是主观动机就可以了，不要求有客观行为，上述情形是不是也重复评价了。也就是说，重复评价了孙某的主观心理事实。

学生： 老师主张对这种情形实行数罪并罚，就是认为没有重复评价。

张明楷： 是的。我认为，立法解释规定的挪用公款罪中第三种情形的"谋取个人利益"，只是为了确认或判断挪用行为是不是挪用公款"归个人使用"，并没有在挪用公款罪中起到增加不法的作用。也就是说，如果个人决定以单位名义将公款给其他单位使用时，不是为了谋取个人利益，就不能认定为挪用公款归个人使用，因而不成立挪用公款罪。

学生： "谋取个人利益"是表面的构成要件要素吗？

张明楷： 也不是。我认为，立法解释只是想通过这个要素去确认国家工作人员的行为是否属于"挪用公款归个人使用"，只是起到确认的作用。

学生： 有道理，因为有的国有公司把公款借给别的公司使用也可能是合法的，或者即使违法也是不构成犯罪的。

张明楷：如果国有公司把公款借给别的公司使用，利息归国有公司的，实践中不会认定为挪用公款罪。但我觉得，只要个人决定以单位名义将公款给其他单位使用，公款就有流失的风险。事实上，即使国家工作人员个人决定以单位名义将公款给其他单位使用，没有谋取个人利益，也可能导致公款不能收回。这个时候只是没有认定为挪用公款罪，而会认定为滥用职权的犯罪。在这个意义上说，将公款挪用给其他单位使用时，总体来说，公款流失的风险是一样的，不会因为国家工作人员是否谋取个人利益，而导致风险有变化。

学生：这个"谋取个人利益"起到的作用就是排除一种情况，也就是排除国家工作人员在自己的职权裁量范围之内做的一些有利于本单位或本公司的情况。只要不是这种情况，但凡实际上存在挪用行为，就应该肯定存在谋取个人利益的情形。

张明楷：你的意思是说，"谋取个人利益"不是为了确认挪用公款归个人使用，只是想排除你所讲的这种情形。

学生：要排除挪用公款罪的成立，一是在自己的职权裁量范围之内，二是有利于本单位，或者至少本单位的财产不存在减损的情形。

张明楷：你这样说可能有问题。根据现在的各种规定，国有公司、企业不允许拆借，将国有公司、企业的公款借给其他单位，这不属于国家工作人员职权裁量范围之内的事项。当然，如果像你这样解释，对孙某的行为实行数罪并罚就没有任何障碍。

　　学生：即使说挪用公款罪中的谋取个人利益只是主观动机或者目的，如果将挪用公款罪与受贿罪实行并罚，感觉对这一主观内容进行了重复评价。不管这个主观要素是提升了不法还是提升了责任，都会存在重复评价的问题。

　　张明楷：也可以解释为没有重复评价。一方面，孙某为了收受别墅而将公款挪用给置业公司，如果后来没有收受别墅，也构成挪用公款罪。另一方面，孙某后来收受别墅时，明知别墅是自己职务行为的对价仍然收受，在收受别墅时，又存在一个受贿的故意。前面的挪用公款的主观动机与后面的受贿罪的故意内容看似一样的，但其实分别存在于挪用公款时与收受别墅时。在此意义上说，孙某其实有两个主观内容，一是挪用公款时有收受别墅的动机，这是存在于挪用公款时的心理内容；二是在收受别墅时有受贿的故意，这是存在于受贿罪时的心理内容。两个心理内容存在于不同的时间，分开评价并不是重复评价。

　　学生：如果说主观动机与目的是责任要素，责任要素不存在重复评价的问题吧。责任要素就是看行为人是不是要为不法承担责任，不存在重复评价的问题。比如责任能力，如果一个人实施了两个犯罪，不可能说他的责任能力被评价了一次，就不能再评价了。

　　张明楷：但以责任能力为例可能有疑问。一个人实施两个犯罪时，需要对两个犯罪都有责任能力，只要行为人对两个犯罪都有责任能力，就不存在重复评价的问题。故意还是有可能被重复评价的。如果将挪用公款罪第三种情形中的"谋取个人利益"解释成有主观动机就可以了，并不是给违法提供根据，对不法也就没有重复评价。但如果说"谋取个人利益"是责任要素的话，就会有人认为与受贿罪的故意重复评价了。

学生：但是，如果挪用公款罪在前，则挪用公款罪早就既遂了，后来受贿的确也存在一个受贿故意的心理事实，所以，也不是重复评价。反过来说，如果受贿罪在前，也是如此。

张明楷：你觉得两种情形没有区别，还是说孙某主观上一直存在收受别墅的想法，所以，前一部分的想法和后一部分的想法可以分开，因而没有重复评价？也就是说，当孙某把 4000 万元挪用给置业公司，想要收受别墅的时候，此时的想法属于挪用公款罪中的谋取个人利益；后来置业公司给孙某送别墅的时候，孙某也知道这个别墅是因为自己给对方谋取了利益才给的好处。在前一段和后一段，孙某的这个意思都存在，所以没有重复评价。这和我前面说的是一个意思吧。

学生：如果是这样的话，顶多是牵连犯，难以认定为重复评价。

张明楷：如果是牵连犯的话，还是从一重罪处罚；孙某这样的案件，我一直都想解释为数罪并罚。

学生：孙某的主观想法在事实上不能被切割，只有在规范评价上才能被切割开来。

张明楷：当某个想法一直存在时，把前面挪用公款罪时想收受别墅的想法评价为挪用公款罪中的"谋取个人利益"，把后面客观上收受别墅时的认识评价为受贿罪的故意，还是可能的吧。我感觉没有重复评价。

学生：对孙某的行为宣告数罪是有道理的，但是孙某的行为毕竟是基于一个意思发动，还是认定为科刑的一罪比较好。

学生：基于一个意思发动只是科刑一罪的消极成立要件，不是说基于一个意思发动的话，就一定构成科刑的一罪。

张明楷：要说对孙某的行为仅从一重罪处罚很简单，首要的理由是避免重复评价，其次是认定挪用公款罪与受贿罪之间存在牵连犯关系。但我认为这样的处理不公平、不协调。你们想一想，如果孙某后来没有收受别墅也成立挪用公款罪；如果孙某只是声称挪用4000万元给置业公司，置业公司就送给孙某别墅，但孙某后来没有挪用4000万元给置业公司，也成立受贿罪。为什么孙某实施了两个行为，也仍然按一罪处罚呢？而且，1998年4月29日最高人民法院《关于审理挪用公款案件具体应用法律若干问题的解释》第7条规定："因挪用公款索取、收受贿赂构成犯罪的，依照数罪并罚的规定处罚。""挪用公款进行非法活动构成其他犯罪的，依照数罪并罚的规定处罚。"孙某的行为就是典型的因挪用公款收受贿赂，需要数罪并罚。

学生：在挪用公款的场合除了有挪用的意思外，还有谋取个人利益即受贿的意思，受贿时有受贿的故意，二者有交叉的部分。我们能否承认两个罪在主观层面可以有一定交叉？

张明楷：如果说有交叉，也会被人们认为进行了重复评价。其实，认为存在重复评价的观点，主要是将行为意志当成了故意。严格地说，故意是存在于行为时的。孙某在挪用公款时，只是有谋取个人利益的想法，但还不存在受贿的故意；后来收受别墅时，才存在受贿的故意。所以，不存在重复评价。

学生：挪用的时候想到后面会有人送财物，但是这个想法还是很概括的；后面收受财物的时候的具体受贿故意还是不一样的。前面的想法不是故意，只是一个期待。

张明楷：也就是说，不要把前面的想法理解为故意，前面的期待还是跟后面的受贿故意不一样。如果要并罚的话，对孙某的主观想法，既可以从时间上切割，也可以从内容或者性质上区分。

学生：时间上切割就是在事实层面切割，不需要再过多解释。规范判断的话，需要找更多理由。

张明楷：我觉得比较麻烦的可能是反过来的情形。比如，置业公司在请孙某挪用公款时，就送给孙某一套别墅；孙某因为收受了别墅，就挪用公款4000万元给置业公司。在这样的场合，挪用公款罪第三种情形中的谋取个人利益，不只是主观想法，而是表现为客观事实，这种情形可以实行数罪并罚吗？

学生：按理说也要实行数罪并罚，否则就与先挪用后受贿的处理不协调。

张明楷：我也是觉得应当实行数罪并罚，因为挪用与受贿的顺序不一样就导致罪数处理不一样，这可能不公平。如果要实行数罪并罚，就要说明没有重复评价。

学生：还是和前面一样分析。收受别墅的时候孙某有受贿的故意，后面挪用公款4000万元给置业公司时，是因为前面谋取了个人利益，这个时候的谋取个人利益，也是一种主观动机。

张明楷：我也是这样想的。也就是说，收受别墅的客观行为已经超出了挪用公款罪第三种情形中的谋取个人利益的范围，剩下的也就是主观内容是否重复评价的问题了，按我们前面的讨论来说明就可以了。

第七堂
刑罚的适用

案例43 自首（根据与条件）

被告人将其妻子杀死后，将手机留在家里，走到海边准备自杀。走到海边后，连续找了三名路人，说明真相让路人帮自己报警，但三名路人都不愿意帮他报警。被告人在向第四个路人出示作案工具后，第四个路人才相信他并帮他报警。警察到来之后，被告人拿着刀对着自己的脖子，与警察对峙了两个小时，才放下刀被警察控制。被告人到案后供述，报警的目的就是要告诉警察为什么自己要杀死妻子后再自杀，因为妻子有外遇。

张明楷：这个案件是否能认定被告人自首？一种观点认为，被告人欠缺自首意志，即自愿使自己处于司法机关的控制与处理之下，本案的投案意图不符合自首意志。

学生：这个案件涉及自首的根据，自首的根据一定要行为人确有悔改吗？还是说，只要有意使自己置身司法机关控制之下，节省了司法资源即可呢？

学生："如实供述"在这个案件中没有问题，主要是对自动投案的理解问题。如果形式地理解自动投案，就是说一定要被告人主动将自己置身于司法机关的控制与处理之下，还是实质上理解为相当于帮助司法机关节省司法资源即可。但是就后一种情形而言，即使可能认定为自首，但因为自首是可以从轻或者减轻处罚，本案这种情况在量刑上也不会从轻或减轻处罚。

张明楷：如果是这样的话，认定为自首还有什么意义呢？

学生：就是在法律适用上给予一个自首的评价。

学生：之前讨论过的很极端的例子是，被告人杀了人后，将被害人的头割下来，将头扔到公安局然后大声喊叫："人就是我杀的，你们该怎么办就怎么办吧！"随后如实交待了杀人事实。这种情况肯定不能认定为自首吧。

张明楷：也能认定为自首吧。自首的根据是确有悔改和节省司法资源，如果只有确有悔改或者只有节省司法资源能否认定为自首呢？或者说二者的重心是哪一个呢？因为自动投案和如实供述确实都是指向节省司法资源，如果重心在节省司法资源，那你讲的这个极端案件的被告人就可能成立自首，可以从轻或者减轻处罚。就你所说的这个极端案件而言，也要合理评价事实。被告人将被害人的头扔到公安局，不一定是针对公安局，可能是针对被害人。可能是觉得被害人对自己实施了不当行为，所以才杀被害人。所以，要查明被告人这样喊叫的原因是什么。不能因为被告人在公安局喊叫就认为被告人没有把法律和公安机关放在眼里，否则他为什么来公安局呢？被告人来公安局是典型的投案自首，也如实交待了罪行，为什么不能认定为自首呢？我觉得不仅要认定为自首，而且要从轻或者减轻处罚。

学生：一般人就会觉得，被告人这样在公安局大喊大叫就不像一个自首的样子。自首就应当是老老实实的样子。

张明楷：怎么能这样判断自首呢？要根据自首的条件判断被告人的行为是不是自首，对于自首条件的理解则需要以自首制度的根据为指导，不要考虑其他的表现。

学生：为什么刑法只是规定自首"可以"从轻或者减轻处罚，而不是"应当"从轻或者减轻处罚呢？

学生：因为有些犯罪的罪行特别严重，即使自首也不能抵消部分罪行，可以防止罪犯利用自首制度实施恶性案件。

张明楷：你这样说也是能被人接受的。但我认为，只要成立自首，原则上就要从轻或者减轻处罚。就自首而言，司法实践中很多人有一种观念，比如说，被告人杀了三个人以后投案自首，完全符合自首的成立条件，但由于司法实践中杀害一个人可能就会判死刑立即执行，所以，由于被告人是杀了三个人后自首，即使自首相当于抵消了其中杀害一名被害人的罪行，但剩下杀害两个被害人的罪行，还可以判处两个死刑立即执行。但我一直不赞成这样的说法。怎么可能对一个被告人判处三次死刑立即执行呢？这是持上述观点的人自己设想的。

学生：我见到一位教授就某个灭门案也是这样发表意见的。

张明楷：自首本身不可能是减少或者消灭不法的事实，充其量只是表明再犯可能性的减少或者消灭的事实，大多数的自首确实也会表明再犯可能性的减少或者消灭。所以，不能采用上述抵消的观点来认定自首。对于表明犯罪人的再犯可能性减少或者消灭的自首，都应当从轻或者减轻处罚。部分的自首不能表明再犯可能性的减少或者消灭，但节约了司法资源，对犯罪人从宽处罚只是一种奖励。当然，就多数自首而言，则既表明再犯可能性减少或者消灭，也因节约了司法资源而给予奖励。只有当罪行特别严重，自首不能表明其再犯可能性减少与消灭，而且对司法资源的节约所起的作用可以忽略不计时，才可以不从轻和减轻处罚。

学生：还有集资诈骗中的从犯自首，比如，从犯涉案金额有50亿元，司法实践中往往都不会认定从犯、自首这些从轻、减轻情节，直接判处无期徒刑。在他们的观念里可能就认为，既然5亿元都是判无期徒刑，那么50亿元够判10个无期徒刑。即使认定为自首、从犯免除一个无期徒刑，还有9个无期徒刑，所以不从轻、减轻处罚了。

张明楷：这就没有罪刑法定的观念，就前面的杀害3名被害人的案件而言，哪里存在判处3个死刑立即执行呢？就集资诈骗罪而言，即使诈骗500亿元也只能判一个无期徒刑，不可能要判那么多的无期徒刑。10个或者100个无期徒刑，是他们编造出来的。既然只能判一个无期徒刑，而被告人是从犯、有自首情节，就能够从轻或者减轻处罚。其实，主张废除死刑或者说抨击死刑的一个重要理由也在这里，就是说杀一个人也是死刑，杀10个人也是死刑，并不公平。

学生：按照老师的观点，这个杀死妻子让路人帮自己报警的被告人也成立自首吗？因为他并不是为了让自己置于司法机关的控制之下，只是想让警察知道自己为什么杀死妻子。

张明楷：你们不能只看被告人的想法，被告人为什么是要让警察知道自己杀死妻子的原因，而不是要让其他人知道自己杀死妻子的原因。既然是让路人帮忙报警，当然就知道警察来了之后要控制自己。这难道不是让自己置于司法机关的控制之下吗？所以，这个案件还是认定为自首吧。

学生：可是，在警察到场之后，被告人持刀与警察对峙，是不是表明他不愿意使自己置于司法机关的控制之下？

张明楷：虽然有对峙，但被告人不是拿着刀要去捅警察，而是以杀害自己相威胁。况且，警察肯定不是一个人去的，肯定是两名以上警察去的。即使认为被告人对峙的目的是让警察知道自己为什么杀害妻子后自杀，但在警察到场之后，被告人不可能自杀成功，只能是让警察带走，所以，不能因为这个对峙就否认自首的成立。我一直认为，对犯罪人自首的要求不能认定太高了，被告人表达一些诉求是符合犯罪人自身理性的。所以，对置于司法机关控制与处理之下可以作相对缓和的解释。

案例44　立功（对向犯的立功与自首）

非法持有毒品的嫌疑人甲被抓获的时候身上藏有毒品，警察问他毒品是从哪里买来的，甲如实供述毒品是从乙那里购买的。于是，警察据此抓获了贩卖毒品的乙。

张明楷：这样的案件所要讨论的是能否认定甲的行为构成立功。我觉得这肯定是立功。

学生：有观点认为，这样认定立功，会导致越大的毒贩掌握的信息越多，则越容易立功。

张明楷：不一定，大毒枭指挥的都是别人，不一定了解下家的情况。而且，他知道得多又愿意说出来，对刑事司法的贡献很大，认定为立功有什么问题呢？《刑法》第68条规定的立功表现是"犯罪分子有揭发他人犯罪行为，查证属实的，或者提供重要线索，从而得以侦破其他案件等立功表现的"，这些立功的内容本身就决定了犯罪的人容易立功。我现在让你揭发他人犯罪行为或者提供他人犯罪的线索，你能揭发或者提供吗？

学生：不能揭发和提供。

张明楷：就是嘛！我国的法定刑本来就不轻，但司法实践总是生怕给犯罪人判刑轻了，所以对立功、自首等从宽情节的认定特别严格。我觉得在法定刑较重的立法例下，司法机关应当放宽立功、自首等从宽情节的认定。况且，在本案中，将甲的行为认定为立功，并没有放宽认定标准，因为我们既可以说甲揭发了乙贩卖毒品的犯罪行为，查证属实，也可以说甲提供重要线索，从而得以侦破乙贩卖毒品的案件。

学生：如果甲非法持有毒品后投案自首，并且主动说出毒品是从乙那里购买的，除成立自首外还成立立功吗？

张明楷：当然同时成立自首与立功。只要甲投案后说明自己非法持有毒品，就如实供述了非法持有毒品的全部犯罪事实，符合自首的成立条件。如果说出乙贩卖毒品给自己，就是区别于自首的立功表现。

学生：如果甲不说出毒品是从乙那里购买的，能认定为自首吗？

张明楷：为什么不能认定？如果甲非法持有毒品后自首，但确实不记得或者不知道毒品是从谁那里购买的，比如是第三者帮甲购买的，甲不知道贩毒者是谁，难道就不成立自首了吗？当然也要认定为自首。不能说，如果没有把自己知道的事实全部讲出来就不是自首。只要将自己的犯罪事实讲出来，就成立自首。当然，共同犯罪有一点特殊性。就单个人犯罪而言，不需要讲出他人的犯罪事实就能成立自首。

学生：许多人认为，既然是对向犯，就必须将对方的事实也如实供述出来才是自首，所以，不另外成立立功。

张明楷：这是混淆了不同类型的对向犯。在贩卖毒品这类对向犯中，单纯购买毒品不是犯罪，购买毒品后非法持有毒品的行为才是犯罪，所以，只要行为人投案后供述了非法持有毒品的事实，就完全能够认定其行为构成非法持有毒品罪。即使没有查明贩卖毒品的行为人，也能认定非法持有毒品罪。在行贿受贿这类对向犯中，查明一方的事实是不可能认定犯罪的，只有查明双方的事实才可能认定犯罪。比如，行贿人投案后向办案人员说自己行贿，办案人员问向谁行贿，行贿人说"那我不能讲是谁"。这能叫自首吗？这连坦白都不是。在行贿受贿这样的所谓对向犯中，不如实交代受贿人，就无法认定行贿罪的自首。而持有毒品本身就可以被定罪，不需要知道卖家是谁。上家是谁的事实不影响行为人的非法持有毒品罪的认定，所以，如果又如实说明了上家是谁，则是另一个立功表现。

学生：贩卖毒品的自首与立功也是这样吗？

张明楷：也是这样的。比如，张三从李四那里购买了毒品，然后贩卖给王五与赵六。此后，张三向公安机关投案，如实交待自己向王五和赵六贩卖了毒品时，就完全符合自首的成立条件。公安机关即使没有查明张三的毒品来源，也能认定张三的行为构成贩卖毒品罪。如果张三进一步说明毒品是从李四那里购买来的，则是揭发了李四贩卖毒品的罪行，构成立功。在这样的场合，张三既是自首，也是立功，两个从宽情节必须同时适用。

学生：上面张三的自首与立功不是竞合，而是两个独立的法定从宽情节，而不能只适用一个从宽情节。

张明楷：是的，这与行贿受贿案件不一样。比如，A 行贿后投案自首，如实交待了自己向国家工作人员 B 行贿的事实。因为不交待向 B 行贿的事实就不可能成立自首；如果只说 B 受贿而不说出谁向 B 行贿，也不可能构成立功。所以，就这样的情形而言，A 的行为是自首与立功的竞合，也就是说，一个行为既是自首也是立功。但由于是竞合，所以，只能适用其中一个对被告人最有利于从宽处罚的情节。

学生：明白了。司法机关中一些人常常以行贿受贿案件的自首与立功的认定方法，来判断贩卖毒品的行为是否构成自首与立功，他们认为两者都是对向犯，所以认定自首与立功的方法也必须是一样的。

张明楷：这明显是将两种不同情形混为一谈。你们一定要记住，自首中的如实交待自己的罪行，是指如实交待自己的行为中构成犯罪的事实，不是所有事实，也不包括交待他人的犯罪事实。此外，在有些情形下，行为人如实交待的行为虽然不构成自首，但也可能构成立功。

学生：老师说的是什么样的情形？

张明楷：比如，我在一个微信群里看到一个法官提的问题。大体内容是，行为人因为贪污罪被监委留置，在留置期间，行为人主动如实交代自己向国家工作人员行贿的事实。但办案机关发现，虽然对应的国家工作人员构成受贿罪，但行为人是为了谋取正当利益而给予国家工作人员以财物，因而不构成行贿罪。在这种情形下，不能认定行为人构成自首，因为自首以构成犯罪为前提，行为人不构成行贿罪就不可能对行贿构成自首。但要认定行为人构成立功，因为行为人实际上揭发了国家工作人员的受贿罪行。

学生：实践中对立功的认定标准并不统一，比如，亲友在与被告人会见过程中，将立功线索告诉被告人，被告人再实施检举、揭发行为的，有的地方认定为立功，有的地方不认定为立功。

张明楷：我觉得可以认定为立功，因为毕竟由被告人检举、揭发了他人的罪行，减轻了司法机关的负担，应当给予奖励。

学生：2010 年 12 月 22 日最高人民法院《关于处理自首和立

功若干具体问题的意见》规定："犯罪分子通过贿买、暴力、胁迫等非法手段，或者被羁押后与律师、亲友会见过程中违反监管规定，获取他人犯罪线索并'检举揭发'的，不能认定为有立功表现。"亲友与被告人会见时将立功线索告诉被告人，有没有违反监管规定？

张明楷：其实，被告人在看守所期间，或者说在判决发生法律效力之前，亲友基本上不可能会见被告人，律师倒是有可能会见被告人。我觉得即使亲友会见被告人，向被告人提供立功线索的，也不能认为违反监管规定，可以认定为立功。立功制度不是强调谁知道犯罪线索，而是强调谁向办案机关提供办案线索。张三有犯罪线索但一直不提供给司法机关，某日张三将犯罪线索告诉了李四，李四向司法机关提供该线索的，要认定李四立功而不是张三立功。

学生：司法解释规定检举揭发贿买的犯罪线索不成立立功，那么单纯地购买犯罪线索后检举揭发的是不是立功呢？

张明楷：司法解释规定的贿买，主要是指司法工作人员知道犯罪线索，行为人从司法工作人员那里购买犯罪线索，然后再检举揭发。这种情形不能认定为立功，因为既然司法工作人员已经知道了犯罪线索，就不需要其他人检举揭发。但如果行为人是从一般人那里购买犯罪线索后再检举揭发，我觉得可以认定为立功。因为在这样的场合，司法机关不知道犯罪线索，是行为人花钱购买犯罪线索再检举揭发，才使司法机关知道犯罪线索，当然是立功。你们想一想，不花钱的行为人检举揭发他人罪行的都是立功，为什么花了钱获取犯罪线索后检举揭发的反而不能认定为立功？这不合适吧。这是一个最基本的比较。

学生：没有比较就没有鉴别。我们平时就是比较得太少，因为知道的案件太少。

张明楷：你们一定要学会比较。前不久我听说一个案件：甲被判了 8 年有期徒刑，在监狱里跟同监室的乙聊天时把自己贩毒的事情告诉了乙，但是甲不是因为贩毒被判刑的，也就是说，甲贩毒的事实一直没有被发现。后来同监室的乙就检举揭发甲贩卖毒品，并因此立功减刑两年。但不久前倒查案件时，认为乙的行为不是立功，于是将减去的两年又加回来。可是，这怎么就不叫立功呢？这是典型的立功。不管乙是和甲聊天知道的，还是花钱让甲说出来的，乙都是立功。要求行为人检举揭发的是自己原本知道的犯罪线索确实不太合适，这样的话有些人知道犯罪线索也不说，留着万一哪天自己犯了罪再说，这对国家有什么好处呢？

学生：因为判重了不会犯错误，判轻了可能犯错误，所以，一些司法工作人员就尽可能不认定为立功。

张明楷：是的，司法观念很重要。我一直觉得司法工作人员的观念比法律适用水平更重要。如果观念落后，法律适用水平高反而是一件坏事。我前不久还听说过一个案件。大概是 2017 年 7 月，赵某在犯危险驾驶罪之后，以 500 元的价格找两个人制作虚假的身份证 1 张、学位证书 1 份、毕业证书 1 份。这些证书上的姓名都是假的，赵某这样做的目的就是为了立功，拿到伪造的证书后就向公安机关举报。赵某之前就经常看到对方制作虚假证件的小广告，而且赵某在问对方会不会制作假证时，对方说制作了二十多年了，立等可取，有微信聊天记录可以证明这一点。后来制作虚假证件的人也被法院认定为犯罪，判处几个月的徒刑。法院原本认定赵某为立功，对赵某的危险驾驶罪免予刑罚处罚。但多年后检察机关提起抗诉，认为赵某的行为不是立功，因为赵某花钱购买犯罪线索，甚至还说赵某唆使对方实施违法行为。

学生：这个抗诉有问题，赵某的行为应当是典型的立功。

张明楷：是的，这是典型的立功。不能说赵某唆使他人实施违法行为，对方制作假证二十多年，也不能因为赵某花钱了就认定为贿买犯罪线索，这个花钱就是为了证明对方的罪行。所以，抗诉理由是不成立的。

学生：过了多少年抗诉的？

张明楷：应该是过了五六年抗诉的。我觉得，退一步说，即使赵某的行为不是立功，检察院也不应当抗诉。你们想一想，如果 5 年前的危险驾驶行为没有被发现，也过了追诉时效。况且五六年前对赵某已经进行了刑事追诉，为什么还要抗诉呢？这表明有的司法工作人员根本不思考刑罚的目的，过于机械司法。

案例45 缓刑的适用（缓刑条款的关系）

刘某因拐骗儿童被判处 2 年有期徒刑，刑满释放后的第四年，刘某又犯盗窃罪，数额较大，属于累犯。刘某的后罪情节较轻，且刘某具有悔改表现，也可以说没有再犯罪的危险，宣告缓刑对所居住社区没有重大不良影响，且刘某系孕妇。

张明楷：《刑法》第 72 条规定，对于被判处拘役、3 年以下有期徒刑的犯罪分子，同时符合四个条件的，可以宣告缓刑，对其中不满 18 周岁的人、怀孕的妇女和已满 75 周岁的人，应当宣告缓刑。但《刑法》第 74 条规定，对于累犯和犯罪集团的首要分子，不适用缓刑。那该怎么办呢？我看到有一种说法提到第 72 条是新法，根据新法优于旧法的原则，不满 18 周岁的人、怀孕的妇女或者已满 75 周岁的人，如果他们是累犯的话还是可以判缓刑。这样理解可以吗？

学生：感觉不行。

张明楷：为什么不行？其实也很简单。

学生：对这个"应当"需要进行解释。"应当"宣告缓刑是在排除其他条件后，不违背其他法条的情况下，就应当宣告缓刑。

张明楷：问题是宣告缓刑违反《刑法》第 74 条。

学生：这个"应当"就是在与第 74 条或者其他法条没有冲突的情况下，可以适用第 72 条。但这好像不是个理由，是一个结论。

张明楷：适用缓刑肯定要同时适用第 72 条与第 74 条。

学生：我们可不可以认为累犯一定有再犯罪的危险，所以刘某不符合第 72 条的规定。

张明楷：这是一个最简单的理由。因为已经是累犯了，怎么就没有再犯罪的危险呢？所以不符合第 72 条的规定。

学生：那犯罪集团的首要分子就不符合"犯罪情节较轻"这个条件。

张明楷：对。

学生：如果这样理解的话，第 74 条是注意规定。

张明楷：第 74 条怎么成了注意规定呢？

学生：如果累犯、犯罪集团首要分子当然不符合第 72 条适用条件的话，那么，其实没有第 74 条的规定，对他们也不得适用缓刑。所以，第 74 条是注意规定。

张明楷：不是典型的注意规定，可以说类似于解释性规定。第 74 条实际上是更明确了两种人不符合缓刑的实质条件。也可以认为，第 74 条对第 72 条又作了限制性规定。因为有第 74 条的规定，所以第 72 条中的应当宣告缓刑的情形，是指如果不满 18 周岁的人、怀孕的妇女和已满 75 周岁的人，不是累犯与犯罪集团的首要分子，就应当宣告缓刑。

学生：为什么说《刑法》第 72 条是新法？

学生：因为《刑法》第 72 条原本没有规定适用缓刑的四个条件，也没有规定对其中不满 18 周岁的人、怀孕的妇女和已满 75 周岁的人应当宣告缓刑。这两个内容是 2011 年的《刑法修正案（八）》增加的，所以是新法。

张明楷：对本案缓刑的适用可以按新法优于旧法来解释吗？也就是说，第 74 条规定累犯不得适用缓刑是 1997 年刑法就规定的，但是第 72 条规定应当宣告缓刑是 2011 年才有的，所以是新法，新法当然优于旧法。可以这样理解吗？

学生：感觉不可以这样理解。在同一部法律里有新法优于旧法吗？

张明楷：我就是问这个问题，同一部法律能说"新条文优于旧条文"吗？

学生：我觉得不可以。如果从体系的考虑来说，这样就是人为制造法条的矛盾与冲突。

张明楷：是的。同一部刑法里面只有特别法条优于普通法条之类的原则，同一部刑法里不可能有新法优于旧法的原则。如果某个法条有问题，修正案对它进行了修改，原来的表述就作废了。已经被改过的法条，肯定就不再适用了，不存在新法优于旧法问题。立法机关在《刑法修正案（八）》修改了《刑法》第 72 条，但并没有修改第 74 条，这表明第 74 条还是要适用的。只有不同的法律之间，才有新法优于旧法的问题。

学生：是的。

张明楷：我们刚才提到累犯不符合"没有再犯罪的危险"的条件，犯罪集团首要分子不符合"犯罪情节较轻"的条件，除此之外还有没有什么别的理由，对这两类人员不适用缓刑？这就要考虑条文关系，其实从立法技术上说，第 74 条本不应该单独规定。大家看看累犯关于从重处罚的规定，过失犯罪和不满 18

周岁的除外，就没有由另外一个条文规定，而是在同一条文后直接规定了但书情形。所以，《刑法》第 74 条的内容如果放到第 72 条里面来的话，实际上也就是一个例外。对比刑法规定累犯的条文，前半部分提出哪些是累犯，实际上就是第 72 条中"应当宣告缓刑"的那一部分，后面又提出哪些不能适用缓刑，不能认为条文之间冲突，而应认为第 74 条是关于缓刑适用的例外规定。

学生：老师的意思是说，可以把第 74 条放在第 72 条中作为一项是否宣告缓刑的条件来认定吗？

张明楷：把第 74 条作为第 72 条的第 2 款，就没什么问题。第 1 款规定应当宣告缓刑的情形，第 2 款规定对累犯和犯罪集团首要分子不得宣告缓刑，作为一个例外条款。再举一个例子。比如《刑法》第 13 条规定："一切危害国家主权、领土完整和安全……都是犯罪"，后面还有一个但书，规定了情节显著轻微危害不大的不认为是犯罪。这里面没有矛盾，也没有必要说有冲突。法律条文表述应当干什么之后，然后再作一个例外的规定，是很常见的现象，类似但书的规定。所以《刑法》第 72 条和第 74 条这两个条文之间不存在矛盾，也不能够用所谓新法优于旧法原则去解释。

案例46 追诉时效（时效的计算）

2012 年 3 月 19 日，于某等 4 人共谋后分工合作，在湖南省 A 县某银行自动取款机处，趁被害人汤某持卡取款时，偷看了汤某的银行卡密码。随后设法转移汤某注意力将银行卡调换，后从汤某银行卡内取走了 1.4 万元。汤某报案后，公安机关经侦查锁定了于某等 4 人，并于 3 月 23 日对于某等人上网追逃。4 月 9 日于某等 4 人驾车来到湖南省 B 县某银行自动取款机处故伎重施，将周某银行卡内的 6000 元悉数取走。周某报警后，B 县公安机关于 8 月 1 日对周某被盗案立案侦查。2019 年 1 月，于某等 4 人分别被 A 县法院以盗窃罪判处 3 年至 3 年 6 个月不等的有期徒刑。2019 年 8 月，B 县公安局将取款监控视频截图，通过人像识别比对，确认正在服刑的于某是周某被盗案的嫌疑人。

张明楷：于某在 A 县盗窃案，已经被 A 县法院判刑。服刑的过程中，B 县公安局查获了于某在 B 县的盗窃案。B 县的这一起盗窃案过了追诉时效吗？第一种观点认为过了追诉时效，因为本案的追诉时效是 5 年，虽然公安机关立案，但是公安机关既没有确定嫌疑人，又没有对嫌疑人采取侦查和强制措施，不能适用《刑法》第 88 条有关追诉时效的延长的规定，于某等人的后一起盗窃案仍受追诉时效的限制。第二种观点认为没有超过追诉时效，因为两次盗窃属于连续犯。但是，即使是连续犯，是不是也超过追诉时效了呢？而且，如果是连续犯的话是不是要通过审判监督程序改判呢？现在有关追诉时效遇到的所谓争议问题，就是出在对《刑法》第 88 条规定的"立案侦查"与"逃避侦查或审判"的理解。首先就是立案究竟应该理解为对事立案还是对人立案？所谓对事立案就是说在被害人报案的情况下，公安机关即便

还不能锁定嫌疑人，就盗窃案立案。对人立案，就是在确定嫌疑人的情况下就盗窃案立案。对人立案实际在很多情况下都只是对事立案，但是对事立案的话，又存在如何判断是否属于逃避侦查或者审判的问题。按照对事立案来理解的话，这个时候嫌疑人都不知道已立案，嫌疑人逃往外地可以认定为逃避侦查和审判吗？现在的部分司法机关是想方设法突破时效的规定，找各种理由进行追诉。但我的基本态度是，要肯定刑法关于追诉时效规定的积极意义，不能突破刑法的规定进行追诉。一旦案发时间很久，人格都不具有同一性了，能不追诉的就尽量不追诉。

学生：老师，您这样的立场是不是观念化了一点？

张明楷：追诉时效制度的正当化根据，要与刑罚的正当化根据联系起来考虑。在刑罚的正当性层面来说，就是现在的这个人已经没有再犯罪的危险，没有特殊预防的必要性，就不应当再追究其以前犯罪的刑事责任。如果再提升一步从哲学上思考的话，就是经过特别长的时间后，虽然肉身是同一人，但人格已经不具有同一性了，也就是这个人现在的人格与以前的人格已经完全不同了。不管是否采取人格责任论，对现在不会再犯罪这样人格的人，追究其很久以前的那个会犯罪的人格的人的刑事责任，就是不合适的。

学生：老师，我不太认同您这个观点，我觉得还是得从报应刑的角度去分析。

张明楷：报应只是前提，如果没有一般预防和特殊预防目的的必要的话，就不应当判处刑罚。行为人这么多年没犯罪，不就表明他很敬畏法律了吗？这个可以说是一种法律上的推定，推定行为人经过这么多年之后，就没有特殊预防的必要性了。也就是说，行为人确实很长时间没有再犯罪，你如何去判断行为人还有犯罪的可能性呢？尤其是与那些部分在逃的行为人在逃期间还实施犯罪的情况对比，那些没有再犯罪的人，难道不应该推定他们没有再犯罪的危险性吗？实际上，只要行为人没有再实施犯罪就可以了，难以按照是否对法律忠诚来判断再犯罪的危险性，这个要求太高了。即便是基于畏惧法律不敢犯罪，也应该认为没有再犯的危险性。

学生：这样理解的话，是不是跟报应刑就是冲突的。

张明楷：跟报应刑不冲突。报应刑不是目的，只是刑罚的一个根据，重在说明如果行为人没有犯罪，就不得科处刑罚。但现在的报应刑并不是说，只要行为人犯了罪，就一定要追究刑事责任。如果只讲报应刑，刑法就不应当规定追诉时效制度，但事实上并非如此。追诉时效制度与特殊预防的目的是一致的，或者说，缺乏特殊预防的必要性，是刑法规定时效制度的重要根据。另一方面，即使从报应刑的角度讲，也得承认，行为人逃避侦查与审判的生活方式，在身心上也备受煎熬，也可谓得到了报应。

学生：行为人经受了身心煎熬，似乎也难以与刑罚上的报应相对应。

张明楷：这个可能就因人而异、因刑种与刑罚执行方式而异了。假如原本只能被判处管制的犯罪，行为人东躲西藏，可能遭受的痛苦更大。当然，如果你说这与刑罚的性质不同，那就是另一回事了。但就实质的痛苦而言，东躲西藏的痛苦未必轻于管制的痛苦。最重要的是，不要秉持有罪必罚的观念。

学生：在本案中，于某等人在 B 县的盗窃应该超过了追诉时效吧。

张明楷：B 县立案后，于某等人既没有再犯罪，也没有逃避侦查与审判，不存在时效中断与时效延长的事由，已经经过了 5 年，超过了追诉时效。

学生：为什么第二种观点认为是连续犯，所以就没有超过追诉时效呢？即使是连续犯，也只是从行为终了之日起计算，也就是从 2012 年 4 月 9 日起开始计算两起盗窃罪的追诉时效，到 2019 年 8 月，也超过了追诉时效。

张明楷：会不会有人认为，于某等人的连续犯是一个犯罪行为，既然是一个犯罪行为，就不能只追诉其中的一部分，而必须全部追诉，所以还没有超过追诉时效？

学生：可能有人这样认为。这样认为的人可能是觉得，A 县法院只判了一个盗窃罪中的一部分，所以判错了，要改正。

张明楷：这就是我说的，如果是连续犯，那么，A 县法院于 2019 年 1 月判决时，就漏掉了一个行为，只能通过审判监督程序改判，而不能另行追诉一个盗窃罪的刑事责任，否则，就与连续犯只认定为一罪的原理相冲突。

学生：冲突在什么地方？

张明楷：如果是连续犯，就只能认定为一罪。如果是一罪，就不可能一半罪行由 A 县法院审判，另一半罪行由 B 县法院审判，就只是由已经判决的 A 县法院改判，改判的理由是事实认定错误。如果说于某等人犯了两个罪，可以分别由 A 县法院与 B 县法院审判，那就不是连续犯。所以，不可能既说是连续犯，又说 B 县法院可以再审判。

学生：这么说的话，最好由 A 县法院通过审判监督程序改判。

张明楷：但这个案件只有两次犯罪，不一定能认定为连续犯。

学生：连续犯要求实施三次行为吗？

张明楷：那也不是，但要求行为人基于同一的或者概括的犯罪故意，连续实施性质相同的数个行为，如果只有两次行为，不一定能肯定行为人有连续犯罪的意思。

学生：我是这样理解老师的意思的，不知道是否准确：如果能认定于某等人的行为是连续犯，就只能认定为一罪，只能由一个法院审判。由于 A 县法院已经判决，但又只判决了其中的一部分罪行，判决已生效，所以，需要通过审判监督程序改判。如果不能认定于某等人的行为是连续犯，就意味着在前罪的判决执行过程中发现了漏罪，但由于漏罪超过了追诉时效，所以，既不需要改判 A 县的判决，也不需要再追诉后一次盗窃行为。

张明楷：我就是这个意思。

学生：明白了。

张明楷：我再讲一个有关时效的案件。两兄弟从东北来北京打工，其间二人共同实施了抢劫罪，哥哥被当场拘捕并判了刑，但弟弟没有被抓获。当时并没有网上通缉手段，弟弟在北京也没有固定的住所，就换到另外一个地方打工。过了15年的追诉期限后，弟弟也被抓住了。你们觉得可以再对弟弟进行追诉吗？

学生：我估计实践中会追诉，因为共同犯罪中其他人追诉了，如果逃走的人不追诉，就觉得不公平。

张明楷：是的，很多人都是这么认为的，只考虑报应的公平与否，没有考虑特殊预防必要性的有无。这个弟弟在抢劫后，并没有被采取强制措施，也不能认为他换一个地方打工就是为了逃避侦查与审判。哥哥被抓捕后，估计也不会把弟弟供出来，所以，弟弟一直没有被抓捕。但是，弟弟经过了15年没有再犯罪，这就表明他没有再犯罪的危险性，缺乏特殊预防的必要性，所以，缺乏科处刑罚的根据。既然如此，就不能再追诉了。

案例47　追诉时效（延长与计算）

甲于1999年在酒店里酒后寻衅滋事，用刀划伤了一个人后，跑到家里拿枪又返回酒店，持枪射击造成两个人轻伤，案发之后甲自首。有证据表明，在甲自首前，有人向司法工作人员请托、斡旋，司法工作人员A、B、C三人为此渎职办案，导致甲在2001年只按非法持有枪支罪被判刑6个月。

张明楷：现在（2021 年 11 月）有两个问题：第一，甲的行为是否过了追诉时效？因为案发时间是 1999 年，甲持枪射击造成两人轻伤，这个行为应当属于杀人未遂。第二，A、B、C 三人的行为是否过了追诉时效？A、B、C 三人当时的行为应当构成徇私枉法罪。问题是，现在能不能追诉甲和 A、B、C 三人？我们先讨论甲的行为是否超过追诉时效。对甲能够适用《刑法》第 88 条第 1 款吗？

学生：《刑法》第 88 条第 1 款规定："在人民检察院、公安机关、国家安全机关立案侦查或者在人民法院受理案件以后，逃避侦查或者审判的，不受追诉期限的限制。"甲没有逃避侦查与审判吧。

张明楷：请托司法工作人员对自己的杀人未遂行为不追诉，是否属于逃避侦查或者审判？至少可以分两种情形：一种情形是甲本人请托司法工作人员；另一种情形是甲让他人请托或者甲知道他人请托司法工作人员。如果完全是由他人请托的，但甲根本不知情，就不能说甲逃避侦查或者审判吧。我们先讨论甲本人请托司法工作人员对自己的杀人未遂不追诉，是否属于逃避侦查或者审判。

学生：如果是请托司法工作人员在裁量范围内稍微判轻一点，能够认定为逃避侦查或审判吗？

张明楷：现在的问题是逃避的结果是什么的问题，那我们就先讨论这一点吧。其实，我们今天讨论的案件主要是如何理解逃避行为。

学生：我的意思是，究竟是要有外在表现的"逃避"，还是说必须要实质意义上的没有展开侦查或者"使审判有利于甲"？

张明楷：两者都需要吧。一方面需要犯罪人有逃避的行为或者外在表现，另一方面要有逃避侦查或者审判的结果，但这个结果不是说只有没有被侦查、没有被审判，才叫逃避侦查或者审判。我觉得只要使侦查或者审判不能或者难以展开就可以了。

学生：被告人犯故意杀人罪之后去请托他人，让司法工作人员按故意伤害罪办理自己的案件，这叫不叫逃避审判？

学生：应该也叫逃避审判，因为他逃避了对故意杀人罪的审判。

学生：可是，案件事实也已经被审查过了。尽管这些事实被作为故意伤害的案件来审查，但这毕竟只是在故意的认定上有所区别。

学生：这未免太实质了，毕竟律师也可能辩护为故意伤害罪。

张明楷：对"逃避侦查或者审判"的结果能不能联系徇私枉法罪来理解呢？比如，导致侦查或者审判没有进行，导致有罪判无罪、重罪判轻罪，都可以说逃避侦查或者审判吗？

学生：我认为，"逃避侦查或者审判"应该是逃避侦查与审判这一过程，而不是逃避正确的司法结果。也就是说，不能将司法结果不正确理解成"逃避侦查或者审判"。

张明楷：这么说来，对逃避侦查或者审判的结果至少有两种理解：一是逃避了侦查或者审判的过程，也就是导致司法机关不能或者难以从事侦查或者审判；二是逃避正确的侦查或者审判的司法结果。如果采取前一理解，本案中的甲就没有逃避侦查或者审判；如果采取后一种理解，就可以认为甲逃避了侦查或者审判。

学生：但从《刑法》第 88 条第 1 款的规定来看，似乎没有要求发生逃避侦查或者审判的结果。

张明楷：不能这样理解吧。可以认为，第 88 条第 1 款中的"逃避侦查或者审判"，同时包含了逃避行为与逃避结果。

学生：如果说只要有逃避行为就可以，那么，如果甲自己请托司法工作人员，但对方拒绝请托，仍然依法办案的，甲也是逃避侦查或者审判吗？

张明楷：如果司法工作人员拒绝请托，仍然依法办案，就会追究杀人未遂的刑事责任，就不会存在这个案件了。所以，要讨论的是，甲请托司法工作人员，司法工作人员徇私枉法，没有追诉杀人未遂的，甲的请托行为是不是逃避侦查或者审判。这就意味着需要发生逃避侦查或者审判的结果，只是结果如何理解的问题。我感觉，要将逃避侦查或者审判理解为逃避侦查或者审判的程序或者过程，而不是逃避正确的司法结果，否则，犯罪人在法庭上的狡辩等都成了逃避侦查或者审判，这不合适。

学生：从效果上讲，相比较甲逃往外地等逃避侦查或者审判的行为，甲的请托行为应该也算是实质意义上的"逃避侦查和审判"。

张明楷：如果甲单纯逃往外地、隐姓埋名，司法机关还是会采取各种措施将甲绳之以法，但甲请托司法工作人员后，司法工作人员只认定非法持有枪支罪，而不办理故意杀人未遂案件，就使甲逃避了故意杀人未遂的侦查与审判的司法结果。而且，甲会辩解说，不是我自己逃避了侦查与审判，是司法工作人员使我逃避了侦查与审判，或者说，是司法工作人员自己不侦查不审判。你们怎么反驳甲的辩解？

学生：司法工作人员的不侦查不审判，就是由甲的请托行为引起的。

张明楷：这也只是有条件关系吧，能将司法工作人员的徇私枉法归属于甲的请托行为吗？

学生：当请托行为的作用比较大的时候可以认定逃避侦查或者审判吧？

张明楷：可问题是怎么去判断作用大小呢？是与构成要件符合性中的因果关系、结果归属一样去判断吗？

学生：借用一个因果关系判断中的一个观点，即当行为介入了一个人的故意行为时，前行为与结果的因果关系中断，或者说中断归责流程。

学生：这个客观归责的理论也能运用到逃避侦查或者审判的判断中吗？感觉两种情形不太一样，现在甲恰恰是要借用司法工作人员的徇私枉法来帮他实现逃避侦查或者审判的结果。

张明楷：如同甲唆使司法工作人员徇私枉法，司法工作人员徇私枉法的，不能说介入了一个故意犯罪行为，甲就不对徇私枉法结果承担责任。你是这个意思吧？

学生：是的。

张明楷：但甲唆使司法工作人员为自己徇私枉法，是不可能追究甲的刑事责任的，因为没有期待可能性。能不能认为，一个犯罪人在犯罪后通过请托司法工作人员的方式使自己逃避侦查或者审判，也没有期待可能性，所以不能使追诉时效延长呢？

学生：如果是这样的话，犯罪人逃往外地是不是也没有期待可能性？

张明楷：两种情形还是不一样的。如果甲逃往外地，就使得司法机关不能对他展开侦查与审判，逃避了侦查或者审判的过程。但甲请托司法工作人员时，并不妨碍司法机关对他进行侦查与审判，没有逃避侦查或者审判的过程。是不是要从客观上是否使司法机关难以或者不能进行侦查或审判的角度来判断甲的行为是否属于逃避侦查或者审判？

学生：老师的意思是，甲的请托行为只是使司法工作人员主观上不想追诉其杀人未遂的罪行，但不妨碍司法工作人员客观上进行侦查与审判；但如果逃往外地，则使司法工作人员客观上不能或者难以进行侦查与审判。所以，只有后一种情形才是逃避侦查或者审判。

张明楷：是的，逃避侦查或者审判，应当是指使侦查或者审判不能或者难以进行的情形，所以"不能或者难以"是从客观上讲的，而不是从司法工作人员的心理上讲的。这样判断，才会有一个客观标准。这和前面讲的逃避侦查或者审判的过程是一个意思。

学生：这么讲的实质根据是什么呢？

张明楷：这就需要考虑《刑法》第 88 条第 1 款规定的正当化根据是什么？为什么在这种情形下不受追诉时效的限制？因为报应没有实现？还是犯罪人特殊预防必要性不可能减少？抑或是其他原因？

学生：诉讼时效是让刑事不法抵消或者消失的时间要件。

张明楷：这是王钢老师的观点吗？可是，犯罪人实现的刑事不法是始终存在的，怎么能够抵消或者消灭呢？

学生：老师一直是从刑罚的正当化根据来理解追诉时效的根据的。

张明楷：是不是可以说，逃避侦查或者审判导致司法机关对犯罪不能展开一个实现报应、使行为人不再犯罪的侦查或者审判过程，从而使时效延长。简单地说，使刑罚的两个正当化根据都不能实现，所以要延长时效？一方面，司法机关不能或者难以进行侦查或者审判，所以没有实现报应的过程；另一方面，因为没有进行诉讼过程，没有使犯罪人特殊预防必要性减少的过程，所以，需要延长时效。

学生：那些没有逃避侦查或者审判的犯罪人，经过较长时间后没有再犯罪的，也没有经过实现报应的过程，为什么不延长时效呢？

张明楷：这些人虽然没有经过实现报应的过程，但不是因为他的逃避行为导致的，而且这些人以后没有再犯罪，所以没有再犯罪的危险性。但如果犯罪人通过逃避侦查或者审判的方法没有经过实现报应的过程，就难以表明他没有再犯罪的危险性，所以要延长时效。

学生：所以，还需要犯罪人有逃避侦查或者审判的行为。

张明楷：是的，而且这个逃避行为应当是指犯罪人逃避侦查或者审判过程的行为。

学生：如果是这样的话，甲请托司法工作人员对自己的故意杀人未遂不立案，只认定为非法持有枪支罪，是不是也逃避了侦查或者审判过程？

张明楷：没有。因为甲的行为并没有使司法工作人员在客观上不能或者难以对故意杀人未遂进行侦查或者审判。

学生：逃避侦查和审判，确实还是要求犯罪人有一个主动的行为，像实践中那种逃到一个村子里过了二三十年，就属于"逃避侦查或者审判"。

张明楷：逃走的情况肯定是属于逃避侦查和审判的。

学生：如果犯罪人伪造或者毁灭证据，是不是也属于逃避侦查或者审判呢？

张明楷：按我的观点也不属于逃避侦查或者审判。犯罪人自己伪造或者毁灭证据，原本不成立犯罪。如果因此而延长时效，也明显不合适。我的想法是，时效制度还是有积极意义的，不能

使时效制度丧失应有的作用。现在司法机关出现了一个观点，
"纠错案件不受时效限制"，这完全没道理，这就是要通过偷换概
念来违反刑法关于时效的规定。贵州某派出所所长，20 多年前抓
到吸毒的人之后就把人放了，事后查明这些人里面不光有吸毒
的，还有贩毒的，此外还认为所长涉嫌贪污。此案经过几次开
庭，后来检察院撤回起诉，认为不构成犯罪。但是，最近又把这
位所长起诉了，一审二审全判了。辩护人说此案超过了追诉时
效，我也这么认为，但司法机关的理由是"纠错案件不受时效限
制"。可是，什么叫纠错呢？如果原本无罪却判有罪的，现在纠
错改为无罪当然不受时效限制，因为改为无罪不属于追诉。可
是，即使说派出所所长的行为以前构成犯罪，但不管是将无罪改
为有罪，还是将轻罪认定为重罪，都属于追诉。既然是追诉就要
受追诉时效的限制。我感觉很多人认为追诉时效是一个坏制度，
认为只有追诉了所有犯罪才是实现了正义。这种观念太落后了。
我们要领会时效制度的积极意义，否则为什么世界各国都规定了
追诉时效制度呢？旧刑法规定的是"采取强制措施后逃避侦查或
者审判的"，不受时效的限制，现行刑法删除了"采取强制措施
后"的规定，扩大了时效延长的范围。在这种立法例之下，如果
对"逃避侦查或者审判"进行宽泛的解释，就会使时效制度丧失
应有的作用。

学生：这样说的话，是不是只有逃往外地的，才是逃避侦查
或者审判？躲在家里不出来的是不是逃避侦查或者审判？

张明楷：躲在家里的不可能叫逃避侦查或者审判，如果公安
机关知道谁犯罪了，搜查他的住宅就能找到，这不可能使公安机

关难以或者不能侦查。典型的逃避侦查或者审判主要是两种情形：一是逃往外国、外地；二是通过化装、整容等手段使司法机关不能或者难以发现犯罪人。

学生：是不是还需要考虑犯罪人的主观目的或动机来判断？

张明楷：当然需要考虑，如果犯罪人都不知道自己犯罪了，然后去外地打工，怎么可能说他逃避侦查或者审判？

学生：能不能这样理解：法律实际上赋予了司法机关追诉权，如果犯罪人是主动逃避的，那就使追诉权本身无法实现；但如果犯罪人没有主动逃避，是司法机关自己没有作为，那么实际上这个责任应该让司法机关来承担。

张明楷：什么叫主动逃避呢？甲请托司法工作人员也是主动的，叫不叫逃避呢？你的意思是要考虑当时没有追诉或者没有侦查、审判的原因吗？

学生：是的，没有追诉的原因是犯罪人引起的，就属于逃避侦查或者审判；如果原因是司法工作人员引起的，就不属于逃避侦查或者审判。

学生：如果是多因一果呢？是只要行为人参与就可以了，还是必须起到支配作用，才可以称为主动地"逃避"？

张明楷：充其量只能通过欺骗方法支配司法机关，而不可能通过强制方法支配司法机关。请托既不是欺骗，也不是强制。

学生：比如改名换姓甚至换脸，就属于欺骗方法。

张明楷：我前面说过了，这当然是逃避侦查或者审判的情形。

学生：回到本案，能说公检法对甲故意杀人的事实立案了或者受理了吗？

张明楷：本案有证据证明甲本人在自首前就请托了司法工作人员。这涉及在数个罪名中逃避一个罪名的情况应如何看待的问题。除了直接跟司法人员说明自己所触犯的全部罪名之外，对另外一个罪不主动交代的，这谈不上逃避吧。假如甲没有请托，直接自首了，称自己非法持有枪支，并且上交了枪支，另外两个被打成轻伤的人也没有去告发，司法机关只判了非法持有枪支罪，不能说他逃避侦查和审判吧。显然不能说，只要不自首就是逃避侦查和审判。所以，我感觉甲的请托行为不属于逃避侦查或者审判。

学生：假如甲不是单纯的请托，而是用重金向司法工作人员行贿的，是不是逃避侦查或者审判呢？

张明楷：感觉也难以认定为逃避侦查或者审判，因为并没有使司法机关在客观上不能或者难以进行侦查或者审判。

学生：既然犯罪人甲本人请托司法工作人员不属于逃避侦查或者审判，那么，甲让第三者请托或者第三者请托甲知情的，也不能叫逃避侦查或者审判了。

张明楷：是的。接下来的问题是 A、B、C 三人的行为也过了 20 年了，对他们的追诉时效从什么时候开始计算呢？如果按实施行为的时间来计算，肯定超过时效了。其实，我们之前也讨论过类似的情况：司法工作人员徇私枉法把无罪的人追诉了，让无罪的人一直关在监狱里 8 年（假设本案的追诉时效是 15 年）。之后，被冤枉的人放出来了，又过了 8 年之后才案发。我们当时的讨论就是两个思路，第一个思路就是说司法工作人员不作为，一直应该纠正的不纠正。也就是说，司法工作人员徇私枉法之后，产生了一个作为义务；如果产生了作为义务，一直没有履行作为义务，不作为一直持续到现在。另一个思路就是从被非法拘禁的被害人放出来的那一天起开始计算。今天的案件是反过来的。A、B、C 三人的行为究竟持续到什么时候？持续到本犯的追诉时效结束的时候吗？结束了之后他们就没办法追诉了。

学生：司法工作人员前面的行为构成徇私枉法罪，后面就没有期待可能性了。

张明楷：确实涉及这个问题。可是，为什么我们又都承认故意犯罪产生作为义务？是不是说只有面对司法机关的时候才没有期待可能性，当不是面对司法机关的时候就还构成数罪呢？

学生：而且如果认定为不作为的话，所有状态犯的追诉时效不就跟持续犯一样了吗？

张明楷：那也不一定。

学生：如果一个人 20 年前犯盗窃罪，一直没有归还所盗取的赃物，难道能说他一直在实施不作为犯吗？

张明楷：不可能说他实施了不作为盗窃，因为盗窃需要转移财物的占有，后面的不归还赃物的状态不符合转移占有的条件。也就是说，后面的不归还赃物不构成任何犯罪。但是，徇私枉法罪本来就可以由不作为构成。根据《刑法》第 399 条的规定，对明知是有罪的人而故意包庇不使他受追诉，就构成徇私枉法罪。这个案件，无论前面是不是徇私枉法，司法人员只追诉了一个非法持有枪支罪，应当追诉故意杀人未遂但一直没追诉。这个案件不存在由先前行为引起作为义务的问题，相反，司法工作人员一直就有查处甲的故意杀人未遂的作为义务。

学生： 这会不会是强迫司法工作人员自证其罪呢？

张明楷： 应该不是吧。如果司法工作人员接受请托后不久追诉了甲的故意杀人未遂，他们就没有犯徇私枉法罪。

案例48 追诉时效（受贿罪的追诉时效）

国家工作人员甲于 2018 年收受了行贿人乙给予的 15 万元。此后的 5 年，甲经常为乙谋取利益，最后一次为乙谋取利益是 2022 年 8 月。2024 年甲收受贿赂的事实被发现。

张明楷： 受贿 15 万元的最高刑为 3 年有期徒刑，经过 5 年就不再追诉了。但甲持续在为乙谋取利益，甲的受贿罪超过了追诉时效吗？

学生： 甲是基于什么样的请托事由收受贿赂呢？

张明楷： 这并不重要吧。

学生：如果行贿人是概括地请托甲关照，而且此后甲一直予以关照的话，可以说行为一直有连续性，追诉时效可以从最后一次为乙谋取利益的时点开始计算。

张明楷：受贿罪是持续犯还是连续犯呢？

学生：从刑法规定来看，不要求受贿行为具有持续性与连续性。

学生：这里是不是涉及另一个问题，在对向犯的场合，对向的双方所犯的罪在追诉时效上是否需要保持一致呢？

张明楷：这是另外一个问题。对向犯存在不同的情形，对向的双方所犯之罪在各自的追诉时效判断上也不一定要保持一致。即使说本案的受贿罪一直在持续或者连续，但不可能说行贿罪一直在持续或者连续。

学生：既然行贿与受贿是对向犯，如果受贿在持续，行贿也应当在持续吧？

张明楷：受贿罪中有一个"为他人谋取利益"的规定，如果说这个行为是受贿罪的构成要件行为，行贿罪并没有一个接收利益的构成要件行为，所以，即使认为本案的受贿罪在持续，即使行贿人一直在接收甲为其谋取的利益，但行贿人并没有一直在实施行贿罪的构成要件行为，所以，二者是不同的。从法条对行贿罪的表述来看，行为人给予国家工作人员以财物时，行贿罪就既遂了，而且行贿行为不可能再持续。

学生：按照我国刑法理论的通说，国家工作人员收受财物时受贿罪也既遂了。

张明楷：是的。问题是，国家工作人员收受财物后为他人谋取利益的行为是不是受贿罪的构成要件行为？

学生：我觉得，受贿罪是即成犯，在国家工作人员收受财物时犯罪行为就完结了。

张明楷：通常情形的确是这样的。但如果将"为他人谋取利益"也视为受贿罪构成要件行为的一部分，国家工作人员收受贿赂后5年内一直在为行贿人谋取利益的，能否理解为受贿行为一直在持续或者连续的过程中？

学生：按照老师的观点，受贿罪中为他人谋取利益，只是为了表明国家工作人员收受的财物与其职务或职务行为具有关联性，而不是要求国家工作人员有为他人谋取利益的实际行为与结果，所以，不能认为受贿罪是持续犯与连续犯。

张明楷：本案明显不符合连续犯的特征，因为连续犯主要表现为同种数罪的连续实施，本案并非如此。关键是本案是否属于持续犯。持续犯有两类：一类是刑法规定的以行为的持续性为要件的犯罪，比如非法拘禁罪，只有拘禁行为持续一定时间才成立本罪。另一类不是刑法规定的，而是行为事实上持续的犯罪，例如，行为人非法侵入他人住宅后在其中住了一个星期，当然也可谓持续犯。这两种持续犯的追诉时效都是从行为终了之日起计算。

学生：本案中为他人谋取利益也不能评价为持续犯。

张明楷：如果说为他人谋取利益不是受贿罪的构成要件行为，本案就不是事实上的持续犯。即使认为为他人谋取利益是受贿罪的构成要件行为，本案也不是事实上的持续犯，因为甲并不是持续地不间断地为乙谋取利益，只是经常性地为乙谋取利益。

学生：是不是可以说受贿罪既可能是即成犯、也可能是持续犯呢？

张明楷：说受贿罪是即成犯是没有问题的，但有没有必要说受贿罪是持续犯还是一个问题。因为许多即成犯从开始到结束总会有一定的时间持续，从行为结束时开始计算追诉时效就可以了。

学生：也就是说，不管受贿罪是不是持续犯，对于受贿罪都要从行为终了之日起计算。

张明楷：也许就这种情形还缺乏一个概念。如果是从侵犯法益的角度来考虑，受贿人经常地为行贿人谋取利益，尤其是经常地为行贿人谋取不正当利益时，就是经常地在侵犯职务行为的公正性，从行为终了之日起计算追诉时效是没有问题的。

学生：《刑法》第 89 条第 1 款后段的规定是："犯罪行为有连续或者继续状态的，从犯罪行为终了之日起计算。"如果说受贿罪不是连续犯与继续犯，就不能适用这一规定吧。

张明楷：问题是，能不能说这一条是针对连续犯或者继续犯所作的规定？我觉得不一定。这一规定中的连续或者继续状态当然包括了连续犯与继续犯，但对于不符合连续犯或者继续犯的特征，行为事实上有持续或者连续特征的，还是可以适用这一规定的吧。

学生：如果这样来理解的话，对本案中甲的追诉时效就应当从最后一次为乙谋取利益的时点开始计算，因而没有超过追诉时效。

学生：这样会不会鼓励国家工作人员只收钱不为他人谋取利益？

张明楷：国家工作人员只收钱而不为他人谋取利益，其实也构成受贿罪，因为为他人谋取利益只要是许诺或者承诺就可以，在行贿人有求于国家工作人员的职务行为时，国家工作人员收受财物的，就许诺或者承诺了为他人谋取利益，依然构成受贿罪。所以，不存在鼓励国家工作人员只收钱不为他人谋取利益的问题。相反，可以预防国家工作人员收受财物后长期为他人谋取利益。

学生：这样说的话，就没有什么问题了。

张明楷：刑法与司法解释关于受贿罪的规定，其实存在不少问题，有一些涉及刑法理论的根基问题。例如，丈夫是国家工作人员，妻子收受了别人为请托事项而提供的 100 万元现金，妻子第二天告诉丈夫，丈夫知道后不吭声，予以默认的，按照司法解释的规定，丈夫成立受贿罪。如果这个案件中，妻子是在一年后才告诉丈夫的，国家工作人员收受贿赂的时间是一年后吗？是不是妻子告诉丈夫的时间越晚，追诉时效的计算就对丈夫越不利呢？

学生：按照司法解释的规定，如果妻子不告诉丈夫，丈夫就不可能构成受贿罪；丈夫知道后不退还不上交就构成受贿罪。所以，丈夫一年后才构成受贿罪，而不是妻子收受财物的时候丈夫就构成受贿罪。

张明楷：按照司法解释的规定只能这么解释。所以，妻子告诉丈夫的时间越晚，就导致丈夫的追诉时间越长。

学生：按照您的观点，如果受贿人为他人谋取利益的行为另外触犯了滥用职权罪，就要实行数罪并罚。这样说来，为他人谋取利益的行为似乎就不应该理解为构成要件的行为，否则就不可能数罪并罚，而只能是想象竞合的问题了。

张明楷：这与上面讨论的受贿罪的追诉时效的起算并不矛盾。如果国家工作人员收受财物后为他人谋取利益的行为构成犯罪，那么，受贿罪的追诉时效就从犯后罪之日起计算。如果国家工作人员收受财物后为他人谋取利益的行为不构成犯罪，那么，受贿罪的追诉时效就从最后一次为他人谋取利益的时点开始计算。二者好像很协调，而不冲突。

学生：有没有可能这样来解释：如果说为他人谋取利益的行为另外构成犯罪就实行数罪并罚的话，就表明为他人谋取利益的行为不构成犯罪时，该行为就不是犯罪行为，因而受贿罪还是从收受财物之日起计算？

张明楷：这一观点完全是可能的，也有一定理由，但与我们前面提出的观点相比，哪一个更合适，是需要讨论的。我们现在讨论的就是这个问题。

学生：为他人谋取利益的行为如果一直在进行的话，其法益侵害明显比一次谋取利益的场合要更严重，追诉时效都按照收受财物时起计算，是不是有点不合理？

张明楷：你这也只是一个理由。挪用公款罪与贪污罪的追诉时效也存在类似问题。挪用公款罪比贪污罪轻，但贪污罪肯定是即成犯，从既遂之日起计算追诉时效，这一点没有争议。但挪用公款罪是不是持续犯就有争议。例如，行为人在 10 年前挪用了公款，其追诉时效的起点应该是从满 3 个月时开始计算，还是说行为人一直没有归还，从归还之日起开始计算？挪用公款超过 3 个月未还的，是持续犯还是状态犯？

学生：我认为挪用类犯罪应该是状态犯。挪用只能指行为人将款项用于某种用途的那一次行为，至于后来的如何使用挪用的公款或者资金，都只能视为挪用后的状态。

张明楷：也就是说，挪用类犯罪关注的构成要件行为是"挪"这个行为是否既遂了，至于怎么"用"就不应该评价为构成要件行为。

学生：如果行为人已占有了挪用的款项，第三者对此知情后，建议将款项用于各种投资的，您觉得可以认定为挪用犯罪的共犯吗？

张明楷：这可能要区分两种情形：如果行为人的挪用公款罪已经既遂了，第三者后来提出投资建议的，就不应该认定为挪用公款罪的共犯。如果行为人挪用公款罪还没有既遂，比如，国家工作人员挪用公款 100 万元准备用于购房的首付款，在挪出来 2

个月后，第三者唆使国家工作人员将该 100 万元用于炒股，则可能认定第三者构成挪用公款罪的共犯。

学生：那反过来说，如果挪用公款的行为人本来是打算将公款用于非法活动的，第三者建议他将公款用于营利活动的，这个第三者岂不是降低了挪用行为的风险？

张明楷：是的，这种情形就不应当认定第三者构成挪用公款罪的共犯。

学生：如果国家工作人员为了进行营利活动挪用了公款，在公款到手后还没想好投资到哪一类营利活动中，此时第三者知情并给予具体的投资方案建议的话，第三人可能成立挪用公款罪的共犯吗？

张明楷：国家工作人员挪用公款用于什么，不是单纯根据想法确定的，而是根据公款的实际用途确定的。比如说，行为人基于炒股的目的挪用了公款，获取公款后并没有用于炒股，而是存放在家中经过了三个月的，只能按照行为人挪用公款进行其他活动来认定，而不能认定为挪用公款进行营利活动。你说的这种情形只是说行为人挪出公款时主观上想用于营利活动，但公款并未用于营利活动时，第三者建议用于某种营利活动的，就使公款流失的风险增大，有可能成立挪用公款罪的共犯。

学生：明白了。

张明楷：我本来是想讨论挪用公款罪的追诉时效，而不是讨论共犯问题。挪用公款罪究竟从什么时候起计算追诉时效呢？

学生：如果强调挪用公款罪的法益侵害行为是将公款挪出来，就应当从行为构成挪用公款罪之日起开始计算，而不是从归还之日起开始计算。

张明楷：这样计算与贪污罪的追诉时效的起算时点是协调的，否则就可能导致挪用公款罪的追诉时效比贪污罪的追诉时效长，会出现不协调的现象。

第八堂
危害公共安全罪

案例 49 失火罪（与重大责任事故罪的关系）

被告人是某单位的仓库管理员。某天下班的时候，被告人发现仓库的卷帘门不好关，需要用电焊焊接一下。焊接卷帘门本来不是被告人的职责，但由于他以前做过焊接工作且比较内行，于是就拿电焊工具进行焊接。在焊接过程中冒了火星，引起隔壁单位火灾。

张明楷：这个案件在德国、日本不会有什么争议，肯定是失火罪。但我国刑法规定了不少事故类犯罪，所以，被告人的行为是构成失火罪还是重大责任事故罪，就存在争议。

学生：我觉得定不了重大责任事故罪。因为被告人的行为不属于生产、作业，不属于在生产、作业中违反相关的安全管理问题，所以我认为应当认定为失火罪。

张明楷：被告人的行为违反了安全管理规定，这没有问题。问题是怎么理解《刑法》第 134 条规定的"在生产、作业中"？

学生：被害人对单位的卷帘门进行焊接，也是一种作业吧。

张明楷：问题是，焊接卷帘门不是被告人的职责，对《刑法》第134条中的"作业"是不是要有限定？要限定为单位规定或者安排的作业，而不是任何作业吗？

学生：感觉还是要限定一下比较好，否则，在家做饭也可以说是一种作业，失火了也要认定为重大责任事故罪。

张明楷：我觉得重大责任事故罪属于业务过失，被告人在从事业务活动的过程中过失造成事故的，才能认定为重大责任事故罪。本案的被告人从事的焊接事务不是他的业务活动，认定为失火罪应当更妥当一些。

学生：在业务职责之外从事的活动导致失火的，认定为失火罪是合适的，不能因为被告人是为了单位的利益就认定为重大责任事故罪。

张明楷：在司法实践中对被告人的行为定什么罪，完全会从另外一个角度考虑。如果是定重大责任事故罪，被告人的所在单位就要赔偿损失；如果是定失火罪，被告人的所在单位不用承担赔偿责任。按理说，这与犯罪的构成要件完全不沾边，但司法机关会考虑。我们要考虑的是，单位的员工主动或者擅自为单位做职责以外的事情，要不要认定为重大责任事故罪？我是基本上持否定态度的。比如，《刑法》第139条规定："违反消防管理法规，经消防监督机构通知采取改正措施而拒绝执行，造成严重后果的，对直接责任人员，处三年以下有期徒刑或者拘役；后果特别严重的，处三年以上七年以下有期徒刑。"消防部门发现某单位有问题之后，要求单位先停工再整改，单位领导就同意了。但一名员工擅自作业，导致发生火灾。对这名员工要认定为消防责任事故罪吗？

学生：只能认定为失火罪，但企业可能存在监督过失。

张明楷：在责任事故犯罪中，特别是涉及单位的时候，是否需要有单位行为，可能是需要研究的一个问题。当然，有的责任事故犯罪不需要单位行为，如危险物品肇事罪；有的责任事故犯罪可能需要有单位行为，比如刚才说的消防责任事故罪。比如，消防部门到普通居民家检查发现有火灾隐患，于是要求房主整改，但房主没有整改，后来发生了火灾。对此肯定不能认定为消防责任事故罪，只能认定为失火罪。

学生：关于老师前面说的司法机关考虑谁赔偿损失的问题，《民法典》第1191条就限定了用人单位的责任。用人单位承担侵权责任的一个前提是用人单位的工作人员是在执行工作任务过程中造成损害，这个时候才由用人单位承担侵权责任。所以，如果被告人不是在执行工作任务，用人单位就不承担责任。就前面讲的仓库管理员而言，他就不属于执行工作任务的人员。

张明楷：这在民法上可能是一个问题，被告人是仓库管理员，卷帘门坏了，他是不是有责任通知人修好？肯定有责任，否则怎么管理仓库？在没有通知他人修时自己主动修的，是不是也属于执行工作任务？但这个属于民法上的问题，不能直接影响罪名的认定。

学生：如果认定为失火罪与重大责任事故罪的法条竞合，是不是就把民事赔偿的问题也解决了？

张明楷：如果符合重大责任事故罪的成立条件，当然可以认定为法条竞合，但问题是能否认定被告人的行为构成重大责任事故罪？不过，我觉得即使认定被告人的行为成立失火罪，其所在单位也要对被害单位承担赔偿责任。当然，这是民法问题。

案例50　非法买卖爆炸物罪（"非法"的判断）

被告人有 A、B 两个矿山。在当地进行矿场整顿的时候，A 矿山有采矿许可，允许继续开采。B 矿山虽然有采矿许可，但因为需要整顿，被叫停采矿。经过一段时间后，由于 A 矿山的采矿许可到期，被告人就用 B 矿山的采矿许可证购买爆炸物，购买之后把爆炸物给 A 矿山用。

张明楷：B 矿山被叫停，被告人不能用 B 矿山的采矿许可证去购买爆炸物。被告人用 B 矿山的采矿许可证购买爆炸物的行为，在行政法上肯定是违法的，但这是不是非法买卖爆炸物罪里的"非法"呢？

学生：如果 B 矿山的采矿许可证完全没问题，我觉得可以考虑出罪，但现在的情况是 B 矿山的采矿许可证本身就有问题。

张明楷：B 矿山的采矿许可证本身还是有效的，只是因为整顿，所以暂时不能采矿。但是暂时不能采矿，也就意味着暂时不能去购买爆炸物。

学生：如果是购买了但等整顿完了再使用爆炸物呢？

张明楷：只要是在整顿就不能购买爆炸物，将爆炸物囤着也不行。

学生：被告人的 A 矿山的采矿许可证到期了，就不应当继续采矿了。

张明楷：虽然采矿许可证到期了，但被告人可以办理延期，延期后还可以继续开采。被告人也可能是在办理延期的过程中，使用了 B 矿山的采矿许可证购买爆炸物。

学生：我认为被告人的行为不构成非法买卖爆炸物罪，因为本罪是危害公共安全的犯罪，既然 A 矿山只要延期了就可以购买和使用爆炸物，被告人所购买的爆炸物也确实是拿去给 A 矿山使用的，那就很难说有公共危险。

张明楷：你这样说是有一定道理的，但主张认定为非法买卖爆炸物罪的理由是，本罪是抽象危险犯，不需要判断行为有无危险。

学生：如果这么说，合法购买爆炸物的都是没有公共危险的，不合法地购买爆炸物的都是有公共危险的。能认为合法与否等于有无公共危险吗？

张明楷：因为刑法就爆炸物犯罪没有区分行政犯与自然犯，非法购买爆炸物用于正常生产经营与非法购买爆炸物用于实施爆炸犯罪，就没有什么区别了。这样的立法造成了许多问题。

学生：2009 年 11 月 16 日修正后的最高人民法院《关于审理非法制造、买卖、运输枪支、弹药、爆炸物等刑事案件具体应用法律若干问题的解释》（法释〔2009〕18 号）第 9 条规定："因筑路、建房、打井、整修宅基地和土地等正常生产、生活需要，以及因从事合法的生产经营活动而非法制造、买卖、运输、邮寄、储存爆炸物……没有造成严重社会危害，并确有悔改表现的，可依法从轻处罚；情节轻微的，可以免除处罚。"如果认为本案的被告人从事的是正常生产活动，对他的行为也可以免除处罚。

张明楷：我觉得可以评价为正常生产，被告人只是应当办理延期还没有去办理，或者在办理的过程中。

学生：被告人的这个行为和您在《刑法分则的解释原理》那本书里说的通过滥用权利取得行政许可的情况是一样的。

张明楷：你觉得这个行为不违法吗？

学生：我觉得是一般违法，一般违法程度的授益行政行为，是有拘束力的。反过来说，如果行为人取得了行政许可，就不构成犯罪。行政法上，对于滥用权利取得行政许可的问题有争议，在德国，这种情形归于无效。但在我们国家没有专门的规定，所以解释上有争议。我是主张肯定说的。滥用权利取得行政许可，原本是一个违法的行政行为，但是行政机关没有及时撤销，就使得其是合法的。尽管是通过贿赂行政机关，取得了行政许可，但因为没有撤销，所以行政许可的效力得到了承认，所以是合法的行政许可。

张明楷：按照许可的性质区分是不是更好一些？比如说，一个人考驾照没考过，但有关部门给他发了一个驾照，结果违章导致一人重伤，这叫不叫交通肇事罪意义上的无证驾驶？

学生：对于违法取得的行政许可，日本和德国好像都采取的是肯定说，都认为不属于无证驾驶。

张明楷：为什么呢？

学生：因为客观上有行政许可。

张明楷：买卖爆炸物的许可和驾驶的许可一样吗？

学生：可以说二者的许可种类不同，但性质都是一样的，都是授益行政行为。授益行政行为之所以倾向于肯定效力，是因为要保护相对人的信赖利益。相对人指的是行政相对人和与行政相对人相关的其他人。比如说我给您行政许可，大家都相信您有这个许可，然后根据这个情况来做事情，如果行政机关突然出尔反尔，说这个行政许可无效，那就给其他人添了很多麻烦。

张明楷：行政机关撤销行政许可是可以的吧？

学生：但是，即使有人控告，如果行政机关依然不撤销的话，那就应该认为许可有效。因为行政法上要考虑公共利益。行政机关知道这个行政行为是有瑕疵的甚至是违法的，但很可能基于公共利益的考虑而不撤销。

张明楷：但是很多情况下不撤销也不是基于公共利益的考虑。

学生：我觉得，在本案中，关键还是用 B 矿山的采矿许可证购买爆炸物，但爆炸物实际上用到 A 矿山上，这个行为肯定是违反相关的行政法律法规的，只是说这个违法不是非法买卖爆炸物罪的"非法"。

张明楷：那还要求另外一个什么样的"非法"呢？

学生：我觉得，不是违反了行政法上的任何一条规定，就构成相关犯罪；必须是违反了对构成要件的形成有显著化作用的条款，才算刑法上的违法。

张明楷：你这样的标准可能没有办法起作用，什么叫对构成要件的形成有显著化的作用，你心里可能比较清楚，但我们肯定不明白。其实，你说的无非是要进行实质判断，就是有没有刑法所要求的危险之类的。在司法实践中，对于非法买卖枪支、弹药、爆炸物罪中"非法"的判断，首先是行政法上的判断。如果在行政法上违法了，刑法上就不再判断是不是非法了，而是要进行实质判断。所以，天津的赵春华非法持有枪支案，就是因为她持有的是行政法规所称的枪支，但是她没有持枪许可，所以，在行政法上是非法的。如果要在刑法上出罪，用什么理由说她无罪呢？显然只有找实质理由，而不是她的行为是否违法。

学生：我觉得，就我们讨论的购买爆炸物的案件而言，如果想说被告人无罪，就可以直接说，被告人用 B 矿山的采矿许可证购买爆炸物给 A 矿山使用并不违法，因为行政机关对 B 矿山的采矿行政许可有效。既然它是有效的行政行为，那么买卖爆炸物就不是"非法"的。除非行政机关给了被告人采矿许可之后，第二天就撤销了，在这种情况下，再买卖爆炸物就是非法的。行政机关没有处理之前，刑法不应该擅自认定被告人的行为是非法的。行政法上讨论行政行为的合法性，实际有两个含义，一个是形式上的合法性，另一个是实质上的合法性，实质上的合法性包含的情形是行政行为作出的条件可能不充足，或者滥用权力、超越管辖权限等。但是因为行政机关自己作为一个专业化的主管机关，它自己主动维持这个效力，所以它最终也是合法的。所以这个案件，我觉得也有可能从这个角度去考虑，因为行政机关没有主动撤销，也没有其他人提起申告，那么这个给予许可的行政行为就是实质合法的，所以行为人的行为就不是"非法"的。

学生：拿什么标准来决定是形式合法还是实质合法呢？最后不还是要回到这个犯罪的认定中，考察其行为到底存不存在危险呢？

张明楷：在撤销之前，是合法还是非法的？

学生：行政法上的绝对无效的行政行为自始无效。

学生：我觉得不是所有的行政利益都值得保护，如果用公定力作为标准来区分的话有点太形式主义了。

学生：我主要考虑的是公定力拘束刑事审判的问题。

学生：我觉得还是要回到抽象危险的实质判断的角度去分析。

学生：行政法学者考虑这个问题，肯定先考虑本案行为里面涉及的决定可罚性前提的行政行为是合法还是违法，有效还是无效。

张明楷：刑法当然也要判断是否非法，如果行政许可有效，怎么可能说被告人是"非法"买卖爆炸物呢？

学生：行政法学者判断有没有效的标准跟我们判断有没有危险的标准其实是一样的。既然如此，那就看对这一点的判断，到底是放到"非法"里去判断，还是放到"结果"里去判断更合适。如果放在"非法"里的话，那就完全依靠行政法的认定了。

学生：其实，为什么行政许可会涉及公定力的问题，是因为公定力就是刑事案件中的刑事司法人员要尊重行政机关的判断。对行政许可领域的很多问题，刑事司法人员的判断没有行政人员判断的准确，所以才会产生公定力的问题。所以，在判断刑法中的"非法"与否时，行政机关可能大多数时候判断得更准确。行政机关人员觉得，你贿赂我也无所谓，但我从专业性的角度出发，认为就是可以给你这个行政许可，因为给了行政许可之后，实际上也不会产生什么危险。

学生：公定力只能是针对违法的行政行为而言，合法的行政行为不涉及公定力的问题。

学生：如果真要保护公定力和行政相对人对行政行为的信赖，就应该放到故意或违法性认识里去解决。

学生：公定力相当于一种合法的推定。日本关于行政刑罚的案件，基本上也都是行政行为是违法的，但只要行政机关没有主动撤销就是有效的，因为刑事法院不能够随便撤销行政行为。

张明楷：像非法买卖爆炸物的场合，已经满足了"非法"的条件，是根据有没有公定力来判断，还是根据他是不是违反行政法来判断？判断完之后，再由刑法来实质判断。我觉得对于这个罪，不能根据数量去解释是不是情节严重，因为用于生产的数量都很大，应该根据用途去认定情节严重与否。总的来说，我觉得这个案件不认定为犯罪是合适的。一方面，被告人确实有 B 矿山的采矿许可证，虽然这个矿山在整顿，但采矿许可并没有撤销。在此意义上说，被告人是可以利用这个采矿许可证购买爆炸物的。另一方面，虽然爆炸物没有使用在 B 矿山，而是使用在 A 矿山，但 A 矿山的采矿仍然是正常的生产活动，只是还没有办理延期的问题。所以，这些都是行政违法行为，按非法买卖爆炸物罪处理会导致处罚过于严厉，不符合比例原则。

第九堂
破坏社会主义市场经济秩序罪

案例51　走私罪（保护法益）

外国人 X 想把黄金带到泰国去，于是从外国把黄金（金砖与金条）先带到中国，带进来的黄金并非为了在中国销售，也没有进行申报，随后 X 转道去泰国，出境时没有申报，被查获。

张明楷：泰国对走私黄金查处很严格，但是基本不查中国人，因为中国政府本身禁止黄金出口，而且查处力度很大。X 将黄金带到中国即使不申报，也不构成走私贵重金属罪。问题是，X 将黄金从外国带到中国来没有申报，是不是构成走私普通货物、物品罪，然后将黄金从中国带到泰国去的行为，是否构成走私贵重金属罪？

学生：如果形式地理解《刑法》第 151 条，就会认为 X 的行为构成走私贵重金属罪，因为他的确将黄金带出去了，而且没有申报。同样，他前面将黄金从外国带到中国，虽然不构成走私贵重金属罪，但构成走私普通货物、物品罪。

张明楷：现在，有一种观点就是你这样的主张，认为 X 的行为构成《刑法》第 153 条规定的走私普通货物、物品罪（进口不申报的行为）、第 151 条第 2 款走私贵重金属罪（出口不申报的行为），因为黄金禁止出口。但是，X 本来就只是借道中国，并不是想为中国增加黄金储备。而且，将黄金带到中国，是不是零关税？如果是零关税，将黄金带到中国就不构成走私犯罪。你们在网上查一下？

学生：我查到的是，对于个人自用的黄金首饰，关税约为 10%，即每 1000 元人民币征收 100 元。如果黄金是指供贸易用的金砖、金条等产品，则进口关税为零，但须领取相关许可证件。这个 X 领取了相关许可证件吗？

张明楷：没有，问题可能就出在这里。但既然进口是零关税，即使没有领取相关许可证件，也不能将把黄金带到中国的行为认定为走私普通货物、物品罪吧。

学生：是的，只能考虑从中国带出去的行为是否构成走私贵重金属罪。

学生：是不是还是要看具体法益的内容，如果将法益界定为相关的海关制度，那可能还是要定两个罪；如果实质地界定法益，比如这种不具有在国内销售、消费目的的进口行为其实不需要缴纳关税，那可能只能定后面的行为，即《刑法》第 151 条第 2 款的走私贵重金属罪。

学生：刚刚不是说没出关吗？是在中国出境时就被查获了。

张明楷：是的。如果说构成犯罪，那肯定也是构成这个第

151 条第 2 款的走私贵重金属罪了，只是犯罪形态属于既遂还是未遂的问题，肯定至少已经着手了，这个没有争议。

学生：可是，X 原本就不是要把黄金放在中国的。

张明楷：问题也就出在这里。如果 X 把黄金带到中国，然后在中国销售了。后来又购买一些黄金去泰国但不申报，肯定构成走私贵重金属罪。但这么过境一下就认定他走私贵重金属，他肯定感到很冤枉。如果有一辆火车，从外国经过中国，最终到站是泰国，中间不停站，行为人把黄金放在火车上，就没有下车，我国海关不会管吧。如果这个行为人坐飞机，经过中国领空，比如说在昆明机场停了一下，然后飞去泰国，这个也不会定罪吧。再比如说，行为人从外国出发在中国某个城市中转去泰国，行李是直接从外国托运到泰国，行李中有黄金，这种情形也不会认定行为人在我国构成走私贵重金属吧。那么，后面这几个案例和这个真实案例的区别在哪里呢？

学生：坐火车、飞机或者中转是直接经过我国领土但没有通关的这种情况。没有通关自然就不会侵犯到我国的进出口管理制度。

张明楷：问题是这个进出口管理制度是干什么用的呢？要实现什么目的呢？不可能是为管理而管理吧。走私普通货物、物品的管理制度是涉及关税收益，走私贵重金属罪相关的管理制度就是为了让贵重金属留在境内，不要流入境外。关税制度要根据刑法分则规定的走私犯罪去具体化理解，不能笼统说进出口制度，因为每个走私罪法定刑相差那么大，保护法益肯定是有区别的。

所谓违反海关制度只是一个前提,还没有深入到保护法益中去具体说明。

学生:既然 X 将黄金带到了中国,就不能随便带出去。

张明楷:为什么? X 本来就不是为了在我国境内消费、销售黄金。

学生:因为这个真实案例和老师后面所举出的几个例子不一样。后面的几个例子是不能犯,行为人不可能在飞机、火车上销售、消费;但这个真实案例的 X 毕竟在我国境内待了一段时间,万一转念不去泰国了,在中国把黄金卖了,这是非常有可能的。

张明楷:你能够基于这种假定就认定 X 的行为构成走私贵重金属吗?这不合适吧。有一种观点认为,既然黄金到了中国,中国就不让它出口了,至于怎么来的中国不管,但怎么出去中国要管。感觉这种观点太强势了。

学生:走私犯罪也不是目的犯啊,触犯了进出口制度就侵犯了法益,就是着手吧?为什么要考虑行为人的销售、消费的目的呢?

张明楷:你的意思就是,即使 X 要去泰国卖黄金而不是在中国卖黄金,中国也要禁止 X 将黄金带到泰国。但这好像说不通。简单说,对这个案件就是形式判断还是实质判断的问题,实质的法益侵害是什么?真实案件中的 X 与我前面所举的几个假设的例子,实质上是不是没有什么区别?

学生:因为这个真实的案例涉及通关,至少我国海关会例行检查一下。

学生：通关时例行检查的这个行为到底在保护什么利益呢？是不是还是要看《海关法》的具体规定？

学生：应该是没有具体规定，不然也不会有争议了。

张明楷：也许有具体规定，只是我们不知道。按照 X 的计划，我国是不应该收取关税的，黄金储备同样也不会由此增加或减少。既然是这样的话，何以说明我国黄金储备损失了呢？

学生：那就是不管行为人的计划是什么，只要行为人带着黄金来我国，就不得将黄金带出境。

张明楷：其实，如果说，只要行为人领取了相关的许可证件就可以带出境，那我就认为，对 X 的行为不能认定为走私贵重金属罪。因为走私贵重金属罪应当是为了保护我国对贵重金属的储备量，这至少是本罪的一个重要保护法益。既然 X 原本就不是要将黄金放在我国，我国原本就不会因为 X 的行为增加黄金储备量，就没有必要将他的行为认定为走私贵重金属罪。对于没有领取相关的许可证件的行为给予行政处罚就可以了。

学生：现在的规定是说，X 如果携带黄金出境的话，必须要中国人民银行开具一个某种证明或者批文。

张明楷：其实还是一个采取形式的判断还是实质的判断的问题吧。如果很形式地判断，就是看有没有这个证明或者批文；如果实质地看，就是说这个法条实际上就是为了确保我国的黄金储备量。但是这个案例很特殊，似乎也不能说只要黄金经过我国境内，就算做我国的黄金储备量。对比一下走私毒品罪，比如说行为人知道从缅甸直接走私到泰国查得很严格，但是从缅甸到中国，再走私去泰国，查得就没有那么严格，于是就先从缅甸到中国，再去泰国，这肯定都是要定走私毒品罪的，因为走私毒品罪是抽象危险犯，抽象危险总是存在的，这没有什么问题。

学生：可是，怎么从客观上判断黄金是出于消费、销售目的还是其他目的，还不是去看行为人的主观计划吗？

张明楷：还是可以从客观上判断的，比如 X 是否已经买好了下一趟去泰国的机票、车票，在我国停留的时间等。

学生：走私贵重金属罪是行政犯，有人认为对行政犯不一定要考虑法益侵害。如果是这样，对 X 的行为就能够认定为走私贵重金属罪。

张明楷：如果行政犯没有侵害法益，立法机关为什么要规定行政犯呢？所以，这个观点难以成立。另外，为什么走私对象不同，法定刑就相差很大呢？显然除了进出口制度或者秩序外，还有与走私对象相关的保护法益。如果这样实质地考虑，那么，由于 X 原本不是将黄金带到中国，只是为了避免泰国严查才途经中国中转到泰国。既然如此，就没有必要认定为走私贵重金属罪吧。

案例52 走私废物罪（行为内容与保护法益）

按照国际海运的相关条约，外籍轮船一旦停靠在中国的港口，就应当把轮船上的废油交给中国的港口处理，并支付一定的费用。被告人到停靠的外籍轮船上，让外籍轮船将废油给自己处理。按照相关规定，轮船卸载 10 吨以上的废油，必须经过我国海关的批准同意，并由海关监管废油的卸载及后续的处理，但不存在关税问题。按海关的规定，被告人应当将所有的废油运输到有资质的环保公司进行无害化处理，但被告人将废油中约 20% 的油卖给了炼油厂（剩余的主要是废水），炼油厂对这些废油加以提炼，就可以当汽油、柴油等使用。随后，被告人加入 20% 的水，从而使交付给环保公司处理的废油总量与海关核准的总量相同。

张明楷：被告人的行为构成走私废物罪吗？

学生：被告人将外籍轮船上的废油卸载到自己的运输工具上，是经过海关批准的吗？

张明楷：是经过海关批准的。被告人逃避海关监管的行为，不在于将外籍轮船上的废油卸载到自己的运输工具上，而在于将 20% 的废油卖给了炼油厂，这是海关不知情的。这类案件在我国并不少见，有的港口对此类行为只是按照行政违法进行处理，也有一些港口的海关将提炼废油的业务交由第三方公司处置，但有的港口的海关则将这类案件作为刑事案件处理。

学生：这个案件中被告人的行为并不符合走私废物罪的犯罪构成，但似乎可能成立非法处置进口的固体废物罪。

学生：被告人卸载、处置的是废油，不属于固体废物，也不成立非法处置进口的固体废物罪。

张明楷：一般认为，《刑法》第 152 条规定的走私废物罪要求逃避海关监管，从废物的监管来看，不只是废物进境需要海关批准，而且进境后如何处理也是由海关监管，逃避前一个监管的肯定成立走私废物罪，问题是逃避进境之后的海关监管的行为是否成立走私废物罪？《刑法》第 152 条的表述是"逃避海关监管将境外固体废物、液态废物和气态废物运输进境"，这一表述显然只是意味着逃避废物进境的监管才构成走私废物罪，逃避废物进境后的海关监管就不构成走私废物罪。尽管在本案中，废油卸载进境之后的处置也是由海关进行监管，但如果逃避这一监管的行为构成犯罪，就只能按其他犯罪处理，不能按走私废物罪处理。比如说，固体废物经过海关监管批准进境，如果处置不当的话，有可能构成污染环境罪或者非法处置进口的固体废物罪，但不能认定为走私废物罪。这一点需要联系各种走私罪的保护法益来理解和认定。

学生：走私普通货物、物品罪的保护法益应该主要还是海关的税收，那走私其他特定的物品的保护法益怎么理解呢？

张明楷：走私特定物品的犯罪，其保护法益应当是双重的法益，否则就不能说明法定刑的区别。比如，走私废物罪的保护法益除了海关的监管秩序外，还有环境法益。当然，部分走私犯罪的保护法益可能不涉及税收问题。比如我们现在讨论的这个案件，从外籍轮船卸载的行为，并不涉及缴纳关税的问题。除此之外，部分禁止进出口的物品的走私，同样也不涉及关税。但是，就特定货物、物品的走私犯罪，要根据特定货物、物品的特性来表述其保护法益。当然，有的表述可能比较困难。比如说，走私淫秽物品罪，按理说不应该安排在破坏社会主义市场经济秩序中的"走私罪"章节，更为妥当的应该是归类到妨害社会管理秩序中的"制作、贩卖、传播淫秽物品罪"章节。同样的，走私假币罪实际上也应该归入到"假币犯罪"章节中更为合理。而走私武器、弹药罪，走私核材料罪，更为合理的做法是规定在危害公共安全的章节中。只有涉及关税的走私行为，才宜作为经济犯罪处理。

学生：现在的规定是按行为方式将所有走私犯罪规定在一节中。

张明楷：但《刑法》第 347 条却将走私毒品罪规定在毒品犯罪一节中，所以，现行刑法的处理还是不理想的。再如，生产、销售伪劣商品罪一节的编排也存在同样的问题，其中的生产、销售有毒、有害食品罪，应该放到危害公共安全罪或者侵犯公民人身权利、民主权利罪一章，生产、销售假药、劣药罪，可以归入危害公共卫生罪一节。刑法分则中，走私罪与生产、销售伪劣商品罪显然是按行为方式归类的，并不是按保护法益进行分类的。

学生：正因为如此，刑法理论在表述这两类犯罪的法益时，总是很抽象。

张明楷：是的。回到我们讨论的案件，我觉得被告人的行为没有侵犯任何法益。一方面，被告人从外籍轮船上卸载废油是经过海关批准的，就此而言，没有侵犯海关的监管秩序。另一方面，虽然 20% 的废油不是交付给环保公司进行无害化处理，但卖给炼油厂也没有给环境造成任何危险。所以，不应当作为犯罪处理。

学生：老师的意思是只有同时侵犯两个法益才能构成走私废物罪吗？

张明楷：是的，只不过走私废物罪中对环境的侵犯不需要造成具体危险与实害。如果被告人经海关批准从外籍轮船卸载废油之后，非法进行处置、随意倾倒污染环境的，由于只侵犯了环境法益，只认定为污染环境罪就可以了。

学生：如果行为人没有经过海关批准将外籍轮船上的废油卸载后，也是将 20% 的废油卖给炼油厂，剩下的交给环保公司处理，也构成走私废物罪吗？

张明楷：会认定为走私废物罪，虽然没有造成环境事故，但可以认为存在抽象的危险，如果造成了环境事故，则会认定为走私废物情节特别严重，同时与污染环境罪构成想象竞合。

案例 53　洗钱罪（与掩饰、隐瞒犯罪所得罪的关系）

2017 年 7 月，曾某、罗某邀约谭某、刘某成立一个商贸公司，开设网上商城。王某是曾某的徒弟，但没有在商贸公司任职，王某知道这个商贸公司从事非法吸收公众存款业务。2017 年 8 月，王某应曾某的要求办理了一张银行卡，而且把银行卡和 U

盾交给了商贸公司的财务总监罗某。经审计，商贸公司发展了9000名会员，非法吸收公众存款1.2亿元，其中，使用王某提供的银行卡吸收了8000万元存款。这8000万元中涉及支付经销商提成的金额有7500万元。曾某、罗某、谭某、刘某等人被分别以集资诈骗罪和非法吸收公众存款罪判刑。

张明楷：这个案件中，曾某、罗某等人的行为性质比较清楚，现在的问题是王某构成什么罪？第一种观点是王某构成上游犯罪的共犯；第二种观点认为王某构成洗钱罪；第三种观点认为王某构成掩饰、隐瞒犯罪所得罪。为什么会有人认为王某的行为构成洗钱罪呢？王某的行为构成上游犯罪的共犯没有问题吧。

学生：王某的行为肯定构成上游犯罪的帮助犯。

学生：王某的行为发生在《刑法修正案（十一）》出台之前，当时自洗钱的行为不成立犯罪。

张明楷：如果按照《刑法修正案（十一）》关于洗钱罪的规定，在自洗钱构成洗钱罪的立法例之下，王某的行为能成立洗钱罪吗？涉及的一个问题就是，洗钱罪的成立要不要以上游犯罪的既遂为前提。当然，这还涉及上游犯罪的既遂标准问题。我的《刑法学》第六版教科书上有这样一段话，请托人要向国家工作人员行贿，国家工作人员要求行贿人将钱直接汇入境外的某个账户中，于是请托人就直接把钱打到国家工作人员的境外账户，两个人都成立贿赂犯罪和洗钱罪，两罪构成想象竞合，因为洗钱行为和行贿、受贿行为是同一个行为。如果按照国外关于贿赂罪的规定，双方达成约定的时候贿赂犯罪就既遂了，那么还另外成立洗钱罪。现在如果说在我国约定贿赂的时候贿赂犯罪还没有既遂的话，那双方的行为是否还成立洗钱罪？

学生：如果是这样的话，是不是所有的国家工作人员让行贿人将钱款转到第三人的账户上时，都会涉嫌洗钱罪？

学生：那确实是都构成洗钱罪，因为打到第三人的账户就是为了掩饰、隐瞒财产的来源和性质。

学生：也不一定吧。要看怎么理解洗钱罪中"掩饰、隐瞒"的意思。

张明楷：转账到第三者的账户肯定是掩饰、隐瞒了犯罪所得的来源或性质，这一点应当没有什么问题。此外，洗钱罪的成立与否还涉及要不要使用金融手段的问题。比如，行贿人拿了100万元的现金要给国家工作人员，国家工作人员说你别直接给我，你把现金放到张三那里去。我认为，由于这种行为没有采用金融手段，所以，不能认定为洗钱罪。因为洗钱罪是破坏金融秩序的犯罪，如果行为人没有采用金融手段，就难以认为其行为破坏了金融秩序。

学生：怎么判断行为是不是采用了金融手段呢？

张明楷：利用金融机构以及利用金融机构采用的工具、手段，如银行账户、银行卡、银行转账等，就属于利用金融手段。

学生：国家工作人员要求行贿人将现金转给第三者可能有不

同的原因，有的是为了掩饰、隐瞒犯罪所得的来源与性质，有的是国家工作人员欠第三者的钱，让行贿人直接替自己还款。如果是后一种情形，则不一定构成洗钱罪。

张明楷：我觉得首先要判断，让行贿人直接把现金交给第三人的行为是否属于洗钱。这种行为是可以评价为掩饰、隐瞒犯罪所得罪的，问题是，假如现金是贪污受贿所得，是否构成洗钱罪呢？我前几天看到一个案件：行贿人以前向国家工作人员行贿200万元。此外，行贿人自己有一个公司，国家工作人员从自己的账户转出2000万元给行贿人的公司使用，过了三四个月，2000万元又打回国家工作人员原来的账户，并且另外给了国家工作人员100万元的利息。行贿人当然知道这2000万元是贪污受贿所得，因为一个国家工作人员自己的账上哪来这么多现金。行贿人的行为构成洗钱罪吗？如果说构成洗钱罪的话，是说这个公司接收了2000万元是洗钱，还是说从公司转回原来的账户2000万元是洗钱，抑或说前后两个行为都是洗钱？

学生：两个行为都是洗钱。第一个行为是提供资金账户，第二个行为是通过转账转移资金。两个行为都是掩饰、隐瞒赃款的来源与性质。

学生：我觉得第一个行为是洗钱，第二个行为构成掩饰、隐瞒犯罪所得罪。因为洗过一次之后，就不是上游犯罪的款项了。

张明楷：行贿人转回给国家工作人员的2000万元也能评价为上游犯罪所得吧。贪污受贿的款项被洗过之后，仍然是贪污受贿所得。问题是，能否认为行贿人的公司账户收到国家工作人员汇来的 2000 万元就是洗钱？

学生：客观上就是洗钱。要不然为什么不直接收现金呢？

张明楷：哪有那么多现金，本来就存在账户上。

学生：我的意思是，转账和收现金还是有区别的。

张明楷：有什么区别？

学生：转账时客观上影响了资金来源的判断。

张明楷：会影响资金来源的判断吗？如果国家工作人员把受贿的钱款存入自己的银行卡，一共存了 2000 万元。这个将现金存入银行卡的行为不是洗钱吧。

学生：这个行为不是洗钱。但如果银行知道这 2000 万元是国家工作人员受贿所得，银行就涉嫌洗钱了。

张明楷：那么，国家工作人员把这 2000 万元借给请托人，请托人的公司确实需要这笔钱，国家工作人员与请托人就都构成洗钱罪了吗？

学生：我感觉涉及主观要素的理解和判断，就是说，洗钱罪只要有掩饰、隐瞒犯罪所得的故意并且知道犯罪所得是 7 类上游犯罪所得就可以，还是要求行为人主观上有掩饰、隐瞒 7 类上游犯罪所得的来源或性质的目的？

张明楷：你的意思是涉及洗钱罪是否属于目的犯的争论吗？

学生：是的。

张明楷：我怎么觉得这个争议没有什么意义呢。因为《刑法》第 191 条规定的构成要件行为就是掩饰、隐瞒 7 类上游犯罪的所得及其产生的收益的来源和性质的行为，行为人当然要认识到自己行为的社会意义。既然如此，将掩饰、隐瞒 7 类上游犯罪的所得及其产生的收益的来源和性质再作为主观目的，就没有特别的意义，只不过是对部分故意认识内容的重复吧。

学生：感觉说洗钱罪的行为人具有掩饰、隐瞒 7 类上游犯罪的所得及其产生的收益的来源和性质的目的，也能说得通。因为行为人就是为了实现这个目的，才实施洗钱行为的。

张明楷：在一般意义上是说得通的。但是，真正的目的犯中的目的，应当是故意认识因素与意志因素以外的内容，如果是对故意内容的部分重复，就不是目的犯中的目的。比如，在一般意义上说，直接故意杀人的行为人，其主观目的就是要杀死特定的人，但这不是目的犯的目的，是直接故意中的意志因素。同样，故意的认识因素，也不能作为目的犯中的目的来考虑。所以，如果国家工作人员把这 2000 万元借给请托人，不管请托人的公司是否需要这笔钱用，后来由请托人将 2000 万元归还给国家工作人员，这 2000 万元的来源和性质会发生变化，国家工作人员当然认识到了这一点。既然如此，国家工作人员就具有洗钱罪的故意，即使你要求洗钱罪必须具有特定目的，也可以认为国家工作人员具有特定目的。

学生：如果这样的行为也构成洗钱罪，会不会导致处罚范围有点太宽了？假如 A 欠 B 的钱，A 用自己盗窃所得的古董花瓶向 B 抵债，B 也知道这个花瓶可能是 A 偷来的，B 因此就可能构成掩饰、隐瞒犯罪所得罪？

张明楷：我觉得有可能的。其实，《民法典》也不承认赃物的善意取得。

学生：如果 B 不是明确知道，只是怀疑 A 的花瓶是盗窃所得呢？

张明楷：也不影响故意的成立，掩饰、隐瞒犯罪所得罪可以由间接故意构成，这一点没有疑问，西班牙刑法还处罚过失的赃物犯罪。也不太好说 B 的行为没有期待可能性。如果是现金就不太好认定为掩饰、隐瞒犯罪所得罪了，因为一般对现金采用谁占有谁所有的规则。

学生：老师，刚刚说到洗钱罪是否需要上游犯罪既遂的问题，为什么您认为洗钱罪不要求上游犯罪已经既遂呢？

张明楷：因为我认为洗钱罪不是妨害司法的犯罪，而是破坏金融秩序的犯罪，当然同时也侵犯了上游犯罪的保护法益。掩饰、隐瞒犯罪所得的来源和性质，不需要等上游犯罪既遂后，在上游犯罪过程中也可能掩饰、隐瞒犯罪所得的来源和性质，也会破坏金融秩序，因而也要认定为洗钱罪。另外，我参考了西田典之老师的观点，西田老师明确指出，洗钱罪不需要上游犯罪已经既遂。我前面举的例子也能说明这一点，国家工作人员让行贿人直接将贿赂款汇到国家工作人员境外账户的，就是受贿罪与洗钱罪同时实施的，按我国通说采用的既遂标准，就是在受贿既遂之前实施了洗钱行为。

学生：那为什么掩饰、隐瞒犯罪所得罪要求上游犯罪既遂呢？

张明楷：一方面是因为掩饰、隐瞒犯罪所得罪是妨害司法的犯罪，在我国大部分财产犯罪与经济犯罪都需要数额较大，所以如果没有既遂就不一定构成犯罪，掩饰、隐瞒行为就不会妨害刑事司法。另一方面是因为，我国的掩饰、隐瞒犯罪所得罪的法定刑总体上轻于财产犯罪与经济犯罪，如果在既遂前参与，认定为财物犯罪或者经济犯罪的共犯，就能得到妥当处理。所以，不需要将既遂前的参与认定为掩饰、隐瞒犯罪所得罪。不过，即使上游犯罪未遂，掩饰、隐瞒犯罪所得的行为人，也可能不构成共犯，仅成立掩饰、隐瞒犯罪所得罪。

学生：这么说的话，掩饰、隐瞒犯罪所得罪其实也不要求上游犯罪既遂吗？

张明楷：是的。下面将掩饰、隐瞒犯罪所得罪简称为赃物罪吧。比如，井田良老师就明确指出，虽然在既遂后参与的行为成立赃物罪，但赃物罪的成立不一定以本犯受到既遂的法律评价为必要。例如，日本《刑法》第240条后段规定了抢劫杀人罪，即行为人在抢劫过程中故意杀害他人的行为。根据判例与通说，只要产生了杀害的结果，不管有无夺取财物，都成立抢劫杀人罪的既遂。假如在抢劫杀人犯夺取财物后，被害人死亡之前，参与人窝藏、转移赃物的，也能成立赃物罪。我觉得这一观点是妥当的。就我国《刑法》第269条规定的事后抢劫罪而言，本犯完全会在事后抢劫既遂前取得财物；参与人可能在本犯既遂前转移了赃物，但因为不知道本犯会转化为事后抢劫等原因而不成立事后抢劫的共犯，仅成立赃物罪。再比如，乙在实施电信诈骗前询问甲能否帮其转账，甲误以为乙已经通过电信诈骗取得了赃款，同意并在事后帮助乙实施了转账行为。甲同意转账的行为与乙的电信诈骗结果之间具有心理的因果性，但甲没有共同诈骗的故意，不成立诈骗罪；甲事后实施的转账行为成立赃物罪。

学生：明白了。既然赃物罪的成立不以上游犯罪被评价为既遂为前提，洗钱罪当然也不以上游犯罪既遂为前提。

张明楷：还有一个问题，赃物罪是妨害刑事司法的犯罪，所以要求上游行为构成犯罪，如果上游只是一般违法行为，掩饰、隐瞒一般违法行为所得的行为肯定不成立赃物罪。司法实务中也有这样的问题。比如说，A、B、C三人各自偷了一辆价值不足1000元的电动车，三人都不构成盗窃罪，有人专门收购明显低价的电动车，收购的电动车的价值达到了盗窃罪的标准。以前有地方就将收购自行车的行为认定为赃物罪，但我觉得这样的认定有问题。

学生：以前的司法解释规定掩饰、隐瞒达到一定数额就成立赃物罪。

张明楷：现在的司法解释删除了达到一定数额就构成赃物罪的规定，所以现在就不能定罪了，因为那三个人都不构成犯罪，就不是掩饰、隐瞒犯罪所得。除非说把赃物罪规定为或者补正理解为财产罪，才有可能将这种行为认定为赃物罪。但如果法条的表述依然是"犯罪所得"，还是无法认定为赃物罪；如果法条表述的是"违法所得"，只要达到了数额较大的标准就能认定为赃物罪。我想问的问题是，洗钱罪的上游行为，也必须是构成犯罪的吗？

学生：《刑法》第 191 条也是表述为犯罪所得及其收益，也应当是构成犯罪的吧。

张明楷：我是想问两种情形。一种情形是，恐怖活动组织接受了他人的资助时，这些资助款是不是恐怖活动犯罪所得？另一种情形是，黑社会性质组织实施了某种财产犯罪，但没有达到数额较大的标准时，能不能说也是黑社会性质组织的犯罪所得？

学生：前一种情形有可能是恐怖活动犯罪所得，但后一种情形不是犯罪所得吧。

学生：我怎么觉得相反呢？前一种是他人资助所得，不是犯罪所得；后一种是犯罪，只是犯罪数额没有达到较大的要求而已，所以仍然是犯罪所得。

学生：前一种情形就是因为行为人实施了恐怖活动，才得到资助，为什么不是恐怖活动犯罪所得？

学生：不能因为后一种情形的实施者是黑社会性质的组织，就认定为犯罪所得，因为没有达到财产罪的数额较大标准，就不构成财产罪，当然其所得就不是犯罪所得。

张明楷：我看到许多有关黑社会性质组织犯罪的判决，一般都是将所有行为分为三类：第一类是黑社会性质组织实施的犯罪，是组织者、领导者需要承担责任的犯罪；第二类是黑社会性质组织的成员实施的犯罪，这些犯罪不需要组织者、领导者承担责任；第三类是其他一般违法行为。显然，判决书并没有将不构成犯罪的行为作为黑社会性质组织的犯罪行为，所以，上述第二种情形还是不要认定为黑社会性质组织的犯罪所得吧。关键是前一种情形如何考虑？从字面含义来说，还是可以将恐怖活动组织获得的资助作为恐怖活动犯罪所得的。

学生：估计会争议很大。

张明楷：好像刑法理论上也没有讨论过这样的问题。

学生：我没有看到过相关的论文，现在有一些论文讨论洗钱罪与赃物罪的关系。有的认为是特别关系的法条竞合，有的认为是交叉关系的法条竞合，老师是主张想象竞合。

张明楷：说成特别关系的法条竞合会给司法解释带来麻烦，因为如果司法解释关于数额的规定出现不合理的场合，就会导致赃物罪的处罚重于洗钱罪的处罚，如果按特别法条处理就明显不当。我一直主张交叉关系不是法条竞合关系，而是想象竞合关系。更为重要的是，一个行为同时触犯洗钱罪与赃物罪时，认定为想象竞合，没有任何不好，我不知道一些学者为什么反对。

学生：如果完全不考虑妨害司法的话，说洗钱罪是特别法条就有点奇怪。

张明楷：如果说洗钱罪包含了对司法的保护，那可以说是特别法条；如果说洗钱罪并不保护刑事司法，它和赃物罪就不是特别关系。

学生：此外，从期待可能性的角度来说，如果没有期待可能性的话，就不能构成赃物罪，但能够成立洗钱罪。这说明洗钱罪比赃物罪的成立范围多出了一部分行为，因而二者就不是特别关系。

张明楷：掩饰、隐瞒犯罪所得及其收益的来源和性质的行为，对妨害司法来讲没有期待可能性，但是对破坏金融秩序来说有期待可能性。要不然就没办法解释自洗钱入罪的刑事立法。

学生：对！这样就意味着洗钱罪不是赃物罪的特别法条。

张明楷：也就是说，要把洗钱罪和赃物罪解释得没有矛盾的话，就必须说没有期待可能性只是针对妨害司法而言，但是对金融秩序的破坏还是有期待可能性的，这样，自洗钱就仍然成立犯罪，但自掩饰、自隐瞒的就不成立赃物罪。

学生：洗钱罪对金融秩序的破坏是通过洗钱行为体现出来的。

学生：所以才会讨论是不是要把洗钱行为限制为通过金融手段实施。

张明楷：当然，洗钱罪在国际社会规定得就有差异，有的国家刑法几乎就没有什么限定。

学生：感觉把这两个罪解释成特别关系更容易接受。

张明楷：单纯从事实上来讲是这样的。因为在面对洗钱犯罪的时候，会想当然地认为，洗钱行为掩饰、隐瞒了犯罪所得，当然妨害了司法。为什么《刑法》第 312 条的赃物罪就妨害了司法，而洗钱罪却没有妨害司法？但这是从事实层面来讲的。如果认为洗钱罪是特别法条，特别法条就必须符合普通法条，洗钱罪就必须包含对司法的妨害，既侵犯金融秩序也侵犯司法活动。可是这样的话，如果对其中一个法益的侵犯没有期待可能性，那就不构成洗钱罪了，不能说明为什么赃物罪不包括自掩饰、自隐瞒。

学生：经过这番讨论之后，我感觉对本案的王某可以认定为上游犯罪的共犯与洗钱罪的想象竞合。

张明楷：我觉得只要王某的行为掩饰、隐瞒了非法吸收公众存款或者集资诈骗所得的性质或来源，就可以这样认定。

案例54 贷款诈骗罪（与骗取贷款罪的关系）

2014年9月到2020年4月期间，犯罪嫌疑人范某作为劳务派遣人员，在一个不动产登记中心工作，负责受理房产买卖双方提交的过户抵押等材料并进行初步的审核。2020年3月31日，范某为偿还其投资互联网P2P所产生的信用卡及网上贷款，利用工作之便登录了同事邓某某的操作系统，伪造自己作为买方、王某作为卖方的不动产登记申请书及房屋买卖合同的资料，将王某名下的某房屋为自己办理房屋过户登记，并且取得了不动产权属证书。随后范某先后以该房屋作为抵押，向李某借款100万元，向赵某借款45万元。2020年5月18日，范某又以该房屋为抵押，通过一个中介公司及其关联公司向某银行申请贷款165万元。银行于2020年5月22日将贷款资金165万元转入中介公司员工陈某个人银行账户，中介公司在扣除相关费用后，将剩余资金分批转入范某账户，范某将剩余贷款资金用于偿还个人债务和日常消费。另查明2020年6月范某还向赵某借款70万元，没有设定抵押，因其中 40 万元无法偿还致使 2020 年 6 月 28 日该房屋被某人民法院裁定查封。后来偿还某银行两期贷款共计 1.8 万元，后因无法解决债务问题，范某便到重庆市某小区租房单独居住，中断与他人联系，直至案发。

张明楷：对这个案件的处理有四种观点：一是贷款诈骗罪，二是盗窃罪，三是骗取贷款罪，四是不构成犯罪。你们分析一下。

学生：范某对王某的房屋产权构成盗窃罪。因为房屋产权是财产性利益，在我国可以成为盗窃罪的对象，而且范某是违反王某的意志转移房屋产权的。

张明楷：是的，我觉得对房屋产权构成盗窃罪没有疑问。但征求意见的人纠结的是，被害人王某还住在自己家里，房屋还由王某支配，范某怎么对房屋构成盗窃罪？我认为对方可能没有区分房屋本身与房屋产权。被害人王某虽然还住在自己家里，但其房屋的产权已经丧失了，产权已经转移到范某名下了，就房屋产权成立盗窃罪肯定没有问题。剩下的问题就在于范某的行为是构成骗取贷款还是构成贷款诈骗？

学生：我持贷款诈骗罪的观点，因为范某本身没有能力偿还，而且相关的资料也是自己伪造的。但比较纠结的点在于，范某已经偿还了两期贷款，这一点是不是表明他是有还款意愿的。

张明楷：范某归还银行贷款的数额特别少，难以表明他想归还全部贷款，而且他根本没有能力归还贷款，所以，我认为对范某应当以盗窃罪和贷款诈骗罪实行数罪并罚。当然，如果还有其他一些事实和证据，表明范某有归还的意愿，或者说贷款诈骗罪的非法占有目的难以认定，就定骗取贷款罪。

学生：既然没有说明有其他事实和证据表明范某有归还的意愿，就要认定为盗窃罪与贷款诈骗罪。

张明楷：有部分办案人员认为，不动产不能成为盗窃对象，范某也归还了部分贷款，并且供述自己自始至终都想归还贷款，所以盗窃和贷款诈骗的非法占有目的不太充分，难以认定。此外，范某在贷款时房产抵押是真的，虽然范某是非法获取的房屋产权，但银行可以通过拍卖弥补损失，银行最终不会损失，而骗取贷款罪需要造成损失，所以范某的行为与骗取贷款罪的构成要件也不完全符合，于是不能认定为犯罪。

学生：刑法理论讲了这么多年财物包括财产性利益还是不管用，就算房子不能盗窃，产权也可以盗窃呀。再说范某的还款意愿，他用什么还呢？贷款 165 万元才还了 1 万多元，后来就还不了了，而且与外界切断了联系，只有他自己说自始至终想还钱，但这样的辩解不可信。就算确实有归还的意思，那也可以定骗取贷款罪。

张明楷：就盗窃罪而言，上述观点的问题在于没有区分不动产本身与不动产的产权；就贷款诈骗罪的非法占有目的而言，一些司法人员要被告人承认才敢认定，如果不承认就不敢认定了。

学生：关于骗取贷款罪的认定，现在主要是就如何认定金融机构存在财产损失存在不同判断标准。

张明楷：骗取贷款罪中的金融机构的财产损失与贷款诈骗罪中的金融机构财产损失，其实有相同点。其中的主要争议问题在于：如果贷款人提供了真实的足额的抵押，但到期不能归还本息时，银行有无财产损失？

学生：许多人认为，这种情形下银行没有财产损失，因为只要银行行使抵押权，就能确保自己没有财产损失。

张明楷：我是一直不赞成这种观点的。尤其是就贷款诈骗罪而言，只要行为人没有归还本息的意愿，或者说具有非法占有目的，采用欺骗手段，包括隐瞒自己不想归还本息的想法，取得了贷款的，就构成贷款诈骗罪的既遂。不能说，行为人取得了贷款，其贷款诈骗罪还没有既遂。比如，张三欺骗李四为自己向银行贷款1000万元提供担保，银行误以为张三会归还本息就贷款1000万元，但张三取得1000万元后，就转到海外账户，然后逃走。在这种情形下，能说张三不构成贷款诈骗罪吗？

学生：许多人认为张三没有欺骗银行，只是欺骗了李四，对李四构成诈骗罪或者合同诈骗罪。

张明楷：那么，如果李四知道真相，为了帮助张三贷款诈骗而提供担保，是不是就没有人犯罪了呢？

学生：我们只是想到了张三欺骗李四的情形，没有想到李四知情的情形。如果李四知情且提供了足额的真实担保，人们就会认为不存在犯罪了。因为银行行使担保权就可以了。

张明楷：如果是这样的话，就意味着只要借款人提供了足额的真实担保，就不可能成立贷款诈骗罪。

学生：是的。

张明楷：可是，《刑法》第 193 条规定的贷款诈骗罪的构成要件行为有五项：（一）编造引进资金、项目等虚假理由的；（二）使用虚假的经济合同的；（三）使用虚假的证明文件的；（四）使用虚假的产权证明作担保或者超出抵押物价值重复担保的；（五）以其他方法诈骗贷款的。如果说只要提供足额的真实担保就不构成贷款诈骗罪，就意味着把这一条规定的其他四项行为删除了，这明显不合适。

学生：会不会有人认为，这只是限制解释，而不是删除了另外四项规定？

张明楷：这不是限制解释，这是删除了另外四项规定，我觉得不合适。

学生：但是，如果银行行使抵押权，确实最终不会有财产损失，本息都收回了。

张明楷：那也不一定。有的情形下，银行根本无法行使担保权；有时虽然能行使担保权，但陷入到诉讼之中，给银行造成很大负担；有时行使担保权只能挽回部分损失，而不能挽回全部损失。我觉得更主要的是，银行发放贷款的目的是通过收回本息获取利益，而不是为了行使担保权。换言之，行使担保权只是挽回损失的手段，而不是银行的目的。所以，只要行为人没有还本付息，银行就遭受了财产损失。

学生：老师的意思是，银行有没有财产损失，应当以行为人诈骗既遂时作为判决时点，而不是将以后的某个时刻作为判断时点。

张明楷：是的。我再讲一个案件，其实是一类案件。被告人甲是很多企业的实际控制人。甲专门瞄准一些老年人，让老年人把房子给甲做抵押向银行贷款，贷款的资金给甲的企业使用或直接转走，企业再给老人们一定的回报，如按 6% 的比例给予回报（若贷款 1000 万元，老人们一年就可以收到 60 万元的回报）。老人们还住着这些房子，觉得很划算，但是房子都拿去做了抵押，有时候还会有第三方为贷款合同做担保。贷款到期后，甲未能归还，银行就要行使担保权，变卖老人们抵押的房产。对这样的案件，有的地方司法机关认定为贷款诈骗罪，有的地方司法机关则认定为集资诈骗罪或者非法吸收公众存款罪。对这样的行为认定为犯罪是没有问题的。主要涉及究竟谁的利益受到损失，刑法要保护谁的利益的问题。你们觉得对甲的行为应该定什么罪呢？

学生：按老师的观点，应当认定为贷款诈骗罪，银行是被害人。

张明楷：我很不赞成有房产之类的担保，就既不构成贷款诈骗罪，也不构成骗取贷款罪的观点。换言之，不能认为只有采取重复担保、虚假担保等情形骗取贷款的才构成贷款诈骗罪。除了《刑法》第 193 条明文规定的构成要件行为之外，我还要讲两点：第一，贷款诈骗罪属于借款诈骗，其核心的欺骗行为是隐瞒不打算归还贷款的内心事实，至于编造借款理由都是次要的。只是由于隐瞒不打算归还贷款的内心事实难以判断，才需要有外在的事

实证明行为人内心不打算归还贷款。第二，在现实生活中，许多
行为人都是通过欺骗他人为其贷款担保，本案也是如此，银行行
使抵押权，拍卖了老人们的房子收回了本息，最终就没有损失
了。可是，这不就是通过让老人们遭受损失的办法使得甲无罪
吗？这显然不合适。凭什么可以通过让第三人遭受损失的方式来
认定行为人无罪呢？

学生：因为许多学者认为，认定甲对老人们的合同诈骗罪就
可以了。

张明楷：甲对老人们的合同诈骗罪也是成立的。其实，当甲
使用欺骗方法让老人们将房屋用于抵押时，房屋的价值就减损
了。如果银行行使抵押权，老人们没有房屋了，就遭受了重大财
产损失。但认定甲的行为对老人们构成合同诈骗罪，并不能直接
否认甲的行为对银行成立贷款诈骗罪。甲事实上实施了两个行
为，既欺骗了银行的相关人员，也欺骗了老人们，当然触犯两个
罪名。

学生：现在一些案件很有意思，很多人不愿意承认自己是被
害人。在我们所讨论的这类骗担保后再骗贷款的案件中，向银行
提供房产担保的老人们也不愿意说自己是被害人。

张明楷：是的。有的地方之所以没有认定为贷款诈骗罪，而
是认定为集资诈骗罪，是因为行为人从多家银行骗取了贷款，而
多家银行的贷款都是公众的存款，所以认定为集资诈骗罪。但这
样认定明显不合适，因为行为人毕竟没有直接欺骗向银行存款的
公众，只是对银行工作人员实施了欺骗行为。

学生：其实，一些银行工作人员也知道行为人通过欺骗手段使老人们将房屋作抵押，但仍然发放贷款。

张明楷：这是事实问题，不排除这种现象，银行工作人员声称不知道真相就可以行使抵押权。如果银行工作人员知道行为人是通过欺骗方法使老人们提供抵押，就没有权利行使抵押权了，甚至和行为人一起构成对老人们的诈骗罪。

学生：如果银行是贷款诈骗罪的被害人，而老人们是合同诈骗罪的被害人，银行还可以行使担保权吗？

学生：应该是可以的。

张明楷：银行正是因为遭受了财产损失，才通过行使担保权挽回损失。

学生：如果认为贷款诈骗罪是对整体财产的犯罪，那么，我的疑问还是前面说的：如果银行能行使担保权，怎么能说银行有损失呢？因为银行行使担保权后，整体上看就没有财产损失。

张明楷：这就要看怎么认定财产损失。前面提到过，你只是看最终谁遭受财产损失，而不是站在行为时或者行为人犯罪既遂时谁遭受财产损失。如果只是看最终谁遭受财产损失，那还要看法院怎么判决。这可能不合适。不仅如此，如果只看谁最终遭受财产损失，还要看银行是否行使抵押权。如果银行不行使抵押权，行为人又获得了银行贷款，却不构成犯罪，这就更奇怪了。

学生：还有银行不行使抵押权的吗？

张明楷：当然有。比如，小公司贷款时找资金雄厚的大公司提供担保，大公司是银行的重要客户，银行希望大公司在自己公司贷款。小公司不能偿还贷款本息时，有的银行不会向大公司行使抵押权，因为得罪了大公司就丧失了大客户。

学生：银行在这个时候就承诺了自己的财产损失。

张明楷：但这不是结果发生前的承诺，是行为人不能归还贷款后不行使抵押权，不能用被害人同意或者承诺来解释。从这样的案件就可以看出，只要行为人不归还本息，银行就遭受了财产损失。而不是说，只要银行能行使抵押权，就没有财产损失。

学生：如果银行不行使抵押权，就应当直接要求行为人归还本息。

张明楷：你这么说当然没有问题，但问题是，贷款诈骗罪的行为人怎么可能有钱归还本息，这些人要么跑路了，要么就把钱花光了；如果有钱归还本息他就不构成贷款诈骗罪了。在这种情形下，如果认为银行不是贷款诈骗罪的被害人，只有老人们才是合同诈骗罪的被害人，由银行行使担保权后挽回财产损失，会导致弱者的财产反而得不到刑法的保护，这可能不合适。

学生：但在这种情形下，如果都不让银行行使担保权，银行万一亏空了，公众的存款都存在银行里，公众不是也要遭受损失吗？

张明楷：你这个说法属于滑坡论证。就我们所讨论的这个案件而言，将银行作为贷款诈骗罪的被害人，不可能导致银行亏空。而且，将银行作为贷款诈骗罪的被害人，与将老人们作为合同诈骗罪的被害人并不矛盾。

学生：如果是这样的话，银行的行长肯定不同意。

张明楷：我觉得从刑法上说，认定甲的行为对银行构成贷款诈骗罪与对老人们构成合同诈骗罪是没有问题的，至于是实行数罪并罚还是按牵连犯处理，则是另外一回事。就具体案件而言，主要是在民事上应当如何处理的问题。例如，在本案中，银行能否行使担保权从而挽回损失；在银行挽回损失的过程中，是否要保护老人们的财产利益以及保护到何种程度。这要以民法的规定为根据。不过，在刑法学者眼里，民事审判显得比较形式化，比如，"套路贷"问题在一段时间愈演愈烈，一个原因是民事判决认定借款人要还钱。形成了民事判决认定"套路贷"是合法的，而刑事判决认定"套路贷"是犯罪这样的局面。

案例 55　信用卡诈骗罪（数额的计算）

陈某多次实施信用卡诈骗行为，其中恶意透支 200 万元，冒用他人信用卡诈骗数额 40 万元，信用卡被冒用的被害人为刘某。

张明楷：司法解释对信用卡诈骗罪中"恶意透支型"与其他信用卡诈骗行为规定了不同的数额标准。"恶意透支型"信用卡诈骗行为的"数额较大""数额巨大""数额特别巨大"的标准分别 5 万元、50 万元以及 500 万元；其他信用卡诈骗行为方式的数额标准对应规定为 5000 元、5 万元、50 万元。那么，本案陈某的信用卡诈骗罪的数额应该是多少？两种数额可以进行折算吗？可以的话，应该如何折算数额？

学生：在司法实践中，有的法院按照有利于被告的原则进行折算，将冒用他人信用卡的诈骗数额计算为恶意透支型信用卡诈骗的数额，也就是恶意透支240万元。

张明楷：问题是，这种折算方式如何说理呢？人们完全可以提出这样的疑问：谁损失了240万元？如果折算成恶意透支240万元，信用卡被冒用的被害人刘某的损失怎么办呢？折算的根据是什么？

学生：司法解释对毒品犯罪也规定了对数量进行折算。应该说，就毒品数量进行折算是可以的，这种情况下并不会涉及对应到哪个被害人的问题。

张明楷：当然可以说，只是就折算而言，并没有否认信用卡被冒用的被害人刘某的财产损失。但为什么冒用他人信用卡的40万元不是折算为400万元的恶意透支呢？

学生：如果这样折算，就相当于认定陈某信用卡诈骗600万元，但事实上银行也不可能让陈某退还600万元。

张明楷：当然不可能让陈某退还600万元，只是按恶意透支型信用卡诈骗600万元量刑而已。

学生：老师，既然冒用他人信用卡诈骗40万元已经符合了"数额巨大"的标准，能否按照类似于并罚的量刑方式进行处理？也就是说，先分别就恶意透支200万元与冒用他人信用卡诈骗40

万元量刑，再进行量刑上的并罚。

张明楷：你的意思是，先就不同的信用卡诈骗行为进行量刑，再实行数罪并罚吗？

学生：实践中，同种数罪都不会并罚的。

张明楷：并罚倒不是不可以。问题是，在司法实践中，这种有不同数额规定的犯罪会并罚吗？而且，并罚的量刑效果并不具有确定性，有时候并罚可能比折算量刑要重，有时候并罚则可能比折算的量刑要轻，所以，难以提炼出一个通用的规则。

学生：老师，有没有可能将折算数额的量刑，与分别量刑后并罚的情形作一个对比，然后将其中的一种量刑作为一个底线标准，提炼出来的标准是不是就可以起到轻罪封锁的作用？

张明楷：问题是，以哪一个作为底线标准呢？按理来说，将数额进行折算应该是比较公平的。例如，按照司法解释的规定，冒用信用卡诈骗 40 万元相当于恶意透支 400 万元；反过来说，恶意透支 200 万元就相当于冒用他人信用卡诈骗 20 万元。这种折算方式总体上来讲，灵活性小一点，折算起来也算比较公平。也就是说，只是在量刑的时候，对不同类型的信用卡诈骗数额进行折算，但在定罪的时候，还是分别说明不同类型的信用卡诈骗数额。这样的话，在定罪的时候，就可以比较清楚地说明恶意透支型与其他类型信用卡诈骗行为所对应的被害人是谁。而在量刑的时候，就没有必要再追问信用卡诈骗行为具体对应的被害人了。

学生：可不可以这样来确定一个规则：先按折算后的总额量刑，看量刑应当是多少，再分别量刑实行并罚，看量刑应当是多少。然后最终的量刑不得低于其中较低的那个量刑，不得高于其中较高的那个量刑。

张明楷：你说得很有道理，但操作起来可能过于灵活。比如，如果按折算后的总额量刑是 8 年有期徒刑，而按分别量刑后的并罚量刑是 10 年有期徒刑，为什么不是直接决定 8 年的有期徒刑，而是可以判处其间的 9 年有期徒刑呢？

学生：确实有这个问题。

张明楷：既然司法解释规定的数额可以折算，恶意透支的数额只是相当于其他信用卡诈骗的十分之一，那就很好折算，直接按折算后的总额量刑就可以了。这个折算与毒品犯罪的折算也是一样的。

案例 56　假冒注册商标罪（罪与非罪的区分）

刘某没有经过商标权人的同意，在国内制作假冒他人注册商标的商品，并将假冒注册商标的三种商品都直接出口到伊拉克销售。伊拉克跟我国就商标保护问题没有签署任何条约。

张明楷：刘某的行为构成假冒注册商标罪吗？

学生：按照《商标法》的规定，这种行为是不侵权的，而且伊拉克跟我国就商标保护问题并没有签署任何条约。商标实行的是注册保护原则，只有国家之间签署相关的条约，相互承认在本国注册的商标在签约国也受到保护，才不允许假冒他人注册商标。

张明楷：假如说，生产假冒注册商标商品的厂家甲的商标标识，是从非法制作假冒商标标识的厂家乙处采购的，厂家乙构成非法制造、销售非法制造的注册商标标识罪是没有疑问的，生产并销售假冒注册商标商品的甲的行为怎么就无罪了呢？

学生：因为乙的销售地在国内，而甲的销售地在国外，而且，该国与我国没有相互承认在本国注册的商标受到保护。

张明楷：按照销售地在不在国内去判断罪与非罪，是不是太形式化了。伊拉克的注册商标在中国没有注册，中国人可以随便制造，但是不能反过来说，中国人注册商标的商品在卖到伊拉克的时候，中国人也可以随便制造。比如说，伊拉克有一款杯子外观设计很特别，但没有在中国注册，中国人在中国境内制造的，当然不构成犯罪。但现在是反过来的，制造假冒注册商标商品的人在中国，而该被假冒的注册商标也在中国注册了，怎么能因为是销售往伊拉克就无罪了？为什么卖到一个签署了条约的国家，就可能涉嫌侵犯知识产权犯罪呢？

学生：因为没有侵犯本国的市场与消费者的权益。

张明楷：销售到签署了相关条约的国家，难道不也是没有侵犯其市场与消费者的权益吗？行为人将假冒注册商标的商品销售给与中国签订相互条约的国家，也没有侵犯本国市场消费者的什么权益。

学生：只要是签署了相关国际条约，国家之间就会相互承认对方国家的市场也是本国的潜在市场。

张明楷：但是，现在伊拉克是实实在在的市场，而不是潜在的市场。

学生：在商标的保护上，一般都是认为，只有签署了条约，才会存在侵权与保护的问题。

张明楷：这样的商标保护实在太形式化了。商标的确是有双重意义，有公众性，但是也不能否认商标权人的利益。

学生：这个案件中，商标权人有什么损害呢？尤其是当商标权人并没有计划销售往伊拉克的情形下，他没有任何损害。

张明楷：从客观的层面看，商标权人本来是可以销售往伊拉克的，而且伊拉克人也是奔着这一商标的商品而采购的，但是行为人却抢先一步销售了假冒注册商标的商品。即便商标权人一开始没有计划销售往国外市场，但国外市场也是商标权人潜在的市场，商标权人也有可能向国外销售注册商标的商品。

学生：我觉得，侵犯知识产权的犯罪，还应该是有被害人的犯罪。

张明楷：这一点没有疑问，我也认为侵犯知识产权罪是对个人法益的犯罪，而不是对公共法益的犯罪。但这种侵犯商标权的案件，很多情况下都是假冒了比较有名的商标。很明显，本案中，伊拉克正是想要这个商标的商品，才向假冒注册商标商品的厂家采购。

学生：这个案件案发是商标权人报案的吗？如果是，那我觉得应该是侵犯到商标权人的利益了，如果是行政执法过程中发现的，尤其是商标权人自己也不在意的情形，就没有必要用刑法去规制。

学生：这种情况的不法程度应该是降低了，因为这种行为只是侵犯了商标权人的利益，而没有侵犯知识产权行政管理秩序。

张明楷：也就是说，在这种情况下没有侵犯本国公民（消费者）的利益，但问题是商标法上认为这种情况下不存在侵权，这我就难以理解了。既然是对个人法益的犯罪，既然假冒注册商标后将商品在国内销售或者销售给与我国签订了相关条约的国家，侵犯了商标权人的利益，就不能说，假冒注册商标后将商品销售给与我国没有签订相关条约的国家，就没有侵犯商标权人的利益。我个人主张这种情况还是应该定罪的，毕竟，行为人没有经过商标权人许可，并且在同种商品上使用与他人注册商标相同的商标。

学生：这种情况可以评价为情节严重吗？能不能将行为的认定分为两个层次，首先分析是否对消费者存在侵犯行为，然后再去反推认定这一侵权行为与前置法是否存在冲突。

张明楷：如果按照你的这种说法，具体个案中还必须去调查买到假冒注册商标商品的人是否真的被骗，换句话说，必须排除知假买假的情况。比如，甲准备买两箱茅台送人，商户告知库存的茅台都是假茅台，甲并不在意茅台真假而依旧购买。能否说，甲知情购买所以商户销售假冒注册商标的茅台的行为就没有侵权呢？假冒注册商标的行为虽然通常会侵犯消费者的利益，但对商标权的侵犯则是对商标权人的利益的侵犯。所以，司法机关认定行为是否构成假冒注册商标罪时，根本不会调查消费者是不是知假买假，不会去考察个案的消费者的利益是否遭受损失。即使消费者知假买假，假冒注册商标的行为也侵犯了商标权人的利益，也会认定为假冒注册商标罪。

学生：是不是可以从《商标法》的角度来说明一下，因为《商标法》也侧重保护商标的识别性，也就是，消费者可以通过商标来识别商品。往伊拉克销售假冒注册商标的商品，对于伊拉克的消费者来说，可能并不会对原商标权人产生误解。

张明楷：这个不一定。比如说，本案是伊拉克的厂家买入假冒注册商标的商品，你不能说厂家对于商标是真是假就完全不关心。

学生：厂家关心的标准跟消费者关注的标准是不一样的。

张明楷：厂家也是普通消费者。比如说，申请了注册商标的大型机械，很多情况下都是厂家购买，厂家不也是消费者吗？不能从伊拉克的厂家是否关心商品是否存在商标侵权去判断。换句话说，不能说商标权人自己完全不存在值得保护的利益。

学生：但是，这个案件中的商标权人，确实没有在伊拉克作出任何有助于提升其商标品质的努力，所以，这个商标在伊拉克并不存在被保护的根据。

张明楷：实际上，从保护商标的角度看，根本就不应该要求商标权人需要在世界各国申请注册商标，商标才受保护。

学生：但事实上也不是要求商标权人必须向各国都去申请注册商标，只要是签订了相关条约的国家，也都是相互承认注册商标的保护。

张明楷：问题是，这个所谓国家之间签署相关条约是国家行为，商标权人根本没有办法参与。如果商标权人所在国没有签订相关条约，就要求商标权人必须自行去申请注册商标，这难道不是增加商标权人的负担吗？当然，我只是凭着朴素的法感情来发表意见，对商标法的基本理论缺乏了解。但这个案件的处理就是有两种意见，一种观点主张无罪，另一种主张构成假冒注册商标罪。

学生：老师，有一个关于商标淡化的问题。现在市面上有很多雪地靴，都标着 UGG 的品牌。我自己了解了一下，这个 UGG 在澳大利亚实际上不是品牌，而是指某一种雪地靴，所以，这里存在商标淡化的问题。在商标淡化的情况下，这种市面上在售的标着 UGG 品牌的雪地靴是否还成立侵犯知识产权的犯罪呢？

学生：如果 UGG 商标已经变成通用商标的话，在商品上使用 UGG 品牌，是不应该成立犯罪的。

学生：问题是，UGG 在美国申请了 UGG（Australian）注册商标。

学生：一旦商标变成通用商标，在国家之间应该就很难受到保护了。之前 84 消毒液也是一个牌子，但是后面使用这个标识的人多了，84 消毒也就变成通用商标了，也就是任何人都可以将消毒液标为 84 消毒液。

学生：现在市面上在售的标着 UGG 品牌的雪地靴，标价在 300 元左右，成交量很大，甚至超过真正 UGG 品牌的商品销售量的十几倍。这种销售行为难道不构成商标侵权吗？

学生：如果是这种售价的话，不可能导致消费者产生误解。换句话说，只要不是使用美国注册的 UGG（Australian），销售或者制作单纯使用 UGG 通用商标的商品的行为，是不构成商标侵权的。

张明楷：一旦变成通用商标，实际上也可以认为，这个"商标"就变成一类商品的通用名称了，而不是值得保护的商标了。

学生：通用商标确实是变成了一类商品的名称，但是在国内的消费者的理解中，还是会认为 UGG 是一个商标。

学生：这实际上也是商标权人自己的问题。如果最早使用这个"商标"的人，在发现很多人使用这个"商标"时，没有作出诸如诉讼等保护"商标"的努力，一旦普遍化且经历一定的时间，这个"商标"就不太可能受到保护了。

张明楷：刚刚讨论的那个往伊拉克销售假冒注册商标商品的案件，如果说行为人不成立销售假冒注册商标的商品罪，将行为人的行为认定为假冒注册商标罪会有问题吗？刑法就此罪的成立也没有要求必须违反商标法的规定。只需要具体在个案中去判断行为人是否经过授权许可，是否在同一种商品上使用与注册商标相同的商标。

学生：这个罪名的追诉标准要求销售金额在 5 万元以上，但是行为人是销售往伊拉克的，并没有在国内销售，因而不满足入罪条件。

张明楷：刑法条文与司法解释并没有限定只能是在国内销售的销售额。可以用一个例子来说明一下。乙非法制造假冒的注册商标标识，并出售给甲制作假冒注册商标的商品，甲制作后自己不售卖商品，而是交给丙去售卖，丙将甲假冒注册商标的商品销售往伊拉克。按照司法解释的规定，"非法经营数额"是指行为人在实施侵犯知识产权行为过程中，制造、储存、运输、销售侵权产品的价值，也就是说，假冒注册商标罪的成立并不要求实际销售。如果按照商标法的理念，即便不能认定丙的行为构成销售假冒注册商标的商品罪（因为商品销售往伊拉克），但也可以将甲、乙均认定为假冒注册商标罪吧。因为这一行为就发生在国内，而不是发生在国外。回到我们刚刚讨论的案件，即便严格按照商标法的规定，不考虑行为人将假冒注册商标的商品销售往伊拉克的事实，也可以将其假冒注册商标的行为认定为犯罪。

学生：明白老师的观点了。

张明楷：再讲一个案例。甲将从正规厂家收购的废旧机器设备翻新后，以二手货价格出售给乙，乙直接将其冒充正品新品出售。我们首先讨论一下甲的行为是否构成犯罪？有的人认为甲的行为构成假冒注册商标罪，你们同意这种看法吗？

学生：甲的行为不构成犯罪吧。因为甲只是翻新了废旧机器，而且是以二手货价格出售给乙，乙也知道是二手货，不能认为甲的行为成立假冒注册商标罪。

学生：可能有人认为，甲出售的二手货不再是原商品制造者制造的商品，却使用了原制造者的商标，所以是假冒注册商标罪。

张明楷：这样认定是不是过于形式化了，而且导致翻新行为无论如何都构成犯罪。也就是说，如果翻新后仍然保留原来的商标，人们以翻新后的商品不是原来的商品为由认定甲的行为属于假冒注册商标。那么，如果翻新后不保留原来的商标，换上甲自己的注册商标，人们以翻新后的不是甲制造的商品、只是甲翻新的商品为由，认定甲的行为构成生产、销售伪劣产品罪。于是，翻新废旧商品的行为无论如何都构成犯罪，这是不是不合适呢？

学生：这个可能还得具体看一下甲收购废旧机器的情况、收购的价格还有翻新的程度等，如果收购时就是按照废品价格交易的，废旧机器的厂家显然就没有将附着的商标也一并进行交易，也就是废品交易不会涉及商标的转移。这种情况下，甲如果是简单翻新即出售给乙的话，也可能构成假冒注册商标罪。

张明楷：实际上，只要甲不是将废旧机器进行重新生产，也就是说没有做实质性的改造，这种情况还是不应该认定为假冒注册商标罪的。否则，像校园内收购二手单车修整后再出售的，岂不是都构成本罪了？

学生：现在，有的人收购了某个品牌的二手手机后，进行修理或者换一个壳，然后出卖，有的地方就认定为假冒注册商标罪。

张明楷：我觉得这样的认定不合适。行为人只是修理了手机或者换了一个壳，这个手机当然不能换商标，因为基本的或者主要的部件还是原来的，怎么能说假冒注册商标呢？

学生：手机厂家会控告，声称行为人所出卖的手机与自己生产的手机不同，却使用了自己的商标，所以，有的地方将行为人的行为认定为假冒注册商标罪。

张明楷：即使行为人的行为违反了商标法，也只是行政违法的问题，不能认定为假冒注册商标罪。行为人不可能换上其他商标，购买人也会看二手手机是什么品牌，但购买人也知道二手手机换过部件，不能认为行为人的行为欺骗了消费者。

学生：我也觉得甲的行为不应当成立犯罪，但乙的行为成立犯罪没有问题。

张明楷：乙将二手货当作正品新品出售，可能构成犯罪。

学生：如果乙的销售金额达到了 5 万元以上，则构成销售伪劣产品罪。

张明楷：是的，不应当认定为销售假冒注册商标的商品罪。

案例57 合同诈骗罪（与诈骗罪的关联）

行为人甲到乙那里租车，车辆价值 5 万元，每天租金 300 元，甲提前支付了押金和一个月的租金（合计 1 万元）后，把车开走了。此时，甲是真想租车自己使用的。一个月后，甲因为缺钱用就把车抵押给丙，向丙借了 3 万元，当时也没有想着不还款。甲和丙约定：如果一个月不还款，车就由丙处置。甲伪造了乙的转让书，并编造乙在外地、车没有过户等一系列理由，丙信以为真，就出借 3 万元给甲。甲本来还想着还款，后来发现赚钱太难了，就产生了不归还借款的想法，跑到了外地。一个月之后，丙多次联系甲发现联系不上，借款要不回来，就想把停在自己后院的车处置掉。随后，乙发现车并未按时归还，便联系甲，同样联系不上，于是通过 GPS 查看，发现车长时间没有移动的轨迹。乙觉得有问题，便通过 GPS 定位，发现车停在丙的后院里，随即把车开回。

张明楷：本案中的乙其实是租车公司，我们就简称为乙。类似这样的案件并不少见，但对行为人的行为构成几个罪总是有争议。

学生：我觉得，甲在履行租车合同的过程中产生了非法占有目的，所以构成合同诈骗罪，合同诈骗的对象是车，车的价值是 5 万元；后来甲在履行抵押合同的时候又不想还款了，又产生了非法占有目的，如果定合同诈骗的话，诈骗对象就是向丙借的 3 万元。这样一来，是不是能认定为包括的一罪呢？

张明楷：这个案件哪里有合同诈骗呢？租车的时候甲是想还车的。如果签订合同的时候没有欺骗，那么必须在履行合同的时候再有一个欺骗行为，才能定合同诈骗罪。在履行合同的过程中，单纯不履行合同义务，没有另外实施欺骗行为的，不可能构成合同诈骗罪。如果这个时候甲单纯不还车，最多不就是个侵占罪吗？

学生：如果他在后来的过程中以虚假的理由就一直拖着不想还车呢？

张明楷：要看有没有实施新的欺骗行为，而且这个新的欺骗行为足以使乙产生处分车的认识错误。合同诈骗罪要求"在签订、履行合同过程中"，在履行过程中必须要另外有诈骗行为，或者是在签订的时候就有欺骗行为。如果行为人在签订合同的时候没有欺骗行为，那么他在履行合同的时候必须另外有欺骗行为，否则就不构成合同诈骗罪。甲对乙没有任何欺骗行为，他租车的时候是想按时归还的，而且把一个月的租金都交了，因此他并不成立合同诈骗罪。然后再看甲对丙的行为，他向丙借钱的时候是想还3万元的。虽然他在签订这个合同的时候有欺骗行为，把这个不是自己的车说成是自己的，但是他在向丙借款的时候并没有不归还3万元的意思，因此也没有合同诈骗罪的故意与非法占有目的。此后，甲就是单纯的不还借款了，但不还借款也没有对丙另外再实施欺骗行为。我们不能把前面的作假行为和后面的不想还款行为二者简单地加在一起。这样认定犯罪不符合行为与责任同时存在的原则。前面有欺骗的行为，但是没有合同诈骗罪的非法占有目的；后面虽然萌生了不归还借款的意思，但他没有实施新的欺骗行为。这两个行为不能直接嫁接起来整合评价。

学生：如果是在租车的时候就不想还了呢？

张明楷：如果租车的时候不想还车，那么就对出租人成立合同诈骗。问题在于犯罪形态的确定，究竟是未遂还是既遂，还有没有可能是不能犯？如果租车公司有 GPS，行为人无论把车开到哪里都能追回来，那么就难以认定为合同诈骗罪的既遂。如果行为人租了车之后就把 GPS 卸掉，肯定是既遂了。现在有很多人向租车公司租车的时候，也知道如果到时候不还车，租车公司是能把车开回去的，所以他才会用车去做抵押。如果是这样的话，从客观上说他对租车公司有可能是不能犯；从主观上说，他清楚地知道这个车肯定是要被追回去的，认为自己的客观行为不可能使租车公司产生财产损失。当然，这一点会有争议，会有人主张成立未遂犯，也就是说，即使租车公司把车开回去了，行为人也可能成立合同诈骗罪的未遂犯。

学生：万一丙很强势蛮横，乙不通过司法机关根本要不回去，也是有可能的。

张明楷：如果乙要不回车，当然可以说甲的行为构成合同诈骗罪的既遂。但这个案件中的甲对乙不可能成立合同诈骗罪，一方面，他在租车时没有欺骗行为，也没有诈骗故意，后来也没有对乙实施欺骗行为；另一方面，乙将车开回去了，也没有财产损失。所以，需要讨论的是，甲对丙是否成立犯罪。

学生：甲对丙实施了欺骗行为，但是有车作抵押，所以对丙不构成诈骗罪。

张明楷：我觉得甲对丙之所以不构成诈骗罪，不是因为有车作抵押，而是因为他借款时确实想归还，既然如此，他在借款时就没有诈骗的故意与非法占有目的。

学生：但感觉对甲的行为不定罪也不合适。

张明楷：如果你认为对甲的行为应当定罪，而且这个直觉是对的，你就要想怎么解释法条、怎么归纳案件事实才能定罪。先不要担心自己是不是在进行类推解释而不敢解释，而要通过解释得出结论后再回过头来思考自己的解释是不是类推解释。如果你还没有开始解释，就担心自己在类推解释，你的解释能力永远也不可能提高。事实上，如果你确实能作出类推解释，表明你的解释水平就已经比较高了。你们不要误解我的意思，我不是主张类推解释，而是主张先按预判进行解释，使解释结论合理化，再反思自己的解释是不是类推解释。甲的行为涉嫌的只能是财产犯罪，财产犯罪就只有那几个罪，从作为的角度解释不通，就看看有没有可能是不作为；如果说乙是被害人解释不通，就看看丙是不是被害人，反之亦然。我想问一下，甲对丙有没有可能是不作为的诈骗？甲在没有能力归还借款的时候，就应该告诉丙这个车不是甲的，车主是乙。甲不告诉丙，导致丙一直以为车是甲的，于是一直将车放在自己院子里，最终被乙开走。

学生：丙没有处分财产。

张明楷：丙放弃了找甲催还3万元，丙以为自己能够正当地行使抵押权，所以对甲放弃了债权。丙没有要求甲还3万元，只是想着对车行使抵押权，可不可以说是处分财产呢？如果是不作为的诈骗，那么诈骗对象就是3万元债务的免除。丙为什么免除债务呢？因为他误以为自己可以出卖或者得到这辆车，但事实上他不可能出卖或得到这辆车。

　　学生：丙只是想先实现抵押权，如果抵押权无法实现，他还是可以再追回 3 万元的。

　　学生：抵押借款的时候甲、丙约定好了，如果一个月不还钱，车就归丙处置。

　　张明楷：是的，丙以为这个车可以由其处置，所以想到的是卖车。

　　学生：但是，丙对债权并没有处分意思，而且担保权是从权利，债权是主权利。如果丙放弃了主权利（债权），怎么还能行使从权利（担保权）呢？

　　张明楷：我们这里不是讲放弃民法上的债权，而是讲诈骗罪中的骗免债务。也就是说，这个时候丙不打算让甲还 3 万元现金了，而是打算通过变卖车来挽回自己的损失。

　　学生：这能说是"免除债务"吗？

　　张明楷：这里说的免除债务指的就是丙不要求甲归还 3 万元现金，而是通过卖车来行使自己的债权。这不是民法意义上的免除主合同的债务，但可以成为诈骗罪中的骗免债务。当然，以上只是说如果要定诈骗罪，可以围绕不作为去思考，我也不是说上述分析就一定正确。如果要对甲定罪，还有别的什么解释方法吗？

　　学生：似乎也可以构成侵占罪。

　　张明楷：如果是侵占，那么侵占的对象只能是乙的车；甲以使第三者（丙）所有为目的的侵占。这是另外一个思路了，刚才的思路是针对 3 万元现金或债权。当我们说侵占车的时候，这个数额应该是 5 万元。如果乙公司的车要不回去，那么，认为甲对车成立侵占罪是可以说得通的。但问题是，乙公司把车开回去了，那么，甲对车的侵占罪就成立不了，因为只有丙遭受了损失。如果说是对 3 万元的侵占，那也不合适，否则借钱不还的全部都是侵占了。

学生： 对丙的 3 万元不可能构成侵占。

张明楷： 刚才分析不作为的诈骗罪时，我们是说甲有义务告诉丙自己抵押的这辆车不是自己的。但是，即使甲告诉了丙也没用，即使甲告诉了丙，乙还是会把车开回去，没有结果回避可能性。

学生： 如果像多数说那样，承认利用正当行为也成立间接正犯，有没有可能认为甲是利用乙盗窃了那辆车呢？

张明楷： 利用正当行为的间接正犯，不太符合逻辑。我们平时都要实施正当行为，我们也会利用正当行为，怎么我利用正当行为就成犯罪了呢？另外，这个是不是和原因中的违法行为有类似的地方？

学生： 似乎不太一样。本案中，行为人是利用了前面合法的租车行为。

张明楷： 甲把车作为自己的抵押物仍然是违法的。所以，甲是利用了自己的违法行为。

学生：是的，甲在产生不还借款的想法的时点，才有主观故意，然后利用之前没有故意的违法行为。问题是，如果要认定甲对丙构成犯罪，那么骗取贷款罪的行为人后面实施的行为不都得定罪了吗？也就是说，即使行为人提供了担保，但是担保有瑕疵而导致担保权人不能实现担保权，也是构成犯罪的。

张明楷：如果担保本身就是骗来的，我主张至少定骗取贷款罪，甚至是贷款诈骗罪。

学生：担保没问题，但是基于身份等欺骗担保权人，导致担保权不能实现。骗取贷款的时候是想还钱的，但后面不想还了，我感觉就跟现在讨论的这个情况差不多。

张明楷：就是利用了自己先前使丙不能行使担保权的状况，而且这个状况又是自己造成的。也就是利用了自己先前的违法行为，导致丙遭受到财产损失。所以，感觉不定罪不合适。

学生：如果说甲是利用先前的违法行为，不就实质上否认了行为与责任同时存在原则了吗？

张明楷：我们现在考察的是甲后面的利用行为。

学生：这就是颠倒的原因自由行为。

张明楷：也可能需要一个新的概念来处理这类案件。

学生：比如"承继的诈骗"？在行为人有非法占有目的的时点，利用了自己之前创造的让被害人损失财产的状态。

张明楷：还是要看后面实施的是什么行为。

学生：不作为。

张明楷：像这种情况，要是规定了类似于国外的伪造文书罪，那就定一个伪造文书罪（伪造私文书）就行。但我国没有这类罪名，所以，就只能去考虑是不是成立财产犯罪了。总的来说，按照现有的理论，认定甲的行为构成诈骗罪、合同诈骗罪或者盗窃罪，还是有障碍的。

学生：我顺便讲一个合同诈骗罪的案例。被告人徐某注册成立了一个A公司，A公司从事钢材、金属材料机械制品的购销业务。2013年下半年起，A公司采取类似期货的模式销售钢材，即以低于市场时价300元到700元/吨的价格，与客户签订钢材销售合同，预收全额货款，约定一个月或者一个半月交货。交货的时候，只有市场钢材价格大幅度下跌，A公司才能盈利。后来，因为钢材价格总体持续上涨，所以A公司除了少数时段盈利以外，大多数时段都是高买低卖做赔本生意。截至2016年11月，A公司已经亏了数千万元。接下来的2016年12月到2017年1月的一个月时间内，徐某在明知A公司严重亏损，没有实际履行合同能力的情况下，继续编造信息说自己有关系，能够买到某钢材集团的低价钢材，低价引诱用户签订钢材销售合同，收取了30多家客户的预付货款共8000余万元，用于填补公司的亏空。到2017年1月，A公司的资金链断了，没有办法履行合同。A公司账上只有70万元，徐某将70万元转入自己的个人账户，再转给妻子。

张明楷：2016年12月以前的行为肯定不构成犯罪吧？

学生：是的。

张明楷：2016 年 12 月以后的行为构成合同诈骗罪有什么疑问吗？徐某 2016 年 12 月以后没有向合同对方提供钢材吧。

学生：没有提供钢材，没有办法履行合同。

张明楷：等于 8000 多万元的合同都没有履行。而且，知道自己没有能力履行合同，却仍然与对方签订合同，构成合同诈骗罪应当没有争议。

学生：从定罪角度来说，没有讨论价值。

张明楷：我觉得这样的问题，在犯罪学方面可能需要好好研究一下。我发现很多这样的案件，原本只是欠款或者只是民事纠纷，但行为人为了归还欠款或者为了解决民事纠纷，却采用犯罪的手段，不知道这些人怎么想的。在本案中，徐某在 2016 年 12 月以后通过签订合同收取了 30 多家客户预付货款共 8000 余万元，用于填补公司的亏空。我就一直想不明白，公司亏空就让它亏空，只不过是欠债而已，为什么要通过合同诈骗填补公司亏空呢？我以前跟你们讲过一个案件，行为人欠他人 7000 万元的债务，某天行为人发现被害人电脑上的银行账户与 U 盾等没有退出，就趁被害人上卫生间时将 7000 万元转给自己的债权人。我也难以理解，为什么行为人通过这种盗窃手段来还债？你们对这类犯罪可以从犯罪原因的角度研究一下。

有度

一切皆有法　一切皆有度

刑法的私塾（之四）（下）

张明楷 编著

北京大学 出版社
PEKING UNIVERSITY PRESS

目 录

详　目

下　册

第十堂　侵犯公民人身权利、民主权利罪

第十一堂　侵犯财产罪

第十二堂　妨害社会管理秩序罪

第十三堂　贪污贿赂罪

第十四堂　渎　职　罪

第十堂
侵犯公民人身权利、民主权利罪

案例58　故意伤害罪（构成要件行为的判断）

被告人高某，男，20岁，1979年高中毕业后在家务农。1982年8月21日，高某去木匠万某家找万某的徒弟高某甲催讨欠款。万某出面要求被告人再延缓几天。在万家做客的李某钧也对被告说"再延几天"。被告人说"今天非要不可"。于是，双方争执起来并互相谩骂。当天，高某在生产大队代销店对本队青年朱某虎说要找几个人打死李某钧。说话时，李某钧也走到代销店附近。高某发现后，一边叫朱某虎守着，一边跑回本队，欺骗青年高某远说李某钧打了他，邀高某远一同去打李某钧。李某钧见状逃跑。高某与高某远边追边喊"抓强盗"。沿途一些不明真相的群众也跟着追赶。追了两里多路，李某钧被逼在小河边。小河河面宽20余米，最深处约3米。李某钧见追的人越来越多，逼得越来越近，即蹚水过河。高某仍向对岸的人喊："抓强盗，别让他跑了！"对岸的人亦不明真相，纷纷拿起禾叉或鱼叉呐喊助威。李某钧一再向人群申辩"我不是强盗"，众人不信。最后，李某钧由于体力不济沉入水下。有几位会水的人纷纷下水抢救。高某在群众指责下与高某远下河打捞，终未能捞起沉下水的李某钧。

张明楷：这是旧刑法时代的案例。当时对于此案中高某的行为构成什么罪有四种不同意见：（1）类推适用刑法关于故意伤害罪的规定，定故意伤害（致死）罪；（2）流氓罪；（3）间接故意杀人；（4）过失致人死亡。这些不同意见是以前的观点。我们现在觉得定故意伤害罪似乎没有太大的问题，但以前对于这个结论，认为只能类推适用才能得到，这说明了什么问题？

学生：习惯了类推适用。

学生：是不是不存在故意伤害行为？行为人只是一直在追被害人，后面也没有肢体接触，感觉可以定过失致人死亡罪。

张明楷：过失致人死亡罪的实行行为是什么？

学生：行为人的追逐，以及利用他人无故意的行为把被害人逼到了绝境。但我认为行为人是间接故意，不是过失致人死亡。

学生：属于间接故意吗？河水深 3 米，还挺深的。被害人已经在逃跑了，行为人还继续喊抓人进而逼他跳河，认定直接故意也没有问题吧。如果是间接故意的话，伤害行为就不好认定了。

张明楷：在讨论是否构成故意伤害罪之前，我先问一下，能不能认定为非法拘禁致人死亡？

学生：非法拘禁致人死亡的结果归属条件更严格，还不如认定为过失致人死亡罪。

学生：其实行为人的行为也符合非法拘禁致人死亡的条件的。行为人把被害人拘禁到河中，然后被害人被淹死了，这还是符合结果加重犯的直接性要件的。

张明楷：如果认定为非法拘禁罪，着手是什么时候？

学生：感觉死亡结果还好认定一点，主要是拘禁行为的认定有问题。

张明楷：被害人要站在某个地方，但行为人不让他站在那里，于是追赶被害人，与被害人想跑到某个地方，行为人不让他跑到某个地方去，只能站在原地，这两者有区别吗？

学生：感觉有区别，既然被害人能跑走，说明他的身体活动是自由的。

张明楷：可是被害人没有跑到某个空间的自由。

学生：行为人的这个追赶行为就是非法拘禁行为吗？

张明楷：如果行为人追到了之后要殴打被害人，是认为追赶行为没有达到拘禁的着手，还是追赶行为本身不是拘禁行为？

学生：当多人在追赶被害人的时候，被害人的身体活动自由确实会受到很大的限制。

学生：可是非法拘禁要剥夺自由，仅是限制自由还不算非法拘禁，除非把被害人围在人群中。

学生：剥夺自由就是指身体活动没有选择余地。如果被害人只有一条路的话，能认为被害人有选择余地吗？

学生：有选择余地不是指选择逃跑，而是选择跑或者不跑。

学生：这么说来，所有追赶人的情形，只要被害人有一条路可以跑，行为人就不可以成立非法拘禁？

张明楷：没有路可跑是非法拘禁。只有一条路可跑就不是非法拘禁了吗？

学生：在只有一条路可跑的情况下，不就相当于将被害人拘禁在这条路上了吗？

学生：我认为朝着伤害行为去解释更合适，而且结论比非法拘禁更能让人接受。这是因为，如果真的朝着非法拘禁去解释，那么砍伤被害人使得其腿脚不便无法动弹的，或者必须住院一个月的，似乎都可以称之为拘禁行为，但这个范围就太广了。

张明楷：把被害人腿脚砍伤使其不能动弹，其实也是非法拘禁，只不过这种情形被认定为故意伤害罪了。你们见过将追赶他人认定为非法拘禁罪的判例吗？

学生：没有见到过。

张明楷：我觉得一直追赶被害人，是有可能构成非法拘禁罪的。因为你们一听这个罪名，就感觉行为的内容是把被害人关在某个地方。可是，法条表述的实质内容是剥夺他人自由。许多人追赶一个被害人，被害人的身体活动自由其实是被剥夺的。不能因为被害人在跑动，就说他有身体活动自由。被害人跑动是行为人追赶造成的，并不是他的自由活动。不过，我们今天还是要重点讨论前面讲过的，如何认定被告人的行为构成故意伤害罪。

学生：行为人对被害人没有身体接触，认定伤害行为比较困难吧。

学生：可是，在行为人追赶被害人逼其跳下山崖的情况下，即使没有身体接触，也不能否定伤害行为。

张明楷：是的，即使没有身体接触也可能有伤害行为。例如，行为人将药给他人吃，他人吃后身体出现问题了，行为人的行为也可以构成故意伤害罪。但问题是，本案追了两里多路，不能说被害人因为被追赶而形成了身体伤害，只是因为落水才会形成伤害。

学生：追赶被害人这个行为本身没有造成伤害，但是把被害人追到了河边，使其只能跳下水，这与把被害人追到悬崖边，被害人只能往悬崖下跳是一样的。

张明楷：被害人往河里跳本身也不是一个伤害结果，在河里溺水死亡就是死亡结果，但不可否认这个死亡结果就是追赶行为造成的。

学生：但是很奇怪，对于同一行为，客观上能认定为杀人行为，却不能认定为伤害行为。

学生：因为我们一般说的使用有形力的伤害，实际上是相当于判断了一个内化为行为属性的危险现实化。但是，比如行为人把被害人逼到一个悬崖上，或者说行为人在极寒天气把被害人带去山谷，导致被害人被冻死的这种情况，我们实际上把一个独立行为的一个外部形状作为了被判断的素材，所以说这样的行为其实是可以认定为伤害行为的，是行为内在的危险和外在的危险结合的情形。

学生：就像把被害人放到了一个真空的地方，他自然会死亡一样。

学生：并且，伤害行为本身没有定型性，我们很多时候讲伤害行为，其实是从因果关系、从结果往前推的，如果这个行为有导致结果发生的相当性，我们才会认为这个行为是伤害行为。

学生：故意伤害罪本身就是个纯粹结果犯，并没有要求所谓的举止不法，这和强奸或者抢劫等还不太一样，所以从归责来看，这个问题实际上是可以解决的。也就是说，追赶他人使他人跳进河里是可以评价为伤害行为的。

张明楷：肯定能评价为伤害行为，既然都造成了死亡结果，怎么不可能评价为伤害行为呢？只不过因为被害人已经死亡了，司法机关就不鉴定伤害结果了。死亡都要经过伤害这个过程的，所以，凡是能评价为杀人行为的，也都能评价为伤害行为。那么，本案能说行为人是故意伤害致死吗？

学生：行为人逼被害人到河里的行为还不是一个严重的暴力伤害，所以认定故意伤害致死这个结果加重犯还有问题。因为不是行为的内在的危险导致，而是结合了外在的情况，所以这个案件就很难符合结果加重犯的直接性要件。

学生：也就是说，结果加重犯的加重结果介入了一个被害人的因素？换言之，基本犯可能没有介入被害人的行为，但是结果加重的过程中介入了被害人的行为？

学生：是的，我觉得对直接性要件的解释是，行为本身的危险导致死亡结果的才符合直接性要件，结合外在的条件难以认定直接性，实质上就否定了结果加重犯。

学生：可是，什么叫外在因素呢？伤害行为这种不定型的行为，本身就要利用很多周围的环境、工具等。

学生：我的意思就是，确实没有看到一个很明显的追赶行为与伤害结果间的直接性关联，行为人是打算追到了之后再实施相关的伤害行为。因此，不能认定追赶行为本身实现了死亡结果。

张明楷：是不是要考虑一下构成要件的提前实现？

学生：是的，如果定故意伤害罪的话，伤害结果是什么？难道要定故意伤害未遂吗？

学生：事实上也有伤害。就算不认定为伤害，但被害人的死亡肯定会先经历一个受伤的过程。

学生：可是，如果认为死亡结果要作为故意伤害罪的既遂结果来评价的话，那一个结果不就评价了两次吗？也就是说，一个死亡结果既要评价为伤害结果，又要评价为过失致人死亡的结果，故意伤害怎么可能跟过失致人死亡想象竞合？只能定过失致人死亡罪吧。

张明楷：利用特定的环境追赶他人造成的伤害，认定为故意伤害是没有问题的。但这个案件的障碍在于：第一，很难说行为人特意要利用危险的环境造成伤害结果，因为行为人是想把被害人追到了之后教训被害人。第二，认定为故意伤害的话，就感觉又存在一个构成要件提前实现的问题。比如，能不能认定伤害行为已经着手了呢？追赶的时候究竟有没有伤害的实行故意呢？如果把淹死作为伤害结果的话，怎么去判断故意呢？我记得，日本有判例认定，在很危险的河边打人，导致人家落到河沟里死亡了，也是定伤害致死罪，这样认定没问题。因为前面的行为就是伤害行为，而且附近的环境很危险。但我感觉本案好像又没有达到那种程度，所以觉得有障碍。

学生：也就是说，在这个时候，外部的环境使一个在通常情况下不会被评价为伤害的行为变成了伤害行为吗？

张明楷：行为人总是在一定的环境下实施行为。特别是当行为人利用了特殊环境的时候，不仅能评价为伤害行为，而且能肯定伤害故意。

学生：虽然行为人确实不是刻意把被害人赶到水里，但是当被害人已经在水边快要掉下去的时候，行为人还进一步追赶，从这个时间点起，是不是可以认定有伤害故意呢？另一方面，就像老师讲的，按照一体说和分阶段说，对一个行为可能会有不同的结论。

张明楷：如果不能认定死亡结果与追赶行为具有直接性关联，就不能认定为故意伤害致死，只能认定为故意伤害罪与过失致人死亡罪的想象竞合，如果说伤害程度难以判断，认定为过失致人死亡罪，最高也能判处 7 年有期徒刑。如果说在致人死亡的场合，不能认定为故意伤害致死，是不是可以都按故意伤害致人重伤处理？

学生：应当可以按故意伤害致人重伤处理，因为死亡都经过了伤害，而且肯定经过的是重伤害。

张明楷：我也觉得可以这样评价。

学生：老师，我们刚刚讨论构成要件提前实现的时候，需要判断伤害行为有没有着手。我们现在所说的伤害行为应该不是指行为人追到之后打被害人的行为，而应该是行为人把被害人逼到河里面的行为，这个行为就已经是一种伤害行为了，那么，伤害行为当然是已经着手了。

张明楷： 我是觉得，在构成要件提前实现的时候，要考察提前实现的行为能不能评价为一个伤害行为。如果能评价为一个伤害行为，那当然就没问题了。就像打算先喂他人安眠药，之后再实行相关行为，结果安眠药给多了。在这个时候本来就已经着手了，因为投放安眠药的行为本身也是伤害行为。当然，将把被害人逼到河里的追赶行为认定为伤害行为，也没有问题。即使认为追赶行为本身还不是伤害行为，但在被害人落入水中时认定为伤害行为的着手，也是可能的。主要是伤害故意还存在疑问。

学生： 其实，伤害的故意挺好认定的，只要把它跟暴行的故意区分开，能确定它不是暴行的故意的话，基本上就是伤害故意。

张明楷： 这个问题可能与把故意作为责任要素还是违法要素的问题相关。比如，行为人现在想打人，把被害人打伤，那就有伤害故意。我是要先看行为人是不是有伤害行为、是不是造成了伤害结果，再判断行为人对他已经造成的结果有没有伤害故意，这样判断结论肯定就不一样了。不能说只要事先有个伤害的想法就是有伤害的故意了，那只是一个事前的犯意而已。如果认为这个案件有伤害故意，那么就是，行为人想的是抓住被害人之后再去伤害他，于是他就去追赶被害人。可是，如果行为人的追赶行为就导致被害人的伤害，如被害人不是落在河里了，而是摔了一跤就骨折了，那能认定行为人具有伤害故意吗？

学生：这时候还要判断行为人追赶被害人的行为激烈不激烈，判断被害人摔伤异常与否。

学生：当知道自己的追赶会使得被害人十有八九跳下水里，我认为可以认定有伤害的故意。

张明楷：如果跳下去了没有受伤的话，说伤害故意有什么用呢？另外，如何解释行为人后来下水去捞被害人呢？

学生：行为人不一定是为了救被害人，可能是捞上来继续打。

张明楷：你这个解释对被告人太不公平了吧。至少应当承认行为人是不希望或放任被害人死亡的。

学生：其实问题的关键是在于，逼一个人下水是不是十有八九会造成伤害结果，至于上来之后是否有继续殴打的行为是另一个问题，现在要着眼于逼人下水的行为。

张明楷：在司法实践中，对于逼人下水的行为，一般都不讨论是否构成伤害，而是会讨论是否构成杀人。对于死亡的情形，都不太会去鉴定哪些部位受伤，除非有其他特殊的伤口。比如，砍了他人几刀之后将其推入河中，司法实践会鉴定死亡的原因是砍伤还是溺水。

学生：在司法解释中有溺水的规定：轻度是指溺水者有窒息的临床表现及体征，在血液及内脏中，都有窒息的轻度表现，颈部、胸部、皮肤出现中间大小的紫蓝色瘀点和瘀斑。这样看来是有可能成立故意伤害的。

　　张明楷：一般人可能对于溺水的了解没那么具体，但通常都会知道可能有死亡的危险。既然知道可能导致死亡，就可以回过头来说其也知道行为可能导致伤害。

　　学生：以前为什么会认为故意伤害是类推？

　　张明楷：以前，会认为这种情况没有伤害行为，对于伤害的理解限于拿棒子打、拿刀砍等，认为追赶人的行为不是伤害行为。由此看来，刑法理论与司法实践现在的解释能力提高了。

　　学生：故意伤害和过失致人死亡的想象竞合有可能存在吗？

　　张明楷：我觉得有可能。这取决于对故意伤害致死的结果加重犯是不是采取一种严格的态度，对一般的过失致人死亡和对故意伤害导致的过失致人死亡中的结果归属采取什么样的条件。更为严格的限制是要重点考察是否属于伤害行为本身高度危险的现实化，如果是的话那就认定为故意伤害致死，如果不是的话便只能成立故意伤害罪与过失致人死亡罪的想象竞合。所以，在理论上还是有这种可能的，但在日本的判例中不太可能，因为日本基本上不作这样严格的限定。

　　学生：对于我们刚才说的案例，即把被害人带到悬崖上，结果被害人踉跄掉下悬崖，存在两种可能。一是被害人已经在悬崖边上，踉跄坠崖是一个高度盖然性的结果。二是双方离悬崖很远，被害人自己跑到悬崖旁不小心坠崖了。对于后一种情况，被害人的死亡能不能归责于行为人的前行为？

　　张明楷：你设想得过于简单，如果被害人完全具有离开悬崖的能力的，估计连故意伤害罪也难以认定。在这样的案例中，被害人的身体、心理状态特别重要。

　　学生：被害人受伤，疼痛难忍，不小心滚下悬崖这种类似的介入因素是很正常的，但是又达不到行为人支配了被害人必须这么做的直接性程度。此时，我认为就可以定故意伤害和过失致死的想象竞合。

　　张明楷：有可能的。比如，伤害行为把被害人的眼睛给打瞎了，由于周围没有人，行为人离开后，被害人朝前走时摔下去了导致死亡。这就可能是故意伤害罪与过失致人死亡罪的想象竞合。

　　学生：关于直接性要件有两种观点：一种观点是，一定要归属于基本行为蕴含的危险；另一种观点是，加重结果一定是要由前面的基本结果进一步恶化导致的死亡。

　　张明楷：其实不一定是第二种观点必然导致故意伤害致死的成立范围就更窄，也可能第二种观点能认定为故意伤害致死，按照第一种观点反而不能认定。

　　学生：一般会认为第一种观点认定的范围更广。

　　张明楷：伤害结果本身导致死亡，不是说因为眼睛看不见跳下去死了，而是说因为眼睛受伤治不了，感染病毒等而死亡。

　　学生：如果想限缩结果加重犯的范围的话，其实第二种学说是比较合适的。

张明楷：在日本，平野龙一老师持这个观点，但是日本判例基本上不用这个观点。德国也有学者主张此观点。

学生：但是，眼睛受伤而摔死和被害人太慌张而判断失误摔死，可能还是不一样的。前一个还可以说行为人的伤害行为作用力还在持续。我记得德国有一个判例，行为人在房间里对被害人施暴，被害人被打蒙了，跑到窗边呼救，结果摔下去了，但摔下去的原因并非自己不小心或者情绪激动，而是因为当时他脑子已经被打蒙了。这个案件被认定为故意伤害致死。我的观点是，情绪激动的案例中更倾向于认定为想象竞合，但是打瞎的情况下可能定故意伤害致死比较合适。

学生：就刚才讨论的案件而言，我认为从被害人落水之时起就可以评价为有伤害故意了，还是可以认定为故意伤害致死的。

学生：可是欠缺伤害结果，认定为故意伤害致死会有疑问。

学生：就算在直接性要件上采取危险性说，故意伤害致死也会经历一个有伤害结果的阶段，我觉得能认定为故意伤害致死。

学生：德国有一个经典判例：行为人想用枪砸被害人，结果一不小心扣动了扳机将人射死。这个案件也被认定为故意伤害致死。

张明楷：我对德国的这个判例有点疑问，感觉认定为故意伤害罪与过失致人死亡罪的想象竞合可能好一点。就我们今天讨论的案件来说，我觉得认定为故意伤害罪是没有疑问的，只是能否认定为故意伤害致死存在疑问，如果不能认定为故意伤害致死，就是故意伤害罪与过失致人死亡罪的想象竞合。因为故意伤害致死罪的法定刑过重，再加上直接性要件也不一定具备，追赶行为本身的危险性也不是那么高，所以，我还是倾向于认定为故意伤害罪与过失致人死亡罪的想象竞合。

案例59　强奸罪（在公共场所当众强奸）

某日晚 18 时许，王某与同事傅某、刘某等人在某酒店包厢饮酒吃饭后，一起到由王某联系的酒店服务员即被害人吴某预订的该酒店 KTV 包厢，与被害人吴某等继续饮酒。后王某利用其同事醉酒不注意，趁被害人吴某醉酒而瘫坐在沙发上之机，将吴某的裙子、内裤脱掉对其实施性侵。当晚 22 时 50 分许，当酒店楼面主管韩某推门进入该包厢欲征询客人对酒店服务意见时，发现并制止奸淫行为，韩某通知工作人员到场后报警。同日，公安机关在该包厢抓获王某。

张明楷：在公共场所当众强奸的，加重法定刑的根据是什么？在公共场所当众强奸到底是导致基本犯的法益受到了更严重的侵害，还是说另外又侵害了一个新的法益？

学生：我觉得是侵犯了新的法益。

张明楷：新的法益是什么呢？

学生：应当是社会安全感之类的社会法益。

张明楷：如果这样解释，强奸罪的基本犯侵犯的是个人法益，而在公共场所当众强奸的加重犯侵犯的是社会法益吗？

学生：老师，我觉得在公共场所当众强奸的情形下，被害人的羞耻感加重，受伤害的程度也会更加严重，所以要加重法定刑。

张明楷：你说的受伤害是指什么受伤害？

学生：不是指身体受伤害，而是羞耻感受到了严重伤害。

张明楷：羞耻感应当归类到哪一种法益呢？隐私权、名誉权还是其他法益？即便是侵犯了名誉权，也不至于法定刑提高到现在这样的程度吧。因为侮辱罪、诽谤罪是对名誉权的最典型的侵犯，但法定最高刑也只有 3 年有期徒刑。在公共场所当众强奸的，如果毁损了被害人的名誉，将法定刑提高到 15 年就足够了，为何法定最高刑是死刑呢？我一直认为，性的羞耻心不是刑法上的保护法益。在有的场合，即使侵害了性的羞耻心，也不应认定犯罪的成立；反之，在有的场合，即使没有侵犯性的羞耻心，也应认定犯罪的成立。

学生：能否认为是基于预防必要性大的考虑呢？一般实施犯罪偷偷摸摸也就算了，公然实施的话就有必要着重预防了。

张明楷：预防必要性大，是指一般预防必要性大还是特殊预防必要性大？

学生：我觉得，一般预防与特殊预防的必要性都大。

张明楷：这样说可能比较空洞。我们通常讲某种犯罪的一般预防必要性大，是指实施这种犯罪的人比较多，比如盗窃罪。说某个犯罪人的特殊预防必要性大，是根据这个犯罪人的相关情况得出的结论，不可能从构成要件与加重要件上说某个罪的特殊预防必要性大。有没有可能认为，在公共场合当众实施强奸行为，实际上是以现场示范的方式向公众传授犯罪方法，因而有必要加重处罚？毕竟，传授犯罪方法的法定最高刑也是无期徒刑。但我不认为在公共场所当众强奸就是传授犯罪方法。我国刑法理论的通说一般认为强奸罪基本犯保护的法益就是性行为自主权，那我们能说，在公共场所与非公共场所实施的强奸行为，对性行为自主权的侵犯程度不一样吗？在公共场所也好，在非公共场所也好，都是侵犯了性行为的自主权，你们认为有区别吗？

学生：公共场所实施强奸的话，被害人获救的可能性反而增大了。

学生：像我国这种传统文化底蕴深厚的国家，性行为的不可公开性是不是被更为看重呢？

张明楷：性行为非暴力、非公开，这是个原则。公然猥亵侵犯了性行为不得公开的这样一个性行为秩序，但公然猥亵在我国就不构成犯罪。一个普通强奸罪加上不受处罚的公然猥亵，不可能导致法定刑加重。

学生：如果不能从不法加重的角度来讲，有没有可能从责任加重的角度来讲呢？

张明楷：行为人"居然敢在公共场所肆意妄为"表明他责任加重吗？

学生：是的。可是，在不法程度本身并未显著提升的场合，难以单纯因为所谓的责任大就提高法定刑吧。

学生：在公共场所当众实施强奸行为，意味着会有很多公众看到一个妇女的法益处于一种特别脆弱的状态，因而加剧了对妇女的法益侵害。

张明楷：使多数公众看到了强奸或者强制猥亵行为本身，为什么会加剧对被害人性的自主权的侵犯呢？至多只能说加剧了对被害人的名誉或者隐私的侵犯吧。

学生：老师，我觉得从保护法益角度解释不通这个问题。我的印象中，曾根威彦教授在《刑法原论》一书中，花了大量的篇幅讲刑罚的正当化根据，他采取了包括家长保护主义在内的多种范式进行综合考虑。

学生：美国学者范伯格，也是综合了包括家长保护主义、危害原则等十几种情形加以分析的。

张明楷：家长保护主义跟法益保护虽然在某些情形下可能存在冲突，但并不必然冲突。再怎么综合，也无非是从不法、责任以及预防必要性这三个方面去考虑法定刑的加重根据。家长保护主义与在公共场所当众强奸的法定刑加重，也没有什么关系吧。

学生：老师，性自主权是一个身体的实体法益，还是偏向人的主观性质的精神法益？我觉得，对性自主权的侵害，似乎是综合了身体上的物理性以及精神上的伤害。如果说精神上人的主观感受，就像被不同程度侮辱、诽谤那样，能被人感受出来的话，对性自主权的侵犯也可以有程度之分。

张明楷：性自主权具有经验的实在性，作为保护法益是没有问题的。问题还是在于，能否说在公共场所当众实施强制猥亵或者强奸的时候，对性自主权的侵犯程度就加重了？

学生：老师，能否作这样一种解释，就是性自主权的内容包括公共场所的性自主权与非公共场所的性自主权？

张明楷：应当说性自主权包括拒绝在公共场所实施性行为的权利与拒绝在非公共场所实施性行为的权利。也就是说，被害人对在公共场所的性自主权被侵犯持更为反对的态度。

学生：但也不能排除，少数人反过来对在非公共场所的性自主权被侵犯更为反对。

张明楷：讨论在公共场所当众强奸或者强制猥亵的法定刑加重根据时，是必须解释为什么在公共场所当众实施强奸或者强制猥亵的行为对性自主权的侵犯程度更为严重，还是把性自主权的内容具体化，从而将其中的部分内容作为更重要的法益来考虑？比如，私密空间的性自主权与公共场所的性自主权虽然都是性自主权的内容，但后者比前者重要。那后者为什么更重要呢？

学生：强奸罪保护法益中的性自主权其实就包括了和谁发生关系，在哪里发生关系，以及以什么方式发生关系等内容。强奸罪基本犯的保护法益就涉及这些内容，既然如此，为什么在公共场所当众实施的就可以加重法定刑，确实有点难解释清楚。

学生：在公共场所聚众斗殴同样也是加重了法定刑，是不是也不好理解呢？

张明楷：这个好解释一点，聚众斗殴毕竟是属于侵犯公法益的行为，在公共场所聚众斗殴的话肯定更为严重地扰乱了公共秩序。而且，聚众斗殴罪中的公共场所的界定，在范围上应该也比强奸、强制猥亵规定的公共场所要窄一点。比如说，行为人在公共汽车上打架，未必就能认定为在公共场所聚众斗殴。也就是说，对聚众斗殴罪中的公共场所应该限制一点去解释。刑法条文中涉及在公共场所实施进而加重法定刑的犯罪有多个，但除了强奸、强制猥亵侵犯的是个人法益之外，其他的大多是对诸如公共管理秩序之类公法益的侵犯。

学生：刚刚提到的被害人同意的内容包括场所、时间、方式等，那只是一个判断是否同意的资料而已。被害人不同意在公共场所发生性关系，也只是判断被害人是否同意的标准。被害人不同意发生性关系，通常是指不同意在私密空间发生性关系，在公共场所当众强奸妇女，则进一步侵犯了妇女不同意在公共场所发生性关系的自主权，因此不存在加重情节重复评价了强奸罪基本犯的内容的问题。

张明楷：对在公共场所当众强奸或者强制猥亵的行为加重法定刑的根据，最合理的应该还是从更严重地侵犯了个人法益的角度来说明，要么就是说对基本犯的法益侵害加重了，要么就是说侵犯了其他的个人法益。在我国刑法没有规制公然猥亵的情况下，将一个公法益加进来就说不通。

学生：诈骗罪现在似乎也是变为一种侵犯社会法益的犯罪了，现在的处罚范围也扩张了很多。

　　张明楷：诈骗罪的危害确实大于盗窃罪，但成立诈骗罪不要求侵犯公共法益，不能将事实强加于规范。还是回到刚刚讨论的在公共场所公然强奸与强制猥亵的问题。井田良教授对性的自主决定权有一个解释，就是对身体的隐私部位的性侵害行为的防御权。据此能否得出这样的结论，看到对被害人性侵害行为的人越多，被害人的性自主权的侵害就越严重？实际上，近几年日本刑法学界提出很多有关于性犯罪保护法益的新观点，但似乎对构成要件也没有产生什么影响。无非就是要降低对暴力、胁迫的程度的要求。与此相关的另外一个问题，刑法特别规定的奸淫幼女情形以及猥亵儿童罪的保护法益究竟是什么？奥地利刑法的通说认为猥亵儿童罪的保护法益是性的完全性或者完整性，但没有看到相关的解释。你们能理解什么叫性的完全性或者完整性吗？

　　学生：是不是从家长主义的角度来理解的呢？

　　张明楷：奥地利刑法理论对此的理解，跟日本刑法理论的解释不太一样。前者认为对儿童的性犯罪的保护法益并不是性行为的自主权。日本刑法和我国刑法都承认儿童也具有这种性行为的自主权，但是由于儿童不能正当行使，所以不存在所谓的同意就有效的问题。而德国刑法理论大多将保护法益归纳为儿童的综合性成长不受到性行为的侵害。德国刑法所说的儿童综合性成长跟我们传统观念讲的儿童的身心健康似乎有点相似。而我们一般意义上理解的猥亵儿童的行为，也都必然是侵犯了儿童身心健康的行为，不仅包括身体上的，也包含了心理上的健康。

　　学生：老师，井田良教授提到的性的自主权讲的是免于身体私密领域遭受性侵害的防御权，怎么从我阅读的范围看，好像就是他本人提到过而已。这个防御权是什么意思呢？防御对应的是攻击，那就是说存在性侵害时的防御权吗？

张明楷：这确实是井田良教授个人的观点，但日本也有学者赞成。提出防御权的初衷可能是想扩大强奸罪的处罚范围，但其实也不一定就扩大了处罚范围。按照现在的认定趋势，只要他人不同意，就不能对其实施性行为，否则就成立犯罪。这个跟我们之前提到的是否违反了他人意志的判断标准相比较，会扩大处罚范围吗？另外的一个问题，儿童没有行为能力，将儿童的性的自主权作为保护法益合适吗？

学生：这个是行为能力与权利能力的区别吧。但是，权利对应的就是行为的自由，说儿童有性的自主权不合适吧。这个权利能力更应当从基本人权的意义上去讲，这时候就不需要考虑他实际上能不能作出一种意思表达。

张明楷：对儿童而言，那还不如回到最早的一种说法，所谓性的不可侵犯的权利。成年人的话，存在同意与否的问题，但是儿童的话就不涉及是否同意，因为这种权利是不可侵犯的。

学生：老师，如果承认儿童有性的自主权的话，到底是加强了对儿童保护，还是削弱了对儿童的保护？

张明楷：其实在现实中根本就没有考虑这一点，现实中的考虑就是无论儿童同意与否都不能对儿童实施性行为。但成年人就不一样，既然是成年人，同意则有效，所以这个性的自主权是没问题的。但由于无论如何都不能对儿童实施性行为，将对儿童的性犯罪的保护法益表述为性自主权是不是不太合适？进一步的问题是，如果我们认为强制猥亵和猥亵儿童的保护法益不一样，强奸罪和奸淫幼女的保护法益也不一样，那在公共场所当众实施的为什么都可以加重法定刑？

学生：因为公共场所所有人都可以自由进出，在这种场所对女性性自主权的侵犯，导致其他女性在公共场所的不安全感会加剧，其他女性对进出公共场所也就会产生恐惧心理。

张明楷：这对于解释妇女是被害人的情形可能是一个理由，但强制猥亵的对象不限于妇女，还有男性，应当不至于说导致公众不敢去公共场所，至多只能说不敢去偏僻的地方。

学生：司法实践可能不关注加重法定刑的理由是什么，但会考虑量刑是否与罪行相适应的问题。

张明楷：司法实践迄今为止对于在公共场所当众实施性侵行为的案件，主要存在三种处理方式。第一种处理方式是，只要在公共场所实施强奸或者强制猥亵行为，就作为加重犯适用加重的法定刑。这种处理方式导致一些案件的量刑畸重。比如，根据这种观点，在公众场所当众摸了一下女孩的胸部，就要处5年以上有期徒刑。第二种处理方式是，从事实上否认行为符合"在公共场所"或者"当众"的要求，仅认定为基本犯。比如，我们今天讨论的这个案件，一审法院认定为在公共场所当众强奸，判处10年有期徒刑，但二审法院改判为7年有期徒刑，改判的理由是，王某实施强奸犯罪的KTV包厢系由王某租订，在该段时间内仅王某及其朋友可以出入，以及酒店服务人员依职可以出入，其他人无权随意出入该包厢，故王某在其租订的KTV包厢内的消费期间，该地点不属刑法意义上的公共场所。而且，王某在实施强奸行为时，其朋友都睡觉了，王某的行为也不属于当众强奸。但这种处理只适用于确实不在公共场所当众实施性犯罪的情形，如果确实在公共场所当众实施的，这一处理方式就行不通了。第三种处理方式是将"在公共场所当众"评价为基本犯的构成事实。这主要是就强制猥亵与猥亵儿童的犯罪而言。比如，有的案件是行为原本构成强制猥亵罪，但为了避免处罚过重，而将"在公共场所当众"实施综合评价为基本犯的构成事实。有的案件是，行为原本仅属于《治安管理处罚法》上的猥亵行为，但由于行为人"在公共场所当众"实施，便将该加重情节评价为基本犯的构成事实。比如，被告人陈某独自在上海市某路附近闲逛时，见12周岁的初中生余某独自一人背着书包行走，即上前搭讪，之后搂抱余某，隔着羽绒服抚摸余某胸部。余某挣脱，陈某又上前搂抱，再次隔着厚重衣服抚摸余某胸部后离开。检察机关认定陈某构成猥亵儿童罪，应当以"在公共场所当众猥亵"加重处罚，认为一审法院判处陈某2年有期徒刑系适用法律错误，拟提出抗诉。但上级检察机关认为，"在公共场所当众猥亵"可以作为入罪条件，一审法院判决并无不当。

学生：是不是要分成两个问题来讨论，一个是以公然方式实施的加重处罚根据是什么？另外一个是加重处罚的幅度应该是多大？

张明楷：我们今天讨论的在公共场所当众性侵的案件，都是加重的法定刑幅度较大的情形。如果说加重法定刑的幅度较小，比如在公共场所当众强奸的加重法定刑为15年以下有期徒刑，则完全可以从侵犯了隐私权、名誉权这些角度去解释。但由于法定刑为 10 年以上有期徒刑、无期徒刑或者死刑，所以就出现了需要讨论的问题：为什么基本犯与加重犯的保护法益是一样的，法定刑却相差如此之大？是因为性行为自主权的内容不同，还是对性行为自主权的侵犯程度不同，抑或另侵犯了其他法益？可以肯定的是，被害人更不愿意在公共场所遭受性侵害。在这个意义上来讲，在公共场所当众实施就对被害人的性自主权的侵害更严重。

学生：对性自主权的侵害，是只存在有无的关系，还是说存在一个程度上的差异？老师的意思是存在程度的差异。

张明楷：就行为是否构成犯罪的角度来讲，凡是违反被害人意志的，都侵犯了被害人的性自主权。或者说，只要是被害人不同意的，被告人的行为就构成犯罪。在确认了强制猥亵罪、猥亵儿童罪的保护法益的前提下，在公共场所当众实施的性侵行为，是否加重了对他人性行为自主权与对儿童的性的不可侵犯权的侵害，我倾向于肯定回答。

学生：按照老师的观点，如果行为人实施的猥亵行为原本只是违反《治安管理处罚法》的行为，但由于在公共场所当众实施该猥亵行为，就可以评价为强制猥亵罪或者猥亵儿童罪的基本犯，是这个意思吗？

张明楷：是的。在行为侵犯的保护法益相同的情形下，可能将加重情节变更评价为基本犯的情节，从而使基本犯得以成立。也就是说，对在公共场所当众实施这一加重情节，可能变更评价为基本犯的构成事实。这一结论不太适合于强奸罪，但适用于强制猥亵罪与猥亵儿童罪，应当没有什么问题。一方面，对他人性行为自主权和儿童的性的不可侵犯权的侵害程度，取决于性行为的内容、方式、时间、场所等内容。在国外与我国，对强奸罪与强制猥亵罪的保护法益的表述相同，都是性行为自主权。可是，在我国刑法中，强奸罪的法定刑明显重于强制猥亵罪。之所以如此，是因为强奸罪与强制猥亵罪的性行为自主权中的"性行为"的内容不同。按照一般人的观念，狭义的性交行为与普通的猥亵行为的内容不同，所以，对性行为自主权的侵害程度不同。基于同样的理由，在强制猥亵罪中，相对于在隐蔽场所的性行为而言，被害人更加反对的是在公共场所的性行为。所以，在隐蔽场所实施性行为与在公共场所实施性行为，对被害人的性行为自主权的侵害程度也不同。既然如此，在隐蔽场所实施猥亵行为与在公共场所当众实施猥亵行为，对儿童的性的不可侵犯权的侵害也存在区别，即后者更为严重。另一方面，虽然猥亵儿童罪的保护法益是性的不可侵犯权，但这一法益只是阻挡层的法益，保护这一法益的目的是为了保护儿童的健康成长不受性行为的妨碍，或者说，禁止行为人通过性行为妨碍儿童的健康成长。但刑法不可能设立一个无法确定外延的妨碍儿童健康成长罪，只能将妨碍儿童健康成长的典型行为或者类型性行为规定为犯罪。我们应当看到儿童的性的不可侵犯权背后的真实利益。也就是说，凡是通过性行为对儿童的健康成长造成更严重妨碍的，就更严重地侵犯了儿童的性的不可侵犯权。即使在非公共场所对儿童实施的猥亵行为，都会严重妨碍儿童的健康成长，在公共场所当众实施的猥亵行为，更加严重妨碍儿童的健康成长。这是因为，猥亵行为会对儿童心理造成严重伤害，而知道与可能知道的人越多，对儿童的心理造成的伤害就越严重。如果猥亵行为本身很轻微，原本不构成犯罪，但因为在公共场所当众实施，就会导致不法程度加重，因而使原本不构成犯罪的猥亵行为成立强制猥亵或者猥亵儿童的基本犯。

学生：老师，今天最开始讨论的那个案件，您赞成二审的改判吗？

张明楷：我觉得二审的改判还是合适的。KTV 包厢不是公共场所，是特定人才可以进入的，不是他人可以随便进入的。

学生：假如不考虑是不是公共场所，行为人实施性侵行为时，在场的人睡觉了，就不属于当众实施了吗？

学生：根据 2018 年 11 月 9 日最高检第十一批指导性案例·检例第 42 号，行为人在教室、集体宿舍等场所实施猥亵行为，只要当时有多人在场，即使在场人员未实际看到，也应当认定犯罪行为是在"公共场所当众"实施。2023 年 5 月 24 日最高人民法院、最高人民检察院、公安部、司法部《关于办理性侵害未成年人刑事案件的意见》第 18 条也规定，在校园、游泳馆、儿童游乐场、学生集体宿舍等公共场所对未成年人实施强奸、猥亵犯罪，只要有其他多人在场，不论在场人员是否实际看到，均可以认定为在公共场所"当众"强奸、猥亵。

张明楷：当众确实不需要在场的人看到，但要求在场的人有看到的可能性，或者说在场的人随时可能看到。在我们讨论的这个案件中，由于其他人都睡觉了，随时看到的可能性较小，不评价为当众也是可以接受的。但在许多案件中，常常会因为其他许多因素影响我们对"当众"的判断，不排除在某些案件中，也可能将其他人在场睡觉的情形认定为当众。

案例60 强制猥亵罪（与侵犯公民个人信息罪的关联）

2017年6月，欧某在一个剧院三楼的公共厕所内，将手机伸到厕所和洗澡房之间的透气窗，拍摄了被害人吴某的裸照及其洗澡的视频。此后欧某再次以同样的方法拍摄到了吴某母亲涂某的洗澡视频。同年12月，欧某通过微信将其拍摄到的两段洗澡视频及截图发给了吴某，以将所拍摄到的视频发到互联网上相要挟，要求吴某自拍裸照和自慰视频发给欧某。吴某拒绝后，欧某继续用淫秽语言骚扰吴某，并将自己的性器官照片通过微信发给吴某，继续威胁吴某拍裸照和自慰视频，吴某再次拒绝并报警，后欧某被抓获。

张明楷：凭直觉就认为对欧某的行为应当以犯罪论处，但欧某的行为成立什么罪呢？

学生：刑法规定了非法使用窃听、窃照专用器材罪，但手机好像不能算是窃听、窃照专用设备。

张明楷：1997年制定刑法的时候，手机没有现在这么多功能，认定为非法使用窃听、窃照专用器材罪有障碍。而且，本罪是对公法益的犯罪，但欧某的行为侵犯的是吴某及其母亲的个人法益。还有其他什么罪可以考虑吗？

学生：强制猥亵罪。

张明楷：欧某的行为能成立强制猥亵罪吗？

学生：有一个指导性案例指出，行为人要求儿童拍摄裸照和敏感部位照片的，应认定为强制猥亵罪。

张明楷：儿童不一样，吴某是成年人。虽然欧某采用胁迫手段要求吴某自拍裸照和自慰视频，但只是要求吴某自拍，欧某并不在场，也没有其他第三者在场，不能评价为强制猥亵罪吧。

学生：我们以前应当是讨论过，这种行为如果发生在德国、日本，成立强制罪，即使用暴力、胁迫方法让他人做没有义务做的事情。但我国现行刑法没有规定强制罪。

张明楷：我们先讨论一下，欧某前面的偷拍行为在我国能定罪吗？

学生：属于非法获取公民个人信息罪？但是成立本罪有信息条数的要求，如果是视频的话，能不能将每一帧算一条？

学生：个人信息的条数只是定罪的一个标准，是一个基础标准，也可以以情节严重作为定罪标准，如果只有一条个人信息，但被用于犯罪，造成严重后果，也是可以定罪的。

学生：是的，司法解释有规定"其他情节严重的情形"。

张明楷：按理说，人的身体信息也可以称之为公民个人信息，但现在都不是这样定义个人信息的。

学生：个人信息是要以电子或者其他方式记录的信息，人脸算是个人信息吗？

学生：人的面部信息其实是最重要的公民个人信息之一。

学生：个人信息一定要有载体。

张明楷：难道能说以自己的脸记录了个人面部信息？

学生：以身体为载体，广义上来说世界上的一切都是信息。

学生：会不会有点太广泛了，这样的话，偷听他人讲话也是非法获取公民个人信息。

学生：有人会认为声音也是个人信息。

学生：如果对载体没有要求，偷听讲话也是犯罪了。

学生：从网上窃取别人照片是非法获取公民个人信息，但是偷拍反而不算非法获取公民个人信息，似乎不太合适。

学生：偷拍也可以成立犯罪，是通过"光"去记录他人个人信息。光在感光设备上成为图像，就形成个人信息了。

学生：但这样是先获取后成立个人信息，在那之前没有个人信息。

张明楷：相关法律是怎么定义公民个人信息的？

学生：《民法典》上的定义是，个人信息是以电子或者其他方式记录的，能够单独或者与其他信息结合识别特定自然人的各种信息。《个人信息保护法》的定义是，以电子或其他方式记录的与已识别或者可识别的自然人有关的各种信息。《个人信息保护法》不要求可以识别特定自然人。

张明楷：一个自然人可以是公民个人信息的载体吗？属于以其他方式记录吗？

学生：也可以说个人信息的记载和生成是同时发生的。

张明楷：窃取或者以其他方法非法获取公民个人信息，是不是要求在此之前就已经存在个人信息了？

学生：《民法典》在定义之后还举例说明，包括自然人的姓名、出生日期、身份证号码等信息。信息不一定要被记录在某个载体之上才算个人信息吧，打听到别人的信息难道就不算获取吗？不是也可以识别特定自然人吗？再比如，非法获取、出售或者提供他人行踪轨迹信息，行踪轨迹信息未必要被记录到一个载体上。

张明楷：对欧某能认定为非法获取公民个人信息罪吗？按一般观念，在欧某偷拍之前，还不存在《民法典》和《个人信息保护法》所定义的信息，是偷拍之后才形成信息。这的确是一个问题。

学生：司法实践也不会认为欧某的行为是非法获取公民个人信息，否则，私家侦探跟踪他人的案件就全部都能定这个罪了。

学生：问题就在于，非法获取个人信息是不是需要这个信息在被获取之前就是被记录的信息，还是说通过获取而变成被记录的信息也可以称为非法获取公民个人信息。比如说钓鱼网站让被害人输入身份证号和姓名等信息，这些信息是在输入后才成为被记录的信息的，能不能认为钓鱼网站就是在非法获取公民个人信息？

学生：在输入完成的同时信息也生成了。

学生：但是逻辑上输入和信息生成不能是同时的，有"逻辑上的一秒"的差距。

张明楷：如果一个人到处打听其他学生的手机号，打听完了就自己记下来，也构成犯罪吗？

学生：需要非法获取，打听手机号不算非法吧。

学生：其实我们现在讨论的不是信息，而是信息的载体。信息的存在是需要载体的。对相关法律规定的"以电子或其他方式记录"不能理解得太狭窄。

学生：是不是要看侵犯公民个人信息罪的保护法益是什么？

张明楷：保护法益是什么其实是比较清楚的，问题是偷拍的行为对象符不符合"信息"这一构成要件要素。如果没有其他法律对个人信息的定义，我们会说身体状况、长相等都是个人信息，但有了其他法律对个人信息的定义后，反而会认为身体状况、长相本身不是个人信息。这就有点奇怪。

学生：我觉得没有载体的那种信息，也可以成为行为对象。

学生：你觉得在我们国家跟踪他人可以成立非法获取公民个

人信息吗？

学生：不可以吧。感觉要拍下来或者记录下来才算个人信息。

张明楷：记录下来本身是不是非法获取个人信息的行为？

学生：被跟踪的人如果行走在公共场合，没有权利要求别人都看不见他，记录在脑子里也算记录吧。

学生：行踪记录是个人信息自决权还是个人信息表露权，是两回事。

学生：自决权包括了表露权。一个人走到哪里，本身就是在向外界表露个人信息。

学生：跟踪更多地是侵犯了他人的安宁。

张明楷：你们两个人讲的侧重点不一样。一个人说的是，跟踪别人就知道别人的行踪了，是从知道别人行踪的角度去讲的。另一个人说的是德国和日本刑法规定的跟踪罪中的跟踪。

学生：假设我国也有跟踪罪的话，那么刚才说的这种情况应该是成立跟踪罪。问题是，跟踪罪能否和非法获取公民个人信息罪成立竞合关系？

张明楷：我觉得这个案件中，欧某的偷拍行为还是不能构成侵犯公民个人信息罪的，因为在此之前不存在以电子或者其他方式记录的信息，否则就违反了罪刑法定原则。也就是说，既然在其他法律中，偷拍行为都不属于非法获取公民个人信息，而在刑法中却构成非法获取公民个人信息罪，这可能不合适。

学生：我认为，信息在被记录于其他载体之前，就是公民个人信息。

张明楷：这么说也是有道理的。比如说，一位教授的资产状况现在没有记录在某个载体上，但我们不能说他没有资产信息，教授是知道他的资产信息的，当然也可能只有他夫人知道。但这个信息还不是侵犯公民个人信息罪中的信息。否则的话，强制猥亵、强奸、绑架也都同时构成非法获取公民个人信息了。尤其是行为人强奸他人还拍照乃至直播的，也同时构成侵犯公民个人信息罪。感觉还是有疑问。

学生：如果说拍照的行为是非法获取公民个人信息，那强制猥亵、强奸行为当然也是。

张明楷：我的意思是，在拍照之前，不存在公民个人信息这个行为对象。所以，在当前，单纯的偷拍行为不仅不能成立强制猥亵罪，也不能成立侵犯公民个人信息罪。强迫他人自拍裸照或自慰视频是否构成强制猥亵罪，以及强行要求他人将自拍的裸照或视频发给自己是不是强制猥亵，倒是需要讨论。

学生：猥亵儿童的案件为什么不存在这个问题？

张明楷：猥亵儿童只需要把淫秽照片给儿童看就够了。儿童跟成人不一样，让儿童自己拍裸照，就相当于强制儿童看淫秽照片，危害了儿童的性的身心成长健康。如果欧某使用暴力、胁迫等方法强行给吴某拍裸照，当然构成强制猥亵罪，但欧某没有这样实施行为。

学生：应该不能算强制猥亵吧。

张明楷：有没有可能认为，强迫他人自拍裸照或自慰视频不构成强制猥亵罪，但强迫他人将自拍的裸照或自慰视频发给行为人或第三者的，构成强制猥亵罪？因为强迫他人自拍裸照或自慰视频时，即使被害人被迫同意，也只有被害人知道，没有其他人看到，而且被害人是否自拍，行为人也不知道。但是，强迫他人将自拍的裸照或自慰视频发给行为人或第三者的，相当于行为人强迫被害人在自己或他人面前裸体站立或者强迫被害人在自己或他人面前自慰，是不是可以认定为强制猥亵罪？

学生：可以定欧某的行为构成强制猥亵罪的未遂犯，因为吴某并没有自拍，也没有将相关照片和视频发给欧某。

张明楷：如果吴某拍了后发给欧某了，欧某就是强制猥亵罪的既遂犯吧。

学生：是的，把自己的裸照发给别人一样会侵害到自己的性的羞耻心。

张明楷：在现代社会，应当承认，是否将自己的裸照等发给他人，也是性自主权的一项内容。如果是这样的话，强迫他人将自拍的裸照或自慰视频发给行为人或第三者的，就侵犯了他人的性行为自主权，应当认定为强制猥亵罪。

学生：能否认为，只要被害人按照行为人的要求拍了照片，行为人就已经强制猥亵既遂了？

学生：还是要发给对方才算既遂吧。

张明楷：我也觉得发给行为人或其指定的第三人才是强制猥

褒罪的既遂。

学生：如果我们拿强奸罪的保护法益做对比的话，强奸罪保护法益是最狭义的性自决权。强制猥亵罪保护的是稍微广义一些的性自决权，至少应该存在一个面对面的性接触。

学生：这样理解的话，视频聊天让被害人拍裸照就算强制猥亵，不是当面拍裸照就不算强制猥亵？

张明楷：我认为视频聊天时强行让别人和自己裸聊的，构成强制猥亵罪，但是让他人私下自己拍裸照的不构成强制猥亵。我再问一下，如果行为人知道被害人以前有自拍的裸照在手机里，用胁迫的手段让对方把裸照发给自己的，是否构成强制猥亵罪？

学生：可以定为敲诈勒索罪吧，照片也是财物。

学生：但是索要裸照不是财产犯罪。

学生：为什么不是？就算照片不是财物，也可以是一种财产性利益。

张明楷：既然我们说强迫他人拍裸照不构成强制猥亵罪，同时认为强迫他人将自拍的裸照或自慰视频发给行为人或第三者的构成强制猥亵罪，对这种行为就不要认定为敲诈勒索罪，还是要认定为强制猥亵罪吧。当然。这样的结论不是人人都能接受的。

学生：德国2016年修改刑法的时候，专门增加了一个性骚扰罪，把那些非面对面的、非重大性的和其他一些可能涉及偷拍之类的行为全部纳入性骚扰罪里面。如果我们国家有性骚扰罪，那就好办了。但是我国没有性骚扰罪，是不是一定要把强制猥亵进行这样扩大的解释，就成为问题。

学生：但是我始终觉得，是否面对面，对于性羞耻心的侵害没有差异。

张明楷：不能认为只要侵犯了性的羞耻心就是强制猥亵行为，还是要侵犯了性行为的自主权才是。

学生：这种网络上传输淫秽照片或视频的行为，对被害人的伤害其实还更大一些。面对面的强制猥亵完成就结束了，但是网络上传输是有记录的。

张明楷：你说的是行为人又扩散传播的情况吗？

学生：无论是否扩散传播，这种行为对性的自尊都有更大的威胁，因为始终存在扩散的危险。

张明楷：但如果只是强迫被害人自拍，一般不会存在扩散的危险。如果强迫被害人把照片或视频发给自己，才存在扩散的危险，所以，将后一种行为认定为强制猥亵罪倒是有可能。但也只是有可能，这取决于如何理解猥亵，尤其是如何理解"性行为"。也就是说，是将性行为限定为肉体行为，还是包括肉体行为之外的与性相关的其他行为。如果包括肉体行为之外的行为，又该如何限定其范围？总不能说强行讲黄段子给他人听也构成强制猥亵罪吧。

学生：如果强迫被害人将裸照等发给自己看是强制猥亵，那么，强迫被害人打开手机把裸照给自己直接看，是不是也是强制猥亵？

张明楷：如果说性行为不限于肉体行为，这个行为可能也是强制猥亵。

案例61 猥亵儿童罪（猥亵行为的判断）

被告人在小学生上学、放学的路上，迎面随机走向10岁到12岁的女生，要么突然用手去抓女生的胸部，要么是用拳头碰女生的胸部。查明的案件有4起，其中，两起确实是抓到女生的胸部，另外两起因为女生躲得快没有碰到胸部。

张明楷：这个案件一审法院认定为在公共场所实施猥亵儿童的行为，判处5年有期徒刑，但二审法院改判为2年有期徒刑。也有人主张，被告人的行为不构成猥亵儿童罪，按《治安管理处罚法》处理就可以了。

学生：这和老师讲的加重情节的作用变更相关联。

张明楷：根据《治安管理处罚法》的规定，猥亵他人的处5日以下拘留，猥亵儿童或者有其他严重情节的，处5日以上10日以下拘留。很多人说，《治安管理处罚法》规定情节严重的猥亵行为才处拘留，所以对刑法上的猥亵行为应当提出更高的要求。当然，各个地方法院的认定与要求是不一样的。辽宁有一个案件，被告人在公共汽车上隔着裙子摸女孩的臀部。法院认定为在公共场所猥亵儿童，判处被告人 6 年有期徒刑。

　　学生：我觉得，对这样的行为适用《治安管理处罚法》处罚似乎就可以了。

　　张明楷：辽宁的这个案件没有说明行为人实施的这个猥亵行为持续多久，如果说时间很长的话，只按照《治安管理处罚法》处理也不合适。还有一个案件，一名男子看到一位女士带着一个小女孩在外面玩，就直接将小孩抱起来，亲吻小孩的额头和脸颊。女士的意见很大，就报了警。

　　学生：对这个行为不能认定为猥亵儿童吧。从一般观念上讲，如果只是亲小孩额头或者脸颊的，都不会认为是猥亵行为吧？

　　张明楷：是的，这个行为估计都不会被认为是违反《治安管理处罚法》的行为，出警人员也觉得不是猥亵行为。但是，那位女孩的家长意见就很大，而且也有不少人要求处罚这名男子。《治安管理处罚法》关于猥亵行为的规定，实际上存在一个问题，因为《治安管理处罚法》关于猥亵行为的规定是在《刑法修正案（九）》之前作出的，当时《刑法》第 237 条表述的是"强制猥亵妇女"，而《治安管理处罚法》关于猥亵行为的规定，有两点明显不同于刑法的规定，一是《治安管理处罚法》上的猥亵行为没有强制的要求，二是猥亵行为的对象不限于妇女，而是也包括男性。后来，《刑法》第 237 条将强制猥亵妇女修改为强制猥亵他人，于是只有前一个区别了。但是，《治安管理处罚法》也规定了猥亵儿童的行为，于是就出现问题了。因为针对不满 14 周岁儿童实施的猥亵行为，即使不具有强制性也构成猥亵儿童罪，于是，《治安管理处罚法》上的猥亵儿童与刑法上的猥亵儿童的差别究竟在哪里就成为问题。此外，刑法没有规定公然猥亵罪，但公然猥亵可能是违反《治安管理处罚法》的行为，这就不存在不协调的问题。

学生：违反《治安管理处罚法》的公然猥亵也就只有在公共场所裸露身体这种行为。

张明楷：这样的规定不规范，欠缺类型性。

学生：应该是只规定了常见的公然猥亵行为。

张明楷：其他的值得规制的公然猥亵行为实际上也不一定罕见。考虑到上述立法背景与现状，就可以理解为什么现在猥亵儿童的认定会出问题。尤其是在公共场所隔着衣服实施的猥亵行为，实务中出现了三种不同的做法：一是按《治安管理处罚法》处理；二是认定为普通的猥亵儿童罪，或者说认定为猥亵儿童罪的基本犯；三是按在公共场所当众猥亵儿童处理，适用加重的法定刑。其中，第三种处理方式的内部也不统一，也就是说，相同的情形有的认定为在公共场所当众实施，有的则不认定为在公共场所当众实施。一个重要原因，是对在公共场所当众猥亵的加重处罚根据是什么，并没有清晰的认识，因而不能从实质上进行判断。这是我们以前讨论过的问题，但以前的讨论也不充分。

学生：我觉得，不管猥亵儿童罪的加重法定刑的根据是什么，将在公共场所隔着衣服触碰儿童胸部的行为认定为猥亵儿童罪的加重犯，明显不合适。

张明楷：我也觉得不合适，所以，二审法院改判为 2 年有期徒刑还是合适的。

学生：但如果说任何猥亵儿童的行为都构成猥亵儿童罪，一审法院认定行为人在公共场所当众猥亵儿童，也没有问题。

张明楷：这主要是因为猥亵行为的外延特别宽泛，从隔着衣服触碰女童胸部，到将手指、物品等插入女童下体内，都被认定为猥亵。但在社会一般观念看来，这两者的差别太大了。如果是后一种行为发生在公共场所，适用加重的法定刑不会有任何争议。但由于《治安管理处罚法》规定对猥亵儿童的从重处罚，所以，一般人与不少学者就会认为，触碰女童胸部的行为只是《治安管理处罚法》规制的猥亵行为，而不是刑法上的猥亵行为。但又由于儿童的家长对此极为反感，强烈要求司法机关严惩这种行为，其他儿童的家长也非常赞成，所以，对这种行为又需要按猥亵儿童罪处理，于是就出现了是按猥亵儿童的基本犯处理还是按加重犯处理的不同观点。

学生：按猥亵儿童罪的基本犯处理，是比较实质地判断不法程度得出的结论，按猥亵儿童的加重犯处理，则是形式地判断加重犯的构成要件得出的结论。

张明楷：可以这么说。如果进行实质判断，那么，当猥亵儿童的行为本身轻微，原本属于《治安管理处罚法》规制的行为，但由于在公共场所当众实施，加重了对猥亵儿童罪的保护法益的侵害，达到了可罚的程度，故应认定为猥亵儿童罪的基本犯。总之，在这类案件中，可以将"在公共场所当众"实施评价为基本犯的构成事实，从而肯定猥亵儿童罪基本犯的成立。但由于这一加重情节已被评价为基本犯的构成事实，就不能适用加重犯的法定刑。这样处理，既有利于保护儿童的法益，也有利于量刑的合理化。

案例62　私自开拆、隐匿、毁弃邮件、电报罪
（行为主体与行为对象的确定）

某快递公司的快递员甲，在投递过程中多次开拆他人购买的水果箱，拿出几个水果吃，然后再将水果箱封好。

张明楷：如果不考虑情节严重与否，这个案件涉及侵犯通信自由罪与私自开拆、隐匿、毁弃邮件、电报罪。快递人员可以评价为邮政工作人员吗？快递的物品可以评价为信件、邮件吗？比如，一箱水果的快递包裹能评价为信件、邮件吗？

学生：快递人员应该不是邮政工作人员，我觉得快递包裹评价为信件并没有什么问题。立法之所以没有采用快递的文字表述，大概也是因为以前没有快递吧。

张明楷：为什么说快递人员不是邮政工作人员呢？实质的理由是什么？

学生：邮政工作人员是在邮政部门工作的人员，快递公司不属于邮政部门，所以，快递人员不是邮政工作人员。

张明楷：邮政是什么意思？

学生：网上是这样解释的："邮政，是由国家管理或直接经营寄递各类邮件（信件或物品）的事业，具有通政通商通民的特点。"

张明楷：这还不能说明快递公司不是邮政部门，因为快递公司也受国家管理，也是直接经营寄递各类邮件的事业，同样具有通政通商通民的特点。

学生：但在一般人看来或者在日常用语中，邮政部门与快递公司还是区分开来的。

张明楷：这一点没有疑问，问题是能否对邮政部门进行扩大解释，使之包括快递公司？

学生：这样解释可能超过国民的预测可能性，因为国民都会认为快递公司不是邮政部门。

张明楷：这倒是一个实质的理由。我觉得一般人都会区分邮政部门与快递行业，不会认为快递公司属于邮政部门。当我们一般人说去邮局时，肯定不是指去快递公司。所以，将快递公司纳入邮政部门会侵害国民的预测可能性。而且，在我们国家，邮政部门都是国有性质的，而快递公司一般是民营企业，二者的区别还是比较明显的。

学生：是的。

张明楷：所以，本案的关键在于能否就行为对象进行扩大解释。如果按照通常的理解，快递人员私自开拆、隐匿、毁弃快递包裹的，除了认定为故意毁坏财物之外，似乎就不成立其他犯罪了。你们觉得，侵犯通信自由罪与私自开拆、隐匿、毁弃邮件、电报罪的认定，是否有必要同时扩大信件或邮件的内涵，使其包含快递？还是说，只能扩大信件或者邮件其中一词的内涵，或者说，两罪的行为对象都不应该扩大理解而包括快递？尤其是，没有表述意思的文书、只有物品的快递包裹是不是信件和邮件？

学生：信件不包括快递包裹，但是邮件可以包括快递。换句话说，从文义上讲，要将快递物品解释到"信件"之中比较困难，但是，邮件包含快递是存在解释空间的。

张明楷：实际上，一般的快递公司也都不是只寄送或者派送快递包裹，也是会寄送或派送信件的。所以，似乎也没有必要强调呈现为文字的才叫信件，没有文字的就不是信件。

学生：《刑法》第 252 条侵犯通信自由罪，侵犯的是通信自由，怎么理解通信自由这个宪法上的权利呢？

学生：单纯寄送一箱水果的情形中，快递工作人员私自开拆的话，会侵犯通信自由吗？

张明楷：寄送水果也完全可以是表达感情的一种方式。

学生：这个解释会不会太宽了。

张明楷：我在教材中对信件的定义是参照日本刑法理论的解释，将信件解释为特定人向特定人转达意思、表达感情、记载事实的文书、语音。这个意义上的信件是不是有必要包括物品呢？

学生：老师，能否将信件这个词语拆开理解为"信"与"件"呢？

张明楷：如果可以将快递物品解释到"信件"中，那就没有必要拆开理解词语。隐匿、毁弃快递认定为故意毁坏财物罪存在数额或者情节上的要求。比如说，甲的手机充电器坏了，网上购买了无线充电器，派送过程中被快递人员开拆毁弃了，导致其不能正常使用手机。单纯一个无线充电器，并不满足故意毁坏财物罪的数额或者情节标准。如果信件可以包含快递，那么快递人员毁弃无线充电器的行为明显也侵犯了甲的通信自由。

学生：因为《刑法》第252条侵犯通信自由罪的主体并没有身份上的限制，如果将快递也解释为信件，适用范围是不是太宽了。

张明楷：你们考虑一下，如果是一个普通的信件，隐匿、毁弃或者开拆可以成立犯罪，为什么隐匿、毁弃或开拆快递物品的，反倒不构成犯罪了？快递物品的内容，就没有隐秘性吗？快递物品不是通信自由的内容吗？

学生：一般用文字表达的信件，其内涵具有不可替代性，但是，物品似乎不存在这种特质。

张明楷：信件是表述意思的文书、语音，但不可替代性不是信件的构成要素吧。有些物品还是涉及隐私的，同样也具有特定的内涵。

学生：侵犯通信自由罪的保护法益包含隐私权吗？

学生：通信自由与隐私权之间的关系怎么理解呢？

张明楷：根据宪法的规定，宪法与法律保护公民的通信自由与通信秘密。虽然侵犯通信自由罪在条文表述上只提到了通信自由，但完全可以按照宪法的理解，认为通信自由也包含了通信秘密。

学生：是的，针对侵犯通信自由罪有一个立法解释："非法截获、篡改、删除他人电子邮件或者其他数据资料，侵犯公民通信自由和通信秘密构成犯罪的，依照刑法有关规定追究刑事责任"。这个立法解释也从侧面说明了本罪的保护法益包含了通信自由与通信秘密。

张明楷：如果按照口语含义，"信件"不包含快递，对吗？那如果快递内塞着字条呢？

学生：购物的快递包裹里，确实经常会有商家的祝福的小卡片。虽然没有经过顾客的同意，但也算是表达感情的。信件就不包括快递吗？

张明楷：如果快递中有表示祝福的小卡片，或者有寄送人的小字条，那肯定是信件。如果快递中有小卡片、小字条的，快递人员私自开拆就构成侵犯通信自由罪；如果没有的，快递人员的私自开拆行为就不构成侵犯通信自由罪，这是不是也过于形式化？侵犯通信自由罪与私自开拆、隐匿、毁弃邮件、电报罪两个条文，很明显是在没有快递行业的时候设置的。而且，快递包裹一般都会派送到具体的签收人那里，但是信件就不一样，比如投递到单位的信件，一般也都不会直接由邮政人员派送到签收人手上。这是不是意味着快递包裹比信件更重要？

学生：老师，假如说邮件跟信件都可以解释为包含快递包裹，有些包裹在包装盒上就会载明快递包裹的内容物名称，那像这种包裹如果单纯被开拆的话，是不是也不好认定为犯罪呢？

张明楷：虽然这个行为似乎没有侵犯通信秘密，但实际上还是侵犯了通信自由。通信自由是不是应当包括权利人不让他人随意开拆、查看快递内容的自由。

学生：老师，我觉得这种通信自由与通信秘密似乎有一种人格权的意味在里面，开拆诸如水果的包裹，难以认为侵犯了人格权。

学生：其实，有些包裹外包装也只是写了商品的品名，并没有具体标明包裹的内容物。

张明楷：我觉得只能一般性地讨论快递包裹是不是信件，但不可能说其中的寄水果的快递包裹不是信件，寄其他物品的快递包裹是信件，这就是我说的一般性的可能解决方案，不可能特殊考虑快递的具体内容。在包裹外包装写明了商品品名的场合，权利人也不会同意他人随意开拆。其实，在一些人家里，家人也不一定会随意开拆不是寄给自己的快递。不管怎么说，我是觉得有必要扩大侵犯通信自由罪与私自开拆、隐匿、毁弃邮件、电报罪的行为对象。否则，我们刚刚讨论的这类案件，都因为难以符合盗窃罪、故意毁坏财物罪的构成要件，也就无法规制。但是，如果只是扩大《刑法》第253条私自开拆、隐匿、毁弃邮件、电报罪的行为对象，还是存在问题。例如，快递员已将快递派送并堆放在签收人的家门口，邻居开拆快递包裹查看内容物的行为实际上就没法适用刑法进行规制了。如果只是扩大第 252 条侵犯通信自由罪的行为对象，那只是量刑的问题，也不存在漏洞。当然，最妥当的方式应该是同时扩大两罪的行为对象，使之均包含快递包裹的情形。

学生：为什么《刑法》第 252 条的法定最高刑只有 1 年有期徒刑，而第 253 条的法定最高刑是 2 年有期徒刑呢？

张明楷：第 253 条法定刑高的原因主要是因为行为主体具有邮政工作人员的身份。还是回到刚刚讨论的问题，认为信件包含快递物品，这一理解是否会相对比较容易被接受一点呢？

学生：实践中快递包裹被私自开拆的情况也越来越多发，将两罪有关"信件"与"邮件"的内涵理解为包含快递包裹，实际上也是挺有必要的。

张明楷：我也是觉得有必要扩大解释适用，尤其是目前物流越来越发达。而包裹的所有人实际上也是会在意包裹内容是否被他人非法开拆获知，即便包裹的内容物本身价值比较低，权利人也不愿意让人知道自己的快递物品的内容。尤其是在一些物品明显涉及个人隐私的场合，更是如此。

学生：像这种违法行为用行政法进行处置即可，为什么一定要动用刑法呢？

张明楷：问题是怎么去判断用行政法处理即可呢？我们是根据既有刑法规定进行讨论，不是立法论上的讨论。如果说用行政法处理即可，有人会认为《刑法》第 252 条侵犯通信自由罪就没有存在的必要性了。当然，我们认为某个行为构成犯罪，并不意味着一定要科处刑罚，这是两回事。在现行刑法之下，我们确实需要讨论"信件"是否包括快递包裹，否则，出现了相当严重的案件，我们就难以解决。举个例子，以前大家一般在节假日会收到各种各样的贺年卡，而且往往是统一打印的祝福语，实际上从表达情感与祝福的角度来讲，远不及寄送一箱水果。跟非法开拆这种祝福信件相比，如果是寄水果的包裹被非法开拆了，签收人反而会比较疑虑，担心水果是否被投放了毒药。通过这种对比的方法，也就是说，将刑法明显予以保护的"信件"，与实际生活中可能被非法开拆的"快递包裹"进行对比，就可以比较直观地感觉到后者同样甚至是更有必要通过刑法加以保护。而且，很多的快递包裹其实会涉及个人的隐私，包括药品之类的，包裹的所有人当然不愿意让其他人非法开拆获知内容。

学生：侵犯通信自由罪在入罪标准上还是要求情节严重的。

张明楷：是的，这个涉及的是具体适用与刑罚裁量上的问题，一般非法开拆一封普通信件的，也不可能认定为侵犯通信自由罪。总之，我不主张将快递公司的快递人员认定为邮政工作人员，但我倾向于将快递包裹认定为信件。从立法论上来看，将来也应当扩大《刑法》第253条的主体范围，不应当限定为邮政工作人员，而应当包括从事快递业务的工作人员。

学生：日本好像没有这样的犯罪，也没有这样的问题。

张明楷：因为日本的盗窃罪没有数额限制，信件、快递物品都是财物，行为人非法取得信件和财物的，都成立财产罪。但不清楚日本的邮政法是否有特别规定。

第十一堂

侵犯财产罪

案例63　抢劫罪（冒充军警人员抢劫）

陈某、唐某、朱某三名被告人获悉被害人韩某在家中非法经营网络游戏，销售游戏金豆，随后产生冒充警察取得韩某的电脑以变卖电脑中的金豆的想法。三名被告人驾车到了韩某家楼下，陈某在楼下望风，唐某和朱某身着制服，带着相机上楼。两人自称是公安局网络犯罪稽查科的民警，以韩某涉嫌犯罪为由进入韩某家中。唐某、朱某推搡韩某家中的四个人，让四个人抱着头蹲下来不要动，并使用数码相机对着四人拍照取证。随后，两人就将韩某室内的电脑主机等设备拿走。三名被告人后通过网络将韩某等人的游戏账户里面的金豆销售变现，电脑设备6720元，金豆的销赃额没有说明。

张明楷： 就该案定性，主要有冒充军警人员抢劫罪、入户抢劫罪、招摇撞骗罪三种观点，但是没有人主张定敲诈勒索罪。主张定招摇撞骗罪的有两种观点，一种观点认为适用3年以下有期徒刑的法定刑，另一种观点认为需要计算虚拟财产的数额，进而

按照 3 年以上 10 年以下有期徒刑量刑。但是只讨论抢劫罪与招摇撞骗罪，完全不考虑敲诈勒索罪的话，显然是不合适的。招摇撞骗罪、诈骗罪和敲诈勒索罪完全可以存在想象竞合关系。但司法机关使用想象竞合的情形比较少，相对而言，牵连犯的概念使用得多一些。这个案件如果是定冒充军警人员抢劫，也就没有必要说与招摇撞骗想象竞合了，因为前者已经包含了后者，只能认定为法条竞合吧。

学生：老师，在这个案件中，两被告进入韩某家中，但韩某家中有四个人，他俩的这种行为足以压制被害人反抗吗？

张明楷：两人冒充了警察，并声称是网络犯罪稽查科的警员，进入韩某的家中后，推搡韩某等人，韩某等人也确实按照两被告的指示抱头蹲地不动。所以，认定为抢劫是没有问题的。问题是，认定为冒充军警人员抢劫适用加重的法定刑是不是导致量刑过重？

学生：对照案件事实看，被告人冒充军警人员抢劫确实是符合了适用加重法定刑的要求，但是不是存在这样的问题，就是冒充军警人员的方式被评价为基本犯的压制反抗，又在适用加重法定刑时重复评价了这个事实呢？

张明楷：确实存在这样的问题。因为冒充军警人员抢劫，应当是排除冒充军警人员这个情节后也构成抢劫，在此基础上因为冒充军警人员而提高法定刑。回到我们讨论的案例，如果冒充军警人员作为升格法定刑的情节评价了，那么，要成立抢劫罪的基本犯，还必须有其他压制被害人反抗的行为。在这个案件中，如果不是冒充军警人员的身份，被害人可能就不会产生恐惧心理，没准反过来把两名被告人给制住了。如果说两被告人还拿着警棍之类，即使没有利用军警的身份，也是可以评价为压制了他人反抗。

学生：是的，老师。我总觉得不能只是利用身份压制反抗，似乎有必要对此作一点限制。如果只是单纯冒充军警人员的话，一下就升格到 10 年以上有期徒刑、无期徒刑或死刑的加重法定刑，处罚挺重的。毕竟，抢劫罪所保护的法益也包含了人身权利。

张明楷：实际上，法官怎么量刑确实会影响我们对构成要件的解释。我觉得日本法官对故意杀人、抢劫的认定范围都比我国法官认定的要宽得多。在我国很多认定为故意伤害或者故意伤害致死的，在日本很可能被判定成立故意杀人罪。同样的，我们很多判定成立敲诈勒索的案件，在日本就可能定性为抢劫罪。其中很主要的原因在于，日本的法官对于故意杀人罪、抢劫罪的量刑很轻。

学生：老师，这个案件也没有交代两被告人是否携带了其他危险的工具，似乎也只是想利用被害人对军警人员这种身份的恐惧心理，而且被害人有 4 个人，在客观上讲反而是被害人一方可以反抗制服两被告人，这种情况可以评价为压制了被害人反抗吗？

张明楷：从理论上来讲，这种客观上完全能反抗，但是被害人不敢反抗的情况，一般还是可以评价压制了反抗的，否则，抢劫罪中的胁迫手段不就意味着没有意义了？胁迫实际上讲的就是被害人不敢反抗，所以还是可以评价为压制了被害人反抗。问题是，这个案件是应该评价为冒充军警人员抢劫，还是普通抢劫，抑或是评价为敲诈勒索罪？

学生：老师的意思是把这种情形按照冒充军警人员抢劫升格法定刑，则处罚太重了，对吗？

张明楷：是的。这跟之前讨论强制猥亵的一个案件相似，案情是：在从郊区到市区的公共交通工具上，在车内人很拥挤的情况下，被告人将手伸进幼女衣领内抚摸其胸部。被告人供称猥亵只持续了几分钟，但幼女供述不止几分钟，没有其他目击证人提供证言。检察院起诉之后，法院判定被告人成立猥亵儿童罪，判处有期徒刑一年半。检察院提起抗诉，说猥亵行为是发生在公共场所，当众猥亵儿童应当处 5 年以上有期徒刑。后来，这个案件经过了专家学者的讨论。很多教授也觉得判 5 年以上有期徒刑太重了，但要通过适用《刑法》第 63 条特殊减刑程序又太麻烦了。法院判决的理由大体是，就被告人伸手抚摸幼女胸部的行为来讲，是不构成犯罪的。如果是在一个私密的地方实施该行为，至多给予治安处罚，但是考虑到行为人是在公共场所当众实施的，所以才将该行为当犯罪处理。按照这个逻辑，我们刚才讲的这个抢劫案件，也可以说这个行为原本是不构成抢劫的，但是因为行为人冒充了警察，所以才认定为抢劫罪，不过冒充军警人员抢劫的情节就不能在加重法定刑一档再次评价。问题是，这个案件跟猥亵儿童的案件的不同点在哪里呢？就猥亵儿童的案件而言，如果不把"在公共场所当众实施"这个情节评价进去，行为人伸手抚摸幼女胸部的行为就不能成立猥亵儿童罪，也不构成其他犯罪。但冒充军警人员抢劫的这个案件，如果不考虑冒充的情节，还可能成立敲诈勒索罪。这种简单地将加重情节作为基本犯的成立根据，在理论上是说不通的。但是，这种认定逻辑还是可以在冒充军警人员抢劫这个案件中运用的。因为冒充军警人员的加重情节，本身也可以作为基本犯压制他人反抗的判断资料，这样评价是完全可能的。还有，像持枪抢劫是不是也有同样的问题？

学生：持枪抢劫是因为持枪，所以才压制了被害人反抗。如果也需要将持枪这个情节先刨除，看看能不能压制反抗，那估计就不成立抢劫罪了。

学生：是不是因为持枪行为本身就是违法的，所以在普通抢劫上可以被评价呢？

学生：但是，冒充军警人员本身也违法。不过，从《枪支管理法》与《人民警察法》对法律责任的规定上看，似乎二者对违法行为性质的评价是不太一样的。前一部法律的条文对许多行为要么直接规定只能按刑事犯罪处理，没有行政处罚，要么先规定犯罪，情节较轻的才按照行政违法处罚；但是后一部法律是先规定行政处罚，情节较重的才按犯罪处理。

张明楷：可以这样去解释：在持枪抢劫的情形，除了持枪之外，还必须有一个能够压制被害人反抗的行为。如果没有的话，那就只能把持枪本身评价为压制他人反抗的基本犯行为。举个例子，行为人只是持枪威胁，要求被害人交出财物，被害人也是因为看到行为人持有枪支，基于恐惧交付了300元现金。这样如果适用持枪抢劫的加重法定刑，是不是处罚得太重了。但是如果除了持有枪支之外，还有暴力、胁迫，是不是就可以评价为加重法定刑的持枪抢劫？你们反过来看看入户抢劫的情况，显然不是说行为人入户了，抢劫的基本犯行为就可以成立。再看看抢劫致人重伤、死亡的情形，也是同样的道理。这个问题，还是有讨论价值的。你们想想，冒充军警人员抢劫和持枪抢劫两者究竟有没有区别？

学生：区别是不是在于对人身法益的危险是不是紧迫？

张明楷：这里的问题在于行为人是不是真的要实施暴力，持有枪支的也不一定就想实施杀害或者伤害行为，也不一定会现实地侵害被害人的人身法益。

学生：老师，这里是不是有必要区分一下。我们说结合犯是特别关系的一种情况，但是它跟特别关系又是存在差别的。特别法条所对应的一般法条，其基本行为类型是没有变的，特别法条只是多了一些要素，结合犯也是多了一些要素，但是它所对应的整个行为类型就不一样了。

张明楷：特别法条与结合犯都是对应地多出来一些要素，前者多出来的要素不一定成立犯罪，但结合犯所多出来的要素本身就可以成立犯罪。

学生：这样看的话，持枪抢劫与冒充军警人员抢劫都应该是结合犯。

张明楷：你要按照结合犯去评价的话，那也必须是除了持枪和冒充军警人员之外，还要存在压制他人反抗的行为才能认定为结合犯。也就是说，除此之外还得另外独立成立一个抢劫罪。你能说前面冒充军警人员的是招摇撞骗和敲诈勒索的结合，后面持枪抢劫的是非法持有枪支和敲诈勒索的结合吗？还是说，应该是分别与抢劫的结合？从对应的较重的法定刑看，如果从结合犯的角度去分析，也应当是招摇撞骗、非法持有枪支分别与抢劫罪的结合。

学生：老师，一般在持枪抢劫的场合，行为人往往不需要再进行额外的暴力和胁迫，被害人就会基于恐惧而交付财物。如果持枪只能评价为基本犯的行为，那估计持枪抢劫的加重犯基本上就很少会出现。在这种情况下能否这样解释，持枪抢劫的基本犯行为是胁迫，也就是给被害人施加一种未来可能遭受暴力的威胁，而持枪本身还是可以评价为加重法定刑的情节？

张明楷：暂且不考虑我们刚刚讨论的案例，这里可能还涉及对持枪抢劫本身怎么理解，是不是一定要把枪拿出来，如果身上确实带着枪，威胁不交付财物就实施杀害行为的话，能否评价为持枪抢劫？如果行为人真的携带了枪支并且开枪威胁，是否也应该评价为持枪抢劫？换句话说，如果行为人利用枪支威胁，能否评价为持枪抢劫？

学生：老师，我想探讨一下刚刚案例提到的那种情况，如果行为人没有实施额外的暴力、胁迫，那就只能构成抢劫的基本犯。能不能说基本犯情节是胁迫，也就是如果被害人不交钱就实施杀害或伤害的这么一种胁迫，然后加重情节是行为人现在持有枪支？

张明楷：如果是这样的话，行为人在实施抢劫时虽然以暴力相威胁，而且压制了被害人的反抗，其身上带着枪支但没有显示，也没有使用，被害人都不知道被告人有枪支，也能认定为持枪抢劫吗？

学生：这是普通抢劫，持枪抢劫应当是行为人使用枪支抢劫。

张明楷：所以不能简单地把持枪抢劫理解为普通抢劫与非法持有枪支罪的结合犯。而且，这样理解还会带来另外一个问题，警察穿着便衣持枪抢劫时，被害人不知道行为人是警察，由于警察是合法持有枪支，就不构成普通抢劫罪与非法持有枪支罪的结合犯，因而不是持枪抢劫了？这显然不合适。

学生：老师，我有一点不太理解，禁止重复评价的基础是什么？是罪刑法定还是罪刑均衡呢？

张明楷：应该是罪刑的基本关系，其中也包括罪刑均衡的问题，核心在于禁止重复处罚。不过，要注意到一点，德国与日本就禁止重复评价的阐述是完全不同的。我经常强调，数罪要区分评价上的数罪和处罚上的数罪。评价为数罪的不一定意味着要按数罪去处罚，比如说，科刑上的一罪就是这种情况。虽然评价上是数罪，但处罚上按照一个重罪处罚。最主要的问题其实不是在想象竞合或者牵连犯，而是法条竞合。在法条竞合的情况下，我们能不能说行为人就是触犯了两罪呢？就这一问题，一般都不认为法条竞合时触犯了两个罪。德国对单纯评价上的重复并不禁止，但日本学者对单纯评价上的重复都禁止。比如，甲以杀人故意、乙以伤害故意共同攻击丙，导致丙死亡。按部分犯罪共同说，甲与乙在故意伤害的范围内成立共犯，再进一步认定甲构成故意杀人罪。西田典之老师认为，这就重复评价了，但德国并不认为这是重复评价。如果把冒充军警人员既当作基本犯的构成要件要素，又当作加重犯的成立条件，就不只是评价上的重复，而是处罚上的重复评价了，这在德国、日本都是禁止的。一个情节作为基本犯的构成事实已经在定罪和确定相应的法定刑时起到了应有的作用后，就不能再评价为适用加重法定刑的加重情节。

学生：所以，今天讨论的这个抢劫案，如果认定为冒充军警人员抢劫就是重复评价了。法院是怎么判的呢？

张明楷：法院只认定为招摇撞骗罪。这个结论有疑问，即使构成招摇撞骗罪，也和诈骗罪或者敲诈勒索罪存在想象竞合，应当从一重罪处罚。法官的基本观点有以下几点：一是成立既遂的抢劫罪，要求行为人的暴力、胁迫或者其他手段已经压制被害人反抗进而取得财物。二是本案的轻微暴力并未达到压制被害人反抗的程度，因为行为人仅有"粗暴推搡"行为，也未携带枪支等工具，人员也不占优势。三是四名被害人之所以抱头蹲下不动，是因为行为人冒充警察，且一系列行为与警察执法程序高度相似。于是，被害人基于受"骗"而让行为人取走财物。第一点是完全成立的，但问题出在后面两点。法官之所以得出不构成抢劫罪的结论，显然是没有将被告人冒充警察这一事实作为判断暴力、胁迫行为是否达到压制被害人反抗程度的资料，只是将冒充警察这一事实作为认定被害人受"骗"的依据。然而，被害人并非单纯地受骗，而是同时产生了不敢反抗的恐惧心理。被害人之所以不敢反抗，就是因为被告人冒充警察。所以，如果对冒充警察并实施暴力、胁迫行为进行整体评价就会发现，冒充警察并实施轻微暴力、胁迫的行为压制了被害人的反抗。既然如此，就难以否认被告人的行为成立抢劫罪。但是，不能因为被告人的行为构成抢劫罪，就适用"冒充军警人员抢劫"的规定。这是因为，冒充警察这一行为已经评价为基本犯的构成事实。根据禁止重复评价的原则，当一个情节已经被评价为基本犯的构成事实时，该情节就已经对定罪发挥了作用，既不能将该情节作为从重处罚的量刑情节，更不能作为加重处罚的情节。

学生：将被告人的行为评价为普通抢劫罪，既全面评价了所有事实，也没有导致处罚过重。

张明楷：今天讨论到的这个问题还是挺有意义的，也就是不可能把所有的刑法规定的加重情节都作为基本犯罪构成要件的事实，但是，在加重情节符合基本犯罪构成要件的要素的情况下，加重情节也存在评价为基本犯情节的可能。在冒充军警人员抢劫的案件中，如果认为适用 10 年以上有期徒刑的法定刑太重的话，是仅认定为一个普通抢劫，还是按照敲诈勒索罪与招摇撞骗罪的想象竞合处理，可能需要进一步选择适用了。

学生：老师，行为人持枪抢劫，但枪支并没有子弹的情况，能评价为持枪抢劫吗？

张明楷：我觉得还是可以评价为持枪抢劫的。但是有的学者认为持假枪抢劫也可以评价为持枪抢劫，这个我就不赞同了，假枪毕竟不是枪支。但是，要求枪支有子弹，那情况就复杂了。如果枪支没有安装子弹，但是行为人手上拿着子弹算不算持枪抢劫？行为人手上没有拿着子弹，但是随身的包里带着子弹，这还算不算持枪抢劫？如果装着子弹的包不是随身携带，而是放在附近，甚至离行为人有一定距离，是否可以评价为持枪抢劫？这样设想下去，就可能使问题复杂化了。当然，完全有可能解释为行为人必须随身携带枪支与子弹，而不要求子弹已经在枪支中。这倒是可以进一步研究的。

学生：老师，对此是不是还是要考虑到持枪抢劫加重法定刑的理由这个问题？

张明楷：当然是要考虑的。我觉得持枪抢劫加重法定刑，并不只是因为这种行为更能压制被害人的反抗，而是因为对公共安全存在抽象危险，所以，不能将假枪包括在内。另一方面，对法条的解释必须符合罪刑法定原则，持枪抢劫中的枪必须是真正的枪支，假枪不能评价为刑法中的枪支。所以，评价一个行为是不是成立持枪抢劫，不能单纯从是否容易压制被害人反抗这一点来判断。

案例64　盗窃罪（行为对象）

甲通过招标的方式合法取得了一块建设用地使用权，甲、乙一起合作开发这块土地，打好地基之后，因为某种原因不让建商品房，土地就搁置了。于是乙使用甲取得土地使用权的相关材料的复印件，以 30 万元的价格出卖了其中部分土地使用权给丙，丙通过关系在土地上盖起 4 间门面房，出租给他人获利 10 万元。法院查明丙当时知道真相。

张明楷：首先讨论乙的行为是否构成犯罪。这个问题比较简单。

学生：乙的行为构成盗窃罪，盗窃的是土地使用权。

学生：乙不享有土地使用权吗？

张明楷：乙不享有土地使用权，土地使用权是在甲的名下，甲只是用自己合法取得的土地使用权与乙合作建房，后来只是说不能建房，但甲没有丧失土地使用权。凡是遇到这样的案件，首先要就土地使用权本身进行讨论。因为盗窃土地是不可能的，诈骗土地其实都表现为骗取土地使用权，而且诈骗土地使用权的案件也很少。在本案中，甲是真正的受害者。乙的行为构成盗窃罪没有疑问。问题是丙的行为是否构成犯罪？

学生：老师，我对丙通过关系盖了 4 间门面房这一事实不太理解。如果需要通过关系盖的话，不知道丙是不是取得了土地使用权，如果他取得了土地使用权，就能认定为盗窃罪的共犯；如果他没有取得土地使用权的话，就只是盗用他人土地，不构成盗窃罪。

张明楷：丙从形式上取得了土地使用权，但其土地使用权显然是不合法的。"通过关系"不是指通过关系取得土地使用权，而是说，因为此地原本不让建房屋，但丙却通过关系建了 4 间门面房。

学生：如果是这样的话，丙就构成盗窃土地使用权的共犯。

张明楷：问题是，丙是就土地使用权的盗窃构成共犯，还是构成掩饰、隐瞒犯罪所得罪？

学生：这个案件并不是乙通过盗窃取得土地使用权后出卖给丙，而是通过复印件直接将甲的土地使用权出卖给丙，所以，不能认定为掩饰、隐瞒犯罪所得罪，应当认定为盗窃罪的共犯。也就是说，丙是在乙的盗窃既遂之前参与的，而不是在乙的盗窃之后参与的。

张明楷：有道理。也就是说，乙与丙利用甲取得土地使用权的复印件，将甲的土地使用权转移给丙所有，只不过乙在其中赚了 30 万元。因为如果没有乙的行为，丙是不可能取得土地使用权的。

学生：老师，我想问一下，日本的侵夺不动产罪的行为对象是什么？

张明楷：从判例来看，日本的侵夺不动产罪的行为对象既包括土地所有权、使用权，也包括土地本身。如果我们刚才讨论的案件发生在日本，也可以说乙出卖甲的土地使用权的行为构成侵夺不动产罪。但侵夺不动产罪的行为对象不限于产权，而是包括不动产本身。例如，擅自在他人的土地上建房屋的，乱堆东西的，或者强占他人房屋的，将他人的房屋出租给第三者的，也构成侵夺不动产罪。

学生：这么说，在日本，当行为对象是不动产时，不需要区分产权与不动产本身。

张明楷：我觉得就侵夺不动产罪而言是这样的，但日本在二战后增设侵夺不动产罪的原因，主要是产权本身不是盗窃罪的对象，因为产权只是财产性利益而不是财物，盗窃罪的对象仅限于财物，不包括财产性利益。另一方面，不动产本身虽然是财物，但一般不可能转移不动产。相对于盗窃行为而言，对不动产的犯罪就存在处罚漏洞，于是增设侵夺不动产罪。但就诈骗罪而言，行为人既可能骗取不动产本身，也可能骗取产权，这没有什么疑问。就诈骗而言，还是可以区分产权与不动产本身的。

学生：在我国，由于盗窃罪包括财产性利益，所以，违反他人意志将他人土地使用权变更为自己的土地使用权，能够认定为盗窃罪。

张明楷：但是，在我国，行为人在他人土地上乱搭乱建的，或者非法占用他人房屋的，是否成立犯罪以及成立什么犯罪就存在疑问。例如，违反他人意志，住进他人还没有装修的房屋里，或者擅自将他人的房屋出租给第三者的，构成什么罪，就存在争议。

学生：老师，擅自在他人的土地上乱搭乱建，可以构成故意毁坏财物罪吗？

张明楷：德国有一个判例，行为人把树枝放在马路上，导致车辆难以通行，也认定为故意毁坏财物，因为这一行为毁坏了道路的使用价值。所以，毁坏不要求是终局性的毁坏，一段时间内的使用价值减少或者丧失就可以构成毁坏。但我国的学者们常常难以接受这样的观点。在他人的土地上乱搭乱建，有可能构成故意毁坏财物罪。也就是说，如果乱搭乱建的行为使他人土地的使用价值减少，认定为故意毁坏财物罪应当没有问题。

学生：老师，我有一个想法，就是我们可不可以把不动产就当成一个物来考虑？土地本来应该是甲进行事实上的支配的，现在变成了丙在事实上支配，这就破坏了甲对物的占有，丙建立了新的占有，所以，乙和丙对土地本身构成盗窃罪。

张明楷：这样认定可能是有困难的。比如一帮人使用暴力把某家人全部赶走，然后自己就住在他人家里了。能说行为人取得了对房屋的占有吗？感觉有疑问。占有虽然是指事实上的支配，但需要根据社会一般观念判断，一般人会认为房屋仍然是由被害人占有和所有，而不是行为人占有。再如，张三在李四的自留地上盖了一栋房子，一般人也不会认为自留地由张三占有。

学生：这么说的话，我国增加一个侵夺不动产罪是有必要的。

张明楷：我一直觉得有必要。在土地公有的我国，许多人在公有土地上乱搭乱建，事后还要求补偿。立法机关可以制定一个单行的特别法，规定乱建房屋的人必须在一定时间内自行拆除或者由有关部门拆除，如果不拆除或者妨碍拆除的，成立侵夺不动产罪。经过一定时间后，将侵夺不动产罪的法条纳入刑法典。

案例65　盗窃罪（行为对象与盗窃行为的判断）

　　上海的某小区是一个动迁安置小区，开发商是一个国有公司。小区建成后，动迁的房屋还没有分配完；没有分配的房屋的产权，由开发商和某置业公司所有。2013年1月1日，某置业公司委托万家物业对该小区进行物业管理。为方便房屋维修，某置业公司将全部房屋钥匙都交给了万家物业。高某是万家物业的老板，金某是万家物业的总经理，2013年4月金某告诉高某，小区内似乎有空置动迁房屋的电线、门窗被盗，建议将房屋出租，租金用于房屋的修缮，高某同意。2013年4月到2019年2月，金某伙同高某陆续将小区的120余套房屋通过中介韩某、李某对外出租。中介韩某、李某等三人明知道小区房屋系没有分配的动迁安置房屋而对外出租，并与租户达成协议，如果出租房屋被分配，可以帮其更换其他空置房。2019年3月小区进行财务审计，因为用电量异常，发现小区存在违规出租动迁安置房屋的现象，随后进行整改。相关工作人员要求高某将违规出租房屋进行清退并恢复原状。高某联系租户退租，因为利益纠纷，没有清退完毕。高某等人一共收取租金320余万元。

　　张明楷：检察机关以盗窃罪起诉，你们觉得高某等人的行为构成盗窃罪吗？

　　学生：高某等人的行为对租户构成诈骗罪吧。

张明楷：对租户构成诈骗罪并非没有可能，但可能也有障碍。被告人是否告诉租户房屋是动迁的空置房，似乎不清楚。但案情明确交待了，如果出租房屋被分配，被告人可以帮其更换其他空置房。这表明，租户知道这些房屋是要被分配给他人的。所以，不能认为被告人欺骗了租户。而且，也难以认定被告人有诈骗的故意，因为他们虽然收取了租金，但同时使租户实现了入住的目的，并不是收取租金之后不提供房屋。这也能表明，租户是没有财产损失的。这与另一类案件不同。我说的另一类案件是指：甲从房主那里租房，交了三个月的租金，然后伪造各种证件，谎称房屋是自己的或者自己有权处分，将房屋再出租给乙，从乙那里收取一年的租金，然后逃走。三个月的租期到了，房主要求甲再付租金时，发现是乙住在房屋里。在这样的案件中，甲对后一个租户构成诈骗罪是没有任何问题的。问题是被告人对房主构成什么罪？这是一个老问题了。

学生：因为我国刑法没有规定侵夺不动产罪，在本案中，高某等人也没有把产权变更为其他人，虽然房屋由租户使用，但也不能说房屋本身已经转移占有和所有了。

张明楷：是的，问题就在这里。而且，房屋还没有分配，也不可能认定为非法侵入住宅罪的正犯与间接正犯。当然，就这个案件而言，肯定会有人说，房屋空着也是空着，租出去还有一些收入，也能解决租户的困难，只要高某等人将收取的320万元退还给房屋的所有权人就可以了。

学生：这也是一个方案，符合刑法谦抑性的原则。

张明楷：就个案这么说也没有什么问题，但刑法是普遍适用的法律，不是针对每一个案件提出一个特殊的处理方案，而是需要提出一般性的解决方案，并且在一般性的解决方案中选出最优方案，从而实现刑法的公平正义。比如，很久以前我们讨论过一个案件，我稍微改编一下。法律职业资格考试的培训班，一个月收取 1 万元的听课费，交费的学员凭听课证进入教室听课。甲伪造了听课证，6000 元卖给听课的人，听课的人也可能知道是伪造的，也可能不知道是伪造的，都是因为便宜等原因就买了。购买听课证的人，有的可能听完了也没有被发现，有的可能听到中途被发现了，不能听完课程。前一种人可以说没有财产损失，因为听课的目的完全实现了，但后一种人肯定有财产损失。如果后一种人知道是伪造的听课证仍然购买，就不能认定甲对他实施了欺骗行为。对听课的人来说，甲构成什么罪是容易解决的。问题是，对培训机构来说，甲的行为构成什么罪？这与我们今天讨论的租房案件，有相同之处。

学生：如果把财产犯罪的法益理解为财产处分自由，这些案子其实都能解决了。像租房子这个案例，只要未经同意，不管出租还是买卖，都侵犯了财产处分自由。

张明楷：没有这么简单。一方面，如果说财产罪的法益是财产处分自由，而不包括财产本身，财产罪可能就不再是财产罪了，而是侵犯自由的犯罪了。另一方面，即使说财产处分自由的法益是成立的，也要看构成要件是否符合。如果不符合构成要件，也不可能以侵害了法益为由直接认定为犯罪。就构成要件而言，其中有两个重要问题：一是行为对象究竟是什么，二是行为究竟符合哪个罪的构成要件。比如，在高某等人出租安置房的案件中，可否认为行为人盗窃了房屋所有权中的使用权或者使用房屋的利益？

学生：不管是高某等人还是租户都没有取得使用权，只是取得了使用房屋即可以住在房屋里的利益，这一利益是不是财产性利益可能有疑问。

张明楷：我感觉有可能评价为财产性利益，因为租房是需要付房租的，这就表明使用房屋就是一种财产性利益。但我估计一般人都不会同意这个观点，因为这样讲可能导致财产性利益的范围过于宽泛。

学生：在伪造培训机构听课证的案件中，在规定时间使用听课证听课也是一种财产性利益。这可能难以被人接受。

张明楷：德国的通说认为，服务、劳务本身就是一种财产性利益，培训机构提供服务，听课人员享受服务，一方在提供财产，另一方接受了财产。日本的井田良教授也认为服务、劳务本身是财产性利益。但日本的许多学者不赞成服务与劳务是财产，只是认为服务、劳务的对价是财产性利益。在我们国家，认定服务与劳务是财产，也存在法律上的障碍，因为刑法规定了强迫劳动罪，如果说劳务是财产，强迫劳动罪就构成抢劫罪。当然，这一点还是可以继续研究的。完全可能认为，刑法规定的强迫劳动罪，是指强迫者给付报酬的情形，如果强迫者不给付报酬，认定为抢劫罪，这样也没有不协调之处。

学生：这样解释强迫劳动罪也是完全可能的，强迫劳动罪属于强制罪的一种情形，侵犯的是他人的意志活动自由，而不是侵犯了财产。但如果强迫他人劳动却不给付报酬，就侵犯了他人财产，完全可能认定为抢劫罪或者敲诈勒索罪。

张明楷：这个问题需要进一步研究。首先要研究将服务、劳务本身认定为财产与现行刑法有没有冲突，如果有冲突，这个冲突怎么解决；其次要研究将服务、劳务作为财产，在司法实践中会产生什么后果。

学生：一定会有人说扩大了财产罪的处罚范围。

张明楷：我国的财产罪一般都有数额与情节的要求，所以，不大会出现扩大处罚范围的问题。假如说在高某等人出租房屋与伪造听课证的案件中，使用房屋与使用听课证听课是一种财产，那么，如何认定行为符合盗窃罪的构成要件，也是一个问题。

学生：上面的两种财产性利益原本由房主与培训机构享有，行为人将其变成由自己或第三者享有，就是转移了利益的占有，评价为盗窃似乎没有问题。

张明楷：还是有问题的。盗窃意味着行为人得到了某个利益，被害人丧失了对应的利益。但在高某等人出租房屋的案件中，相关部门把房屋分配给他人时，高某等人就可以给租户换房屋，房主能够使用其房屋。在伪造听课证的案件中，也不会影响培训机构再让更多的人听课，如果说培训机构是按座位数接收学员的，那么，持伪造的听课证听课的学员就会立即被发现。所以，能不能认定被害人丧失了使用房屋的利益和使用听课证听课的利益，就有疑问。

学生：在高某等人出租房屋的案件中，房屋的所有权人并没有丧失什么利益；但在伪造听课证的案件中，培训机构损失了可期待的利益。这个可期待的利益由伪造者与听课者取得了。所以，高某等人出租房屋的案件不成立盗窃罪，但伪造听课证的行为则构成盗窃罪。

张明楷：如果说服务、劳务是财产，听课的人用伪造的听课证听课是诈骗，而不是盗窃吧。

学生：对！听课的人使培训机构误以为他交付了费用，事实上他没有交付，所以，将服务处分给了听课的人。

学生：如果听课的人或者伪造听课证的人构成诈骗罪，高某等人出租房屋的行为更应当构成犯罪吧。

张明楷：问题是构成什么罪。通过案件比较，得出一个有罪的预判结论是可能的，但要进一步论证是否符合某个罪的构成要件。事实上，在高某等人出租房屋的案件中，所有权人并不随时使用房屋，只是将房屋分配给他人，但高某等人能够确保房屋可以分配给他人。所以，认定高某等人的行为构成盗窃罪，不管是在行为对象上还是在行为方式上，都存在障碍。如果在日本，就属于侵夺不动产罪。

案例66　盗窃罪（行为对象与盗窃行为的判断）

甲发现乙的房屋一直空着没有人住，就将乙的房屋出租给丙，得到了6个月的房租，共1万多元。

张明楷：这是以前我们经常讨论的案件。我们不讨论甲的行为是否构成非法侵入住宅罪，只是讨论是否构成财产罪。

学生：我觉得可以认定为盗窃罪。

张明楷：怎么能认定为盗窃罪呢？甲转移了什么财物呢？

学生：比如，李四是开出租车的，张三把李四的出租车偷过来开了半年，对张三的行为能不能认定为盗窃罪呢？

张明楷：我觉得可以认定盗窃罪啊。

学生：那为什么盗租他人房屋的甲不成立盗窃罪呢？我想对比起来问一下，像盗租房屋这样的案件，到底是房屋的使用权本身不能转移，因此不能构成盗窃罪，还是说这个房屋本身不能转移，抑或说，房主没有打算出租房屋，所以房主没有利益损失呢？

张明楷：张三偷李四的出租车时，就是转移了李四对出租车本身的占有，这是盗窃行为没有疑问。问题是在盗租房屋的案件中，甲转移了什么呢？你必须回答这个问题，不能只是看被害人有没有财产损失。

学生：那张三盗开出租车取走的是什么利益？

张明楷：张三盗开出租车的行为其实是不用理会的。只要张三转移了李四对出租车的占有，并且具有利用意思与排除意思，就成立盗窃罪。如果具有这两个意思，即使后来自己没有开出租车，也成立盗窃罪。盗窃的对象是出租车本身，不是什么别的利益。

学生：可是，老师好像说对于盗开出租车的案件，要按被害人的利益损失计算数额。

张明楷：这是因为如果按车辆的价值本身计算，可能会导致行为人被判处 10 年以上有期徒刑，所以对盗窃数额采取了另外一种计算办法，而不是说行为人盗窃的是利益。行为人转移的不是利益，而是出租车本身。但是，甲把乙的房屋出租给丙时，将乙占有的什么财物转移给自己或者第三者占有了呢？

学生：转移了房屋的使用利益。

张明楷：怎么解释行为人转移了房屋的使用利益？

学生：那个房屋空着的时候就不存在使用利益，从客观上只要有人住进去了，它就产生了一个使用利益。只不过因为房主才是所有权人，使用利益应该归房主，但现在使用利益没有归他，而是归行为人了，所以行为人对使用利益构成盗窃。

张明楷：按你这个说法，房屋空着的时候不存在使用利益，是甲给房主创造了一个使用利益，这个使用利益应当归房主但没有归房主。这只是说明甲应当将 1 万多元的租金交给乙，但不能说明甲将乙已经占有的使用利益转移给了自己或第三者。

学生：那能不能说，房屋出租给他人这个权利是房主享有的，但行为人盗租房屋就是转移了这个权利呢？

张明楷：这个权利不可能转移吧。在任何时候，出租房屋的权利都由房主享有。所以，在这样的案件中，房主通常立马就能把租房的人赶出去。

学生：老师可能是侧重于法律上的权利讲的，我是侧重于事实上的权利讲的。也就是说，房主原本可以随时将房屋租给别人，这本身就是一种利益，但这个利益被甲转移给自己了。

张明楷：我感觉这也不是盗窃。比如，有的农民进城了，承包地是空着的，于是邻居就在这个地上种了庄稼，庄稼收获后卖了1万余元，能认定邻居的行为构成盗窃罪吗？

学生：感觉不能。

张明楷：这和盗租房屋有什么区别呢？其实是一样的。如果说盗租房屋是盗窃，那么，行为人直接住进他人的房屋也是盗窃。可是，对后一种情形怎么可能认定为盗窃呢？

学生：设想一个更奇葩的案件：房主已经把这个房屋出租给了A，但是A没有住在房屋里，于是B又把这个房屋出租给C，从C那里获得了租金。

张明楷：A和房主是一样的，都是没有人转移财物，不构成盗窃罪。

学生：但在后一个奇葩的案件中，已经有A在使用这个房屋，这就存在一个使用利益了啊！

张明楷：没有区别。房主自己每时每刻也可以住进自己的房屋，或者每时每刻都可以将房屋租给别人，按你的说法也存在一个使用利益。如果盗租房屋能认定为盗窃罪，日本为什么增加一个侵夺不动产罪呢？就是因为这种情形不能认定为盗窃罪。

学生：就是因为我们国家没有侵夺不动产罪，所以我才不得不试图将这种行为解释到盗窃罪中去。

张明楷：我经常讲，不能把盗窃罪的转移占有的要件取消掉，或者说不能认为只要行为人不法获得了利益就认定为盗窃罪。如果说只要行为人不法获得利益就构成盗窃罪，那么欠债不还的都构成盗窃罪了，盗窃罪就无边无际了。

学生：但我觉得，盗租房屋与欠债不还还是有区别的，二者之间还是有一条分界线的。

张明楷：这条分界线在哪里呢？

学生：老师，刚才讲的盗开出租车的例子，在数额认定上，是否要把出租车司机开出租车本来能挣到的钱也计算在内？

张明楷：我觉得可以按出租车司机的损失来计算，而不是按行为人自己获得的利益来计算。因为如果按行为人获得的利益来计算，假如行为人没有实际获得任何利益，就不构成任何犯罪了。这是数额规定给司法认定带来的麻烦。如果在国外不计算盗窃数额，直接认定对出租车本身的盗窃，但量刑时会考虑行为人是否归还以及何时归还的情节，不会出现任何问题。不过要注意，在盗用出租车的案件中，盗窃对象是出租车本身，不是什么使用利益。

学生：我觉得被告人盗用的是这个出租车。

张明楷：实际上盗用有广义的盗用和狭义的盗用。我们刑法理论在讨论这个问题的时候，关键在于区分哪些盗用构成盗窃罪，哪些盗用不构成盗窃罪。不是说只要行为人想归还的就都不构成盗窃罪。我举过很多例子，比如有充分的证据证明，行为人盗窃你的汽车就是为了用 5 年，5 年后肯定归还给你。这也是盗用，你觉得不构成盗窃罪吗？

学生：比如说行为人只盗开三天，第四天还给被害人，这是否构成盗窃罪呢？

张明楷：这种行为在日本肯定构成盗窃罪，在德国是构成擅自使用交通工具罪，在我们国家需要考虑盗用三天对被害人造成的损失程度。如果是盗用出租车，开了三天归还的，我觉得肯定要认定为盗窃罪。如果盗窃的是普通的汽车，被害人这几天刚好也不使用这辆车，不认定为盗窃罪也是可以的。

学生：假如盗用出租车使用了三天，被害人损失 2000 元，其实对应的就是这个出租车司机本来可以将出租车用于载客的收益，是不是可以把这个收益理解为出租车使用权的利益？

张明楷：你说这是出租车使用权的利益的意义是什么呢？就是为了计算一个数额吗？问题在于，你能说行为人盗窃了利益吗？因为行为人客观上就是盗窃了出租车，就是转移了出租车的占有，你只能说行为人盗窃了出租车，不能说转移了使用权的利益。我刚才说，之所以不直接按出租车的价值本身计算盗窃数额，就是为了避免处罚过重。因此，只能从行为人的主观上进行限缩，就是说行为人主观上想占有他人多大数额的财产。由于行为人主观上不是想把整辆车据为己有，所以只能按被害人即开出租车的人的损失去计算数额。用另外一个例子来讲，就更清楚了。行为人的一辆车被警察扣押后，需要交 5000 元的罚款才能开出来，但行为人把这辆车偷回来了。按我的观点就定为盗窃罪，盗窃的对象还是这辆车，因为这辆车由警察合法占有了，行为人转移了这辆车的占有。但是盗窃数额只按 5000 元计算，因为行为人主观上获得的就是这 5000 元的利益。这个计算方法就折中一点，不至于什么行为都无罪，也不至于什么行为都判得很重。

学生：您举的这个例子我很能理解。

张明楷：那前面盗用出租车不是一样的吗？

学生：前面的案例中，我总觉得盗用出租车时不能说是对车辆本身的盗窃。

张明楷：行为人把出租车司机占有的车辆盗过来开三天，就是转移了出租车的占有，当然是盗窃。这与你违反警察的意志转移车辆的占有是完全一样的。车辆都是他人占有的，盗窃行为都是违反了他人的意志。无非是后面的这个案例有一个明确的数额，即 5000 元，你就觉得好理解；前面那个盗开出租车的案例没有明确的数额，取决于该出租车司机一天能挣多少钱，所以你觉得有疑问。如果你说某个行为盗窃了使用权，就必须是行为人导致别人不能享有使用权，使用权转移给了行为人或第三者，这才是使用权的转移。可是行为人把房屋租给别人的时候，能说房主丧失了使用权，使用权就转移给行为人吗？不能得出这个结论吧。

学生：之前的私塾讨论过，使用权可以作为贪污罪的对象，不是因为它确实可以转移吗？

张明楷：使用权也有可能成为盗窃罪的对象，但必须是行为人转移了使用权。贪污罪不限于转移占有，也不限于盗窃、诈骗，而且包括其他方法。所以，不能因为使用权能成为贪污罪的对象，就将盗租房屋的行为认定为转移占有的盗窃罪。

学生：假如说被害人开酒店，行为人偷偷住在他的酒店里面不交房费，导致这个酒店客房的使用利益损失。这种行为可以认定为盗窃罪吗？以前讨论过一个国家工作人员利用职权住在国有公司的酒店不交费的案件，当时认为构成贪污罪，我改编一下，如果行为主体是普通主体，能认定为盗窃罪吗？

张明楷：当然不是盗窃，因为国家工作人员利用职权住在国有公司的酒店，并不是利用职务上的便利的盗窃，换成普通主体后，偷偷住在酒店不交费的，也不可能是盗窃。而且你这个假设的案件也有问题。

学生：那我们可不可以中庸一点，一方面保留盗窃罪中转移占有的要求，另一方面把转移占有的要求缓和一点。

张明楷：怎么缓和一点？

学生：把转移占有理解为被害人权利的实现比较困难，也就是说不要求物理上、客观上取得某个财物。

张明楷：你这不是把转移占有理解得缓和一点，其实就是取消了转移占有的要件。被害人难以实现权利，怎么就成了盗窃呢？逃避债务的行为不仅使被害人的权利难以实现，甚至根本不能实现，也不可能认定为盗窃。

学生：我这样理解，可以解决逃费、霸王餐，包括闯高速公路的栏杆等行为，这些行为确实没有发生财产性利益的占有转移，但是因为这些行为导致被害人的利益难以实现，所以仍然定盗窃罪。

张明楷：你这是取消了转移占有的要件，是类推解释，不可能被接受。

学生：为什么要把转移占有要件解释得这么严格呢？

张明楷：并没有那么严格，因为盗窃就是破坏原来的占有，建立新的占有，不能把盗窃罪变成没有行为定型的财产罪。

学生：我之所以说严格，是因为我们所说的转移占有，都是要求将一个财物从这个地方转移到另一个地方去。

张明楷：根本没有这样解释，是你自己理解错了。比如，行为人到一个酒店偷偷地在原地把被害人的高档白酒喝了，没有转移地方，当然也是盗窃。再比如，行为人看到某个摩托车没有上锁，就跟过路人说这辆摩托车是我的，便宜卖给你，过路人信以为真就购买了。这个行为对于摩托车车主来说，也是盗窃，行为人本人根本没有将摩托车转移地方。但是，行为人将房屋盗租给第三者时，没有转移任何财物，所以不可能认定为盗窃。

学生：如果是这样的话，就有许多损害他人利益的行为不可能定罪。

张明楷：这很正常，并不是所有侵害他人法益的行为都被类型化为构成要件，所以要坚持罪刑法定原则。而且，即使被类型化为构成要件的行为，也不可能真正做到有罪必罚。部分构成犯罪的行为不能受到处罚，也是很正常的现象。

学生：在实践中确实有将高速公路闯栏杆的行为认定为抢夺罪的。

张明楷：我看过这个认定为抢夺罪的判决，根本没有说理，只是说行为是公然的，被害人有财产损失。这就符合抢夺罪的构成要件了吗？如果只有这两点，也可以说符合了故意毁坏财物罪的构成要件。其实，在高速公路上反复逃费，定诈骗罪是可以的，但不能认定为盗窃罪、抢夺罪。

学生：在高速公路逃费的案件，日本是怎么处理的？

张明楷：日本没有发生过这种逃费案件吧？

学生：我查过，没有找到类似的案件，而且也没有人讨论过。但行人逃地铁票的，都是认定为诈骗罪。

案例 67　盗窃罪（与侵占罪的区分）

李某进站坐火车的时候发现安检仪器上有一个单肩挎包，就顺手提起挎包挂在自己行李箱上，然后走进检票口、坐上火车。被害人发现挎包丢失后报警，包内有 1 万多元现金，还有一部价值 5000 多元的手机和其他物品。民警在列车上将李某抓获，当场搜出了其所盗窃的财物。

张明楷：关于这个案件，一种观点认为李某的行为属于遗忘物侵占，另一种观点认为是盗窃。认为是侵占的主要有两个理由：一是被害人遗忘了挎包，二是被告人提出他知道是别人遗忘的挎包，其只有侵占的故意而没有盗窃的故意。我觉得定侵占不合适。如果要定盗窃罪的话，你们觉得怎么样讲道理？

学生：就算单肩挎包是被害人遗忘的，也应当是由保安或者车站管理人员占有。

张明楷：这是一种解释思路。另一种思路是，被害人的这个挎包根本不是遗忘物。我发现公安司法机关和一部分人，把认定为遗忘物的判断时点弄错了。他们是以被害人想起来的时点进行判断的，但将这个时间作为对遗忘物的判断时点是错误的。我觉得，应当以被告人拿走挎包的时点判断它是不是遗忘物。挎包在安检仪器上滚动，前面可能就隔着一两个人，这个时候被害人走不了多远，根据社会的一般观念，还是由被害人占有。很多人认为是遗忘物，就是因为把判断时点弄错了。

学生：许多人都认为，只要事后查明被害人确实遗忘了，就属于遗忘物。

张明楷：是不是遗忘物，要以行为人实施取得行为时的所有事实为基础，再根据一般人的观念进行判断。这是显而易见的。还有一个案例：被害人在国家大剧院地下室喝咖啡，离开时手机放在桌子上没有拿走。被害人在等电梯时，行为人把手机拿走了。电梯离被害人坐的桌子大概十多米，被害人上电梯走出大剧院之后，才想起来手机没有拿，再回去就发现不见了。不少人认为这个手机是遗忘物，因为被害人已经走出大剧院了才想起手机。我认为判断时点应当是行为人拿走手机的时点。在这个时间，被害人离手机很近，而且时间很短，被害人回过头来就可以看到手机。按社会的一般观念，这个时点根本不需要他人拾得后交给警察或者现场管理者处理。既然如此，这个手机就不是遗忘物，而是被害人占有的财物。我经常讲的一个日本案件的案情是：被害人在公园里把自己的包忘在一个长条凳上，然后过天桥去车站坐车，其在天桥上的时候，被告人把包拿走了。天桥距离包是27米，在天桥上回头就能看到这个包。但是被害人是到车站之后，才想起来自己的包忘拿了。被害人回到公园，通过他人给自己的手机打电话，听到公共卫生间里手机响，进去把行为人逮住了。这个案件被认定为盗窃罪，而不是侵占罪。因为不是以被害人到了车站之后这个时点来判断被害人的包是不是遗忘物，而是考虑在被告人拿包的时候，被害人在哪里。仅在距离27米远的地方，就没有对包丧失占有。

学生：我们今天讨论的李某这个案件，不能说由车站管理者占有了挎包吗？

张明楷：只有当被害人丧失了占有，才能判断财物是否由第三者占有；如果财物仍然由被害人占有，就不能认为财物当然转移给第三者占有。在被害人丧失占有的前提下，如何判断财物是否转移给第三者占有，也需要根据所有事实进行判断，如财物所处的场所、场所的性质等。除此之外，我认为第三者是否关心这个事情，对判断其是否占有具有重要作用。在日本，被害人遗忘在高铁上的财物，都被认为是高铁管理者占有。中国高铁采用实名制，被害人在高铁上遗忘的东西，乘务员基本上可以很快判断是哪个顾客遗忘的，就算二等座车厢里人员密集，也能大体上判断是谁的财物。应当认为，乘务员对乘客物品是关心的，而不是不关心的。顾客遗忘在酒店房间的财物，也转移给酒店管理者占有，后面的顾客取走财物的，也构成盗窃罪。

学生：老师，您刚刚讲到高铁遗忘物能不能转移给高铁管理者占有这个情况，我在想，高铁上还有一种站票，乘客其实是可以随意走动的。如果管理人员不知道他的座位，能认定是管理人员占有吗？

张明楷：管理者是否知道财物是哪个乘客的，不能直接决定其是否占有了财物。日本的高铁没有实行实名制，也认为乘客的遗忘物当然转移给高铁管理者占有。我是说，在中国高铁实行实名制的情形下，更应当认为乘客遗忘在高铁上的财物由高铁管理者占有。在相对封闭的空间，在进出人员相对确定的场所，应当认为被害人遗忘的财物由空间或场所的管理者占有。

学生：这样的话，区分被害人占有与场所的管理者占有还有什么意义呢？

张明楷：还是要区分的。本案的李某在安检时拿走他人财物，司法机关认定行为人的行为构成盗窃罪，但他们的理由是安检人员占有了遗忘物。如果说安检人员占有遗忘物的话，你要想到另外一个问题，如果乘客走远了一点之后，回过头来没有跟安检人员打招呼就拿走了财物，是符合盗窃罪构成要件但因为行使权利而阻却违法，还是说不符合盗窃罪的构成要件？

学生：乘客没有侵犯他人的财产法益，不构成犯罪。

张明楷：那是因为什么原因不构成犯罪？显然是不符合盗窃罪的构成要件。

学生：乘客走远了一点再回来的时候，还没有导致行李转移给安检人员占有吧，应当还是由被害人自己占有。

张明楷：所以要优先考虑被害人自己占有。被害人没有占有时才考虑是不是转移给第三者占有。

学生：老师，把这一类行为定为盗窃，不定为侵占，主要原因是什么？是为了处罚重一点吗？

张明楷：不是为了处罚重一点，而是因为这种情形本来就属于盗窃。你们经常有人把东西遗忘在我的办公室，我都没有发现，但如果有人到我办公室没有征得我的同意将你们遗忘的东西拿走，当然要认定为盗窃。即使我知道你们遗忘了东西在我办公室，社会一般观念也会认为我办公室的东西是由我占有的。

学生：老师的办公室是封闭场所，与高铁不一样。

张明楷：所以，问题就在于，除封闭场所外，被害人遗忘在哪些场所的财物当然转移给管理者占有。可以肯定的是，那些完全开放的、任何人都可以自由进出的场所，管理者对进出人员的财物并不太关心的，就难以认为被害人遗忘的财物当然转移给管理者占有。但如果管理者比较关心进出人员的财物，就不一样了。比如，顾客遗忘在银行大厅的财物，应当转移给银行管理者占有。他人取走的，应当认定为盗窃。

学生：老师，我有一个问题，比如说顾客去店里试衣服，把手机交给店员，试完衣服回家后才想起来没拿回手机。这种情况下，店员是不是以不作为的方式盗窃？

张明楷：顾客要是回家了之后才想起来没拿回手机的话，无法判断店员在顾客离开的时候，是否已经产生据为己有的意思。如果顾客刚一出门便回来要手机，店员就不给了，这个时候不是不作为，因为占有还没有转移。顾客试衣服的时候把手机交给店员，店员其实并没有占有手机，只是手机的占有辅助者。但如果店员不给的话，其实就是把辅助占有变成了占有，就是盗窃。我觉得还是要评价为作为，不能说不作为。即使他后面不还给顾客，也是基于占有而不还，本质上还是作为。如果顾客将手机交给店员，第三者在盗窃手机时店员不制止，则是不作为的帮助，因为店员有义务保管顾客的手机，但他没有履行作为义务。

学生：如果评价为作为的话，这个案子里确实没有一个转移占有的动作，手机一直在店员手上。

张明楷：这涉及作为与不作为的区分，二者并不是完全按有没有身体动作来区分的。实际上也可以用另一个理论解释，也就是说店员用不作为的方式实施了作为犯罪。其实，我是觉得没有必要把刑法规定的每一个犯罪，明确区分为只能由作为构成或不作为构成。真正不作为犯很清楚，但就一般的犯罪来讲就没有必要明确区分。在我看来，大部分犯罪都是同时包含作为和不作为。如果动不动就说某罪只能以作为的方式实施，也是有问题的。比如德国的判例中有不作为的抢劫。如果说有不作为的盗窃的话，意思就是通过一个不作为，把没有占有变为占有，是这个意思吧？这种情况也不是没有可能。

学生：老师，评价一个行为是作为还是不作为，故意成立的时点不一样，因为行为与责任同时存在，如果是作为的话，那就应该是再早一点，如果是不作为的话，就可能要晚一点。

张明楷：有可能是晚一点，有可能是同时的，但不会影响责任的判断。在店员将临时保管的手机据为己有的这个案件中，店员不将手机还给顾客，就是将辅助占有变为自己占有，这就是盗窃。只要店员客观上对手机建立新的占有时具有责任就可以。

学生：老师，我还是想知道，在被害人离开咖啡厅或者餐馆，将财物落在咖啡厅内或者餐馆的情况下，要等被害人走多远，餐馆老板把被害人的财物据为己有的，才能认定为侵占呢？

张明楷：这肯定不能采用一个数学的计算方法，不能用多少米、几分钟来作为判断标准。占有是一个规范的概念，是根据社会一般观念判断的，但判断的资料是当时的所有客观事实。比如说顾客到餐馆吃饭，吃完饭买单之后刚刚出了门，餐馆的工作人员或者第三者就把顾客的手机占为己有，我觉得这是盗窃。前面说过，一定要以行为时为基准进行判断。而且就餐馆来讲，可能还有另外一个定盗窃的理由，就是我们通常讲的遗忘物由餐馆的管理者占有，而不是所有的营业员占有。在根据社会一般观念确定由管理者占有之后，一般营业员占有手机的行为就构成盗窃。再如，顾客遗忘在宾馆房间的财物，不是那些清理房间的人员占有，是宾馆的管理者占有。所以清理房间的人员拿走顾客遗忘的财物，还是要定盗窃罪，其盗窃的是宾馆管理者占有的财物。

学生：如果说顾客刚刚走，老板就把手机藏起来占为己有了，应该是盗窃。如果说顾客想起来了，回来找老板要，老板说我看到了，我给你收起来了。这个时候如何证明前面是盗窃呢？

张明楷：这个案件从证据角度来说，不可能认定为盗窃既遂之后返还赃物。我觉得，你前面的假设就有问题。就像我在一篇文章里面讲合同诈骗一样的，你自己设定行为人和对方做生意，让对方事先给行为人预付款，行为人打算收到预付款之后就不提供货物了。可是收到预付款后发现这个货物很便宜，然后就给对方提供了货物。理论上可以说，行为人前面就已经合同诈骗既遂了。可是，在现实生活中你怎么去判断行为人当时就合同诈骗既遂了呢？无非就是行为人自己承认了，但行为人有可能随时不承认吧。所以，在分析案件的时候，还得想着在证据上能不能证明。证据上不能证明的案件，最好不要去随意设想。如果有证据证明，那么老板前面的行为就可以构成盗窃既遂。

学生：老师，如果顾客遗忘物品后，场所的管理者在顾客离开了相当长的一段时间后才发现自己店里有遗忘的物品，这个时候产生了拒不返还的占为己有的意思，这个时候应该是侵占吧。

张明楷：如果被害人离财物的距离比较远了，时间比较长了，一般要评价为遗忘物。

学生：这样的话，被害人离开财物的时点其实还是很重要的。

张明楷：时点当然重要，但没办法确定一个具体时间，不能说离开一刻钟、一公里的，都是遗忘物，反之都是被害人占有的。只能是根据具体的场景去判断。比如说餐馆的人多还是人少，被害人是以什么方式离开餐馆的，财物的体积等，都是要考虑的。例如疫情期间的餐馆，就一个人进去吃饭。在这样的场合，即使时间长一点，距离远一点，也会认定为顾客占有。如果说餐馆的人满满的，得出的结论肯定就不一样，这些都会影响我们的判断。这个没办法用具体的时间、距离作为一个判断标准。

学生：但这样的话，管理者什么时候发现财物，以及什么时候产生的拒不返还的意思很重要。

张明楷：当然了！这个需要证据去证明。从刑法上讲，我们就只能用已经证明了的事实去判断。我们平时也可以去设想一些情形，这个很重要。包括我教科书上的很多例子，也有设想出来的。但设想出来的案件必须是可能发生的、能够证明的。想象很多类似不同情形的案件，就可以进行各种比较；只有进行比较，你才能发现结论是不是公平，是不是合理。如果你单纯就一个案件进行思考，不想到任何相关的、相反的、相似的案件，就很难说你的结论合理还是不合理。在进行比较时，不仅有一些现成的案例可以去比较；有些没现成的，只要想象中的案件是可能发生的，也可以进行比较。我这是学习日本刑法理论的深刻体会，他们的刑法分则教材与论文不会讲多少大道理、空道理，而是用案例进行比较，看谁能得出妥当结论。

学生：老师刚刚讲的案例，能不能改编一下。比如：李某进站坐火车，将行李放在安检仪器上检查，他发现安检人员在检查上一个顾客的行李，而这个包跟自己的包竟然一模一样。待安检人员检查完放在台子上之后，李某就把包拿走了。这个时候是构成盗窃、诈骗还是其他罪呢？

张明楷：这种调包还是盗窃。安检人员检查完之后，一般都是由乘客自己拿走，而不是亲自交给特定的乘客。即使被害人离开了，行为人的行为也是盗窃。如果离开的时间比较短一点的话，是对前面被害人占有财物的盗窃；如果离开得比较远了，甚至是进站了的话，是对安检人员或车站管理者占有财物的盗窃。这种情况下的调包虽然通常是盗窃，但是有一些调包可能不一样。在实践中，有的司法人员没有理解盗窃与诈骗的真实含义，常常认为调包的都是盗窃或者都是诈骗，或者认为骗打手机的都是盗窃或者都是诈骗。比如，以前对借被害人手机然后逃离的行为都定诈骗，后来基本上都改过来了，认定为盗窃。但有一些明显的诈骗，现在又去定盗窃。广东有一个案件：行为人冒充警察找到了一个高中生，提出被害人的手机涉嫌犯罪，要检测手机。中学生很单纯就跟他来到一栋大楼，行为人让被害人在一楼的某个房间里等候，将手机交给他拿上楼检测，说检测可能需要一定时间，检测完后会有警察将手机送回来。中学生等了两个多小时，发现不对劲就报警了。这个案件是典型的诈骗。行为人说上楼检测手机需要一定时间，让被害人将手机交给行为人，这是一个欺骗行为，这个行为让被害人产生了占有转移的处分意思与处分行为。这与当场借打手机的案件完全不同。

学生：这跟借手机打电话之后离开视线的案件，最明显的区别在哪里呢？

张明楷：行为人借手机打电话的时候，就在被害人眼前，手机的占有并没有转移给行为人。即使行为人离开被害人的视线，被害人也没有产生处分手机的意思与行为。而且，行为人离开视线的行为就是盗窃的着手了。而前面冒充警察检测手机的案件不一样，手机不仅离开了被害人的视线，而且告知被害人需要检测一定时间，手机与被害人不在同一场所了，被害人因为受骗而将手机转移给行为人占有了，所以行为人的行为构成诈骗罪。

学生：老师，前面的那个行为人在安检仪器上取走挎包的案件，如果行为人确实以为是遗忘物的话，是不是只能定侵占罪？

张明楷：不能说只要被告人以为是遗忘物，他就只有侵占的故意，没有盗窃故意。只要行为人认识到了被法官评价为被害人占有的基础事实，就能认定行为人具有盗窃的故意。例如，行为人知道挎包是前一位乘客的，知道前一位乘客就在前面几米远的地方。即使行为人以为乘客遗忘了挎包，但由于行为人认识到了上述让法官评价为前一位乘客占有的基础事实，就应当认为行为人具有盗窃的故意。换言之，行为人的这种认识错误只是一种评价错误，或者说是一种涵摄错误，不影响盗窃故意的成立。

学生：您的教科书在讲抽象的认识错误时提到过类似问题。那什么时候才是事实认识错误，认为行为人真的只有侵占的故意呢？

张明楷：假如在这个案件中，我们不考虑安检人员与车站管理者占有，行为人发现一个行李在经过安检仪器后，长时间没有人拿走，以为乘客已经进站了，就将这个行李拿走。但事实上，这个行李的主人就一直站在行李边上，而行为人却没有认识到这一点。那么，就可以说行为人只有侵占遗忘物的故意。这个事实认识错误，是行为人将事实认识错了，不是将事实评价错了。我再举一个例子，以前也多次讲过。长途客车司机帮别人买 13 部手机装在一个黑色的袋子里，放在自己座位后，也就是了一号座位的乘客前面。坐在二号座位的乘客上车时，一号座位的乘客已经坐在那儿了。他以为黑色的袋子是一号座位乘客所有。中途一号座位乘客下车了，二号座位乘客发现一号座位前面的袋子没拿走，就以为一号座位乘客忘记拿走自己的袋子，然后就拿着黑色袋子提前下车了。行为人压根儿就没想到会是司机占有的袋子，这就是事实认识错误，之所以犯这个错误，是因为行为人没有仔细观察事实，而且，乘客下车之后就不可能再占有车上的财物。如果说黑色袋子是一号座位乘客的财物，在他下车后，一般人也都会认为他遗忘了自己的财物，而且不可能事实上支配这个财物。

学生：老师，如果被告人有合理的理由认为被害人已经坐车走了，这个情况下，是事实的认识错误吗？

张明楷：如果不考虑安检人员或车站管理者占有，只考察被害人占有，那么，被告人合理相信被害人已经坐车走了，就属于事实认识错误。

学生：一般人都会认为，如果被害人都已经坐车走了，遗落在安检处的财物应该就是遗忘物了。

张明楷：相对于被害人而言，肯定是遗忘物了。但接下来要考虑的是，这个财物是否由安检人员或者车站管理者占有。如果能排除安检人员与车站管理者的占有，那么，行为人拿走该财物就只是侵占遗忘物。

学生：这类案件总是存在争议。主要是难以判断被告人说自己以为是遗忘物这一辩解是否真实。

张明楷：是的，这类案件主要有两大问题：一是如何区分遗忘物与被害人或第三者仍然占有的财物，其中判断时点特别重要，一定要按行为人行为时的客观事实进行判断；二是如何判断被告人的认识错误是事实认识错误还是法律认识错误。没有认清事实的，才可能是事实认识错误；如果是因为没有学好刑法产生的错误，才可能是法律认识错误。例如，被害人过马路时将手机掉在地上，行为人立即捡起来后就往回走，被害人过马路后就发现手机没有了。在这个案件中，行为人认清了事实，不可能有事实认识错误。但行为人误以为这个手机是遗忘物，这是刑法没有学好，属于法律认识错误。

学生：占有的判断确实太难。

张明楷：占有的判断可能是一个永恒的话题。对占有的判断，一定要通过很多案例训练，直到面对任何一个案件一看就知道谁占有。另外要提醒你们的是，不要区分所谓事实上的占有与规范上的占有。占有就是事实上的支配，但对事实上的支配需要进行规范的判断。换言之，你们不要先判断某人是不是物理上占有了某个财物，再进一步根据一般人的观念规范地判断某人是不是规范地占有了此财物。前一判断是没有任何意义的。比如，我现在手上拿着你的手机，你可能说我物理上占有了你的手机，然后进行规范判断。规范判断的结果是我没有占有你的手机，因为一般人不会认为此时我对你的手机有事实上的支配。既然如此，前面的判断有什么意义呢？一定要记住，行为时所有的客观事实都是规范判断谁是否占有财物的资料。

学生：老师，我一直想问，"一般人"的观念应该如何寻找？

张明楷：这也只能是训练出来的。一般人就是国民，国民就是一般人。如果不能进行全面的实证调查研究，就问在马路边随便碰到的那个人。当然，如果在马路上随便碰到一个人，你不能直接问他的结论。你要问他，安检仪器上前一位乘客的行李没有拿走，你觉得需要你处理或者通知警察处理吗？如果他说不需要，就可能表明那不是遗忘物。再如，如果你问马路上随便碰到的那个人，前一位乘客下了长途汽车，但他的行李没有拿走，你觉得需要由第三者处理或者需要通知警察处理吗？如果他回答说需要，就可能表明那是遗忘物。当然，关键的还是要自己训练，尤其需要通过大量的案例去训练。通过对大量国内外案例判断的训练，把一些不能言传的道理悟出来。

学生：我有一个问题，事实上的支配中的事实这个概念与支配这个概念，本身会不会有点矛盾？支配这个概念本身就是规范意义上的结果，但老师说是事实上的支配。

张明楷：事实上的支配，就是说按照一般人的观念，他人不可以随便拿走这个财物，既不能自己拿走，也不需要通知警察处理，因为财物的主人事实上还能够支配它。所以，即使是短暂的遗忘，财物的主人也能马上想起来处理自己的财物，此时就不能评价为遗忘物。再如，放在他人家门口的快递，即使他人不知道来了快递，但他人回家时就会处理快递，不需要由第三者处理，更不需要通知警察处理。这个快递就是他人事实上支配的财物。事实上的支配是一个概念，是说根据一般人的观念，谁能够在事实上支配这个财物。

学生：我想问一下，在确定这种实质概念内涵的时候，考虑"一般人"观念的理论基础在哪？是考虑一般预防的目的吗？

张明楷：这是个非常重要的要素，在很大程度上基于一般预防的考虑。如果一般人认为这个财物是他人占有的，其他人不能转移，按盗窃罪处理就有利于预防这种行为。反之，如果一般人认为这个财物脱离了他人的占有，需要由第三者保管后交付给他人，那么，第三者保管就很正常。但第三者保管后据为己有就不合适了，不过只能认定为侵占。

学生：要这样理解的话，一般人观念只能通过民意调查确定。

张明楷：能够通过民意调查确定当然更好。但一方面，我们不可能就有争议的案件都进行民意调查；另一方面，如何调查更是一个问题。因为一般人并没有学刑法，可能根本不知道调查的意义何在。所以，我经常讲的马路边随便碰到的那个人就是一般人的代表。你可以问不是学法的人，尤其是案件的处理跟他没什么关系的时候，他会基于正义感来回答。但你不能直接问马路边的人这个财物是谁占有，你可以问这个财物是否需要第三者或者警察来处理，当他说不需要的时候，十有八九就是说拿走财物的行为是盗窃。

学生：老师，我还有一个案例，盗窃罪是 2000 元入刑，如果行为人只想偷 1999 元，结果盗窃了 2001 元，这个该如何认定？

张明楷：他的这个"只想"是怎么确定的呢？如果是一个钱包，就不能说行为人只有盗窃 1999 元的故意，而是对钱包中的所有钱都有盗窃的故意。如果桌上放的是现金，行为人就只想拿 1999 元则是可能的。也就是说，如果桌上放着 2000 余元，行为人确实只想盗窃 1999 元，但数来数去数错了，结果盗窃了 2001 元，就只能说行为人没有盗窃数额较大财物的故意，不能认定为盗窃罪。但在我看来，这样的案件几乎不可能发生。

案例68　盗窃罪（与侵占罪的区分）

2007 年 11 月 8 日 17 时许，被害人赵某将一台价值 4500 元的笔记本电脑存入大学图书馆一楼 76 号存物柜后，将存物柜的钥匙交给图书馆管理员，特地嘱咐其将钥匙转交给其同学韩某，但没有告知柜中存有笔记本电脑。当晚 19 时许，孙某来到图书馆，用学生证换取存物柜钥匙使用。由于管理员的疏忽，忘记了被害人的嘱咐，将被害人委托其转交给韩某的 76 号存物柜钥匙交给了孙某。孙某打开 76 号存物柜之后，发现里面有一台笔记本电脑，认为是前面使用存物柜的人忘在这里的，产生了占为己有的念头。于是，孙某将电脑取出，把自己的物品存放在存物柜中，并偷偷将电脑拿回自己宿舍，后又回到图书馆。当孙某交还钥匙取回自己的学生证时，管理员发现给错了钥匙，便询问孙某柜中是否有东西，孙某矢口否认。20时许，韩某来图书馆领取76号存物柜钥匙，打开后发现没有笔记本电脑，遂与被害人赵某联系，确认笔记本电脑丢失后报警。孙某因为被图书管理员询问过，害怕事情败露，便将电脑丢弃在宿舍楼厕所，后被查获。

张明楷：一种观点认为孙某的行为是侵占，另一种观点认为孙某的行为构成盗窃罪。如果说是侵占，孙某的行为就因为数额没有达到成立犯罪的标准而不成立犯罪。

学生：有老师认为，孙某的行为是抽象的事实认识错误，按法定符合说只能认定为侵占。

张明楷：这涉及故意的认识内容，尤其是对规范的构成要件要素的认识。盗窃罪中财物的占有以及侵占罪中的遗忘物，都是规范的构成要件要素，行为人需要什么样的认识才具备盗窃罪的认识内容？

学生：即使从客观上说笔记本电脑是他人占有的物，但孙某主观上真的以为是遗忘物，他完全可以说自己是依照管理员给的钥匙按照正常程序打开的柜子门，有理由认为电脑是别人的遗忘物。

张明楷：在认定盗窃罪故意的时候，并不是说只要行为人以为是遗忘物就没有盗窃故意了。法官是根据客观事实判断笔记本电脑由谁占有，判断时是以一般社会观念为标准的，如果行为人认识到了占有的基础事实，就能认定行为人具有盗窃的故意，而不是说行为人必须清楚地知道占有这个概念的规范含义以及如何判断占有。比如说，在这个案件中，如果根据社会一般观念，图书馆存物柜的物品，都是他人占有的物品，而不是遗忘物，那么，只要行为人认识到了笔记本电脑在存物柜中，就能认定行为人有盗窃的故意。

学生：客观上有可能是遗忘物的，就是说，柜子里面出现了一个电脑，这个电脑既可能是主人特意放在这儿的，也有可能是真的遗忘在这儿的。

张明楷：即使是他人"遗忘"在存物柜里的，这个"遗忘"也不是侵占罪的遗忘物的那个"遗忘"。"遗忘"是一个规范的要素，意指不是基于他人本意脱离了他人的占有，而不是说凡是忘记了的东西都是遗忘物。即使前一个学生忘了拿走电脑，也不能因为他忘了，就认为脱离了他的占有。图书馆本来就是一个相对封闭的场合，存物柜就是给学生存放东西的，不能因为孙某拿了一个钥匙，里面的笔记本电脑没有拿走，就说这个笔记本电脑是遗忘物。

学生：这个案件是管理员搞错了，导致孙某认为里面的笔记本电脑是遗忘物。

张明楷：这与谁弄错了没有关系。在图书馆存物柜这样的空间，凡是有价值的东西，都不要评价为遗忘物。我以前讲过好几个日本的判例，都是根据社会一般观念判断占有，而不是根据被害人是否遗忘判断是否占有。

学生：有的老师不否认笔记本电脑由他人占有，只是认为孙某没有盗窃的故意，也就是说孙某认为笔记本电脑是遗忘物，是很有道理的。

　　张明楷：不能这么说。在一般意义上说，人们都可以说笔记本电脑是他人忘在存物柜里了。但遗忘物是一个规范的概念，不要求行为人从刑法上认识到这一点。只要我们认为学校图书馆存物柜里的财物是他人占有的，而行为人认识到自己取走的是学校图书馆存物柜里的财物，就能认定行为人明知自己取走的是他人占有的财物，因而具有盗窃罪的故意。所以，说孙某认为笔记本电脑是遗忘物是有道理的说法，并不成立。

　　学生：在直观感觉上，孙某的这种行为和那种直接撬开人家的柜子门然后拿走他人的笔记本电脑明显不一样，然后就想将这种不一样体现在构成要件的规范评价上面。

　　张明楷：盗窃的行为方式特别多，顺手牵羊式的盗窃也不同于那种直接撬开人家的柜子门盗走财物的行为，但不能将顺手牵羊式的盗窃排除在盗窃罪之外。所有的盗窃的共同点，就是将他人占有的财物转移给自己占有，其他的区别只是内部区别，对量刑可能有影响，但不能影响定罪。

　　学生：这个案例中，行为人是不是主观上其实没有意识到这是他人占有物的这个法律上的评价。比如说，我们乘坐出租车发现车上有一个手提包，在法律上这个手提包是归出租车司机占有的，但是乘客会以为是上一个乘客留下来的遗忘物。

　　张明楷：这个是涵摄错误，就不是事实认识错误。本来归出租车司机占有的，但行为人误以为没有人占有，这是评价错误或者涵摄错误。说本案中的孙某有错误，也只是评价错误或者涵摄错误。用我说的那个简单方法来区分，行为人多学习一下法律就不会犯错的，那就是法律错误，多留点心观察事实就不会犯错误的，那就是事实错误。本案中的孙某多学习一下法律，就知道笔记本电脑不是遗忘物，而是他人占有的财物。所以，不是抽象的事实认识错误，而是法律认识错误。

学生：这么说的话，是不是只要是他人占有的财物，行为人误以为是遗忘物的，都不影响盗窃的故意，因而都成立盗窃罪。

张明楷：也不是的，要看行为人是基于什么原因产生了错误。本案的孙某是因为没有仔细观察事实吗？不是的，是因为他误以为凡是落在柜子里的财物都是遗忘物，但这个"以为"是错误的，所以是涵摄错误，不影响盗窃的故意。

学生：那还是要认定孙某的行为构成盗窃罪。

张明楷：学校图书馆并不是所有人都能进来，这样想来更加不能将存物柜里的笔记本电脑评价为遗忘物，而且柜子是有钥匙的，即使没有钥匙也不能评价为遗忘物，为什么有钥匙反而评价为遗忘物呢？孙某认识到了可以被评价为他人占有财物的基础事实，不能认为他没有盗窃的故意。

学生：老师，我这里有一个案件：2017年5月13日上午，徐某将自己的红色双肩背包存放于南昌县向塘镇国泰购物商场的自助存包柜的7号箱内并关上柜门后，发现钱包还在背包内，于是使用一次性密码将该箱打开，拿到钱包后，再次将双肩包放置于7号箱内，并锁闭箱门离开（徐某已使用了一次"一次性密码",所以在第二次将背包放入 7 号箱内并关门后，7 号箱实际上处于"他人可使用"的状态，当他人按了"存"键时，7 号箱门会自动打开）。其后，胡某来到该自助存包柜处，在按下"存"键后，存包柜自动弹开了 7 号箱。胡某发现 7 号箱内竟然有一背包，立即将双肩包取出并携包返家。事后查明，包内财物共计 32059 元。法院认定的是盗窃罪。这样认定正确吗？

张明楷：很正确。

学生：应该认定为是被害人占有着自己的双肩包。因为储物柜是一个专门放置东西的地方，既能认定是被害人占有的财物，也能认定行为人认识到了这个财物是他人占有的基本事实。

学生：关键在于财物被评价为他人占有物的决定性事实是什么。如果这个前提事实不仅包括"包在储物柜里面"，还包括其他事实呢？

学生：如果一打开发现是一个落满灰尘的包，那很明显就是遗忘物了。

学生：从规范意义上说，在可以由公众随意打开的柜子里和在公共场所中似乎没有区别，但形式上前者确实在一个准密闭空间里面。

张明楷：既然如此，就不能说由公众随意打开的柜子里和在公共场所中没有区别。

学生：这种柜子确实和公共场所不一样，因为有柜门与钥匙这种设置的机制，就给人一种和公共场所或大街上不一样的感觉。

张明楷：被告人不能再选一次柜子吗？

学生：除非只剩下一个空柜，一般都能重新选择。

张明楷：这种情形就要考虑社会一般人的观念，一个柜子确实没有锁，但柜子里面有一个包，这个包就不属于上一个使用者占有了吗？

学生：形式上说，上一个使用者的占有已经随着钥匙的转移而结束了。

张明楷：锁不锁并不是判断占有的一个决定性资料，我家的门不锁难道我就没有占有我的东西吗？这不可能。社会一般人看到这种情况，很自然就会想到这是别人的包。但是当这个行为人想要占有这个包的时候，他就以为这是别人遗忘的，就可以拿走了？这个包肯定是上一个使用者有意存在里面的，难道是一不小心存在里面的？这不可能。

学生：当行为人认识到这是一个储物柜，我觉得就可以认定盗窃故意了。反而是在公园长椅的场合，盗窃故意不能一下就认定，因为确实还有侵占故意的可能。

张明楷：总之，不能动不动就说是遗忘物，侵占罪一是因为数额，二是因为证据问题，向来是相对难以认定的，如果动不动说是遗忘物，很多时候就不能定罪了。很多时候要看时间、地点这些客观要素，就算是被害人真的忘了，也不能叫做遗忘物。法院认定这个案件中的胡某构成盗窃罪，是正确的。

学生：老师，再讲一个案件：A 是开酒店的老板，B 是其亲戚，B 委托 A 打开一个房间存放一些东西。过了不久，C 来酒店开房，A 忘记了给 B 存放东西这件事，就将存放东西的房间安排给 C 住，C 刷卡进去发现了财物就拿走了。这个案件也要认定 C 的行为构成盗窃罪吧。

张明楷：这个案件定盗窃肯定是没有问题的，即使 B 没有占有，也是酒店管理者占有。即使是前一个顾客遗忘的财物，也是由酒店管理者占有，不能叫遗忘物。所以，C 的行为构成盗窃罪没有疑问。

案例 69　盗窃罪（与侵占罪的区分）

2018 年 2 月 23 日 11 时 52 分，被害人禹某在沁阳县行政路的中国工商银行沁阳支行 ATM 上存钱，因为钱币褶皱存了几次没有存完，11 时 56 分，其拿着 ATM 退出来的纸币到银行柜台换钱，但银行卡却忘在 ATM 中没有取出来。11 时 57 分，被告人丁某来到这台 ATM 前，插了几次银行卡没有插进去，11 时 58 分，禹某发现银行卡忘拿后，返回 ATM 取卡，其与丁某说明情况后，丁某按退卡键取卡，禹某没有存入的 14500 元也从 ATM 中退出来，丁某从进钞口把钱拿出来放在旁边，禹某没有认识到是自己的钱，拿回银行卡后转身离开，丁某遂把 14500 元放入自己包中离开。

张明楷：丁某其实是知道这 14500 元是被害人的钱。

学生：即使丁某认识到是被害人的钱，但客观上是否有可能将这 14500 元评价为遗忘物？因为被害人没有认识到是自己的钱。

张明楷：不能评价为遗忘物。第一，这个钱是从 ATM 里出来的；第二，行为人是站在边上看到被害人刚离开 ATM，客观上还是能认定为被害人占有了金钱，即使被害人自己不知道是自己的钱，也能评价为由被害人占有。因为不管是从时间上看还是从距离上看，都不能说现金已经脱离了被害人的支配。

学生：假设被告人丁某当着被害人的面把钱拿走，应当怎么处理呢？

张明楷：当着被害人的面拿走那也是盗窃啊！不能说当着被害人的面拿走时，被害人没有反对就代表同意了，就没有违反被害人的意志。

学生：被害人没有处分意思，因为根本没有意识到这是自己的钱，所以肯定是认定为盗窃，而不是认定为诈骗。

学生：是不是存在这样一个问题，就是说在行为人窃取的这个时间点，被害人对于这个财物恰恰是没有占有意思的。换言之，盗窃罪的成立是否要求行为人实施构成要件行为时，被害人对自己占有的财物具有占有意思。

张明楷：占有意思只是对占有的判断起辅助作用，而非起决定性作用。如果根据客观事实与一般的社会观念，某个财物由被害人占有，即使被害人没有意识到自己占有了该财物，该财物也由被害人占有。比如，家里的财物，即使主人没有意识到有某个财物，这个财物也是由主人占有。本案被害人离开金钱的时间与距离极短，根据社会的一般观念仍然由被害人占有，所以，不能因为被害人没有占有意思，就否认他对14500元现金的占有。你提出被害人在财物被盗时要有占有意思，是想说明，只有这样才能认定盗窃行为违反被害人意志吗？

学生：是的，否则不能证明盗窃行为违反被害人意志。

张明楷：行为人深夜入户盗窃时，被害人睡着了，根本没有占有意思，但不能否认入户盗窃行为构成盗窃罪。即使被害人因为某种原因不省人事，在医院住院，行为人入户盗窃的，也违反了被害人意志。

学生：所谓违反被害人意志，其实就是指被害人没有同意。

张明楷：可以这样认为，只要没有经过被害人同意，就违反了被害人意志。比如，扒窃犯在扒窃时，被害人可能由于胆小而不敢抵制，这种情形也违反了被害人意志，不能说是被害人同意的。

学生：司法实践中还有类似的情形，比如火车站候车厅里，被害人的手机掉了出来，行为人看到以后就过去捡起来，被害人这时候睡眼惺忪，看到这个行为人捡手机了，但没发现是自己的手机。

张明楷：那也是盗窃行为，而不是侵占行为。

学生：占有意思一般是作为判断被害人是否占有财物的一个

所谓增强型的变量，没有必要将构成要件行为与被害人的占有意思联系起来。或者说，应当缓和性理解占有意思。即使被害人当时没有占有意思，我们也应当认为被害人知道情况后会恢复其真实的占有意思。所谓的基于意思的占有，并不是说基于某一个时间点的意思的占有，而是一个规范性的占有概念。

学生：很多时候被害人占有财物这个事实，我们是基于占有意思去评价的，那么，是否要求行为人认识到不仅客观上被害人占有了财物，而且被害人还有占有财物的意思？

学生：如果我们承认间接故意的盗窃，就不存在这个问题了。如果进行一种缓和性评价，被害人可能因为当时在忙一些事情确实没有占有意思，但是只要承认间接故意的盗窃，那么，行为人认识到了财物可能归于被害人占有，且被害人可能具有占有意思，行为人还放任自己的行为，这就已经足够认定为盗窃故意了。

张明楷：从另一个角度来说，所谓认识到被害人有占有意思，其实是想解决行为是否违反被害人意志的问题。也就是说，被害人是否放弃了自己对财物的占有。如果行为人合理地以为被害人放弃了对财物的占有，则不构成盗窃罪。但是，如果行为人只是估计被害人放弃了对财物的占有，但不能确定，仍然取走财物，而被害人没有放弃占有的，则是间接故意的盗窃。

学生：如果按照老师的观点，认识到被评价为被害人占有的前提事实或基础事实就有盗窃故意，假设前提事实只有被害人具有占有意思，我们要求行为人认识到前提事实就是行为人认识到被害人具有占有意思，当然这种案例可能就比较极端了。

张明楷：这可能涉及被害人是否放弃了占有的问题，也可能涉及行为人所取得的财物是不是由他人占有的问题。比如，我经常讲的案例，被害人在阳台上不小心将钱包掉下去了，下面是条马路。马路上的钱包一般是遗忘物，因为一般人不会将钱包放在马路上，但如果被害人在阳台上喊"是我的钱包，不要拿走"，行为人依然拿走的，就构成盗窃罪。

学生：是的。行为人当着被害人的面窃取财物，就类似我们讨论的丁某盗窃 14500 元这个真实案例和在车站候车厅取走他人手机那个案例，不需要考虑被害人的占有意思，也能认定被害人的占有和行为人的盗窃故意。

学生：所以，事实上也不可能要求被害人永远无疏忽地保持占有意思，这对被害人的要求是过高的。

学生：如果按照老师的观点往下分析的话，其实有一点完全从客观事实去推导主观占有意思的倾向。

张明楷：占有的判断首先是一个客观的、规范的判断。事实上的支配是起决定性作用的，主观的占有意思只是起补充作用。如果事实上的支配比较弱，就需要判断被害人有没有占有意思；如果事实上的支配比较强，则不需要考虑被害人有无占有意思。从行为人的角度来说，只要他认识到了占有的前提事实或者基础事实，就能认定他明知自己窃取的是他人占有的财物。其实，在阳台掉落钱包这个案件中，也不一定非要说行为人认识到了被害人有占有意思，而是说，当被害人在阳台上喊"是我的钱包，不要拿走"时，行为人就知道了这是被害人占有的钱包，当然也就具有盗窃的故意。

学生：前面讲的在火车站候车厅捡被害人手机的案件，根据处分意思不要说，会不会认为被告人的行为是诈骗？

学生：可能是举动欺诈，也就是说，行为人捡起手机的行为本身就是一个欺骗行为，这个行为使得被害人误以为行为人是在捡自己的手机。

张明楷：如果是这样的话，当着被害人的面盗窃的，大多成了诈骗，不合适吧。而且，在这种情形下，怎么判断被害人有处分行为呢？

学生：被害人是不作为的处分或者容忍，容忍也是一种处分。

张明楷：如果有处分意思时，容易判断不作为的处分与容忍，但没有处分意思时，就难以判断不作为的处分与容忍。这也是山口厚老师坚持处分意思必要说的一个重要理由。

学生：如果主张处分意思不要说，那么，有些盗窃行为同时也是欺骗行为，二者会形成想象竞合关系。

学生：也有人主张是法条竞合的特别关系，因为诈骗罪是盗窃罪的间接正犯，所以是盗窃罪的特别法条。

张明楷：我也觉得坚持处分意思必要说存在一些问题，但又觉得处分意思不要说不是最佳的解决方案，所以，我还没有放弃处分意思必要说。

学生：前几天发生了一起案件：小学生中午在学校吃饭，需要交生活费，然后家长都在群里以发红包的形式把生活费交给班主任，结果一个人在群里抢了 4000 元钱后退群了。

张明楷：这个行为构成盗窃罪没有任何问题吧。

学生：问题是红包发在群里之后由谁占有？

学生：微信支付平台占有？

张明楷：没有必要说是平台占有，说平台占有解决不了问题。

学生：家长占有？因为不领的话，红包会撤回。只有老师领了之后，才能说老师占有。

学生：占有是事实上的支配，群里谁都能领。

张明楷：但要考虑社会的一般观念，要看群里的红包是给谁的。

学生：那如果是老师占有的话，家长发了红包之后，撤回来算什么？所有权对抗占有？

张明楷：我就是想问这个问题，如果家长发了红包又撤回来，只能说家长没有交钱，而不会说家长把老师的钱拿过来了。

学生：所以还是应该说是家长占有。

张明楷：我觉得按照一般人的观念，还是要认定为老师占有。因为这些红包是发给老师的，群里的人也都是这么认为的。所以，认定行为人盗窃了老师占有的红包应当没有问题。

学生：没问题，这个案子也是以盗窃罪来刑事拘留的。

张明楷：我看到有人说这是抢夺。

学生：可能他们看到抢红包有个"抢"字，就觉得是抢夺。

张明楷：我觉得定盗窃一点问题都没有，也可以说是公开盗窃。

案例 70　盗窃罪（与信用卡诈骗罪、侵占罪的区分）

被害人更换手机号时，没有将原手机号与京东 APP 解绑，导致原手机号仍然与自己的银行卡自动关联。半年后，被害人的原手机卡号被二次销售给被告人。被告人登录京东 APP 时，发现手机号绑定了一张银行卡，就反复使用了十几次，消费了 7 万元。其间，京东发觉被告人的账号异常，就与被告人联系，被告人拒不承认冒用他人银行卡。后来，京东就冻结了被告人的账号。案发后，被告人拒不认罪。

张明楷：对这个案件有三种观点：第一种观点认为是盗窃罪；第二种观点认为是信用卡诈骗罪；第三种观点认为是侵占罪。这个案件与我们以前讲的另一类案件不一样。

学生：另一类案件是什么案件？

张明楷：乙的微信上绑定了自己的银行卡，甲趁乙熟睡时或者捡到乙的手机后，将乙的银行卡中的资金转入乙的微信，再从乙的微信中将资金转入自己的微信。这样的案件只能认定为盗窃罪。

学生：也有学者认为这样的案件也要认定为信用卡诈骗罪，因为甲冒用了乙的银行卡信息，属于冒用信用卡，没有这一行为就没有后面的微信转款行为，后一行为是前一行为的延伸，所以要认定为信用卡诈骗罪。而且，信用卡诈骗不需要欺骗自然人。

张明楷：这是我一直批判的观点。甲在将乙的银行卡中的资金转入乙的微信时，并没有给乙造成任何财产损失，只是相当于将乙的财产从乙的左口袋转入到乙的右口袋，这个行为不是符合构成要件的行为，也不是冒用他人信用卡的行为，不能以这个行为为根据定罪。导致乙的财产损失的行为，是甲将乙的微信零钱转入自己微信的行为，这个行为没有冒用乙的信用卡，不可能成立信用卡诈骗罪，只能认定为盗窃罪。

学生：微信转款这个案件肯定不成立信用卡诈骗罪，但刚才说的在京东上使用他人银行卡的案件，就可能是信用卡诈骗罪，这涉及京东平台的人员有没有被骗的问题。

张明楷：如果说机器可以被骗的话，上面说的在京东上使用他人银行卡的行为肯定就是冒用信用卡了。

学生：如果机器能被骗的话，被骗的对象应该是银行，不应该是京东。

张明楷：我没有在京东上购物过，不清楚其中的流程。被害人绑定的银行卡如果是真正的信用卡就肯定涉及银行，如果是储蓄卡，就相当于三角诈骗吧。京东商城的相关人员是受骗人，他们因为受骗而处分了持卡人的银行债权。

学生：用户把银行卡绑定在京东的时候，相当于默许京东对银行卡里的资金进行处分。

张明楷：如果是这样，就是三角诈骗了，当然还要考虑京东的相关人员是否被骗。

学生：在京东商城上购物，完全是由机器操作的，只是事后从整体上判断是否异常。只要符合了预设的前提条件，平台就会让用户把钱转出去。所以，这里应该不存在诈骗。

张明楷：如果这个案件没有欺骗自然人，而且在京东平台上可以绑定别人的银行卡进行使用，就不存在认识错误的问题。如果是这样，我还是主张对被告人的行为认定为盗窃罪。

学生：为什么还有人认为构成侵占罪呢？是不是因为被害人更换手机时没有解绑，就认定被害人银行卡中的资金是遗忘物？

张明楷：我不知道这种观点的具体理由是什么。但可以肯定，被害人更换手机时忘了解绑，不意味着对自己的银行卡及其中的资金丧失了占有，所以，被害人银行卡中的资金或者银行债权，一直由被害人占有，不存在遗忘物。

学生：很多人都是按字面含义理解遗忘物的。

张明楷：我再讲一个相关的案件：犯罪嫌疑人 A 有个姓名相同的堂妹，2015 年 3 月，A 到堂妹家借了户口本，用其户籍信息办理了一张身份证，贴的照片是 A 本人的，但身份证号码是堂妹的。A 用这张身份证办理了手机号、借记卡，用手机号注册了支付宝账户，再将支付宝账号绑定自己办的信用卡。2020 年 2 月，A 在使用支付宝时发现一张陌生尾号的银行借记卡绑定在支付宝上。A 猜到应该是堂妹办理的银行卡，于是通过人脸识别、手机验证等方式将堂妹的借记卡也绑定在自己的手机上。之后，A 利用支付宝账户将堂妹借记卡内的资金转移，并用于支付和消费，共计 2 万元左右。对 A 的这种行为，应当如何评价呢？

学生：现在信用卡越来越电子化，这种行为能否评价为盗窃信用卡并使用，按照《刑法》第 196 条第 3 款的规定，以盗窃罪论处？

学生：A 并没有盗窃被害人的借记卡，如果说盗窃，也只是类似于侵犯商业秘密罪中的盗窃商业秘密，而不同于通常的盗窃。

学生：A 的行为属于盗用他人身份证件信息类型的信用卡诈骗，相当于冒用他人信用卡。

张明楷：A 将被害人的借记卡绑定在自己的手机上，并与自己的支付宝账号绑定，可以说使用了被害人的借记卡。如果是对自然人使用，就是冒用他人信用卡，构成信用卡诈骗罪；如果是对机器使用，就构成盗窃罪，不需要引用《刑法》第 196 条第 3 款吧。

学生：A 利用被害人的身份信息办理借记卡，是不是也属于使用以虚假的身份证明骗领的信用卡？

张明楷：《刑法》第196条信用卡诈骗罪第一项"使用伪造的信用卡，或者使用以虚假的身份证明骗领的信用卡的"，这里的使用与骗领的银行卡应当不包含借记卡。因为行为人以被害人的身份信息办理借记卡后，被害人不会有财产损失，行为人也不可能透支导致银行遭受财产损失。只有以虚假的身份证明骗领了可以透支的信用卡，进而再使用的，才可能使他人或者发卡银行遭受财产损失。在本案中，A冒用其堂妹的身份信息办理借记卡并使用的行为，堂妹并没有财产损失，所以A的行为并非信用卡诈骗行为。但是，A将堂妹银行卡内的款项划转并消费的，相当于直接将他人债权转移给自己，直接认定为盗窃罪即可。

案例71　盗窃罪（与诈骗罪的区分）

甲持有价值5万元的特定商场的购物卡，这些购物卡是真实的，但不记名、不挂失，只能在特定商场使用，每张卡的额度为1000元，一共50张。甲把这50张购物卡全部复制后，把真卡以九折即45000元出售给乙。乙把50张购物卡拿到商场查验，发现都是真实有效的。真卡和甲复制的卡都可以同时在商场使用，但只要有一张卡上使用过一定金额，另外一张卡上的金额也会相应减少（如同银行卡的主卡和副卡）。在乙还没有使用这批真卡的时候，甲就用复制卡购买了49900元的商品，仅剩下100元。

张明楷：这样的案件在司法实践中确定的罪名不一样，有的地方定盗窃罪，有的地方定诈骗罪。

学生：确实可能会有两种思路。一种思路是，甲把购物卡卖给乙的时候，相当于卡已经由乙占有和所有了，然后甲用窃取的方式，把卡里的钱用了，这就是盗窃。另一种思路是，甲隐瞒了自己要使用卡的意思，其实是没有真实地把卡里的钱给乙的意思，将卡出卖给乙，乙不知道真相，所以购买了卡，这就是诈骗。

张明楷：问题是，究竟是定盗窃罪还是定诈骗罪？

学生：认定为盗窃吧。

张明楷：为什么？

学生：如果定诈骗罪的话，被害人处分的是 45000 元，但是最终甲使用的是 49900 元，这样素材还具有同一性吗？

张明楷：如果说定诈骗罪的话，你就不用考虑后来甲是否使用购物卡了，当甲取得 45000 元对价时，就已经是诈骗既遂了。这是否合适？

学生：但如果甲后来不用，就是一个正常的交易行为；如果甲后来只用了 1 万元，就不能认定诈骗了 45000 元。

张明楷：这里有一个我经常跟你们讲的分析方法，就是要分析究竟是什么行为使被害人遭受财产损失。如果你要定诈骗罪，诈骗的对象就是 5 万元的 9 折，即 45000 元，这个时候就诈骗既遂了。可是，如果甲后来不使用复制卡，乙还有财产损失吗？乙的 5 万元真卡不是照样可以用吗？那是什么行为导致被害人遭受财产损失的呢？不就是因为甲使用复制卡购物吗？甲使用复制卡购物，就是盗用了别人的债权，就构成盗窃罪。无论在司法机关做讲座也好，还是写论著也好，我都会讲对财产犯罪的认定，除了找到具体的被害人与具体的被害内容外，一定要找到具体的被害内容是哪一个行为造成的，这个行为符合什么罪的构成要件。这一点很重要。

学生：认为甲的行为构成诈骗罪的人会认为，甲一开始就隐瞒了存在复制卡、打算使用复制卡的内心想法，就把乙的 45000 元骗走了，所以构成诈骗罪。

张明楷：可是，其一，甲给乙真卡时，里面的确存有可以使用的 5 万元，甲相应地得到了 45000 元，这个交易没有什么问题。也就是说，这个时候乙没有任何财产损失。既然这个时候没有财产损失，怎么能认定甲得到 45000 元就是诈骗所得呢？其二，如果说构成诈骗罪，一定是甲收到 45000 元的时候就诈骗既遂，而不可能是后面使用复制卡的行为使得诈骗既遂。但如果甲后来不使用复制卡，怎么可能认定前面的行为构成诈骗既遂呢？

学生：甲得到 45000 元，将真卡交给乙时，乙虽然没有财产损失，但存在财产损失的危险。

张明楷：但这个财产损失的危险，不是诈骗行为造成的危险，其实是你知道甲可能使用复制卡，所以存在财产损失的危险。

学生：还有一点是否需要考虑，如果乙知道甲有复制卡就不会购买，但甲隐瞒了这一事实，而且打算事后使用复制卡，这一点也没有告诉乙，所以，乙是上当受骗才购买的。

张明楷：被害人知道真相就不会和对方交易，这是很正常的现象，但不能仅根据这一点认定对方的行为构成诈骗罪。分析案件一定要从客观到主观，不能只是按行为人的想法分析案件。

学生：如果甲后来不使用复制卡，还真不可能认定他的行为构成任何犯罪，即使他隐瞒了存有复制卡的事实，但造成损失的行为的确是后来的使用行为，而不是前面的出卖行为。

张明楷：你们在分析诈骗罪与盗窃罪的案件时，尤其是前面的行为是欺骗行为时，要区分行为人后面的行为只是征表行为人的非法占有目的，还是直接造成了被害人的财产损失。如果后面的行为只是征表行为人的非法占有目的，而不是直接造成被害人的财产损失，就表明是行为人的欺骗行为直接造成了被害人的财产损失，符合直接性要件；如果是后面的行为直接造成了财产损失，则前面的欺骗行为与被害人的财产损失缺乏直接性要件，是后面的行为构成犯罪。

学生：刚才主张认定为诈骗罪时，忽略了直接性要件这一关键问题。

张明楷：我一直强调你们要判断是哪一个行为造成了被害人的财产损失，就是要你们重视直接性要件。今天这个案件显然是使用复制卡的行为直接造成了被害人的财产损失，而不是前面隐瞒复制卡的行为造成了被害人的财产损失。

学生：老师说的后面的行为只是征表行为人的非法占有目

564｜刑法的私塾（之四）（下）

的，主要是指哪些情形？

张明楷：这样的情形可多了。比如，行为人与他人签订合同，收取了他人100万元的货款后，根本不履行合同，而是逃往外地不与被害人联系了。后面的行为就只是表征行为人具有非法占有目的的行为，而不是造成被害人100万元财产损失的行为。

学生：可是，如果行为人履行合同，被害人就不会有财产损失。

张明楷：你这么讲的话，诈骗罪的行为对象就不是100万元货款，而是被害人通过交付100万元货款后应当得到而没有得到的利益，可是在这样的案件中，被害人应当得到而没有得到的利益不可能成为财产罪的行为对象。

学生：应当得到而没有得到的利益也是财产性利益，为什么不能成为财产罪的行为对象呢？

张明楷：如果说这个利益是财产罪的对象，行为人的行为构成什么罪呢？不履行合同本身不可能成为盗窃与诈骗行为，逃往外地更不可能成为诈骗罪或者盗窃罪的构成要件行为。再比如，张三向李四谎称，如果投资100万元，可以在三个月之内连本带息返还150万元，其实，张三取得李四的100万元后用于赌博了，全部输掉了。张三的赌博行为，就只是征表其非法占有目的的行为，而不是直接造成被害人财产损失的行为。

学生：我们可能认为，如果张三赌博赢了就会归还给李四，李四就没有财产损失。

张明楷：这不是学刑法的人的分析方式。如果按张三后面的行为定罪，即使认定为赌博罪，也不能说赌博罪的被害人是李四。如果不认定赌博罪的话，能认定张三拿李四"投资"的100万元赌博是诈骗行为或者盗窃行为吗？

学生：明白了。由于张三拿着李四给的100万元赌博，所以，表明张三有非法占有目的，而不能说赌博行为是造成李四财产损失的构成要件行为。

张明楷：还想提醒你们注意的一点是，虽然行为人有与被害人交易后准备实施某一特定行为的想法，但如果这个想法存在较大的变数，是否实现该想法有很大的不确定性时，不要轻易按行为人的想法来认定犯罪。比如，行为人打算购买10部手机后更换手机主板，然后退货。

学生：有一个这样的案件，不少人主张前面购买手机的行为就是诈骗行为。

张明楷：认为前面购买手机的行为就是诈骗行为，会产生一个重大问题：如果行为人购买手机后不退货了，也成立诈骗罪吗？显然不能。这就是我说的，准备实施的后一行为存在不确定性时，不能轻易按行为人的想法来定罪。

学生：如果行为人不退货，或者退货前并没有更换手机主板，就不存在任何犯罪。

张明楷：是的。如果行为人更换手机主板后退货，就是以假货冒充真货退货，当然是诈骗，但这是后一退货行为构成诈骗罪，而不是前一购买手机的行为构成诈骗罪。我们今天讨论的出卖购物卡的行为也是如此。如果甲后来不使用复制卡，就不存在任何犯罪。

学生：看来，并不是有两个分析路径，而是只能认定为盗窃罪。

张明楷：如果说就诈骗罪与盗窃罪的争论有两个分析路径时，一定是行为对象不同。亦即，就此行为对象是诈骗，但就彼行为对象是盗窃。就同一行为对象而言，应当不会出现诈骗与盗窃两个分析路径。

学生：我感觉甲出卖购物卡这个案件也有两个对象，一个是45000元对价，另一个就是真卡所享有的债权，所以就45000元是诈骗，就真卡享有的债权是盗窃。

张明楷：问题是如果没有后一行为，被害人没有财产损失，所以，只能将财产损失归属于后一行为，而不能归属于前一行为。这就相当于行为人把汽车出卖给他人，但留着一把备用钥匙，得到汽车对价后不久，把汽车偷开回来。这种情形还是要认定为盗窃罪，不要认定为诈骗罪。因为被害人遭受的财产损失是丢失了汽车，这个损失是行为人的盗窃行为造成的。

学生：明白了。

张明楷：你们发现没有，就甲出卖购物卡和使用复制卡的案件而言，认定为诈骗罪与认定为盗窃罪的数额是不一样的。认定为诈骗罪的数额就只能是45000元，但认定为盗窃罪的数额则是49900元。

学生：可是，乙只是损失了44900元吧。

张明楷：不能这么说，乙花45000元购买了5万元的真卡后，他就可以在商场购买5万元的商品。换言之，乙得到的购物卡就是价值5万元，如果第三者盗走了乙的卡，盗窃数额就是5万元，而不是45000元。所以，应当认定甲盗窃了乙的49900元。分析案件，一定要重视与构成要件要素相关联的细节，单纯讲大道理是不行的，讲歪道理更不行。在这个意义上说，成败在于细节。

案例72　盗窃罪（与诈骗罪的关联）

甲以自己的名义办理了一张银行卡，并存入200万元，然后将银行卡行贿给国家工作人员乙，同时也将密码告诉乙，乙收下银行卡之后过了一个星期就被监察机关留置。甲知道乙还没有使用银行卡，就用身份证到银行柜台挂失，补办了银行卡，将行贿款200万元又转存到了自己的另一张银行卡上。

张明楷：这是一个真实案件，以前也讨论过，但我发现以前讨论得并不充分，所以现在再讨论一下。

学生：乙的行为构成受贿罪既遂和甲的行为构成行贿罪既遂是没有问题的。

学生：也许有人认为，乙的行为不构成受贿既遂。

张明楷： 我也知道有这种观点，他们的理由是，在这种以银行卡行贿的场合，行贿人随时可能挂失或者补办新卡，还可以利用手机银行随时将银行卡中的资金转走，所以，银行卡里的资金并没有完全转移给受贿人，或者说在这种场合，银行卡里的资金是由行贿人与受贿人共同占有的。

学生： 而且，受贿人不能到银行柜台取款，只能刷卡或者在机器上取款。

张明楷： 但是，只要肯定行贿人是将银行卡用于行贿的，就应当肯定财产性利益已经交付给了受贿人，因为受贿人确实可以随时使用银行卡，这一点是不可能否认的。既然受贿人已经获得了一种财产性利益，当然就构成受贿既遂。即使认为行贿人同时占有这一利益，也不影响受贿既遂。对受贿既遂与否，不能像盗窃罪既遂与否那样进行判断。

学生： 很多人认为，国家工作人员只收受了一张银行卡，一分钱都没有用，却认定为受贿200万元，总觉得不合适。

张明楷： 这样的认识其实是将受贿罪当作财产罪去理解和判断了。你们想一想，如果行贿人将200万元现金送到受贿人家里，受贿人也没有用一分钱就案发，办案机关立即将这200万元现金扣押了。没有人会认为认定受贿200万元既遂有疑问吧。

学生： 这肯定没有疑问。

张明楷： 为什么行贿的是银行卡就有疑问呢？

学生： 因为现金放在受贿人家里后行贿人不能随便拿走，但银行卡里的资金行贿人可能随时转走。

张明楷：在一般的行贿受贿案件中，行贿人并不会将送给国家工作人员的银行卡里的资金转走，本案只是因为国家工作人员被留置，行贿人才转走的。你们不能以异常情形为根据判断通常情形的案件。

学生：如果行贿人的卡里存了1亿元，将银行卡送给国家工作人员后，第二天就将1亿元转走了，这也要认定国家工作人员受贿1亿元吗？

张明楷：你犯了诉诸极端的逻辑错误。

学生：但这种极端的案件也要用同一理论来解释。

张明楷：是的，你设想的这个案件当然也要解决，但在这种案件中，不能认定行贿人有行贿的意思，他只是想欺骗国家工作人员为自己谋取利益而已，否则为什么第二天就将1亿元转走呢？再者，现实生活中也没有以这种方式行贿1亿元的。

学生：老师刚才说不要像判断盗窃罪的既未遂那样判断受贿罪的既未遂，可是，行贿受贿就是将行贿人的利益转移给受贿人，这与财物的转移占有是一样的吧。

张明楷：如果是就有体物的行贿而言当然是一样的，但贿赂对象不限于有体物，而是包括了财产性利益，只要行贿人提供了利益、受贿人得到了利益即可，但贿赂罪中的提供与得到利益，与财产罪并不相同。例如，在承认性贿赂的国家，行贿人提供了性服务，受贿人得到了性服务，双方就构成行贿与受贿既遂。在这样的案件中，行贿人将什么利益转移给受贿人了呢？并不存在利益的转移。所以，不能按盗窃罪的既未遂标准判断受贿罪的既未遂。

学生：明白了。

张明楷：以前主要是讨论甲的行为构成什么罪，你们觉得甲向乙行贿的是什么财产呢？

学生：是银行债权吧。

张明楷：甲将银行卡给乙后，乙就对银行享有债权了吗？

学生：没有，银行债权依然由甲享有，银行不会承认乙是债权人。

张明楷：所以，不能说甲行贿的是银行债权。那么，甲行贿的是 200 万元现金吗？

学生：更不是，现金是银行占有，而不是由乙占有。

张明楷：对！只能认为甲向乙行贿的财产性利益是可以随时利用银行卡取款或者转账这一利益。这一利益就是财产性利益。

学生：这么说就很好理解了。甲将自己可以随时利用银行卡取款或者转账这一利益提供给乙，后来又将这种利益盗窃回来了。

张明楷：是的，就可以随时利用银行卡取款或者转账这一利益而言，甲确实是盗窃回来了，就像将送给国家工作人员的金条盗窃回来一样。

　　学生：问题是，可以随时利用银行卡取款或者转账这一利益是不是财产性利益？

　　张明楷：这不是问题。日本有这样的判例：行为人获取他人的储蓄卡后不知道密码，于是使用暴力相威胁迫使被害人说出密码，被害人被迫说出了密码，事后行为人嫌储蓄卡里的钱少，没有取钱。这个案件日本的裁判所认定为抢劫财产性利益既遂。

　　学生：这是将密码认定为财产性利益吗？

　　张明楷：当然不是，因为行为人知道密码后就可以随时利用银行卡取款或者转账，这才是财产性利益。

　　学生：我们国家的司法实践没有这样认定。

　　张明楷：我们国家的司法机关对财产性利益理解的范围很窄。

　　学生：如果这样理解的话，甲就是将行贿的贿赂物盗窃回来了。

　　张明楷：就可以随时利用银行卡取款或者转账这一利益而言，甲的行为构成盗窃罪是没有问题的吧。

　　学生：有没有可能是三角诈骗呢？甲通过欺骗银行工作人员，使银行工作人员处分了乙可以随时利用银行卡取款或者转账的利益。因为甲是在柜台补办的银行卡，如果银行工作人员知道实情就不会给他补办，因此是欺骗了柜员。

　　张明楷：银行工作人员当然受骗了，但银行工作人员对可以随时利用银行卡取款或者转账的利益未必有处分权限。也就是说，你们要判断银行工作人员的处分权限是什么。

学生：对存款或者说银行存款债权有处分权限。

张明楷：前面说过了，甲不是将存款债权送给国家工作人员，而是将可以随时利用银行卡取款或者转账的利益送给了国家工作人员。我们现在先就这一对象讨论甲的行为是构成盗窃罪还是诈骗罪。

学生：感觉认定为盗窃罪是合适的，因为银行工作人员只会关心存款债权这方面的财产性利益，不会关心谁使用银行卡的利益。

张明楷：我觉得，就可以随时利用银行卡取款或者转账的利益而言，认定甲的行为构成盗窃罪是可以的。那么，甲欺骗银行工作人员的行为是否同时构成诈骗罪呢？

学生：假如构成诈骗罪的话，犯罪对象是存款债权，被害人是谁呢？

学生：我觉得债权是乙的，存款是银行的。

张明楷：这怎么可能？乙本来就对银行没有债权。我们说甲的行为构成盗窃罪时，是说国家工作人员乙是被害人，即受贿既遂的财物被行贿人盗走了，甲将国家工作人员占有的财产性利益转移为自己占有。但不能说甲盗窃了乙的存款债权，因为乙原本就不享有存款债权。就同一对象而言，盗窃与诈骗是不可能竞合的，如果要认定甲的行为同时构成诈骗罪，诈骗罪的对象就是另一对象，这个另一对象是什么呢？

学生：是银行卡。

张明楷：是有体的银行卡吗？如果有体的银行卡里没有存款，这个有体的银行卡有什么价值呢？

学生：诈骗对象是存款债权。

学生：存款债权原本就是甲的，甲怎么可能再骗取银行债权呢？

张明楷：问题就出在这里。能不能说甲因为行贿而丧失了银行债权呢？

学生：应当可以，因为根据《刑法》第 64 条的规定，甲将存款债权用于犯罪后，这个存款债权是应当没收的，银行工作人员知道真相的话，就不能让他得到存款债权，否则就可能构成犯罪。

张明楷：如果能够肯定甲没有权利恢复他的存款债权，或者说没有权利补办银行卡，但他通过隐瞒真相让银行工作人员为自己补办银行卡，并将 200 万元转入另一张银行卡，就构成对存款债权的诈骗罪。

学生：甲对国家工作人员是盗窃了使用银行卡取款或者转账的利益，对银行是诈骗了银行卡里面的存款债权，最终只有一个财产损失，所以是盗窃和诈骗的想象竞合。

张明楷：是的。所谓盗窃罪与诈骗罪是对立关系、不能形成想象竞合是针对同一行为对象而言，但一个行为完全可能针对不同对象构成盗窃罪与诈骗罪的想象竞合。

学生：甲能不能构成洗钱罪呢？

张明楷：这不太可能。甲的行为并不是帮助乙掩饰、隐瞒犯罪所得的性质，而是让乙不再享有财产性利益。甲的行为确实是帮助当事人毁灭证据，但同时也是给自己毁灭证据，既然如此，就不应当认定为帮助毁灭证据罪。况且，即使这一罪名成立，其与盗窃罪、诈骗罪也是想象竞合。

案例73 盗窃罪（与抢劫罪、敲诈勒索罪的区分）

李某想通过装神弄鬼吓人的方式取得他人财物，他于某天深夜，衣着恐怖电影的戏服躲在一条巷子的角落里，在王某经过的时候，李某突然跳出来现身，王某被吓到之后就赶紧逃跑，在跑的过程中，王某的钱包和手机都掉落在地上，共计价值8000多元，李某将手机与钱包一并取走。

张明楷：关于这个案件的行为性质，存在抢劫罪、敲诈勒索罪、盗窃罪与侵占罪四种观点之争。怎么可能这么复杂？

学生：前两种观点可能是侧重于被害人当时的感受得出的结论。由于被害人被吓得不知道怎么办了，被压制了反抗或者产生了恐惧心理，所以被告人的行为构成抢劫罪或者敲诈勒索罪。

张明楷：财物实际上是王某在逃跑的过程中掉落的，也就是，王某并没有基于恐惧心理交付财物，李某并不是基于恐吓行为取得财物。如果说财物是在李某恐吓王某的时候，王某很自然地将财物留在原地的，那还存在认定为抢劫罪的可能性。

学生：老师，认定为抢劫罪的话，是不是在压制被害人反抗的手段上要求对被害人的人身具有一定的危险性呢？而装鬼恐吓的行为本身似乎不存在这样的危险性。

张明楷：抢劫的手段并没有限定为对被害人的人身安全具有危险性的情形，比如说，以暴力相威胁但实际上只是吓唬被害人，也不见得对人身安全有什么危险性。再比如，以投放安眠药的方式致使被害人昏迷的，同样也不一定对人身具有危险性。实际上，现在我们在讲抢劫罪的法益时，通常比较抽象地阐述为人身自由与财产。这个人身自由其实就是意志自由，即压制了被害人不愿意处分财产的意志，或者压制了被害人反抗的意志。但这里可能有一个障碍，也是我为什么一直主张设立暴行罪或者胁迫罪的原因。因为意志自由在刑法中其实没有受到普遍的、独立的保护，只是在相关犯罪中被附带性地加以保护。比如，抢劫罪、强奸罪、强迫交易罪等，其实是附带地保护了被害人的意志自由。但除此之外，还有一个独立的意志自由，也是有必要加以保护的，但是，由于没有暴行罪或者胁迫罪，我们往往就忽视了意志自由本身也是一个保护法益。否则，笼统地讲人身自由，在侵犯公民人身权利的犯罪中都可以说得通，但是宽泛得没有一点实际意义。所谓压制被害人的反抗，其实就是侵害了被害人的意志自由。

学生：如果将意志自由也添加到抢劫罪的保护法益，是否意味着与抢劫罪这么高的法定刑相匹配了呢？

张明楷： 这个没有什么问题的。因为抢劫不仅侵犯了财产，而且侵犯了他人的意志自由，所以，法定刑当然要重于盗窃。至于抢劫罪的加重情形，则是其他的加重理由。比如，抢劫致人重伤、死亡，则不仅侵害了被害人的意志自由，而且侵害了被害人的身体健康与生命。

学生： 老师，在盗窃罪的场合，不也是违背被害人的意志吗？

张明楷： 盗窃罪中讲的违反被害人的意志只是单纯地说明被害人不知情或者不同意，跟抢劫罪等通过另外一个独立的手段来压制被害人的意志相比，是不一样的。就是说，盗窃罪中的违反被害人意志，是指没有征得被害人同意；抢劫罪中的对意志自由的侵害，是指压制了被害人的反抗。

学生： 对于压制的程度认定，是从实际上的个案判断被害人的意志自由是否被压制，还是就一般人的层面去考察呢？例如，如果行为人主观上并没有压制被害人意志的意思，但客观上压制了反抗而取得财物的场合，是否构成抢劫呢？

张明楷： 这是另外一个问题，也就是具体判断被害人是否被压制了意志自由，按理说还是应当个别地去判断。如果主观上并没有压制他人意志取财的意思，那就不具有抢劫罪的故意，可能涉嫌成立盗窃罪或者敲诈勒索罪。这实际上是两个不同的问题，首先是从客观上判断行为是不是足以压制别人反抗；如果客观上属于压制反抗取得财物，再从主观上去考察行为人行为时是否意识到自己的手段行为足以压制他人反抗。一般来讲，不会存在太大的问题，有争议的也无非就是诸如被害人胆子比较小之类的场合。

学生：最近看台湾地区的文献有这样一个案例，将冒充刑警扣押财物的行为认定为盗窃罪。案情大概是：甲冒充刑警，跑到珠宝店，要扣押疑似盗赃的珠宝。珠宝店的老板信以为真，认为甲是基于公权力发动的强制处分，反抗无益。于是，任由甲将珠宝取走。

张明楷：日本也有类似的观点，理由就是被害人在当时以为是警察的职务行为，因而只能听从其安排。

学生：这个可以理解为客观上压制了被害人意志自由的情形吗？

张明楷：这个案件中冒充警察的行为并非抢劫罪中的手段行为。当然，不同国家和地区警察在民众心目中的形象不同，也可能影响对行为的评价。但在我国，一般老百姓面对警察还是有畏惧心理的。你提到的这个冒充警察扣押财物的案例，主要探讨的应该是盗窃与诈骗的区别，而非盗窃与抢劫的区别。

学生：是的，实际上似乎也就是在讨论处分意思本身是否有效的问题，因而会考虑到被害人的意志自由是否被压制。这种冒充警察扣押的行为跟抢劫罪中的手段行为之间怎么区分呢？单纯地冒充警察，然后加上轻微的暴力就可能被评价为压制反抗的手段行为吗？

张明楷：这种场合，应该说就不具有抢劫罪中的暴力、胁迫了。以前讨论过的那个冒充警察抓赌取财的案件，主要是因为被告人除此之外还实施了轻微的暴力，而且有胁迫行为，被害人按照其要求蹲在地上不敢动，客观上也确实压制了被害人的反抗，再结合警察的身份，实际上就可能被评价为一种胁迫了。也就是说，被害人如果不按照行为人说的做，行为人就可能采取其他的暴力威吓手段，否则也不可能被认定为抢劫罪。

学生：台湾地区讨论的那个冒充警察扣押珠宝的行为，跟您提到的这个案件区别在哪里呢？

张明楷：台湾的那个案件，行为人只是冒充警察要扣押财物，没有暴力与胁迫，只是存在诈骗。在这种情形下，就要判断被害人是基于认识错误处分财产，还是违背自己的本意任由警察取走财物，讨论的是盗窃与诈骗的区别，并没有涉及对人的胁迫的问题。之所以会认定为盗窃罪，是因为在警察执行公务的情况下，被害人并没有选择的余地，只能听从其安排，因而也就不是基于处分意识处分财物的情形。

学生：按照老师的观点，我们今天讨论的这个案件，李某的行为只构成盗窃罪了。

张明楷：是的。前面说了，李某并没有对王某实施暴力、胁迫等行为。李某虽然吓唬了王某，但这一吓唬行为并不是敲诈勒索罪中的恐吓行为，因为敲诈勒索罪中的恐吓行为，要求被害人基于被恐吓产生恐惧心理，进而处分财产。但本案李某的装神弄鬼的行为，并不会使王某基于恐惧心理处分财产。王某的财物是在跑的过程中掉落在地的，而不是处分给李某的，所以，李某的行为不构成敲诈勒索罪。

学生：主张李某的行为成立敲诈勒索罪，只是想到了王某当时很害怕，而没有考虑敲诈勒索罪的构造。

张明楷：是的。分析案件时，不仅仅要考虑被害人是怎么想的或者怎么做的，还要判断是被告人的什么行为导致被害人怎么想或者怎么做。也就是说，要按照犯罪构成或者犯罪的构造，逐一分析案件是否具备各个构成要件要素，而不能只抓住其中一点就得出结论。

学生：主张李某的行为构成侵占罪的观点，是不是以为王某的财物属于遗忘物？

张明楷：估计是这样的。王某的财物掉落在地上时，在时间短暂、空间接近的场合，行为人取走该财物的，应当认定为盗窃罪。因为根据社会的一般观念，此时的财物依然由王某占有，而不是脱离其占有的遗忘物。这样的案件我们讨论得非常多了。

案例74 盗窃罪（与诈骗罪、职务侵占罪的区分）

被告人甲是一个汽车销售公司的工作人员，负责公司的代交车业务。如有客户买车，甲负责把车送交给买车人。在职期间，甲盗窃了公司作废的发票，以办理代交车业务的名义骗领了车辆合格证、车钥匙、随车附件以及部分车辆的出门证，在部分车辆出门证上伪造了公司相关负责人的签名。以上是一辆车要开出销售公司的大门所需要的材料。此后，甲把 17 辆汽车（价值 400 多万元）开出去卖给别人，将销售所得占为己有。

张明楷：《刑法修正案（十一）》把职务侵占罪的法定刑提高到无期徒刑，与盗窃罪、诈骗罪的法定刑相同。这样修改后，还要不要坚持认为职务侵占罪只限于将自己基于职务、业务占有的财物据为己有？

学生：虽然职务侵占罪的法定刑与盗窃罪、诈骗罪相同，但在司法实践中，职务侵占的数额较大、数额巨大与数额特别巨大的起点比盗窃罪、诈骗罪高很多。

张明楷：在日本刑法中，只有将基于职务或业务占有的财产据为己有，才构成职务侵占罪，如果利用职务上的便利盗窃或者诈骗，就直接认定为盗窃罪或者诈骗罪。此外，盗窃公司作废发票就构成盗窃罪，因为作废发票也是有体物；骗取车钥匙、车辆合格证就是诈骗罪，行为对象不是车辆，而是车钥匙与合格证。在我国，骗取了车辆合格证、车钥匙、随车附件以及部分车辆的出门证，能认定为骗取了车辆本身吗？

学生：不能吧。骗取车辆合格证等只是骗取车辆的前提，而不是骗取车辆本身。

学生：代交车业务具体是什么流程？

张明楷：代交车业务指的是，汽车销售公司用库存车辆先行代汽车制造商将车辆交付给客户，然后汽车制造商再补给销售公司同样配置的车辆。被告人通常情况下只要到单位车辆管理部门相关人员处领取车钥匙和车辆出门证后，负责人在出门证上签字，就可以将车辆提出公司。

学生：如果甲确实是在真正从事代交车业务的过程中，把车私自出卖给他人了，定职务侵占罪是不是没有问题？

张明楷：这取决于对两个问题如何回答：一是甲在真正从事代交车业务时，是否占有了车辆本身，或者说是不是只是车辆的占有辅助者；二是对于利用职务上的便利的窃取是否认定为职务侵占。

学生：就第一个问题而言，可能取决于公司的相关规定。比如，倘若车辆丢失甲就必须赔偿，那么，就可以认为甲已经占有了车辆。如果车辆丢失甲并不赔偿，则甲没有占有车辆。

张明楷：这肯定是一个重要的判断资料。简单地说，如果认为甲在从事真正的代交车业务过程中，占有了车辆，并将车辆据为己有，肯定构成职务侵占罪。如果认为甲在从事真正的代交车业务过程中，只是车辆的占有辅助者，或者车辆由甲与其他相关人员共同占有，就取决于利用职务上的便利窃取车辆的行为是成立职务侵占罪，还是成立盗窃罪。这就是第二个争论的问题。本案的行为人并不是在从事真正的代交车业务过程中，将他人购买的车辆据为己有。因为将他人购买的车辆据为己有是很快就会被发现的，甲是以代交车为名将公司的车辆开出去卖了。

学生：如果是这样的话，甲就是利用职务上的便利骗取了车辆，被害人应该是有处分意思的。

张明楷：处分人是谁？

学生：车辆出门证上签字的负责人。

张明楷：如果负责人在出门证上签字，可以说是负责人处分了车辆，即车辆可以开出销售公司的大门。这没有问题吧？

学生：没有问题，既然允许车辆出门，就意味着将车辆送给买车的人，当然既有处分行为，也有处分意思。

张明楷：本案的事实是负责人没有在出门证上签名，是甲伪造的签名，能认定为诈骗吗？

学生：应当是盗窃。

张明楷：对！不能认定销售公司大门的门卫有处分权。即使门卫确实被骗了，但门卫没有处分车辆的权限，所以，应当认定为盗窃。

学生：如果是盗窃，也可以说是利用职务上便利的盗窃。

张明楷：如果所有的材料都是伪造的，恐怕也不能是利用职务上的便利的盗窃。不能说伪造各种文书都是利用职务之便实施的，只不过他是公司员工，利用了工作便利而已。

学生：比如校园内有一些摩托车和自行车是公用的，不能骑出校园。如果校内人员伪造文书骑出校园据为己有，就是盗窃，而不可能是职务侵占。

张明楷：撰写案例分析的人是这样分析的：被告人一共实施

了4种行为：第一是盗窃公司发票，第二是骗取车辆合格证，第三是骗取车辆出门证，第四是骗取车钥匙及附随证件。其中盗窃发票和骗取合格证主要是为了方便销售，发票和合格证的取得是否利用了职务上的便利，不影响罪名的认定。一旦取得车辆出门证、车钥匙等提取车辆所需的材料，即取得了管理和经手涉案车辆的权限。所以，甲的行为构成职务侵占罪。但我认为，这个权限不是基于职务本身取得的，而是利用自己的身份骗来的。最关键的就是有相关负责人签名的车辆出门证，分析案例的人忽略了出门证上相关负责人的签名是甲伪造的重要事实。只要车还在公司里，就是公司的车，由相关主管人员占有，在车辆开出之前都不是由甲占有。

学生：关键是谁在出门证上签名，这会影响是成立盗窃罪还是诈骗罪。

张明楷：甲骗取了车辆出门证，并且在车辆出门证上伪造了公司相关负责人的签名。

学生：如果是这样的话，甲的行为应当是盗窃，因为出门证上的签名是伪造的，这意味着公司没有人处分车辆。既然如此，车辆就一直由公司的相关人员占有，甲将他人占有的车辆据为己有，就是盗窃。当然，甲的盗窃还是多多少少利用了职务上的便利。

张明楷：本案辩护人认为甲的行为构成诈骗罪，检察机关是以盗窃罪起诉的，法院最后判了职务侵占罪。

学生：辩护人为什么认为成立诈骗罪？

张明楷：因为他认为甲的行为使公司陷入了认识错误。这在实践中是一种常见的理解。比如骗取贷款罪，会有人认为即使行长知道真实情况没有被骗，但是银行本身也被骗了。这和认为机器可以被骗的观点是一个逻辑。所以，辩护人的观点明显难以成立。

学生：只能在盗窃罪与职务侵占罪之间选择一个合适的罪名。

张明楷：就这个案件而言，检察院认为所有的欺骗都只是盗窃的手段。被告人也没有利用职务便利，只是利用工作上的便利。最关键的还是车辆出门证上的签字，是负责人签的就有处分行为，是伪造的就没有处分行为。所以，检察院否认诈骗罪的理由是成立的。我也觉得检察院以盗窃罪起诉是妥当的，你们再看看案情，所有将车辆开出公司大门所需要的材料，要么是骗来的，要么是伪造的，如果将这样的行为也归纳为利用了职务上的便利，显然不合适。因为即使像贪污罪那样解释职务侵占罪，在本案中，利用职务上的便利也仅限于利用主管、管理、经手单位车辆的便利。如果甲在从事真正的代交车业务时将车辆据为己有，还勉强可以说利用了管理、经手车辆的便利，但本案并非如此，只不过是利用了工作便利或者身份便利，而不是利用了职务便利。所以，我还是赞成将本案甲的行为认定为盗窃罪。

学生：在《刑法修正案（十一）》提高了职务侵占罪的法定刑之后，老师还是坚持认为，职务侵占罪的成立仅限于将基于职务或业务占有的本单位财产据为己有，而利用职务上的便利窃取与骗取本单位财物的行为，分别认定为盗窃罪或诈骗罪吗？

张明楷：是的，我以前讲过一些理由。我顺便再说一个有关职务侵占罪的案例。关某和赵某都是一家餐饮公司的员工，关某负责后勤部的采购，赵某负责餐饮公司的财务，黄某属于公司的实际控制人。黄某为了公司走账的方便，让关某以个人的名义办银行卡，交给公司使用。关某以他个人的名义在中信银行以及广发银行分别办了银行卡，并将两张银行卡对应的网银、绑定的手机卡都交给了实际控制人黄某。黄某将两张银行卡交给公司的财务室保管，但日常用卡支出，都必须经由黄某同意。关某虽然是两张银行卡的名义持卡人，但他没有使用这两张银行卡的权限。4个月之后，关某找到赵某，要将卡内的存款取出来。两人多次商量，取出来的款项一人一半。因为赵某在财务室工作，所以由他登录公司的网银，查看公司账户的余额。有一次发现公司账户的存款比较多。关某得知后先后到中信、广发两个银行的柜台，谎称银行卡丢失，补办了新的银行卡。关某在中信银行柜台办理新卡的时候，提出预约取款600万元，但由于不能说明为什么要取款600万元，银行工作人员不予办理。后来，关某就跑到天津，在自动取款机上取走了一部分现金，随后就跑到澳门去了。其间，他还一直跟赵某保持联系。在抓捕之前，关某在澳门的赌场外的商铺，用POS机刷卡套现、赌博等，使用了630万元。怎么评价关某与赵某的行为？

学生：赵某就是帮关某查看公司账户的余额吗？赵某自己能持银行卡取款吗？如果说赵某可以自由支配银行卡里的存款，就可以说赵某占有了银行卡。

张明楷：案情交代得不是太清楚，只是说赵某能够登录公司的网银账户，但是他能不能持银行卡取款这一点不太清楚。按理说，他可能支配不了的，只是登录公司网银账户查看，告诉关某公司账户的余额。你们查阅一下这个案号为"（2019）京0105刑初2176号"的案件，这个判决是否认定为职务侵占罪？

学生：确实是认定赵某构成职务侵占罪。赵某应该是占有了公司的银行卡。

张明楷：但关某不是通过赵某管理的银行卡，将其中的资金转出或者消费的，你们觉得这个案件利用了赵某的什么职务上的便利呢？

学生：如果说公司的银行债权是由赵某占有的话，关某转移债权占有就是经过占有人赵某同意的了。

张明楷：从案例的说明看，使用银行卡支取现金都需要经过黄某同意，黄某才是银行卡的占有者。即便认为赵某占有了银行卡，本案中赵某也没有将占有的权限转移给关某，所以也不能说赵某利用了职务上的便利，将占有变为所有。这个判决书中，说明了赵某具有什么权限吗？

学生：判决书说到的是，赵某负责观察黄某的举动，查看并告知关某公司每个月的出账时间与特点，通报了公司领导已报警的信息，使得关某更大额度地从卡内支出使用资金。

张明楷：关某怎么利用了职务上的便利的呢？

学生：关某利用了自己是银行卡的名义持有人的身份，向银行挂失和补办新卡，自行去 ATM 上取款或消费的。

学生：判决书认为公司信任关某，所以将关某名义的银行卡直接用于公司出入账。也就是说，关某变相利用了保管银行卡的权限吗？

张明楷：关某是名义上保管银行卡的人吗？

学生：判决书上说的是，公司赋予了关某为公司的利益，管理其名下银行卡、保管卡内资金的职权，所以，作为对银行卡内存款有保管权的人，关某挂失银行卡，就属于利用职务上的便利。

张明楷：关某的行为在日本应该会被认定为背任罪吧？

学生：可能是背任罪，不会认定为职务侵占罪。因为在日本的话，相对于一般的侵占，职务侵占实际上是业务上侵占。业务上的侵占，前提是侵占行为具有职务关联性。我们讨论的这个案件中，关某挂失自己名下银行卡的行为，能不能评价为职务关联性的行为，是存在疑问的。

张明楷：挂失银行卡确实不是一个职务行为。

学生：而且说成立背任罪也是存在疑问的。认定背任罪的前提是，行为人为他人执行任务，关某挂失银行卡是不是存在这么一种任务关系也值得探讨。

张明楷：如果说执行任务的话，在这个案件中，关某执行任务应该指的是以自己的名义办理两张银行卡供公司使用。在办成银行卡交给单位之后，关某违背了任务，自己使用了银行卡。这个案件中，受损失的一方是公司还是银行？

学生：关某将银行卡内的资金取出、消费的，属于盗窃或者诈骗，这种情况下的被害人是银行，但是银行将损失又转嫁给了公司。

学生：在关某挂失并补办银行卡后，他实际上已经取得财产性利益了。在这个意义上讲，可不可以认为被害人是公司？

张明楷：本质上讲，关某对于银行卡的债权只是形式意义上的所有人，实质上并不是由他占有的银行债权。

学生：也就是说，关某形式上占有的债权是由公司实质占有的。

张明楷：公司是实际所有人。不太清楚在实务中，如果关某向银行工作人员说明了真相的话，银行工作人员是否会予以办理挂失。其实可以简化为另外一个问题，如果你向银行说明自己的银行卡没有丢失，并要求银行办理挂失的话，银行会办理吗？

学生：如果银行在这种情况下不予办理的话，那通过挂失构成诈骗罪的可能性就很大了。

张明楷：是盗窃还是诈骗呢？

学生：其实，无论是认定为诈骗罪还是盗窃罪的间接正犯，都必须是以银行职员被骗为前提。

张明楷：是的，只是看银行职员有没有处分权限。这里涉及一个问题。在这种情况下，银行只是单纯地给关某办理挂失、补办银行卡，还是说，银行实际上将公司占有的债权实质地转移到关某新补办的银行卡。因为如果挂失的话，就会将原有的存款转入新补办的银行卡，原有的银行卡以及关联的网银 U 盾就都作废了。这就使得公司丧失了对自己原有存款债权的占有。也就是说，银行通过办理挂失，实际上将银行债权转移给新卡的持有人。一般意义上讲，我们还是认为银行是有处分权限的。那就是认定为三角诈骗，是吧？

学生：处分权限应该是有的，问题就在于关某是否实施了欺骗行为，或者说欺骗行为与转移结果之间是否具有因果关系。

学生：如果银行职员即便知道真相也必须协助关某办理挂失的话，那么挂失这个操作就是一个合法行为。也就是说，关某实际上在行使一个银行不能抗拒的民事上的权利。那就只能是盗窃罪了。

学生：即便是利用了银行的合法行为，也可能是利用合法行为而成立盗窃罪的间接正犯。

张明楷：银行在明知真相的情况下，也必须为关某办理挂失银行卡的业务吗？

学生：如果要承认银行有无条件的挂失义务的话，我们是不是还不能肯定公司负责人事实上占有了银行卡内的存款。我们肯定了公司负责人事实上占有银行债权的话，就说明了关某作为名义上的持卡人想要取现还是有点麻烦的。至少他必须去银行办理挂失。

张明楷：即便说银行必须无条件为关某办理挂失，但作为名义持卡人的关某至少还是需要办理挂失，才能实际使用银行卡。

其实，还是回到我们之前讨论过的那个问题。银行卡跟密码都提供给他人，能否认为他人事实上占有了银行卡内的存款债权？

学生：按照老师教材中的讲解，占有应该是一种规范评价的概念。我们不能因为关某很容易取出银行卡内的存款，就认为公司的负责人在事实上没有占有银行债权。

学生：如果是承认了银行负有无条件挂失义务的话，这里的占有很容易被破坏。

张明楷：你的意思是说，当名义持卡人越是可以没有障碍地使用银行卡的时候，就越不能评价为公司负责人占有银行债权，对吧？但是如果关某不办理挂失，他也无法使用银行卡。至少在需要办理银行卡挂失业务这个意义上讲，公司负责人还是占有了银行债权的。我感觉这个案件认定为盗窃罪更合适一些，也就是说，关某利用银行职员将黄某实际占有的银行债权转移为自己占有，这一行为违反了黄某的意志，所以是盗窃。

学生：在补办新卡时就是盗窃既遂，而不是后来取款才是盗窃。

张明楷：是的。补办新卡时就是盗窃既遂。赵某则是盗窃罪的共犯，属于从犯。

案例75　盗窃罪（与诈骗罪、侵占罪、赃物罪的关联）

甲租房给乙，到期后甲找不到乙，就找小区物业人员丙和锁匠开锁进入屋内。众人入屋后见屋内有个保险柜。甲就让锁匠撬开，发现保险柜里面有很多金条，金条实际上是乙的情夫受贿所得。甲随后发动了在场的所有人一起清点。在清点的过程当中，甲心起贪念私藏了10根金条在自己包里，丙发现甲私藏金条，但是没有声张。除去私藏的10根金条外，剩余金条还有168根。甲立下了一张字据，写明从保险柜中找到金条168根，让丙和锁匠签名作证，然后以代为保管为由，将168根金条带回家。后来，甲感觉到物业人员丙可能发现了自己私藏金条的事实，就将私藏的10根金条中的5根金条作为封口费给了丙，丙欣然接受。数日后，乙返回房屋发现金条丢失，后打听到由甲取走。乙为了找回金条，就让丁冒充警察，以调查乙情夫受贿案为由，要求甲将在保险柜中找到的金条交给上级组织。甲虽然误以为丁真的是警察，但仍然私扣了60根金条，并对丁谎称当时从保险柜中找到的仅有108根金条。甲为了让丁相信自己的谎言，重新写了一张从保险柜中找到金条108根的字据，找丙签字作证，又送给丙10根金条作为酬劳。丙不知道甲的具体意图，但觉得自己有钱收就好，所以就收下了金条，于是在新的字据上签了字。甲拿着新字据找到了丁，丁信以为真，就取走了108根金条。

张明楷：这个案件与以前讨论过的一个案件很相似。

学生：《刑法的私塾（之三）》讨论过相似案件，但有区别。

张明楷：甲是出租户，保险柜里面的金条是乙占有。甲在清

点时私藏 10 根金条的行为是盗窃，对此没有疑问。丙当时看到
了甲私藏但是没有吭声，甲把 10 根金条中的 5 根给了丙。丙在本
案中的身份是物业人员，他的职责是干什么的？

学生：是见证人。

张明楷：那么见证人有没有义务阻止甲的盗窃？

学生：见证人应该有义务阻止，因此丙构成不作为的盗窃帮
助犯。而且，属于不作为的盗窃帮助犯和掩饰、隐瞒犯罪所得罪
的想象竞合。

张明楷：这涉及上游犯罪的共犯是否成立掩饰、隐瞒犯罪所
得罪的问题。在德国、日本大多会认为上游犯罪的教唆犯、帮助
犯成立掩饰、隐瞒犯罪所得罪，但本犯不成立掩饰、隐瞒犯罪所得
罪。德国的通说是主张实行数罪并罚，日本部分学者主张数罪
并罚，部分学者主张按牵连犯处罚，只有少数学者主张教唆犯、
帮助犯不成立掩饰、隐瞒犯罪所得罪。德国、日本主张并罚说或
牵连犯说的逻辑是，上游犯罪的正犯或本犯取得赃物的行为与意
思已经通过正犯给予了评价，而没有必要独立评价其事后处分赃
物的行为；对本犯的教唆犯与帮助犯只是作为本犯的共犯来评价
的，对其事后掩饰、隐瞒赃物的行为需要作为赃物罪来评价。这
是因为，在所谓事前通谋事后帮助的场合，只要有事前通谋，即
使不实施事后帮助行为，就足以成立共犯。既然如此，在事前通
谋已经对正犯的结果产生了心理影响的前提下，事后又实施掩
饰、隐瞒赃物的行为的，就超出了本犯的共犯行为的不法内容，
当然可能实行数罪并罚或者认定为牵连犯。例如，乙在实施电信

诈骗前要求甲事后为自己的诈骗所得转账，甲表示同意，并且事后帮助乙转账。只要甲表示同意，就属于事前通谋，即使甲事后没有转账，同意转账的行为就对乙的电信诈骗犯罪起到了促进作用，与诈骗犯罪的法益侵害结果之间具有心理的因果性。既然如此，对事后的转账行为就能够另行评价为掩饰、隐瞒犯罪所得罪。应当承认，上述观点在德国、日本具有合理性。但是，一方面，德国、日本的上述观点只是在共犯内部进行分析，没有协调考虑共犯与正犯的关系。就正犯而言，其先前实施的取得行为与事后实施的掩饰、隐瞒行为，是两个行为；共犯也是如此，先前的教唆、帮助行为与事后实施的掩饰、隐瞒行为，同样是两个行为。我们同样可以认为，只要评价了共犯，也评价了其取得赃物的行为与意思。就评价的包括性来看，共犯与正犯不应当存在区别。另一方面，上述观点并不符合我国刑法与司法解释的规定。我国《刑法》第 310 条第 2 款的规定表明，事前通谋，事后窝藏、包庇本犯的，以共同犯罪论处，而不是实行数罪并罚或者按牵连犯从一重罪处罚。我国的司法解释对于事前通谋事后掩饰、隐瞒赃物的情形都规定以共犯论处，而不是实行数罪并罚或者按牵连犯处理。总之，按照我的观点，在本案中，就丙先前得到 5 根金条而言，主要看见证人丙是否有阻止甲盗窃的义务。如果有，就定盗窃罪的共犯，不再定掩饰、隐瞒犯罪所得罪；如果没有，就不成立盗窃罪的共犯，只认定为掩饰、隐瞒犯罪所得罪。

学生：老师觉得丙有阻止甲盗窃的义务吗？

张明楷：我倾向于认为丙有阻止甲盗窃的义务，因为丙不止是物业管理人员，而且是清理金条的见证人，其义务是证明保险柜里有多少金条。如果丙对甲私藏的 10 根金条不声张，就意味着他没有履行见证义务；没有履行见证义务就意味着帮助甲实施了盗窃行为。所以，认为丙有阻止甲盗窃的义务，还是可以的吧。

学生：甲将 168 根金条拿回家占有了，丁找甲要的时候，甲只给了 108 根，甲对其中的 60 根金条是侵占还是诈骗呢？

张明楷：如果说构成侵占罪，那么，这 60 根金条是遗忘物还是代为保管的财物呢？

学生：好像既可以理解为遗忘物，也可以理解为代为保管的财物。因为乙原本占有了这些金条，但不是基于她的本意脱离了她的占有，所以是遗忘物。另一方面，代为保管不一定要所谓的被害人委托保管，当占有人出于帮他人保管的意思而保管的时候，也可能认定为代为保管。

张明楷：日本学者一般将委托关系作为委托物侵占罪的保护法益，因为委托物侵占罪的法定刑高于遗忘物侵占罪的法定刑，我们是否有必要也将委托关系作为委托物侵占罪的保护法益还值得研究。我国《刑法》第 270 条只是规定了"代为保管"，没有规定"受委托代为保管"，委托物侵占罪的法定刑与遗忘物侵占罪的法定刑相同，在此意义上说没有必要把委托关系评价为保护法益。代为保管既可能是基于委托关系而代为保管，也可以是行为人主动地代为保管。在此意义上说，本案中的甲就是主动地代为保管金条。

学生：老师，那无因管理的场合下，无因管理人也可以解释为代为保管他人财物吗？

张明楷：是的，无因管理时也可能解释成为代为保管。甲把168根金条拿回家的行为，如果没有证据表明他具有盗窃故意的话，就不能说这个行为属于盗窃。既然不是盗窃，就只能是代为保管。当然，由于将代为保管的财物据为己有与将遗忘物据为己有的法定刑相同、罪名相同，也都是告诉才处理，所以，如果说168根金条是乙的遗忘物，我也不反对。现在的问题是，丁去取金条时，甲让丁误以为只有108根金条，甲的行为是侵占了60根金条还是诈骗了60根金条，即骗免债务？另外，能不能说甲是在侵占了60根金条后又通过欺骗手段骗免债务？

学生：在德国，如果说甲已经侵占了60根金条，那么，多数人会认为后面的行为不另外成立诈骗罪，因为后面的欺骗行为是为了确保对60根金条的侵占。

张明楷：是的。在德国，诈骗罪被侵占罪吸收了，这个吸收是法条竞合中的吸收关系，不是日本刑法中的包括的一罪的吸收犯。我觉得这是强调行为人的主观内容才形成的结论。但是我不赞成这个观点，日本也有很多学者不赞成这个观点，为什么？如果行为人前面没有侵占行为，后面实施了骗免债务的行为也成立诈骗罪，为什么前面实施了侵占行为，后面实施了骗免债务的行为的反而只成立侵占罪，这明显不公平。

学生：其实，在本案中，难以认为甲先侵占了60根金条然后骗免债务。

张明楷：是的。即使说丁向甲索要金条时，甲欺骗丁只有

108 根金条的行为既触犯了侵占罪也触犯了诈骗罪，也属于想象竞合或者包括的一罪，也要从一重罪论处，而不会仅认定为侵占罪。

学生：乙让丁冒充警察去取金条，对甲的行为定性是不是有影响？

张明楷：在这个案例中丁是否冒充警察对于甲的定罪没有影响，在司法机关没收之前，还是要承认金条是归乙所有的。所以，乙是派人去取还是自己去取，都不影响对甲的行为认定为诈骗罪。丙帮忙在字据上签字，构成诈骗的共犯。甲又给了丙 10 根金条属于分赃，丙收下金条的行为属于掩饰、隐瞒犯罪所得。

学生：丙不知道甲的具体意图，不能认定他有帮助甲犯诈骗罪的故意吧。

张明楷：这涉及故意的判断问题。首先，可以肯定丙知道甲想将 60 根金条据为己有，这一点没有疑问吧。

学生：没有疑问。因为丙知道原来的字据上写的是 168 根金条，也知道这 168 根金条是乙所有，现在要将字据改为 108 根金条，显然表明甲不想将 168 根金条全部退还，而是要将其中的 60 根金条据为己有。

张明楷：没错。接下来要讨论的是，成立诈骗罪的共犯要求认识到什么程度？只要丙认识到甲可能利用虚假的字据将 60 根金条据为己有，就表明他知道甲可能通过虚构事实、隐瞒真相的方法将 60 根金条据为己有。这就具备了诈骗罪的帮助犯的故意。

学生：老师，我想再问一下，如果把委托关系或者说代为保管解释得比较宽泛的话，那么，是不是所有的盗窃罪的后面都会存在一个侵占，因而存在盗窃后侵占的问题呢？

张明楷：你的意思是，行为人盗窃他人财物后，就是代为保管他人财物，但不归还给他人，所以又构成一个侵占。

学生：是的。

张明楷：不能这样理解吧。盗窃已经既遂后，刑法不可能要求盗窃犯代为保管被害人的财物。而且，盗窃罪重于侵占罪，在行为人的行为构成盗窃罪之后，再认定其行为构成侵占罪也没有什么意义。一般来说，只有当前行为构成的是一个轻罪，后行为构成的是一个重罪的时候，讨论罪数才有现实意义。以前曾讲过一个案例。行为人先窃取了被害人的木材，然后又将这些木材用于修建仓库。国外有两种观点，一种观点认为，行为人的行为仅构成盗窃罪；另一种观点则认为行为人的前行为构成盗窃罪，后行为另构成侵占罪。后一种观点主要是为了解决共犯问题，亦即，没有参与盗窃，但事后知道真相却帮助行为人将木材用于修建仓库的行为，是否构成侵占罪的共犯？我觉得参与修建仓库的行为人，不可能构成侵占罪的共犯，至于是否构成掩饰、隐瞒犯罪所得罪，倒是值得讨论。

学生：有可能构成掩饰、隐瞒犯罪所得罪，因为木材的形状等完全发生了改变，导致司法机关难以发现木材。

张明楷：我也觉得帮助修建仓库的行为人有可能成立掩饰、隐瞒犯罪所得罪。

学生：如果认为盗窃后的侵占不用再评价了，适用的是不可罚的事后行为理论吗？

张明楷：对于盗窃的正犯来说，用两种理论去解释，结论其实是一样的。一是不可罚的事后行为，也就是说，盗窃犯事后消费、消耗赃物的行为，本身就不构成犯罪，不值得处罚。二是处罚盗窃罪就把后面的侵占行为一起处罚了。如果有人单纯参与后面的侵占，对参与人还是应定侵占罪的共犯。但是如果否认后面的行为构成侵占，那参与的人就不能被处罚了。不过，我觉得第三者参与后面的行为，大多可以评价为掩饰、隐瞒犯罪所得罪，不会形成处罚漏洞。

学生：明白了。

张明楷：你们在阅读德国、日本的文献时一定要善于总结。我有一些体会，这两个国家的刑法学者在讨论争议问题时，都会强调法条之间的平衡和避免产生处罚漏洞，日本学者特别强调处罚的公平性，德国学者则特别强调避免产生处罚漏洞。

学生：老师，我再问一个问题：这个案件中的金条是乙的情夫受贿所得，属于赃物，乙对赃物是否有返还请求权呢？

张明楷：在这个案件中我觉得乙对甲是有返还请求权的。就算这些金条是赃物，也只能由司法机关依法去追缴。如果司法机关不能追缴到这些金条，则必须由乙退赔；严格按照法律规定，乙应当自己花钱去购买金条或者直接将金钱退赔给司法机关。我讲财产罪的保护法益时经常会提到，为什么说刑法对他人盗窃的、受贿的财产也要保护，除了对原来所有人的保护之外，行为人对盗窃的财物在民法上最终是有返还义务的。如果第三者盗走了，盗窃犯就必须自己花钱还给被害人，第三者就侵犯了盗窃犯的财产。同样，受贿的赃物是要被追缴的，如果第三者盗窃了国家工作人员受贿的赃物，国家工作人员也要以自己的财产退还。在此意义上，第三者也侵犯了受贿人的财产。通常讲的不法原因给付没有返还请求权与我们所讨论的这个案件的情形不一样。比如，张三将金条交给李四，让李四用于行贿，李四没有用于行贿，而是据为己有了。在这种情形下，张三基于不法原因将金条交付给李四，他就没有返还请求权。但在我们讨论的这个案件中，乙并没有基于不法原因将金条交付给甲，不存在不法原因给付。而且，如果乙不要回这 60 根金条，她除了损失这 60 根金条之外，按照法律规定她得付出相当于 60 根金条的财产，而这些财产会被国家追缴。

学生：老师，这个案件中丁是否构成招摇撞骗罪呢？

张明楷：我觉得可以不定罪。他并不是想显示自己的警察身份，他只是怕甲不把金条还给乙，所以冒充警察。在这个案件中，丁的行为也没有侵犯什么法益。这个案件还有什么疑问吗？

学生：没有。

张明楷：归纳一下，甲对前面的 10 根金条构成盗窃罪，丙是盗窃罪的共犯。甲对后面的 60 根金条构成诈骗罪，丙构成诈骗罪的共犯。当然，后面的诈骗罪不是对金条本身的诈骗，而是属于骗免债务，即骗免 60 根金条的返还。如果丁知道金条的确切数量，没有放弃还继续索要 60 根金条，则甲的行为属于诈骗未遂。因为在骗免债务的时候，只有这个债务确实被免除才构成诈骗既遂。

案例76 盗窃罪（损失的判断与数额的计算）

被告人李某持有每股价格10元的股票。某日，李某侵入到被害人的股票账户，利用黑客手段，用被害人账户里的资金以50元一股购买自己的股票，获利400万元。

张明楷：这个案件的李某构成盗窃罪没有什么问题吧。

学生：是的，在我国认定为盗窃罪没有问题。在德国会定计算机诈骗罪吗？

张明楷：在德国定不了盗窃罪，因为德国刑法中盗窃罪的对象仅限于可以移动的物品，股票账户里的资金不是可以移动的物品，所以，不能认定为盗窃罪。在德国可能会定计算机诈骗罪。在中国就是盗窃罪吧，我觉得就定罪而言没有什么疑问。疑问可能在于盗窃数额是多少？假如使用了被害人账户里的500万元，被害人因此获得价值100万元的股票，认定盗窃数额是400万元还是500万元？

学生：应当认定为400万元吧，因为被害人损失的只是400万元。

张明楷：如果以行为时或者说行为既遂时为基准，被害人损失了 400 万元，但如果案发时李某的股票又跌了，被害人损失的就不止 400 万元了。当然也有另一种可能，被害人获得的股票涨了，甚至可能赚了。由此可以看出，数额或者损失的计算要以行为时或者行为既遂时为基准。当然，即使如此，是认定 400 万元还是 500 万元，还是有争议的。

学生：如果在德国认定为计算机诈骗罪，同时认为计算机诈骗罪是对整体财产的犯罪，就可能仅认定行为人利用计算机诈骗了 400 万元。

张明楷：有可能是这样的。但刑法理论普遍认为盗窃罪是对个别财产的犯罪，个别财产的丧失就是财产损失，并不将被害人得到的财物纳入进来进行整体判断。如果是这样的话，就会认定李某盗窃了 500 万元财物。

学生：我国传统刑法理论并没有将财产犯罪区分为对个别财产的犯罪与对整体财产的犯罪，德国、日本刑法理论为什么有这样的区分？

张明楷：区分对个别财产的犯罪与对整体财产的犯罪的实际意义在于，在对个别财产的犯罪中，只要行为使被害人丧失了个别的财产，就可以认定财产犯罪的成立，不需要另外讨论和判断财产损失这一要素。但如果是对整体财产的犯罪，则需要讨论和判断被害人是否有财产损失。

学生：为什么德国刑法将诈骗罪规定为对整体财产的犯罪呢？

张明楷：我觉得是这样的。德国刑法到 19 世纪中叶才将诈骗罪规定为对财产的犯罪，诈骗罪一般是在交易过程中发生的，是双方的意义表达与交换的沟通性的犯罪。为什么不少学者强调被害人在诈骗犯罪中的责任呢？因为你在与被告人进行意义表达与交换，如果不参与其中，被告人不可能对你实施诈骗行为。当然，我不赞成这种观点。既然是在交易过程中发生，一方交付金钱另一方交付财物的现象就相当普遍，这就是所谓双方给付的情形。既然是双方给付，就只能通过整体财产是否减少来判断有没有财产损失，所以，诈骗罪成为对整体财产的犯罪。一般来说，交易是有目的的，如果一方交付金钱后，获得了自己想要的财物，就不可能认为有财产损失。这就是目的失败论。

学生：之所以认为机器不能被骗，也是因为诈骗罪是双方意义表达与交换的沟通性犯罪。

张明楷：是的。但是，即使认为盗窃罪是对个别财产的犯罪，也不可能完全不考虑财产损失的有无。用西田典之老师的话说，"即使是对个别财产的犯罪，既然是财产犯罪，就应当以发生了值得刑法保护的财产损害为要件。"

学生：什么样的情形，行为属于盗窃，被害人丧失了个别财产，却又没有财产损失呢？

张明楷：例如，甲需要使用零钱，没有经过被害人的同意，就拿走被害人的零钱，同时放置了等额的整钱。按照盗窃罪是对个别财产的犯罪的观点，由于被害人丧失了零钱这一个别的财产，甲的行为也违反了被害人的意志，所以，甲的行为成立盗窃罪。但将这样的行为认定为盗窃罪，并不一定可取。再如，被害人在自动贩卖机上写着禁止未满 18 周岁的人购买香烟。17 周岁的人依然从自动贩卖机里购买香烟。就香烟这一个别财产而言，被害人是丧失了，而且违反了被害人的意志，但被害人同时获得了相应的对价。能认定行为人的行为构成盗窃罪吗？

学生：感觉不应当认定为盗窃罪。

张明楷：日本有学者主张上述行为都构成盗窃罪，盗窃的数额就是零钱与香烟，不会扣除行为人放置的整钱与香烟款，否则盗窃的数额就是零，也就不成立盗窃罪了。

学生：这种情形在我国的司法实践中是不会被认定为盗窃罪的吧。

张明楷：可能不会。上面换零钱的案件与购买香烟的案件，我也觉得不能认定为盗窃罪。但是，有一些案件不认定为盗窃罪，则可能不合适。例如，甲看见被害人放置在办公室的价值 5 万元的戒指，特别喜欢，便趁被害人不在时将戒指取走，并放置 5 万元现金于原处。如果这个戒指是被害人的结婚戒指，不认定为盗窃罪合适吗？

学生：这种情形不认定为盗窃罪，又感觉不合适。

学生：但认定甲盗窃了 5 万元财物，又感觉量刑过重，也不合适。

张明楷：这就是我经常讲的，数额的精准计算给司法机关带来了无穷无尽的麻烦。

学生：有一些盗窃案件，如果按对整体财产的犯罪来计算犯罪数额，结论可能合理一些。比如，甲将价值 100 万元的车用于抵押，向乙借款 20 万元。乙出借 20 万元后，甲用备用钥匙将车盗回。如果认定盗窃 100 万元肯定不合适，如果像对整体财产的犯罪那样计算，则乙的损失只有 20 万元，可以认定盗窃 20 万元。

张明楷：我在若干年前的《论盗窃财产性利益》一文中好像讨论过这样的问题，我觉得也只能认定盗窃 20 万元。而且即使认为盗窃罪是对个别财产的犯罪，也只能认定盗窃 20 万元。因为行为人只有获得 20 万元财产的非法占有目的，不应当对 100 万元承担刑事责任。

学生：但如果说盗窃罪是对整体财产的犯罪，也是认定盗窃数额为 20 万元。

张明楷：是的。但总体来说，可能还是要维持盗窃罪是对个别财产犯罪的观念，与此同时，也要考虑被害人有没有实质的财产损失。也就是说，原则上，只要行为人违反被害人的意志窃取了被害人占有的财产，就认定为有财产损失。但在特殊情形下，要判断被害人是否没有实质的财产损失。也就是说，对盗窃罪也采取实质的个别财产损失说。

学生：如果是这样的话，与日本的通说就是一样的，盗窃罪与诈骗罪都是对个别财产的犯罪，都采取实质的个别财产损失说。

张明楷：我觉得可以这样。

学生：在本案中，按实质的个别财产损失说，李某盗窃的是

400 万元还是 500 万元呢?

学生:既然是实质的个别财产损失,那就只损失了 400 万元吧。

张明楷:也可能认定为 500 万元。我发现日本的判例与刑法理论的通说有一个特点,虽然强调实质的个别财产损失,但一旦认定有财产损失,就是全额计算。比如,行为人享有 10 万元的债权,用恐吓的手段要求被害人偿还 30 万元,日本的判例认定敲诈勒索的数额是 30 万元,山口厚老师好像也同意这样的判决结论。这可能是因为,日本法官在量刑时并不是只考虑数额,而是考虑其他诸多量刑情节。

学生:这样的案件发生在我国,法官只会认定为敲诈勒索 20 万元吧。因为行为人原本享有 10 万元债权。

张明楷:是的。但是,日本判例的观点是,即使享有债权,也不得通过恐吓的方式实现。所以,凡是通过恐吓方式取得的财产,都是非法取得的财产,所以计入犯罪数额。国民的规范意识会影响法官对案件的判断。

学生:我还是想知道,老师觉得本案中李某的盗窃数额是 400 万元还是 500 万元。

张明楷:我觉得应当认定为 500 万元。虽然李某向被害人转入了股票,但这个股票并不是被害人想要的,即使认为盗窃罪是对整体财产的犯罪,李某转入的股票也没有实现被害人的目的,所以,不能扣除这个数额。

学生：如果认定盗窃 500 万元，李某退还 500 万元后，被害人要不要返还股票？

张明楷：这要看民法是怎么规定的。如果说被害人是不当得利，就需要返还；如果不是不当得利，则不需要返还。这个问题民法上肯定有争议，司法实践的做法也不相同。

学生：股票不是犯罪工具吗？犯罪工具应当被没收吧。

张明楷：不排除司法实践将股票当作犯罪工具没收，但我感觉不是犯罪工具。李某转入股票只不过是借用股票交易的外表，其实如果不向被害人转入股票，他利用黑客技术也可以转走被害人的 500 万元。所以，没有必要将股票作为犯罪工具吧。

案例77 盗窃罪（数额的计算）

被告人尹某利用其事先知晓的被害人图某的银行卡、微信支付密码等，趁借用被害人手机之际，私自将被害人微信与银行卡进行绑定，采用微信转账等方式窃取被害人银行账户内资金用于赌博，赌博赢取的资金又返还至该账户内。2018 年 10 月至 2019 年 9 月期间，尹某以上述方式多次窃取被害人银行账户内资金。案发时，被害人银行账户内余额为 3673.36 元，被害人银行账户内自有资金最多时为 55686.76 元，尹某转出资金累计 110562.4 元，转入资金累计 58549 元。

张明楷：首先就行为的定性简单讨论一下。有学者认为，被告人冒用了被害人信用卡，因为冒用信用卡不需要冒用有体的信用卡，只需要冒用信用卡的卡号、密码等就属于冒用他人信用卡，所以，尹某的行为构成信用卡诈骗罪。

学生：老师在教材上和《诈骗犯罪论》中批判过这种观点。尹某将被害人微信与银行卡绑定这一行为，并没有造成被害人的财产损失，所以不是信用卡诈骗罪的冒用他人信用卡的行为。

张明楷：是的，只有从微信中转款给尹某，才是造成被害人财产损失的行为，这个行为与信用卡没有关系了，就是一个地地道道的盗窃行为。

学生：主张尹某的行为构成信用卡诈骗罪的人可能还有一个观点，就是后行为是前行为的延伸，即后面的盗窃行为是前面的冒用信用卡行为的延伸，所以要按前行为认定犯罪性质。

张明楷：这也是我一直批判的观点。我不知道这一观点从何而来，你们记住不要这样思考就可以了。我们还是讨论尹某的盗窃数额问题。公诉机关指控尹某多次秘密窃取他人财物，价值110562.4元，数额巨大，其行为已经构成盗窃罪。尹某及其辩护人对于行为定性无异议，但是提出被害人银行账户内资金减去余额后的实际损失为52013.4元，应该以被害人的实际损失认定盗窃犯罪的数额。这个数额可能涉及按照数额巨大还是按照数额较大来量刑的问题。10万元以上应当是数额巨大，但5万多元不一定是数额巨大，有的地方是6万元以上才属于盗窃罪的数额巨大。一共有三种意见：第一种意见是，不扣除返回到被害人账户的数额；第二种意见是，要扣除返还到被害人账户的数额；第三种意见是，行为人针对同一犯罪对象连续实施盗窃，其间多次返还，需要累计，但要以犯罪对象中财产所有权的最大价值为限，也就是说，不能超过被害人账户内被害人所有的最高数额。

学生：因为尹某转了好多次，资金一直处于流动的过程中，如果累计的话可能超过被害人原本存在账户内的最大值。

张明楷：累计转出的就是110562.4元吧。按第三种观点的话，是累计转出的资金中有一部分是尹某赌博赢的资金，而不是被害人的资金。

学生：第三种意见认为应该以55686.76元为限。但问题是，如果被害人账户里只有55686.76元，行为人盗走后还回来，然后再偷的，是不是重复计算？

张明楷：认定尹某盗窃110562.4元，肯定是有问题的。被害人原来卡里只有55686.76元，尹某怎么能够盗走110562.4元呢？

学生：因为尹某有多次盗窃行为。前面盗窃了5万多元后还回来，还回来后再盗窃，所以就可以盗走110562.4元。

张明楷：这么说的话，核心问题不在于如何计算盗窃数额，而在于还回来的部分能不能认定为盗窃。因为尹某盗出资金是为了赌博，如果赢了就还回来，如果输了就不还回来。既然是这样的话，赢了还回来的部分就只是盗用，不构成盗窃罪。

学生：也就是说，尹某对赢了还回来的部分没有非法占有目的。

张明楷：这是叫附条件的故意还是叫什么？

学生：附条件的非法占有目的。

张明楷：附条件的非法占有目的也是可以存在的，就和附条件的故意一样。附条件的目的，也可以说是未必的目的。你们在大塚仁老师的教材里可以看到这个概念。但如果是附条件的非法占有目的的话，还是会认定有非法占有目的的。

学生：条件实现的难度比较大，因为赌博时赢的概率是比较低的。

张明楷：如果赢的概率比较低就更要认定有非法占有目的了。能不能说，在附条件的目的的场合，如果条件没有实现，行为人就不具有目的了呢？也就是说，如果尹某的想法是，如果赢了就归还输了就不归还，倘若输了，条件就实现了，认定尹某具有非法占有目的；如果赢了归还了资金，条件就没有实现，因而尹某就没有非法占有目的。

学生：如果是附条件的非法占有目的，即使条件没有实现，也是有非法占有目的吧。

张明楷：其实，我觉得刚才所说的附条件的非法占有目的，也只不过是一种行为意志，也就是说，尹某就是要将被害人的资金转出去用于赌博，如果赢了能够归还，就只是一种盗用行为，没有非法占有目的；如果输了不能归还，则是盗窃行为，具有非法占有目的。不要被附条件的非法占有目的这一概念欺骗了。

学生：也就是只判断什么情形有非法占有目的，什么情形没有非法占有目的。但事实上有无非法占有目的，不是取决于事前，而是取决于事后是赢是输。

张明楷：是的。感觉可以说是未确定的非法占有目的，而不是附条件的非法占有目的。如果是未确定的非法占有目的，那么，只有当尹某没有归还时，才能确定他具有非法占有目的。这样来解释的话，尹某的盗窃数额就只能是第二种意见所主张的观点，即扣除返还到被害人账户的数额后，才是盗窃罪的数额。

学生：这样解释的话，就比较合理。

张明楷：除此之外，还有没有别的解释路径，认定尹某仅对被害人的实际损失承担盗窃罪的责任呢？

学生：尹某反复窃取被害人的同一笔钱，有一点像包括的一罪。如果是同一个被害人的话，按照包括的一罪，最后就应该以单次转出的最大金额来计算，比如说尹某第一次转了4万元，第二次4.5万元，第三次4.8万元，假设一共三次，就应该是以4.8万元计算，以单次的最高金额计算，而不是4万元加4.5万元再加4.8万元来计算。

张明楷：就同一财物而言说包括的一罪似乎有可能，因为被害人最终只有一个财产损失，但问题是你能说行为人转出的是同一笔钱吗？

学生：不需要同一笔钱，只要法益和被害人同一就可以了。本案其实就是针对法益一体性进行一个包括性的评价，如果是这样的话，单笔最高金额就可以评价了。

张明楷：这样也有问题，只按最大金额计算，就与被害人的财产损失不相符合，这也不合适吧。而且如果这样计算的话，假如尹某转了无数次，每次最高的只有1800元，没有达到2000元的起点，就只能按多次盗窃定罪了。

学生：对！认定为多次盗窃，适用盗窃罪的基本刑，在这个基本刑之上，我们可以把尹某的行为认定为包括的一罪，以单笔的最高数额计算。

学生：包括的一罪中，被害人同一、法益同一的时候，就根本没有考虑尹某是还钱还是不还钱，与案件事实不相符合吧。

学生：关键是因为被告人归还了，才想把他处罚得轻一点。从这一点出发，其实也可能说他没有非法占有目的。

学生：但被告人的归还行为发生在盗窃既遂之后。

张明楷：这个案件和我们讲的集资诈骗还不一样，因为集资诈骗时行为人必然要向一部分人归还本息，才能欺骗后面的投资人。但本案不一样，第一次转出钱款时就是盗窃既遂了。所以，不能说被告人对哪一次转出行为没有非法占有目的。所以，按包括的一罪仅定最大一笔的转出数额，还是有问题。

学生：之所以要按包括的一罪处理，是因为被告人对每笔转出的钱款都有非法占有目的，但是他后来归还了。在这个案件里被告人实施的是一个连续行为，他虽然有非法占有目的，而且针对的都是被害人的钱款，但是他归还了。如果不按包括的一罪处理，盗窃数额就会超过被害人钱款的总数额。

张明楷：我把这个案件改一改，假如被告人 4 次从被害人账户里面转出 11 万元用于赌博，而且没有打算归还，但因为赌博赢了许多钱，就把 11 万元全部归还了，这个案件百分百是定盗窃 11 万元吧。怎么第一次转出部分钱款后，归还了一部分，第二次再转出更多钱款时，第一次的盗窃就不计入盗窃数额呢？

学生：其实会考虑还钱还是不还钱，因为如果尹某没有还钱的话，就不是盗窃同一个财物，就不会认定为包括的一罪。比如说第一次先偷 1 万元，第二次偷走 2 万元，再把第二次偷的 2 万元还回去，第三次再偷 2 万元，这样的话第二笔和第三笔就是包括的一罪，但是应该和第一笔加起来合并计算盗窃数额，因为第一笔一直没有还上。从这个账户里拿出来以后没有归还的，不可能有重复评价的问题。

张明楷：那还是等于把没有归还的数额都相加了，这就不是包括的一罪了。

学生：如果盗窃对象是特定物也要累加吗？比如说把一辆车开走。

张明楷：那也面临这个问题，特定物究竟要不要累加。第一次把人家摩托车盗走了，就是不想还给人家了。但是眼看警察要找到自己了，就偷偷还回去。过了一段时间又偷走人家的摩托车。摩托车的价值是 5000 元，是按照盗窃 1 万元计算还是按照盗窃 5000 元计算？

学生：这个要累加，按盗窃 1 万元计算。

张明楷：为什么这个案件要累加？被害人最终只有一个财产

损失，会评价为包括的一罪吧？

学生：如果说第一次偷了摩托车后被抓住了，摩托车返还给被害人了；刑满释放后又第二次偷了这辆摩托车，对第二次就不定罪判刑了吗？

张明楷：对第二次肯定要定罪判刑。因为前一次并不是行为人归还的，而是司法机关追缴后返还的，而且第一次行为已经被定罪了。

学生：假设行为人先盗窃了被害人的车，这辆车值 20 万元，行为人盗车一个星期之后，就敲诈勒索被害人说，你给我 10 万元，我就把这辆车还给你。如果是 10 万元加 20 万元的话，那就是 30 万元。这个时候应该累加吗？还是以包括的一罪认定为盗窃 20 万元？

学生：两次行为侵害的法益不同一吧，第一次是盗车，第二次是敲诈勒索 10 万元，两个法益不一样吧，应当数罪并罚。

张明楷：毕竟是财产罪，还是要考虑被害人的财产损失究竟是多少。你说的这个案件，实行数罪并罚不合适吧。行为人后面的行为在某种意义上是减少被害人损失的行为，我觉得即使认为后面的行为构成敲诈勒索罪，也只能按包括的一罪处理，认定为盗窃 20 万元的财物就可以了。就我们前面讨论的尹某案来说，从朴素的法感情出发，被害人账户上只有 5 万元，却认定尹某盗窃了被害人 11 万元，感觉也是怪怪的。

学生：假如 A 把 B 的摩托车偷走了，已经既遂，B 自己把摩托车偷回去了，之后 A 又把同一辆摩托车偷走了。这个时候如果我们按照两辆摩托车的价格计算盗窃数额，会觉得不合适吗？

张明楷：这个讨论在个别财产损失和整体财产损失中间摇摆。

学生：如果按照德国的理论，假设前一个行为是以诈骗的方式把被害人价值 20 万元的车骗到手，后来敲诈勒索 10 万元。因为诈骗和敲诈勒索在德国刑法中都是针对整体财产的犯罪，所以，在德国要么评价为法条竞合的吸收关系，要么评价为德国的想象竞合，也就是说基于动机的密切连接性评价为德国的想象竞合。在日本，则会认定为包括的一罪。也就是说，在德国和日本基本上都是定一罪。如果在我们国家认定为数罪并罚的话，那就是 30 万元，导致量刑畸重的结果。如果我们国家按照不区分种类物和特定物的方式一律以单笔最高额算，以包括的一罪去认定的话，还可以统一起来。如果区分种类物与特定物，部分情形下累加数额，部分情形下按照单次行为最高额计算，就可能导致处理不协调。

张明楷：我们国家主要特别重视数额，所以，即使按包括的一罪来处理，也会存在如何计算的问题。

学生：比如说最后的缺口也就是说被害人的损失是 5 万元，但是单笔最高额只有 4.8 万元，就按照 5 万元计算。如果单笔最高额 4.8 万元，但是最后缺口只有 3 万元的话，那就按照 4.8 万元计算。包括的一罪对于损失的评价，相当于被包括的那些数额能不能在最高单笔转出金额的一个包括性评价之下计算。如果从被害人的视角来看，被害人的损失就是他最开始的账户金额和最后金额的差额。所以，只有这两种情况和这两种差额。我们是选择这两种差额之间最大的数额作为最后认定的数额，还是说只是以被告人的视角去判断包括的一罪的数额。

学生：会不会造成最后计算的数额比被害人损失的数额要少？

张明楷：如果被告人不多归还就不会出现这个现象吧。

学生：我认为最后的视角还是要回到被害人最后的损失。我们没必要先评价它是包括的一罪，最后又按被害人的实际损失认定盗窃数额。

学生：可是，如果不说是包括的一罪，为什么只按被害人的最后实际损失认定盗窃数额，而不是将每次盗窃的数额相加呢？你的计算标准其实就是说尹某的行为是包括的一罪。

张明楷：我的第 6 版教科书为什么把很多以前说成立数罪的都变成了包括的一罪呢？就是觉得司法解释对于数额特别巨大的规定门槛太低，数额相加会导致量刑太重了。

学生：我认为所有盗窃出来的都应当相加，而不应当考虑是否归还。

学生：是的。其实，尹某每次的盗窃行为都已经既遂了。如果我们认为他盗窃钱款后用于赌博属于有非法占有目的的话，已经是盗窃既遂了；既遂后把钱还回来的，也不影响数额的计算，要把全部数额起来。因为他每一次的盗窃行为本身都造成了一个财产损失。

学生：那你采取的是第一种观点吗？第一种观点的最大问题是，一个5万元的银行账户怎么能失窃11万元？

张明楷：如果说每一次行为都符合了盗窃罪的构成要件与责任要素，每一次转移的都是他人合法占有的财物，那就每一次转出去都既遂了，加起来就按11万多元计算。这样形式上似乎是合理的，但实质上不合理，因为盗窃罪虽然是对个别财产的犯罪，但也不能不考虑被害人的财产损失。虽然被害人账户里的资金由被害人享有，但如果被害人没有取得资金的正当来源与取款权限，或者说资金原本就是由被告人转来的，就不要认定被告人转出的行为构成犯罪吧。

学生：从实质上说，还是扣除归还的部分比较合适。

张明楷：问题是用什么理由来说明在定罪时要扣除归还的数额，或者说用什么理由来说明只能将被害人实质的损害数额认定为盗窃数额：第一个是在非法占有目的上找理由；第二个就是从罪数的角度来讲理由；第三个就是从被害人的实际损失的角度讲理由。但这些理由不能与盗窃罪的基本理论相冲突，比如，不能因为本案的发生就将盗窃罪变成对整体财产的犯罪，也不能因为本案的发生而改变对占有的判断，同样也不能因为本案的发生而改变盗窃罪的既遂标准。

学生：如果是这样的话，感觉第二个角度与第三个角度都有问题，从未确定的非法占有目的的角度来说明可能更合适。

张明楷：简单地说，就是行为人每次转出来时，并没有确定的非法占有目的，只有输了不还时，才能确定非法占有目的。如果赢了后归还了，就不能确定有非法占有目的。

学生：我觉得能说通。

张明楷：这样的话，我们又创造了一个概念，那就是未确定的非法占有目的。其实，这样的案件还是涉及对非法占有目的的理解与认定问题。比如，你们可以将本案与挪用公款罪进行比较。如果行为人将公款转出去用于赌博，而且归还了公款，只会定挪用公款罪，而不是认定为贪污罪。为什么行为人挪用个人的款项用于赌博，归还了却还要认定为盗窃罪呢？因为我们对将个人的款项转出去的行为不可能想到是挪用他人款项的行为，但如果行为人是擅自将他人的电动车骑走后归还回来的，我们就会想到"盗用"这个概念。但对现金之类的我们一般都不会想到这个概念。如果使用"盗用"这个概念，本案尹某的行为就可能有一部分被评价为盗用，被评价为盗用的行为就不成立盗窃罪。哪些行为属于盗窃呢？就是没有归还的那部分。

学生：国外刑法并没有挪用公款之类的犯罪，我们的挪用公款罪其实有相当部分也是贪污罪。

张明楷：是的。总的说来，与国外的司法实践相比，我国司法实践对非法占有目的的认定范围是比较窄的。我国的挪用公款罪的一部分在国外刑法中就是职务侵占罪或者贪污罪，一部分在国外属于背任罪。

案例78　诈骗罪（罪与非罪的区分）

被害人丙爱好收藏，经常买收藏品，对收藏品也比较内行。甲、乙相互串通后，乙跟丙说："我要买你的收藏品，需要富春山居图。"但富春山居图一半在台北故宫博物院，一半在浙江省博物馆。丙说我哪有这个图，那是不可能的。乙就说仿制品、赝品都可以，愿意出比较高的价钱买，七八万元买这一幅画。丙就帮忙找富春山居图仿制品，但即便是仿制品也不好找。过了几天甲给丙打电话，说我这里有一幅富春山居图，价格17800元，得手之后转手可以卖78000元。丙就想到乙需要赝品的富春山居图，于是花17800元买回来。但这张富春山居图是印刷的（价值800元），不是临摹的，丙原本也能看出来，但因为一心想着能卖78000元就立即买下来了。丙回头给乙打电话时，发现电话号码已经是空号，再给甲打电话时，发现也已经成了空号。

张明楷：丙是知假买假，那么，这个案件中的甲与乙成立诈骗罪吗？如果甲与乙的行为构成诈骗罪的话，他们实施的欺骗行为的内容是什么？

学生：让丙高价购买了印刷的赝品富春山居图。

张明楷：辩护人会说，丙知道是赝品富春山居图还购买，他没有认识错误。而且，丙本来就是懂收藏的，赝品富春山居图值多少钱他是很清楚的。所以，单纯从甲与乙让丙高价购买了印刷的赝品富春山居图的角度来讲理，还不能说服人。另外一点是，甲乙二人的通谋和行为，让丙误以为自己买了赝品富春山居图之后可以按更高价卖给乙，但事实上却不能卖给乙，也不能退给甲。也就是说，本案有两个"假"，一是富春山居图是假的，这一点丙是清楚的，丙没有认识错误；二是乙会收购赝品富春山居图，这个也是假的，但丙有认识错误。这两个"假"也有关联吧。

　　学生：如果认定甲乙的行为构成诈骗罪，理由应当是，被害人丙是因为甲与乙的欺骗行为陷入了错误认识，基于有瑕疵的意思处分了财产。尤其是，丙购买甲的赝品富春山居图的目的，就是为了卖给乙，这个目的在本案中是比较关键的，但因为甲乙之间有串通，丙买了之后未能卖给乙，所以就被骗了。

　　学生：我感觉甲与乙的行为不构成犯罪。因为丙自己就是从事收藏品交易的，他对于能否转卖实现交易目的的风险还是知道的，知道有风险还购买，就不能说他产生了认识错误，有点类似于被害人承诺。

　　张明楷：如果没有甲与乙的串通，甲只是劝说丙可以购买赝品富春山居图，然后再转卖其他人，而不是转卖给乙，甲与乙的行为当然不可能构成诈骗罪。但本案不一样，乙声称自己要购买，使丙信以为真。

　　学生：交易原本是有很大风险的，但乙的谎言使丙觉得风险降低了。

学生：是不是还要看交易目的是否合理，不是所有交易目的都是合理的，我觉得甲与乙的行为应该不成立诈骗罪。赝品的价格也得看来自什么渠道，做生意要自担后果。比如说，甲公司想跟 A 和 B 签合同，A 不想签，甲公司就假装跟 B 去谈，B 实际也已经拒绝甲公司了，但甲就转头对 A 说你看 B 已经准备跟我签了，然后 A 就为了不让竞争对手 B 得到什么机会，决定跟甲签了合同。如果是这样的话，那也是一个诈骗了？归根结底就是，不能凭被害人的主观交易目的去认定他实际是否真的受到了侵害。

张明楷：你编的这个例子原本就没有什么诈骗，也不能说谁有损失，与本案还是有区别的。如果甲与乙没有串通，乙就是真想弄个赝品再去骗别人，可是乙自己又弄不到什么富春山居图的赝品，于是找到丙，那肯定不能认定为诈骗罪。就像前面讲的，如果甲乙没有串通，也不可能形成本案。所以，讨论本案时，还是要注重甲与乙串通这一事实。

学生：在甲乙有串通的时候，乙还是对丙实施了欺骗行为的，乙为赝品添附了可以高价卖去的这样一个性质，但赝品其实没有这样的性质，事实上它是卖不出去的，更不可能高价卖出去。不能说乙没有实施欺骗行为，也不能说丙没有受骗。

学生：可是丙本身就是从事收藏交易的，他应当知道赝品能否高价转卖。

张明楷：其实，正是因为丙本身就是从事收藏交易的，甲与乙才去骗他；如果是普通的人，完全不懂这一行，行为人怎么去骗他？

学生：但是，丙应该没有财产损失吧。所有人都知道商品的成本价肯定比售价低，本案中甲赚多少钱，丙自己也不在乎，怎么能说丙有财产损失呢？

张明楷：你这完全是按正常交易来说的。如果没有甲与乙的欺骗行为，丙就不会用 17800 元购买这幅印刷的富春山居图。这 17800 元就是丙的财产损失。

学生：这 17800 元的损失是丙在购买的时候就已经发生了，不是因为后来没有交易才发生的。可是，丙购买时就知道是印刷的富春山居图，他没有认识错误。

张明楷：这好像涉及另一个问题，即认定什么时候为诈骗既遂。是只要丙一购买就既遂，还是找不到乙时才既遂。

学生：从行为人的角度来说，当然是丙买了就既遂。从被害人的角度来说，找不到乙才是既遂，但是好像没有从后一个角度来认定。在行为人计划之内，只要丙买了，丙的财产损失实际上就已经发生了。

张明楷：乙根本不会购买，所以不可能按找不到乙的时候认定诈骗既遂。丙想卖给乙正是丙的认识错误，不可能按认识错误认定行为人的诈骗既遂时点。找不到乙的时候，只是丙认识到自己上当受骗的时候，不是乙诈骗既遂的时点。

学生：如果乙没有跑路，丙找到了乙，丙的交易目的就没有落空。

学生：那不一定。即便丙找到了乙，乙也不会花七八万元买赝品。我想说的是甲和乙的串通行为客观上确实造成了被害人财产损失。

张明楷：甲与乙的行为还是成立诈骗罪的。欺骗行为首先是由乙实施的，乙跟丙说我要买赝品的富春山居图，但事实上根本不会购买，隐瞒了自己内心根本不会购买的意思，使丙误以为自己购买了赝品富春山居图后，可以高价出卖给乙。

学生：甲后来将赝品出卖给丙时，欺骗行为的内容是什么呢？

张明楷：从形式上看，甲似乎没有实施欺骗行为，因为丙知道甲出卖的是赝品。但如果没有甲的行为，丙也不可能有财产损失。所以，还是要认定甲的行为也是欺骗行为，我觉得甲的欺骗行为在于隐瞒了与乙串通的事实。如果甲在出售赝品时不隐瞒与乙串通的真相，丙也不会上当。所以，不能说甲没有实施欺骗行为。而且，甲的行为也是二人串通行为的一部分。

学生：可是，甲有义务说明真相吗？

张明楷：按照诚实信用原则，任何人在与他人实施交易行为时，都不能隐瞒真相吧。我在《诈骗犯罪论》里引用过台湾地区学者的论述，讲过这个问题。

学生：感觉得等甲和乙的圈套设置完成的时候，才是欺骗行为的完成。

张明楷：圈套设置完成的时候，也就是甲将赝品出卖给丙的时候。

学生：我注意到，德国、日本在讨论诈骗罪时，有一个特别不同的趋势。德国特别喜欢在诈骗罪中讨论被害人教义学，被害人极度无知和极度轻率时，可能影响诈骗罪的成立，至少影响诈骗罪的既遂；但日本其实不怎么讨论被害人在诈骗罪中是否会起到一定的作用。

张明楷：按照德国的被害人教义学的观点，诈骗罪就很少了。最基本的观点大概是，既然你自己都不谨慎地保护自己的财产，刑法凭什么来保护你的财产？日本学者基本上不会这么看问题，因为刑法就是要保护国民的法益的。

学生：我们原来的教义学把重心放在行为人身上，而被害人教义学实际上尝试把观察视角放在被害人身上，但是它的视角仍过于单一，他只是看到被害人有过错，就轻易地得出一个自我答责的结论。我觉得，在诈骗罪这种交往型犯罪的情形，需要平衡到底是行为人的过错更大还是被害人的过错更大，应该相对地、比较地考察，不能一说行为人有错那就行为人负责，被害人有错那就被害人负责，要看谁的可谴责性更强。比如说在这个案件中，如果甲和乙没有共谋的话，被害人就应该自己负责；但如果是甲和乙共谋了，感觉行为人和被害人相比，行为人的可谴责性就要更强一些。

张明楷：实际上，还是要按诈骗罪的构成要件进行具体判断，尤其要判断欺骗行为达到了什么程度，被害人产生的是什么样的错误。不能单纯地讲谁的过错大，谁的过错小，这样讲结论必然因人而异，而且一般来说肯定是欺骗方的过错大。日本现在比较重视行为人是不是就重要事项实施欺骗行为，我觉得甲与乙

学生：也就是说，丙之所以花高价购买赝品富春山居图，是以能够出卖给乙为前提的，这是一个重要事项，但甲与乙就此重要事项欺骗了丙。

张明楷：可以这样说，而且这一重要事项直接关系到丙的交易目的能否实现。由于乙不收购赝品富春山居图，导致丙的交易目的落空了，形成了财产损失。所以，丙不是对赝品富春山居图本身有认识错误，而是对购买后能否出卖给乙有认识错误。

学生：是的。主要是因为甲与乙串通，才导致丙产生认识错误。

张明楷：如果甲和乙之间没有串通呢？

学生：如果甲和乙之间没有串通的话，不太可能发生本案的情形。主要还是本案中丙的出卖目的是个很关键的因素，丙不会莫名其妙去买这样的一个印刷品。也就是说，虽然丙对画的价格没有认识错误，但他对整个交易存在认识错误，他原本以为交易目的可以达成，但事实上无法达成。

张明楷：那么，这个诈骗罪的数额怎么计算呢？是按 17800 元来计算，还是按 17800 元和赝品本身价值（800 元）之间的差额来计算呢？我倒是觉得可以忽略不计，但办案机关要考虑这800 元是否扣除。

学生：赝品富春山居图是甲与乙的犯罪工具，丙得到这个图也没有什么价值，所以，不能扣除 800 元。

张明楷：你这是从另外一个角度来说的。我的意思是，刚才我们说甲乙构成诈骗罪，是因为丙的交易目的没有实现，也就是说丙想卖出去却没有卖出去。如果丙按与乙的约定能卖78000元，丙就能赚60200元，但是他现在没有赚到这个钱，能不能说甲与乙的诈骗数额是60200元？

学生：不能这样吧。因为甲与乙只得到了17800元，没有得到60200元。充其量只能将17800元认定为诈骗数额。

张明楷：从结论上说，我也认为诈骗数额是17800元。可是，刚才大家都说，丙对购买赝品富春山居图是没有认识错误的，他的认识错误在于，他以为乙原本要以78000元购买他的印刷的赝品富春山居图，或者说原本以为能赚60200元的，但没有卖出去，因而没有赚到钱。如果按照这个逻辑，不是应当认定为60200元吗？相当于乙欠丙这么多钱。

学生：就60200元是不是成立未遂犯？

张明楷：60200元能定未遂吗？不能吧。比如，行为人谎称可以向被害人供应特定设备，如果被害人得到特定设备后就可以赚100万元，但行为人根本没有设备，通过欺骗手段要求被害人交付5万元定金，行为人得到定金后逃走。我们不可能说，被害人损失了95万元吧，也不可能说这95万元是诈骗未遂吧。也就是说，不能一方面将行为人的欺骗行为作为认定诈骗罪的根据，另一方面又按欺骗内容计算被害人的财产损失。

学生：应该认定17800元都是损失，因为17800元的交易目的没有实现。

张明楷：是的。按 17800 元认定诈骗数额是合适的，也不需要扣除 800 元，因为这个赝品对丙来说没有什么意义。

案例79　诈骗罪（罪与非罪的区分）

甲使用计算机编写了勒索病毒程序，将勒索的病毒程序通过黑客技术手段远程植入到被害人乙的电脑里，然后向乙发送邮件。邮件大致内容是：你的电脑文件已经被锁定，如果要找回文件，就必须转一个比特币，否则将永远找不回文件。乙因为不懂技术，也没有购买比特币的路径，便找到数据恢复公司的丙帮忙解锁电脑。但是，该勒索病毒的特点在于，只有开发病毒者才有解锁工具，其他人没办法解锁。数据恢复公司的丙根本没有技术解锁，于是丙自己联系了甲，以 0.4 到 0.6 个比特币的对价要求解锁电脑、恢复数据，甲同意。丙随后跟乙说，只要支付 0.6 到 0.8 个比特币就可以解锁。乙不知情，便同意了丙的对价要求。

张明楷：近期 1 比特币的价格约为 70 多万元人民币。本案中，甲构成敲诈勒索罪有什么问题吗？

学生：没有问题。甲原本是向乙勒索财物，实际上是丙交付了财物，但不管是什么错误，都不影响其行为成立敲诈勒索罪的既遂犯。

张明楷：其实本案中也没有必要认定甲有认识错误，因为丙是帮乙向甲提出解锁要求的，不管与甲商量的人是谁，甲都知道是因为自己给乙的电脑远程植入了病毒，才有人与自己商量的。

学生：假如甲在远程操作时，本来是要把病毒植入乙的电脑，但由于技术手段错误，把病毒植入了丁的电脑，这是不是打击错误？是否影响甲的行为定性？

张明楷：按照法定符合说，不管什么错误都不会影响甲的行为成立敲诈勒索罪的既遂。主张具体符合说的学者则不会认为这是打击错误，而会说这是对象错误。

学生：明白了。

张明楷：这个案件在另外一个方面存在一个争议点：甲发出邮件导致乙产生恐惧心理，乙是否是基于恐惧心理找到数据恢复公司的丙，甲是敲诈勒索的既遂还是未遂？

学生：丙解锁这件事实际上就是一个介入因素，我觉得不太影响甲敲诈勒索既遂。

学生：这个病毒的解锁者不是只能是开发者吗？换句话说，乙不管通过什么途径，最终也只能找到甲才可以解锁电脑。丙本身也是无法解锁的，所以也只能找到甲商讨解锁一事。因此，可以说，丙找到甲解锁这个事项实际上并不异常，而且，甲也不关心这个对价是谁支付的。

张明楷：问题是丙中间赚取差价的行为能否成立诈骗罪？

学生：丙的行为不是风险降低的行为吗？本来乙还得支付 1 个比特币，现在只要支付 0.6 到 0.8 个比特币，不应该认定丙的行为成立犯罪吧。而且，本案中的乙似乎也不在乎这个数据恢复公司通过什么途径来帮忙解锁，只要是可以解锁，乙便同意给予一定对价。换句话说，乙并不关心丙是直接处理还是找其他人处理。

张明楷：数据公司如果给他人恢复数据，委托第三者处理，从中赚取价差的话，肯定不会构成犯罪。主张认定丙的行为构成诈骗罪的理由就是丙骗了乙，隐瞒赚取差价的事实。

学生：毕竟数据恢复公司是一个专门负责解锁等的技术类服务公司，从中赚取利润也是合理的。

学生：诈骗罪的成立需要就重大事项实施欺骗行为，这个重大事项不应该包括丙实施解锁行为的方式，丙和甲的所谓交流内容，实际上也是关于恢复数据的问题。数据恢复公司不一定要通过技术手段提供服务，与相关技术方合作，即使是与黑客合作也是可以的。

张明楷：案例分析的原文是这样描述的："乙因为不懂技术，没有购买比特币的途径，同时也是害怕被骗等原因，所以找了数据恢复公司。"现在实务认定中存在的一个问题就是，只要存在骗，只要作假，就可能会被认定为诈骗罪。这个案件，大家觉得对丙要定诈骗罪吗？

学生：我觉得对丙不应该认定为犯罪。

张明楷：我的意见是甲成立敲诈勒索罪，数据恢复公司的丙无罪。在某种意义上来讲，数据恢复公司也是获得其应当获得的那部分利益。此外，被害人的目的实际上也达到了，而且如果按照最初勒索者甲提出的方案，被害人的财产损失将更为严重。进行这样的比较，也就可以认为被害人没有因为丙的行为遭受财产损失。还有就是刚刚你们提到的一点，数据恢复公司是否告诉乙实情，其实也不是一个很重要的事项，毕竟数据恢复公司怎么解锁可能存在各种路径。大家可以反过来思考一下，如果丙跟乙说真话，乙会不会同意？例如，丙坦承自己无法解开，但是可以跟甲那边商讨到只支付对价 0.5 个比特币，同时公司这边也要得到 0.2 个比特币的酬劳。乙会同意吗？

学生：估计乙也会同意。乙不可能要求数据恢复公司免费为自己做事情。

张明楷：既然如此，就更不可能认定丙的行为构成诈骗罪。

学生：老师，我看到过一个案件。A 是淘宝店店主，接到了冒充淘宝官方的诈骗电话，骗子说需要 A 转账 2900 元进行某种验证。A 就转了钱，对方原本答应马上归还，但迟迟没有归还。A 意识到自己被骗了，于是报警。但因为诈骗罪的立案标准是 3000 元，A 打算再被"骗"一点，以便使对方达到立案标准。之后 A 假装信任对方继续周旋，骗子以为 A 还在受骗，就通过返还 3400 元的方式企图继续骗取 A 更多的财物，A 因为知道对方是骗子，就没有上当，反而获利 500 元。这样的案件怎么处理？

张明楷：如果 A 意识到自己被骗了，打算再被骗一点，达到 3000 元的立案标准，也不能认定对方对后面的诈骗数额负责吧。

学生：是的，因为即使后面骗子取得了财物，但由于 A 没有被骗，没有产生认识错误，也只能认定前面诈骗的 2900 元。骗子后面的行为只是诈骗未遂。

学生：这一点应当没有争议。现在争议的是，如果不考虑数额，A 得到的这 500 元是什么性质？也就是说，如果不考虑诈骗数额，A 的行为是否构成诈骗罪？

张明楷：被害人没有实施欺骗行为，只是为了让对方多骗自己一点钱以便立案，对方是为了骗得更多才主动转账的，是对方主动基于不法原因给付的，A 的行为不构成犯罪。

学生：但是，也可以说如果骗子知道 A 已经不再受骗，就不会转账。

张明楷：这个只是说明有条件关系而已。不应当要求 A 主动告诉对方自己已经知道真相了。重要的是，骗子是基于骗取 A 更多财物的目的才会转账的。当然，如果 A 以诈骗的故意对骗子实施诈骗行为，使对方基于认识错误处分财产，也确实可能构成诈骗罪。

学生：还有一个案件。被告人让被害人在支付宝上进行了某些操作，被害人通过银行转账的方式转给了被告人几万元。被告人又让被害人在花呗上贷款，被告人没有获得这些贷款，只是闲得无聊为了让被害人多遭受财产损失。这个贷款的性质怎么认定？

张明楷：从花呗上贷款的钱到哪里了？

学生： 到被害人账上了。

张明楷： 如果到了被害人账上，被告人后面的行为就不构成犯罪。

学生： 诈骗罪里财产的受益方也可以是第三者，第三者一定要求是与行为人有关系吗？

张明楷： 就这个问题来说，德国和日本刑法的要求是不一样的。德国不要求第三者与行为人有什么关系，但日本的通说要求第三者与行为人有比较密切的关系，否则就会认定为类似于毁坏财物的犯罪。但是第三者不能是被害人，第三者是行为人和被害人之外的第三者。

案例80　诈骗罪（欺骗行为的判断）

一个经营邮票、纪念币等收藏品的公司，前期通过话术营销的手段吸引公众去公司购买收藏品。事后鉴定这些收藏品都是真品，并且公司的售卖价格比进价高，公司也是通过差价获利。现有证据材料显示，销售合同以及员工协议中都说明了禁止在销售过程中向顾客承诺回购，但是作为买方的被害人声称销售人员向他们承诺回购。不排除销售人员为了业绩向顾客声称收藏品具有升值空间，如果升值了就会回购等情形。经查明，在此过程中还存在以下营销手段，即在顾客购买少额的收藏品后，谎称已经升值并高价回购该收藏品，从而诱导顾客进一步购买更多的收藏品。案发是因为该公司的经营场所由于其他原因被法院查封，虽然经营者在门外贴了有联系方式的告示，但顾客们仍然认为自己被骗了。公安机关以涉嫌诈骗罪逮捕了公司的相关负责人。

张明楷：对这样的案件，按照诈骗罪的构成要件的各个要素逐一判断就可以了。首先判断有没有欺骗行为，哪些行为是欺骗行为？

学生：说邮票等收藏品会升值，就是欺骗行为。

张明楷：这是争议较大的问题。如果一般性地说购买邮票会升值，不会认定为诈骗罪中的欺骗行为。售楼人员跟购房人说房子要涨价，有升值空间，不可能被认定为诈骗罪中的欺骗行为。

学生：剩下的就只是平台回购的欺骗行为了。

张明楷：对了。在这样的案件中，被害人之所以购买邮票等收藏品，就是因为平台回购。

学生：如果承诺回购的话，按照诈骗罪处理没什么问题。但这个案件的特殊之处是销售合同中写明了不承诺回购，老板和员工的协议也是写明了禁止承诺回购。

张明楷：这就要查明纸上写的与实际做的是不是一样，如果口头承诺回购，导致购买人认为可以很快出售牟利进而购买，是可以认定为诈骗罪中的欺骗行为的。当然，案件的真实情况我们并不清楚，所以不好下结论。

学生：在收藏品这种特殊领域，如果按照理性思维，即使中途以少量高价回购的方式继续诱导购买，一般也不意味着以后也会升值，是不是价值欺骗？

张明楷：事实上是以回购为名在骗人，谎称回购但并不回购，或者高价少量回购后不再回购，或者原本声称高价回购事后却以低价回购，都是诈骗罪的欺骗手段，这些欺骗手段都是使被害人购买或者下次更多地购买邮票等收藏品。当然，这其中有一个前提，就是行为人出售的收藏品价格虚高。如果收藏品的价格正常，即使谎称回购也不可能构成诈骗罪。

学生：正常经营的公司都不会以绝对承诺回购的方式经营的。

张明楷：简单来说，如果本案的收藏品价格虚高，核心的问题就在于该公司的行为有没有让被害人认为公司会回购。而且这个回购应该是时间比较短的回购，而不是几十年后的回购。

学生：本案中以少量高价回购的方式诱导继续购买，并非是针对每一个购买人都这样实施。

张明楷：那就是针对特定的被害人去认定诈骗，而不是说针对所有人都是诈骗。如果合同等都表明没有承诺要回购，老板也不知情的话，就是特定的员工构成诈骗。没有说回购的员工，肯定不能认定诈骗罪。

学生：是不是拒绝回购的时候才能成立诈骗？

张明楷：不是的，否则没法认定为既遂，应该是只要被害人购买了收藏品就是诈骗既遂。

学生：如果平台事后就是回购了，还构成诈骗既遂吗？

张明楷：如果事后回购了，当然不能认定为诈骗罪。就像合同诈骗罪那样，即使行为人一开始并不想履行合同，但后来发现行情变了，履行合同还能挣大钱就履行了合同。在这种情形下，不可能认定行为人的行为构成合同诈骗罪。同样，如果平台事后真的回购了，就不能说他前面实施了欺骗行为。

学生：老师，谢某案与这个案子的情况很像：被告人谢某在安徽芜湖经营了一个古董公司，中间也有承诺回购的手段。案发是因为有一个顾客想要退货，公司同意退货并且退回 10 万元货款，让顾客把东西寄回去，顾客就去公安局告发诈骗。经营者被判处了诈骗罪。

张明楷：如果承诺回购但事后并不回购的，有可能成立诈骗罪。如果承诺回购事后也回购了的话，就不能认定为诈骗罪。

学生：如果只是说升值了就回购，也属于欺骗吗？

张明楷：如果说升值了就回购但事后并不回购的，也是一种欺骗行为。所谓升值了就回购，只是一个说法，不可能反过来说贬值了回购。

学生：感觉谢某案可以不定诈骗罪。他的公司经营都很正常，他卖的东西的价值也都是很高的。中间虽然有一些手段不合适，但是营利主要还是靠正常销售。

张明楷：如果不就商品本身作具体的虚假说明，单纯的价格虚高，也是不可能认定为诈骗罪的。换言之，一般性地声称自己的商品好，有收藏价值，这还不是诈骗罪中的欺骗行为。但如果商品本来是铁做的却声称是铜做的，就是诈骗罪中的欺骗行为。

学生：之前有其他老师讲过，网购的时候商家先涨价再降价，其实价格没有改变，让顾客误以为降价，就是诈骗罪中的欺骗行为。

张明楷：这种行为在国外定诈骗罪是完全可能的。因为行为人不只是一般性地声称商品质量好，而是通过虚构商品原本是多高的价值，现在因为降价才导致他人购买。我也觉得在中国对这种行为可以认定为诈骗罪，当然很多人不赞成。如果商品原本没有标价，行为人见到不同的人就要不同的价，则不可能认定为诈骗罪。比如，以前清华的菜市场里，蔬菜都没有标价，商贩都是因人喊价。虽然不构成诈骗罪，但这种做法特别不好。

学生：老师，这种经营收藏品的案件，通常在什么情形下构成诈骗罪？

张明楷：首先要看收藏品的出售价格是否虚高；其次要看公司是否左右了收藏品的升值与贬值，因为有的交易平台实际上自己能左右收藏品的升值与贬值；最后要看公司是否承诺回购以及是否确实回购。其实，还是要根据诈骗罪的构成要件进行判断。我们今天讨论的这个案件，主要是事实不清楚，难以下结论。但总的来说，就收藏品行业而言，对诈骗罪的认定要特别慎重。

案例81　诈骗罪（处分意思的判断）

甲是技术人员，乙是某加油站工作人员，甲、乙共谋更换加油站的加油机芯片，解码篡改油量计算软件，虚增客户加油的油量数据，然后将"截留"下来的汽油出售变现获取利润。

张明楷：检察院以诈骗罪起诉甲、乙二人。面对这种财产犯罪的案件，首先要确定被害人与行为对象。本案中，加油站其实是没有损失的，所以被害人首先是客户。即使不卖"节省"下来的油，也应当构成犯罪吧。

学生：犯罪对象是汽油，所以，甲、乙构成对客户的诈骗罪。客户在不知情的情况下不作为地处分了被截流的油，这样理解才能保证素材同一性，不然汽油和钱款不满足素材同一性。但问题是，客户似乎此时没有处分意思。

张明楷：我在《诈骗犯罪论》里写了这种情况，你们可以查一下。

学生：您是这样写的："在受骗者没有认识到财产的数量（或财物的数量）但认识到处分了一定的财产时，也宜认定其具有处分意识"，"量的认识错误不影响对处分意识的认定"。

张明楷：我认为，说客户没有处分意思不太合适。在这种情况下，客户认识到全部的油都加到了自己的车里，这样客户自然就不会再去找加油站增加油量。也就是说，客户认识到全部的油都加到自己车里了，就不要求加油站再加了，就是既有处分行为也有处分意思。再比如，负责收电费的员工本应该收 1 万度电费，但由于行为人做了手脚，使其只收到 1000 度电费，收电费人员其实是因为被骗而处分了 9000 度电费。这个案子也是类似的，客户本该收到 100 升油，结果行为人做手脚使其只收到了 90 升油，能不能说客户其实也是对 10 升油有处分意思呢？

学生：主张处分意思必要说的学者一般对处分意思的理解与判断是相当缓和的。

张明楷：是的，因为如果对处分意思的理解过于严格，就导致许多行为不成立犯罪，形成了处罚漏洞。

学生：如果不要求处分意思，只是根据行为人有没有处分行为、处分行为与财产损失之间是否具备直接性要件来判断呢？

张明楷：这当然是很有说服力的一种观点。盗窃罪是行为人的盗窃行为直接造成财产占有的转移；诈骗罪的欺骗行为不能直接造成财产占有的转移，需要介入对方的处分行为，正是这个处分行为使被害人遭受财产损失。在此意义上说，不需要处分意思也能区分盗窃罪与诈骗罪。但问题是，如何判断对方是否实施了处分行为，在本案中，加油的客户实施的是什么处分行为？

学生：不要求加油站的工作人员增加油量。

张明楷：也许有人认为没有处分行为，只有当加油的客户认识到没有加够油时，才能判断他有无处分行为。

学生：但如果是这样的话，这个案件连诈骗罪也不能认定了。

张明楷：相对于加油的客户来说，这个案件只能认定为诈骗罪，而不可能认定为盗窃罪。

学生：因为在汽油加到被害人的油箱之前，汽油由加油站的管理者占有，而不是由被害人占有，所以，不存在将被害人占有的汽油转移到被告人占有的问题。

张明楷：是的。这个案件只能认定被告人对加油的被害人构成诈骗罪。而且，可以肯定的是，被告人对被害人实施了欺骗行为，欺骗的内容就是加到 90 升时就让被害人误以为已经加到了 100 升。应当认为，这个时候被害人还是有认识错误的，不可能没有认识错误。如果没有认识错误，就会要求加油站工作人员继续加 10 升油。既然有了认识错误，以为已经加了 100 升，就不会要求加油站工作人员继续加 10 升油，在这个意义上说，认定被害人有处分意思是没有问题的。

学生：是的，这个案件只能认定被告人的行为对加油的客户构成诈骗罪，而不可能是其他的犯罪。

张明楷：即使两名被告人没有将截留的汽油出卖给他人，也能成立诈骗罪。问题是，被告人截留下来的汽油仍然储存在加油站的油库里，还是加油站的管理者占有。能否认为两名被告人的行为另外成立职务侵占罪或者盗窃罪呢？

学生：将截留的汽油据为己有和卖掉应该是盗窃罪。

学生：加油站管理者对两名被告人非法截留的汽油不享有所有权与占有权，加油站没有财产损失，两名被告人不应当另构成职务侵占罪或者盗窃罪吧。

张明楷：但是，盗窃罪并非只保护所有权与占有权，需要通过法定程序恢复原状的占有也是需要刑法保护的。可以肯定的是，截留下来的汽油就是由加油站管理者占有，而不是由两名被告人占有。也就是说，一方面，加油站油库里的油有一部分是两名被告人截留下来的汽油。但另一方面，不可否认截留下来的汽油不是两名被告人占有，而是由加油站管理者占有。两名被告人违反管理者的意志而销售截留汽油的，还是符合盗窃罪的构成要件的。

学生：这么说的话，如果张三诈骗了李四的财物后放在王五家里，后来违反王五的意志盗走的，也另外成立盗窃罪。

张明楷：你这个例子与我们讨论的案件不完全相同。而且，就你所设想的案件来说，也不能绝对排除张三的行为另成立盗窃罪。如果张三确实是违反王五的意志盗走了自己先前所骗取的财物，也可能构成盗窃罪。本案有另外一个需要考虑的地方，即两名被告人其实也给加油站设定了一项债务，也就是说，如果被害人事后发现了，还是有权要求加油站补足汽油的，所以，加油站最终会有损失的，而不能说加油站肯定没有财产损失。所以，还是要考虑两被告人的行为对加油站构成盗窃罪。

学生：两名被告人的行为利用了职务上的便利，司法实践大概率会认定为职务侵占罪。

学生：按照老师的观点，两名被告人并没有基于职务占有加油站油库的汽油，所以，不构成职务侵占罪。

学生：司法实践也许不考虑被告人对加油站是否构成盗窃罪与职务侵占罪。

张明楷：是的。但我们还是要认定两被告人的行为触犯了两个罪，接下来就是这两个罪的关系了。

学生：按照老师的观点，被告人虽然实施了两个行为，但由于最终只有一个财产损失，所以属于包括的一罪，从一重罪处罚。

学生：但是被害人都不一样，恐怕很难认定为包括的一罪。

张明楷：虽然有两个被害人，但最终的被害人只有一人，我觉得还是要认定为包括的一罪，对两被告人的行为不可能按诈骗罪与盗窃罪实行数罪并罚。

学生：销售汽油是不是算特许经营？

张明楷：现在理论上基本没有人主张将这种情形认定为非法经营罪。一方面，汽油原本不是特许经营的产品；另一方面，对擅自销售汽油的行为按新增的《刑法》第134条之一危险作业罪最后一项处理就可以了吧。最后一项是怎么规定的？

学生："涉及安全生产的事项未经依法批准或者许可，擅自从事矿山开采、金属冶炼、建筑施工，以及危险物品生产、经营、储存等高度危险的生产作业活动的"。

张明楷：如果加油站本来是没有经过批准的，对销售汽油的行为按这一项处理是可以的，但本案的加油站是合法经营的，不能因为两被告人没有取得许可就将其销售汽油的行为认定为危险作业罪。

学生：如果加油的客户知道实情后来找加油站，加油站必须补足少加的油给客户，那加油站的损失怎么算？

张明楷：这就是我前面说的，相当于行为人通过诈骗给加油站增加了一个债务。加油站的损失就是两被告人销售出去的汽油。

学生：这样的话，两被告人对加油的客户与对加油站造成的损失可能不一样。

张明楷：这取决于被告人是不是将骗免的汽油全部销售出去了，如果全部销售出去了，两个数额就是一样的；如果只销售了一部分，两个数额就不是一样的。这不是什么问题，从一重罪处罚就可以了。

学生：老师，我想问一下，在本案中，我们能不能说被告人诈骗的对象是钱或者加油款呢？客户处分了加油款，让加油站多收了加油款。

张明楷：这也是有可能的。这可能取决于是先交款还是后交款。如果是先交款，最好认定行为人是对汽油返还请求权的诈骗（骗免债务）；如果是后交款，最好认定为对加油款的诈骗。不过，这在本案中不是一个重要问题。不管是汽油返还请求权还是加油款，处分意思与处分行为的判断是一样的。

学生：这样说的话，是否所有钱货交易都会涉及两个犯罪对象的认定思路？

张明楷：那也不一定。比如，行为人说这块"玉石"值300万元，被害人买来后发现自己被骗了，这时只能说犯罪对象是300万元款项吧。因为这个案件里面价值300万元的石头根本不存在。

案例82　诈骗罪（认识错误与财产损失的判断）

被告人是某个商场专柜的销售员，他知道商场有一个规定，专柜销售商品最低的折扣是8折，但是这个专柜所销售的商品的品牌公司对于销售员每个月有比较高的业绩数额要求，销售员必须卖出多少产品。2020年上半年，因为受疫情影响，销售情况不太好，被告人为了达到品牌公司所要求的业绩额，让全体业务员都能够赚到提成，便决定以5.2折的折扣将专柜的品牌商品低价销售给大客户。这种做法形成了差额，被告人把商品附带的赠品留下，准备用出售赠品的钱款填补5.2折至8折之间的差额。被告人把正规的商品销售出去以后，赠品还没有出售时就被商场发现了。

张明楷：被告人的这个行为构成犯罪吗？

学生：这个行为不构成犯罪吧。虽然声称是送赠品，其实赠品的价值都算在正规商品里了。许多柜台的销售员都会对顾客说，如果您不要赠品的话就可以更便宜一点。

学生：我也觉得不该定罪。

学生：将正规商品与赠品拆开销售还能销售出去，销售得更快。

学生：销售员以 5.2 折销售，其实就是考虑到顾客不需要赠品或者不给顾客赠品，所以很正常。

张明楷：你们的这些讨论都只是说了自己的预判是什么，即使讲了理由也不是从构成要件上讲的。即使认为被告人的行为不构成犯罪，接下来也要思考这个行为有可能符合哪个罪的构成要件，然后再说被告人的行为为什么不符合这几个罪的构成要件，而不是说一下预判的结论就结束了。其一，要判断被告人的行为是否对商场造成了财产损失；其二，要判断被告人的行为是否对品牌公司构成什么犯罪；其三，要判断被告人的行为是否对顾客构成什么犯罪。你们逐一分析吧。

学生：品牌公司没有限制销售员的打折，应该只是商场限制销售员打折吧？

张明楷：应该是商场限制的，案情就是这么交待的。

学生：关键是商场的损失是什么？

学生：正常情况下一般是商场拿销售额的提成，所以，如果低于 8 折销售商品，商场就会少拿提成，因此有可能导致商场遭受损失。

张明楷：品牌专柜的销售员是品牌公司雇请的，不是商场雇请的。所以被告人不是商场的员工，他的行为如果对商场造成了损失会构成什么罪呢？

学生：应当不构成什么罪。盗窃、诈骗、职务侵占等罪的构成要件都不符合，而且被告人主观上也没有非法占有目的。

张明楷：其实，能不能认定商场遭受了损失，也可能存在疑问。因为如果按 8 折销售根本卖不出商品，商场反而没有任何提成，更会有损失。再者，被告人将赠品当作商品卖出去，商场也能拿到提成。所以，商场不一定有损失。

学生：如果商场没有财产损失，被告人的行为对商场就不可能构成犯罪。

张明楷：那么，品牌公司是否遭受了财产损失呢？

学生：品牌公司怎么会有财产损失呢？

张明楷：可否说因为被告人把商品以低折扣销售了，导致品牌公司的销售收入减少了，就有财产损失。

学生：可是被告人把赠品留下了。

张明楷：这就要看损失怎么计算，以何时作为计算基准。如果按销售商品的时点计算，商品的销售价格就是减少了；如果按后来将赠品卖出去的时点计算，商品的总体销售价格就没有减少。假定被告人对品牌公司造成了财产损失，其行为符合什么罪的构成要件？

学生：也不符合什么罪的构成要件，既不是盗窃与诈骗，也不可能是职务侵占罪，因为被告人没有非法占有目的，只是为了完成销售额，确保自己的正常收入。

张明楷：如果有背任罪，被告人的行为是否有可能成立背任罪？因为被告人以自己获利为目的，假如品牌方也要求不得低于8折销售，行为人违背了不低于8折销售的要求，造成了品牌公司的损失。但背任罪应当是对整体财产的犯罪，如果赠品能销售出去，也可能难以认定被告人的行为构成背任罪。

学生：本案是典型的没有整体财产损失的情形，因为被告人保留了赠品，即使赠品卖不出去，仍然属于品牌公司的财物，所以，品牌公司的整体财产没有减少。

学生：如果说有损失，唯一的损失就是品牌方的价格秩序。

张明楷：损失价格秩序的行为不可能成立什么犯罪吧。

学生：有没有可能构成损害商品信誉罪，因为价格低了会对商品声誉产生负面影响。前面的顾客知道后，就会觉得我800元买的，后面的顾客怎么500元就能买了，是不是商品有问题。

张明楷：不可能构成这个犯罪。接下来需要讨论的是，被告人的行为是否对顾客构成诈骗罪？

学生：被告人没有对顾客实施诈骗行为吧。

张明楷：不清楚案件的细节。假如5.2折出售商品时，原本应当将赠品给顾客却不给的，是不是也有诈骗行为？

学生：那就有诈骗行为，相当于骗免给予赠品的义务。如果顾客知道真相就可以要求给予赠品或者就不购买了。

学生：那不一定，没准顾客觉得赠品都是没有什么用处的，就是希望 5.2 折购买商品，根本不在乎是否给予赠品。

张明楷：按理说，赠品是不能销售的，许多赠品的外包装上就写着"赠品"，并有"不得销售"的字样。如果品牌公司明文规定赠品必须赠予商品的购买者，还是可以认为被告人欺骗了顾客的。所以，还是需要反过来讨论，如果顾客知道了真相，会不会不购买商品了？如果知道真相也会购买商品，就表明被告人的行为不是诈骗罪中的欺骗行为。

学生：按理说赠品不那么值钱，顾客能以 5.2 折购买到商品就会很满意。也就是说，即使顾客知道了商品原本只能按 8 折销售，现在不给予赠品仅按 5.2 折销售，顾客也会购买，所以，被告人的行为不是诈骗罪中的欺骗行为。

张明楷：我也赞成你说的。也就是，顾客知道真相后也会购买商品。所以，以上的分析表明，顾客是否产生认识错误，知道真相后是否处分财产，其实也能反过来说明诈骗罪的欺骗行为是否成立。也就是说，我们通常说诈骗罪的构造是行为人实施欺骗行为，受骗人产生认识错误，并基于认识错误处分财产，行为人或者第三者取得财产，被害人遭受财产损失，其实后面的要素都是对前面的要素的进一步解释和判断。

学生：所以，这个案件的被告人的行为不构成任何犯罪。

张明楷：我再讲一个案件。被害人王先生在学习了不少反诈骗知识后，觉得自己对骗子的套路已了如指掌，于是就主动搜索添加了一个刷单兼职群。起初他成功提现 105 元，然后在赚了 46000 元后，对方便拒绝返现，不给他提现全了。王先生报警时称，我一开始就知道这是个骗局，但是我认为对方的套路一般是前几笔会正常返现，所以就想以这个方式挣点钱，打算在被骗前抽身，没有想到就上了当。能以王先生没有被骗为由，否认对方就 46000 元构成诈骗罪吗？

学生：被害人王先生不是基于被骗而处分财产，他处分财产时没有认识错误。

学生：他还是被骗了，他以为转入 46000 元还会还本付息的，但事实上没有还本付息。

学生：应该是欺骗行为和认识错误之间的关联出了问题，因为欺骗行为是行为人欺骗被害人说"你给我钱我就会返现"，但被害人之所以陷入认识错误，不是因为行为人实施了欺骗行为，而是想利用行为人的诈骗行为套取行为人的返现，所以这两者之间的关联性出了问题。

学生：但两者都是被害人误认为行为人会返现，在这一点上是一致的。

学生：认识错误是相同的，只是动机不一样。虽然从被害人视角来看，他可能有赌的性质，他认识到这笔钱可能有回不来的风险，但对前一两笔有相当程度的自信，但他没有认识到钱回不来的风险很大。

张明楷：他可能觉得前三笔都是还本付息的，就只做前三笔，第四笔就不做了，结果第二笔行为人就不给他了。他可能还没研究透，行为人一般是小钱返现，大钱不返现，王先生后面给了好几万，行为人肯定就不返现了。行为人还是有欺骗行为的，被害人也还是有认识错误的，还是要认定行为人对 46000 元构成诈骗既遂吧。

学生：应该要定诈骗既遂，在因果关系上不存在什么问题。

张明楷：我再说一个类似的案件。被害人知道被告人是在从事集资诈骗，他计算了一下被告人大概什么时候崩盘，然后就在此之前往里投钱。前两笔投入都收回来了，在继续投第三笔（50万元）时，集资诈骗的被告人在崩盘之前就投案自首了。这个案件与前一个案件有什么区别吗？

学生：这个案件与前一个案件不同吧。我觉得这个案件的被告人不对 50 万元承担责任，因为被害人没有认识错误，至于被告人投案自首则与被害人的认识错误没有关系。

张明楷：被告人的确实施了欺骗行为，但被害人没有产生认识错误，即使被害人在投第三笔时，被告人不是投案自首而是崩盘，也是因为被害人的计算错误，而不是被告人对行为人实施了集资诈骗之外的欺骗行为，所以，不能将被害人的 50 万元的财产损失归责于被告人的欺骗行为。

学生：就是说，被告人对这 50 万元只构成集资诈骗的未遂。

张明楷：是的。就这 50 万元不能认定为集资诈骗既遂，因为缺乏被害人的认识错误这一要素，或者说不具备法定的因果关系进程。被害人是按集资诈骗的模式计算崩盘时间的，但他没有想到被告人会投案自首。这一点不是诈骗罪的认识错误的内容。

学生：那么，被告人得到了 50 万元，这一点该怎么解释呢？

学生：是被告人的不当得利，应当返还，但不是诈骗罪的违法所得。

学生：今天的这两个案件的区别究竟在什么地方呢？为什么前一个是诈骗既遂，后一个是集资诈骗未遂呢？

张明楷：我觉得可以这样说：前一个案件中，被害人产生了处分财产的认识错误，而这个认识错误仍然是行为人的行为造成的；但在后一个案件中，被害人没有产生认识错误，即使说有认识错误，也不是诈骗罪中的处分财产的认识错误，只是被害人自己对其他事项的估计错误。

案例 83　诈骗罪（三角诈骗与间接正犯的区分）

A 公司与 B 公司（快递公司）签订了快递收派服务合同，A 公司获得了 B 公司授权使用的快递费月结账号。A 公司在 B 公司的 APP 上使用账号下单，快递费用月底一并结算，并且享受 8 折优惠。一个偶然的机会，被告人潘某获得了 A 公司的月结账号，经过验证之后发现可以使用，于是潘某就在网站上发布低价代发快递的广告。截至案发，通过使用这个账号在 B 公司 APP 上为他人低价寄送快递非法获利 11 万元。潘某的非法所得分为两部分：第一部分是 A 公司支付的 8 成的快递费用，第二部分是 B 公司损失的剩余 2 成的快递费用。

张明楷：潘某的行为构成什么罪？

学生：我认为潘某对 A 公司构成三角诈骗。只考虑 8 成的非法所得的话，被害人是 A 公司。诈骗的内容是 A 公司对 B 公司的债务，潘某每寄出一份快递，A 公司对 B 公司的债务就会增加，在有月结协议的情况下，B 公司处分了 A 公司的财产。

张明楷：构成诈骗罪的结论应当没有问题。但是，这个案例没有交代太清楚。在潘某诈骗的过程中，B 公司如果有处分 A 公司财产的权限，比如直接扣款，那认定为三角诈骗是没有问题的。如果 B 公司只是月底给 A 公司出具一个报价单，那潘某构成的就可能是诈骗罪的间接正犯了。

学生：诈骗罪的间接正犯与三角诈骗不矛盾吧。

张明楷：不矛盾，二者完全可能竞合。但分析案例时还是要说清楚，潘某的行为究竟是三角诈骗，还是诈骗罪的间接正犯，抑或是二者的竞合。

学生：案情介绍说，快递费用月底一并结算，并且享受 8 折优惠。这表明不是 B 公司直接处分 A 公司的财产，而是月底由 A 公司向 B 公司支付费用。这表明潘某是诈骗罪的间接正犯。

张明楷：如果是这样的话，B 公司就没有直接处分 A 公司的财产，潘某的行为就是诈骗罪的间接正犯。另外，我以前也提到过，两者之间的诈骗和三角诈骗之间也可能产生竞合。例如，行为人通过伪造欠条向法院提起诉讼的方式欺骗了被害人，让被害人误以为自己欠行为人 20 万元，法官和被害人都被骗了，法官判决被害人归还 20 万元。通常的三角诈骗是被害人没有被骗的，而这个案件中有处分权的法官和真正的被害人都被骗了。这个案件跟刚才讲的案件有一定的相似之处，但并不相同。

学生：在诈骗罪的间接正犯的场合，受骗人肯定是受骗了，被利用者也被骗了，但被利用者是基于被骗而实施欺骗行为，不是实施处分行为。所以，在我们讨论的 A、B 两公司的案件中，并不存在诈骗罪中的两种受骗者。

张明楷：这个案件还有一个问题需要讨论，就是潘某什么时候犯罪既遂？是每寄一个快递就既遂，还是 B 公司找 A 公司月结时才既遂呢？总不能说潘某得到钱的时候还没既遂，从这个角度来讲的话，又有一个新的问题。在潘某每一次寄快递而还没有月结的时候，谁产生了认识错误？我认为还是快递公司每收到一个订单的时候，处理订单的人产生了认识错误，以为是 A 公司寄的快递。虽然还没有到月结的时候，但是 B 公司已经为 A 公司设定了一个债务。这样的话潘某每寄一次就既遂一次，而不是等月结的时候才既遂。从这个角度讲，定三角诈骗是不是好一点？还是说，潘某的行为是诈骗罪的间接正犯与三角诈骗的竞合？

学生：B 公司给 A 公司设定债务是不是就是日本学界说的使 A 公司卷入财产纠纷，因而就是一种财产损失？

张明楷：那不一样，卷入财产纠纷范围更广一点。日本判例倾向于认为，只要行为人给他人设定了债务，他人就有财产损失，设定债务就是构成诈骗既遂。但不少学者认为，对设定债务定诈骗既遂要慎重。比如，行为人欺骗被害人给自己写一张欠条，日本的判例认为这就已经构成诈骗既遂，但不少学者认为只能认定为诈骗未遂，只有当被害人清偿了债务时，行为人的行为才构成诈骗既遂。但在我们讨论的案件中，如果说潘某给 A 公司设定债务的时候还没有诈骗既遂就明显不合适了，难道还等到月结才既遂吗？即使月结时 A 公司不付款，也不能否认潘某既遂。因为潘某事实上已经不法获取了财产，这个财产就是 A 公司将来要支付给 B 公司的财产。A 公司的债务就是潘某通过 B 公司来设定的。在这个意义上，潘某的行为也是三角诈骗，但同时也是诈骗罪的间接正犯。因为有处分权的人受骗后直接给被害人设定债务，被告人通过这个债务设定已经取得了财产，不可能说这个时候行为人的行为还没有既遂。

学生：民法上怎么看待单方设定债务的性质呢？单方设定债务会不会只是一种民事纠纷，而非刑法上的诈骗罪？

张明楷：民事纠纷与刑法上的诈骗罪不是对立关系。有学者讲，德日的刑法教义学不讨论诈骗罪和民事欺诈的区分，但我感觉不是这样的。我们可以说德日把我国的大量的民事欺诈都定为诈骗罪，但不能否认德国、法国、日本等国也有民事欺诈。比如在日本，在判例的影响下，只要行为人使受骗者对作出交付财物行为的判断资料的重要事项产生了认识错误，就是诈骗。如果不是重要事项的欺骗，就是民事欺诈，不构成诈骗罪。只不过，日本判例认定的重要事项的范围比较宽一些。我一直认为，在刑法领域中不需要探讨民事欺诈与诈骗罪的区别，二者不是对立关系，不要讨论区别。

学生：老师，如果潘某利用这个账号免费帮他人寄快递，自己不收钱，该怎么评价呢？

张明楷：如果是免费让其他人寄快递的话，属于让第三者获利的情况，但仍然使 A 公司遭受了财产损失。问题在于非法占有目的，是否包括使第三者非法占有，以及第三者的范围如何确定。德国的判例与刑法理论，不仅承认使第三者非法占有，而且没有限定第三者的范围，因此潘某的行为还是成立诈骗罪。日本的通说是要限定第三者的范围，即当行为人使第三者非法占有的目的类似于自己占有时，才能认定行为人有非法占有目的。我感觉这是以一般预防的必要性大小为根据作出的限定。例如，如果行为人是为亲朋好友实施这个行为，一般预防的必要性大，就认定有非法占有目的，可以认定为诈骗罪。如果是为陌生人这样做，就不能认定为有非法占有目的，就不能认定为诈骗罪。

学生：如果潘某是为陌生人寄快递，自己并没有非法占有目的，在日本会认定为什么犯罪呢？

张明楷：日本应当会认定为妨害业务罪，我国刑法没有这个犯罪。

学生：我国的司法实践不会赞成德国的做法，可能与日本的做法相同。

张明楷：我们国家没有妨害业务罪，如果潘某为陌生人寄快递，自己不收钱，只能考虑是否构成故意毁坏财物罪了。

学生：能不能认定为破坏生产经营罪呢？

张明楷：不能吧。潘某的行为是给 A 公司造成财产损失，而不是破坏了 B 公司的快递经营活动，也没有破坏 A 公司的生产经营活动。

学生：既然财物包括财产性利益，毁坏财产性利益当然构成故意毁坏财物罪。这应当没有问题。

张明楷：我顺便再讲一个案件。A 公司定期需要成品油，与 B 公司签订了油品的供销合同。每吨成品油的价格是 9000 元，每次供应 10 吨油，由 B 公司安排司机驾驶油罐车，A 公司安排同车的监督员，将成品油运送到 A 公司指定的封闭式建筑工地。A 公司在收到成品油并确认卸车完毕后支付货款。被告人是 B 公司的驾驶员李某，他发现 A 公司的工地内有一个斜坡，每次卸油的时候，李某故意将油罐车开到斜坡的地方去停放使油罐车倾斜，导致成品油不能够完全卸出来，每车能获利近 1000 元。他用这样的方法非法占有了价值 8 万余元的成品油。这个案件中的李某构成盗窃罪没有什么问题，我觉得你们要尽量从多个角度去分析一个案件，想一想这里能不能成立诈骗？成立诈骗的话，诈骗的对象是什么？处分意识什么时候产生？

学生：在李某"卸完油"之后，A 公司认为已经全部卸完了，没有要求李某继续卸油，可以说免除了债务，于是有了处分意思与处分行为。李某因 A 公司的放弃而获得了利益，这样解释的话诈骗也是可以成立的。

张明楷：我也不是说李某的行为肯定构成诈骗罪，你的分析确实有一定道理，但还需要说明李某的欺骗行为是什么？

学生：油还没有卸完时就说卸完了，这就是欺骗行为，使得 A 公司不要求李某继续卸油。

张明楷：本案在这一点上的细节不清楚。如果每次是李某提出油卸完了，当然是欺骗行为，但如果是 A 公司的人自己提出来说油卸完了，则难以认定李某实施了欺骗行为。

　　学生：既然我们说盗窃与诈骗是对立关系，又肯定了李某的行为构成盗窃罪，怎么还能认定为诈骗罪呢？

　　张明楷：就同一犯罪对象而言，一个行为不可能同时构成盗窃罪与诈骗罪。当然这一点也有争议。但说李某的行为同时构成盗窃罪与诈骗罪，显然是就不同对象而言的。就成品油本身而言，李某的行为构成盗窃罪。如果说李某的行为构成诈骗罪，则相当于骗免债务，是对财产性利益的诈骗。

案例84　诈骗罪（诉讼诈骗）

　　被告人向被害人发放高利贷，年利率200%。如果被害人没有归还，被告人就会向法院提起民事诉讼。但以年利率200%向法院起诉，法院是不会支持的。于是，被告人就与被害人协商，先扣除部分"砍头息"，然后在约定的期限内还款。如果在约定的期限内没有还款，被告人就走假流水，当假流水的数额达到年利率200%时，假流水上显示的本金年利率就只有12%，也就是说，被告人通过假流水提高了出借本金的数额。本金提高之后加上12%的利息，就相当于索要了他们原来约定的高利息。通过假流水提高本金数额后，被告人以虚高后的本金与12%的年利率向法院提起民事诉讼。法官不知道真相，认为利息没有超过相关规定，于是就支持被告人诉求，判决被害人按12%的年利率归还本息。

　　张明楷：这类案件有的被害人可能缺席民事审判，也有的被害人可能在庭上说没借那么多钱，可是法官不予采信。对于这样的案件，有的司法机关认为这就是套路贷，直接认定为诈骗罪，有的司法机关认为这种行为不构成犯罪，因为被告人与被害人先前达成了高利贷的协议，后面提起民事诉讼只是为了实现当初的协议。你们怎么看？

　　学生：按老师的观点，不能因为某个行为是套路贷就直接认定为诈骗罪，而且，这个被告人的行为是不是套路贷也有疑问。

　　张明楷：没有必要讨论被告人的行为是不是套路贷，因为套路贷不是刑法概念，刑法没有规定套路贷是犯罪，也没有规定套路贷不是犯罪，既然如此，为什么要先讨论某个行为是不是套路贷呢？说套路贷就是诈骗，然后研究何谓套路贷，认定行为人的行为属于套路贷后就直接认定为诈骗罪，就相当于说打人就是伤害，然后研究何谓打人，认定行为人的行为属于打人后就直接认定为故意伤害罪。这种做法是完全错误的。

　　学生：在这个案件中，被害人是没有受骗的。

　　张明楷：被害人没有受骗，即使是走假流水，被害人也是知道的，被告人也会告诉被害人走假流水的原因。

　　学生：受骗的是法官，这算不算三角诈骗呢？另外，即使被害人缺席审判，法官也有查明事实的义务。

　　张明楷：法官肯定受骗了。所以，首先还是要肯定被告人的行为是三角诈骗行为。剩下的就是被害人最终有没有财产损失。财产损失如何判断呢？

学生：被害人最后超出法定利息而支付的部分，就是他的财产损失数额。

张明楷：是的。但主张被告人的行为无罪的观点认为，被害人已经承诺了给予200%的利息，而且这个承诺是有效的，既然如此，即使法官受骗，也要以被害人承诺有效为由，否认被告人的行为构成诈骗罪。你们怎么反驳这种观点呢？

学生：如果被害人缺席审判，也不请代理人，是不是意味着他愿意支付高息，所以被告人的行为不构成诈骗罪呢？

张明楷：这是有可能的。我记得日本的西田典之教授在讨论诉讼诈骗时就说过，如果被害人不出庭应诉，则属于被害人承诺，即使法官受骗，被害人对财产损失也是认可的，故被告人的行为不成立诈骗罪。当然，就我们讨论的这类案件来说，情况可能比较复杂。需要查明被害人为什么不出庭应诉，如果是因为受骗而不出庭应诉，被害人的承诺也许是无效的。我们可以不讨论这种情形，而是讨论被害人出庭应诉，但法官因为认识错误仍然判决被害人按被告人的请求还本付息的情形。在这种情形下，还能用被害人承诺的有效性否认被告人的行为构成诈骗罪吗？

学生：被害人借款时的承诺是不是也无效，因为被告人的行为显失公平或者违反公序良俗。

张明楷：这可能是行为无价值论的观点，我觉得要考虑的是判断时点。不可否认的是，被害人在借款时承诺还本付高息，但后来不能归还时，被害人不可能还愿意还本付高息，也会在法庭上声称本金没有那么多，但法官不采信。也就是说，对被害人承诺有效性的判断时点，不是当初借款时，而是被告人提起民事诉讼后。应当认为，在后一时间，被害人是没有承诺还高息的。而且，还高息是不会得到法院支持的。

学生：如果法官知道是高息，就只会支持合法的利息，所以，被告人就高息部分欺骗了法官，因而是三角诈骗。但被害人知道真相，他并没有受骗。

张明楷：是的。在三角诈骗罪中，被害人是否受骗不是重要问题，只是是否存在三角诈骗与二者间诈骗的竞合问题。在通常情况下，三角诈骗的被害人无非就是两种：一种就是被害人也受骗了。比如，甲乙两人合办公司，约定每人出资100万元。乙当时没有钱就没有完成出资，于是请甲垫付100万元的出资款。甲完成出资后，又抽逃出资。乙一直认为甲帮自己垫付了出资。后来乙没有还款，甲向法院起诉。甲提供证据证明给乙出了100万元，而乙一直没有还款。这个时候乙受骗了，法院法官也受骗了。另一种是被害人没有受骗，因而违反了被害人意志。比如，被告人伪造欠条向法院起诉，被害人明知没有借过被告人的钱，但是有伪造的欠条，且欠条经过鉴定认定为真的，法院判决被害人还款。这就是被害人没有受骗、违反被害人意志的情形。

学生：既然存在两种情形，那么，在被害人没有受骗时，是不是需要根据被害人自己的意志去判断有没有财产损失？如果他是愿意支付超出法律规定的利息，就不能认定被告人的行为构成诈骗罪？

张明楷：我刚才说了，不能按借款时的意志判断，而要按法院开庭审理、作出判断的时点判断被害人的意志。如果被害人不出庭，或者在庭上完全同意被告人说的，愿意归还高息，而且这些都不是被迫的，就不能说他有财产损失，对方的行为就不构成诈骗罪。但一般的借款人都不会这么做，我接触的案件都是被害人在法庭上否认本金有那么高，但由于没有证据，法官一般不采信。

学生：之前的承诺就没有意义了。

张明楷：如果被害人在法庭上否认本金的真实性，就相当于撤回了以前归还高息的承诺。

学生：之前的承诺法律也不认可。还是要以被害人最后愿不愿意还这部分超出规定的利息为真实意志。诈骗罪保护的是处分财产的真实意志，因此要结合被害人对于财产的处分意志进行判断。盗窃罪的认定就不需要判断这一点。

学生：盗窃以违反被害人意志为前提。

学生：根据有关虚假诉讼的司法解释的规定，虚假诉讼是"隐瞒债务已经全部清偿的事实，向人民法院提起民事诉讼，要求他人履行债务"，因此这个案件不能定虚假诉讼罪。

张明楷：按照司法解释的规定，本案被告人的行为不成立虚假诉讼罪。如果法官判决被害人归还本息，被害人不上诉，但也没有归还本息，被告人的行为是诈骗未遂还是诈骗既遂呢？

学生：估计我国的司法实践都会认定为诈骗未遂。

张明楷：日本与德国没有争议地会认定为诈骗既遂，因为判决生效后，被害人背负的债务就是确定的，必须要履行这个债务。如果被害人在法庭上讲述了真相，法官识破被告人的骗局，被告人当然是诈骗未遂。问题是，开庭审理时，被害人不愿意还，但法院判决后被害人愿意还的情况下，有没有可能定诈骗未遂？这在德国、日本不是一个问题，因为只要法院判决生效了，就诈骗既遂了，诈骗既遂后不可能再有一个诈骗未遂。但在我国，如果说法院判决后还没有既遂，要等被害人执行了判决，被告人才是诈骗既遂，就会出现我提出的这个问题。

学生：可能有三个答案：第一是既遂，第二是未遂，第三是不能犯。

张明楷：三角诈骗中既遂的因果关系是这样的：被告人以被害人不还钱为由向法院提起诉讼，被告人想的就是通过欺骗法官让被害人还钱，而法官也相信被告人提供的证据，因此判决被害人必须向被告人履行债务。而不管被害人是否愿意，他都得执行生效判决。所以，我觉得只要判决生效了，被告人就诈骗既遂了。

学生：如果按照老师的观点，就不存在被害人在执行阶段是否愿意执行判决对犯罪形态的影响了。

张明楷：是的，被害人在执行阶段是否愿意，都是被告人既遂后的事情，不影响被告人的行为构成诈骗既遂。当然，这个观点现在不可能被司法机关接受，因为司法机关会认为，只有当被害人执行判决后，才会有财产损失。

学生：从抽象意义上说，法官是财产处分人，法官一旦被骗了，作出了判决，被害人就有发生财产损失的危险，就不用考虑被害人的意志了。

张明楷：诈骗罪的财产损失应当是实害，而不是危险，这涉及如何区分实害与具体危险的问题。在我们看来，德国事实上将一些具体危险评价为实害了，尤其是后续的实害发生是一种自然发生的进程时，德国会将前面的具体危险评价为实害。但我国的司法实践不是如此。

案例85　诈骗罪（偷逃高速公路费用的行为性质）

高速公路逃费的组织者给想要逃费的货车司机换上假的牌照，换上假牌照的货车上高速公路之后，组织者会引导货车司机从特定的非正规出口离开高速公路。截至案发，偷逃高速公路费用数额巨大。

张明楷：你们考虑一下，使用假的牌照上高速逃费的行为，能否认定为诈骗罪？

学生：被害人不存在处分行为，不好认定为诈骗罪。

张明楷：非正规出口的地方没有高速公路的管理人员，这个地方肯定没有人实施处分行为。问题是，在这个案件中，诈骗罪的行为对象是什么？有没有处分行为以及实施处分行为的人是谁？

学生：老师的意思是，高速公路入口的管理人员是处分行为人。

张明楷：如果就诈骗罪来讨论，本案显然只能将高速公路入口的管理人员作为处分行为人，而不可能有其他处分行为人。也就是说，这个案件中的欺骗行为是发生在高速公路的入口，即货车司机驾驶假牌照的货车进入高速公路时，而不是在出口。如果高速公路入口的工作人员发现货车使用的是假牌照，那就不会让其上高速的。货车司机使用了假牌照，使得工作人员误以为其是会缴费的，所以就让这些货车进入了高速公路。这种情况按照德国刑法理论的观点来讲，行为人实际上是将上高速公路这种服务作为诈骗的对象。

学生：也就是说，行为人使用假牌照进入高速公路，让高速公路提供了道路服务，行为人骗取了这种服务，这种服务就是财产性利益，所以，行为人的行为构成诈骗罪。

张明楷：服务与劳务本身属于财产，这是德国刑法理论的通说与判例的观点，但日本只有部分学者赞成这种观点，多数学者认为服务与劳务本身不是财产，只有服务与劳务的对价才是财产。如果认为服务的对价才是财产，就只能将出高速公路的行为认定为欺骗行为，但在本案中，非正规的出口根本没有人，不可能有欺骗行为。

学生：如果按照日本的多数观点，本案行为人的行为就不构成诈骗罪，也不可能构成盗窃罪。

张明楷：也不一定能这么说。现在的问题是，能否认为，行为人欺骗了高速公路入口的工作人员，使入口的工作人员产生认识错误，进而处分了高速公路的服务对价？

学生：从逻辑上说，不能认为入口的工作人员处分了高速公路的服务对价，因为他们只是决定什么车辆可以或者不可以进入，并不决定收费。

张明楷：的确是这样的。但可否认为，入口的工作人员因为受骗，误以为货车司机会在出口缴费，因而允许他们进入高速公路，其实也处分了服务对价呢？

学生：从逻辑上感觉还是不能这么说。

张明楷：如果勉强一点也是可以这么说的。也就是说，入口的工作人员误以为货车司机要在出口缴费，因而允许货车进入高速公路，但事实上货车司机隐瞒从非正规出口驶出高速公路的内心想法，导致入口的工作人员让他们驶入高速公路，进而使得货车司机逃掉了高速公路费用。

学生：如果将驶入高速公路这一有偿服务理解为诈骗对象的话，认定为诈骗罪应该是不存在疑问的。只承认服务的对价是财产性利益，所以就出了问题。

张明楷：是的。我们可以对比讨论另外一个案件。被告人驾驶小型的营运汽车，在两地往返营运通行。被告人驾车由重庆的九龙坡区一个收费站 ETC 车道驶出过程中，发现一旦紧跟着前面通行的车辆，在栏杆没有放下的时候，车辆还是可以躲避栏杆开出去的。这种情况下，ETC 只对前面通行的车辆收费。于是，被告人产生跟车闯栏杆逃费的想法。截至案发，被告人共计 1449 次采用该方式，从 ETC 正常上高速路，在准备驶出时趁前车通过、自动栏杆尚未落下之机，紧跟前车，快速通过 ETC 车道，偷逃路费 31000 元。

学生：这与前面讨论的以假牌照进入高速公路的案件其实没有区别。

张明楷：不能说没有区别。按理说，被告人从打算逃费时起，任何一次进入高速公路都没有缴费的意思。没有缴费的意思而入口工作人员让其通行的情况，类似于隐瞒不支付用餐费用的想法点餐。由于这个被告人进出高速公路都是存在记录的，高速公路的营运者完全可能查获该被告人。否则，也不可能查证被告人偷逃了 1449 次高速路费。实际上，也就是欺骗 ETC 车道的工作人员误以为车辆已扫码缴费，因而让其通行。这种情况认定出口的工作人员因为受欺骗而实施了处分行分，进而认定行为人的行为构成诈骗罪是不存在问题的。这与前面讨论的这个使用假牌照逃费的案件不同，但前面的案件不认定为犯罪还是不太合理的。

学生：使用假的牌照逃费的案件，似乎也可以认定为伪造国家机关证件罪。

张明楷：这是两回事。一方面，如果行为侵犯了财产，不认定为财产罪是存在缺陷的。另一方面，认定为伪造国家机关证件罪也存在一个问题，因为《刑法》第 281 条独立设置了非法生产、买卖警用装备罪，法定最高刑只有 3 年有期徒刑。反过来说，《刑法》第 280 条规定的伪造、变造、买卖国家机关公文、证件罪的行为对象也就不应当包含普通的车牌，因为该罪的法定最高刑为 10 年有期徒刑，否则，与非法生产、买卖警用装备罪的法条罪刑不均衡。这个问题在《刑法修正案（七）》出台之前还是比较好解释的，只要将修正前的第 375 条第 2 款非法生产、买卖军用标志罪与第 281 条非法生产、买卖警用装备罪的主体限定为具有生产与销售资质的情形，如果是一般主体伪造、买卖国家机关公文的，就按照第 280 条伪造、买卖国家机关公文、证件罪进行处理，这样量刑上就可以实现协调。但是，《刑法修正案（七）》就第 375 条增加"伪造、盗窃、买卖、非法提供、非法使用武装部队专用标志罪"一款，法定最高刑为 7 年有期徒刑，刚才讲到的这种解释方案就完全行不通了。所以，使用假车牌照骗逃路费的行为，也难以认定为伪造、买卖国家机关公文、证件罪。

学生：使用假牌照逃费的案件，司法机关是怎么处理的？

张明楷：司法机关将这个行为认定为盗窃罪，这是存在问题的。最大的疑问在于是否存在转移占有的行为，被转移占有的财物究竟是什么？

学生：老师，可否认为高速公路营运者的收费利益转移给行为人了，所以，行为人的行为构成盗窃罪？

张明楷：你解释一下这个收费利益具体指什么？是债权还是现金还是其他什么利益？

学生：不是债权也不是现金，就是能够收取费用的这一利益。

张明楷：能够收取费用而没有收取到时，能够收到费用的这一利益还是归高速公路营运者，而不是已经归行为人了。我一直觉得这样的情形缺乏财产占有的转移，所以不主张认定为盗窃罪。

学生：但可以肯定的是，高速公路营运者损失了利益，而货车司机获得了利益，在这个意义上是不是可以说转移了财产的占有呢？

张明楷：如果相对于诈骗罪而言是可以这样讲的，但相对于盗窃罪而言，不能因为被害人损失了利益、行为人获取了利益就认定行为人实施了转移占有的盗窃行为。货车司机实施的是不履行债务的行为，这个行为不是将高速公路营运者的某个利益转移给自己的行为，所以，不能认定为盗窃罪。

学生：由于被告人使用了假牌照，并且从非正规的出口逃走，使得高速公路的营运者收回债务这个事情变得显著困难，是否可能将其认定为故意毁坏财物罪？

张明楷：以前讨论过类似的案件，也存在你这样一种观点，也就是说，当被告人从非正规的出口逃出时，毁灭的是财产性利益。当然，一般人会觉得，认定为故意毁坏财物罪与行为事实本身似乎相隔得有点远。

学生：这个使用假牌照逃费的案件如果认定为诈骗罪的话，实际上是将诈骗罪的处分行为作了缓和的处理。

张明楷：如果将诈骗的处分行为缓和处理，诈骗罪与盗窃罪之间的关系会变得特别混乱。

学生：如果对处分行为的认定缓和到一定的程度，有没有可能导致盗窃罪与诈骗罪最后没有区别了呢？

张明楷：是的，处分意思可能缓和，但处分行为不能缓和，否则诈骗罪与盗窃罪就没有区别了。

学生：日本的逃票案，之所以可以认为存在处分行为，主要也是进站口与出站口都有工作人员。

学生：老师，我们一直强调盗窃罪必须以转移占有为核心，能否区分不同的财物来理解这个转移占有的概念呢？具体来说，如果是狭义的财物，则要求占有转移，因为占有狭义的财物本身就体现了一种价值。但是，在财产性利益的场合，对于权利人更为重要的并不是是否实际控制与占有，而是能否实现该利益，因而，是否实际占有财产性利益其实并不重要。换句话说，在盗窃财产性利益的场合，能否认为是否存在占有转移并不必要呢？

张明楷：问题在于，同一个侵犯财产的盗窃罪，为何行为对象不同，其判断转移占有就有所不同呢？为什么在盗窃罪中就狭义财物与财产性利益分别设置了不同的构成要件呢？如果刑法分则对盗窃狭义财物与盗窃财产性利益是分两款规定的，你的这个观点或许是成立的，但只有一个条款规定盗窃罪，盗窃罪的构成要件行为就不可能随着对象的变化而变化。如果没有利益占有的转移，如果高速公路营运者依然享有要求货车司机缴费的权利，就难以认为货车司机已经转移了利益的占有。

学生：在故意毁坏财物罪的场合，不存在一方利益增加另外一方利益减损的关系，而是只有被害人一方减损了利益。但在使用假牌照逃费的案件中，明显是一方利益增加另一方利益受损，而且从素材同一性的角度看，认为财产性利益发生了转移似乎更为合理。

张明楷：如果说具体一点，高速公路营运者的利益受损，无非是债权没有实现，但他们仍然享有债权，他们的债权并没有转移到货车司机那里去。

学生：当债权人难以实现债权时，就此的积极利益实际上就是减损了。反过来说，债务人一方的消极利益实际上就减少了，其甚至于可以永久地逃避履行这一债务。

张明楷：这样的理解在诈骗罪中是没有问题的，但盗窃财产性利益需要发生占有的转移。如果说一方利益受损另一方得到了利益就构成盗窃，所有欠钱不归还的行为都可以构成盗窃罪。这肯定不合适。

学生：那可否将重点归结到如何限定难以实现债权这一点上，也就是说，在什么情况下可以认定为权利难以实现，进而肯定盗窃罪的成立呢？

张明楷：这个标准怎么确定呢？而且即使你确定了一个标准，也还是缺乏转移占有这一构成要件行为呀！

学生：如果追溯财产犯罪的历史，实际上一开始也只有盗窃罪，后来工商业发展了，有了交易才有了诈骗罪。有一种说法认为，诈骗实际上毁坏了交易的信用。所以，盗窃与诈骗的差别，更主要的似乎还真的只是行为方式上的区别了。

学生：日本暴力团成员进入高尔夫球场的事件中，行为人隐瞒自己是暴力团成员的事实进入高尔夫球场消费的行为，实际上并未造成直接的损害后果，而是由于当其他顾客知道暴力团成员也进场消费时，便对进场产生疑虑乃至不敢进场消费，就此间接地导致高尔夫球场的收益减少。似乎就诈骗罪的认定，并未严格限定在财产犯罪中去理解，而是愈加体现为一种对社会利益的维护。

张明楷：日本暴力团成员进入高尔夫球场事件关于间接收益减少的说明，其实并不是查证的案件事实，而是法官个人的分析，佐证被告人是否为暴力团成员对于高尔夫球场的管理者而言，是一个重要的事项。这个案件认定为诈骗罪，诈骗的对象其实是高尔夫球场的服务。换句话说，如果高尔夫球场的经营者知道被告人是暴力团的成员，就不会允许其进场消费，也就是将服务本身当作财产性利益。

学生：学界有观点认为，诈骗罪还是应该认定为财产犯罪，而不能从保护被害人意志自由的角度去理解与适用。

学生：但是山口厚老师也曾提到，只要是财产犯罪，总会涉及处分自由的问题。

学生：山口厚老师认为，诈骗罪是盗窃罪的间接正犯。

张明楷：这样理解也是可以的，但如果认为诈骗罪是盗窃罪的间接正犯，那就更加需要存在转移财产的行为。单纯不履行债务，不可以理解为转移了债权。如果转移了债权，比如说，使用技术手段，将他人存折里的存款转移到自己的存折内，认定为盗窃罪是不存在问题的。

学生：还有一个案件这是样的：男女朋友租房同居，分摊租房费用，半年后，女方发现这个出租房实际上是男方自有的房屋，于是报案。

张明楷：这个不好认定为犯罪，男方无非就是隐瞒了自有房屋的事实，向女方收取对应分摊的租金。即便是男女朋友关系，分摊租房费用也是合情合理的。

学生：而且这个房子是否是男方所有，并非重要事项。只要不采取全面无效说，就难以认定为诈骗罪。

张明楷：这个情况还是不应该认定为犯罪的。

案例86　诈骗罪（非法占有目的与财产损失的判断）

乙公司向银行贷款2000万元到期，便申请续贷。银行知道乙公司的经营状况不好，不想予以续贷。于是银行工作人员欺骗乙公司，让乙公司自行找到2000万元的过桥资金先行还贷，银行再发放3000万元的贷款。乙公司找到第三方公司，商量借款2000万元用于做过桥资金办理续贷。第三方公司向放贷的银行咨询情况，银行工作人员向第三方公司谎称情况属实，并称引入的2000万元过桥资金还贷后，银行会向乙公司发放3000万元贷款，届时乙公司会及时归还其2000万元的借款。第三方公司信以为真，于是借出2000万元。乙公司如约将2000万元借款归还银行贷款，但银行并未向乙公司发放3000万元的贷款，导致第三方公司损失

2000 万元。

张明楷：银行工作人员明知乙公司经营不善，且无意给予办理续贷，却欺骗第三方公司向乙公司出借 2000 万元的行为，是否可以认定为诈骗罪？

学生：如果第三方公司知道银行不会向乙公司发放贷款，就不会提供 2000 万元的过桥资金，我认为银行工作人员的行为完全符合诈骗罪的构造。

张明楷：在这个案件中，如果乙公司的人员成立诈骗罪，银行工作人员认定为诈骗罪的共犯是没有问题的。但乙公司并没有欺骗第三方公司出借款项的故意，其本意也是将借款作为过桥资金申请续贷后，再用申请到的贷款归还第三方公司的借款。在这种情况下，银行的工作人员是否成立诈骗罪？相对于乙公司而言，银行确实享有 2000 万元的债权，但这个债权在客观上是难以实现的。银行通过欺骗第三方公司出借款项归还贷款，实现了自己的债权。实质上，第三方公司相对于乙公司的 2000 万元借款的债权也变得不能实现了。将银行的工作人员的行为认定为诈骗罪不存在障碍，如果第三方公司没有向银行了解情况，银行方可能构成诈骗罪的间接正犯。不过本案中，银行在第三方公司咨询时予以确认，实际上就可以成立诈骗罪的直接正犯了。

学生：银行工作人员会不会认为，乙公司欠银行 2000 万元，欺骗第三方公司只是为了实现自己的债权，没有非法占有目的？

张明楷：银行只是对乙公司享有债权，而不是对第三方公司享有债权，第三方公司没有向银行提供资金的义务，不能说银行是为了实现自己的债权就没有非法占有目的。

学生：可能的疑问是，银行的债权是正当的、合法的，为什么说实现债权的行为是出于非法占有目的？

张明楷：债权不是对世权，银行的债权相对于乙公司而言是正当的、合法的，但银行对第三方公司不享有债权。在本案中，银行工作人员事实上是通过损害第三方公司的财产来使自己不受损失，这对第三方公司的 2000 万元来说，就具有排除意思与利用意思，能够肯定其具有非法占有目的。

学生：这与被害人的摩托车被盗后，为了弥补损失而盗窃第三者的摩托车没有区别。

张明楷：是的。类似的案件并不少。比如说，甲公司向丙公司出借 2000 万元，丙公司经营不善难以如期归还。甲公司便欺骗乙公司，谎称丙公司某个项目前景可观，商定就该项目分别投资 2000 万元，乙公司同意甲公司的提议。甲公司随后跟丙公司商定，乙公司 2000 万元的投资款直接转账到甲公司提供的账户，并将自己享有的对丙公司的债权转移给了乙公司，乙公司后来损失了该 2000 万元。

学生：这个案件中的甲公司是使乙公司的 2000 万元资金变成了 2000 万元的债权或者投资，也可以认定为诈骗罪吗？

张明楷：你觉得认定为诈骗罪的障碍是什么？

学生：乙公司没有财产损失，虽然乙公司交付了 2000 万元的资金，但获得了 2000 万元的债权或者投资，整体上看是没有财产损失的。

张明楷：你对财产损失的判断过于形式化。在本案中，丙公司经营不善，连甲公司的借款都不能归还，在这种情形下，乙公司的投资也不可能获得回报，事实上乙公司最后也损失了 2000 万元。

学生：从行为时来看，乙公司是没有财产损失的，只是后来才出现财产损失。

张明楷：如果从最终的角度来说，行为时就有造成损失的具体危险。而且从行为时来说，也存在财产损失，因为现金与债权的价值其实是不一样的。这一点，前田雅英老师在他的教材中讲到过。也就是说，有无财产损失不是从法律的观点来判断，而是从经济的观点来判断。比如，骗取贷款罪要求给金融机构造成财产损失，如果从法律的观点来看，借款人欠银行本息，银行享有债权，就没有财产损失。但从经济的观点来看，借款人不能归还本息，银行的债权不能或者难以实现，就存在财产损失。所以，从经济的观点来看，即使在行为当时，乙公司也有财产损失。

学生：如果说行为时乙公司就有财产损失，那么，假如行为后立即案发，丙公司的诈骗数额也是 2000 万元吗？

张明楷：应当是 2000 万元，因为这 2000 万元确实由甲公司取得了，乙公司确实损失了 2000 万元。

学生：但乙公司取得了甲公司转给它的 2000 万元债权，这个要不要扣除呢？

张明楷：这个债权不可能实现，扣除多少呢？我觉得不应当扣除，当然量刑时或许可以考虑一下这个情节。

案例 87　诈骗罪（与盗窃罪的区别）

甲原本在快递公司工作，很多人找甲寄快递。甲主要负责销售支持，帮助公司合作商家录入维护物流结算系统。按照规定，快递公司最低可以打到七折。后来甲因故被开除，一段时间后甲潜入公司内部，窃取了同事的物流结算密码，掌握了物流配送费用的修改权限。甲就主动联系合作商家说：我可以把你们的物流配送费用降到三折，但要将获利的一半分给我。合作商家知道其中一定有问题，但还是同意了。快递公司每个月结算一次，甲在结算的前几天就在系统里改成 3 折，结算完之后就改回到公司规定的折扣（7 折），甲与好几家商家这样做，商家随后将获利的一半给了甲。

张明楷：对甲可能适用哪几个罪名？

学生：合作商家原本要按 7 折交快递费用，但由于甲修改了折扣，合作商家只需按 3 折交费，其中就有 4 折的差价，合作商家拿出其中的 2 折给甲，自己还是便宜了 2 折。

张明楷：检察院是以盗窃罪起诉甲的。你们怎么看甲的这个行为？

学生：第一个想到的是诈骗罪。

学生：也可能是盗窃，听案情描述，这个平台似乎是一个自动结算的平台。

学生：不可能成立盗窃吧。因为与快递公司合作的商家只是少交了钱，比如，原本需要交 7 万元的，现在只交了 3 万元，另给了甲 2 万元。这里并没有财物的占有转移的过程，不符合盗窃罪的构成要件。

学生：按照一些学者的观点，这种情形类似于高速公路收费站闯杆逃费案，也应当是盗窃罪。但这样的解释就把转移占有的要素理解得比较宽了。

学生：司法实务中的论证逻辑是，被害人是快递公司，行为人是秘密窃取了本该由合作商家交给快递公司的款项，因此是盗窃罪。

张明楷：这没有论证，也不符合逻辑，只是因为快递公司不知情，所以就说秘密窃取，根本没有说明什么行为是"窃取"。在这个案件中，最后总会有一个核对账单的人。如果说成立诈骗罪，应当是甲欺骗了这个核对账单的人。

学生：如果说是完全自动的平台，一点都不核对，可能不符合常理吧。

张明楷：可以将这个案件和窃电案件比较一下。窃电的案件有两种类型：一种类型是行为人事先给电表做手脚，使电表不显示或者少显示用电量，这个行为可以说是盗窃，盗窃的对象是电本身，是将电作为财物盗窃给自己，只不过盗窃的电并没有储藏起来，而是随时消费了；另一种类型是，行为人正常使用了大量的电之后，比如行为人用了 1 万元的电，电表原本显示 1 万元对应的数量，但行为人自己做手脚调整成了自己只用了 1000 元的度数，这种情况是骗免了 9000 元的债务，对这种情况只能认定为诈骗罪。

学生：将本案的甲的行为认定为诈骗罪没有问题，他的行为也是骗免了债务。快递公司原本应当收 7 万元快递费的，甲通过欺骗手段让快递公司只收了 3 万元的快递费。

张明楷：如果定诈骗罪，谁是诈骗的正犯呢？

学生：合作商家是正犯，甲在此案件中起到了很重要的作用，应当认定为共同正犯，而且甲获利的数额最多，量刑也应当最重。

张明楷：这个案件是很典型的诈骗罪，不知道检察院为什么以盗窃罪起诉。甲与合作商家共同实施了欺骗行为，在每个月寄完快递后，原本应当给快递公司付费 7 万元，但通过修改折扣，导致结算时快递公司误以为按 7 折收费也只能收 3 万元，这就使快递公司的相关人员产生了认识错误，从而免除了 4 万元的快递费。甲与合作商家构成诈骗罪的共同正犯。

学生：检察院是不是因为结算平台是机器而不是人，机器不能被骗，所以认定为盗窃罪。

张明楷：结算平台是机器没有问题，但这个机器是为人服务的，最后还是人在核实和处理合作商家的快递费。这就好比行为人到超市后，把价格标签改了，扫码器把价格扫低了，收款员按扫码器显示的价格收款。这肯定是诈骗罪，而不可能说行为人骗了机器，所以是盗窃罪。再比如，行为人给扫码器做手脚，导致扫码器将 1000 元扫成 300 元，行为人就少付了货款。可以说这是骗了机器吗？没有，这也是欺骗了收款员，也只成立诈骗罪。

学生：检察院有没有可能在这个意义上说是盗窃，即一个月结束了快要结算时，系统里原本显示要交 7 万元的快递费，相当于系统里显示快递公司享有 7 万元的债权，但甲把它改为了 3 万元，导致快递公司只享有 3 万元的债权，所以是盗窃。

张明楷：这也不是盗窃，这和使用了 7 万元的电之后将电表改为只用了 3 万元的电不是一样的吗？这也是诈骗罪。我们不给检察院认定为盗窃罪找理由了。

学生：甲的行为是否构成破坏计算机信息系统罪？

学生：这个折扣率只是参数，不是数据吧，数据是说在数据库里面有意义的电磁记录。但快递公司系统里的这个参数是可以随便改动的，不是数据吧，仅仅是参数而已。

张明楷：你们看看《刑法》第 286 条第 2 款："违反国家规定，对计算机信息系统中存储、处理或者传输的数据和应用程序进行删除、修改、增加的操作"，不论是参数还是其他数据，都属于这一款规定的数据吧。

学生：是的，只要是二进制编码运行的都是广义的数据。

张明楷：我写了一些还没有发表的论文保存在我的这个电脑里，是不是数据啊？

学生：应该是数据。

张明楷：手机里面的应用程序应该也是数据了。

学生：应该是数据的。

张明楷：为什么《刑法》第286条第2款将应用程序和数据并列起来呢？

学生：立法的时候应用程序还没有发展到现在这样的状况，所以在概念的理解上会这么区分吧。

学生：这种案件不认定为财产犯罪是不合适的。

张明楷：如果甲的行为同时构成破坏计算机信息系统罪，那么，这个罪和诈骗罪就是想象竞合。只认定为破坏计算机犯罪是不合适的，快递公司的财产损失必然没有得到评价。基于同样的理由，对于通过破坏计算机信息系统窃取他人虚拟财产的，也要同时认定为盗窃罪，不能否认虚拟财产也是财产。

学生：如果合作商家不知情，那就是三角诈骗，被骗人是合作商家，被害人是物流公司。

张明楷：如果合作商家不知情，也不是三角诈骗吧。合作商家不知情，也可以说受骗了，但合作商家并没有处分快递公司的财产，是快递公司少收了快递费，受骗人是快递公司的相关人员，而不是合作商家。

学生：如果合作商家不知情，甲有可能是间接正犯。

张明楷：也不是间接正犯，而是直接正犯。因为修改折扣的行为才是欺骗行为，这个欺骗行为是由甲实施的，合作商家如果不知情，就只是单纯的获利者，但并非被利用的工具。

学生：老师，还有一个问题想请教一下。我们认为《刑法》第 271 条职务侵占罪中"将本单位财物非法占为己有"的本单位财物包含了应收债权，那么，为什么不能说，窃电案中的电力公司和本案中的快递公司的应收债权也是盗窃罪的犯罪对象呢？

张明楷：问题不在于债权能不能成为盗窃罪的对象，而在于债权是否被转移占有。快递公司应当享有的债权，依然由快递公司享有，这一债权没有转移，所以行为人的行为不是盗窃罪的构成要件行为。

学生：从规范上说，快递公司的债权事实上转移给合作商家了。

张明楷：那不能这么说，不管是从事实上说还是从规范上说，都不能说债权转移了。千万不要以为，一个不符合事实的结论就是规范判断。规范判断建立在事实判断的基础上。另一点要注意的是，不能说某个财物应当由谁占有，谁就规范地占有该财物。占有是一个规范的概念，它本身是指事实上的支配，"应当由谁占有"不是事实上的支配。如果说"应当由谁占有"就是一种规范的占有，盗窃罪就永远没有既遂了。

学生：麻烦老师举例解释一下。

张明楷： 如果说应当由谁占有或者谁有权占有是一种规范的占有，那么，甲盗窃了乙的摩托车之后，由于摩托车应当由乙占有或者乙有权占有，所以乙依然规范地占有自己的摩托车。既然乙依然占有自己的摩托车，怎么能认定甲盗窃既遂呢？那就只能认定甲盗窃未遂吗？显然不能这样讲。

学生： 在"二维码案"中有一种观点支持盗窃说就是强调规范性占有的概念，意思是说只要顾客开始扫描二维码的时候，商家就规范占有了里面的对银行的应收债权，然后行为人暗地里更换二维码的行为将属于商家规范占有的应收债权转移到自己的账户中，所以成立对于应收债权的盗窃罪。

张明楷： 这个说法不成立。占有虽然是规范的概念，但它是指事实上的支配。所谓规范的概念，是指要按照一般人的观念判断谁事实上支配某财物，而不是判断谁应当或者谁有权占有。在二维码案中，顾客开始扫码时，的确是商家应当得到应收款，但商家没有对应收款取得事实上的支配，所以商家没有占有应收款，不管这个应收款具体指什么，商家都没有取得事实上的支配。所以，不能说行为人窃取了商家已经占有的应收款。

学生： 按照这样的观点，就是甲窃取了应当由合作商家交给快递公司的快递费。相当于一条河流本来应该流到 A 地，结果行为人强行截流最终流到了 B 地。感觉和窃电案不同的地方在于，窃电案中存在电这个有体物和它对应的还款请求权（债权），但是本案中只有还款请求权（债权），因此，第一种类型的窃电案中可以说是对电的盗窃，但是本案中不能说是对应收债权对应的数据的盗窃，所以本案只能定诈骗罪。

张明楷：用截流这个例子也不确切，本案不是截流，而是让快递公司少收取快递费，其间根本不存在盗窃行为。

学生：按理说，你应该给我的东西没有给我，和本来是我的东西你拿走了，这在实质上是对等的啊。

张明楷：对啊，财产犯罪里面有许多实质上的对等。但刑法将不同的行为规定为不同的犯罪，不能因为实质上的对等，就将诈骗认定为盗窃或者将盗窃认定为诈骗，还是要看行为符合哪个犯罪构成要件吧。

学生：我有一个问题，就是感觉这里是不是不太公平啊。因为在有体物的场合就倾向于认定为盗窃，其实第一类型窃电案中后面也有利用诈术骗免债务的行为，而在不存在有体物或者有体物直观感不那么强烈的场合就要认定为诈骗，例如本案的场合，诈骗和盗窃的定罪起点与量刑不一样，这样是不是会不太公平？

张明楷：诈骗和盗窃的定罪起点与量刑是否相同，是另一个问题，司法解释也完全可以使它们相同。在第一种类型的窃电中，可以肯定对电的盗窃已经既遂。如果说后面有欺骗行为，也是一种共罚的事后行为，不可能另成立诈骗罪。主要不是有体物与债权的区分或者不公平的问题，而是行为究竟符合什么罪的构成要件。在这个快递案中，一定是月底负责核算或结算的人误以为合作商家的快递减少了，所以只收3万元而不是收7万元。这时诈骗罪就既遂了。

学生：就是说这类案件只有月底结算时，自然人处分的时候才能说是既遂，在此之前就是未遂，行为人都有改回来也就是中止使其不发生危害结果的机会。这对快递公司来说是否公平呢？

张明楷：一般是这样的。如果快递公司发现有人改了折扣，就改回去了，依然收到合作商家 7 万元快递费，当然不能认定为诈骗既遂。如果甲在修改折扣后又自动地改回到 7 折，当然是中止。这对快递公司有什么不公平的？

学生：在德国，这可能构成计算机诈骗罪。

张明楷：如果最后没有自然人核实和结算，甲的行为在德国就是计算机诈骗罪。

学生：老师，我想再问一个跟这个快递案类似的案例。比如说，甲想要成为快递员然后偷窃快递物品，果然成真，司法实践倾向于认定为诈骗，主要是说如果快递公司知道甲是这样的想法就不会让他当快递员。

张明楷：在德国，行为人隐瞒内心想法取得一个职位就构成诈骗罪，但在我们国家不会是这样，骗取一个快递员职位本身并不构成诈骗罪。如果行为人已经成为快递员，那么，就需要具体判断他取得快递物品的行为是盗窃还是职务侵占。类似地，比如说一个人学历造假当了国家工作人员，然后受贿，这时候他能主张自己其实不是国家工作人员吗？那肯定不可能的。只有那种极为短暂的情形才有可能认定为诈骗，我只是说"可能"。比如，张三现在跟快递公司的老板说，我想当你们公司的快递员，你现在能不能安排我送这个快递物品？于是老板就安排他送快递，但他据为己有了。这是诈骗，但快递公司不会这么轻易地录用快递人员吧。

案例88　诈骗罪（与侵占罪的区分）

　　甲委托乙给自己买福利彩票，打了300万元到乙的账户。甲把自己要买的彩票号告诉乙，让乙每天按自己的号购买，也约定了购买的数量。因此，甲每次就知道自己的号中奖了没有，甲与乙每天要对一次账，确认中奖金额与剩余金额。但乙在此过程中，估计甲的号不能中奖时就不购买，如果事后发现没有中奖就将相应的钱据为己有。万一没有购买的号中奖了，乙就用自己的钱补上。事实上也有的号中奖了，由于中的是小奖，乙都补上了。案发前，乙没有将其中的100万元用于购买彩票，但是在与甲对账的时候，乙谎称这100万元都购买了彩票。其中，乙自己花了20万元用于填补没有购买彩票但中了奖的情形。

　　张明楷：乙的行为构成什么罪？

　　学生：要不就不定罪了吧。因为即使乙完全按照甲的意思购买，甲也损失了这么多钱。

　　张明楷：你这个无罪的观点不合适。对甲而言，即使不中奖也是为福利事业作贡献，他心甘情愿。乙违反甲的意志不购买彩票，将剩下的现金据为己有，还是要认定为犯罪的。

　　学生：要么是侵占，要么是诈骗。

　　张明楷：一种观点就是主张认定为侵占罪。乙没有将其中的

100万元用于购买彩票，并将这些资金据为己有，属于委托物侵占。后面欺骗甲，谎称100万元均用于购买彩票的行为，属于不可罚的事后行为。

学生：在德国，后面的欺骗行为是确保前面侵占所得赃物的行为，后面的诈骗被前面的侵占吸收，属于法条竞合中的吸收关系。

张明楷：德国的通说是这样的，但我不同意这样的观点。如果前面没有犯罪行为，后面骗免债权的行为都构成诈骗罪，为什么前面有一个较轻的犯罪行为，后面的诈骗罪反而被吸收了？这明显不公平。

学生：如果侵占罪的法定刑与诈骗罪的法定刑一样，或者侵占罪的法定刑重，德国的通说倒是可能接受的。

张明楷：但我们国家刑法中的诈骗罪的法定刑明显重于侵占罪的法定刑，所以接受德国通说的观点会导致罪刑不均衡。

学生：老师主张对乙的行为以诈骗罪论处吗？

张明楷：是的。乙前面的确实施了侵占行为，将委托保管用于购买彩票的资金据为己有。但甲与乙每天都会对账，确认每天购买彩票和中奖后还剩下多少钱。乙没有购买时却谎称购买，让甲误以为自己的钱减少是因为购买了彩票，从而免除了乙的退还义务，所以，乙就免除债务构成诈骗罪。

学生：按老师的观点，诈骗罪与前面的侵占罪属于包括的一罪，只按诈骗罪论处即可。

张明楷：因为只有一个财产损失，所以是包括的一罪。问题是，乙的诈骗数额是 100 万元还是 80 万元？律师主张把 20 万给扣掉，只认定为 80 万元。

学生：这 20 万元是犯罪成本，计算时不会扣掉犯罪成本。

张明楷：律师的理由是说，乙这么做是有风险的。因为如果甲的号中了大奖 500 万元，乙就要赔 500 万元。但我认为，这个风险是乙自愿承担的，不是甲让乙承担的。如果乙完全按照甲的指示购买彩票，就不会有任何风险。最为重要的是，这 20 万元原本也是应当由甲获得的奖励。如果说要扣除，也不是扣除这 20 万元，而是扣除购买中奖 20 万元彩票的那个成本，那个成本可能只有几十元或者几百元。

学生：那个成本是甲原本就需要支付的，所以可以扣除那个成本。

张明楷：我再说一个案件。陈某（女）多次以假名在网络上刊登征婚广告，不久后与李某确定了恋爱关系。其间，陈某向李某索要 2 万元的彩礼，几天后李某用红布包了 2 万元交给了陈某。陈某就趁李某不备，将 2 万元现金取走，将报纸放入红布中。随后对李某说，我们两个人的关系还不成熟，于是把"彩礼"退给李某。李某也同意，就接收了红布包。李某回家之后发现红布包里不是现金，而是报纸。李某随即联系陈某，但已经联系不上了。李某随后报警。陈某的行为是盗窃、侵占还是诈骗？如果是诈骗的话，诈骗的对象是什么？

学生：如果陈某一开始就想骗的话，骗的当然是 2 万元现金。

张明楷：从陈某多次以假名在网络上刊登征婚广告的事实来看，我觉得她根本不是想和别人谈恋爱，就是想收彩礼之类的。

学生：也就是说，陈某收到李某给的2万元时，就已经诈骗既遂了。

张明楷：如果证据能说明陈某一开始就是想诈骗，这样认定是没有问题的。那么，如果前面就是想诈骗的，是不是可以说后面也是诈骗？

学生：如果前面是想诈骗，后面也是用欺骗的方法使李某免除债务。

张明楷：这里就有问题要讨论了。如果说前面是想诈骗2万元现金，后面是想骗免2万元债务，后一行为是否已经既遂？

学生：如果李某当时没有打开红布包，就表明当时已经免除了陈某的债务，因而已经构成诈骗利益。

张明楷：所以，即使李某事后发现红布包中不是现金，也能认定为既遂。我也觉得这样认定没有问题。那么，如果陈某一开始不是为了骗彩礼，收到彩礼后就不想退还，采用了本案的行为方式，就现金而言是盗窃还是侵占，还是无罪呢？

学生：只能是侵占吧，因为陈某已经占有了现金。

张明楷：不构成侵占吧。因为既然陈某一开始没有诈骗的故意，李某送彩礼就表明2万元现金转移给陈某占有和所有，陈某不可能对该2万元现金构成侵占罪，更不可能构成盗窃罪。

学生：也就是说，如果前面是诈骗现金，后面就是骗免债务；如果前面不是诈骗现金，后面也不是骗免债务。总而言之，对陈某的行为应当认定为诈骗罪。

张明楷：是的。

案例89　诈骗罪（与侵占罪的区分）

甲乙丙三人系国家工作人员，他们想截留涉农资金9万元，就商量借用丁某的身份证办银行卡，先将贪污的9万元存到银行卡里，银行卡和密码由甲保管。丁某知道卡里肯定有资金，但不清楚这个资金的来源。后来，丁某拿着自己的身份证到银行去挂失，从银行柜台取走了9万元用于赌博，全部输了。后来甲发现银行卡里一分钱都没有了，乙丙怀疑是甲独吞了，就举报甲贪污。后来查明是丁某将9万元取走了。

张明楷：对这个案件的处理存在四种结论：第一种是不当得利，第二种是盗窃罪，第三种是诈骗罪，第四种是侵占罪。我再讲一个相关案例一并讨论。被告人马某联系到一名网上办理贷款的人员，该人称，马某只要提供身份证和银行卡号，就可以办理1000万元的贷款，马某就可以获得300万元。马某办了一张银行卡，交给了网上办理贷款的人员，但没有办成功，也没有把银行卡还给马某。一年两个月之后，上海的某公司被他人电信诈骗48

万元，就转到了马某的银行卡中。因为马某绑定了手机提醒，发现自己卡中存入了 48 万元，他就去银行挂失旧卡，补办新卡，然后取出 47.9 万元。对这个案件的处理现在有五种意见，比刚才的四种观点多了一个掩饰、隐瞒犯罪所得罪。这和错误汇款基本一致，部分观点认为构成侵占罪，但没有解释侵占的构成要件。

学生：老师在一篇论文中提到过，在日本，电信诈骗犯让被害人将款项汇到某人的银行卡上，持卡人知道是电信诈骗赃款然后去银行柜台取款，东京高等裁判所认定取款人的行为构成诈骗罪。

张明楷：是的。在刚才的马某案中，有的观点认为马某的行为是侵占。问题是马某侵占了什么呢？持这种观点的人认为，马某有权利取出 48 万元，但是取出来之后必须还给他人，如果不还给他人则构成侵占。但是，如果从侵占罪的构成要件进行解释，就需要明确马某侵占了什么。人们会说，马某在法律上占有了资金，但该资金不是由马某所有，马某将自己占有但并非所有的资金据为己有了，所以构成侵占罪。法律上的占有这个概念源于日本的判例。但是我认为，在我国，实际上不需要使用"法律上的占有"这个概念。日本的职务侵占罪的法定刑是 10 年以下拘禁刑，而背任罪的法定刑是 5 年以下拘禁刑。职务侵占罪的对象是财物，不包括财产性利益；而利用职务上的便利非法占有财产性利益的，会构成背任罪。比如，村长把村里的公款以自己的名义存到银行，然后把这个款项取出来据为己有，就构成职务侵占罪，处 10 年以下拘禁刑。因为在这一案件中，取出来的现金是财物。但是，假如村长不取款，直接把存折上的资金汇给他人用于自己购房，这个行为在日本原本不可能成立职务侵占罪，应当认定为背任罪。因为村长没有将财物据为己有，只是将财产性利益据为己有，但财产性利益不是职务侵占罪的对象，只能认定为背任罪。可是，背任罪的法定刑是 5 年以下拘禁刑，这就明显不公平。也就是说，如果村长把钱取出来后自己用了就认定为职务侵占罪，没有取出来直接用了就认定为背任罪，两者的处罚相差 5 年，这就明显不公平、不协调。日本学者在解释刑法时特别强调处理的公平正义性。那怎么办呢？于是就出现了一个法律上的占有的概念。就是说，虽然村长没有在事实上占有银行的现金，但在法律上占有了银行的现金，现金是有体物，是财物，所以村长的行为构成职务侵占罪。这实际上是把占有这个概念进行了扩张。而且，日本的判例也没有在其他场合承认法律上的占有，只是在侵占罪与职务侵占罪中承认法律上的占有，承认法律上的占有就是为了使刚才说的案件得到公平处理。但是，在我国根本不存在这样的问题，因为我国财产罪的对象都包括有体物与财产性利益。日本村长的案件，在我国认定为职务侵占罪不存在任何疑问。

学生：老师，上面的马某案是不是分别对被害人成立侵占罪，对银行成立诈骗罪？

张明楷：你说的被害人指谁？

学生：上海的某公司。

张明楷：如果规范地理解遗忘物，那么，上海某公司的 48 万元就是遗忘物，因为这 48 万元属于不是基于他们的本意脱离了他们占有的财物。如果这样来考虑，那么，马某就一方面侵占了遗忘物，另一方面骗取了银行的现金，二者是想象竞合关系。当然，在实践中一般不会考虑马某对上海某公司的侵占，因为上海某公司的财产已经被电信诈骗犯侵害了。

学生：还可能说，马某侵占了电信诈骗犯的资金。

张明楷：马某案中的一种观点认为，马某构成掩饰、隐瞒犯罪所得罪，就是因为马某转移了电信诈骗犯的犯罪所得。这里存在的问题是，对本犯的犯罪所得构成掩饰、隐瞒犯罪所得罪，是否以与本犯有合意或者不违反本犯的意志为前提。我倾向于以与本犯有合意或者不违反本犯的意志为前提，否则直接认定为财产罪即可。在马某案中，马某不是基于与电信诈骗犯的合意取出资金。在这个意义上说，马某的行为也是对电信诈骗犯的财产罪。但是，不能仅认定这是"黑吃黑"的案件，因为与电信诈骗罪的犯罪所得相比，银行的现金更值得刑法保护。

学生：在丁某案中，也可以说，丁某对甲乙丙贪污的公款实施了侵占行为，同时对银行的现金实施了诈骗行为。在这一点上，丁某与马某的行为性质是完全相同的，都是隐瞒真相取出他人非法所得的存款。

张明楷：是的。

学生：但是，银行其实并不关心马某和丁某是否为存款的实际所有人，既然存款在马某与丁某的银行卡中，银行就会允许他们取款。是不是不需要认定马某与丁某对银行的现金构成诈骗罪？

张明楷：这是德国的观点。我国的相关规定与德国不一样，不管是《反网络电信诈骗法》还是有关金融机构管理的行政法规，都规定了银行不能让电信诈骗犯取款，要将电信诈骗的赃款追回。所以，不能说我国的银行不关心存款的来源。如果马某告诉银行职员自己取的是他人电信诈骗所得的赃物，银行职员就不会让马某取款。这是与德国不同的，所以不能照搬德国的观点。

学生：像马某、丁某这样的案件，在日本是否会认为他们同时触犯了掩饰、隐瞒犯罪所得罪？

张明楷：不会。日本的赃物罪属于财产罪，只有当实施掩饰、隐瞒犯罪所得的行为是基于与本犯的合意，至少不违反本犯的意志时，才会认定为赃物罪。马某、丁某的行为在日本会认定为诈骗罪，这应该没有疑问。如果马某与丁某是在自动取款机中取款，则构成盗窃罪。日本的判例与通说，不承认银行卡持有人对卡中的非法所得或错误汇款享有取款的权利。对错误汇款与电信诈骗的汇款，应该进行完全一体化的判断与处理，在这两种情形中，持卡人都没有取款的权利。如果取款就侵害了银行对现金的占有与所有，视行为情状成立诈骗罪或者盗窃罪。

学生：如果是这样的话，电信诈骗犯自己取款也侵害了银行对现金的占有与所有，也构成两个罪之一，会不会导致处罚过重？

张明楷：不会导致处罚过重。电信诈骗犯也没有取款的权利，他们的取款行为同样侵害了银行管理者对现金的占有与所有，但由于最终只有一个财产损失，所以，属于包括的一罪，即从一重罪论处。

学生：如果区分财物与财产性利益，电信诈骗犯的被害人丧失的是银行存款债权，银行丧失的是现金这一财物。如果电信诈骗犯取出现金，是不是意味着有两个被害人，而不是只有一个财产损失？

张明楷：如果分阶段来看，确实有两个被害人，有两个财产损失。但从最终结局来看，由于银行对现金的损失转移给了电信诈骗的被害人，最终只有电信诈骗的被害人遭受财产损失，所以在日本属于包括的一罪。从这里可以看出，在具体案件中还是要区分究竟是对财产性利益构成犯罪，还是对财物构成犯罪。如果对两者都构成的话，就要考察它们是什么关系，否则就没有办法分析案件。比如，有人认为丁某与马某只构成侵占罪，理由是取款之后不将现金还给被害人。这种观点就没有分析侵占的对象究竟是什么。如果说侵占的是银行的存款债权，那么，取出现金就是另一行为。就财产性利益进行侵占，并不等于对相应的财物也构成侵占。侵占财产性利益后，完全可能再对相应的财物实施盗窃、诈骗等罪。

学生：他人错误汇款的时候，行为人把存款债权转移到自己另一张银行卡上时，对债权的侵占就既遂了。

张明楷：这个没有问题。问题是，在行为人将存款取出来的时候，其行为构成盗窃罪还是诈骗罪？如果行为人没有取款，而是将款项直接转移给第三者时，如用于购买房屋时，应当如何处理？

学生：如果是用于购买房屋，就可以评价为诈骗。

张明楷：为什么能评价为诈骗呢？行为人没有取款，只是把这个款项汇给第三人。如果说是诈骗，欺骗了谁呢？欺骗的内容是什么？

学生：参考行为人在柜台取款的情形，行为人欺骗柜台工作人员说这个债权是自己的，然后取钱的行为构成诈骗罪；现在行为人买房就是骗了对方说这个钱是自己的，然后转到对方账户。

张明楷：但这个转账行为和在银行取钱不一样。按照司法解释的规定，这个钱转到房地产公司之后，房地产公司就属于善意取得，既没有责任查明行为人是不是用违法所得支付房款，也没有财产损失。

学生：但是，被害人还是遭受了财产损失，最终总有一个人要把那笔钱取出来，行为人构成间接正犯。

张明楷：是的。我在一篇论文的注释里提了一句，我也没有很大的把握，我就是想试一试，听一听学者的反应。其实，认定为诈骗罪也是有可能的，就是说，行为人将犯罪所得用于支付房款，会让房地产开发商陷入一种纠纷之中，就算可以善意取得，存款人也有可能要追回来的吧。当然，这一点与如何理解善意取得有关系。民法强调保护交易的安全性，所以会承认善意取得，司法解释也规定对他人善意取得的财物，不能追缴和没收。但我觉得，刑事被害人的法益应当优先受到保护。例如，A 诈骗了 B 的 5000 万元后归还给债权人 C，一般认为 C 是善意取得，于是，B 的损失不可能被挽回。但如果主张刑事被害人的财产应当优先受到保护，就不会普遍承认善意取得。

学生：善意取得制度不仅是保护交易安全，也是保护一种交易的可信赖性，否则会增加很多前置性审查负担。

张明楷：问题是对于犯罪所得的赃物是否承认善意取得，以及在什么范围内承认善意取得。与整个社会的交易量去比，犯罪量毕竟是很少的，否认对赃物的善意取得，不一定会妨碍交易安全与可信赖性。

学生：上面的讨论与行为无价值论、结果无价值论有没有什么关系？

张明楷：结果无价值论侧重于考虑被害人的法益是否受到侵害，行为无价值论则侧重于考虑被告人的行为。如果站在被害人角度来讲，假如电信诈骗犯使被害人将存款汇到某个银行卡后，一直没有取款，被害人挽回损失的可能性就很大。但如果电信诈骗犯或第三者将存款取出来了，被害人挽回损失的可能性就几乎没有了。既然如此，对取款行为当然要定罪。而且，取款行为与先前的诈骗行为的对象并不完全相同，法益主体也不完全相同。就财产罪而言，除了行为导致被害人损失数额大小之外，实际上还要考虑被害人挽回财产损失的难易程度。不是说只要犯罪既遂，被害人就不可能挽回财产损失。当行为人通过后一行为导致被害人挽回财产损失更难的时候，可能要考虑后一行为是否成立新罪。德国、日本的刑法理论与判例也会考虑这一点。比如，行为人代为保管他人的房屋，却把这个房子用作抵押去贷款，在德国、日本首先成立侵占罪。如果行为人接下来把房子卖给他人，那么，后面的行为也成立侵占罪，等于是两个侵占，即侵占后的侵占；虽然也有人主张并罚，但多数人主张不并罚。前面抵押房屋的行为已经属于侵占既遂了，卖给他人是对被害人的不动产的进一步侵害，导致被害人挽回财产损失的难度更大。这两个侵占指向的对象还是有区别的，对被害人财产造成的损害程度是不一样的。对这样的案件，我觉得按照包括的一罪处理比较好。这两个行为都要认定为犯罪，但对后一行为的评价能够包括对前一行为的评价。当然，前后行为究竟是什么关系值得研究。我记得日本最早的判例是说将前一行为认定为侵占罪即可，但同时认为后一行为也构成犯罪，但判例似乎没有说明前后两个行为是什么关系，只是学者们在讨论前后两个侵占的关系。

学生：老师，以刚才的案例为例，德国、日本的侵占罪不存在数额问题，但是我国的侵占罪是存在数额要求的。那么，侵占既遂是以签订抵押合同金额为准，还是以担保债权实现的金额为准？

张明楷：在我国，如果前后两个行为都成立犯罪，并认定为包括的一罪，肯定是要按数额多的定罪量刑吧。数额多的行为不可能被包括到数额少的情形中。

学生：老师，错误汇款的案例中，什么时间可以认定行为人侵占既遂呢？

张明楷：在行为人表示不退还的时候就构成既遂。

学生：如果行为人把钱取出来或者转到别的账号上，侵占故意、不想退还表现得比较明显。但如果一直放在账户上不动的话，该怎么认定呢？

张明楷：如果一直在账户上没有处分，就不太好认定行为性质。我国的司法实践在这方面的认定还是比较谨慎的。德国刑法理论唯独承认侵占罪的认定是从主观到客观的，其他犯罪都是客观到主观。德国认定侵占罪的思路或者步骤是，首先判断行为人有没有故意，也即有没有把他人财物当作自己财物的故意，然后根据案件事实进行判断。尽管这样，我也觉得没有必要认为这是从主观到客观进行判断。我认为，首先判断行为人是否退还了其所占有的财物，如果已经将错误汇款转给被害人了，当然不构成侵占罪；如果没有退还，就要查明没有退还的原因是什么。在这个基础上进一步判断行为人有没有侵占的故意，即要从证据上证明行为人具有不想归还的故意。如果资金一直在账户上，行为人也没有说不退还，一般难以确认行为人具有非法占有的意思。总之，只要有证据证明行为人具有侵占的故意，就可以认定为侵占既遂。

案例90　诈骗罪（与职务侵占罪的关联）

2020 年 2 月 21 日朱某要提前归还银行贷款，贷款是由银行信贷经理马某办理的，朱某打电话问怎么提前归还贷款，马某就说我可以帮你提前还。朱某按照马某要求，将资金分多次打入马某的账户，共计 150 万元。当天马某将 150 万元转入某期货平台账户，其后亏损 75 万元左右，之后又转入另一期货平台，全部亏损。其间，朱某发现账户没有变化，问为啥没有归还，马某就伪造了贷款归还证明，上面盖有银行的印章，欺骗朱某贷款已经归还。

张明楷：银行主张马某的行为构成诈骗罪，于是认为朱某还没有向银行归还贷款；朱某则主张马某的行为构成职务侵占罪，认为自己已经还清了银行贷款。立场不同，观点就不同。

学生：马某的行为构成诈骗罪，这是因为，如果朱某知道马某收到150万元后并非帮自己归还贷款，而是用于炒期货，就不会将150万元转给他，就不会有处分行为。所以，马某的行为构成诈骗罪。

张明楷：为什么有的人认为马某的行为构成职务侵占罪呢？

学生：许多人可能认为，朱某没有什么过错，不能让他再归还一次贷款；银行肯定比朱某有钱，如果让朱某再归还一次，就明显不公平。

学生：这150万元还没有到银行账户上，还不算银行财产吧。既然如此，怎么能定为职务侵占罪呢？

张明楷：朱某会说，虽然没有到银行账户上，但应当归银行所有，就像公司会计外出收欠款时，虽然收到的款项还没有入账，也是公司的资金，出纳据为己有的也是职务侵占。

学生：但这是因为出纳外出收欠款就是一个职务行为，是基于职务行为占有了公司所有的款项。

张明楷：不能说马某基于职务行为占有了应当由银行所有的150万元吗？

学生：马某有这样的职责吗？

张明楷：我也不清楚，但如果马某不是银行信贷经理，朱某肯定不会将150万元汇到他的账户。

学生：这么说的话，马某还是利用了自己职务上的便利。

学生：不是马某利用了自己职务上的便利，是朱某要利用马某职务上的便利，朱某就不应当将150万元汇到马某个人的账户上。

学生：朱某知道收款账户是马某的个人账户吗？

张明楷：案情没有交代，按理说是知道的，因为收款人或单位明显不同。争论的原因还是我前面讲的，如果认定为职务侵占罪的话，朱某就不需要再归还贷款了；但如若认定为诈骗罪，则朱某仍需要归还贷款。从法理上讲，当然可以说，朱某可以找马某要回150万元，问题是马某没有钱还，如果有钱还就没有这个问题了。还有一个事情会影响我们的判断吗？还款证明有银行印章，这个印章是真实的。

学生：我觉得首先要肯定的是，即使150万元没有真正到银行账户，也不妨碍职务侵占罪的成立空间。

张明楷：就是说，马某基于职务占有了朱某还给银行的、且属于银行的应收款项。

学生：这与公司出纳外出收欠款感觉是一样的。

张明楷：但也有明显的区别。公司出纳外出收欠款，是代表公司收的欠款，所以是基于职务占有了公司的款项。问题是马某一开始就是想骗朱某的钱，在这种情形下，还能说马某基于职务占有了本单位财物吗？

学生：能不能运用"二维码案"的判断思路，认为被骗人是朱某，被害人是银行，被骗人基于认识错误处分财物导致银行被害，朱某不再有还款义务。

张明楷：完全有可能。这个案件和德国的那个家具店案其实是一样的。家具店里的员工并非收款员，但他冒充收款员，让购买家具的人将家具款给他，他收到后据为己有。德国法院认定行为人的行为构成诈骗罪，而不是职务侵占罪。这个案件中的朱某相当于购买家具的人，马某相当于家具店的员工，家具店相当于银行。如果这样来考虑的话，即使认定为诈骗罪，也不需要朱某归还贷款。

学生：还真的是。不过，现在不少学者认为"二维码案"是盗窃罪而不是诈骗罪；也有学者认为构成诈骗罪，但认为是二者间的诈骗而不是三角诈骗；还有学者认为有两个诈骗。

张明楷：从法感情的角度来说，我觉得不应当让朱某再次归还贷款，但马某构成什么犯罪，还是需要从构成要件符合性出发，不能为了使朱某不再归还贷款就牵强地认定为职务侵占罪。

学生：老师觉得认定为职务侵占罪牵强在什么地方？

张明楷：马某一开始就是想将 150 万元据为己有，在这种情形下，难以认为马某试图非法占为己有的财产就是银行所有的财产。所以，这与公司出纳外出收欠款不同。比如，有的银行职员利用自己的身份向社会公众实施集资诈骗行为，不能认为他骗取的资金就是银行所有的资金，进而仅认定为职务侵占罪。当然，这样的案件也有争议，投资人都希望认定银行职员的行为构成职务侵占罪。可是，不能因为行为人有银行职员的身份，就直接认定其行为构成职务侵占罪。在本案中，马某虽然是信贷经理，但向银行归还欠款显然不能采取这样的方式，就此而言，马某所谓的帮助朱某提前还贷的行为，根本不是职务行为，更不是基于职务占有了银行应得的款项。

学生：如果说马某的行为是三角诈骗，这样既符合诈骗罪的构成要件，也不需要朱某再归还贷款。这样的处理结果非常理想。

张明楷：我在想另一个问题，对某种行为性质的认定，是不是没有必要使其在刑法和民法的关系上完全对应。即使不承认马某的行为是三角诈骗，或者即使承认朱某是诈骗罪的被害人，也不一定说在民法上朱某就一定要再次归还银行贷款。有没有什么办法解决这个问题？虽然这个案件我们可以用三角诈骗来解决，但不是所有的案件都可以这样解决。

学生：我觉得这个案件难以认定为职务侵占罪，因为很难说马某利用了职务上的便利。

张明楷：我刚才也讲过这一点。行为人虽然具有某种身份，但当他是为了自己非法占有而实施相关行为时，难以认为其所取得的财产就由单位所有。很多年前我们就讨论过一个案件：一位民警看到司机坐在面包车驾驶位上，把车停在路边，因为妨碍交通，民警就上前去让他开走。但民警走到车边时，司机立即就跑掉了，不要面包车了。民警立即意识到这辆面包车是司机偷来的，于是就自己开回家据为己有。一种观点认为民警的行为构成贪污罪，因为他发现这辆车是被盗车辆时，他的职责就决定了他必须将这辆车开回公安机关，使公安机关占有，但他没有这样做，所以是基于职务上的便利将公共财产据为己有。但我反对这种观点与理由，这辆面包车没有被扣押至公安局，民警没有为本单位占有的意思，怎么就是基于职务便利占有本单位财物呢？这和公司出纳外出收欠款的案件不一样。

学生：我们今天讨论的这个案例中，马某虽然客观上有职务上的便利，但他没有使用这个职务上的便利，他只是对朱某说把钱给我、我帮你还。

学生：这个行为和职务没有关系吗？肯定是有关系的。因为被害人就是找他贷款的，被害人基于对他的职务身份的信任才会将款项汇给他。

张明楷：即使与职务有关系，也不能说马某基于职务占有了属于银行所有的财物。另外一点就是，即使能够认定马某利用了职务上的便利，也难以将这150万元评价为银行的财物。也就是说，按传统观点，行为人利用职务之便骗取本单位的财物的，成立职务侵占罪，但利用职务之便骗取他人财物的，还是诈骗罪。

学生：所以，关键点就是马某主观上一直没有为了银行占有财物的想法。

张明楷：客观上这 150 万元也从来没有被银行支配、控制。其实，150 万元汇到了马某指定的那个账户时就已经诈骗罪既遂了，这样的话，又说这 150 万元是银行的财物并不合适。

学生：回过头从民法上可以说被害人是基于马某的身份、过往交易习惯等还款给马某，如此一来就相当于还款给银行，也就没有了再还款的义务。

学生：结论就是刑法上认定为诈骗罪，民法上被害人也没有再次还款的义务。

张明楷：如果我们认定为三角诈骗，被害人就是银行，这样朱某也没有再归还贷款的义务。

案例 91 诈骗罪（与职务侵占罪的关联）

A 房地产公司将开发的商品房交给 B 营销公司代为出售，营销公司的员工 C 负责卖房，C 手中有很多加盖 A 公司印章的购房合同。C 卖房时要求购房者将房款 40 万元转至其个人账户。收到款项后，C 只向 A 公司转了其中一半的购房款 20 万元。C 在购房者转完房款之后，会向购房者提供加盖 A 公司印章的收据（收到款项 40 万元）。C 按照这种模式操作了 7 次商品房买卖之后案发。

张明楷：这个真实案件中的 C 被认定为诈骗罪，法院要求其将非法占有的 140 万元退还给 7 名购房者。但案发后商品房涨价了，这 7 名购房者要求 A 公司交付房屋。在这类案件中，对被告人的行为认定为什么犯罪，会对民事案件判决造成影响。

学生：A 公司与购房者之间签订的是商品房买卖合同，这一合同实际还没有完全履行。A 公司可以刑事判决作为依据，再提起一个民事诉讼，要求购房者交付剩余的房款。

张明楷：可是，购房者已经付了全款，不可能再交付剩余的 20 万元。如果认定 C 的行为成立职务侵占罪，被害人是 B 公司，B 公司将 140 万元汇给 A 房地产公司，A 房地产公司将房屋给 7 名购房者就可以了。可是，B 公司也不愿意出这 140 万元。

学生：C 是作为 B 公司的员工出售房屋，还是作为 A 公司的员工出售房屋？

张明楷：应当是作为 B 公司的员工出售房屋，因为 A 公司不是直接与 C 签订合同，而是与 B 公司签订合同。所以，难以认定 C 直接对 A 公司构成委托物侵占。问题是，你们觉得，法院认定 C 的行为构成诈骗罪合适吗？

学生：如果说 C 的行为成立诈骗罪的话，被害人应当是 A 公司，C 的行为属于不作为的诈骗。

学生：我觉得 C 欺骗的是购房者，受害者则是 A 公司，这是三角诈骗的一种行为类型，跟"二维码案"是一样的。

张明楷：你的意思是，C 隐瞒了只交付一半的房款给 A 公司的事实，因而给 A 公司造成财产损失吗？可是，A 公司因为没有收到全款，并不交付房屋，A 公司也没有财产损失，购房者交付了全款却没有获得房屋，也可以说有损失。

学生：我觉得这个案子主要还是要看谁是受害人，A 公司和 7 名购房者只能有一方是受害人。那么，到底 A 公司是受害人还是购房者是受害人，又取决于怎么理解购房合同的效力。如果我们认为购房合同仍然有效，购房者就仍然有权利向 A 公司要求交付商品房，那么本案的受害人就是 A 公司。如果从事实上理解，A 公司并没有收到全额房款，所以不会向购房者交付商品房，那么购房者就是受害人。我个人还是比较支持后一种判断，也就是认为受害人是购房者。

张明楷：如果本案的商品房最终是需要交给购房者的话，那可能和"二维码案"没有实质区别。也就是，被骗人是购房者，但被害人是 A 公司。被骗人基于认识错误处分自己的财产，却导致被害人财产损失。这就是我在《法学评论》2017 年第 1 期发表的论文《三角诈骗的新类型》中提到的一种诈骗类型。C 手中持有加盖了 A 公司印章的购房合同，购房者交付了全款，肯定与 A 公司签订了购房合同，A 公司就有义务交付房屋。所以，即使 A 公司还没有拿到全款，也不可能找购房者索要，只能找 B 公司或者 C 索要。

学生：这样的话，140 万元还是应当退还给 A 公司，A 公司继续履行合同，向被骗的 7 个购房者交付房屋。考虑到房子涨价的因素，还是对购房者比较有利的。

张明楷：有没有可能同时认定 C 对 B 公司构成职务侵占呢？

学生：也是有可能的。因为按照合同，应当由 B 公司将购房款交付给 A 公司，但 C 将基于业务占有的款项据为己有，构成了对 B 公司的职务侵占罪。

张明楷：如果这样来思考的话，法院也可以判决 C 将 140 万元退给 B 公司，再由 B 公司将 140 万元交付给 A 公司。

学生：这样有点费劲，让 C 直接退还给 A 公司也可以吧。

张明楷：当然从程序上可以省略退给 B 公司的环节，但如果认定 C 对 B 公司构成职务侵占罪，B 公司就是被害人。不过，即使认定 C 对 B 公司构成职务侵占罪，对 A 公司构成诈骗罪，也是包括的一罪，因为最终只有一个被害人。再回过来，能不能认定 C 的行为也使购房者遭受了财产损失，同时成立二者间的诈骗？

学生：好像也可能。如果购房者交付了全款后却不能取得房屋，也能认定购房者是被害人。

张明楷：这样看来，C 的行为既有二者间的诈骗，也有三角诈骗，还有对 B 公司的职务侵占罪，但最终只能按包括的一罪处理。不过，从民事上来说，我还是觉得不能按二者间的诈骗处理，也就是说，不能要求 C 将 140 万元退还给购房者；而应当要求 C 将 140 万元直接退还给 A 公司或者退还给 B 公司后由 B 公司交付给 A 公司，A 公司将房屋交付给购房者。

案例 92　诈骗罪（与背信行为的关联）

甲是某公司聘任的总经理，不持有该公司股份。公司的印章由 A、B 两个人保管，一般存放在保险柜中，其中一人持有保险柜钥匙，另一人知道保险柜的密码。某天，A、B 两人共同将保险柜打开之后，没有锁上柜门就离开了。甲趁机拿出印章，在多张空白纸上加盖了公司的印章。甲向乙借款 2000 万元，并利用加盖印章的空白纸向乙提供还款的担保函。后甲未能归还借款，乙向法院提起诉讼。法院受案审理之后，甲再次利用加盖公司印章的空白纸，向法院出具了一份公司委托甲代表公司应诉的文书，甲根据该文书代表公司应诉，庭审中承认了公司提供担保。法院判决公司承担担保责任，偿付原告乙 2000 万元借款及利息。公司上诉后，二审法院维持原判，公司不得不执行判决。公司随后向公安机关报案。

张明楷：这个公司是民营性质的，不是刑法上的国有公司。甲的行为涉嫌什么犯罪？

学生：甲的行为涉嫌诈骗罪，甲通过欺骗审理案件的法官，使法官处分了公司的财产。

张明楷：如果审理案件的民事法官知道真相的话，也会判公司承担担保责任吗？

学生：这肯定会影响法官的审理，毕竟案件已经涉嫌刑事犯罪。

张明楷：这种情况不构成表见代理吗？

学生：就民营公司提供担保、出具担保函的事项，甲确实构成表见代理。但在民事案件审理过程中，如果是涉及刑事犯罪的，一般会中止审理同时移交刑事司法程序，民事案件的继续审理需要等到刑事案件判下来之后再启动。

张明楷：如果甲在庭审中是否掩盖事实都不影响法官的判决结果的话，怎么可以认定为三角诈骗呢？

学生：我之前了解过类似的案件，实务中法官即便知道了真相，还是一样会判决公司承担责任，理由确实也是表见代理，也不会就此认定甲对法官构成诈骗罪。

张明楷：这个没有问题，本案中的债权人乙也不知情。公司在聘任与管理上存在疏漏，导致债权人乙有理由相信甲具有代表公司的外观权限，就此肯定表见代理是合理的。之前，最高人民法院出台了一个有关使用公司签章之类的行为是否构成表见代理的民事司法解释，你们可以查阅一下。

学生：甲只有伪造私文书的行为，似乎对此也只能认定为伪造公司印章罪，难以认定构成诈骗罪。

张明楷：伪造公司文书的行为不构成犯罪，你们能接受甲的行为属于伪造了公司印章的结论吗？

学生：这应当是伪造公司文书而不是伪造公司印章吧。

张明楷：这个问题一会再讨论。还是回到表见代理，《民法典》是怎么规定表见代理的？

学生：《民法典》第 172 条是这么规定的："行为人没有代理权、超越代理权或者代理权终止后，仍然实施代理行为，相对人有理由相信行为人有代理权的，代理行为有效。"

张明楷：甲是总经理，提交的文书加盖的也是公司真实的印章，构成表见代理应该是没有问题的。这个代理行为有效，是针对谁而言的呢？

学生：代理行为有效是对甲的债权人乙而言的。也就是说，甲的债权人有权要求公司承担担保责任。这个应该是代理行为的外部效力，甲与公司之间法律关系的效力问题则另外认定。

张明楷：如果这个案件的法官知道真相，也会判决公司承担担保责任的话，那甲的行为就不符合三角诈骗罪的构造。

学生：如果是这样的话，从甲以公司名义出具担保函开始就犯罪既遂。因为从出具担保函开始表见代理就成立了，公司可能遭受的损失也已经固定了。

张明楷：你说的构成犯罪是指构成什么罪？

学生：对乙的诈骗罪。

张明楷：不能认定甲对乙的借款构成诈骗罪，因为甲并非没有归还的意图，或者说甲对乙没有诈骗故意与非法占有目的。

学生：那就不能认定甲的行为构成犯罪了。

张明楷：甲的行为在德国与日本会构成背任罪或者背信罪。但我国刑法现在没有背任罪。《刑法修正案（十二）》虽然规定了民营企业的相关人员成立特殊的背信犯罪，但甲的行为也不构成相关的背信犯罪。所以，不规定普通的背任罪一定会导致处罚漏洞。

学生：但对甲的行为不以犯罪论处，总觉得不合适。

张明楷：如果按照我的观点，伪造印章不一定要求使用的印章是伪造的，在文书内容不是印章权利人的真实意志表示时，使用该印章的也应该认定为伪造印章罪。也就是说，我认为甲的行为构成伪造公司印章罪。但是，如果从行为人的行为给被害人造成财产损失的角度看，以伪造公司印章罪量刑明显太轻。此外，估计司法机关不会同意我这个观点，因为他们会认为印章是真的。其实印章的真假要联系印章使用的场景来判断。在本案中，甲使用印章证明的事实不是公司的真实意志表示，所以，在这个意义上说，甲的行为属于伪造了公司印章。

案例93　诈骗罪（数额计算与追诉时效）

2007年12月至2008年6月期间，犯罪嫌疑人徐某分四次骗取了孙某的10万元人民币。孙某要徐某帮忙做一件事情，徐某根本帮不了忙，却撒谎说能帮忙，向孙某要了10万元，而且多次向孙某许诺说马上可以办好，但一直没办好。后来孙某不再相信徐某了，多次要求徐某把10万元退回来。2013年2月24日，徐某就退给孙某1万元，2014年5月18日又退回3万元，一共退了4万元。剩下的6万元，徐某拒不退还。孙某于2016年12月9日向公安机关报案。

张明楷：这个案件主要涉及诈骗数额怎么计算以及追诉时效的问题。第一种观点认为，诈骗的数额是6万元，按照当地的标准没有达到数额巨大，经过了5年，超过了追诉时效。第二种观点认为，诈骗数额是10万元，属于数额巨大，法定刑为3年以上10年以下有期徒刑，追诉期限为15年，没有超过追诉时效。第三种观点认为，定性的数额是10万元，按10万元计算追诉时效，但是量刑的数额是6万元。

学生：第三种观点有点奇葩呀。

张明楷：你想不到吧。第三种观点明显自相矛盾。如果行为人最后全部退完了，按照第三种观点，全部退完了也按照10万元计算追诉时效，但按照0元量刑。按照0元怎么量刑？我反复跟你们讲过，对任何一个案件的处理所形成的解决方案，不可以是一个个别化的解决方案，而必须是一个一般化的解决方案。如果案情稍微变化一下，你提出的观点就解决不了了，就表明你的观点不是一般化的解决方案。通俗一点，权宜之计一般不适合刑法解释，特事特办也不适合刑法适用。因为权宜之计与特事特办都不是一般化的解决方案。在讨论案件时，我总是让你们设想类似案件，或者将案情稍微改变一下，就是为了让你们提出一般性的解决方案，提出可以解决类案而非个案的解决方案。既然徐某诈骗了孙某的 10 万元现金，而且诈骗既遂，一般化的解决方案就是认定诈骗 10 万元，把退回的 4 万元作为量刑情节就可以了，没有超过追诉时效。

学生：这个案件之所以有争议，主要是有一个司法解释规定，诈骗罪在案发前退还的不计入诈骗数额。

张明楷：是的，最高人民法院研究室有一个《关于申付强诈骗案如何认定诈骗数额问题的电话答复》，这个答复在最新的《刑法一本通》里没有收录。我觉得这个答复的观点，不是适用于所有的诈骗罪，只是适用于诈骗犯罪中的部分情形。

学生：应当是只有不构成诈骗罪的部分，才不计算在诈骗罪的数额内。

张明楷：我首先想到的是，在集资诈骗罪中，行为人把本息退还给前面的投资人的数额，不能计算在集资诈骗罪的数额之内。

学生：为什么呢？前面的投资人也是被害人吧。

张明楷：集资诈骗都是以高额回报为诱饵欺骗被害人的，但行为人对前面的投资人一定要给予高额回报，才能进一步诈骗后面的投资人。所以，行为人都会给前面的投资人高额回报。给这些人高额回报只是一种手段，并不是想骗取他们的资金。所以，行为人对前面的投资人没有非法占有目的。既然行为人对前面的投资人没有非法占有目的，当然就不对他们构成集资诈骗罪。

学生：这么说的话，集资诈骗案中的部分投资人就不是被害人了。

张明楷：是的。你们想一想，为什么关于集资诈骗的司法解释没有一概使用被害人这个概念，而是使用了投资人这个概念，我觉得就是部分出资人不是被害人。所以，在集资诈骗案中，已经归还本息的都要扣除在集资诈骗罪的数额之外，这个很好理解。

学生：这种情况下是否要具体看行为人退还了哪个人？

张明楷：在现实案件中，肯定都是退还给出资人了，只要是退还给出资人的，都不要认定为集资诈骗罪的数额。这是集资诈骗罪的特点决定的。

学生：老师，您刚才说退回给前面的投资人的数额不要计算在集资诈骗罪的数额中，在中途退的也要计算到集资诈骗罪的数额之中吗？

张明楷：刚才我只是以典型情形为例所作的说明。中途退的其实也不要计算在集资诈骗罪的数额之内。一方面，中途退回部分资金一般也是为了进一步诈骗，就退回的部分而言，行为人其实也没有非法占有目的。也就是说，在集资诈骗案件中，行为人原本打算随时退回部分本金，以便可以长时间集资诈骗，所以，凡是退还给投资人的，都可以不计算在集资诈骗罪的数额之内。另一方面，投资人都是期待在出资后收回本金与高额回报，既然投资人达到了目的，他就不是诈骗犯罪的被害人。所以，不必将退回的数额计算在集资诈骗的数额之内。

学生：明白了。

张明楷：你们想一想，除了集资诈骗之外，还有哪些情形也可以将退还的数额排除在诈骗数额之外呢？

学生：凡是对退回部分的数额没有诈骗故意的，都是不应当计算在内的。

张明楷：能不能说具体一点？

学生：想不起来。

张明楷：我觉得间接故意可以构成诈骗罪，但如果退还给被害人了，就要扣除数额。例如，甲对乙说："你借给我 16 万元买六合彩，我给你 4% 的返点。"甲的想法是，如果中奖了就向乙归还借款，如果没有中奖就逃匿。乙借给甲 16 万元后，甲将 16 万元用于购买六合彩，但没有中奖，于是逃匿。甲对乙的财产损失结果显然只是持放任态度，而不是持希望态度。但如果因此而否认甲的行为构成诈骗罪，则明显不当。但是，如果甲中了六合彩，给了 4% 的返点，就会认为甲的行为不构成犯罪。我在《诈骗犯罪论》中引用过一个真实案例。丘某、李某共谋以"钓码庄"的方式骗取钱财，事先约定"赚了就由庄家给钱，输了就走掉"，通过采取隐瞒身份、虚构经济实力的手段，谎称要购买巨额保险避税，利用保险业务员急于促成业务的心理，让其帮忙引见六合彩庄家王某。后丘某与王某约定，丘某无需投入本金，只需通过电话向王某报码单投注六合彩，待开奖后两人再结算输赢。后丘某五次通过电话向王某报六合彩码单，前四期均中奖，王某在扣除投注金额和抽成的"手续费"后向丘某兑付奖金

223800 元；第五期未中奖，丘某需向王某支付 11 万元的码单费用，次日丘某等人便将当时的手机联系方式停掉，不再与王某联系。在这个案件中，前四次其实也是隐瞒内心想法的诈骗行为，由被害人出钱帮行为人购买了六合彩，但由于中奖了，相当于行为人退回了购买中奖的资金，所以，不可能将前四次被害人购买六合彩的资金认定为二人诈骗罪的数额，只有最后一次的费用才能认定为诈骗罪的数额。

学生：在这种情形下，能认定丘某等人的前四次行为是诈骗行为吗？

张明楷：当然能，因为他们隐瞒了内心里如果不中奖就逃走而不支付投注金额的想法。如果被害人知道他人是这样的想法，就不会帮他人购买彩票。只不过前四次不可能案发，因为被害人没有损失，不可能报案。

学生：其实，间接故意犯罪一般都是发生了实害结果才能成立犯罪。

张明楷：严格地说，间接故意犯罪也可能成立未遂犯，而不是说间接故意只有既遂犯。主要是在许多场合，没有发生结果时难以证明行为人有间接故意。

学生：总之，如果有证据证明行为人犯了诈骗罪，他所取得的财产数额都是诈骗数额，不能因为事后退还就扣除。

张明楷：对！就像盗窃既遂之后退回的不可能扣除一样。我顺便再讲一个关于诈骗数额的案件。2021 年 1 月，李某因为自己想要经营某项业务，向刘某借款 100 万元，约定 9 月份还清。到了 5 月份的时候，出借人刘某知道李某可能面临多起诉讼纠纷，就想提前收回 100 万元的债权。刘某就欺骗李某说，有一个建筑工程利益很可观，希望李某出资 100 万元和自己一起投资，之前的 100 万元借款，等项目营利之后再从李某的投资收益中扣除。李某信以为真，就向赵某高利贷借了 100 万元给刘某。刘某收到 100 万元之后告诉李某这个项目不存在，实际上只是为了让李某还钱。李某就报案了。这样的案件在德国、日本是会认定为诈骗罪的。在我们国家能不能认定为诈骗罪？

学生：这样的案件在我国肯定不能认定为诈骗罪吧。

张明楷：也不能绝对这么说，说有争议是可以的。事实上，现在司法机关就是作为一个案件来处理的。当然，最终会不会认定为诈骗罪是另一回事，我是想说如果认定为诈骗罪，如何确定诈骗数额？

学生：如果认定诈骗罪的话，对象就是债务延期履行的利益。

张明楷：这个案件除了使被害人提前履行债务以外，好像还有更多的部分，就是高息借款的利息部分要不要算进去？

学生：高息借贷并不在被告人的认知范围内吧？

张明楷：刘某肯定认识到李某是去借钱的，只能说高息的这部分要不要归属于刘某的欺骗行为，能不能客观归责的问题。因此，应该先判断高息造成李某的损失和刘某前面的欺骗行为有没有因果关系，能不能进行结果归属。

学生：虽然有条件关系，但应该不能进行结果归属，因为李某是否借款以及怎么借款是由李某支配的，而不是刘某支配的。

张明楷：如果不能进行结果归属的话，剩下的就是让李某提前还款的损失。我看到德国的判例，在一百多年前对这种行为就认定为诈骗罪了，我们现在还有许多人认为这种行为不构成诈骗罪。

学生：老师，那怎么计算诈骗的数额？

张明楷：这就是在我国才可能遇到的麻烦。我经常说，数额的标准给我国司法实践和刑法理论造成了无穷无尽的麻烦。按100万元计算的话，一般人都接受不了，导致处刑过重。即使按情节考虑，不按数额计算，但诈骗罪的基本犯的这一档没有规定情节的入罪标准。如果能按利息计算或许也可以。

学生：如果按照个别财产损失说也可以按100万元计算。

张明楷：按个别财产损失就是100万元。在德国、日本，即使按诈骗100万元计算，法官的量刑都会很灵活，不至于处10年以上有期徒刑。但如果我们认定为诈骗100万元，量刑就会比较重。还是按利息计算吧，如果达到数额较大的标准，就按诈骗罪处罚。

案例94　职务侵占罪（与破坏计算机信息系统罪的关联）

某网吧的网管刘某弄到一款软件，刘某利用该软件把顾客的充值记录删除，然后将顾客充值的资金据为己有。由于老板是根据充值记录找网管收款，所以难以发现。某天，老板发现一个顾客的身份证落在网吧，随手在机器上一刷，发现该顾客的网吧账户里面有很多钱，但是都没有充值记录，于是经过调查发现了网管刘某的犯罪事实。

张明楷：充值的顾客在充值记录删除后，还可以用自己的身份证或者网卡上网吗？

学生：顾客还可以正常使用。

张明楷：司法机关认定刘某的行为构成什么罪？

学生：认定的是破坏计算机信息系统罪。

张明楷：有点离谱。网吧老板是有财产损失的，既然如此，就不可能不考虑财产犯罪。充值的资金是由刘某占有了吗？

学生：对的。

张明楷：那就是职务侵占罪吧。刘某基于职务或者业务占有了顾客充值的资金，但这个资金应当由网吧老板所有，而不是由刘某所有。刘某将自己基于职务占有的资金据为己有，应当是典型的职务侵占吧。

学生：这个资金是先由刘某占有，然后由老板根据充值记录让刘某转给老板。在转给老板之前，资金由谁所有？

学生：如果说资金谁占有谁所有的话，是不是刘某占有且所有，这样的话就不是职务侵占罪了。

张明楷：具体流程还不是很清楚，但总的来说，还是可以认定刘某利用职务上的便利，非法将网吧所有的资金据为己有。在我国的司法实践中，只要能确定是单位应得的财产，即使还没有现实地被单位支配，也可能成为职务侵占罪的对象。

学生：刘某后面删充值记录的行为实际上是骗免了网吧老板向其索要债务的诈骗罪，就是骗免债务的诈骗。

张明楷：这涉及共罚的事后行为。在行为人已经侵占了单位财产之后，通过欺骗手段使单位免除债务的，是认定为职务侵占罪还是认定为诈骗罪？以前，职务侵占罪的法定刑轻于诈骗罪，所以，会考虑将后面的骗免债务的行为认定为诈骗罪，但由于单位只有一个财产损失，所以，属于包括的一罪。但在《刑法修正案（十一）》提高职务侵占罪的法定刑之后，职务侵占罪的法定刑与诈骗罪的法定刑相同的立法例下，是不是认定为职务侵占罪就可以了，后面的骗免债务属于共罚的事后行为。

学生：但老师还是认为职务侵占应当只限于狭义的侵占，而不包括利用职务上的便利的盗窃与诈骗。

张明楷：是的。不过在本案中，刘某删除充值记录的行为其实是职务侵占罪的构成要件事实，而不是独立的诈骗行为。因为如果不删除充值记录，就无法将顾客的充值资金据为己有。与此同时，删掉充值记录的行为也是对刘某将资金占为己有的证明行为。老板不找他索要充值资金的话，他也是职务侵占罪既遂了。

当然，删掉充值记录，还可以说是掩盖职务侵占事实的行为，这一行为对老板确实也是一个欺骗行为，使老板误以为顾客只充值那么多，因而不找刘某索要充值资金。

学生：职务侵占是将财物占为己有，就是说删掉充值记录这个行为是不是只是一个证明行为，不能据此说已经占为己有了。

学生：这个逻辑应该是，删掉充值记录这个行为导致老板表面上不能找刘某要钱了，这就意味着据为己有了，不删掉的话还不能认定为据为己有。

张明楷：以前讨论普通侵占罪就有这个问题，普通侵占罪的法定刑最高只有 5 年有期徒刑。行为人把从别人那里借来的摩托车卖掉了，然后骗人家说摩托车是被盗了，这要不要定诈骗罪？假如说摩托车价值 8 万元，认定为诈骗罪就适用 3 年以上 10 年以下有期徒刑，所以就有争议说后面这个行为是事后不可罚的行为，还是说确实要定诈骗罪？

学生：德国的通说主张这种情形属于吸收的一罪，即前面的侵占罪吸收了后面的诈骗罪，但是怎么可能后面更重的诈骗罪反而被前面更轻的侵占罪吸收了呢？这说不通啊。

张明楷：基于期待可能性的原理，或者被告人不得自证其罪的原理，可以不要求说出、或者不能期待被告人说明摩托车哪里去了，但被告人谎称摩托车被盗，还是不缺乏期待可能性的。所以我还是主张，如果认定为吸收的一罪的话，应该是后面更重的吸收前面更轻的才对。但是，现在职务侵占罪和诈骗罪的法定刑一样了，仅认定前面的行为构成职务侵占罪就没有处罚不均衡的问题了。

学生：那么，这个职务侵占罪与那个破坏计算机信息系统罪是什么关系呢？

张明楷：如果刘某的行为同时构成破坏计算机信息系统罪，就是想象竞合了。但本案刘某的行为构成破坏计算机信息系统罪吗？刘某只是删掉充值记录，怎么就破坏计算机信息系统了？

学生：那个删差评的指导案例认定为破坏计算机信息系统罪，有一个理由还挺有力的，就是说充值系统也好，评价系统也好，系统运作就是靠这些系统内的数据，也就是评价数据和充值数据，如果把这些数据都删了的话，就使得这个系统不能按照预定的目的去实现它的功能。

张明楷：现在什么事情都是在电脑上操作，按照这个逻辑，凡是在电脑上做假的，都是破坏计算机信息系统罪。这就像松原芳博就"毁损"概念所指出的那样，不能说使一个人不能开车了，就是对车辆的毁损。比如，被害人有一辆高档车，特别喜欢，每天都开。行为人将被害人拘禁起来，使他开不了车。这能说是对车的毁坏吗？显然不是。只有计算机系统本身的功能被破坏了，才能说破坏了计算机信息系统；如果只是外部输入错误的某个信息或者数据，或者只是删除系统内的某个信息或者数据，不能说破坏了计算机信息系统。

学生：刘某的行为使得计算机系统本身不能实现预设的功能，所以破坏了计算机信息系统。

张明楷：问题是，系统不能实现预设的功能是因为系统本身被破坏了，还是像西安做环境监测的那个案例，是因为外界输入的数据源不正确？

学生：西安的那个案件不是通过侵入计算机信息系统造成的啊。

张明楷：是啊，所以，不能认定为破坏计算机信息系统罪。在本案中，刘某就是负责充值的，虽然他利用了一款软件，也不能说他侵入了计算机信息系统吧。即使是侵入了计算机信息系统，但他没有破坏系统本身，只是删除了充值记录，这怎么能说破坏了计算机信息系统呢？下一位顾客充值时，依然可以充值。如果刘某不删除充值记录，计算机信息系统里就保留着记录。事实上，刘某也不会删除所有的充值记录，否则老板一下就发现了。刘某只是选择性地删除充值记录，这表明计算机信息系统的充值功能不受影响，怎么能评价为破坏了计算机信息系统呢？就像我以前说的，你找别人买东西，本来是 3.8 元一斤，卖东西的人在计算器里输入成 4.8 元一斤，即使你说他破坏了计算机信息系统预设的功能，但能说他破坏了计算机信息系统吗？显然不能。

学生：最近还有一个破坏计算机信息系统相关的案例很火，就是破坏钉钉获取用户真实地理位置的功能。具体案情是，有个钉钉打卡软件，可以让公司的员工打卡，它是通过获取手机的地理位置，表明员工到了这个公司。被告人设计了一个 APP，可以对钉钉软件里面处理和传输的地理位置数据进行干扰，然后让它获取不了用户手机真实的地理位置，可以让人在家里就能打卡，就不用去单位。

张明楷：这个确实就是让钉钉的计算机无法实现预设的功能，但也没有破坏计算机信息系统。行为人只是修改了自己的地理位置，不影响其他人的打卡。

学生：这个案件应该说钉钉的计算机信息系统还是会显示出定位来，但因为行为人给它的数据是假的，所以系统还是实现了它的功能，就是把你发的位置信息显示出来。

学生：为什么不说获取员工真实位置信息是系统的功能呢？

学生：钉钉的计算机信息系统也无法确保真实性啊。

张明楷：一般情况下是怎么获取定位信息呢？

学生：是员工手机里面的 GPS。

张明楷：客观上导致谁受害呢？

学生：判决既然认定为破坏计算机信息系统罪，那就是说钉钉软件受到损失了吧，但估计钉钉自己都不觉得自己是被害人。

学生：可以认为是钉钉服务的功能被损害，让大家不再信任钉钉，是一种功能性的毁损，不是物理性的毁损。

张明楷：我觉得这个案件也难以认定为破坏计算机信息系统罪，行为人输入了虚假的地理位置信息，不等于破坏了计算机信息系统。而且，说行为人的行为导致钉钉经营业务的公信度降低，大家就不用这个软件了，也可能不符合实际。

学生：钉钉软件这个案件有点像西安那个环境监测案，工作人员往里面灌新鲜空气，不等于破坏了计算机信息系统。

张明楷：是不是有点区别。西安那个案件完全是在计算机之外进行操作，钉钉软件这个案件是不是往计算机里面输入了一个信息？

学生：其实是一样的，最终都是变成数据输入到计算机信息系统。

张明楷：这么说的话，钉钉软件这个案件更不能定破坏计算机信息系统罪了。"造成计算机信息系统不能正常运行"肯定还是要考虑计算机信息系统的设定功能，不能太形式地认定。计算机犯罪的保护法益其实都是一种阻挡层的法益，其背后都是各种实体的事务，破坏计算机信息系统影响了被害人对背后事务的处理。

学生：如果说刘某的行为不构成破坏计算机信息系统罪，就只需要认定为职务侵占罪了。

张明楷：是的。

案例95：敲诈勒索罪（与强迫交易罪的关联）

乙欲在异地投资建设一个项目，于是在当地成立公司开发此项目。当地的社会人员甲得知后，欲参与开发此项目。于是，甲找关系与乙协商，最后约定甲投资500余万元入股乙成立的公司。甲自筹了200余万元，并从小额贷款公司以三分利借出300万元（高利贷），凑齐500万元资金投入到乙的公司。在甲入股资金到位三个月后，因工程项目开发问题，甲、乙产生争议，乙对甲说允许其退股，返还其 500 余万元的入股资金，甲要求将其投入的 500 万元转为出借给乙公司的借款，按三分利偿还本金及利息。乙不同意，甲遂在乙的办公室摔砸物品，并辱骂、威胁乙。乙因顾虑甲在当地名声不好，遂勉强答应甲的股转债要求，按甲的要求签订了债权债务协议。按此协议，两年后该笔债务利滚利达到 1500 余万元。其间，甲多次带领多名社会闲散人员去乙办公地点讨债，并有辱骂和拘禁等行为。

张明楷：对此案的定性有三种观点，分别是敲诈勒索罪、强迫交易罪、非法拘禁罪。甲后来实施了非法拘禁行为，但案情中没有详细说明。

学生：按老师的观点，本案应该不是催收非法债务罪了。

张明楷：500 万元本身不可能是非法债务，也没有人主张甲的行为构成催收非法债务罪。如果不考虑非法拘禁罪，是成立强迫交易罪还是敲诈勒索罪，抑或是两罪的想象竞合呢？

学生：强迫交易罪和敲诈勒索罪一定是排他的关系吗？

张明楷：不是排他关系，完全可能成立想象竞合。首先需要弄清楚的是，甲要求的三分利本身是不是合理的？因为他当初也是按三分利借来的。

学生：案情交代甲要求乙按 500 万元的三分利偿还本息，而甲原来只有借来的 300 万元是三分利, 200 万元是他的自有资金,甲是想再赚一笔。

张明楷: 你是不是认为, 就 300 万元的三分利而言是强迫交易, 就 200 万元的三分利而言是敲诈勒索?

学生: 感觉好像可以。

张明楷: 三分利在行为当时属于自然债务, 可以主张, 但如果乙不愿意出三分利, 甲就不能强迫乙按三分利偿还本息。甲自己虽然向小贷公司借款是三分利, 但这并不意味着他有权利要求乙给他三分利。

学生: 感觉甲敲诈勒索的主要是利息部分, 也不能说他对 200 万元的利息都是敲诈勒索, 只能说对 200 万元的三分利是敲诈勒索。

学生: 其实, 按说在不能退股的情况下, 能否主张 300 万元的三分利都有疑问。

张明楷: 如果甲先前是投资入股, 在工程项目出问题后, 强行股转债就是不正当的。如果说项目亏损了或者项目不存在了, 投入的资金也没有了, 甲没有权利要求股转债。乙之所以同意股转债, 就是因为甲在当地名声不好。乙同意股转债, 实际上就是被敲诈勒索的结果。所以, 我觉得认定甲的行为构成敲诈勒索罪是没有问题的。

学生: 后面为了索要 1500 余万元所实施的行为才是敲诈勒索行为吧。如果甲最终没有得到 1500 余万元, 则构成敲诈勒索罪的未遂犯。

学生：也不知道甲最终得到 1500 万元没有。

张明楷：案情没有交代，我也不清楚。只有后面的行为才是敲诈勒索行为吗？前面要求股转债并按三分利偿还，乙不同意时，甲在乙的办公室摔砸物品，并辱骂、威胁乙，这也是敲诈勒索行为吧。

学生：前面签订股转债协议的时候就是敲诈勒索行为了，类似于强迫他人签订欠条。

学生：现在有两种思路：一种是将前面的行为认定为强迫交易，将后面的行为认定为敲诈勒索；另一种思路是，直接定一个敲诈勒索。

张明楷：前面的行为虽然是强迫交易，但也不排除敲诈勒索，因为前面的行为取得的是财产性利益，后面如果取得了 1500 万元，则只能认定为一个敲诈勒索罪，属于包括的一罪，乙最终只损失了 1500 万元，而不是 3000 万元。如果这个案件发生在德国、日本，估计只会认定为一个敲诈勒索罪。

学生：前后都定敲诈勒索的问题是，如果承认前面取得了一个真正的财产性利益的话，后面的行为就是行使权利了。如果认为后面索要的钱款是非法的，没有一个真实的利益，前面敲诈勒索就不可能既遂，不能认为他取得了一个财产性利益。如果他取得一个在法律上根本就不承认的债务，怎么能说是财产性利益呢？

学生：可是，财产犯罪都是取得了非法利益，而不可能取得正当利益。

学生：因为在针对财产性利益犯罪的案例中，一般而言债务本身是合法的，所以免除债务会形成财产性利益的损失。但如果认为签订的股转债的协议本身是不合法的，他前面的敲诈勒索行为就没有造成被害人财产损失。

张明楷：认定敲诈勒索的关键在于考虑前面能不能认定为既遂，500万元本身可以扣除，问题只是三分利能不能认定为敲诈勒索既遂。在日本，虚假诉讼取得了一个民事判决，也会认定为既遂。但欺骗或者恐吓他人让他人写一个欠条，多数学者还是主张认定为诈骗罪或者敲诈勒索罪的未遂犯。

学生：那是因为民事判决真的可以执行，但欠条不一定能得到履行。

张明楷：可是这样的民事判决也是错误的。

学生：我感觉前面取得债务有点像取得了一个赌债等法律根本不予保护的债务，取得了那样的债务能叫取得财产性利益，进而构成敲诈勒索的既遂吗？

张明楷：如果后面没有得到1500万元，在日本会出现两种观点，一种观点认定为对财产性利益的敲诈勒索既遂；另一种观点认定为敲诈勒索罪的未遂犯，因为虽然被害人同意支付1500万元，但由于甲的行为是不法行为，事实上也有不支付的可能性，或者说有很大的不确定性。如果后面没有得到1500万元，认定为敲诈勒索罪的未遂犯，是可以接受的。

学生：老师说的既遂与未遂是就1500万元而言，还是就三分利而言？

张明楷：是就三分利而言。根据我国的司法实践，我还是主张扣除500万元。

学生：如果甲最后没有得到1500万元，整体认定为一个敲诈勒索未遂是可以的。但我国的司法实践几乎不可能定既遂，因为大家都觉得这种欠债可以不还，约定可以不遵守，或者认为对财产损失的危险还太过遥远。

张明楷：是的，这种强迫他人写下欠条的，一般不会认定为既遂，但实践中还是有认定为未遂犯的吧。

学生：如果认定为敲诈勒索罪的未遂犯的话，这个罪与强迫交易罪是什么关系呢？

张明楷：是想象竞合。这两个罪的保护法益不同，不应当是法条竞合。

学生：中间还有一个非法拘禁，也是为了非法取得1500万元而实施的，这与敲诈勒索罪、强迫交易罪也是想象竞合吧。

张明楷：可以评价为一个行为，也是想象竞合。

案例96　敲诈勒索罪（权利行使的判断）

2019年11月29日下午3点多，柴某驾驶一辆重型罐式货车行驶到某个路段的时候，与被告人那某驾驶的雪佛兰轿车轻微相撞，两辆车都有不同程度的受损，交警认定柴某负全部责任。那某的雪佛兰轿车在4S店修理的过程中，保险公司对车辆进行了定损，总计5万元，但是还没有签字确认。那某要求更换车壳和大梁，遭到保险公司和柴某的拒绝。那某又要求柴某赔偿保险公司修复以外的车辆折旧费，双方多次电话沟通未果。2020年2月4日晚，那某驾车经过一个路口的时候发现柴某驾驶车辆经过，然后掉头跟在后面。晚上9点，柴某在一个加水站内停车。那某将自己的车停在柴某的车后面，下车对柴某夫妇进行语言上的威胁，索要车辆的折旧费。在此期间那某打电话叫刘某等十几个人到现场，这些人都将车停在柴某车辆两边，导致柴某无法离开。那某等人一直围着柴某夫妻并言语辱骂威胁，索要车辆折旧费。柴某妻子随后打110报警，民警到达后做双方的工作。凌晨2点左右，柴某无奈支付给那某车辆维修费用以外的折旧费32000元。2020年6月17日，公安机关聘请司法鉴定单位对涉案的雪佛兰车辆交通事故后的贬损价值进行鉴定，但是因为车辆修复后经过时间较长不能提供鉴定意见。

张明楷：那某的行为是否构成敲诈勒索罪？如果构成敲诈勒索罪的话，理由是什么？

学生：那某没有权利提出赔偿折旧费的要求吧？但奇怪的是，民警在场，好像没有办法认为那某有违法性认识。

张明楷：民警不一定懂这种民事纠纷应该怎么处理。林东茂老师讲过一个德国案件。顾客到超市购买商品后把购物小票扔在地上，行为人捡起小票后，以小票为据，说顾客拿了自己购买的商品。顾客说商品是自己买的，行为人说："你有什么凭据？我有小票。"警察来了以后，居然让顾客把商品给行为人，因为行为人有小票。警察这样做显然是错误的。我说这个例子只是想说，警察不一定知道民事纠纷应当如何处理，但老百姓出现纠纷后又只能找警察，而不可能找法官。在本案中，民警做双方的工作，就表明民警不知道柴某是否需要赔偿折旧费。如果认为那某的行为构成敲诈勒索罪，理由就是柴某不应当赔偿折旧费。

学生：是否应当赔偿折旧费，可能难以下结论。在一些国家，因造成事故而赔偿对方车辆的折旧费，也是很正当的。保险公司不予赔付不代表那某的要求就不正当。许多应当赔付的费用保险公司也经常搪塞，不能以保险公司的判断为标准，而应当进行实质的认定。车辆发生过事故后，必然导致车辆的价值减损，那某不可能等到哪天卖车时再回过头来找柴某。车祸发生时，行为人的车辆价值就已经受损。

张明楷：《民法典》对此有什么规定吗？

学生：《民法典》没有明文规定。

张明楷：那你们查一下其他法律、法规有没有相关规定。

学生：AI 是这样回答的："交通事故处理中，主要赔偿的是因事故造成的直接损失，如车辆维修费用、医疗费用、误工费等。而车辆折旧费并未被法律明确列为赔偿项目，且折旧是车辆的自然损耗，并非事故直接引发。在司法实践中，对于车辆折旧费的认定以及赔偿标准也不清晰，没有统一的法律规定。因此，若对交通事故负全责，通常不需要赔偿对方车辆的折旧费。然而，如果车辆受损较为严重，经评估机构评估认定车辆的价值因事故而降低，且这种降低与事故存在直接因果关系，那么全责方可能需要对车辆折旧费进行适当赔偿。但这需要满足一定的条件，如车辆的使用年限较短、事故对车辆价值影响较大等。同时，如果双方能够协商一致，约定由全责方赔偿折旧费，这样的约定在法律层面上也是有效的。总的来说，是否赔偿车辆折旧费要根据具体情况来判断，不能一概而论。如果双方对是否赔偿以及赔偿金额存在争议，可以通过司法鉴定等方式来确定。"

张明楷：这么说的话，就不能认为那某没有要求柴某赔偿折旧费的权利。我以前一直认为，行为人对交通事故负全责的，除了保险公司的理赔之外，行为人至少还要赔偿受害人的误工费之类的，这样做可以减少很多事故。现在一些人开车很马虎，总觉得出了事有保险公司赔，自己不掏一分钱。可是，受害人车辆受损后，其实要花很多人力，耽误很多事情。如果让行为人自己挣钱赔偿受害人的误工费之类的，开车的人可能会更为谨慎一些。

学生：林东茂老师讲的超市案件中的行为人的客观行为肯定符合构成要件，索要物品的行为不是行使权利，当然构成犯罪。

张明楷：我们讨论的这个案件，没有交代警察到场给双方做工作时到底说了什么。不过，如果能够肯定那某享有要求柴某赔偿折旧费的权利，就能肯定那某的行为不构成敲诈勒索罪。在这样的案件中，即使法律没有规定那某享有要求柴某赔偿折旧费的权利，但如果一般人认为柴某应当赔偿折旧费，我觉得也不能认定那某的行为构成敲诈勒索罪。对于这种情形，要么可以说那某依然是在行使权利，要么可以说那某没有敲诈勒索罪的故意，因为他认为自己享有权利。所以，如果采用前面 AI 的回答，就不能认定那某的行为构成敲诈勒索罪。所以，我们可以假定那某没有要求柴某赔偿折旧费的权利，在此前提下，本案的那某是否成立敲诈勒索罪？

学生：如果警察劝柴某赔一点算了，就不好认定敲诈勒索。如果警察做的工作是说那某不能找柴某赔，要向法院起诉，就比较好认定敲诈勒索。

学生：警察在场可能对被告人和被害人的心理状态都有影响。

张明楷：对被告人的心理状态的影响是指对故意的影响还是指对违法性认识可能性的影响？

学生：被告人会认为，警察在场也没有阻止自己的行为，而是做双方的工作，这表明自己是有权利要求赔偿的，只是赔多赔少的问题，所以，自己的行为不是犯罪。既可能对故意产生影响，也可能对违法性认识的可能性产生影响。

张明楷：有道理。如果那某的行为明显违法，警察肯定是制止，而不是给双方都做工作。那么，警察在场对被害人的心理状态会产生什么影响？

学生：敲诈勒索罪的成立要求恐吓行为使被害人产生恐惧心理，造成一定程度的心理压力，但警察在场时，被害人就不会产生恐惧心理吧。

张明楷：那要看警察在场究竟是干什么的，警察是怎么给双方做工作的。如果警察偏向那某，不制止那某的不当行为，仅制止柴某的不当行为，柴某就会恐惧了。

学生：我觉得，警察如果是和稀泥的话，可以认定那某的行为构成敲诈勒索罪。但在本案中，被害人柴某好像是基于嫌麻烦的心理给的钱，很难说那某的行为构成敲诈勒索罪。

学生：警察在场最多是使被害人当时不被继续打扰，但是这件事情如果没有处理完，被害人可能会因为那某以后的骚扰而为难和恐惧，我认为那某的行为属于敲诈勒索行为。

张明楷：十几个人的包围对柴某的威胁算比较严重了。如果警察确保了柴某的安全让他可以随时摆脱纠缠，又做了工作使双方都让步，确实不能说被害人产生了恐惧心理。但是如果警察来了只是各打五十大板，相当于没有来。

学生：警察如果使行为人达到丧失违法性认识可能性的程度，警察就是利用无责任者的间接正犯。

张明楷：没有严重到这种程度吧。即使警察偏向那某，也不一定符合间接正犯的客观要件，而且警察没有犯罪故意。警察觉得是民事纠纷，就认为可以调解，做双方的工作。如果警察明明知道柴某不应当赔偿折旧费，但还是要求柴某赔偿，倒是有可能构成敲诈勒索罪的共犯。

学生：警察如果到现场后发现是民事纠纷，根本不管这件事，能认定为渎职罪吗？

张明楷：如果没有发生其他事情，不会认定为渎职罪。如果警察发现是民事纠纷就离开，其中一方杀害了另一方，估计会认定警察的行为构成玩忽职守罪。

学生：我觉得，如果警察来了和稀泥，还是能够认定那某的行为构成敲诈勒索的。

张明楷：如果以那某没有权利要求柴某赔偿折旧费为前提，那么，在警察来之前那某的行为就已经是敲诈勒索罪的着手了，事后也得到了 32000 元。接下来就需要判断警察的介入是否导致结果不能归属于那某的恐吓行为，如果不能归属的话，则只能认定那某的行为构成敲诈勒索罪的未遂犯。

学生：民警到达后做双方的工作，柴某无奈支付给那某车辆维修费用以外的折旧费 32000 元，表明柴某还是担心那某的纠缠而交付财物的，柴某财产损失的结果还是要归属于那某的行为。

张明楷：警察到场后，柴某依然支付赔偿费用，可以表明那某的恐吓行为比较严重，否则就不会支付赔偿费用。而且，虽然警察在场，但那某一方十多人在场，如果发生冲突，那某一方仍然处于优势地位，所以，难以否认那某的恐吓行为与结果之间的因果关系。

学生：就是说，如果那某的行为成立敲诈勒索罪，只能认定为既遂犯，而不能认定为未遂犯。

张明楷：我们是不是可以下这样的结论：如果那某享有要求

柴某赔偿折旧费的权利，其行为属于权利行使，因而不构成敲诈勒索罪；如果那某不享有要求柴某赔偿折旧费的权利，其行为就构成敲诈勒索罪。

学生：是的。

学生：是不是行使权利有时候很难判断。比如，甲乙双方发生纠纷，乙将甲打伤了，但不构成故意伤害罪。甲故意去三甲医院做一些没必要的检查，花了很多钱，然后要乙赔偿。甲是不是行使权利？这是个真实的案件，甲就是想让乙多赔偿医药费。

张明楷：如果确实是不必要的，就不是行使权利。也就是说，甲已经向三甲医院交费了，为了弥补自己的损失，就找乙赔偿。这还是有非法占有目的的，如果没有恐吓，认定为诈骗罪是可能的。

学生：如果被害人也知道这些检查不是必要的呢？

张明楷：如果被害人知道，那就考虑是不是成立诈骗未遂了，这不是难题。看看那某敲诈勒索柴某案还有没有什么问题。

学生：假如那某不享有要求柴某赔偿折旧费的权利，但他误以为自己在民法上享有要求柴某赔偿折旧费的权利，是不是能够阻却非法占有目的？

张明楷：如果那某认为自己在民法上享有这种权利，那就类似于假想防卫。

学生：那是不是法律错误？

张明楷：在敲诈勒索罪中，行使权利是违法阻却事由。那某认为自己有违法阻却事由，就类似于假想防卫，这个情形阻却敲诈勒索罪的故意，但不是阻却违法性认识可能性。

学生：老师，我有个问题。责任说认为对正当化事由的认识错误阻却故意，为什么又认为禁止的错误不阻却故意呢？二者实质上不是一样的吗？禁止的错误中，行为人也是以为自己的行为是被法律允许的。

张明楷：禁止的错误不是在故意里讨论的，不可能阻却故意。在三阶层体系中，按照责任说，违法性认识的可能性与故意是不同的要素，即使认为故意是责任要素，它与违法性认识的可能性也是不同的责任要素。行为人以为自己的行为被法律所允许是对行为性质的一个评价，但是这和行为人认识到了什么事实，以及所认识到的事实是否符合构成要件，是不一样的。

学生：其实没有必要区分二者吧？

张明楷：这取决于你采取什么观点。如果采取故意说，认为故意必须认识到违法性，二者就可以不区分了。事实上，在绝大多数场合，都没有必要考虑违法性认识的可能性。只有很例外的场合才有必要判断行为人有没有违法性认识的可能性。

学生：在我们讨论的那某案件中，假如因为警察到场使得那某没有违法性认识的可能性，或者没有故意，能不能认定那某的行为构成敲诈勒索罪的未遂？

学生：可以吧，因为在警察到场之前那某就着手实施了敲诈勒索行为。

学生：如果将前面的行为认定为着手没有障碍，就可以认定未遂犯。

张明楷：认定那某在警察到来之前已经着手肯定没有障碍。找了十几个人来辱骂威胁别人，是明显的恐吓行为。

学生：如果说警察来了以后那某误以为自己的行为合法，只能说那某此后的行为没有责任，但不能否认前面的行为有故意与违法性认识的可能性，所以，可以构成未遂犯。

张明楷：好像刑法理论以往只是讨论中途丧失责任能力的情形，而一般没有讨论中途缺乏违法性认识的可能性这样的问题。我们假定那某不具有要求柴某赔偿折旧费的权利，就是要实施敲诈勒索行为，而且已经着手实行了敲诈勒索行为。但警察到场后，要求柴某赔偿折旧费，于是，那某就认为自己有权利要求柴某赔偿折旧费。倘若警察的做法是错误的，那么，那某后来的行为就没有敲诈勒索的故意，也缺乏违法性认识的可能性，似乎只能将前面的行为认定为未遂犯。

学生：那某着手的时候没有责任阻却事由，警察的行为也不能阻却结果归属，结果不就应当归属于行为的着手吗？

张明楷：结果虽然能够归属于那某的着手行为，但那某接受柴某的赔偿时以为自己有权利接受，因而没有故意与违法性认识的可能性，所以有可能对结果就不负责了。

学生：不是说，警察到场后因果关系就中断了，或者结果不能归属于那某的行为，而是说，那某对结果没有责任，所以不对结果负责。

学生：是不是对着手的认定太早了一点，是否应当认定警察到场之后，那某才着手实行敲诈勒索行为？

张明楷：那就太晚了。那某之前在叫人堵着柴某辱骂威胁的时候就可以说是敲诈勒索了，最晚在十几个人到场时也能肯定着手了。

学生：现在争议点就是警察到场以后到底改变了什么？

张明楷：前面我们讨论的主要是警察的到来是否对那某的违法性认识有影响。因为警察来了不仅给那某做工作，还给柴某做工作，就会让那某感觉自己还是有道理的。但不能否认的是，那某对警察来之前自己的行为是有违法性认识的。所以现在讨论的就是那某到底是成立既遂犯还是未遂犯。最后就归纳成这个问题：着手之后出现阻却责任的情形，是否影响既遂的成立？比如说，行为人拿刀要砍人，前几刀还没有砍死时，精神病发作了，行为人继续将被害人砍死，故意杀人既遂还是未遂？

学生：这是因果关系错误吧？前面的故意没有认识到后面的因果流程。行为人不知道自己会陷入丧失责任能力的状态。

张明楷：有一种观点认为这是因果关系的错误，但不是所有观点都认为是因果关系的错误，有的观点主张适用原因自由行为的法理，有的观点主张一体化地评价行为人的行为，这些观点都主张认定为既遂犯。

学生：我认为本案应当以警察到达为节点分为两个阶段。前一个阶段是有违法性认识的，可以肯定责任。后一个阶段介入了警察的行为，可以认为没有违法性认识，那某对后续的结果没有责任。

学生：不能把行为人的行为拆分成两部分吧？

学生：之所以认为是两个犯罪行为，就是因为我认为警察的行为阻断了行为人前面行为的结果归属。

学生：我觉得不是阻断了结果归属，而是因为最后的结果没有办法进行故意归责，但是未遂的状态可以归结于行为时的故意。

张明楷：如果以那某没有权利要求柴某赔偿折旧费为前提，同时认为警察的到场使那某误以为自己享有这个权利，那么，认定那某的行为构成敲诈勒索罪的未遂犯是有可能的。感觉这个案件与间歇性精神病患者持刀砍人不完全一样。如果警察到场后要求柴某赔偿一点，那某对后来接受赔偿的行为与结果就没有违法性认识的可能性。认定那某的行为构成敲诈勒索未遂也是一种折中的观点。

学生：敲诈勒索罪里的权利行使阻却的是构成要件符合性还是违法性呢？

张明楷：按照三阶层体系阻却的是违法性。但由于现在的通说将非法占有目的作为主观的构成要件要素，如果说权利行使时并不具有"非法"占有目的，则可以说阻却构成要件符合性。如果将非法占有目的作为责任要素，那么，权利行使阻却的就是违法性。一定要注意的是，权利行使只阻却财产犯罪的成立，不是阻却所有犯罪的成立。

案例97　故意毁坏财物罪（与盗窃罪的区别）

甲因为违规操作，其共享单车的账号被共享单车公司封号。为了报复共享单车公司，甲驾驶一辆大货车将很多辆共享助力摩托车运到郊外。之后，甲先用石头砸坏摩托车的定位装置与车锁，15分钟后，摩托车的车座突然弹起露出电瓶，于是甲起意取走电瓶变卖，车辆则遗弃在原地。这些被遗弃的车辆案发后也未能被查找到。

张明楷：甲的行为成立故意毁坏财物罪是没有什么问题的，那么，其将电瓶取走变卖的行为怎么评价？

学生：这个时候应该考虑共享摩托车是否已经脱离了占有。如果说砸坏了定位系统跟车锁的话，我就觉得共享摩托车应该是脱离了被害公司的占有。因而，甲取走电瓶的行为应该评价为侵占。

张明楷：即便是砸坏车锁和定位装置，毕竟共享单车或者共享摩托车具备特有的外观，在社会观念上应该还是评价为公司占有吧。而且，电瓶一般是安装在车辆隐蔽位置，也正是因为这样，甲在砸车过程中才突然发现这个配置。实际上，这个案件主要是判断行为人将共享摩托车拖运到郊外，以及将车锁、定位装置砸坏之后，这个时候谁占有共享摩托车？由于甲并非以盗窃的故意转移共享摩托车的占有，所以，行为人在毁坏摩托车的时候，摩托车依然还是被害公司占有的。本案中，即便摩托车本身是由不同部件组成，不管是否被毁坏应该还是公司占有。这个时候需要判断的是，当摩托车被拖运丢弃在郊外且毁坏了定位装置时，摩托车是否就脱离了公司占有？这种共享摩托车占有的判断，不同于普通财物的占有的判断。

学生：为什么不同于普通财物的占有的判断呢？

张明楷：因为共享摩托车本身就停放在不同的地方，也有可能在郊区停放，既然是共享摩托车，本身应该也是没有限制其骑行范围。根据社会的一般观念，不管停放在哪里，都是由被害公司占有和所有的。即使定位装置不是被别人砸坏，而是自身的设备出问题使得公司不能定位到摩托车，也不能据此认为公司不占有摩托车了。此外，摩托车并非小型物件，不能说谁在骑谁就占有。

学生：骑行范围应该还是有一定限制，超过一定范围估计车就上不了锁，计费也就不会停止，而且这种共享摩托车的计费似乎还不便宜。我有个疑问就是，这种共享摩托车如果是公司所有，在占有的判断上跟私人所有的情况会不同吗？

张明楷：肯定会有区别，私人所有的情况肯定会不一样。因为共享摩托车是供不特定的人骑用的，不特定的人停放在哪里都是由公司占有。而私人的摩托车不是这样的，如果私人的摩托车被人拉到了郊外，被害人也不知道在哪里，特别是在锁被破坏的情形下，一般人都会认为是遗忘物了。

学生：老师，像这种财物本身由很多部件组成的情况，假如说行为人就只是想砸坏定位装置和车锁，就此他成立故意毁坏财物罪，但对于窃走电瓶的行为，也应该另行评价为盗窃罪，之后是数罪并罚处置，对吗？

张明楷：是否实行数罪并罚可能也有争议，感觉有评价为包括的一罪的可能性，如果盗窃的财产数额并非巨大，可能仅定故意毁坏财物罪就可以了。当然，数罪并罚是有道理的，因为即使毁坏了摩托车，被毁坏的摩托车还是由公司占有，行为人盗窃了其中的部件，就另构成盗窃罪。我倾向于数罪并罚。当然，数罪并罚时，涉及数额的计算问题了。也就是说，盗窃的数额不能计算到毁坏财物的数额中。

案例98　故意毁坏财物罪（与诈骗罪的区分）

甲男和乙女有婚外情，后来甲男因觉得愧对妻女便提出分手。乙女一直想报复甲男，就办理了一张电话卡，注册了微信号并添加了甲男的微信。甲男做的是精品蔬菜批发生意，乙女就在微信上谎称自己是开超市的，希望在甲男这里批发蔬菜，随后乙女还用变声软件打电话跟甲男沟通。两人商定，每周五由乙安排货车司机到甲这里装载蔬菜，每一车蔬菜价值2万元左右，由乙在月初先支付2万元定金，尾款在月底结清。随后乙按约定先给甲转了第一个月的定金，由此取得了甲的信任。乙找来货车司机丙，让丙每周五去甲那里装载蔬菜，并找地方倾倒掉蔬菜。丙按照乙的要求装运并倾倒蔬菜两次。第三次装运蔬菜后，丙打电话给乙说，这么好的蔬菜都倒掉太可惜了，我能不能拿点回去自己吃，乙就随口说了句"随便你吧"。于是，丙将第三次装载的蔬菜全部运回自己家中，让自己的老婆丁拿去卖了。第四次装运蔬菜时，甲让丙转告乙月底结清余账，乙电话说服甲勉强同意下个月结清货款。丙瞒着乙，私自出售了第四次、第五次装载的蔬菜。丙第六次运载蔬菜时案发。经查，丙与丁私自出售三次装运的蔬菜，牟利3万余元。甲提供的5车蔬菜，价值10万余元。

张明楷：正犯乙的行为性质，取决于她是否具有非法占有目的。如果有非法占有目的，就能认定为诈骗罪；如果没有非法占有目的，就只能认定为故意毁坏财物罪。

学生：有一种观点认为乙实施了系列的欺骗行为，骗得甲信任而交付蔬菜，因而可以评价为诈骗罪。

张明楷：在本案中，乙当然实施了欺骗行为，但成立诈骗罪需要行为人具有非法占有目的。如果说不需要非法占有目的，乙就构成诈骗罪；如果说成立诈骗罪需要非法占有目的，但只需要有排除意思，而不需要有利用意思，乙的行为也构成诈骗罪。但是，我们一般认为，非法占有目的包括排除意思与利用意思。可以肯定的是，乙不具有利用意思。本案中，乙基于报复的想法，让丙装载并倾倒蔬菜，对于蔬菜本身并没有利用的意思。如果否定了非法占有的目的，那就只能认定为故意毁坏财物罪。尤其是前两车蔬菜，都是倾倒了，不可能有利用意思。第三车也是丙装到车上打电话给乙，这个时间已经转移了蔬菜，怎么理解乙说的"随便你吧"就是一个问题了。另外就是第四、五车，乙是否知道丙把蔬菜都出卖了。

学生：老师，从第三次装运蔬菜开始，司机丙私自将蔬菜出售的行为怎么评价？乙让丙随便怎么处理都可以，这是不是意味着乙知道丙会利用这些蔬菜？

张明楷：我觉得第一、二次肯定是不构成诈骗罪的，但第三次与第四、五次要分别讨论。

学生：第三次是装运了蔬菜后让丙随便处理，这是不是也不构成诈骗罪？

张明楷：这种行为属于以毁坏的意思取得他人财物后予以利用的情形。一般认为，这种情形因为没有毁坏财物，行为人却利用了，所以仅成立侵占罪。但是，丙虽然利用了，可是蔬菜被他人吃掉了，对于被害人而言，财物依然是被毁坏了。既然如此，就不能认定第三次的行为仅成立侵占罪。也就是说，第三次的行为仍然成立故意毁坏财物罪。

学生：能否说第三次行为是故意毁坏财物罪与侵占罪的想象竞合或者包括的一罪？

张明楷：我感觉说是包括的一罪比较合适，因为只侵害了一个财产法益。

学生：如果说只有一个行为，也是包括的一罪吗？我觉得如果行为侵害的是一个法益主体的同一个法益，认定为想象竞合是不合适的，认定为包括的一罪更合适。

张明楷：关键是第四、五次应当怎么处理，但这个案件交待的情节不是很清楚。也就是说，第四、五次丙没有跟乙说，乙是不是心里想的也是由丙怎么处理都可以。如果是这样的话，我觉得也还是只能以故意毁坏财物罪论处，而不能认定为诈骗罪。

学生：如果乙知道丙要将第四、五次的蔬菜拉去出卖，是否可以评价为乙以使第三者非法占有为目的实施诈骗行为，进而构成诈骗罪呢？

张明楷：这就涉及我们以前经常讲的问题了，非法占有目的包含使第三者非法占有的目的，但第三者的范围是否需要限定？从一般预防的必要性大小来说，我还是倾向于进行限定的。丙与乙没有什么特殊关系，乙也不是为了丙而实施本罪行为，所以，使第三者非法占有的目的中的第三者，不包括像本案中的丙这样的第三者。

学生：老师的意思是，即使乙知道丙后两次会出卖蔬菜，也不要认定乙的行为构成诈骗罪。

张明楷：是的，因为即使是后两次，也不能认定乙具有非法占有目的。

学生：现在控方的想法是对丙不予起诉，控告乙成立诈骗罪。

张明楷：如果控告乙成立诈骗罪，丙就可能构成掩饰、隐瞒犯罪所得罪，反而给不起诉增加了难度。

　　学生：因为如果仅认定乙的行为构成故意毁坏财物罪，就会觉得丙是正犯，乙反而只是教唆犯。

　　张明楷：即便是将乙的行为认定为故意毁坏财物罪，也不意味着丙就不能出罪。从案件的事实看，乙雇请丙做什么，丙就做什么，丙对乙的意图也不是那么清楚，不知道乙与甲究竟是什么关系、为什么这么做。在这种情形下，排除丙的行为构成故意毁坏财物罪的共犯也是可能的。

　　学生：这个案件有一个细节我觉得比较重要，就是在第四次运载蔬菜的时候，当甲要求丙转告乙本月底结清账时，丙劝告甲下个月一起结账。这个时候，能不能认为，丙实际上已经意识到乙的做法有点问题，也就是说，丙这个时候已经知情了呢？

　　张明楷：从案情描述来看，丙只是受乙委托的一个拉货司机，对实际情况并不那么清楚。就此推定丙知情的话，不符合事实存疑时有利于被告的原则。

　　学生：主要是运载并倾倒的蔬菜是精品蔬菜，且包装都很精美。随意倾倒精品蔬菜，一般人看来都会觉得很不可思议，难道丙就不会心生怀疑吗？

　　张明楷：这个确实会不合情理，但这是乙的问题，丙作为货车司机并没有财产保护义务。如果用雅科布斯的那种身份与角色理论，丙就更不成立犯罪了。丙是被雇佣去拖运蔬菜的，委托方说拖运到某地倾倒，丙就该这么做，丙的做法并没有违反他作为受托方的身份职责。虽然受托运载并倾倒精品蔬菜不合情理，但因为不合理就将丙的行为认定为犯罪，并不合适。这与接受他人教唆杀人、伤害还是不一样的。

学生：丙受托运载蔬菜的费用是一般的收费，不是高收费或者低收费，而且乙丙两人也没有正式见面，只是电话上沟通这一事项。

张明楷：那就更加难以认定丙是知情的了，丙受托运载蔬菜的事项并没有使他负担具体去了解内情的义务，我认为不应当认定丙的行为构成犯罪。

学生：这个案子好像将共同出售蔬菜的丁也拘捕了。但我认为处罚丁不太合理，丁的出售行为与丙造成的结果之间并无因果关系，毕竟丙将蔬菜运回家中时已经转移了占有。

张明楷：办案人员可能存在从主观出发认定犯罪的倾向。我的意见是，乙对于蔬菜并无利用意思，因而只能认定为故意毁坏财物罪，而丙对乙的意图等均不知情，也就更谈不上什么阻止乙犯罪的义务或者保护甲的财产的义务了，对丙、丁不应认定为犯罪。你们可以对比性思考一下，如果货车司机丙按照乙的要求运载并倾倒了蔬菜，那丙肯定不成立犯罪。进一步比照本案的情况，也就是丙将本来会被倾倒的蔬菜运载回家中加以利用，怎么可能反而成立犯罪呢？司法实务中存在这么一种办案逻辑，也是我多年来一直提到的，就是但凡有人从中得到好处，便想如何入罪。将丁一并拘捕也可能就是这个逻辑，办案人员没有考虑丙与丁的行为是否侵害了法益，而只是关注到丙、丁是否从中受益。

学生：我觉得，办案人员是不是认为，但凡行为人取走了自己不应该取走的东西，就可能涉嫌犯罪。

张明楷：丙的行为是取走了他人占有的财物，我感觉丙的行为跟捡垃圾是一样的，捡回来的垃圾再兜售出去，有什么不可以的？比如，丙按乙的指令将蔬菜倾倒后，再装回到自己的车里然后出卖，这肯定不构成犯罪吧？

学生：这应当不构成犯罪了。

张明楷：这与没有倾倒而是直接出卖，有什么区别呢？其实没有区别。

学生：这种行为似乎在民法上也不是合法的处分吧？

张明楷：确实不是合法的处分，但问题的关键是，丙并没有义务阻止乙犯罪，也没有义务保护甲的财物。丙知道乙的行为不正常，但难以据此认为丙明知乙的行为是故意毁坏财物的行为。换句话说，要认定丙的行为成立故意毁坏财物罪，不能单纯从客观上丙倾倒蔬菜的行为进行评价，还得考虑到丙是否认识到自己是在实施毁坏财物的行为。丙认为蔬菜是乙购买的，按照乙的要求运载并倾倒蔬菜不可能构成犯罪。

学生：老师，有一个小的细节，乙只是支付了 2 万元的预付款。

张明楷：但从案件的情况看，丙对这些细节是不知情的，他只是根据乙的通知运载蔬菜。很明显，在民事上，甲、乙之间的买卖关系是成立的，不然，甲也不会允许丙装载并运走蔬菜。假如说，乙委托丙拖运蔬菜到其他市场去销售，那丙截留下部分蔬菜，很可能涉嫌侵占或者盗窃。问题是，本案乙委托丙运载并倾倒蔬菜，就不能认定丙的行为构成犯罪。

学生：能不能认定丙的行为构成侵占罪呢？因为乙虽然没有利用意思，但丙以利用意思出卖了蔬菜。

张明楷：要说侵占，丙也是侵占了乙的蔬菜，但乙随便丙怎么处理，丙不可能对乙构成侵占。丙也不可能对甲构成侵占，因为丙既不代管甲的蔬菜，也不是侵占了甲的遗忘物。

学生：可不可以说，丙侵占了甲的遗忘物呢？

张明楷：我觉得不能。因为按照甲与乙的约定，甲转移了蔬菜的所有权，转移所有权后，甲对乙享有债权，就是让乙支付货款。在这种情形下，将甲的蔬菜评价为遗忘物，是不是不合适？换言之，丙的行为并没有侵犯甲对蔬菜的所有权。

第十二堂
妨害社会管理秩序罪

案例99　使用虚假身份证件罪（行为构造与时效）

甲原名张三，伪造了名为李四的身份证后，一直使用伪造的身份证考取驾照、领取结婚证等，一般人也认为甲就是李四。

张明楷： 甲伪造身份证件的行为已经超过了追诉时效，对甲一直使用伪造的身份证件的行为，能否认定为使用虚假身份证件罪？

学生： 凭感觉，我觉得应该定罪。

学生： 我觉得不应该认定为使用虚假身份证件罪，毕竟已经经过多年，那个最初伪造的身份其实就是他本人的身份了。完全可以理解为，国家机关已经同意其更新自己的身份。如果将这个行为认定为使用虚假身份证件罪，那么，多年以来甲持该身份对外实施的一系列与身份有关的活动，是否都得认定为无效？这不是让这些身份持有人无所适从，难以在社会上生活吗？

学生： 这些虚假身份的持有人，不能向有权机关申请更换回自己原有的身份证件吗?

张明楷:不太可能。有权机关实际上已经就这些人的虚假身份信息进行了权威认证和存档,比如,甲可能后来到公安机关办理了李四名义的身份证件。

学生:我觉得就后续的使用行为还是应该认定为使用虚假身份证件罪,不能将错就错。毕竟,国家已经设置了相应的罪名,虚假的身份持有人不应继续使用该身份,应该向有权机关申请更改身份。

张明楷:除了实际操作上不太可能之外,从常理上讲,身份持有人已经持有该虚假身份生活多年,更改身份还可能导致其无法正常继续自己的学业、工作等。

学生:是不是应该考虑一下被冒用者的态度呢?

学生:那主要还是对被冒用者姓名权之类民事权利的侵犯。

学生:伪造身份本身不是单纯为了伪造身份而去伪造身份,行为人应该知道自己伪造并使用该身份,则后续与身份相关的一系列社会关系便会与该伪造的身份绑定在一起。所以,即便是前面伪造身份证件的行为因为超过诉讼时效不予追诉,后续使用该虚假身份证件的行为还是应该认定为犯罪的。

张明楷:行为人欺骗办证机关工作人员按照虚假的身份制作身份证件,在办证机关不知情的情况下,行为人构成伪造身份证件罪的间接正犯。问题是这个虚假身份的持有人之后出现的一系列与身份相关的社会关系和实施的一系列社会活动,实际上已经完全是以这个虚假的身份进行的。这种情况下是否还能认定为使用虚假的身份证件罪？

学生：难道伪造居民身份证之后使用该身份证的，都不能认定为使用虚假身份证件罪吗？

学生：那也不是。我们讨论的这种情况实际上是，虚假身份的持有者之后的生活完全是将该虚假的身份作为自己的真实身份普遍地使用。

张明楷：一个人改变了自己的身份之后，一直使用自己改变之后的身份证件，后续这种使用身份证件的行为是否应该认定为犯罪？比如说，王五有名校情结，于是冒用已被名校录取的赵六的身份证件报到就读，毕业之后，一直使用赵六的身份证件生活与工作。当社会一般人都认为王五就是赵六时，能否认为王五一辈子都在使用虚假的身份证件呢？

学生：对于身份的判断，标准应该是什么呢？

张明楷：按照人格同一性的理论，行为人通过了有权机关的身份认证，即便一开始是虚假的身份信息，但经历多年之后，这个本来虚假的身份实际上与行为人的人格已经同一了。

学生：如果按照这个理论，行为人后来再使用自己原来的身份证件的，那岂不是反倒构成使用虚假身份证件罪了？

张明楷：当社会认同了虚假的身份之后，行为人如果再使用原来的身份证件，确实构成使用虚假身份证件罪。身份实际上涉及公共信用，或者理解为按照公众对你的认识所进行的判断。在中国，尤其是在身份信息还没有统一录入网络的年代，冒用他人身份信息读书就业的情形其实不少见，这些身份的冒用者在其之后的生活与工作中，也完全是按照这个身份信息进行的。如果按照人格同一性理论去理解，行为人与该原本虚假的身份信息实际上已经在人格上同一了，这种情况下就不应该再认定为使用虚假身份证件罪。换句话说，当你这个身份更改了之后，而社会一般人都认同了你的这一身份时，那么原有的伪造身份的法益侵害就已经终结了。就我们讨论的这个案件，我个人还是主张人格的同一性理论。当然同时也考虑到期待可能性的问题，我们不能要求身份的使用人自证其罪，要求他们承认自己伪造了身份证件。

学生：实际上可以考虑由国家出台相关的政策，呼吁伪造身份证件的人在一定期限内进行更换身份证件。

张明楷：这个不太可能。应该说二代身份证之后，想实施假冒身份证件的行为明显不太容易了。但就多年前伪造身份证件，而后一直使用该身份的行为的评价，确实还是一个需要讨论的问题。

学生：老师的意思是，由于张三一直以李四的身份出现，一般人都认为他就是李四，所以，就不能认为他后来的行为构成使用虚假身份证件罪？

张明楷：是的。可以认为，这种情形实际上相当于张三改名为李四了，只不过这个改名不是经由公安机关改的，而是自己擅自改的。

学生：行为人通过伪造身份证件擅自改名后，就相当于变更了自己的身份，所以，后面的行为就不是使用虚假的身份证件了。

张明楷：要注意的是，如果张三同时使用两个身份证件，一个是张三另一个是李四，情形就不一样了。

学生：如果张三同时使用两个身份证件，就只是张三这个身份证件是真实的，李四的身份证件就是虚假的，所以，还是要认定为使用虚假身份证件罪。

张明楷：是的。

学生：老师，如果行为人伪造身份证件后又使用该伪造的身份证件，两个行为都构成犯罪，这两个罪是什么关系呢？

张明楷：估计有争议。有的人会认为是牵连犯，伪造行为是手段行为，使用行为是目的行为，二者具有类型性的牵连关系。有的人会认为是包括的一罪，因为两个行为侵犯的是同一个法益，所以属于包括的一罪。如果按日本的罪数理论，我觉得认定为牵连犯的可能性较大；在德国可能就属于法条竞合中的吸收关系了。不过，在德国也可能认为两个行为有重合，所以成立想象竞合。我觉得认定为牵连犯是可以的。

案例100　组织考试作弊罪（与相关犯罪的区别）

培训机构甲为了兑现"参与培训包通过"的承诺，调取400多个参加英语四六级考试的考生的数据，将参加培训但未能通过的考生考卷信息调换为通过考试的考生信息。

张明楷：对甲的行为怎么认定？

学生：案情是，400 多个学生原本没有通过考试，但甲用通过了考试的考卷信息进行调换，使得这 400 多个学生成为通过了考试的考生吗？

张明楷：从案情介绍来看，应当是这个意思。

学生：甲的行为成立组织考试作弊罪。

张明楷：但是，甲是在这个四六级考试已经结束之后才实施了上述行为，《刑法》第 284 条之一第 1 款规定的组织考试作弊罪的构成要件行为是，"在法律规定的国家考试中，组织作弊的"。考试结束后还能评价为"考试中"吗？也就是说，本罪的"考试中"是仅限于狭义的考试中，还是包括考试后的阅卷、评分、登录成绩等过程？

学生：应该不是仅限于狭义的考试的那几个小时，而是要理解为整个考试程序，或者说，考试应该包含完整的流程。

张明楷：可以肯定的是，组织考试作弊罪中的"考试中"不可能仅指参考人员参加考试的那两三个小时，事实上，许多组织考试作弊的行为都是在考试前实施了作弊的全部行为，而不是在考试的那几个小时实施作弊行为。

学生：2019 年 9 月 2 日最高人民法院、最高人民检察院《关于办理组织考试作弊等刑事案件适用法律若干问题的解释》第 4 条规定："组织考试作弊，在考试开始之前被查获，但已经非法获取考试试题、答案或者具有其他严重扰乱考试秩序情形的，应当认定为组织考试作弊罪既遂。"这也表明组织作弊行为不是必须发生在考试过程中。

张明楷：考试结束后作弊也是完全可能的，尤其是阅卷、评分、登录成绩也完全可能作弊。我讲的这个案件就属于在考试结束后组织作弊。

学生：这个案件的作弊危害更大。

张明楷：从保护法益的角度来说，组织考试作弊的行为侵犯了考试的公平公正性。考试结束后在阅卷、评价、成绩登录方面作弊，其实是更严重地侵犯了考试的公平公正性。

学生：《刑法》第284条之一第1款的表述不理想。

张明楷：可以将这一条规定的"在法律规定的国家考试中，组织作弊的"理解为"就法律规定的国家考试，组织作弊的"或者"针对法律规定的国家考试，组织作弊的"。这样理解就不会有问题。

学生：是的。

张明楷：这个案件中的甲被认定为故意泄露国家秘密罪。这种调取或者调换考生数据信息的行为，能评价为泄露国家秘密吗？

学生：考试结束后哪些人通过了考试哪些人没有通过考试，这类信息不应当评价为国家秘密吧。

张明楷：我也是这样认为的。这个案件的部分事实可能涉及泄题行为，如果有泄题行为，就可以直接认定为非法出售、提供试题、答案罪。刑法规定了非法出售、提供试题、答案罪之后，对于国家考试的试题与答案就不能再认定为国家秘密了。一方面，如果对这种行为仍然认定为泄露国家秘密罪，刑法增设本罪就毫无意义了。另一方面，由于国家秘密与国家安全和利益相关联，所以，也没有必要将考试试题与答案认定为国家秘密。

学　生：在刑法规定非法出售、提供试题、答案罪之前，一般都是将试题与答案当作国家秘密的。

张明楷：那是不得已的做法。即使说国家考试中的试题、答案属于国家秘密，但在刑法规定了非法出售、提供试题、答案罪之后，也可以认为刑法将法律规定的国家考试的试题与答案从国家秘密中独立出来，使得该条款成为泄露国家秘密罪的特别法条，也就是减轻法条。这样理解没有什么问题吧？

学　生：是不是按照想象竞合处理会更妥当一点？

学　生：我觉得应该是以法条竞合中的减轻法条去理解这一款更为合理。

张明楷：我刚才是假定试题与答案是国家秘密得出的结论，关键的问题还是在于试题、答案是不是国家秘密。你们查一下《保守国家秘密法》的规定。

学　生：《保守国家秘密法》第2条规定："国家秘密是关系国家安全和利益，依照法定程序确定，在一定时间内只限一定范围的人员知悉的事项。"第13条规定："下列涉及国家安全和利益的事项，泄露后可能损害国家在政治、经济、国防、外交等领域的安全和利益的，应当确定为国家秘密：（一）国家事务重大决策中的秘密事项；（二）国防建设和武装力量活动中的秘密事项；
（三）外交和外事活动中的秘密事项以及对外承担保密义务的秘
密事项；（四）国民经济和社会发展中的秘密事项；（五）科学技
术中的秘密事项；（六）维护国家安全活动和追查刑事犯罪中的
秘密事项；（七）经国家保密行政管理部门确定的其他秘密事
项。""政党的秘密事项中符合前款规定的，属于国家秘密。"没
有专门规定国家考试中的试题与答案。

学生：国家考试中的试题与答案属于经国家保密行政管理部
门确定的其他秘密事项。

张明楷：你这样理解也是可以的。但如果要将上面的最后一
项进行同类解释，能不能说试题与答案关系国家安全和利益，还
是有疑问的。如果说国家考试的试题与答案不是国家秘密，那
么，非法出售、提供试题、答案的行为就不构成泄露国家秘密
罪，不存在想象竞合与法条竞合的问题。如果说国家考试的试题
与答案是国家秘密，则存在非法出售、提供试题、答案罪与泄露
国家秘密罪是什么关系的问题。

学生：如果试题与答案是国家秘密，可能还是要认定为想象
竞合。

张明楷：因为仅评价为泄露国家秘密罪，就没有评价行为对
考试的公平公正性的侵犯；如果仅评价为非法出售、提供试题、
答案罪，就没有评价对国家安全与利益的侵犯。在这个意义上
说，还是要认定为想象竞合，而不是前面说的法条竞合。

学生：能否按照编造、故意传播虚假恐怖信息罪与编造、故

意传播虚假信息罪的关系进行处理，在后罪设立后，对于前罪的虚假恐怖信息的范围界定就应该收窄理解。就泄露国家秘密罪与非法出售、提供试题、答案罪的关系理解上，后罪的试题、答案就应当从国家秘密中独立出来。

张明楷：这也是我刚刚一直想让大家讨论的思路。由于两罪的法定刑设置没有区别，所以这么理解应该也没有问题。而且，这种涉及考试的考题、答案本身确实也不应当归类到关系国家安全和利益的国家秘密中。问题还在于，国家安全和利益这一概念怎么去界定？如果采取总体国家安全观，什么都关系到国家安全。但在刑法上，不可能将任何犯罪都归入危害国家安全罪。

学生：感觉社会法益本身确实可以分别归类到个人法益与国家安全法益中。所以，是不是也就不强调是否可以最终还原为个人法益了？

张明楷：这个涉及怎么理解还原个人法益了。另外，现在学界似乎将集体法益与超个人法益等同理解了，这样理解可能是存在问题的。

学生：很多学者确实是这样理解的。

张明楷：集体法益实际上是超个人法益中的一部分，是跟累积犯相关联的概念。只有累积犯所侵犯的法益才可以被视为集体法益，比如，货币的公共信用。环境法益虽然在国外是以集体法益去理解的，但如果结合我国的规定，是否属于集体法益可能还有待考究。

案例 101　帮助信息网络犯罪活动罪（罪与非罪的界限）

甲看到一个招聘网站上写着日工资 1500 元招工，于是就打电话联系到对方的乙，乙声称是博彩刷单的工作，让甲办好银行卡和 U 盾之后给乙。乙利用甲提供的银行卡与 U 盾实施电信诈骗活动，但甲不知情。

张明楷：对这个案件中的甲认定为帮助信息网络犯罪活动罪，怎么会有争议呢？

学生：《刑法》第 287 条之二第 1 款规定："明知他人利用信息网络实施犯罪，为其犯罪提供互联网接入、服务器托管、网络存储、通讯传输等技术支持，或者提供广告推广、支付结算等帮助，情节严重的，处三年以下有期徒刑或者拘役，并处或者单处罚金。"我的疑问是，对其中的"提供……支付结算"不需要限制解释一下吗？

张明楷：这里有两个问题：第一是本条中的支付结算是什么意思，甲的行为是不是提供支付结算帮助？第二是是否需要对本条的构成要件行为进行限制解释？

学生：甲的行为属于提供支付结算帮助吧，因为银行卡与 U 盾就是用于支付结算的。

张明楷：我查过不少解释，支付结算有广义和狭义之分。狭义的支付结算是指单位、个人在经济活动中使用支票、本票、汇票等票据、银行卡和汇兑、托收承付、委托收款等结算方式进行货币给付及其资金清算的行为，主要功能是完成资金从一方当事人向另一方当事人的转移。广义的支付结算包括现金结算和银行转账结算。所以，提供银行卡应当属于提供支付结算帮助。

学生：我的意思是需要对支付结算进行一定限制，进而不认定上述甲的行为构成帮助信息网络犯罪活动罪。

张明楷：为什么要对支付结算进行限制解释呢？这个罪的法定刑并不重，而且以情节严重为前提。如果说某个行为不构成犯罪，可以从情节不严重的角度去说明，没有必要对支付结算进行限制解释。况且，刑法条文还有"等帮助"的表述，你限制了支付结算，司法机关还是可以将帮助行为归入"等帮助"中。

学生：我感觉行为人提供一个支付平台给对方，或者帮助对方申领支付代理号，从而使对方利用这些支付平台或者支付代理号在网络上实施犯罪，才宜认定为帮助信息网络犯罪活动罪。像本案这种私底下一个人办了一张银行卡和 U 盾给对方使用的，就不应当认定为犯罪。因为认定为帮助信息网络犯罪活动罪，不需要行为人知道对方到底是在诈骗还是在实施其他犯罪，主观方面的要求低，提高客观方面的要求是不是更合适一点。

张明楷：只要提供帮助的人知道对方可能实施网络犯罪就可以了，当然不要求他知道对方会实施什么具体犯罪。如果提供帮助的人知道对方会实施什么具体犯罪，不就构成具体犯罪的共犯了吗？比如，如果知道对方实施电信诈骗而提供银行卡，对方确实利用该银行卡实施了电信诈骗，提供银行卡的行为肯定构成诈骗罪的共犯，这没有任何疑问。

学生：是的。但如果不知道对方实施诈骗，就直接认定为帮助信息网络犯罪活动罪，感觉处罚范围比较宽。

张明楷：其实现在很多提供银行卡的人是能够成立诈骗罪的共犯的，只是司法机关对共犯的认定存在偏差，导致许多诈骗罪的共犯被认定为帮助信息网络犯罪活动罪。

学生：现在的问题是，司法机关没有查明正犯究竟实施了什么犯罪，乃至没有查明正犯是不是实施了犯罪行为，就认定提供银行卡的人构成帮助信息网络犯罪活动罪。

张明楷：只要查明正犯即被帮助的人利用信息网络实施了犯罪即可，而且只要查明有这种犯罪的事实发生即可，不需要查明正犯是谁，也不需要查明正犯是否有责任，就可以认定提供银行卡的人构成帮助信息网络犯罪活动罪。

学生：问题就是，"明知他人利用信息网络实施犯罪"中的这个犯罪是刑法意义上的犯罪，还是一般违法活动也包含在内？

张明楷：肯定必须是刑法意义上的犯罪，而不包括一般违法行为。一方面，法条明文规定的是实施犯罪，犯罪当然不包括一般违法行为，否则就是典型的类推解释了。既然正犯只是一般违法，不构成犯罪，为什么帮助的人反而构成犯罪？这违反刑法的基本原理。另一方面，这里的犯罪只需要是不法层面的犯罪，也就是符合犯罪构成要件且违法的犯罪，而不要求行为人有责。

学生：实践中主要是查不清正犯的具体犯罪事实，基本上不存在查清了符合构成要件的不法事实，但正犯没有责任的情形。

张明楷：如果没有查明正犯符合构成要件的不法事实，只知道正犯实施了一般违法行为，就不可能认定提供银行卡的人构成帮助信息网络犯罪活动罪。虽然你们所知道的案件中，正犯都有责任，但从刑法原理上说，帮助信息网络犯罪活动罪中的被帮助者不需要具有责任。

学生：如果提供银行卡的行为人只是猜到对方会实施犯罪，但不知道对方会实施什么犯罪，比如这个案件中的所谓博彩刷单，甲也不知道到底是什么意思，就知道乙不是干什么正常的事，猜到可能会犯罪，这也能认定甲具有帮助信息网络犯罪活动罪的故意吗？

张明楷：能认定，没有任何问题。不管是总则中的明知还是分则中的明知，都只需要行为人明知自己的行为可能发生危害社会的结果；在共犯的场合，也只需要参与人明知正犯可能实施某种犯罪；在帮助信息网络犯罪活动罪中，同样只需要行为人明知对方可能实施犯罪，而不要求明知对方实施哪一种具体犯罪，否则就成立共犯了。

学生：但现在有不少学者为了限制帮助信息网络犯罪活动罪的范围，主张本罪的明知必须是确切的明知，甚至认为间接故意不成立本罪。

张明楷：这样的限定没有道理，连故意杀人罪的帮助犯也只需要认识到正犯可能实施杀人行为，凭什么一个帮助信息网络犯罪活动罪反而还要求行为人确切地认识到正犯在实施犯罪。这种对明知进行限制解释的主张，不是在一般化的可能解决方案中寻找最佳方案，而是主张个别化的解决方案，这不符合刑法解释的基本原理。当一个概念存在于刑法中的不同法条时，对这个概念的解释就必须适用于所有情形；如果对这个概念有多种解释，就看哪一种解释适用于所有情形时是最理想的。明知这一概念其实是适用于所有的故意犯罪，不可能针对每一个犯罪分别解释明知的含义，否则就会导致刑法丧失普遍性与公平性。个别化的解释方案意味着对每个故意犯罪中的明知提出不同的解释方案，这显然不合适。

学生：老师，帮助信息网络犯罪活动罪，是否要求行为人通过信息网络提供帮助？

张明楷：只要被帮助的人利用信息网络实施犯罪就可以了，不要求提供帮助的人也利用信息网络。为什么提这样的问题？是有学者这样主张吗？

学生：因为《刑法》第287条之二第1款规定的行为大多是利用信息网络实施的，我在想，根据同类解释规则，是不是也要求其他帮助行为也利用了信息网络。

张明楷：法条规定的帮助行为，也并非都是利用信息网络。提供广告推广、支付结算就不一定要利用信息网络。

学生：线下这种一对一的帮助也能构成帮助信息网络犯罪活动罪吗？

张明楷：当然能构成。这个罪本来就没有要求是对不特定人的帮助，提供互联网接入，也可能就是为诈骗犯提供互联网接入，不是说要为不特定的人提供互联网接入。这个跟一对一、一对多没什么直接关系。也就是说，不管是一对一还是一对多，都不会影响这个罪的成立。从共犯理论上说，对不特定人的帮助也能成立帮助犯，只不过对不特定人的帮助一般是在正犯实施构成要件行为前提供帮助；只要有正犯利用了帮助者提供的帮助，帮助者就能构成帮助犯。比如，出卖窃电工具就是对不特定人的帮助，只要购买者使用该工具窃电构成盗窃罪，出卖窃电工具的行为就构成帮助犯。如果说多个人分别找到 A，让 A 提供帮助，A 分别为多个正犯提供帮助的，则不属于对不特定人的帮助，而是对具体正犯的帮助。

案例 102　帮助毁灭证据罪（与非法持有枪支罪的关联）

　　甲用枪杀伤人之后，把两支枪包好送到乙家。乙正在家里打麻将，甲对乙说："我有点东西放在你家里。"乙说"你随便放"，但不知道是枪支。后来甲因为故意杀人被公安机关抓获。此时乙仍然不知道甲在自己家里放了什么。甲从看守所里给乙带话说："你把我放在你家里的那两条烟放到我的渔屋。"乙就在自己家里找甲说的"两条烟"，乙拿到东西时就感觉到这是两支枪，乙仍然按照甲说的，把两支枪从自己家里拿到甲的渔屋，路上花费了半个小时的时间。乙从知道是枪起到把枪拿到甲的渔屋为止有半个小时的持有时间。

张明楷：这个案件涉及帮助毁灭证据罪与非法持有枪支罪。

学生：乙是否知道甲被抓获了？

张明楷：知道的。

学生：乙是否知道甲是因为什么罪行被抓捕，决定了乙有没有帮助毁灭证据罪的故意。

张明楷：甲被抓获后还让乙把枪转移走，乙肯定是能认识到甲的犯罪事实的。

学生：乙会不会只认识到甲是非法持有枪支，不知道甲持枪杀人了？

张明楷：如果甲只是非法持有枪支，枪支也是证据吧。没有必要讨论乙有没有故意，在乙有故意的前提下，讨论对乙是定非法持有枪支罪，还是定帮助毁灭证据罪，还是两个罪都定但属于想象竞合？

学生：《刑法》第 307 条第 2 款规定的构成要件是，帮助当事人毁灭、伪造证据，情节严重。老师以前说过"毁灭"也可以拆分为"毁损"和"灭失"。

张明楷：《刑法的私塾》里好像讲过，但乙并没有使枪支毁损，也没有使枪支灭失，能认定为帮助毁灭证据吗？

学生：乙的行为属于隐匿证据，问题在于隐匿证据是否属于毁灭证据？

张明楷：隐匿证据是否属于毁灭证据，需要实质判断。如果隐匿证据的行为使得司法机关根本不可能发现证据的，是不是就可以评价为毁灭证据？

学生：老师的教科书是肯定了隐匿行为属于毁灭行为，但理论上还是有争议。一种观点认为，毁灭意味着证据已经不存在了，但隐匿时证据仍然存在，所以，隐匿不属于毁灭。

张明楷：这样说是有道理的，这种观点当然可谓恪守了罪刑法定原则。但我觉得，这是没有联系保护法益得出的结论，或者说是一种自然主义的解释。问题是，相对于办案机关而言，毁灭证据意味着什么？当然是意味着司法机关不能发现证据。既然如此，隐匿证据的行为如果使司法机关不能发现证据，就可以说毁灭了证据。比如，将物证扔到大海里后，物证也依然存在，但不能评价为毁灭吗？

学生：这肯定能评价为毁灭。

张明楷：当然，也不能说任何隐匿行为都属于毁灭，只有隐匿行为使办案机关不能发现证据时，才可能评价为毁灭。有利于办案机关发现证据的行为，既不能叫隐匿，也不能叫毁灭。

学生：老师的意思是不是说本案乙的行为没有达到使办案机关不能发现证据的程度，所以不属于毁灭。

张明楷：办案机关为了找到甲杀人的枪支，一般会对甲的住宅及其支配的其他场所进行搜查，当然也会搜查甲的渔屋。在这个意义上说，我觉得乙的行为并没有增加办案机关发现枪支的难度，相反可能使办案机关更容易发现枪支。

学生：不一定，也有可能之前公安机关已经搜查过渔屋了，这样的话就使公安机关难以发现枪支。

学生：甲既然让乙这么做，肯定不是为了让公安机关更容易发现。

学生：甲为什么要这么做？

学生：可能是想等乙安置好枪以后跟公安人员说"我的枪放在乙家里了"。

张明楷：也可能因为甲将枪放在乙家里时有其他人在场，容易被发现。

学生：甲也可能是不想连累乙，因为如果如实交代或者让乙上交可能会连累乙，所以想等到乙把枪转移到渔屋后再告诉公安机关枪在渔屋里。

学生：帮助毁灭证据罪是具体的危险犯还是抽象的危险犯呢？

张明楷：按理说是抽象的危险犯，但也是结果犯，因为要求证据被毁灭。

学生：如果是抽象危险犯的话，甲让乙把枪放在哪里其实影响不大。

张明楷：你的意思是可以定帮助毁灭证据罪？

学生：对。

张明楷：但是不一定认定为情节严重。

学生：后来办案机关是怎么找到枪的？

张明楷：我也不知道。但从生活经验上看，我觉得乙的行为并没有使办案机关难以发现枪支。

学生：帮助毁灭证据罪要求情节严重才能构成，即使认为乙的行为属于隐匿或者毁灭证据，也没有达到情节严重的程度吧。

张明楷：将隐匿评价为毁灭时，对情节严重的要求可能更高一点。或者说，隐匿行为一般难以达到情节严重的要求。

学生：老师是不赞成对乙的行为认定为毁灭证据罪。

张明楷：是的。假定甲从看守所带话给乙说："你把我放在你家里的那两条烟保管好。"乙发现是枪支后，一直放在自己家里，能认定为毁灭证据吗？

学生：也不能吧。乙知道是枪支后一直放在家里，不能评价为隐匿，也不能评价为毁灭。即使是隐匿，也没有达到情节严重的程度。

张明楷：有道理。那我们再讨论乙的行为是否构成非法持有枪支罪。乙在将枪支送到甲的渔屋之前，因为不知道是枪支，所以不能计算在持有的时间之内。乙将枪支放到甲的渔屋之后，乙还持有该枪支吗？

学生：乙只是知道枪在甲的渔屋，但甲的渔屋不是乙支配的场所，不能认定乙非法持有枪支吧。

学生：但只有乙知道枪支在哪里，可以认定乙对放在渔屋的枪支也是持有的吧。

张明楷：我觉得乙将枪支放进甲的渔屋后，不再持有枪支，因为渔屋不是乙支配的场所，对渔屋内的一切东西，乙都没有持有。

学生：这么说的话，乙只在从自己家里把枪拿到甲的渔屋这半个小时是持有枪支的。

张明楷：是的。在自然意义上此期间乙在非法持枪，持有半个小时可以定罪吗？

学生：枪里有子弹吗？

张明楷：有没有子弹有那么重要吗？

学生：如果枪里没有子弹，对公共安全的危险似乎没有达到应当处罚的地步，可以不认定为非法持有枪支罪。如果有子弹则危险增加了，可以认定为非法持有枪支罪。

张明楷：如果这么说的话，将没有子弹的枪支放在家里三五年，即使乙一直都知道是没有子弹的枪，也不能定非法持有枪支罪了？

学生：有没有子弹和持有时间长短这两个因素都挺重要的。

张明楷：持有时间再长，没子弹也不会有危险啊。

学生：时间长的话，有时间去找子弹。问题是，本案这两个因素带来的危险性都不高，所以感觉对公共安全没有什么危险。

张明楷：案件没有说明枪里是否有子弹。

学生：可能司法机关认为不重要。

学生：非法持有的本质应该不是说不可以拥有某一个东西，而是说拥有的时候有义务上交却不上交。从乙知道是枪支的那一刻起乙就应当上交。

张明楷：这是我经常批判的一个观点。持有不是不作为，而是作为。

学生：是的，否则，拿到毒品不上交而是倒进厕所冲掉，也成立非法持有毒品罪，因为行为人没有履行作为义务。

张明楷：对。乙发现是枪支后不上交，但发现是枪支的时候就立即毁坏了枪支，怎么可能认定乙构成非法持有枪支罪呢？

学生：非法持有枪支不需要是为自己持有吧？

张明楷：不需要，可以为他人持有。

学生：行为人仅持有了半小时，而且没有增加公共危险，可以不认定为犯罪吧。

张明楷：我也觉得可以不认定为非法持有枪支罪，即使认为构成犯罪，也可以相对不起诉。

学生：老师，《刑法》第128条与第130条是什么关系？是法条竞合的特别关系吗？

张明楷：不存在特别关系吧。依法配置猎枪的人将枪带入公共场所，也可能构成第130条的犯罪，非法携带枪支到公共场所不以非法持有枪支为前提。

学生：行为人非法持有枪支，又将枪支非法携带到公共场所时，两罪可以是想象竞合吧。

张明楷：如果行为人捡了一支枪后立即到公共场所，离开公共场所时立马扔掉枪支，可以是想象竞合。如果枪支在家里放了三个月，再带到公共场所去，在德国可能还成立想象竞合。我在《刑法学》教材上讲的观点是，如果行为人将自己一直非法持有的枪支、弹药携带进入公共场所或者公共交通工具，危及公共安全，情节严重的，应当将非法持有枪支、弹药罪与非法携带枪支、弹药危及公共安全罪实行数罪并罚，因为主要部分不重合，故不成立想象竞合。有没有可能认为，考虑到行为人的行为只是侵犯了一个法益，而且携带枪支等进入公共场所也是一种持有行为，作为包括的一罪处理更合适呢？

学生：可能会有这样的观点。

案例 103　包庇罪（与帮助伪造、毁灭证据罪的关系）

甲酒后去移动公司交费，但操作时一直未能交费成功，于是很恼怒，将移动公司设备砸坏了。移动公司报警后，花了9000元维修设备。在公安机关接到报警后正式立案前，甲找到跟移动公司相关负责人比较熟悉的乙，让移动公司出具假证明证实设备修理只花了4000元。乙随后联系移动公司的相关负责人丙，丙出具了假证明。公安机关基于该证明，以数额没有达到追诉标准为由不予立案。

张明楷：对乙、丙的行为如何定罪，存在两种观点：一种观点认为应认定为包庇罪；另一种观点认为应认定为帮助伪造证据罪。这种作假证明导致应当立案而不立案的情况，与在立案之后作伪证导致有罪变无罪的，区别在哪里？

学生：以是否进入刑事程序为标准来区分两罪，比较合适。

张明楷：我以前也是大致以这个标准来区分，也就是公安司法机关立案之前，作假证明导致应当立案而不能立案的，认定为重罪即包庇罪。但在立案后，司法人员担负着侦查等职责，从事的就是去伪存真的工作，故立案之后帮助当事人伪造、毁灭证据的，就认定为较轻的罪即帮助毁灭、伪造证据罪。

学生：老师，包庇罪法定刑升格的情节严重，需要考察的内容包括被包庇的犯罪人的犯行轻重，以及包庇行为对逃避侦查的作用力大小，对吗？

张明楷：这些肯定是重要的判断资料，要通过这些判断资料，判断窝藏、包庇行为对司法作用或者司法的客观公正性的妨害程度。无论是导致罪行严重的罪犯逃走，还是导致司法机关完全不可能发现犯罪的包庇行为，都可以认为属于严重妨害司法的情形。

学生：老师，能不能认为帮助当事人伪造证据，对司法妨碍的作用力较轻；如果作用力更大的话，那就要认定为包庇罪了？

张明楷：那这样理解会不会导致帮助毁灭、伪造证据罪和包庇罪的基本犯完全重合了？

学生：我是这样理解的，包庇罪实际上是使犯罪人不受追究，帮助毁灭、伪造证据则只限于影响量刑轻重的证据。可以从这个角度去理解吗？

张明楷：你的意思是，包庇罪只限于包庇行为导致从有罪变为无罪的情形，而帮助毁灭、伪造证据罪则仅限于导致从重罪变为轻罪的情形。但是，从文义上看，帮助毁灭、伪造证据，完全可能是导致有罪变为无罪，也可能导致无罪变为有罪。

学生：似乎也应该包括伪造证据导致从轻罪到重罪的类型，尤其是共犯的场合，也经常会出现伪造证据导致其他共犯被判重罪，自己因此被适用轻罪法条的情况。

学生：帮助当事人毁灭、伪造证据罪可以是导致无罪变有罪吗？

张明楷：我觉得没有问题。刑事诉讼中的当事人不限于犯罪嫌疑人、被告人等，还包括被害人。行为人帮助被害人伪造证据，使被告人从无罪变为有罪，从轻罪变为重罪，也是可能的，而且是要定罪的。所以，帮助毁灭、伪造证据也包括了毁灭无罪证据，伪造有罪、罪重的证据的情形。

学生：如果是这样的话，包庇罪应该就只限于通过包庇行为使行为人从有罪变为无罪的情形了。

学生：我觉得，帮助毁灭、伪造证据罪与包庇罪应该是法条竞合的关系，包庇罪是特别法条。

学生：我感觉两罪似乎是交叉关系，在部分行为类型上重合而已。

学生：如果是交叉关系的话，那就不是法条竞合关系，而是想象竞合了。

学生：这个法条竞合包括的类型还是蛮有争议的，确实有主张交叉关系的场合不是法条竞合而是想象竞合的，但也有观点认为交叉关系也是法条竞合，适用的是重法条优于轻法条的原则。

张明楷：我觉得不大可能是想象竞合，因为一个行为只侵犯了同一个法益，如果帮助当事人毁灭、伪造证据的行为同时符合包庇罪成立条件时，如果不认为是法条竞合，就应该认定为包括的一罪。实际上，就包庇罪与帮助毁灭、伪造证据罪而言，也很难说哪一个法条是特别法条。因为特别法条以符合普通法条为前提，但包庇罪未必符合帮助毁灭、伪造证据罪的构成要件，反之亦然。

学生：如果是特别关系，应当说包庇罪是帮助毁灭、伪造证据罪的特别法条。

张明楷：可是，如果行为人只是对公安人员作了一个假证明，使得应当立案侦查的案件未能立案侦查，这个时间段行为人毁灭、伪造了什么证据呢？既然伪证罪与帮助毁灭、伪造证据罪不是同一个罪，就不能说作假证明的行为都符合帮助毁灭、伪造证据罪的成立条件。毁灭证据，是指将客观上已经存在的证据予以毁灭；伪造证据，是指客观上原本不存在某个证据，但行为人伪造一个证据出来。

学生：因为包庇强调的是提供假证明，使犯罪人逃避刑事追诉。所以，包庇也就仅限于从重罪变为轻罪的情形，但是毁灭、伪造证据不仅包括导致从重罪变为轻罪，也包括导致从轻罪变为重罪的情况。

张明楷：是的，但这不能表明包庇罪就是特别法条。

学生：仅以立案与否来区分包庇罪与帮助毁灭、伪造证据罪是不是过于机械与形式化？

张明楷：问题不在于是不是机械与形式化，而是这个区分有没有实质根据，因为两罪的法定刑不同，这个区分能否说包庇罪对司法的妨害更严重，而帮助毁灭、伪造证据罪对司法妨害较轻，因为后者还要求情节严重才构成犯罪。

学生：如果在司法实践中确实如此，也就是立案前作假证明确实对司法的妨害更严重，这个标准是可以的。问题是，能不能说立案前作假证明的行为都对司法的妨害很严重？有没有可能出现立案后行为人帮助毁灭、伪造证据的行为对司法的妨害也很严重的情形？

张明楷：如果你说的后一种情形比较罕见，也不影响我前面的结论，因为罕见的情形可以不考虑在内。如果有较多这样的情形，我前面的结论就不合适了。

学生：按老师的观点，本案乙和丙的行为就成立包庇罪吗？

张明楷：我倾向于认为，乙、丙的行为同时触犯了包庇罪与帮助伪造证据罪，二者属于包括的一罪，因为不仅只有一个行为，而且侵犯的是同一个法益，不能认定为想象竞合。不过，单纯从帮助毁灭、伪造证据罪的角度来说，乙、丙的行为未必属于情节严重，因为虽然可以肯定甲的行为构成故意毁坏财物罪，但相对不起诉或者不给予刑罚处罚，也未尝不可。所以，对乙、丙的行为不能认定为情节严重。

学生：如果是这样的话，对于包庇罪是不是也可以不起诉。我觉得，即使认为乙、丙的行为构成包庇罪，也可以相对不起诉。

张明楷：可以相对不起诉。

学生：甲的行为不能认定为教唆犯。

张明楷：是的，甲自己毁灭、伪造证据的都不成立犯罪，唆使他人为自己实施这种行为的，更不能认定为犯罪。刑法中的妨害司法罪这一节规定得比较复杂，很难理顺。

案例104　掩饰、隐瞒犯罪所得罪（犯罪所得的范围）

被告人甲焚烧电路板，并从中提取铝锭。但甲不仅没有取得相关的许可证，而且造成了环境污染事故，构成污染环境罪。乙明知甲违法提取铝锭，但依然从甲处购买了大量的铝锭。

张明楷：我们不讨论甲的行为，而是讨论乙的行为是否成立赃物罪即掩饰、隐瞒犯罪所得罪，可能还需要讨论对甲没有出售的部分铝锭要不要没收。

学生：能不能成立掩饰、隐瞒犯罪所得罪，要联系上游的本犯实施的是什么犯罪来考虑。只有能够非法取得赃物的行为才是赃物罪的上游罪，感觉污染环境罪不是赃物罪的上游罪，所以，乙很难成立赃物罪。

张明楷：德国、日本以及我国民国时期的刑法，都将赃物罪的上游罪限定为财产罪，当然，在现代社会这一限定的确有问题，所以，不得不增设洗钱罪。但从解释论上来说，我国《刑法》第312条规定的犯罪所得，并不限于财产犯罪所得，而是包括一切犯罪所得。问题是如何理解"犯罪所得"的赃物这一要件？犯罪所得，应当是指符合构成要件的不法行为本身所得到的赃物，甲提取铝锭的行为本身并不是符合构成要件的不法行为，只是在提取的过程中实施焚烧等行为，且没有对相关的废物进行妥当的处理，所以才构成污染环境罪。当然，人们也可能认为，甲焚烧电路板提取铝锭的行为本身，从物理的、自然的角度来看，同时属于污染环境罪的构成要件行为，但在这个过程中提取铝锭，能否评价为污染环境罪的构成要件行为取得了违法所得？我感觉这是一个问题。

学生：在实践中对甲的行为不会分开评价，而是整体评价为一个污染环境的行为，又由于甲从中取得了违法所得，所以也会评价为犯罪所得。

张明楷：问题是，通过实施构成要件行为取得的违法所得，是根据法条的表述来判断还是只需要根据案件事实来进行判断就可以？比如说，行为人帮他人堆放、运载危险废物，他人给予行为人 1 万元，这 1 万元能评价为犯罪所得吗？

学生：算吧。对比雇凶杀人的场合，凶手获得的不法"报酬"，也是犯罪所得吧。

张明楷：那就是说，只要与犯罪行为存在因果性，就可以评价为犯罪所得？

学生：老师，《刑法》第 64 条有关违法所得处理的规范目的是什么呢？而且，第 64 条规定的犯罪所得指涉的范围比较广，包含了违法所得的一切财物。

张明楷：有关犯罪所得的处理规定，最基本的根据就是任何人不能因为违法行为得到利益或者好处。"一切财物"只能说包含了一切犯罪所得的财物。问题是，什么叫犯罪所得，这个"犯罪"究竟应该指代什么？

学生：老师，是不是可以从《刑法》第 312 条有关掩饰、隐瞒犯罪所得、犯罪所得收益罪的规定的目的来看这个问题？这个规定应该也是为了让司法机关可以保留相关方面的证据，然后可以追踪到犯罪线索。那么，需要分析的就是，在这种焚烧电路板提取铝锭的案件中，被提取的铝锭如果没有转移的话，是不是更有利于刑事案件的办理？

张明楷：就这个案件而言，侦查机关查证污染环境事实，不需要考察提取铝锭的量以及铝锭的去向，只需要根据污染环境罪的犯罪构成进行判断，证明污染环境罪的证据应该是废物种类、排污量等，提取铝锭的数量与去向并不能直接作为污染环境罪的证据。如果行为人在提取铝锭的过程中合规处理了危险物质与污染物排放，即使行为人提取铝锭的行为没有经过允许，也不可能构成污染环境罪。换句话说，污染环境并不是因为行为人提取了铝锭，而是由于行为人在提取铝锭的过程中排放了危险物质。

学生：如果这么说的话，乙的行为就没有妨害司法。

张明楷：但如果考虑到赃物罪具有助长本犯的性质，则会认为乙的行为助长了甲的污染环境的犯罪行为。

学生：乙的行为肯定助长了甲的污染环境的行为，如果甲提取的铝锭没有人购买，他就不会这么做了。

张明楷：但助长本犯的性质，只是赃物罪的次要性质，不是本质特征，本质特征还是妨害司法。所以，如果只是助长了本犯但没有妨害司法，也不能成立赃物罪。

学生：老师的意思是说乙的行为不成立赃物罪。

张明楷：是的。我觉得这类案件要看犯罪所得是不是构成要件行为本身取得的，而不是笼统判断。比如，某造纸厂生产过程中违反国家规定排污，污染了环境，构成污染环境罪，它制造出来的纸堆在仓库里面，他人购买纸的行为成立赃物罪吗？

学生：这明显不会构成赃物罪。

张明楷：提取铝锭污染环境的案件也是一样的吧。

学生：没有差别，都是行为人在实施某种取得财物、生成财物行为的过程中，因为没有遵守相关规定，而导致了污染事故。

张明楷：污染环境罪的构成要件行为是违反国家规定，排放、倾倒或者处置有放射性的废物、含传染病病原体的废物、有毒物质或者其他有害物质，提取铝锭的行为不是构成要件行为，在提取铝锭的过程中，排放有毒或有害物质，才是污染环境的行为。所以，我认为，本案中的铝锭不是赃物罪的上游犯罪的违法所得。其实，哪些购买行为成立赃物罪，在许多场合都是需要适当限制的。

学生：老师可以再举一些例子吗？

张明楷：明知是他人生产的伪劣商品而购买，不可能成立赃物罪吧。

学生：不可能。

张明楷：再比如，明知他人在销售假冒注册商标的商品而购买，也不会成立赃物罪吧。

学生：也不会。

张明楷：另外我想问一下，《刑法》第 312 条的犯罪所得和第 64 条的犯罪分子的违法所得，就"所得"的角度来讲是一个含义吗？如果是犯罪所得，肯定要没收、追缴或者退赔，但第 64 条的违法所得，不一定是第 312 条的犯罪所得吧。

学生：从文字表述上就有不同。

张明楷：是的，一个是"犯罪所得"，一个是"犯罪分子的违法所得"。尽管我将第 64 条的"违法所得"解释为符合构成要件的不法行为所得，但我感觉前一个表述的外延会窄一些。

学生：按照老师刚刚的区分，提取的铝锭是基于没有批准的行政违法行为，也就不会评价为犯罪所得了。

张明楷：是的。提取的铝锭，不是污染环境犯罪所得，但由于他不具有提取铝锭的许可，所以是行政违法所得。如果要没收，就不需要适用《刑法》第64条，而是适用其他行政法律或者法规。也就是说，《刑法》第312条的犯罪所得与第64条的违法所得要有所区分，同时与单纯的行政违法所得也应该有所区分。

学生：感觉直接判断是否属于构成要件行为的违法所得即可，似乎没有必要再区分行政违法所得与犯罪所得。

张明楷：我觉得还是要区分的，如果不涉嫌犯罪，就不能适用《刑法》第64条的规定。

学生：老师，我想着这种违法所得是不是也包含消极利益的减少的问题。例如，刚刚举的例子，假设说造纸厂需要委托专门机构处理才能避免排污超标，但造纸厂为了节省开支没有将排污事项外包出去，导致生产过程中排污进而污染了环境。那造纸厂这种应支出而没有支出的费用，能不能评价为犯罪所得？

张明楷：在一般意义上说，消极利益的减少也是一种财产性利益，但这能评价为犯罪所得吗？

学生：我觉这个消极利益的减少的认定在逻辑先后关系上有问题，行为人是因为没有支出委托处理污染物的费用，所以才导致实施污染环境的行为，而不是因为实施了污染环境的行为才得到这项费用上的利益。行为人应该是"所得违法"，而不是

"违法所得"。也就是说，行为人在消极利益上的减少，并不是基于违法所得而获得的利益。

张明楷：该支出而没有支出的费用，一般难以认定为《刑法》第 64 条的违法所得，也难以评价为赃物犯罪中的犯罪所得。

案例 105　拒不执行判决、裁定罪（行为主体的确定）

杨某甲和赵某欠侯某 520 万元。侯某提起民事诉讼，法院判决杨某甲、赵某归还侯某 520 万元及其利息。杨某甲、赵某判决后未按期归还欠款，侯某提出执行申请。法院作出执行裁定，拍卖杨某甲名下涉案房屋。李某（案外人）以人民币 445 万元的价格通过竞拍购得涉案房屋，并通过法院执行裁定将房屋过户至自己名下，办理了《房屋产权证书》，但是嫌疑人杨某乙（杨某甲的父亲）等家属对民事判决不服，一直未搬离涉案房屋。其间，杨某甲向检察院申请提起审判监督程序，该院提请分院抗诉，在抗诉期间，法院基于一审生效判决，对涉案房屋进行强制腾退，将滞留人员杨某乙及其妻子、母亲等人清退出房屋，并将屋内物品搬离，正式将房屋移交给李某的丈夫马某（委托代理人）。不久，中院作出民事裁定，中止一审民事判决的执行，指定另一法院再审。送达当日下午，杨某乙及其妻子、母亲等人返回涉案房屋。当日有两个细节无法核实，一是无法核实杨某乙是否在返回房屋前收到中院民事裁定书；二是无法核实法院强制腾退后，马某是否委托他人换锁，即杨某乙是否破坏门锁后进入屋内。次日，马某发现杨某乙等人返回房屋后报案，杨某乙等人以案件进入再审为由，拒绝搬离涉案房屋。法院作出再审一审判决，判决杨某甲、赵某归还侯某 520 万元，杨某甲不服提出上诉，中院作出再审的二审判决，判决驳回上诉，维持原判。同日，李某将涉案房屋过户至马某名下，办理了《房屋产权证书》。杨某甲不服申请再审，高院作出裁定，驳回杨某甲的再审申请。此后，杨某乙等人以向最高人民法院申请审判监督为由，仍不搬离涉案房屋。之后，马某向法院提起排除妨害之诉，请求判令杨某乙及其妻子立即将房屋腾空，并赔付占用费 10 万元。法院经审理认为，执行法院应该继续采取执行措施，该案系执行后续问题，不属于受理民事诉讼的范围。刑事立案后，杨某乙等人仍未搬离涉案房屋。

张明楷：对杨某乙的行为是认定为非法侵入住宅罪，还是认定为拒不执行判决、裁定罪？

学生：认定为拒不执行判决、裁定罪。因为杨某乙等人一直都住在该房屋内，没有"侵入"的行为。

学生：成立非法侵入住宅罪与拒不执行判决、裁定罪，两个罪构成想象竞合。

张明楷：你们再读读法条，杨某乙是否属于拒不执行判决、裁定罪的行为主体呢？杨某乙的行为在日本会不会构成侵夺不动产罪呢？

学生：我觉得不是没有这样的可能，但是在日本的话，一般还是会认定为不退去罪吧。我们国家或许不能够认定为不退去罪，因为刑法并没有相关规定。如果要论证杨某乙的行为构成非法侵入住宅罪，首先需要论证杨某乙具有退去义务。

张明楷：日本没有拒不执行判决、裁定罪吧？

学生：日本没这个罪。我们国家《刑法》第六章中的妨害司法罪的那一节的大部分的罪名，日本刑法其实都没有。

学生：那相关的行为在日本是否要定罪呢？

张明楷：相关行为在日本肯定是有罪可定的，比如日本有妨碍强制执行的犯罪。我们还是讨论本案在我国怎么处理。对本案定拒不执行判决、裁定罪有问题吗？

学生：感觉没有问题。

张明楷：这个行为主体有问题吗？

学生：杨某乙也确实是协助执行义务人。

张明楷：杨某乙为什么是协助执行义务人呢？如果我们认为他就是被执行人不行吗？

学生：被执行人应该是写在法律文书上的对象。

张明楷：就财产判决而言，杨某甲要归还侯某520万元，杨某甲是被执行人。可是后来，当被害人申请强制执行的时候，强制执行的内容是清退房屋，意味着居住在房屋里的人要离开，那么应该离开的这些人不就是被执行人吗？

学生：我认为被执行人应当是要接受送达，然后签字的那些人。

学生：如果这样的话，假如夫妻二人只有一人签字，没有签字的一方不退去的就不是行为主体了吗？毕竟不可能夫妻二人都同时收到两份执行通知书和同时签字吧。

张明楷："对人民法院的判决、裁定有能力执行而拒不执行"，这表明本罪主体是一个特殊主体吗？就算是特殊主体，一定是指在接到的判决、裁定上签字的人或者是判决上载明的被执行人吗？

学生：协助执行义务人的意思是，收到人民法院协助执行的通知书之后，如果不协助执行，才能够构成本罪。感觉在这个案子里，杨某乙及其亲属都有点像协助执行义务人，但是协助执行义务人必须得收到一个协助通知书，本案中的行为人可能就不符合这个条件了。

学生：司法解释中的"等"字是否意味着所有的行为主体只要有执行义务就可以了？这样的话，本案行为人肯定算协助执行义务人。

张明楷：我不理解的是，为什么不直接把杨某乙等人当作被执行人呢？后来被害人申请强制执行的时候，其中一个内容就是要腾退房屋，要把这个房屋里面的人都清退出去。据此，凡是居住在这个房屋的人都是被执行人。

学生：可是，比如说法院要执行一个特定物，这个特定物却被小偷偷走了，小偷是不是也就因此成为有执行义务的人？

学生：如果杨某甲是执行义务人的话，杨某甲的执行义务本身是否包含了使得房屋里面的人清退的一个义务？如果他违反了义务的话，实际上就可以直接认定杨某甲的父亲杨某乙和其他家属为共犯，杨某乙实际上就是帮助犯。

张明楷：可是，现在法院不能证明杨某甲和杨某乙串通了，法院现在也找不到杨某甲这个人了。至于刚才说的那个盗窃犯的例子，我觉得不需要论证盗窃犯本身是否为执行义务人，只要论证执行义务人本身被判定为具有执行义务的人，他实际上应该做什么就可以了。所以，我认为，杨某甲能否找到，与杨某甲是不是执行义务人是两码事，杨某乙和其他家人是不是被执行人和杨某甲是不是执行义务人也是两码事。其实，只要确定杨某乙是正犯就可以了。

学生：我觉得还要考虑，杨某乙和家属住在这个房子里一直不出来的行为和杨某甲本身是否存在某种关系。如果说杨某乙认为房子就应该归他们住，那是否还有可能成立间接正犯？

张明楷：没有必要说杨某乙是间接正犯吧。如果找不到杨某甲，为什么就不可以说杨某乙就是被执行人呢？我觉得，民事诉讼的判断其实可以与刑法判断不一致。执行裁定的内容说得很清楚，针对的就是住在房屋里面的人，杨某乙就住在这个房屋里，所以是被执行人。

学生：在民法上杨某乙被认定为被执行人之后，还有什么消极的效果吗？如果没有的话，其实在刑法上把他叫做被执行人也没什么问题。

学生：实际上我们把被执行人理解为被执行财产关联人了。只要是与被执行财产相关的，或者对于被执行财产的占有、支配或者使用的可能性存有关联的，实际上都应该是所谓的被执行人。

学生：这样会导致执行义务的认定太随便了。根据事实情况看，谁对这个物有事实上的支配，谁就成为有义务的人。

张明楷：这个案件很清楚，执行的内容是让杨某乙等离开房屋，但他们一直住在这个房屋不离开。你们不要只是考虑民事判决本身的内容，还要考虑执行裁定的内容是什么。

学生：也就是说，妨碍了裁定最后实现的，都可以算该罪的行为主体。

学生：在刑法上好像真的可以这么认为，因为刑法并没有规定说主体必须是有执行义务的人，只是司法解释这么说而已。

张明楷：按理说刑法还是要求行为人有执行义务，因为要求是"有能力执行"，有能力执行是以有义务执行为前提的。也就是说，我们只需要判断哪些人有执行的义务和能力，从行为主体上说不需要区分被执行人与协助执行义务人。

学生：如果判决张三必须交付某个特定物，但该特定物被小偷偷走了，小偷也有可能成立拒不执行判决、裁定罪吗？

张明楷：直接认定小偷构成拒不执行判决、裁定罪不一定合适，但如果有判决或者裁定要求小偷交出特定物，小偷不交出来的，小偷则有可能成立拒不执行判决、裁定罪。

学生：假定的这个小偷和本案的杨某乙没有太大区别。

张明楷：我觉得不一样。根据裁定，杨某乙是应当离开这个房屋的，但他一直不离开。你假设的小偷案件，判决与裁定并没有说小偷要交出财物。

学生：我认为比较好的处理方式是，认定杨某甲构成拒不执行判决、裁定罪的正犯，杨某乙构成本罪的共犯。实际上，只要关注具有执行义务的人，他没有履行义务就够了。

学生：所以有两种解释路径，一是按照上面的解释认定杨某乙为帮助犯；二是扩大解释被执行人的概念，杨某乙就是正犯。

学生：执行过程中，作出清退命令本身就可以作为一个独立的民事执行。这样的话，住在房屋里的人就是具有清退义务的被执行人，认定杨某乙为正犯也没有什么障碍。

张明楷：我觉得没有障碍。

学生：如果裁定指向的对象是被执行人及任何相关人员，我觉得将杨某乙认定为正犯没有问题，但如果只是指向被执行人，那么认定杨某乙是帮助犯更合适。

学生：感觉对这种案件还是要根据民事诉讼法的规定来认定比较合适。

张明楷：前面的判决是要杨某甲归还欠款，这个需要根据民事诉讼法的规定来认定，被执行人是杨某甲，而不可能是其家属。但是后面关于腾退房屋的执行裁定就不一样了，杨某乙需要执行腾退房屋的裁定。拒不执行就是一种不作为，在这种情形下，要求由杨某甲来劝其父母腾退是不合适的，不能说杨某甲劝父母不成功，杨某甲就是正犯，其父母是共犯。

学生：同意老师的观点，因为如果认为同住的人没有义务离开房屋的话，法院将其赶出去的行为就成为了不法侵害，他们就可以对此进行正当防卫。其实，《刑法》第313条没有对被执行人进行限制，只是司法解释对此进行了规定，按照条文来理解被执行人没有其他障碍。

学生：其实，问题的焦点或许在于，同住人的义务是执行义务还是协助正犯执行的义务。

学生：司法解释把被执行人、协助执行义务人、担保人等有执行义务的人并列列举，所以不管属于什么，都是有执行义务的人，他们是等同的。

张明楷：等于说他们都是正犯，这样就没有必要讨论行为主体具体属于什么类型了。实际上，现在主张无罪的观点十分形式化，他们认为，被执行人、协助执行义务人是需要在裁定上列明的人，因此认为没有在裁定上列明的人都不符合该罪的行为主体要件。但我认为，要认定本案杨某乙是被执行人并没有障碍，要实质地理解裁定的内容。

学生：另外，还可以认定杨某乙的行为构成非法侵入住宅罪。

张明楷：司法实践认定非法侵入住宅罪时采取了安宁说，被害人没有进去住过，认定为非法侵入住宅有一定的障碍。如果在日本，他们采取新住宅权说，就可以构成不退去罪。此外，即使构成非法侵入住宅罪，也与拒不执行判决、裁定罪构成想象竞合。

案例106 拒不执行判决、裁定罪（与时效的关联）

2009 年被告人李某收到了法院的执行裁定文书（执行标的 8 万元），同时被司法拘留，但一直没有执行相关判决，法院也没有查到可执行财产，于 2009 年中止执行。2011 年李某购买了房屋，2015 年出卖了房屋，卖房款用于偿还银行贷款和个人债务，没有用于执行判决。法院于 2019 年发现被告人购房卖房的事实之后，也没有做什么。2019 年 11 月，法院认为李某的行为构成拒不执行判决、裁定罪，将案件移送公安机关立案。

张明楷：本案有两个问题需要讨论，一是李某的行为是否构成拒不执行判决、裁定罪；二是如果构成拒不执行判决、裁定罪，本案是否过了追诉时效。先讨论前一个问题。

学生：2009 年李某是有能力执行判决的，否则 2011 年不可能有钱购买房屋，由于隐藏了财产导致法院中止执行；出卖房屋后又没有将卖房款用于执行判决，导致判决无法执行，构成拒不执行判决、裁定罪吧。

张明楷：那么，是前一个隐藏财产的行为构成拒不执行判决、裁定罪，还是后面出卖房屋后不执行判决的行为构成拒不执行判决、裁定罪，抑或是两个行为加起来才构成拒不执行判决、裁定罪？

学生： 把两个行为综合起来认定为拒不执行判决、裁定罪，应当没有问题吧。

张明楷： 有问题。首先判断一下，前一个隐藏财产的行为是否构成拒不执行判决、裁定罪。

学生： 根据 2002 年 8 月 29 日全国人大常委会《关于〈中华人民共和国刑法〉第三百一十三条的解释》，被执行人隐藏、转移、故意毁损财产或者无偿转让财产、以明显不合理的低价转让财产，致使判决、裁定无法执行的，属于《刑法》第 313 条规定的"有能力执行而拒不执行，情节严重"的情形。所以，李某的前一行为就构成拒不执行判决、裁定罪。

张明楷： 是的。当然，如果说李某没有隐藏财产，购买房屋的款项是别人赠与的，则不构成犯罪。我们是假定李某隐藏财产逃避执行，然后用隐藏的财产购买了房屋，所以认定这一行为构成拒不执行判决、裁定罪。那么，李某的第二个行为构成拒不执行判决、裁定罪吗？

学生： 李某的第二个行为也构成拒不执行判决、裁定罪吧。因为李某在出卖房屋后就有了执行能力，应当执行判决但他没有执行，所以构成拒不执行判决、裁定罪。

学生： 卖房款用于偿还银行贷款和个人债务，如果个人债务是正当债务的话，不能认定为拒不执行判决、裁定罪吧。

张明楷：我们假定个人债务是正当的。

学生：那就不构成拒不执行判决、裁定罪，因为偿还银行贷款和个人债务也是李某应当履行的义务。

学生：执行判决也是履行债务，在这种情形下，李某应当优先执行判决、裁定吧。如果不优先执行判决、裁定，就妨碍了判决、裁定的顺利执行，应当认定为拒不执行判决、裁定罪。

张明楷：这取决于拒不执行判决、裁定罪的保护法益是什么。如果说，拒不执行判决、裁定罪的保护法益只有判决、裁定的顺利执行或者判决、裁定的权威性，李某的后一行为也构成犯罪。但这样确定拒不执行判决、裁定罪的保护法益是有问题的。假如判决要求甲向乙归还 20 万元，但乙觉得甲贫穷，就不要求甲归还 20 万元。在这种情形下，甲的行为肯定不成立拒不执行判决、裁定罪。但如果说拒不执行判决、裁定罪的保护法益就是判决、裁定的顺利执行，则甲的行为也侵犯了这一法益，仍然成立拒不执行判决、裁定罪。但这一结论明显不合适。

学生：老师的意思是拒不执行判决、裁定罪的保护法益还包括个人法益。

张明楷：是的。日本刑法中没有拒不执行判决、裁定的罪名，但规定了实质内容为拒不执行判决、裁定的具体犯罪，如妨害强制执行罪、妨害强制执行行为罪、妨害有关强制执行的变卖罪等。平野龙一教授认为，虽然妨害强制执行罪被规定为广义的妨害执行公务罪的一种类型，但法条的位置对于保护法益的确定不是决定性的；强制执行自身受到妨碍，其直接结果就是不能充分实现债权人的债权。所以，妨害强制执行行为表面上损害了国家权威，但实质上遭受侵害的是债权人。所以，与其将国家权威本身作为保护法益，不如将债权人实现债权的利益作为保护法益。不过，在我看来，仅将拒不执行判决、裁定罪的保护法益确定为个人法益也有问题。侵犯债权人实现债权利益的行为很多，并不是任何侵犯这一利益的行为都成立拒不执行判决、裁定罪，只有以拒不执行裁判的方式侵犯债权人的利益，才可能构成本罪。此外，判决、裁定的顺利执行，是国家司法作用的重要内容，也是值得刑法保护的法益。国家设置司法机关不只是审理案件，执行判决、裁定也是司法的重要内容，妨害判决、裁定的顺利执行，就是对司法的妨害。所以，不可否认判决、裁定的顺利执行是拒不执行判决、裁定罪的保护法益。日本刑法理论的通说认为，妨害强制执行罪的行为，通过损害作为国家作用的强制执行的机能而给债权人的债权实现造成危险，所以，本罪的保护法益是作为国家法益的强制执行的机能与作为个人法益的债权的实现。不过，在我国，其中的个人法益不限于财产法益，而是包括了人身法益。也就是说，拒不执行判决、裁定罪的保护法益是判决、裁定的顺利执行与权利人的人身和财产法益。

学生： 那么，老师说的这两种法益是什么关系呢？

张明楷： 山口厚老师认为，妨害强制执行罪虽然与债权人的债权实现具有间接的关联性，但本罪的直接保护法益是作为公务的强制执行作用。据此，拒不执行判决、裁定罪的直接保护法益是判决、裁定的顺利执行，间接保护法益则是权利人的人身与财产法益。我认为，上述国家法益与个人法益不是选择性的，而是只有当行为同时侵犯这两个法益时，才成立拒不执行判决、裁定罪。如果行为仅妨害了判决、裁定的顺利执行，但没有侵犯权利人的人身与财产法益，或者虽然侵犯了权利人的人身与财产法益，但没有妨害判决、裁定的顺利执行，均不成立拒不执行判决、裁定罪。在此意义上说，拒不执行判决、裁定罪的国家法益与个人法益同等重要、难分主次。

学生：如果是复合法益的话，那么，拒不执行判决、裁定罪是实害犯还是危险犯呢？

张明楷：相对于作为国家法益的判决、裁定的顺利执行而言，本罪是实害犯，因为根据立法解释的规定，只有当拒不执行的行为导致判决、裁定无法执行时，才成立犯罪，既然如此当然是实害犯。但相对于权利人的人身与财产法益而言，有可能只是危险犯。拒不执行判决、裁定的行为妨害了判决、裁定的顺利执行，但并没有给权利人的人身与财产权益造成任何危险的，或者权利人放弃了自己的权利的，就不成立拒不执行判决、裁定罪；反之，拒不执行判决、裁定的行为妨害了判决、裁定的顺利执行，但由于法院的强制执行等情况，妨害行为没有给权利人的人身与财产法益造成实害但有造成实害的危险的，仍然可能成立本罪。不过，从行为构成拒不执行判决、裁定罪的时点来说，也可以认为，相对于权利人的人身与财产法益而言，本罪也是实害犯。

学生：即使认为拒不执行判决、裁定罪的保护法益是复合法益，李某的第二个行为也构成拒不执行判决、裁定罪吧。一方面，他出卖房屋后不执行判决的行为导致判决无法执行，侵犯了公法益；另一方面，他出卖房屋后不执行判决，导致判决中的债权人或权利人的财产遭受损失。

张明楷：司法实践中的确存在你这样的观点。也就是说，行为人在判决、裁定生效前或者生效后，将财产用于偿还其他正当债务，导致没有能力执行判决、裁定的，也有认定为拒不执行判决、裁定罪的。例如，某村的房产拆迁后获得有关拆迁补偿款合计 139908913 元，扣除村委会应得款项及代付等款项，某实业有限公司应从村委会获得 50504727.01 元。其间，村委会配合人民法院执行沈某及某实业有限公司有关民事判决确定的债权债务支付。2019 年 12 月 25 日，被告人沈某从村委会收取拆迁补偿款 1655 万元并转入他人账户中，随后以要偿还债务为由将该 1655 万元支付给孙某、夏某、莫某、陈某、徐某、李某等人，致使人民法院的生效判决无法执行。后查明，沈某与孙某、夏某、莫某、陈某、徐某、李某等人债权债务关系并未经人民法院生效裁判确定。检察机关对沈某以拒不执行判决、裁定罪向人民法院提起公诉。

学生：我还是觉得这个案件中的沈某的行为构成拒不执行判决、裁定罪，也认为李某的第二个行为构成拒不执行判决、裁定罪。原告起诉了行为人后，行为人把财产用于偿还第三人的债务，却不执行判决，就是想恶心原告，其他债权人不起诉就可以得到清偿，这不合适吧。

张明楷：倘若认为拒不执行判决、裁定罪的保护法益只是判决、裁定的权威性，认定沈某的行为构成本罪也许是可能的。但是，拒不执行判决、裁定罪的保护法益不只是判决、裁定的顺利执行，还有权利人的合法权益。由于债权平等，即使人民法院对沈某强制执行，孙某、夏某等债权人也享有平等地接受清偿的权利。而不是说，在判决、裁定生效后，沈某只能履行判决、裁定确定的债务，不能履行对其他债权人的正当债务。既然如此，就不能将上述沈某的行为认定为拒不执行判决、裁定罪。同样，即使法院在2009年发现了李某隐藏的财产，在进行强制执行时，其他债务人也有权利要求从执行的财产中清偿自己的债务。不可否认的是，拒不执行判决、裁定罪的保护法益一般是指判决、裁定所确认的权利人的合法权益，而不是保护一切权利人的合法权益。但是，由于债权平等，不得通过牺牲其他权利人的合法权益来保护判决、裁定所确认的权利人的合法权益。否则，就破坏了法秩序的统一性。我请教过民法与民事诉讼法的学者，沈某的行为与李某的第二个行为不属于《民事诉讼法》规定的拒不履行判决、裁定的情形。既然如此，就更不可能构成刑法上的拒不执行判决、裁定罪了。

学生：明白了。上述沈某的行为不构成拒不执行判决、裁定罪，李某的第二个行为也不构成拒执罪。

张明楷：那我们现在讨论李某的行为是否超过了追诉时效。如果只有第一个行为构成拒不执行判决、裁定罪，第一个行为发生在2009年，公安机关是2019年才立案的。如果说拒不执行判决、裁定罪不是持续犯，就已经超过了追诉时效。能说李某拒不执行的行为一直持续到2019年吗？从构成要件的角度来讲，本罪不是持续犯，因为构成要件没有要求行为持续，李某隐匿财产导致判决无法执行时就已经既遂。

学生：但是构成要件描述的是有能力执行而拒不执行，那就是不作为，也就是说作为义务是一直存在的，这样的话就是持续犯了。

学生：这样说来所有的不作为犯都是持续犯吗？

学生：丢失枪支不报罪也是持续犯吗？因为一直存在报告的义务。

学生：是不是要区分是否造成严重结果，造成严重结果之后就没有报告义务了？

学生：难道所有的义务犯都是持续犯吗？

张明楷：具体一点讨论吧。假如说被告人5年之前丢失枪支不报，当时有人捡到他的枪支杀了人造成严重后果，那时肯定已经既遂了，这个罪名最高法定刑是3年有期徒刑，经过5年不再追诉。假如说，到了第六年，捡到枪支的人又用这把枪杀了人，造成严重结果，这个时候案发了，是不是说前一个就不追诉了，只追诉后一个？假如说第六年这个人没有杀人，只是案发了，是不是说就因为经过5年追诉时效而不追诉了？

学生：丢失枪支不报罪有未遂吗？

学生：那就是没有报告，也没有发生严重后果？

学生：那就不成立犯罪了吧，不是未遂。

学生：丢失枪支不报罪中的这个报告是不是就相当于自首了？

学生：那也不一定。

学生：第六年案发，但没有造成严重后果，能否认定为未遂犯？

学生：这个就很奇怪了，构成要件结果是行为人把枪丢失了，因为"造成严重后果"属于客观的超过要素，也就是说把枪丢失了不报告就是既遂，那未遂就是没丢失？

学生：是的，所以"造成严重后果"不属于构成要件结果。

张明楷：丢失枪支不报罪的构成要件行为是什么？

学生：丢失枪支不是构成要件行为，而是作为义务的来源，相当于行为当时的时间、状态等情势，不报告才是构成要件行为。

张明楷：所以，在主管部门知道枪支丢失前，行为人一直有报告义务，如果一直没有报告就表明行为一直在持续。但只要主管部门知道行为人的枪支丢失了，行为人就没有报告义务了。而不是说，造成严重后果后行为人才没有报告义务。比如，警察甲丢失了枪支，一直没有报告，乙捡到枪支后杀了人，但主管部门没有查明乙是用甲丢失的枪支杀人，乙也可能没有被抓获。在这种情形下，虽然甲的行为已经成立丢失枪支不报罪，但他还有报告的义务吧。如果后来乙又持枪杀人，甲还需要对此结果负责，当然也只是承担丢失枪支不报罪的责任。也就是说，在不作为犯的场合，只有履行了作为义务，或者因为不履行作为义务造成了构成要件结果，而且不可能继续或再次造成构成要件结果时，不作为犯才终了。

学生：看来不是单纯的结果是否发生的问题。

张明楷：回到拒不执行判决、裁定罪来，成立这一犯罪的前提是被告人具有执行能力。假如说，在判决生效时的 2009 年，被告人以别人的名义持有存款 500 万元，在法院强制执行期间，被告人隐瞒了这个事实，2010 年行为人拿着这个 500 万元去澳门赌博输完了，于是丧失了执行能力。

学生：这个相当于是行为人自己使自己失去执行能力与作为可能性，这就属于原因自由的不作为啊。

张明楷：是的，在判决、裁定生效后，行为人将财产用于赌博输掉的，可以适用原因自由的不作为的法理，认定行为人有执行判决的能力而不执行。但有些案件不能适用原因自由的不作为的法理。比如，被告人欠他人 2000 万元，估计到自己会被他人起诉，自己的房产可能被执行。于是，被告人就与第三者签订虚假合同，虚构自己欠对方 2000 万元，将房产抵押给第三者。目的就是被起诉后，由第三者主张权利。在这种情形下，被告人和第三者实施的行为是在他人起诉之前，还不存在一个判决、裁定，所以，行为人此时还没有执行判决、裁定的义务，既然此时还没有义务，就不能适用原因自由的不作为的法理。

学生：我认为这种情形下的被告人不成立拒不执行判决、裁定罪，本罪的保护法益是司法制度，具体来说是执行制度，在判决书、裁定书形成之前还没有被保护的法益。这类集体法益是随着相应制度的产生而产生的。

张明楷：判决书、裁定书形成之时还不行，只有当判决、裁定发生法律效力时，行为人才产生执行判决、裁定的义务。

学生：被告人的这种行为甚至不能认定为拒不执行判决、裁定罪的预备犯。

张明楷：我们接着讨论前面那个拒不执行判决、裁定案的时效问题。对被告人的行为是从 2009 年隐瞒财产时起开始计算，还是从 2010 年赌博时起开始计算？原因自由的不作为还在持续吗？

学生：如果肯定原因自由的不作为，这里讨论的重点应该不是持续的问题，而是后续造成不能执行的情形时，还能否归责于前一个能够执行的时间点。本案中，2009 年明明能够执行，但 2010 年故意失去执行能力，能否进行归责？

学生：那肯定是按照最后具有偿还能力的时刻起算追诉时效，这个案例就是 2010 年赌博之前还有 500 万元的时候开始计算追诉时效。

张明楷：也就是说，行为人在赌博之前还有执行能力，但他持续隐瞒财产状况，所以，追诉时效要从赌博输完之日起开始计算？

学生：应当是这样的。

张明楷：拒不执行判决、裁定罪从构成要件的要求来讲明显就是状态犯，没有必要说成是持续犯。因为从立法解释、司法解释来看的话，并不是只要单纯地不执行判决、裁定就成立犯罪。因为可以强制执行，所以一定要有转移、隐匿财产的作为才能既遂。但是在具体案件中，不排除有持续的行为，比如说一直把这个财产隐藏起来就是一种持续行为。

学生：那么，拒不执行判决、裁定罪到底是作为还是不作为？

张明楷：可以说是不作为犯，但从立法解释的规定来看，主要是作为和不作为的结合，有点类似于抗税罪。就隐匿财产来说肯定是作为的行为，就拒不执行判决、裁定来说就是不作为。

学生：只有单纯的不作为不能构成拒不执行判决、裁定罪吗？

张明楷：我觉得很难构成。因为国家有强制执行制度，在行为人不执行判决、裁定时，法院就应当强制执行。如果单纯的不执行判决、裁定就成立犯罪的话，强制执行制度就是多余的制度，导致法秩序不统一。

学生：在李某案中，李某2009年隐藏了财产，但此后一直有执行判决、裁定的义务。

张明楷：既然李某的第二个行为不构成犯罪，那么，隐瞒财产结束之日就是追诉时效开始计算之日。剩下的就是确定从何时起李某没有隐瞒财产。

学生：也只能是从李某将出卖房屋的款项还给银行或者其他债务人时起，隐瞒财产的行为才结束。

张明楷：如果是这样的话，还没有超过追诉时效。但如果说，2009年李某隐瞒财产导致法院中止执行时就已经既遂，那么，就已经超过了追诉时效。所以，本案如何计算追诉时效，还是很重要的。能不能说，李某于 2011 年购买房屋时，隐瞒财产的行为就已经结束？

学生：有可能，因为购买房屋是公开的，是要进行登记的，这个时候是公开了财产而不是隐瞒了财产。

张明楷：如果是这样的话，也超过了追诉时效。我倾向于从 2011 年购买房屋时起开始计算追诉时效，不追究李某的刑事责任。我这样认为，还有一个理由是，如果人民法院 2011 年后发现李某购买房屋，就可以强制执行，而不至于使判决无法执行，李某也不可能构成拒不执行判决、裁定罪。法院可能因为中止执行，就再也没有关注李某的财产状况，既然如此，不追究李某的刑事责任更合适一些。

案例 107　盗伐林木罪（与滥伐林木罪的区别）

2016 年 3 月开始，犯罪嫌疑人杨某某、张某某没有林木采伐许可证，且未经许可，共同在权属为国家所有的某村石树顶山开荒种植沉香，经专业机构现场调查，林木被砍伐面积约 18 亩，蓄积量为 98 立方米。被告人与现场勘查可以证明，被砍伐的林木并没有被杨某某、张某某挪作他用，而是堆放在原地。

张明楷：这个种植沉香采伐案，检法两家的观点不一致。公

诉机关认为，两被告人违反森林法及相关规定，未经林业行政主
管部门及法律规定的其他主管部门批准并核发采伐许可证，私自
采伐国家所有的林木，破坏森林资源，数量较大，应当以滥伐林
木罪追究刑事责任。辩护人也认为两被告人的行为成立滥伐林木
罪。但法院判决指出，虽然控辩双方均认为两被告人的行为构成
滥伐林木罪，但根据最高人民法院 2000 年 11 月 22 日的《关于审
理破坏森林资源刑事案件具体应用法律若干问题的解释》第 3 条
之规定，以非法占有为目的，擅自砍伐国家、集体、他人所有或
者他人承包经营管理的森林或者其他林木，数量较大的，构成盗
伐林木罪。该《解释》第 5 条规定，未取得核发的林木采伐许可
证，或者违反林木采伐许可规定的时间、数量等，任意采伐本单
位所有或者本人所有的森林或者其他林木等行为，则构成滥伐林
木罪。本案中涉案林木权属为国家，两被告人为在涉案地块种植
沉香谋取非法利益，擅自砍伐国家所有的林木，并已实际非法占
有，其是否出售牟利并不影响非法占有的认定，故两被告人的行
为应构成盗伐林木罪。法院判决所说的解释是旧解释，但新解释
即 2023 年 8 月 13 日最高人民法院《关于审理破坏森林资源刑事
案件适用法律若干问题的解释》第 3 条同样规定："以非法占有
为目的，具有下列情形之一的，应当认定为刑法第三百四十五条
第一款规定的'盗伐森林或者其他林木'：（一）未取得采伐许可
证，擅自采伐国家、集体或者他人所有的林木的；（二）违反森
林法第五十六条第三款的规定，擅自采伐国家、集体或者他人所
有的林木的；（三）在采伐许可证规定的地点以外采伐国家、集
体或者他人所有的林木的。""不以非法占有为目的，违反森林法
的规定，进行开垦、采石、采砂、采土或者其他活动，造成国

家、集体或者他人所有的林木毁坏，符合刑法第二百七十五条规定的，以故意毁坏财物罪定罪处罚。"你们对此怎么看？

学生：检察院是因为行为人对盗伐的林木没有非法占有目的，所以认定为构成滥伐林木罪；而法院认为被告人已实际非法占有林木，其是否出售牟利并不影响非法占有的认定，意思是被告人有非法占有目的，所以认定为盗伐林木罪。但我认为法院对非法占有目的的认定存在疑问。被告人就是将林木盗伐之后堆在一旁，没有据为己有，只是为了种植沉香，不能认定被告人具有非法占有目的。

学生：盗伐与滥伐的区别就在于行为人是否具有非法占有目的吗？

张明楷：从新的司法解释的规定来看，还不能简单地这么说，是否具有非法占有目的成为盗伐林木罪与故意毁坏财物罪的一个重要区别。这似乎将盗伐林木视为盗窃罪了，我觉得不合适。

学生：我在硕士期间参加了一个模拟法庭比赛，当时辩论的是一个环境法的题目，刚好就问到盗伐与滥伐的区别，最后主办方给出的答案就是看是否具有采伐许可证，有采伐许可证但是超过了许可证规定的数量就是滥伐，没有许可证的砍伐就是盗伐。

张明楷：这样的标准有问题，如果是自己种的山林，行为人在没有采伐许可证的情况下砍伐林木，也构成盗伐林木罪吗？

学生：砍伐自种林木的情况不一样，由于林木归属于行为人，行为人擅自砍伐也不应该认定为盗伐，只能认定为滥伐林木罪。

张明楷：那行为人虽然有采伐许可证，但超过批准的数量采伐的部分，与没有采伐许可证采伐的，有什么区别？

学生：没有实质区别。

张明楷：没有采伐许可证却砍伐国家林木，行为人有无非法占有目的，对国家森林资源的破坏有没有区别？

学生：没有任何区别。

张明楷：盗伐林木罪的保护法益是什么？

学生：是森林资源。

张明楷：那滥伐林木罪的保护法益是什么？

学生：也是森林资源。

张明楷：既然保护法益相同，那为什么两个罪的法定刑相差较大呢？

学生：是不是因为盗伐的行为人有非法占有目的，而滥伐的行为人没有非法占有目的？

张明楷：前面不是说了有无目的不影响对森林资源的破坏程度吗？如果说，盗伐林木罪不仅侵犯了森林资源，而且侵犯了他人的财产所有权，而滥伐林木罪仅侵犯了森林资源，是不是很容易说明两罪的区别？

学生：老师的意思是根据林木的所有权来区分盗伐林木罪与滥伐林木罪吗？

张明楷：是的，如果行为人没有采伐许可证，擅自采伐国家、集体或者他人所有的林木，就构成盗伐林木罪；如果有采伐许可证，但超出许可的范围采伐的，超出的部分也是盗伐林木罪。因为上面这两种情形都同时侵犯了森林资源与他人对林木的所有权。如果行为人没有采伐许可证，擅自采伐自己承包的山林等，则构成滥伐林木罪。

学生：这样区分倒是很容易。但新的司法解释第 5 条规定，具有下列情形之一的，应当认定为"滥伐森林或者其他林木"：（1）未取得采伐许可证，或者违反采伐许可证规定的时间、地点、数量、树种、方式，任意采伐本单位或者本人所有的林木的；（2）违反《森林法》第 56 条第 3 款的规定，任意采伐本单位或者本人所有的林木的；（3）在采伐许可证规定的地点，超过规定的数量采伐国家、集体或者他人所有的林木的。林木权属存在争议，一方未取得采伐许可证擅自砍伐的，以滥伐林木论处。

张明楷：《森林法》第 56 条第 3 款规定的是什么？

学生："非林地上的农田防护林、防风固沙林、护路林、护岸护堤林和城镇林木等的更新采伐，由有关主管部门按照有关规定管理。"

张明楷：我不赞成司法解释的上述规定。第一，上述第 5 条第 2 款规定，"林木权属存在争议，一方未取得采伐许可证擅自砍伐的，以滥伐林木论处。"这其实表明，要按行为人是否对林木具有所有权来区分盗伐与滥伐。第二，如果是个人，未取得采伐许可证，或者违反采伐许可证规定的数量、树种，任意采伐本单位所有的林木的，我觉得还是要认定为盗伐林木罪；如果是单位，未取得采伐许可证，或者违反采伐许可证规定的数量、树种，任意采伐本单位所有的林木的，则认定为滥伐林森罪。第三，违反《森林法》第 56 条第 3 款的规定，也就是没有经过有关主管部门的许可，擅自采伐非林地上的农田防护林、防风固沙林、护路林、护岸护堤林和城镇林木的，也要认定为盗伐林木罪。第四，在采伐许可证规定的地点，超过规定的数量采伐国家、集体或者他人所有的林木的，因为侵犯了国家、集体或者他人对林木的所有权，也要认定为盗伐林木罪。

学生：老师是用一个标准来区分盗伐与滥伐的，但司法解释采用了多个标准来区分盗伐与滥伐。

张明楷：是的。司法解释的规定导致处罚不均衡。举个例子，甲没有采伐许可证，采伐了 100 立方林木；乙有采伐许可证，但是超许可范围采伐了 200 立方林木，如果按照是否具有许可证的标准，那甲会被认定为盗伐林木罪，乙则成立滥伐林木罪，但是凭什么乙采伐得多反而适用轻罪？这是没有道理的。

学生：老师的意思是，只考虑林木权属，以此区分盗伐与滥伐。

张明楷：可以这样说，因为考虑林木权属，就意味着按保护法益来区分二者。

学生：老师也认为盗伐林木罪的成立不需要非法占有目的吧。

张明楷：是的。在我们今天的这个案件中，两名被告人对盗伐的林木没有非法占有目的，但我认为也构成盗伐林木罪。

学生：按新的司法解释的规定，就只能认定为故意毁坏财物罪。

学生：定故意毁坏财物罪还不如定滥伐林木罪。

张明楷：至少也能肯定是滥伐林木罪与故意毁坏财物罪的想象竞合。如果只认定为故意毁坏财物罪，就没有评价其行为对森林资源的破坏这一不法内容。但按我的观点，即使没有非法占有目的，也要认定为盗伐林木罪。如同故意毁坏财物罪没有非法占有目的，也侵犯了他人的财产所有权一样。行为人没有非法占有目的，也没有采伐许可证，其盗伐行为就不仅侵犯了森林资源，而且侵犯了国家、集体或者他人对林木的所有权，所以要认定为盗伐林木罪。

学生：旧的司法解释与新的司法解释为什么要求盗伐林木罪必须具有非法占有目的呢？

张明楷：我估计是为了肯定盗伐林木罪与盗窃罪是法条竞合的特别关系，特别法条的适用以普通法条为前提，盗窃罪要求非法占有目的，所以盗伐林木罪也必须具有非法占有目的。

学生：但是，按司法解释的规定，有非法占有目的也可能只构成滥伐林木罪。

张明楷：所以，我说司法解释同时采用多个标准来区分盗伐与滥伐。

学生：老师一直不赞成盗伐林木罪是盗窃罪的特别法条。

张明楷：你的这个表述不准确。我的观点是，如果按盗窃财物量刑，也只能处 15 年以下有期徒刑，此时可以认为盗伐林木罪是盗窃罪的特别法条。但如果按盗窃财物量刑，需要判处无期徒刑，此时盗伐林木罪与盗窃罪就是想象竞合。

学生：老师在论著中写过，既然剥树皮成立盗窃罪，如果数额特别巨大，可能判处 10 年以上有期徒刑或者无期徒刑，为什么砍伐树木的，无论数额多少都只能判处 15 年以下有期徒刑？这显然不合适，在这种场合，只有认定为想象竞合，才能解决问题。

张明楷：是的。很多人习惯于认为，这是刑法规定出了问题，刑法应当对盗伐林木罪规定更重的法定刑，至少使其法定刑不轻于盗窃罪。但这样的想法有问题。因为如果遇到这样的情形都归责于刑法规定的法定刑过轻，就必然导致刑法的法定刑普遍加重。而且，这种观点总是以罕见情形为根据，让法定刑考虑罕见情形，这是不合适的。刑法是普遍适用的规范，法定刑的规定不应当考虑罕见情形，所以，通过想象竞合来解决这样的问题，既避免法定刑的普遍加重，也能妥当处理个案。

学生：难怪老师认为两个罪之间究竟是法条竞合还是想象竞合，不是固定不变的，而是随着事实的变化而变化的。

案例 108　介绍卖淫罪（构成要件的判断）

嫖客在和甲卖淫女交易的过程中，提出能不能再找一个卖淫女过来。于是，甲卖淫女就立即把在同一场所卖淫的乙卖淫女叫来了，嫖客就和这两个卖淫女实施了嫖宿行为。甲女已经是第二次实施这样的行为了。

张明楷：按照司法解释的规定，对于介绍两个人以上卖淫的就要定介绍卖淫罪，甲女是否构成介绍卖淫罪？

学生：这取决于怎么解释介绍卖淫罪的构成要件行为。

学生：从字面含义来看，甲女确实介绍乙女到特定场所来卖淫了。

张明楷：字面含义不等于刑法条文的真实含义。我觉得，介绍卖淫罪主要是指两种情形：第一种情形是，某人打算卖淫，但是没有卖淫场所，行为人就向这个人介绍一个卖淫窝点，从而使这个人得以在这个卖淫窝点从事卖淫活动。第二种情形是，行为人把卖淫者介绍给组织卖淫的组织者。简单地说，介绍卖淫，应当是指介绍卖淫者去某个场所或者在某人组织下从事卖淫活动。本案中，卖淫女已经在特定的场所卖淫，场所的相关人员安排卖淫女与某位嫖客发生性关系的，就不是介绍卖淫。同样，如果行为人知道某人想嫖娼，进而将这个信息提供给卖淫女的，也不是介绍卖淫。所以，我认为，将本案中的甲女的行为认定为介绍卖淫不合适。如果将这种行为认定为介绍卖淫罪，那么，组织卖淫者中的那些安排卖淫女向嫖客提供性服务的行为，都是介绍卖淫行为的一部分，我感觉不合适。也就是说，介绍卖淫不是指一次性服务的安排、介绍这样的行为，而是指一个整体性地介绍卖淫者在何处、由谁组织从事卖淫活动的行为。

学生：能理解老师的意思。

张明楷：组织、强迫、介绍卖淫，属于性剥削的范畴。当一个人虽然想卖淫，但是没有落入一个组织者之手的时候，就不存在被性剥削的情形。可是，通过行为人的介绍，行为人把一个人介绍到一个组织者那里去，就使他成了性的被剥削者，就表明这个介绍行为还是对卖淫者有危害的。对社会秩序的危害是另外一回事。所以，按照现在的性剥削理论，这种介绍卖淫的行为就有了处罚的根据。可是，如果一个人已经是在一个卖淫场所卖淫了，或者已经是在别人的组织之下从事卖淫活动了，这个时候的性剥削者应该是组织者，而不是将卖淫女介绍给特定嫖客的介绍者，所以介绍者不应该构成介绍卖淫罪。

学生：由于乙女已经在特定的场所从事卖淫活动，不能认为甲女的行为加重了对乙女的性剥削，也不能认为甲女的行为对社会秩序造成了什么危害。

学生：老师刚才讲的介绍卖淫罪的构成要件行为，会不会与引诱卖淫罪难以区分？

张明楷：引诱卖淫罪是针对没有卖淫意思的人而言的，介绍卖淫是针对有卖淫意思的人而言的，两者还是容易区别的。

学生：介绍卖淫是介绍卖淫者向不特定的人卖淫，而不是向特定的人卖淫。

张明楷：这样表述也是可以的，但需要听者能够理解言外之意。

学生：介绍嫖娼也不属于介绍卖淫。

张明楷：以前北京有一个介绍嫖娼的案件，我们也讨论过：外地有两个人来北京出差，就住在宾馆，宾馆里面没有卖淫的场所，他们两个人就出去找卖淫场所，在马路上遇到个老人，他们就问老人什么地方有色情场所，意思就是什么地方可以嫖娼，老人就告诉他们前面的一个饭店就有。两个人就去那里嫖娼，刚好那一次被抓了，两个人说出了是一位老人介绍的。我当时就认为，这个案件不成立介绍卖淫罪。

学生：如果老人是在路上专门向他人介绍那个饭店有卖淫的，是不是构成协助组织卖淫罪？

张明楷：如果老人是专门介绍他人到那里嫖娼的，当然可能构成协助组织卖淫罪。但这位老人只是知道那个饭店有卖淫的，只是偶然地告诉两个人，这就不可能认定为协助组织卖淫罪。

学生：刚刚您说的构成介绍卖淫罪的情形，也就是把卖淫者介绍给组织者，会不会构成协助组织卖淫罪？因为介绍者相当于为组织卖淫的人招募人员。

张明楷：不是组织者让行为人去招募卖淫者，而是卖淫者想卖淫，需要找到场所或者组织者，于是行为人介绍卖淫者前往特定场所或者去找相关的组织者。行为人是为了使卖淫者能够从事卖淫活动，而不是为了使组织者能够组织卖淫，所以，不能将介绍卖淫的行为认定为协助组织卖淫罪。

学生：我觉得还是要看情况。在我们今天讨论的案件中：如果乙女在那个场所类似于坐班制的话，就不能将甲女的行为认定为介绍卖淫罪；但是如果乙女是在自己家里，然后甲女打电话把她叫过来，应该也可以称为介绍卖淫的。

张明楷：这两种情形区别何在呢？现在有不少卖淫者就是在自己家里，由组织者安排去什么地方从事性交易，交易结束后就回到自己家里。我觉得这两种情形没有区别。现在的性剥削理论不再要求行为人对他人实施暴力、胁迫，只要大体上处于一种强势的有影响力的支配地位就可以了。但本案的两名卖淫女之间谈不上有这样一种关系。

学生：性剥削理论是把组织卖淫、介绍卖淫这类犯罪的法益定位为个人法益了吗？

张明楷：如果要把组织卖淫、介绍卖淫这类犯罪的保护法益界定为个人法益，就是用性剥削理论。我觉得，就多数情形而言，组织卖淫、介绍卖淫等行为利用了卖淫者的弱势地位，并且利用他们的卖淫行为获得了利益，在这个意义上还侵害了卖淫者的利益。如果完全不侵害个人法益，那此类行为侵害了什么公共法益呢？

学生：只有处于组织者这种地位的人，才可以被称为性剥削者吗？

张明楷：组织卖淫与强迫卖淫是最严重的性剥削。所以，如果现在要把引诱、容留、介绍卖淫也朝着这个方向去解释的话，那么这个"介绍"就不是漫无边际的介绍。如果按照我刚才讲的观点，那么"引诱"就符合性剥削的理论。按我对介绍卖淫的理解，介绍行为与引诱行为的差异就很小了。剩下的问题就是"容留"。如果容留者要从卖淫女那里提成，也有一种性剥削在里面。问题在于不提成的容留，用性剥削就不一定好解释。所以，对"容留"的解释要有一定的限制。对容留卖淫的处罚根据的看法不同，得出的结论也就不完全一样。

案例109 容留卖淫罪（与组织卖淫罪的区分）

某栋商用大楼的产权人甲，把大楼的地上楼层的经营权交给专门经营酒店的乙，由乙经营管理，乙如何经营甲并不干涉，乙每个月向甲缴纳租金。与此同时，甲将大楼的地下楼层直接租给丙，丙将其用于经营洗浴、理发等项目。丙利用地下楼层组织他人卖淫，但卖淫嫖娼的地点则是在地上楼层的房间，而不在地下室。亦即，如果有人去洗浴中心提出需要特殊服务，丙就让他们去楼上开房间，进而实施卖淫嫖娼活动。甲是产权人，对乙与丙的活动知情，但没有阻止乙与丙的行为。

张明楷：可以肯定的是，丙的行为构成组织卖淫罪，这是没有问题的。接下来讨论乙的行为是否构成犯罪、构成什么罪。

学生：乙与丙有没有通谋和分成之类的？

张明楷：从案情介绍来说，乙只是知道有人在自己经营的楼层从事卖淫嫖娼活动，但没有说乙与丙有通谋和分成之类的。

学生：如果没有通谋与分成，就只能认定乙的行为构成容留卖淫罪，而不能认定为组织卖淫罪的共犯。

张明楷：构成组织卖淫罪的共犯一定要分成吗？

学生：不分成也能构成共犯，但以通谋为前提吧？

张明楷：你说的通谋是什么意思？是要求乙与丙就组织卖淫活动进行谋划、商议吗？

学生：也不一定要求谋划、商议。

张明楷：丙组织他人卖淫，乙知情仍然为丙组织卖淫活动提供卖淫嫖娼场所，这种心照不宣的情形，是不是也能构成组织卖淫罪的共犯或者协助组织卖淫罪呢？

学生：如果刑法没有规定容留卖淫罪，我们想到的肯定就是乙构成组织卖淫罪的共犯或者协助组织卖淫罪。

张明楷：如果刑法规定了容留卖淫罪，就能否认乙构成组织卖淫罪的共犯或者协助组织卖淫罪吗？

学生：也不能。

张明楷：这说明在本案中，乙容留他人卖淫的行为同时也构成组织卖淫罪的共犯或者协助组织卖淫罪吧。

学生：是的。但乙只有一个行为，应当是想象竞合吧。

张明楷：是想象竞合还是包括的一罪，是另一个问题。一个行为侵犯同一个法益，没有必要说是想象竞合吧。本案的关键问题是，要不要认定甲的行为构成犯罪？如果构成犯罪，是认定为容留卖淫罪，还是组织卖淫罪的共犯抑或是协助组织卖淫罪？

学生：甲没有实施什么协助行为，可能只需要考虑容留卖淫罪与组织卖淫罪的共犯。

张明楷：如果是容留卖淫罪，就涉及一个比较普遍性的问题，房主知道租客在房屋内卖淫的，房主是否构成容留卖淫罪？

学生：房主将房屋出租给租客后，没有义务阻止租客在房屋内实施犯罪行为吧。

张明楷：一般来说肯定是这样的。比如，即使房主发现租客在房屋内实施杀人、强奸等行为，也不会认定房主构成共犯，因为这个房屋已经由租客使用。但一些行政规章却给房主赋予各种义务。我有一天散步到清华南门对面小巷子里时，发现一个标语上写着："房屋出租后，他人在租房内违法犯罪的，房主要承担法律责任。"我当时立马就想到这个问题。

学生：《北京市住房租赁条例》就有这一条。

张明楷：那等于说在这种场合，承租人和出租人都可能同时构成容留他人卖淫。承租人是作为，房主是不作为吗？我感觉房屋租出去之后，房主没有阻止租客实施犯罪的刑法上的义务。

学生：如果甲明知丙租了地下楼层后会用于组织卖淫，仍然将地下楼层租给丙，是不是会构成组织卖淫罪的共犯？

张明楷：这相当于明知他人实施组织卖淫活动而为他人提供

场所，应当构成组织卖淫罪的共犯或者协助组织卖淫罪。

学生：既然如此，甲在出租给丙之后为什么就不构成组织卖淫罪的共犯或者协助组织卖淫罪呢？

张明楷：如果是明知丙将要用地下楼层实施组织卖淫罪，就是作为的共犯。现在讨论的案件应当涉及不作为的问题，问题在于甲有没有义务阻止丙的犯罪行为。如果有阻止义务而没有阻止，至少构成不作为的帮助犯；如果没有阻止义务就不构成犯罪。

学生：这可能是争议很大的问题。

张明楷：是的。我还是倾向于认为甲没有阻止他人在大楼内犯罪的义务，因为房屋全部租给他人使用，甲只是产权人，不能因为是产权人就认为他对房屋内的犯罪都有阻止义务。当然，如果不是从共犯的角度来考虑，而是以甲是产权人为由，认定其是否构成容留卖淫罪，也是值得进一步讨论的。

学生：甲将地上楼层租给乙之后，地上楼层属于谁支配呢？

张明楷：经营权完全掌握在乙手中，就如何使用地上楼层来说，当然是乙支配，而不可能是甲支配。

学生：如果是这样的话，也不好认定甲构成容留卖淫罪。

张明楷：我也是这样认为的。我顺便再讲一个案件：几个被告人是足浴店的老板，足浴店里有70名左右女性技师提供足疗、SPA等服务，这些服务本身是很正规的。比如说足疗168元/小时，全身按摩258元/小时，SPA是368元/小时。足浴店还规定，技师上班时间要提前离开时，需要刷钟到下班时间。比如技师 12 点下班，但是 11 点就想走，就需要交 1 个小时的钱给店里，一般是最便宜的 168 元。当然，上钟的足浴店里店家也是要和技师分成，比如说五五分成。有一个男顾客把 5 名技师带了出去，并且交齐了刷钟的钱。后来查明这 5 个技师实际上是在外面卖淫。技师们说足浴店负责人可能知道情况，不然男顾客凭什么把女技师带出去。足浴店负责人可能知道但是不在乎。足浴店负责人是否构成组织卖淫罪？

学生：足浴店对女技师出去卖淫并没有一个组织的行为，所以我觉得不符合组织卖淫罪的构成要件。

学生：假如说足浴店发现员工卖淫，有报告的义务吗？

张明楷：没有义务，他们不是在足浴店卖淫。在店里卖淫就有成立容留卖淫罪的问题。这个店是很正规的店，案发之后这个店还在正常经营。

学生：技师在足浴店工作，看上去足浴店对技师有一定的管理组织，但是事实上我们要区分足浴店管理组织的是技师的什么行为。应当认为足浴店管理组织的是技师的正常工作行为，而对于技师卖淫的行为没有任何的管理。所以我觉得不能够认定为组织卖淫罪。

张明楷：其实足浴店知道了也不构成组织卖淫罪和其他犯罪。技师提前离开其实反而会影响店里的生意，顾客本来可能额外点些吃的喝的。让提前离开的技师刷钟实际上是在减少损失。检察院的起诉可能误解了"以招募、雇用、纠集的手段管理或者控制卖淫人员的行为"。这个行为本身指的是替卖淫组织招募、雇佣。而足浴店只是管理技师合法服务的那部分行为，对技师的卖淫行为没有管理和控制。

案例110 传播淫秽物品牟利罪（传播行为与牟利目的的判断）

2016年年底，被告人周某在微信上结识了郑某，跟着郑某在微信上销售男性保健品。2017年年初，周某从郑某微信群里学到一种方法，即在微信群里发送淫秽物品的链接。后来，周某自己也建立了一个微信群，并在微信群里发送淫秽物品的链接，用于推销产品。周某同时也发展下线人员，下线人员采用同样的方法推销产品。

张明楷：这个案件是认定为传播淫秽物品罪，还是定传播淫秽物品牟利罪？也就是说，牟利目的是仅指直接牟利，还是说包括间接牟利？

学生："快播案"也是因为广告收入背后依赖的流量就是传播淫秽物品带来的，靠流量带来的广告收入来挣钱，所以被认定为传播淫秽物品牟利罪。"快播案"和日本的那个Winny事件还不太一样，Winny软件确实是有一些技术进步意义，违法传播相对较少。但是，即使是这样，日本的最高裁判所也没有否认开发商的帮助行为性质，而是认为没有预见到传播规模阻却了帮助故意，最终没有将开发商作为著作权违反罪的共犯处理。

学生：老师讲的这个案件，行为人是靠销售保健品牟利，而不是靠传播淫秽物品牟利，传播淫秽物品相当于给自己的产品做广告，属于间接牟利的情形。

学生：如果能够证明发送淫秽物品链接和销售收入有明显的正相关性，还是可以认定为有牟利目的的吧。

学生：但是，假设行为人通过传播淫秽物品提高他所在饭店的客流量，按照经验法则，似乎也能肯定相关性，难道这也要认定为传播淫秽物品牟利吗？

学生：如果单纯从法益侵害的角度进行判断的话，牟利与否实际上不影响客观上的法益侵害，传播淫秽物品罪和传播淫秽物品牟利罪都属于风俗犯罪，所以，确实可以从法益理论来看，不要求牟利目的具有直接性，只要出于牟利动机即可。

张明楷：还有一个立法论上的问题，在不同的罪名里面，牟利目的给人的感觉是不一样的，因此应当扩大解释还是限缩解释的方向就不一样，这方面可以做一些体系性的研究。

学生：如果否认本案周某具有牟利目的，理由是什么呢？

学生：因为周某不是通过传播淫秽物品的链接牟利，所以，对传播淫秽物品不是出于牟利目的？

张明楷：那周某是出于什么目的传播淫秽链接呢？

学生：是为了推销男性保健品。

张明楷：推销男性保健品的目的是什么呢？

学生：是为了牟利。

张明楷：我还没有对刑法分则中关于牟利目的的规定进行归类整理，但凭感觉会认为，牟利目的在不同的犯罪中可能要求不一样。感觉在传播淫秽物品牟利罪中，并不是因为行为人通过传播淫秽物品牟利了，所以法定刑就提高了，而是因为牟利目的促使行为人更大规模或更大范围地传播淫秽物品，所以，法益侵害会更严重，需要提高法定刑。在此意义上说，将牟利目的归入主观的违法要素是完全可以理解和接受的。

学生：平野龙一、山口厚等老师也是在此意义上认为牟利目的等属于主观的违法要素的。

张明楷：是的。我也能理解他们的观点，只是因为我国的司法实践过于重视主观内容，我才没有将目的归入主观的违法要素。如果把牟利目的归入责任要素，就意味着行为人出于牟利目的传播淫秽物品是更值得谴责的。之所以如此，也是因为牟利目的更加驱动行为人的犯意，预防的必要性大。所以，不管将牟利目的作为主观的违法要素还是作为责任要素，都不需要将传播淫秽物品牟利罪中的牟利目的限定为直接牟利目的。

学生：通过传播淫秽物品链接使他人购买保健品进行牟利，与通过传播淫秽物品使流量增加进而增加广告收入相比，前者似乎更直接一点，后者其实更间接一点。既然后者能认定为传播淫秽物品牟利罪，那么，前者更能定。

张明楷：本案的周某是通过发送淫秽物品链接，让他人观看进而使他人知道保健品的销售，从而提高销售量。再简化一点说，周某是为了让更多的人购买保健品才发送淫秽物品链接。这就容易认定周某是出于牟利目的传播淫秽物品。

　　学生：传播淫秽物品牟利罪的法定刑太重了，限制解释一下牟利目的也是可以的。

　　张明楷：你这样说有道理，但法定刑太重的问题还是需要通过修改法定刑来解决。此外，对牟利目的的解释与认定，不可能完全因罪而异，还是需要一个比较统一的理解与认定。比如，《刑法》第152条规定的走私淫秽物品罪，要求以牟利或者传播为目的。但单纯的走私行为怎么可能实现牟利目的呢？既然构成要件行为本身不可能实现牟利目的，就表明只能由构成要件外的行为实现牟利目的，而构成要件外的行为并无刑法规定，既然没有刑法规定我们就不可能进行限制。所以，走私淫秽物品罪中的牟利目的，其实也不限于所谓的直接目的。但《刑法》第175条规定的高利转贷罪要求以转贷牟利为目的，这就限定了牟利的路径，即只能是通过转贷牟利，但传播淫秽物品牟利罪并没有这样的限定。

　　学生：在没有限定的情形下，只能通过行为人的牟利目的是否提升了不法或者责任的程度来判断。

　　张明楷：是的。这个问题与如何认定违法所得也有关系。在本案中，周某销售的保健品收入都是违法所得吗？

　　学生：不能这么认为吧。

　　张明楷：我也觉得不能这么认为。可是，为什么认定了行为人是出于传播淫秽物品牟利的目的，而牟利是指通过销售保健品牟利，为什么销售的保健品收入又不是违法所得呢？

学生：也确实是一个问题。

张明楷：再比如，有的娱乐场所组织一些女性从事服务，让客人们先消费，消费到差不多的时候，就让女性把男顾客带到宾馆实施卖淫活动。这种组织经营又分为两种：一种是娱乐场所的组织者会从卖淫女那里提成；另一种是组织者不提成，所挣的只是顾客喝酒消费的钱。这种情况怎么去界定违法所得？前一种情形的提成肯定是违法所得，后一种所挣的酒水钱也是违法所得吗？

学生：感觉也不是。

张明楷：看来有些感觉是找不出理由的。也许是因为，牟利目的作为主观的超过要素，不是由构成要件行为来实现的，如果要实现牟利目的，需要由构成要件外的行为来实现，但构成要件外的行为不一定是违法犯罪行为，所以，上述收入本身不是违法所得。

学生：构成要件外的行为可以是正当行为吗？

张明楷：按理说一般是不正当行为，但有些行为可能是正当的。比如，行为人以牟利为目的，盗接他人通信线路、复制他人电信码号或者明知是盗接、复制的电信设备、设施而使用，其中通过盗接他人通信线路与他人在电话中谈正当生意挣了钱，不能说其中的谈生意挣钱是违法的吧。

学生：只能将盗接行为所获利益认定为违法所得。

张明楷：还有一个问题就是，单纯发送淫秽物品的链接是不是传播淫秽物品？

学生：如果这个链接能够直接导进淫秽视频画面，还是算传播淫秽物品吧。

学生：如果链接指向的是淫秽专营网站，应该也是算传播淫秽物品吧。

张明楷：如果是这样的话，传播的边界在哪里呢？有时候可能一打开链接就是淫秽画面，有时候可能还需要用户去操作，打开链接后再链接其他网站，这还是不一样的吧。我不太同意淫秽网址本身就是淫秽物品的观点。但是，这个边界划到哪里合适呢？

学生：确实是有这个问题，比如说，行为人向他人口头说出淫秽网址：https……，难道也是传播淫秽物品吗？这也有点夸张了吧。

张明楷：为什么把贩卖装满淫秽视频的 U 盘认定为贩卖淫秽物品，而传播更加直接的、只需要点一下就可以进入淫秽画面的链接就不构成传播淫秽物品呢？还是说后一种行为也属于传播淫秽物品呢？

学生：记得老师曾经讲过，相对于不同行为而言，对淫秽物品的要求是不一样的。

张明楷：是的。例如，就贩卖而言，贩卖装满淫秽视频的 U 盘肯定属于贩卖淫秽物品。但在民国时期的刑法中，有陈列淫秽物品的规定，陈列含有淫秽视频的 U 盘肯定不构成陈列淫秽物品罪。我总觉得，将淫秽网站的链接、网址等告诉他人，不宜评价为传播淫秽物品。

学生：链接是点击就可以直接跳转到淫秽物品的网页，但是网址还需要输入后才能登录网页吧。网址本身其实也是一种链接，比如说，www.xxxxx.com，它后面也是链接到一个数字 IP 地址。由于不好记这个数字，所以就对应提供了一个用英文能描述的网址，所以网址本身也是一种链接。

张明楷：感觉还是有区别的。有的网址点开后可以直接跳转到对应页面，但是有的网址点开后不能直接跳转到对应页面。提供淫秽网站的网址，与提供淫秽网站的链接是一个意思吗？发送一个淫秽物品链接，可以认定为传播淫秽物品吗？

学生：如果这个链接是可以跳转到对应淫秽物品的网页的话，应该没有问题吧。

张明楷：那就麻烦了。假如有人告诉你说在某网站上搜索一个什么电影名称，然后淫秽电影就出来了，并且可以播放。那么，单纯告诉一个电影名称，且能在网上搜索到并可以播放的，这个"告诉"行为可以评价为传播淫秽物品吗？

学生：单纯一个电影名称检索出来的，通常不是一一对应的。但是，如果是网址的话，那检索出来的就是对应指向的网页。

学生：这个似乎也只是提供了一个搜索、观看淫秽物品的方法。

张明楷：我还是觉得，这种单纯提供网址或者链接的，认定为传播淫秽物品不太合适。这个问题你们可以继续研究一下。

第十三堂

贪污贿赂罪

案例111 贪污罪（与盗窃罪的关联）

公立医院维修科的在编科员甲（国家工作人员），主要负责医院信息系统的维护。为了工作方便，医院把财务科人员才可以登录的医保系统的账号、密码同时告诉了他，而且这个做法还报当地卫健委备案了。平时医院让财务科把冲刷医保卡的事务也交给甲去做（冲刷医保卡是指刷卡退回医疗费，如给病人开错了药，已支付的医疗费就会原路退回，如果是国家支付的就退回给国家，如果是个人支付的就退回给个人）。甲利用这个机会冲刷自己和他人的医保卡，获利11万元。

张明楷：简单说，甲冲刷的医保卡，药费原本是不应当退回的。比如，总共1000元的药品，国家报销80%也就是800元，病人自费20%交200元。甲在没有开错药的情况下，帮别人冲刷医保卡，于是公立医院收的钱，800元退回国家，200元退给病人自己，药品却没有退回。

学生：明白了，也就是甲可能是通过冲刷医保卡与病人分自费返还的钱来获利。

张明楷：可能是这样做的，案情也没有交待，但并不重要，获利数额是确定的。对这个案件定罪时，需要考虑原路返还的问题，比如返给国家的那一部分，怎么办？

学生：国家是不是也获利了？

学生：国家没有获利，但公立医院有损失。

张明楷：国家有可能获利了，公立医院的80%收入退给国家了。给甲定什么罪？

学生：贪污罪和诈骗罪，对药费是贪污罪，对药品是诈骗罪。

张明楷：我不清楚跟药品有没有关系，甲使用了自己的医保卡与他人的医保卡。如果患者看病过程都很正常，没有开错药，但甲假装开错药刷卡原路返回。如果1000元的药费都应当归医院，是否区分80%与20%可能意义不大吧。

学生：病人在看病的时候应当没有诈骗故意。

张明楷：简单地讲，这11万元都是医院正常收到的，也是医院应当得到的，不存在开错了药，需要把药收回和退钱款给患者的问题。因为医院把财务科的权限给甲了，甲能够把财务管理的钱通过冲刷医保卡原路返回。关键的问题还是在于，甲是不是利用职务上的便利贪污了公共财物？

学生：甲的权限能叫主管、管理、经手公共财物吗？

张明楷：这就是我首先要问你们的。

学生：我感觉不能叫主管、管理、经手公共财物。甲对财务的权限就仅限于退回医疗费这么一个途径，而不能说他完全支配了医院的公共财物，也不能说他支配了医院管理财务的会计、出纳等人。

学生：可是他可以随时将医院收到的药费做冲刷医保卡这样的支出或者退款，为什么不能说是主管、管理、经手了公共财物呢？而且案情还交待，医院就此还向卫健委备案了。

张明楷：平时医院让财务科把冲刷医保卡的事也交给甲做，甲就利用了这个机会冲刷自己及他人的医保卡获利 11 万元，但究竟整个数额是多少，他可能自己也不知道。办案机关咨询的是甲构成盗窃还是贪污，没有说到诈骗罪，但可以发现办案机关还是就甲是否利用了职务上的便利而存在争议。能不能说，只有当医生开错了药需要冲刷医保卡的时候，甲才具备管理、经手对应资金的职务之便？从理论上说，甲确实能把进入财务的所有药费都弄出来，因为医院的收入主要就是靠药费。如果说甲利用了职务上的便利的话，他是利用职务上的便利侵吞，还是利用职务上的便利窃取或者骗取？这些原路返还的药费，在甲冲刷医保卡之前，已经由甲占有了吗？

学生：这个肯定没有。

学生：当甲每次输入完账号密码的时候，他才占有了医院财务中的药费。

张明楷：输入完账号密码后，那不就已经差不多犯罪既遂了吗？这个逻辑上的时间有多久啊？还是要判断，原路返还之前这些钱或者药费是谁在占有。

学生：所有公款都是医院占有的。

张明楷：应该说是医院的相关管理者占有的，医院本身不是刑法上的占有者。

学生：甲输入账号密码的时候，就是他可以操纵这些钱的流动的时候，不能说他已经占有了吗？

学生：也就是他登录的时候，是不是就占有了？

张明楷：甲不输入账号密码，他不冲刷医保卡的时候，医院的这些钱谁占有？

学生：医院的财务管理人员占有。

张明楷：那就意味着在甲输入账号密码前他还没有占有医院所收的药费。

学生：但他后面又输入账号密码，可以登录账户。

张明楷：甲输入账号密码那个时候不就已经是犯罪的实行行为了吗？你是说他登录的时候就开始占有了？冲刷医保卡的时候实际已经是实行行为了吗？

学生：应该讨论的是，甲能接触到医院的这部分资金是否意味着他有权限处分，这个账号和密码存在的意义，是不是说甲不仅有权接触这一部分资金，而且能管理和支配这部分资金。实际上相当于医院把保险柜的钥匙给甲，甲在必要的时候把保险柜中的资金拿一部分出来。甲得到钥匙是不是意味着他对保险柜内的所有资金有支配、管理的权限？因为财务科已经把冲刷医保卡的事务交给他去做了，而且向卫健委备案了，所以我觉得甲不仅有接触资金的权限，也有了管理资金的权限，有管理冲刷金额和方式的权限。

张明楷：甲是基于职务占有了医院财务科里面的全部资金，还是说只是占有了应当冲刷医保卡的那部分资金？

学生：应当是只占有了合规冲刷医保卡的资金。

学生：这么说是可以的。

学生：那也可以认为甲占有了有可能被冲刷的那部分资金。

张明楷：你说的意思和我说的意思是一样还是不一样？

学生：他的意思是说，医院财务科的资金有可能全部都被冲刷掉了。

张明楷：那倒不可能。其实，简单一点说，甲冲刷的都是不应当冲刷的资金，既然是不应当冲刷的资金，就表明不在甲的正当管理权限之内。就利用职务上的便利的侵吞而言，贪污罪的行为对象应当是指国家工作人员基于职务占有的公共财物。

学生：老师是不是认为，贪污罪的行为对象一定是行为人合法占有的那部分公共财物。

张明楷：如果国家工作人员一开始就非法占有公共财物，就已经是犯罪行为了吧。不能把犯罪行为评价为先前基于职务占有的行为。当然，如果公共财物本来就是单位的非法所得，那是另一回事，与我们现在讨论的情形不一样。

学生：那就是说，我们可以把所有的资金区分为应当退还的和不应当退还的，甲对应当退还的资金有管理权限，对不应当退还的资金就没有权限。对于没有权限的资金，甲的行为就是盗窃行为。

张明楷：本案中应当退还的肯定不涉及犯罪，甲非法取得的都是不应当退还的，但甲的职务又导致他能够将不应当退还的变成能够退还的，但这是超越职权实施的。可是，贪污罪的行为人都是超越职权实施的，在职权范围内怎么可能贪污呢？于是就不可避免带来争议。

学生：有没有可能说，应当退还的部分由甲和财务科的相关人员共同占有？

张明楷：共同占有也是有可能的，但应当退还的部分不涉及犯罪。涉及犯罪的部分是甲将不应当退还的变成为应当退还的部分，所以，需要讨论的是不应当退还的部分由谁占有。

学生：如果应当退还的资金是甲与财务科的相关人员共同占有，那么，为什么不应当退还的资金就不是共同占有呢？

张明楷：不应当退还的资金与甲的职务没有什么关系，甲没有占有不应当退还的资金，可以这么说吗？

学生：虽然形式上甲知道账户密码，但他没有权限去支配不应当退还的资金。

学生：我们现在是不是把占有和主管、经手、管理公共财物给混淆了？

学生：对！应当是讨论利用职务上的便利的问题，而不是讨论窃取和侵吞的区分。

张明楷：如果说甲占有了公共财物，不就是指基于职务占有了公共财物吗？如果基于职务占有了公共财物，再将该公共财物据为己有，不就成了贪污了吗？如果甲没有基于职务占有公共财物的话，那就是盗窃行为了。如果是盗窃行为，就需要再判断是不是利用了职务上的便利。我的观点是，只有当行为人与其他人共同占有时，行为人利用职务上的便利盗窃的，才可能成立盗窃罪。如果公共财物完全是由他人占有的，行为人不可能利用职务上的便利盗窃。

学生：就是说，这里是有两个概念：第一个概念是利用职务上的便利，意思是指利用职务上主管、管理、经手公共财物的权利和条件。第二个概念是普通财产犯罪里面的占有和不占有，也就是侵占和盗窃的区分。这两个事情应该是要分开来说的。

张明楷：是可以分开来说的。但是，当行为方式表现为侵吞或侵占时，只要国家工作人员基于职务占有公共财物，不管采取什么样的方式将公共财物据为己有，都是贪污行为。在这个意义上说，侵吞类型中的占有与利用职务上的便利是重合的，不需要分开。但是，在利用职务上的便利盗窃公共财物的案件中，则是明显分开的。首先判断公共财物是不是由国家工作人员与他人共同占有，如果是，则看行为人据为己有的行为是否利用了职务上的便利。在利用职务上的便利骗取公共财物的时候，行为人肯定没有占有公共财物；如果占有了公共财物，直接据为己有就可以了，还要利用职务上的便利干什么？所以，只有当行为人没有占有公共财物，再利用职务上的便利欺骗具有处分权限的主管者、管理者时，才可能属于利用职务上的便利骗取公共财物。

学生：我们刚刚一直讨论的是占有的问题。

张明楷：讨论占有的问题就是讨论是不是侵吞。如果说甲基于职务占有了医院财务科的部分资金，他将这部分资金据为己有，就可以直接认定为利用职务上的便利侵吞，构成贪污罪。如果说甲是与财务科的相关人员共同占有账户内的资金，甲的行为就是盗窃，再判断他是不是利用了职务上的便利。如果是，那也要按贪污罪处理。

学生：能否说，甲擅自登录账户时冲刷的部分不是基于职务，只有当他按照规定把应当退的那部分冲刷的时候，输入账号密码才是职务行为。

张明楷：我就是这个观点，我跟办案人员就是这么回答的。

学生：这样的话，会计、出纳擅自从公款账户上转出一笔钱，难道也不是职务行为？

张明楷：这种情形是因为会计、出纳已经基于职务占有了公共财物。在这种情形下，贪污罪中的利用职务上的便利就表现为行为人基于职务占有了公共财物，后面据为己有的行为不需要再利用职务上的便利。

学生：我们之所以说会计、出纳贪污公款，是因为他基于职务占有了公款，他的权限是能随时从公款账户里拿钱出来。那本案中，行为人有账号密码，不也是随时可以从账户里拿出钱来？

张明楷：会计、出纳虽然基于职务占有了公款，但并没有权限随时从公款账户拿出钱来据为己有，据为己有是超越权限的。在本案中，甲虽然知道账户密码，但能不能说他自己独立占有了财务科的所有资金？我觉得是不可能的。而且，财务科的其他相关人员也有账户密码，所以，充其量只是共同占有。在这种情形下，甲据为己有的行为就是盗窃，而不是侵吞。于是，接下来的重要问题是，甲的行为是不是利用了职务上的便利。从司法实践来看，认定甲利用了职务上的便利是完全可能的，因为实践中对这一要素认定得很宽泛，但我一直是主张限制贪污罪的适用范围的，尤其是限制贪污罪中的利用职务上的便利的窃取与骗取，所以我倾向于认为甲的行为构成盗窃罪。如果说甲没有占有财务科账上的资金，甲的行为就更是盗窃，而不可能是贪污了。

学生：按理说，只有因为开错药而需要冲刷退还的部分，甲才有退还的职权，除此之外，甲对医院财务科账户上的资金没有任何权限。

张明楷：首先得肯定，医院收的这些钱都是由财务科的相关人员占有的，如果不肯定这一点就麻烦了。而且，如果说医院收的钱都是由财务科的相关人员与甲共同占有，那么，财务科的相关人员处理资金时，还必须征得甲的同意，否则财务科的相关人员处理资金的行为还侵犯了甲的占有，这可能不合适。所以，反过来说，只有当甲确实需要冲刷医保卡的时候，他才可以不需要财务科的相关人员同意。但是，当甲不是冲刷医保卡或者不应该冲刷医保卡的时候，就没有占有财务科的资金。这么说的话，甲的行为也是盗窃。

学生：我还是没理清楚。我认同对于占有的判断可以跟职务行为绑定，但是对于行为人是不是利用职务上的便利侵吞或者窃取，我觉得还是看行为人有没有占有的能力，只要行为人的职务行为能够去接触到这部分财物，那就是利用了职务上的便利，所以，我觉得本案应该还是利用职务上的便利窃取。

张明楷：多数司法机关可能都是这样认定贪污罪的。但我觉得，不是说能接触到财物就叫利用职务上的便利。单位的工作人员经过财务处时，顺手牵羊拿走资金，不可能说利用了职务上的便利。

学生：又比如说，晚上值夜班的安保人员，有权在这个楼里到处巡逻，然后他把东西拿走，你不能说这是贪污。

学生：那老师能否举个例子，什么样的情形能算作利用职务上的便利窃取？

张明楷：我觉得只有共同占有的情形，除此之外不存在利用职务上的便利窃取。

案例 112　贪污罪（数额的认定）

6 年前，某镇主要干部 A 与社会人员 B 私自签订土地转让合同，将本镇 30 亩土地转让给 B，当时的价格是每亩 5 万元，镇政府应收 150 万元，但 A 没有要求 B 交付土地转让款，也没有为 B

办理土地转让过户的手续。6年后，土地升值了，B想把这块土地转让给别人，但需要先过户到自己名下才能转让给别人，此时A已经调走了，B就让A给现在的镇干部C说情，经过A的说情，C也知道真相，就帮助B办理了土地过户的手续。B以500万元的价格将土地转让给他人。

张明楷：办案机关对这个案件的争议很大。A在6年前的行为构成什么罪？

学生：不知道6年前B有没有直接占用这块土地。

张明楷：当然占用了，6年前这30亩土地就是B占有和使用的，只不过没有办理土地权属证件，后来由B自己处置了。

学生：如果B占用了土地的话，A在6年前的行为可以认定为贪污罪。

张明楷：也就是说，6年前A贪污的是30亩土地，只不过土地不是由本人占有，而是由第三者占有。

学生：不动产也能成为贪污的对象，这是没有问题的。问题在于，B在没有土地权属证件的情形下单纯地占有、使用土地，能否评价为转移了不动产？

张明楷：不动产的贪污显然不是指转移不动产本身，而是指转移了不动产的占有、使用，所有权则不可能转移。

学生：没有土地使用权证的情形下，能不能说转移了不动产的占有和使用呢？

学生：可以吧。本案中 B 确实占有、使用了 6 年，不能因为他没有取得土地使用权证，就否认他占有、使用了 6 年。

张明楷：是的。结论是 A 在 6 年前的行为构成贪污罪，B 构成贪污罪的共犯也没有问题吧。当然，许多司法机关会认为 A 没有非法占有目的，只能认定为滥用职权罪，但我还是觉得对于这种情形能够认定 A 具有使第三者非法占有的目的，能成立贪污罪。

学生：如果没有其他特别情形，B 构成贪污罪的共犯也没有疑问。

张明楷：那么，6 年后 C 的行为构成什么罪呢？

学生：6 年后 C 也实施了贪污行为，因为他也是利用职务上的便利，将公共财物转移给 B 占有。可是这样的话，贪污数额就成为问题了，C 的行为可能是贪污后的贪污，类似于侵占后的侵占。

张明楷：如果仔细地进行具体判断，贪污数额也不是问题。你们想一想，A 在 6 年前的贪污数额是多少？

学生：是 150 万元，因为当时的土地价格就是 150 万元。

张明楷：对的。那么，C 贪污的数额是多少呢？

学生：这块土地是应当收回的？还是说应当让 B 交付 150 万元后就可以给他办土地权属证明？

张明楷：这要查土地管理法规，我不清楚。那我们就分这两种情形讨论。

学生：如果这块土地是应当收回的，那么，C 的贪污数额就是 500 万元。

张明楷：对！既然这块土地是应当收回的，而且 6 年后的价格是 500 万元，当然要认定 C 贪污了 500 万元。问题是后一种情形应当如何计算数额？可不可以只认定为 350 万元呢？

学生：B 原本就要给 150 万元却没有给，B 的收益是土地的使用收益，再加上 500 万元和 150 万元的差价就是 350 万元，但是前面有 150 万元该交没交，加起来还是 500 万元。所以应该是 500 万元再加上土地的收益。C 帮助 B 过户之后，也没有要求 B 交之前的 150 万元，所以 C 的贪污数额也是 500 万元。

张明楷：你的意思是，如果 C 让 B 补交了 150 万元后，也要认定 C 贪污 350 万元吗？

学生：是的，因为 C 贪污的对象就是土地，土地就是值 500 万元，而且 C 也知道之前的 150 万元没有交。

张明楷：还有一种观点认为，A 对前面的行为成立贪污罪，贪污数额是 150 万元，A 不再对后面的部分负责；C 的行为构成滥用职权罪，造成损失 500 万元，不构成贪污罪。你们觉得这个观点合适吗？

学生：A 也要对后面的部分负责吧，因为是他给 C 打招呼才使 B 取得土地权属证明进而出卖给他人的。C 的行为虽然是滥用职权，但也不能因此排除贪污罪的成立吧。

张明楷：是的，A 前面的行为也可以说是滥用职权，但与贪污罪是想象竞合的关系，C 的行为也是如此。A 后面的行为属于教唆 C 为第三者非法占有而实施贪污行为。

学生：老师，如果认为 A 要对后面的部分也负责，认为 A 前后构成两个贪污罪，那么，可以作为包括的一罪处理吗？

张明楷：肯定是只能定一个贪污罪，要对 500 万元负责，因为最终只侵害了一个财产，财产的价值就是 500 万元，其中就包括了前面的 150 万元。所以，对甲的贪污数额应当没有争议，关键是对 C 的贪污数额如何认定。

学生：折中的处理办法是认定为 350 万元。

张明楷：问题是，折中的理由是什么？为什么要折中认定？

学生：因为 A 对 150 万元承担责任了，不需要 C 再对这 150 万元承担责任。

张明楷：我觉得不合适。因为前面没有过户，土地的收回还比较容易。真正造成损失的是后面的过户行为，就过户而言，C 是正犯，A 是教唆犯。也就是说，过户行为最终使得国家损失 500 万元。换句话说，是 C 的行为最终使国家损失 500 万元。既然如此，就应当认定 C 的贪污数额是 500 万元。

案例113　受贿罪（对向犯的理解）

甲是银行行长，乙是经营房地产的民营企业总经理，丙是该民营企业的实际控制人，具体负责公司的经营。乙因为和丙有亲戚关系，挂名总经理。甲跟乙比较熟悉，某日主动向乙提出合作经营房地产。合作的方式是，由甲给民营企业发放5亿元贷款，不需要担保，期限是三年，年化利率8%。三年后除还本付息外，还需将9.5%的利息给予甲个人。发放贷款前，银行其他人员均反对，但甲仍坚持发放贷款。民营企业将获得的贷款用于开发房地产。丙对此事不知情，认为贷款的性质是银行投资，9.5%的利息是银行投资的回报，遂最终决定与甲合作。三年后民营企业按时还本付息，乙通过自己名下的公司将9.5%的利息给予甲。

张明楷：你们分析一下这个案件。

学生：甲发放贷款本身是不是就构成违法发放贷款了？

张明楷：这个没问题，甲的行为肯定构成违法发放贷款罪。问题是对甲得到9.5%的利息的行为应当怎么认定。有一种可能就是认定为受贿罪。乙在甲受贿的过程中用自己名下的公司给甲汇款，向丙隐瞒真实的情况，是否构成受贿的共犯？如果乙构成受贿的共犯，行贿人是谁？

学生：乙不构成受贿的共犯，仍然属于行贿的一方吧。

张明楷：不管乙是否构成受贿的共犯，其实丙客观上就是行贿了，一切的细节都是由丙决定的。只不过丙一直蒙在鼓里，以为这是银行的投资回报。但是丙没有行贿的故意。所以，所谓的对向犯是说必须客观上有一个相对向的行为，而不是说相对方一定要构成犯罪。可是，司法人员或者普通人员一说"犯"，就觉得要构成犯罪。在讨论这个案件的时候，有的教授讲："甲乙都构成受贿罪，丙也不构成行贿罪，怎么叫对向犯呢？"但这样理解对向犯是不对的。

学生：我认为本案中乙是有行贿故意的，将乙的行贿故意和丙的客观行为结合起来也可以解决这个问题。

张明楷：这样解决就必须说乙是行贿的间接正犯或者教唆犯，如果说乙是教唆犯，还必须采取结果无价值论，认为正犯只需要实施构成要件的不法行为即可，不需要正犯有故意。一次全国优秀公诉人比赛出了我的刑法学教材上的一道题：A 欺骗国家工作人员，说自己要借 50 万元去付购房的首付，一个月之内就还。国家工作人员 B 信以为真，就把国企的 50 万元借给 A，但 A 用 50 万元贩毒去了，挣了钱之后把 50 万元还了国企。按照我的观点，A 的行为是教唆犯。据说在比赛时引起了一定争议，按照他们很多人的观点这不可能是教唆犯，认为 A 无罪。在本案中，乙其实是唆使丙向甲行贿，丙实施了行贿罪的构成要件行为且违法，但没有行贿的故意，这不影响乙的行为成立行贿罪的教唆犯。当然，由于行贿罪不是身份犯，也可能认定乙的行为构成行贿罪的间接正犯。

学生：如果这个案件没有乙的行为，丙也完全不知情，甲是否构成受贿罪呢？

    张明楷：我觉得也没有问题。刑法理论认为，对向犯属于必要的共犯，但"必要的共犯"并不意味着存在共同犯罪关系，或者说不等于共同犯罪，只是意味着一人单独不能成立犯罪，需要其他人的参与。必要的共犯包括多众犯与对向犯。例如，聚众犯罪（多众犯）时也可能只有首要分子一人成立犯罪，其他参与人并不成立犯罪，我国《刑法》第 291 条的规定就说明了这一点。虽然刑法学界一般在共犯理论中讨论对向犯，但对向犯也不意味着相互实施对向行为的二人成立共同犯罪。这是因为，对向犯是指以存在二个以上行为人的相互对向的行为为要件的犯罪，其中存在仅处罚对向者的一方的情形，这种情形就是所谓片面的对向犯。刑法学界之所以在共犯理论中讨论对向犯，主要是为了说明在片面的对向犯中，对于刑法分则没有明文规定的对向行为，能否依照刑法总则的规定以共犯论处，而不是为了说明对向犯就是二人以上共同犯罪。显然，不能因为刑法学界在共犯理论中讨论对向犯，就认为对向犯都是二人以上的共同犯罪。主张受贿罪与行贿罪是对向犯，充其量只是意味着受贿罪的成立以相对方承诺或者给予了财物为前提，而不是指以相对方的行为构成行贿罪为前提。所以，只要丙给予甲以财物，这个财物事实上是甲的职务行为的不正当报酬，甲的行为就成立受贿罪。丙客观上实施了行贿行为，但由于其没有行贿故意，所以不构成行贿罪。

    学生：其实，片面的对向犯中，刑法没有规定的一方通常也不构成犯罪，所以，对向犯并不意味着共同犯罪。

    张明楷：是的。

学生：在现实生活中，行贿人不知道自己行贿的案件多吗？

张明楷：其实也不少。比如，负责国家有关专项补贴事项的国家工作人员张三与下属事业单位人员李四共谋成立 A 公司，由李四负责联系符合申报专项补贴条件的相关企业，并约定为相关企业提供咨询服务，待企业通过审批获得专项补贴后向 A 公司支付一定比例的"咨询费"。此后，张三利用负责审批专项补贴的职务便利，使李四联系的相关企业通过审批，A 公司收取相关企业的"咨询费"后由张三与李四二人平分。在本案中，A 公司确实为相关企业提供了咨询服务，但该咨询服务是张三利用职务上的便利实施的，其获得的咨询费是职务行为的不正当报酬。因此，即使相关企业不知道真相，认为自己应当支付一定比例的咨询费，也不影响张三与李四的行为构成受贿罪。在这种情形下，虽然相关企业不成立行贿罪，但张三构成的受贿罪也是对向犯。

学生：对向犯就相当于二者之间有买卖关系这样的情形，那么，如果国家工作人员与相对方确实存在买卖关系时，也会成立受贿罪。

张明楷：当然可能。比如，我看过一个案件：某交警支队民警曹某于 2017 年 2 月至 2017 年 10 月期间，多次违法利用职务上的便利登录"交通综合应用平台"，查询车辆信息数千条，然后将 600 余条含有车牌号、车主姓名、车辆抵押等内容的公民个人信息通过微信方式出售给徐某和林某，从中获利 4 万元左右。此外，曹某还向徐某提供含有车牌号、车主姓名、车辆抵押等内容的车辆信息 1000 余条。与此同时，徐某和林某多次通过微信联系曹某购买含有车牌号、车主姓名、车辆抵押等内容的公民车辆档案信息，然后将上述信息出售给他人，二人出售的车辆信息均不少于 500 条。原审法院认为，徐某、林某与曹某的行为构成侵犯公民个人信息罪。上诉人曹某提出，对其在履行职务的过程中帮助他人查询车辆信息，从中收取他人钱财 4 万余元的行为，应以受贿罪论处。二审法院认为，曹某将他人车辆信息提供给徐某、林某时，按信息条数计价，双方系买卖关系，故其行为不符合受贿罪的构成要件。我觉得上述判决结论存在疑问。"双方系买卖关系"不可能成为否定曹某的行为构成受贿罪的理由。因为贿赂罪原本就是在对职务行为进行买卖，行贿人在收买职务行为，受贿者在出卖职务行为。从形式上看，徐某、林某与曹某买卖的是公民个人信息，但不可能否认曹某出卖了职务行为，因为其出卖的公民个人信息是通过职务行为获取的，出卖公民个人信息与出卖职务行为并不对立，而是同一的或者竞合的，不能因为曹某出卖了公民个人信息，就否认曹某出卖了职务行为。当然，曹某出卖公民个人信息的行为本身，并非利用职务上的便利。但是，曹某利用职务上的便利获取公民个人信息后，将这一信息出卖给他人，就是在利用职务上的便利为他人谋取不正当利益，并且获得了为他人谋取利益的对价，该对价既是公民个人信息的对价，也是曹某职务行为的不正当报酬。因此，曹某的行为同时触犯侵犯公民个人信息罪与受贿罪；徐某与林某的行为则同时构成侵犯公民个人信息罪与行贿罪。至于是否应当并罚，则是另一回事。

学生：这个案件中，曹某的行为应当是受贿罪与侵犯公民个人信息罪的想象竞合，不应当并罚吧。

张明楷：认定为想象竞合是可以的。

学生：老师，在我们前面讨论的甲乙丙贷款经营房地产的案件中，乙的行为究竟是行贿罪还是受贿罪，抑或是二者的竞合呢？乙帮助甲隐瞒真相，明显是帮助甲受贿，因为如果乙不隐瞒真相，丙或许就不可能给 9.5% 的利息。这是不是意味着对乙要以受贿罪的共犯论处？

张明楷：我觉得，行贿罪与受贿罪虽然可能是对向犯，但并非共同犯罪关系。如果说行贿罪是受贿罪的教唆犯或者帮助犯这种狭义的共犯行为，那么，按照共犯从属性说，只有当国家工作人员实施了符合受贿罪构成要件的不法行为时，行贿行为才成立行贿罪，但这不合适。例如，行贿人张三为了谋取不正当利益请托国家工作人员李四，并且将贿赂置于李四的办公室，而李四当时并不在场。李四发现后立即上交或者退还了贿赂。在这样的案件中，难以认定李四实施了符合受贿罪构成要件的不法行为。即便如此，仍应肯定张三的行为构成行贿罪的既遂犯。倘若认为行贿罪是受贿罪的教唆犯或者帮助犯，则意味着张三的行为不成立犯罪，这一结论难以被接受。此外，如果说行贿罪是受贿罪的教唆犯或者帮助犯，刑法分则就没有必要规定行贿罪，可是各国刑事立法均非如此。换言之，即使从事实上看，行贿罪似乎是受贿罪的共犯，但由于刑法特别规定了行贿罪，对行贿罪不可能适用刑法总则关于共同犯罪的规定。况且，如果刑法仅规定了受贿罪而没有规定行贿罪，就表明受贿罪充其量是片面的对向犯，将行贿行为认定为受贿罪的共犯，并无法律根据。日本旧刑法没有规定行贿罪，日本旧刑法时代大审院的判例明确否认将行贿行为按受贿罪的共犯处罚。

学生：至少可以认为，将受贿罪与行贿罪作为共同犯罪是没有任何意义的，主要是因为大家都认为对向犯是必要的共犯，必要的共犯是共同犯罪，所以认为受贿罪与行贿罪构成共同犯罪。

张明楷：将受贿罪与行贿罪当作共同犯罪看待，不仅是没有任何意义的，而且会导致共犯认定的困惑。如果将受贿罪与行贿罪当作共同犯罪，那么，所有行贿都教唆或者帮助了受贿，于是对所有的行贿都可以按受贿罪的共犯论处，这显然不合适。

学生：老师的意思是，在我们讨论的这个案件中，虽然乙帮助甲受贿，但也不构成受贿罪的共犯吗？

张明楷：是的。在受贿既遂的场合，受贿罪肯定是对向犯，因为有一个相对向的行为存在。在对向犯的场合，凡是与受贿罪对向的行为，只能被认定为行贿罪；只有与受贿罪同向的行为，才能被认定为受贿罪。受贿罪的构成要件行为是索取或者收受财物，因此，只有帮助国家工作人员索要或者收受财物的行为，才能构成受贿罪的共犯。乙实施的是向国家工作人员甲提供财物的行为，属于受贿罪的对向行为，因而只能认定为行贿罪。

学生：行贿与受贿的中间人究竟构成什么罪，要看他是属于哪个阵营的人。可以这样理解吗？

张明楷：这样理解也可以。凡是直接为"给予国家工作人员以财物"作出贡献的，均属于行贿罪的共犯；不能因为其间接为受贿罪的成立作出了贡献，就认定为受贿罪的共犯。反之，凡是直接为"索取或者收受他人财物"作出贡献的，均属于受贿罪的共犯；不能因为其间接为行贿罪的成立作出了贡献，就认定为行贿罪的共犯。

学生：如果说行贿罪与受贿罪不是共同犯罪，那么，两个罪的既遂与未遂的时点是不是可以不一样？

张明楷：国家工作人员成立受贿罪时，相对方的行为可能不构成行贿罪；同样，行贿人构成行贿罪时，国家工作人员也可能不构成受贿罪。既然如此，二者的既遂与未遂也是分别判断的。比如说行贿人向国家工作人员提供财物时被当场拒绝了，这个是行贿未遂。国家工作人员以受贿罪的故意收受了财物后，肯定是既遂了。但有许多中间情形，比如，行贿人提着装有现金的袋子，去国家工作人员家里，把袋子一扔就跑了。再如，行为人到国家工作人员家里去坐一坐，偷偷地把现金或者银行卡放在国家工作人员家里了。国家工作人员没有受贿的故意，发现后立即上交了或者退还给行贿人。这两个案件的行贿既遂了吗？

学生：行贿没有既遂，因为国家工作人员实际上没有接收。

张明楷：为什么？国家工作人员没有接收，只是表明国家工作人员的行为不构成受贿罪，行贿罪是否既遂，则需要根据行贿罪的构成要件进行判断。《刑法》第389条第1款是怎么规定的？

学生："为谋取不正当利益，给予国家工作人员以财物的，是行贿罪。"

张明楷：在上面的两个案例中，行贿人给予国家工作人员以财物了吗？当然给了财物，实现了构成要件的全部内容，就构成行贿既遂。

学生：老师，我觉得您说的第二个案子，就是行贿人去国家工作人员家里坐一下，偷偷将财物放在国家工作人员家里，这种情况能不能认定为行贿的着手？

张明楷：着手肯定是具备了，问题是这是否属于"给予"国家工作人员以财物？肯定是。当然，如果国家工作人员没有发现这个财物，一般不可能案发；但即使国家工作人员一直没有发现，行贿人也可能由于某种原因交待出来了。但不管哪一种情形，都不能否认行贿人为谋取不正当利益向国家工作人员给予了财物。再如，请托人为了谋取不正当利益而将财物交付给国家工作人员的妻子，国家工作人员知道后，立即将财物退还或者上交的，国家工作人员不仅没有受贿的故意，而且没有收受财物的客观行为，但不影响请托人的行为构成行贿罪既遂。因为请托人的行为已经完全符合了行贿罪的所有构成要件，不应认定为行贿的未遂犯。

学生：受贿罪的未遂是什么样的情形呢？

张明楷：国外刑法与我国民国时期的刑法没有受贿罪的未遂形态。公务员就职务向他人提出要求、约定或者收受贿赂的，都是受贿罪的既遂犯。比如，乙有求于公务员甲的职务行为，甲提出给10万元即可办理。此话一出，就构成受贿罪的既遂犯。在我国当下，受贿罪一般是将国家工作人员收受财物作为既遂标准，如果国家工作人员主动索取贿赂，但对方拒绝，就是受贿罪的未遂犯。就收受贿赂而言，一般不可能存在未遂犯。但我对当下的受贿罪的既遂标准的判断是存在疑问的。在我看来，至少可以认为，《刑法》第385条中的索取，就是指索要，而不是指索要并取得。我在相关论文中说过，如果说刑法分则条文对一个犯罪规定了两个行为，那么，这两个行为应当是并列的。如果说索要是 A，收受是 B，《刑法》第 385 条后面规定了 B 行为构成犯罪，前面不可能规定 A+B 这一行为。所以，我一直主张索要财物就构成受贿罪的既遂。

学生：但是，如果只要国家工作人员索要财物就是既遂的话，一是实体上不好认定某句话是不是索要。比如，请托人找国家工作人员办事，国家工作人员说这个事情要"研究研究"，这是不是索要？二是证据上不好认定，行贿人容易陷害国家工作人员。

张明楷：你说的问题我也考虑过。从实体上说，我觉得问题不大。如果说要"研究研究"，肯定不能认定为索要财物。同样，如果能办的事情就是不办，也不能说是索要财物。但证据上确实是一个问题，有的人可能诬告国家工作人员。不过，这是其他方面的问题，只能采取其他方法解决。不能通过迁就有缺陷的规则与做法，或者不能以有缺陷的规则与做法为基准，判断其他规则与做法是否妥当。证据法上的证明问题，不能用实体法去解决。近代以来，国外刑法都是这么规定的，都是将索要贿赂的行为认定为受贿既遂，为什么就没有出问题？再比如，敲诈勒索罪的行为人也是向被害人索要财物，为什么就能够认定行为人是否索要了财物？在我国，将索要财物认定为受贿既遂，也不会有什么问题。

学生：有观点认为，贿赂犯罪是一种结果犯而不是一种行为犯。受贿犯罪是涉财职务犯罪，与普通财产犯罪一致，受贿人的主观目的就是获取财物。如果客观上实施了利用职务之便为他人谋取利益的行为，但行为人并未从中收受财物，当然也就不能以受贿罪论处。

张明楷：这个观点其实是把受贿罪当作了财产罪，没有根据受贿罪的保护法益确定受贿罪的构成要件与既遂标准。这种观点以受贿人的主观目的或者动机为标准判断受贿罪的既遂，不值得提倡。

案例114　受贿罪（罪与非罪的区分以及受贿数额的判断）

某民企老板于 2012 年成立了公司，注册资金 1000 万元，其中 800 万元是老板找银行工作人员出具的假银行进账单，各股东实际出资是 200 万元。有位局长投入 20 万元占股份 10%，局长以为其余 80 万元由老板帮他交了。局长利用职务便利把本单位的工程交给民企承包。直到案发，公司一直未分红。

张明楷：对局长的行为有两种观点，一种观点认为是收受干股，按注册资金 1000 万元计算，受贿数额为 80 万元；另一种观点认为 800 万元是虚假出资，因此不构成受贿罪。

学生：局长毕竟是利用职务便利做了 100 万元对应的那个事情。

张明楷：这不叫受贿吧。如果有滥用职权的行为，就只需要判断是不是构成滥用职权罪。我想到以前讨论过的一个案件：民企老板看中的项目百分之百能挣钱，老板就告诉国家工作人员，注册资本 1000 万元，老板让国家工作人员出 500 万元，国家工作人员说没钱，老板就说那我帮你出。一年后 50% 的股份的确就应当分红 2000 万元，国家工作人员拿到分红后归还了 500 万元。像这种一定会挣钱的投资机会本身就是财产性利益，老板也不是没钱投资，而是故意让国家工作人员获得投资机会。不然，老板自己出资 1000 万元不就可以了吗？但今天这个案件不一样，这个案件里面没有分红，所有股东实际出资只有 200 万元，局长出资 20 万元占 10% 的股份，这就不能说局长收受了贿赂。

学生：老师，抛开这个案件不谈，那种最普通的案件，行贿人跟国家工作人员说你利用你的职务便利帮我承包一个工程，事成之后我给你多少钱。

张明楷：那会有区别，那就相当于约定了一个贿赂，至于约定的贿赂是未遂还是既遂是另一回事。我们今天讨论的这个案件是说老板开公司，公司没有分红，局长与其他股东一样出资。不能因为局长为公司谋利了，就直接认定局长的行为构成受贿罪。

学生：能不能说这个案件中老板与局长也有约定呢？

张明楷：案件事实没有交待这一点。如果没有其他事实，我觉得这个案件实际上是一个受贿罪的不能犯，因为这个虚假出资对所有人都是假的，又不是只针对这个局长，客观上就没有一个受贿罪的构成要件行为。要说国家工作人员违反党纪或其他法律，那是有可能的。

学生：换句话说，这个案件和那种许诺型受贿的关键区别，就在于这个案件中贿赂或者说贿赂和职务便利之间的联系是虚假的，而许诺型受贿中职务便利和许诺的对价是真实的。

张明楷：是的。

学生：老师，您前面讲的那个老板借给国家工作人员 500 万元投资的案件，如果认定为受贿罪的话，受贿数额是多少呢？

张明楷：有人认为国家工作人员不构成犯罪，因为他就是借钱投资，事后也归还了借款。但我还是主张构成受贿罪，一方面，确定获利的投资机会就是财产性利益；另一方面，没有利息的贷款乃至单纯的借款本身也是一种财产性利益，这在国外没有什么争议。只不过，我国的受贿罪总是要讲数额，所以不好计算数额。在这个案件中，我觉得按 1500 万元计算没有什么问题。也就是说，投资机会加上借款所获得的就是 1500 万元的利益，而且就是在案发前的一年内。既然如此，按这个数额算是可以的。当然，不少人会反对这样计算。

学生：如果国家工作人员没有归还 500 万元，会不会只认定他受贿 500 万元？

张明楷：那要看你采取什么观点。不排除有人这么主张，也不排除有人主张认定为 2000 万元，毕竟国家工作人员只是因为职务而获得了 2000 万元。

学生：在国家工作人员没有归还 500 万元的情形下，如果只认定他受贿 500 万元，就意味着只要他归还了 500 万元，就不构成受贿罪。这就没有将确定获利的投资机会本身当作贿赂来考虑。

张明楷：是的。我再讲一个相关的案件。赵某是教育局局长，钱某和孙某都是老师。赵某利用职务便利接受钱某请托，将其提拔为副校长，收受 10 万元财物。同年 10 月，赵某以过生日为由请钱某来家里聚会，赵某本来没有邀请孙某，钱某对孙某说局长也请了孙某。于是，钱、孙两人各自出资 14000 元买了一款手表送给赵某。赵某供述，就想借这个机会收一下钱某的财物。钱某供述，送给赵某手表就是为了感谢他的提拔，并对孙某谎称赵某邀请了他们两个人，其实就是想多拉一个人来分摊购买礼品的费用。赵某的受贿数额是多少？

学生：2016 年最高人民法院、最高人民检察院《关于办理贪污贿赂刑事案件适用法律若干问题的解释》第 1 条第 3 款规定："受贿数额在一万元以上不满三万元，具有前款第二项至第六项规定的情形之一，或者具有下列情形之一的，应当认定为刑法第三百八十三条第一款规定的'其他较重情节'，依法判处三年以下有期徒刑或者拘役，并处罚金：（一）多次索贿的；（二）为他人谋取不正当利益，致使公共财产、国家和人民利益遭受损失的；（三）为他人谋取职务提拔、调整的。"第 13 条第 2 款规定："国家工作人员索取、收受具有上下级关系的下属或者具有行政管理关系的被管理人员的财物价值三万元以上，可能影响职权行使的，视为承诺为他人谋取利益。"

张明楷：你还是没有回答，赵某后一次是收受 14000 元还是

28000 元。

学生：认定为 28000 元吧。

张明楷：赵某提拔钱某后，为了让钱某再次感谢自己，属于司法解释所说的"为他人谋取职务提拔、调整的"情形吗？

学生：应当属于吧。"为他人谋取职务提拔、调整"既包括将来为他人谋取职务提拔、调整而索取贿赂，也包括已经为他人谋取了职务提拔、调整后收受贿赂。

张明楷：你这么解释我也能接受。问题是，其中孙某出的 14000 元能包含在内吗？这个孙某不构成行贿罪吧。如果孙某不构成行贿罪，也没有请托赵某为自己实施提拔、调整职务，孙某所出的 14000 元，就不属于司法解释所规定的"为他人谋取职务提拔、调整的"情形，是不是要从受贿数额中扣除掉呢？

学生：这点数额扣除与否也不影响量刑吧。

张明楷：不能这样思考，如果真实案件放大 10 倍呢，要不要考虑？

学生：如果这么说的话，孙某给的 14000 元，就不能计算在赵某的受贿数额之内。

张明楷：那么，钱某是否对孙某构成诈骗罪呢？

学生：还是可能构成诈骗罪的吧，因为不法原因给付不影响诈骗罪成立，只影响侵占罪的成立。

张明楷：如果钱某没有向局长说清楚，或者就说是自己一个人送的，那也是对孙某的诈骗。如果钱某对局长说这是两个人的"意思"，那就不是对孙某的诈骗，因为局长已经知道了孙某也出了钱。

案例 115　受贿罪（故意与数额的认定）

行贿人乙送给国家工作人员甲一个花瓶，并且谎称花瓶的价值很高，甲也误以为价值很高，但花瓶是赝品，只值几千元。甲不久后拿着花瓶到拍卖市场拍卖，乙知道后就安排自己的手下到拍卖市场竞价，以80万元的高价又竞买回来了，但甲对乙安排人竞买不知情，误以为花瓶值80万元。

张明楷：我们先不考虑后面的行为是否属于洗钱，只是考虑甲前面的收受花瓶行为是受贿，还是后面拍卖花瓶的行为是受贿。

学生：这个案件有点麻烦。主要是故意与行为没有同时存在，有可能认为甲的行为不成立受贿罪。

张明楷：是的。甲前面收受花瓶时，虽然有受贿的故意，但那时的花瓶只值几千元，不构成受贿罪；后面拍卖花瓶的行为实际上是受贿，但甲主观上没有受贿的故意，只有处置自己贿赂的意思。

学生：就后面拍卖与竞买的行为来说，认定乙的行为构成行贿罪没有问题的吧。

张明楷：乙后来的竞买行为构成行贿罪没有问题，但此时甲没有受贿的故意。我们设想两种情形来讨论：第一种情形是，乙原本只是想送一个赝品给甲，让甲为自己谋取利益，但由于甲收受后不久将花瓶拿去拍卖，为了掩盖赝品的事实，只好安排人竞买下来。第二种情形是，乙担心送名贵花瓶有法律风险，就故意送一个赝品，等甲将花瓶拿去拍卖时就竞买下来。这两种情形会有区别吗？

学生：就第一种情形而言，乙前面送花瓶时，原本没有行贿的故意，客观上也没有刑法上的行贿行为。所以，前面的行为肯定不成立行贿罪，但后来的竞买行为就成立行贿罪了。

张明楷：这一点没有疑问。问题是，就前面的行为而言，对甲的行为怎么处理？

学生：能否认定甲前面的行为成立受贿罪的未遂犯？

张明楷：如果按照主观的未遂犯论，甲前面接受花瓶的行为是成立受贿罪的未遂犯的。但如果采取客观的未遂犯论，甲前面就没有接受数额较大财物的可能性，因而不一定构成受贿罪的未遂犯。又由于甲后来拍卖花瓶的行为没有受贿的故意，所以，不可能成立受贿罪。

学生：第二种情形如果分开来判断，结论也是一样的。

张明楷：这么说的话，区分两种情形没有什么意义。但是，如果是第二种情形的话，会促使我们一体化地判断案件事实。也就是说，如果对这个案件进行一体化的判断，而不是分别的判断，就能认定乙的行为构成行贿罪，甲的行为构成受贿罪。所谓一体化判断，也就是整体判断。

学生：是不是还涉及因果流程错误的问题？

学生：这个案件不存在因果流程的错误吧，甲只是存在认识错误。一方面，误以为前面收受花瓶的行为是收受价值很高的贿赂；另一方面是误以为自己后面的行为并不是收受贿赂，但事实上却是收受贿赂。

张明楷：这个案件与事前故意的情形比较相似，也可以说有因果流程的错误，但与事前故意有明显的区别。

学生：事前故意的场合，前行为就是构成要件的行为；但在这个案件中，前行为还不是构成要件的行为，所以有区别。

张明楷：但是，行为构造与事前故意是一样的，都是前行为时有犯罪的意思，实施了某种行为，并且以为前行为造成了构成要件的结果，但事实上是后行为造成了构成要件结果，但行为人对后行为的结果没有认识或者认识错误。

学生：既然行为构造一样，是不是就按事前故意来处理呢？

张明楷：这就是问题所在。虽然行为构造一样，但有明显不同。通常的事前故意情形是，行为人将前面的未遂犯罪误以为是既遂犯罪，而本案的甲将前面的非罪行为误以为是犯罪行为，对后行为的认识则是相同的，都是将后面的犯罪行为误以为是非罪行为。但本案其实既不是事实认识错误，也不是法律认识错误。可以说前面是幻觉犯，后面是过失，但过失受贿并不成立受贿罪。

学生：这么说，甲的行为确实不构成受贿罪了。

张明楷：说甲的行为不构成受贿罪是很容易说理的，但不认定为犯罪可能是许多人难以接受的。是不是可以采取一体化的判断，也就是将甲的前行为与后行为作为一个受贿罪的客观事实来考虑，再判断甲对受贿有没有故意。如果这样一体化判断，就能得出甲既有受贿的客观事实，也有受贿的主观故意的结论，从而认定其行为构成受贿既遂。

学生：我觉得应该分开判断比较好，因为前面那个行为实施完毕后就有可能案发。

张明楷：什么时候案发不应当是决定对案件进行一体化判断或分别判断的标准。行为人持刀杀人时，任何一刀砍下去都可能因为警察到场而案发，但不可能分别判断。再比如，像我们通常讲的事前的故意的那种场合，行为人以为把被害人打死了，于是往水沟里面拖"尸体"，有的案件是过了一段时间才去掩埋"尸体"，其实被害人还活着。在这样的案件中，每时每刻都可能案发，但还是有观点主张一体化判断，认定为一个故意杀人既遂。

学生：一体化判断是不是应当限定在一连串行为的场合？本案中的甲前面接受花瓶后面拍卖花瓶的行为，与日本所称的一连串的整个行为还不一样。

张明楷：一体化判断不一定以一连串行为为前提，即使行为并非一连串，也可能进行一体化判断，关键在于什么时候可以进行一体化判断，什么时候不能进行一体化判断。日本学者所称的一体化判断，比较重视行为意志的一体性。我前面设想了两种情形，就第二种情形而言，行贿人其实有一个整体设计，对之进行一体化判断应当没有什么问题。即使就第一种情形而言，虽然行贿人没有进行整体设计，是不是也可以进行一体化判断？

学生：日本学者近些年也讨论一体化判断与分别判断的问题，但似乎也没有提出具体的标准。

张明楷：有一年我将德国学者设想的案件作为博士生入学考试题目：张三前两刀出于伤害的故意，后两刀出于杀害的故意，一共砍了被害人李四4刀，但李四身上只有一处致命伤，其他3刀没有砍着，也查不清致命的这一刀是前两刀中的一刀还是后两刀中的一刀。对此案应当如何处理？如果分开评价的话，前两刀是伤害未遂，后两刀是杀人未遂。但这样的结论会让一般人觉得很奇怪，明明是张三砍死了李四，却认定为两个未遂。要是一体化评价的话，全部行为评价为伤害行为，就可以认定为故意伤害致死。故意伤害致死的法定刑与故意杀人罪的法定刑相同，最高刑都是死刑，就不需要再适用未遂犯的规定。

学生：这样分开评价估计有人还是接受不了。

张明楷：其实，我们今天讨论的受贿案和事前故意的构造是一样的。也就是说，前面的行为没有造成构成要件结果，但行为人有"故意"；后面的行为造成了构成要件的结果，但行为人没有故意。我们在讨论事前故意时，说前行为有导致结果发生的重大危险，而在这个受贿案中，甲的前行为不一定成立未遂犯，只是一个不能犯；另外，事前故意时，行为人对前一犯罪行为的确有故意，但本案严格来说行为人对前行为并无作为责任要素的故意，因为没有不法哪有故意。这两个区别是否影响一体化判断的适用？

学生：其实只要一体化判断，不管甲的行为是不是事前故意的情形，都可以认定为一个受贿罪的既遂。

张明楷：是的。我觉得对甲的行为进行一体化判断是可能的。甲认识到自己的前行为是职务行为与财物的交换，也认识到后行为是职务行为与财物交换的结果，至于是前行为还是后行为实际上取得财物，都不影响职务行为与财物的交换，应当可以认定为受贿罪的既遂犯。

学生：一般人肯定会赞成这种一体化的判断结论，但刑法学者可能不一定。

张明楷：有争议我们才讨论。对甲的行为进行一体化判断当然是有争议的，我自己也有一定疑问，也不认为一体化判断就肯定是正确的。对事前故意的情形进行一体化判断得出行为构成犯罪既遂的结论，是因为实施前行为后再实施后行为并不异常，但本案介入的后行为是否异常呢？

学生：我认为甲拿着花瓶去拍卖并不异常。

学生：但乙竞买花瓶是异常的。

张明楷：乙竞买花瓶也不一定异常，从常理上看，为了防止自己送赝品的事实被发现而高价竞买回来，不那么异常。

学生：那要看乙是怎么知道甲要拍卖花瓶的。

张明楷：要么是甲告诉乙的，要么乙是一直关注拍卖市场的，如果是这样的话，也不一定异常。

学生：事前故意的情形只是介入了行为人自己的行为，但这个案件不只是介入了行为人自己的行为，还介入了乙的竞买行为，所以比较异常。

张明楷：是的，如果乙的介入本身不异常，也就可以按事前故意的处理方案认定甲的行为构成受贿既遂。比如，张三以为自己杀死了王五，事实上王五还没有死亡，张三让李四掩埋"尸体"，李四也误以为王五死亡了，于是掩埋行为导致王五死亡。在这种情形下，我们还是会认为死亡结果要归属于张三，认定张三的行为构成故意杀人既遂吧。

学生：是的。

张明楷：既然如此，也可以认为本案中的乙竞买花瓶是不异常的，从而肯定甲的行为成立受贿罪的既遂。

学生：还有一种路径是，不进行一体化判断，仅将后面拍卖花瓶的行为认定为受贿罪，同时对受贿罪的故意作比较宽泛的理解，也就是说，只要行为人知道自己是在从事权钱交易就可以。

张明楷：这可能比较牵强，因为故意要求认识到构成要件事实，认识到自己在处理赃物的心理状态不能被评价为受贿的故意。

学生：甲将收受的花瓶拿去拍卖，是自洗钱的行为，也构成洗钱罪吧。

张明楷：构成洗钱罪也有疑问。因为甲前面收受花瓶的行为不构成受贿罪，没有上游犯罪了，怎么还构成洗钱罪呢？甲虽然有洗钱的想法，但客观行为不是洗钱行为。不过，乙后面竞拍的行为则是行贿罪与洗钱罪的想象竞合，因为这一行为掩饰、隐瞒了贿赂的性质与来源。

学生：如果一体性评价甲的行为，甲的行为是不是也是洗钱行为？

张明楷：这样说或许也有可能。但总的来说，对本案的甲不认定为受贿罪是非常容易说理的，但不认定为受贿罪可能难以被国民接受。认定为受贿罪则有行为与责任同时存在的障碍，一体化判断认定为受贿罪还缺乏有力的理由。

学生：明白了。

学生：老师，我再问一个受贿罪的案件。A找国家工作人员B办事，将50万元现金给B，B收下50万元后承诺，如果办不成事就退回30万元。后来A请托的事确实没有办成，但B也没有退还30万元。B受贿的数额是50万元还是20万元呢？

张明楷：你考虑一下B的受贿是何时既遂的？

学生：如果认为受贿罪的法益是职务行为的不可收买性的话，允诺办事时受贿既遂，受贿数额认定为50万元应该没有问题的。

张明楷：而且 B 事后也没有退回 30 万元，没有退回的这 30 万元仍然是其职务行为的不正当报酬，还是要认定为受贿 50 万元吧。

学生：如果 B 收下 50 万元后还没有开始为 A 办事就案发，也会认定为受贿 50 万元。

张明楷：是的。

学生：老师，我还想问一下。妻子事前收受财物，作为国家工作人员的丈夫事后知情但没有反对。能否根据不作为的思路，认定国家工作人员是受贿罪的正犯？

张明楷：不作为犯的论证思路是，国家工作人员有退还或者上交的义务但没有退还或者上交。但我不赞成用不作为的思路。国家工作人员知情后没有反对，就是认可了自己的职务行为与妻子所收受的财物的不正当交易，在规范意义上要评价为国家工作人员"收受"了贿赂。从作为的角度来说，国家工作人员也是正犯，妻子不可能是受贿罪的正犯。因为正犯需要身份，妻子没有身份。

学生：事实上，只要国家工作人员退还了或者上交了，他就不构成受贿罪；反过来说，不就是因为他没有退还或者上交而构成受贿罪吗？

张明楷：但《刑法》第 385 条规定的受贿罪的构成要件行为是索取贿赂或者收受贿赂，索取与收受都是指从对方那里取得贿赂。如果将上述情形理解为不作为，会被认为违反罪刑法定原则。

案例116　受贿罪（共犯以及数额的判断）

张某是 A 省保监局的局长，刘某不是国家工作人员，是张某的特定关系人，2011 年起两人成为情人关系。2015 年 10 月，张某调任省保监局当局长时，刘某就跟着张某一起到 A 省。张某在 A 省认识了辖区内从事保险业务的韩某，双方商定，韩某成立一个公司，给张某 15% 的干股，以干股的名义给张某分红，张某为韩某经营的保险项目提供帮助。之后，张某将此事告诉刘某，说不用实际出资就可以分红，但需要以刘某的名义持股。2017 年 4 月，刘某根据张某的要求，提供了个人的资料，用于韩某办理股权工商登记手续。随后韩某注册成立了一家公司，将公司 15% 的股份登记在刘某名下。公司成立之后，张某利用职务上的便利，为韩某经营的保险项目提供了帮助。2018 年 1 月，刘某按照张某的要求办理了一张收受分红款的银行卡，由刘某实际控制使用。2018 年 5 月，张某和韩某商量，股权登记在刘某的名下不妥当，于是就将刘某名下的股份无偿转让给韩某，韩某仍然按照之前约定的比例给予分红款。截至案发时，刘某和张某收受韩某给予的分红款 477 万元。

张明楷：张某构成受贿罪没有疑问，对于刘某行为的认定则存在很多观点。第一种观点认为，刘某构成受贿罪的共犯，受贿的数额是两个人收到的 477 万元分红款；第二种意见认为，刘某

构成受贿罪，但是张某和刘某受贿的数额应当按照完成工商登记时的 15% 的股权价值予以认定，获得的分红款属于受贿孳息；第三种观点认为，刘某不构成受贿罪的共犯，只构成掩饰、隐瞒犯罪所得罪和洗钱罪的想象竞合，应从一重罪处罚。

学生：第三种观点为什么不认为刘某构成受贿罪的共犯？

张明楷：第三种观点认为，张某和韩某已经达成了成立公司给 15% 的干股的约定，刘某没有参与二人之间的协商，所以不构成受贿罪。也就是说，第三种观点认为，刘某是在张某受贿既遂后才帮助张某实施了一些行为，所以不成立受贿罪的共犯。我们首先讨论一下刘某是否构成受贿罪？

学生：刘某构成受贿罪的共犯。虽然约定贿赂是在韩某和张某之间进行的，但张某跟刘某说了不用实际出资就可以分红，刘某还向韩某提供了个人资料用于登记股权，所以是受贿罪的共犯。

张明楷：你的意思是，即使前面张某与韩某的约定就构成行贿罪与受贿罪的既遂，后面刘某收受分红款的行为也是受贿行为，刘某对后面的收受贿赂也起了作用，所以构成受贿罪吗？还是说，张某与韩某的约定还没有构成受贿既遂，股权登记时才是受贿既遂？

学生：刘某提供个人资料的时候张某就已经收受干股了，已经受贿既遂了。

张明楷：收受干股的既遂标准是什么？是双方约定好了就算收受了干股，还是需要有其他判断资料？

　　学生：2007 年 7 月最高人民法院、最高人民检察院《关于办理受贿刑事案件适用法律若干问题的意见》规定："干股是指未出资而获得的股份。国家工作人员利用职务上的便利为请托人谋取利益，收受请托人提供的干股的，以受贿论处。进行了股权转让登记，或者相关证据证明股份发生了实际转让的，受贿数额按转让行为时股份价值计算，所分红利按受贿孳息处理。股份未实际转让，以股份分红名义获取利益的，实际获利数额应当认定为受贿数额。"这一规定表明只是约定了干股还不是受贿既遂。

　　张明楷：其实也不一定能得出你这个结论。这个规定没有直接说明收受干股的既遂标准是什么，只是直接说明了如何计算收受干股的受贿数额。当然，也可以说，这个规定间接说明了收受干股的既遂时间。

　　学生：进行了股权转让登记或者相关证据证明股份发生了实际转让的，就是受贿既遂，以这个时候的股权价值作为受贿数额。

　　张明楷：也就是说，本案应当以工商登记时作为收受干股的既遂时刻。如果是这样的话，刘某提供个人资料，为工商登记起到了作用，或者说为收受干股起到了作用，刘某就构成受贿罪的共犯。

　　学生：是的。

　　张明楷：张某后来将 15% 的股份无偿退回给韩某，但继续接受分红款，在这种情形下，是应当认为退回股份后的分红款是受贿数额，还是说受贿对象仍然是 15% 的干股，分红款仍然是受贿孳息？

学生：应当说，退回 15% 的股份只是表面上的，而且即使退回也不影响受贿既遂的认定。由于退回 15% 的股份是表面上的，所以仍然在收受分红款。没有必要将退回股份后收受分红款的行为独立认定为受贿罪吧。

张明楷：司法机关在讨论本案时也没有这种观点，只是我突然想到了。这样的话，前面介绍的第一种观点和第三种观点都不合适，只有第二种观点是妥当的。那么，在股权登记后，刘某用自己的银行卡接受分红的行为是什么性质呢？我们不考虑刘某的行为时间，按自洗钱也构成犯罪的刑法来讨论。

学生：掩饰、隐瞒犯罪所得罪与洗钱罪的想象竞合吗？

张明楷：掩饰、隐瞒犯罪所得罪是赃物罪，赃物罪的主体不能是本犯，也不能是本犯的共犯，所以，只能考虑是不是构成洗钱罪。

学生：在本案中，受贿数额按转让行为时的股份价值计算，所分红利按受贿孳息处理。受贿孳息也是洗钱罪的对象吗？

学生：受贿孳息应当是犯罪所得的收益，可以成为洗钱罪的对象。

张明楷：问题在于利用银行卡接受分红款，是否符合洗钱罪的构成要件？或者说，用银行卡接受分红款，是不是掩饰、隐瞒了受贿犯罪所得的收益的来源和性质？

学生：应当是掩饰、隐瞒了。因为用银行卡接受分红款，就使人们认为刘某享有公司的 15% 的股权，所以 447 万元是合法所得，而不是受贿所得。

张明楷：如果是这样的话，刘某的行为同时也构成洗钱罪。

学生：如果刘某的行为构成洗钱罪的话，张某的行为也构成洗钱罪，因为是张某让刘某办理银行卡用于接受分红款的。

张明楷：张某与刘某二人既是受贿罪的共犯，也是洗钱罪的共犯。其中，张某是受贿罪的正犯，刘某是受贿罪的共犯；刘某是洗钱罪的正犯，张某是洗钱罪的共犯。

学生：如果说张某与韩某形成了约定就构成受贿既遂，刘某后面提供个人资料办理工商登记等行为还构成受贿罪的共犯吗？还是说只构成赃物罪或者洗钱罪？

张明楷：也要认定为受贿罪的共犯。民国时期的刑法以及日本、韩国等国刑法规定的受贿罪的构成要件行为包括索要、约定与收受。这三个行为是递进式的，首先是国家工作人员的索要，对方同意就形成了约定，此后按约定行贿人给予财物、国家工作人员收受财物，就最终完成了贿赂。反过来的情形则是，请托人首先提出给予贿赂，国家工作人员同意就形成了约定，此后按约定行贿人给予财物、国家工作人员收受财物，就最终完成了贿赂。所以，即使认定国家工作人员索要或者行受贿双方形成了约定就是既遂，但后面收受贿赂的行为仍然是构成要件行为，刘某没有参与索要与约定，但参与收受干股的行为，也使得她成为受贿罪的共犯。感觉有点类似于持续犯那样的既遂后参与仍然构成共犯的情形。

学生：是不是承继的共犯？

张明楷：如果说承继的共犯不限于既遂前的中途参与，或者说如果认为承继的共犯包括所有中途参与的情形，刘某的行为也可以说是承继的共犯。但似乎和通常的承继的共犯不一样。

学生：如果说刘某是受贿罪的共犯与洗钱罪的正犯，那就要实行数罪并罚吗？

张明楷：是否实行数罪并罚就按罪数原理来决定，不能因为自洗钱构成犯罪就对相关案件确定另一套罪数判断的规则。刘某的行为属于想象竞合吗？

学生：按理说不是想象竞合。

张明楷：如果前面没有办理工商登记，没有证据证明干股已经实际转移，后面接受分红款的行为才是受贿罪的实行行为，那么，用银行卡接受分红款的行为则可能属于一行为触犯数罪名。但真实案件不是这样的，而是在干股登记后就受贿既遂，后面接受受贿孳息是受贿后的另一行为。既然有两个行为就不是想象竞合。感觉可以说是牵连犯，是原因行为与结果行为的牵连。因为收受干股是原因行为，既然收受了干股当然就是要接受分红款的，所以，接受分红款是结果行为。

学生：有一些案件的国家工作人员虽然得到了干股，但未必能得到分红款。

张明楷：这不影响牵连犯的判断，我们只需要判断在本案中收受干股是不是原因行为，收受分红款是不是收受干股的结果行为，如果是就再考虑二者之间是不是具有通常的类型性；如果得出肯定结论，就能够认定为牵连犯。

学生： 如果是这样的话，就能够认定为牵连犯。

张明楷： 今天的讨论让我们明确了一点，那就是，不管对受贿罪的既遂采用什么标准，在国家工作人员向请托人索要财物后，或者在国家工作人员与请托人形成贿赂的约定后，第三者参与其中促进了贿赂的收受的，都能成立受贿罪的共犯。而不是说，只要国家工作人员成立受贿罪的既遂，参与者就不可能成立受贿罪的共犯。只有当国家工作人员收受了财物之后，第三者参与其中的才不成立受贿罪的共犯。

案例117　受贿罪（与利用影响力受贿罪的关系）

甲和乙分别经营民营企业，丙是国家工作人员，三人不是亲戚关系，但平时交往密切。甲写了很多关于经济、资本方面的书。乙、丙平时称甲为"精神导师"，很崇拜甲。甲也在经济方面帮了丙一些忙，不仅照顾丙，而且照顾丙的家人。后来，外省的某企业想要跟丙所主管的企业进行一项交易，如果交易成功，外省企业会获利很多，但外省企业不认识丙，于是找到了甲和乙。甲和乙没有明确对丙说如果帮忙会给好处。但是，丙猜到了如果帮了忙外省企业会给甲、乙好处。丙就帮了忙，外省企业获利后通过签订虚假合同陆续给甲、乙1000多万元（另缴纳税款150万元），但没有一分钱是给丙的。丙当时也不确定外省企业会给甲、乙多少钱。

张明楷：这个案件涉及两个问题，一是甲乙丙三人的行为构成什么罪？当然，丙是否构成犯罪也可能值得讨论。二是所缴纳的 150 万元税款，是否计算在受贿数额中？我们主要讨论前一个问题。

学生：外省企业想要跟本省企业做交易这件事情，有没有什么不合法的地方？

张明楷：可能算是谋取竞争优势，丙就是给自己主管的企业打招呼，使外省企业承揽了丙主管的企业的一些业务，但本省企业也不会因此受到损失。

学生：丙知道甲与乙会从外省企业收受财物吗？

张明楷：知道，但甲与乙没有明确告诉丙，丙也不知道甲与乙收受好处的具体数额。有两种主要观点，一种观点认为甲和乙构成利用影响力受贿罪，丙无罪。另一种观点认为，甲乙丙三人构成受贿罪的共犯。我先问一下，如果认定甲与乙构成利用影响力受贿罪的正犯，能认为丙构成利用影响力受贿罪的共犯吗？

学生：有可能吧。

学生：不可能吧。

张明楷：不排除行为人犯利用影响力受贿罪时，被利用的国家工作人员可能构成共犯，但这种情形极为罕见。

学生：那么，什么情形下国家工作人员可能成立共犯，什么情形下不可能成立共犯呢？

张明楷：只能说如果利用影响力受贿的行为人不构成受贿罪的共犯，国家工作人员也不成立受贿罪时，国家工作人员有可能构成利用影响力受贿罪的共犯。这其中涉及如何理解受贿行为，如果说受贿行为包括使第三者收受贿赂，而且其中的第三者没有什么限制，则被利用的国家工作人员构成利用影响力受贿罪的可能性极小。比如，张三与国家工作人员李四关系密切，但一直没有经济上的往来。张三接受王五的请托，并收受了王五的100万元，通过李四的职务上的行为，为王五谋取了不正当利益。李四在实施职务行为时，认识到张三可能收受了王五的财物。在这种情形下，如果认为李四的受贿行为包括使第三者即张三得到贿赂，李四的行为就构成受贿罪。民国时期的刑法理论就认为，收受贿赂包括直接收受和间接收受，间接收受就是让第三者收受，也没有要求国家工作人员与第三者有什么共同利害关系，更不要求第三者转交给国家工作人员。因为不管谁收受财物，只要财物与国家工作人员的职务行为形成一种对价关系，就能认定为贿赂。

学生：如果在此案中，请托人言明100万元就是给张三的报酬，而不是给李四的报酬，李四也构成受贿罪吗？

张明楷：我觉得李四也可能构成受贿罪。

学生：如果这样理解的话，就我们今天讨论的案件而言，丙也构成受贿罪。

张明楷：这个案件可能更容易认定丙构成受贿罪。丙利用职务上的便利为外省企业谋取了利益，也知道外省企业会给甲、乙不正当报酬，只是不知道具体数额而已。这个不正当报酬形式上是给甲和乙的，但这是丙的职务行为的对价，如果丙不给主管企业打招呼，外省企业就不会给甲和乙报酬。要从实质上判断财物是什么行为或者什么职务的报酬，不要只是从形式上看财物由谁得到。当然，这里有我刚才提到过的一个问题。在 2007 年以前，当财物是提供给第三者的时候，司法解释（2007 年 7 月 8 日最高人民法院、最高人民检察院《关于办理受贿刑事案件适用法律若干问题的意见》（法发〔2007〕22 号））要求第三者与行为人构成利益共同体。但我认为没有必要作这样的限定，之所以会有这样的限定，很大程度上是将受贿当作财产犯罪去把握和认定了。事实上，第三者不一定与国家工作人员是利益共同体，完全可能是受贿者的仇人。某市发生过这样一起案件：一位区长在宾馆与一名女性发生性关系，被某民企的负责人偷偷地录下来了，民企负责人并不敲诈区长，只是跟区长说有什么工程的时候给他做一做。区长知道把柄在他手上，每次都答应。后来有人请托区长的职务行为，区长要请托者将 100 万元送给民企负责人。虽然区长没有得到这 100 万元，区长与民企负责人也不是什么利益共同体，但区长的行为肯定构成受贿罪。因为这 100 万元是区长的职务行为的报酬，这就是贿赂的本质所在。

学生：但我们今天讨论的这个案件，丙并没有提出任何要求，没有授意外省企业把钱给谁。

张明楷：这不是重点，重点在于 1000 多万元是不是丙的职务行为的不正当报酬，丙是否知道外省企业会给甲和乙不正当报酬。

学生：刚才说的 2007 年的司法解释规定："特定关系人与国家工作人员通谋，共同实施前款行为的，对特定关系人以受贿罪的共犯论处。"本案的通谋不明显。

学生：2003 年 11 月 13 日最高人民法院《全国法院审理经济犯罪案件工作座谈会纪要》规定，在近亲属的场合，国家工作人员明知其近亲属收受了他人财物，仍按照近亲属的要求利用职权为他人谋取利益的，对该国家工作人员认定为受贿罪，近亲属也要以受贿罪的共犯论处。但是在近亲属以外的其他人的场合，当收受请托人财物后双方共同占有的，才构成受贿罪共犯。

张明楷：2003 年纪要的处罚范围太窄，后来出现了 2007 年的司法解释。这些司法解释都没有完全摆脱受贿罪是财产犯罪的观念，所以就很在意谁得到了财物；在国家工作人员没有得到财物的时候，就要看得到财物的人与国家工作人员是不是利益关系人。其实，这与职务行为的不可收买性是没有直接关系的。换句话说，就这个案件来讲，1000 多万元是全部给甲和乙，还是甲乙丙平分，还是丙得大头，这与职务行为的不可收买性、公正性有什么直接关系呢？但司法实践很关注这一点，实质上就是把受贿罪当成财产犯罪了。越是把这个罪的法益说成"不可谋取私利性"，就越是朝着财产犯罪方向发展了。

学生：所以老师的意思是，不管怎么样，只要是丙的职务行为导致结果，即使没有通谋也构成受贿罪了？

张明楷：也不是这个意思，只要丙实施了或者许诺实施职务行为，并与财物形成对价关系，而且知道形成了对价关系，丙就构成受贿罪，至于财物是甲还是乙收受，这一点并不重要。

学生：这样的话就要看丙有没有猜到。

张明楷：所谓有没有猜到就是有没有认识到。这个案件中肯定已经有证据证明丙知道甲和乙得到了好处，只是不知道具体数额而已。而且，这个案件还有一个特别要考虑的情节，就是甲一直在经济上照顾丙及其家人，丙也是借此机会报答甲一直给自己和家人经济上的支持。在此意义上说，这与丙自己收受也没有什么实质上的区别。

学生：但是，甲与乙只是请丙为外省企业谋取利益，没有说明会有贿赂，是不是难以认定甲与乙是受贿罪的共犯？

张明楷：这就是我们要讨论的利用影响力受贿罪和受贿罪共犯的关系。这个案件中甲和乙触犯了利用影响力受贿罪，这一点没有什么疑问。问题是甲与乙是否构成受贿罪的共犯，如果同时触犯这两个罪，就是竞合关系了。

学生：我觉得认定甲乙构成受贿罪的共犯应该没有问题。因为他们关系一直很密切，事实上是心照不宣的，但双方都是故意不向对方挑明，故意装糊涂。

张明楷：我觉得也是这样。但从案件来看，我觉得认定丙构成受贿罪是合适的，至于对甲和乙来说，是只认定为利用影响力受贿罪，还是认定其行为同时构成了受贿罪的共犯，还取决于客观事实与主观认识。如果事实存在疑问，认定丙构成受贿罪，认定甲和乙构成利用影响力受贿罪，会是比较稳妥的。我觉得，由于甲乙丙三人关系密切，甲和乙其实认识到丙事实上知道真相，还是可以认定甲和乙构成受贿罪的共犯的。

学生：如果双方都心照不宣的话，可以认定为共同受贿。但还是涉及是否需要甲、乙和丙构成特定关系人的问题。

学生：对特定关系人是不是可以采取一种事后判断的视角。如果国家工作人员希望或者愿意让一个人接收他职务行为的对价，就说明他俩之间存在这种利益关系。包括刚才提到的仇人关系，也是一种利益关系，不一定要解释为一种正向的关系。

张明楷：其实，这一点根本不需要我们判断，行贿人会判断，行贿人会知道贿赂给谁才能使国家工作人员为自己谋取不正当利益。比如，我们刚才提到了那个民企负责人的案件，倘若另一名知道真相的人为了给区长解忧，也为了使区长给自己谋取利益，就主动跟区长说"我拿出100万元给民企负责人，让他把录像毁掉"，区长同意了，这也要认定区长受贿吧。

学生：是的。一般都不会无缘无故地让一个毫无关系的第三人去接收贿赂款。

张明楷：对于使第三者得到贿赂的情形，日本的刑法是有明文规定的，是一个独立的犯罪。我国刑法虽然没有明文规定，但不能认为这种情形不构成受贿罪，而应认为索取、收受贿赂包括国家工作人员利用职务上的便利为第三者索取、收受贿赂。

学生：日本刑法对其中的第三人也没有亲密关系的限制。

张明楷：没有。按照我的观点，丙知道外省企业会给甲、乙好处的时候，还为外省企业谋取利益，构成受贿罪就没有什么问题。反过来说，甲和乙是否构成受贿罪的共犯，取决于是否具备共犯的成立条件。由于甲和乙确实没有跟丙说收取财物的事情，对甲和乙定利用影响力受贿罪也可以。那么，受贿罪或者利用影响力受贿罪的数额是否需要加上缴税的 150 万元呢？

学生：如果是代扣代缴个人所得税，就意味着是由甲和乙缴纳了所得税，那就应当包括在受贿犯罪的数额之内吧。

张明楷：是的，这一点没有疑问。但不确定他们缴纳的是什么税，案情没有交待清楚。不过，即使是其他税，也有可能计算在受贿犯罪数额内，因为所缴纳的税款是收买职务行为所付出的代价，其实也属于职务行为的不正当报酬。

学生：老师，我再讲一个利用影响力受贿的案件。甲是某市分管金融工作的副市长，2017 年退休。乙是私营融资企业的老板，丙是私营房地产企业的老板。甲在任副市长期间，就在多个方面帮助过乙和丙。在 2019 年，丙请托甲给乙打个招呼，让丙从乙的公司获得 2 亿元的融资款，乙同意了。后来丙送给了甲 200 万元。这个案件能认定甲的行为构成《刑法》第 388 条之一的利用影响力受贿罪吗？

学生：这个犯罪需要行为人通过其他国家工作人员的职务行为才可以构成。

张明楷：关键是如何理解《刑法》第 388 条之一第 2 款的规定，该款规定："离职的国家工作人员或者其近亲属以及其他与其关系密切的人，利用该离职的国家工作人员原职权或者地位形成的便利条件实施前款行为的，依照前款的规定定罪处罚。"

学生：离职的国家工作人员也要通过其他国家工作人员的职务行为为他人谋取不正当利益，因为保护的法益是国家工作人员职务行为的公正性。即使包括职务行为的不可收买性，这个案件中的甲也不成立犯罪，因为本案并没有出现职务行为。

张明楷：就是说，利用影响力受贿罪的保护法益不包括离职的国家工作人员的影响力的不可收买性。

学生：对的。

学生：可不可以把甲收受 200 万元的行为认定为非国家工作人员受贿罪？

张明楷：乙知道甲会因此收受 200 万元吗？

学生：这也是个问题。

张明楷：如果乙是国家工作人员，甲可以构成《刑法》第 388 条之一的利用影响力受贿罪；但乙不是国家工作人员，就没有相对应的犯罪。但是，像本案这样的现象并不罕见。

学生：这属于离职后收受财物。

张明楷：对！但是事前也没有约定。所谓的事后受财，有不同的类型。第一种类型是在职期间先为他人谋取利益，然后在职期间事后收受不正当报酬，我一直认为这种行为构成受贿罪。第二种类型是，在职期间双方有约定，事成之后会给不正当报酬，在国家工作人员离退休之后才给予和收受报酬，这种行为也构成行贿罪与受贿罪。第三种类型就是在职期间为他人谋取利益，没有约定，退休之后才给国家工作人员不正当报酬，这种情形就不能定受贿罪了。

学生：对本案是不是可以追溯到甲在职期间的职务行为，看其符合哪一个罪的构成要件，比如是不是构成滥用职权等罪。

张明楷：本案与甲在职期间的职务行为没有什么关系。就算在职期间是滥用职权了，也还是要考虑后来收受 200 万元的行为是不是构成犯罪，只不过可能涉及罪数问题。这个案件不涉及之前是否滥用职权的问题。我们讨论的这个案子说无罪很容易，但是老百姓常常反应激烈。

学生：如果定罪的话，关注的对象是甲在职期间为丙谋取利益的行为，把这 200 万元理解为甲在职期间为丙谋取利益的报酬。但是这 200 万元最直接的原因还是乙的帮忙行为。

张明楷：这个评价太脱离事实了，不能这样评价。

学生：如果甲一直在职，即使之前没有约定，事后受财还是构成犯罪。甲在行为当时虽然退休了，但在处罚必要性上似乎没有区别。

张明楷：但是甲不具有国家工作人员身份了，其行为不符合受贿罪的构成要件，也不符合利用影响力受贿罪的构成要件。

学生：在实行行为的一部分存在身份就可以了。

张明楷：但是，还要求在实行行为的时候有故意。不能将国家工作人员在职期间为他人谋取利益的行为都评价为受贿罪的实行行为，因为受贿罪中的为他人谋取利益包括谋取正当利益，如果将国家工作人员的职务行为评价为受贿罪的实行行为，就明显不合适。受贿罪的实行行为是索取或者收受与职务行为具有关联性的贿赂，而不是为他人谋取利益。为他人谋取利益只是说明国家工作人员收受的财物与职务行为的关联性。所以，索取、收受财物的时候没有身份不行，除非事先已经约定了。事前没有约定的话，不能说前面的为他人谋取利益的行为就是实行行为。

学生：那如果说受贿罪的保护法益包括对职务行为的不可收买性或公正性的信赖的话，老百姓会对甲先前的职务行为产生怀疑。

张明楷：那是另外一个问题。就本案而言，甲是因为退休后为丙谋取了利益，所以丙才送给他 200 万元。

学生：甲的行为不是一个很正常的居间行为吗？

张明楷：是居间行为，但也难以说很正常。如果甲之前没有职务可以说是正常的，但甲以前是副市长，其实利用了以前的职务形成的便利条件。

案例 118　受贿罪（斡旋受贿的罪数与数额）

国家工作人员甲收了请托人给予的 100 万元后，利用自己职务形成的便利条件对国家工作人员乙实施斡旋行为，将其中的 40 万元给乙。请托人也知道甲会将 100 万元中的一部分给乙，但不确定甲会给乙多少。

张明楷：这样的案件现在并不少见。有时是请托人明确说了给甲多少，剩下的由甲去打点他人，有时是请托人什么都没有说但二人心照不宣。这样的案件，请托人一方面是向斡旋受贿的国家工作人员行贿，另一方面是通过斡旋者向其他国家工作人员行贿。所以，请托人的行贿数额是 100 万元，这是没有疑问的。在上例中，如果甲留下 60 万元，送给乙 40 万元，那就是受贿 60 万元，行贿 40 万元。只是行贿与受贿是否需要并罚的问题。有什么问题吗？

学生：我觉得斡旋受贿当中的 40 万元和行贿的 40 万元应该是想象竞合，因为虽然斡旋受贿罪既遂的时点被提前到了许诺斡旋的阶段，但实际上还是一个许诺行为加上一个斡旋行为。斡旋行为可以额外多出来，但还是包括在受贿罪当中。斡旋行为和行贿行为实际上是一个行为，所以二者有一个可以视为想象竞合的重合部分。

张明楷：你认为斡旋受贿和行贿是想象竞合是吧？

学生：对，就是说斡旋受贿时拿出来行贿的 40 万元是与行贿罪想象竞合的，但是斡旋受贿中行为人留下来的 60 万元应当单独评价，即并罚。也就是说，甲斡旋受贿 100 万元中的 40 万元与行贿的 40 万元是想象竞合，然后再与受贿的 60 万元并罚。

张明楷：如果甲和请托人商量好了要把 100 万元中的 40 万元给乙，就不能说 100 万元是斡旋受贿，40 万元是斡旋受贿和行贿罪的想象竞合，只能说甲斡旋受贿 60 万元，行贿 40 万元。

学生：如果请托人就是要将 100 万元给甲，是对甲的斡旋行为的报酬，但甲在向乙斡旋的过程中给予乙 40 万元，这种情形可否说甲斡旋受贿罪中的 40 万元与行贿罪的 40 万元是想象竞合呢？

张明楷：简单地说，这种情形下甲是受贿 100 万元后用其中的 40 万元行贿，用其中的 40 万元也是斡旋受贿既遂后实施的行为，怎么会与前面的受贿形成想象竞合呢？

学生：因为甲将 40 万元用于向乙行贿，其实是斡旋行为的一部分。既然如此，就可以说斡旋行为与行贿行为是重合的。

张明楷：但从刑法关于斡旋受贿的规定来看，利用职权或者地位形成的便利条件让其他国家工作人员为请托人谋取不正当利益才是斡旋行为，向其他国家工作人员行贿本身不是斡旋的内容，所以，还是不应当评价为想象竞合吧。

学生：对，所以在斡旋行为中如果再用金钱行贿，实际上是要通过行贿与斡旋受贿的想象竞合来体现明示机能。

张明楷：如果请托人就是要将 100 万元给甲，甲对前面的 100 万元单独构成斡旋受贿，后面甲拿出 40 万元给乙，就是另一个行贿。这个认定也能体现明示机能，不需要用想象竞合来解决。

学生：我的意思是，在这种情形下，要认定甲受贿 60 万元，然后 40 万元的斡旋受贿和 40 万元的行贿构成想象竞合，再与前面的 60 万元实行并罚。

张明楷：可是前面受贿的 100 万元早就既遂了，不可能其中的 40 万元再与行贿罪想象竞合吧。

学生：但我认为受贿既遂的时点和受贿数额的认定时点是可以分开的。

张明楷：既然前面已经受贿既遂了，后面的行贿行为怎么可能一个行为触犯两个罪名呢？

学生：我的意思是，斡旋受贿后面多出来的行贿行为仍然是斡旋行为的一部分。例如，张三请国家工作人员李四先办事后给钱，没有约定事成后具体给李四多少钱。最终李四的受贿数额肯定还是要以张三最后实际给了李四多少钱来认定。所以受贿的数额并不一定要和既遂同时认定。

张明楷：如果说只要国家工作人员索要或者与请托人形成了约定就是受贿既遂，后面收受贿赂的行为也依然是受贿罪的构成要件行为。受贿既遂时点与数额计算时点分开，也不表明甲给予乙的 40 万元是行贿与斡旋受贿的想象竞合。你主要是将甲给予乙 40 万元当作斡旋行为的一部分，才得出了这个结论，但行贿不是斡旋行为的内容。假如斡旋的人不是国家工作人员，显然就只有行贿与普通受贿的问题。再如，请托人跟甲说："你帮我办成了事之后，我会给你好处的。"然后甲就找到乙斡旋办事，斡旋的同时自己先掏 40 万元给乙。如果事成后请托人没有给甲一分钱，甲也构成行贿罪。如果事成之后请托人给了甲 100 万元，应当怎么认定？甲也是先行贿乙 40 万元，后来斡旋受贿 100 万元吧。

学生：我刚刚举例是想说明，受贿罪的数额不是看既遂时行为人收到多少钱，而是看行为人斡旋后实际拿了多少钱，斡旋行为应当是包括在斡旋受贿的结构当中的。

张明楷：不能这么笼统地讲吧。应当在每个案例中具体地判断斡旋受贿行为什么时候既遂。不能认为既遂之后的行为还可以和已经既遂的行为形成想象竞合。

学生：斡旋行为会不会影响斡旋受贿罪的不法程度？

张明楷：这取决于如何理解斡旋受贿罪的保护法益，如果说斡旋受贿罪的保护法益不仅包括作为斡旋者的国家工作人员的职务的不可收买性与公正性，还包括被斡旋的国家工作人员的职务行为的公正性，斡旋行为就会影响不法程度。但要明确的是，斡旋受贿中的贿赂是对斡旋行为的不正当报酬，而不是对被斡旋的国家工作人员职务行为的报酬。

学生：所以，斡旋人收受贿赂后实施的斡旋行为不是斡旋受贿罪的构成要件行为。

张明楷：也不能这么说，应当说，斡旋行为既包括国家工作人员承诺实施斡旋行为，也包括国家工作人员向其他国家工作人员实施了斡旋行为。二者也是一种递进关系。

学生：老师，您之前说斡旋受贿罪的保护法益包括斡旋者的职权或者地位形成的便利条件的不可收买性，也包括被斡旋的国家工作人员职务行为的公正性。

张明楷：我的教材与相关论文是这么说的，国家工作人员一旦承诺去斡旋，就会认为对被斡旋的国家工作人员的职务行为的公正性产生了抽象的危险，不需要具体地判断。

学生：我觉得斡旋受贿的情形把既遂时点提前了，但斡旋行为仍然是斡旋受贿行为的一部分。

张明楷：可以这样说，既遂时点提前不等于既遂后的行为不是构成要件行为。就像非法拘禁既遂后，后面的拘禁行为仍然是构成要件行为一样。对于斡旋受贿来说，被斡旋的国家工作人员为请托人谋取了不正当利益才是真正的既遂形态，但刑法将既遂时点提前了。尽管如此，国家工作人员此前的承诺斡旋和向其他国家工作人员实施斡旋的行为，依然都是斡旋受贿的构成要件行为。

学生：这样解释的意义何在呢？

张明楷：这样理解当然有意义。比如，请托人找到了 A 国家工作人员，希望 A 向国家工作人员 C 实施斡旋，并将 100 万元给 A，A 承诺一定向 C 实施斡旋行为。但后来 A 觉得自己一人斡旋的分量不够，就找到另一国家工作人员 B，向 B 说明真相，让 B 和自己一起去向 C 斡旋，B 同意，二人一起向 C 斡旋。B 是否构成斡旋受贿的共犯？

学生：应当构成共犯吧。

学生：我总是觉得虽然行为既遂了，但是数额还是可以在后面认定的。斡旋人虽然收到 100 万元，但是最终受贿数额还是要看他最后留下多少。

张明楷：可能是因为你不自觉地将受贿罪当作财产罪来理解

了吧。如果换成贪污罪，你的这个观点也不一定正确。比如，下级国家工作人员贪污 100 万元后拿出 40 万元向上级国家工作人员行贿，肯定要认定为贪污 100 万元和行贿 40 万元吧，不可能只看他最后留下多少。

学生：如果请托人给甲 100 万元，根本不关心甲会不会给乙以及给乙多少，但请托人知道，所请托的事情甲自己办不了，必须找其他国家工作人员才能办。在这种情形下，甲给了乙 40 万元的，应当怎么认定呢？

张明楷：我觉得还是要认定甲构成斡旋受贿与行贿罪，至于受贿数额是 100 万元还是 60 万元，可能需要根据具体事实来进行判断。比如，甲收受 100 万元的时候，有没有给其他国家工作人员的想法。因为甲知道自己办不成此事，需要斡旋其他国家工作人员。如果是这样的话，用于给乙的 40 万元，就可以不计算在斡旋受贿的数额中。如果甲收受 100 万元的时候，就认为凭自己的职权或者地位形成的便利条件足以使乙为请托人办事，100 万元就是自己斡旋行为的全部报酬，就可能将 100 万元全部认定为斡旋受贿的数额，另认定 40 万元是行贿数额。

学生：这样的事实不一定能查清楚。

张明楷：查不清楚就采取事实存疑时有利于被告人的原则处理。

案例119 受贿罪（与单位行贿罪的关联）

某市检察院技术科科长甲与该市法院分管信息化工程的副院长乙系老乡和老同事，在信息化工程的工作中也有交流。甲得知乙任职的法院要开展信息化工程项目后，接受丙公司实际经营者丁的请托，将丙公司推荐给副院长乙并告知乙，丁会按工程量的10%给予乙好处费。丁同时承诺会给甲报酬。后丁通过甲送给乙300万元，丁送给甲200万元。

张明楷：乙受贿300万元已被另案定罪量刑。问题是甲的罪名确定和犯罪数额认定。检察院对甲以单位行贿300万元（甲与丙公司构成共同犯罪）、受贿200万元起诉，这是第一种意见。但在讨论过程中还有其他几种意见。第二种意见是，甲受贿200万元，行贿300万元；第三种意见是，甲的行为仅构成受贿罪，数额为500万元；第四种意见是，甲仅成立介绍贿赂罪，介绍贿赂的数额为500万元（其中200万元为自己获利）。我们从第四种观点开始讨论可以吗？

学生：第四种观点明显不合适吧。因为甲不仅是介绍贿赂，而且对乙实施了斡旋行为，既然实施了斡旋行为就应当认定为斡旋受贿，而不只是介绍贿赂。

张明楷：是的。认定为介绍贿赂罪肯定不合适。第三种观点认为甲的行为仅成立受贿罪，而且数额为 500 万元，这个观点有问题吗？

学生：问题在于甲是否要对乙收受的 300 万元负责。

张明楷：你们联系斡旋受贿的规定考虑一下。如果丁只是给甲 200 万元，没有给乙行贿，甲就是斡旋受贿了。但甲告诉乙，丁会给乙好处，甲知道乙会受贿，仍然促成这项贿赂，甲当然要对乙受贿 300 万元承担责任。

学生：这么说的话，甲是斡旋受贿 200 万元，同时与乙构成受贿罪的共犯，数额为 300 万元，所以，受贿数额为 500 万元。

张明楷：这么说的话，第三种观点是完全正确的吗？或者说对甲的行为进行了充分评价吗？丁的行为构成单位行贿罪没有疑问，甲没有对丁的单位行贿起作用吗？

学生：第二种观点认为甲受贿 200 万元，行贿 300 万元，就是考虑到了甲对行贿的作用。

张明楷：但认定甲的行为构成行贿罪不合适，因为丁的行为是单位行贿，对甲只能认定为单位行贿的共犯或者共同正犯。

学生：如果是行贿或者单位行贿，丁谋取的是什么不正当利益？

张明楷：谋取的是竞争优势，当然是不正当利益。正因为如此，能够认定甲对自己收受的 200 万元构成斡旋受贿。

学生：这么说的话，只有第一种观点最可取，即认定甲受贿 200 万元，单位行贿 300 万元。

张明楷：可是，我们前面不是说甲帮助乙受贿 300 万元，对乙收受的 300 万元构成受贿罪的共犯吗？问题出在哪里呢？

学生：就 300 万元而言，甲的行为既是单位行贿罪的共犯，也是受贿罪的共犯，二者属于想象竞合。

张明楷：对了！前面讲的第四种观点就是考虑到了甲既为单位行贿罪起到了作用，也为乙受贿起到了作用，所以觉得甲相当于居间介绍，认为构成介绍贿赂罪。但我一直觉得像这样的情形认定为介绍贿赂罪不合适。总结一下，甲斡旋受贿的金额是 200 万元，另外是单位行贿罪与受贿罪的想象竞合。那么，问题来了，在这样的场合是并罚还是不并罚，如果并罚应当如何并罚呢？

学生：单位行贿罪与受贿罪相比，肯定是受贿罪重，所以，应当将斡旋受贿 200 万元与受贿 300 万元相加，认定受贿 500 万元，同时认定其行为构成单位行贿罪，但仅按受贿 500 万元处罚。

张明楷：根据现在的司法解释，按受贿 500 万元处罚，应处 10 年以上有期徒刑。在本案中看不出什么问题。但如果把数额颠倒一下，假如甲斡旋受贿 300 万元，帮助受贿 200 万元，将斡旋受贿与单位受贿罪并罚，有可能比按受贿 500 万元处罚更重。

学生：是有这种可能。

张明楷：不过我们还是要明白，在这样的场合，只能是将后面的单位行贿与受贿认定为想象竞合，只能在其中挑选处罚更重的罪，而不能考虑行为人的其他罪行。由于受贿罪比单位行贿罪重，所以，对此只能以受贿罪处罚。然后，再考虑受贿罪与其他犯罪的关系。由于另外一个罪也是受贿罪，属于同种数罪，但就受贿罪而言，一般来说同种数罪不需要并罚，将数额累计就可以了。但问题是，甲作为正犯受贿200万元与作为共犯受贿300万元，这时应当并罚还是累计计算合适？

学生：在司法实践中可能会累计计算。

学生：如果说甲就300万元而言是共同正犯，则累计计算是没有问题的；但如果甲就300万元是从犯，那么累计计算还是有问题的。

张明楷：是有问题。如果就300万元是从犯，就要适用从犯的规定，但甲斡旋受贿的200万元是正犯，不能适用从犯的规定。所以，累计计算之后全额适用从犯的规定不合适，完全不适用从犯的规定也不合适。在这种情形下，实行数罪并罚是不是更合理？

学生：可是，根据《刑法》第385条与第383条的规定，对多次受贿未经处理的，按照累计受贿数额处罚。这就意味着不能并罚。

张明楷：但如果你想并罚，也是能找到理由的。因为分则都是对正犯的规定，所以，上述关于累计受贿数额处罚的规定，是就正犯而言的，如果其中部分是从犯，则应当并罚。我倒不是说一定要实行并罚，可能要比较一下，是并罚更能做到罪刑相应，还是不并罚更能做到罪刑相应。但我感觉并罚可能对甲更有利一点，当然，这取决于法官如何量刑。这就是我经常讲的，在我国刑法中，根本没有办法确定是并罚重还是不并罚重，所以，罪数问题远远难于共犯问题。

学生：好像并罚与不并罚都有道理。但如果累计受贿数额认定为 500 万元，量刑时还是要考虑有 300 万元是从犯的事实，即使不适用从犯的规定，也应当从轻处罚。

张明楷：这就是问题所在。如果并罚，对受贿 300 万元即使不免除处罚也可能减轻处罚；但如果累计数额不并罚，就不可能减轻处罚，只能从轻处罚。

学生：看来，同种数罪一概不并罚也有问题。

张明楷：是的。所以我写的相关论文就说过，既不能一概并罚，也不能一概不并罚。就本案而言，按理说，将斡旋受贿的 200 万元与作为从犯的受贿 300 万元实行并罚，评价可能是全面的，而且并罚的结局要低于受贿 500 万元的刑罚，不得与受贿 500 万元的量刑相同，更不得超过受贿 500 万元的量刑。

学生：但是，有的司法人员特别机械，他只是按常规判，比如，受贿 200 万元判多少，受贿 300 万元的从犯量刑是多少，数罪并罚应当怎么量刑。

张明楷：现在司法机关也觉得机械司法的现象很严重，其中一个重要表现就是不与类似案件和其他处理方法形成的结论进行比较，不能实现公平正义，所以机械司法很明显。什么情形都是只看司法解释有没有规定以及怎么规定的，而不是看刑法怎么规定的。前不久有一个案件，行为人在 3 年前有两次偷越国（边）境，今年又有一次偷越国（边）境。偷越国（边）境罪的成立要求情节严重，司法人员就说司法解释规定偷越国（边）境 3 次以上属于情节严重，没有限制在两年内。辩护人就说，连盗窃罪都要求 3 次以上盗窃发生在两年内，多次走私也是限制在两年内，偷越国（边）境罪是一个更轻的犯罪，为什么不限制在两年之内？司法人员就说，盗窃与走私的多次有司法解释的规定，司法解释没有规定偷越国（边）境罪的情节严重必须是两年内 3 次以上。我就感到奇怪，司法人员就不能稍微比较一下吗？为什么就否认辩护人的主张呢？有的司法人员不是想到如何将案件办好，而是只想到如何打败对方。比如，有的检察官就只想到如何打败律师，不想别的。这就太不好了。

案例 120　行贿罪（共犯与介绍贿赂罪的区分）

2019 年 11 月 9 日，陈某甲因涉嫌非法经营罪被某公安分局刑事拘留，陈某甲的堂哥陈某乙通过黄某等人，请托被告人蔡某联系熟悉的民警关照陈某甲并帮助其办理取保候审。蔡某通过自己的"人脉"，介绍黄某等人认识了当地某国家机关的工作人员王某（因本案已判刑）。在蔡某撮合下，黄某等人与王某商定，由王某为陈某甲提供关照并帮助其办理取保候审，黄某受他人请托给予王某好处费 10 万元。王某收取好处费 10 万元后，给了蔡某 1 万元。此后，王某利用其职权形成的便利条件，向本单位其他干部打探陈某甲的案情，使陈某甲被取保候审。

张明楷：这个案件涉及的行为人有好几位，其实也不难，但司法机关对其中一个人定什么罪有争议。我们从定性没有争议的行为人开始讨论吧。首先，王某利用职权形成的便利条件向本单位其他干部打探陈某甲的案情，使陈某甲被取保候审，这是斡旋受贿，应当没有争议。

学生：从案件描述来看，这是典型的斡旋受贿，而不是利用制约关系受贿。

张明楷：黄某是行贿罪的共犯应当没有疑问吧。

学生：黄某是受陈某乙所托，并给了王某10万元，所以，黄某的行为是行贿的共犯或者共同正犯，也没有问题。

张明楷：剩下存在争议的就是对蔡某的行为应当认定为什么罪的问题了。蔡某撮合黄某和王某商讨，如果撮合的时候三个人同时在场说黄某要给王某10万元好处费，或者蔡某转达了这个意思时，对蔡某定什么罪？早前的教科书在讲介绍贿赂时都使用了"撮合"这个词，只要案件的描述中有"撮合"，司法机关就会定介绍贿赂罪。其他犯罪的构成要件描述中很少有这个词，当被告人在供述中使用了这个词时，司法机关就容易认定为介绍贿赂罪。

学生：认定蔡某的行为构成介绍贿赂罪似乎也可以，他确实是在两边撮合。

学生：老师一直主张限定介绍贿赂罪的适用，因为如果在行贿者与受贿者之间实施介绍行为，就意味着既帮助了行贿也帮助了受贿，完全可能成立行贿与受贿的共犯。

学生：蔡某是不是国家工作人员？

张明楷：蔡某不是国家工作人员。我们梳理一下刑法中将"介绍"规定为构成要件行为的法条，就会发现介绍贿赂罪需要好好解释。我们从熟悉的开始。比如，《刑法》第359条规定了介绍卖淫罪，但卖淫与嫖娼都不是犯罪，如果卖淫和嫖娼都是犯罪，刑法就不会规定介绍卖淫罪，只需要按共犯处理就可以了。

学生：为什么卖淫与嫖娼都不是犯罪，而介绍卖淫却是犯罪，这也是一个问题。

张明楷：这是另一个问题，其实也不难理解。刑法没有规定介绍嫖娼，只是规定介绍卖淫，是因为介绍卖淫的行为使卖淫者遭受性剥削。还有什么法条将介绍规定为构成要件行为？

学生：《刑法》第205条第3款规定："虚开增值税专用发票或者虚开用于骗取出口退税、抵扣税款的其他发票，是指有为他人虚开、为自己虚开、让他人为自己虚开、介绍他人虚开行为之一的。"

张明楷：其中的为他人虚开与为自己虚开是正犯行为，让他人为自己虚开是教唆行为，介绍他人虚开是帮助行为。后两种类型是共犯行为的正犯化规定。还有吗？

学生：没有了。

学生：有没有可能说介绍贿赂罪是共犯的正犯化呢？

张明楷：不可能！因为通常的共犯的正犯化都是为了对共犯给予更重的处罚才使共犯正犯化。可是，介绍贿赂罪的法定刑比行贿罪、受贿罪轻很多，而且还要求情节严重才构成犯罪，这怎么可能是共犯的正犯化呢？不过，按照我的观点倒是有可能说是共犯的独立性化。也就是说，如果类比介绍卖淫罪来解释的话，我觉得只有当行为人在行贿与受贿之间居间撮合，但被撮合的双方并没有实施行贿与受贿行为时，才可以认定撮合的行为构成介绍贿赂罪。因为这种行为的确有处罚的必要，但按照共犯从属性说，又不可能按行贿与受贿的共犯处罚。

学生：因为不存在正犯，所以不可能按共犯处罚。

张明楷：所以，将介绍贿赂作为一个独立的犯罪处罚。如果撮合的双方成立行贿罪与受贿罪，则撮合行为成立行贿罪与受贿罪的共犯。这样来理解可能就比较顺了。

学生：除了介绍贿赂之外就没有介绍这一构成要件行为了。

张明楷：可是，在非法买卖、经营型犯罪中从事介绍的，都不构成犯罪吗？显然都直接认定为共犯乃至共同正犯，比如介绍买卖枪支、弹药的，介绍毒品买卖的，就是分别认定为买卖枪支罪的共犯与贩卖毒品罪的共犯。再比如，居间介绍客户与地下钱庄完成非法买卖外汇交易的，要认定为非法经营罪。所以，你们发现没有，除了介绍贿赂罪之外，刑法根本没有将在两个犯罪行为之间从事居间介绍的行为规定为独立的犯罪，这就表明我们对介绍贿赂罪的法条不能从字面上去理解。而且，如果将在行贿人与受贿的国家工作人员之间撮合的行为认定为介绍贿赂罪，还会导致与《刑法》第163条、第164条的不协调。你们注意到了最高人民法院研究室的一个意见吗？

学生：最高人民法院研究室《关于向非国家工作人员介绍贿赂行为如何定性问题的研究意见》指出："对于向非国家工作人员介绍贿赂行为，根据罪刑法定原则，不宜定罪处罚。但对于确已明显构成行贿共犯或者受贿共犯的，予以定罪处罚，也依法有据，并不违反罪刑法定原则。"

张明楷：对这个规定可能有不同理解。按我的理解，如果行为人向非国家工作人员介绍贿赂，但被介绍的双方根本没有行贿和受贿的，介绍的人就不成立任何犯罪。因为刑法没有将向非国家工作人员介绍贿赂规定为犯罪，如果定罪就违反了罪刑法定原则。但是，如果行为人向非国家工作人员介绍贿赂，且被介绍的双方实施了向非国家工作人员行贿罪与非国家工作人员受贿罪的，则介绍行为构成共犯，这并不违反罪刑法定原则。如果不这样理解介绍贿赂罪的本质与构成要件，而是将所有在行贿与受贿之间实施撮合等行为的都认定为介绍贿赂罪，最高人民法院研究室的这个意见就自相矛盾了。也就是说，如果将介绍贿赂理解为被介绍的双方构成行贿犯罪与受贿犯罪，那么，对向非国家工作人员介绍贿赂的，怎么一下说根据罪刑法定原则不宜定罪，一下又说认定为共犯也不违反罪刑法定原则呢？

学生：明白了。按老师的解释就没有矛盾。

张明楷：就本案而言，由于王某犯了受贿罪，黄某等人也犯了行贿罪，所以，我们需要讨论的是，在中间撮合的蔡某是构成行贿罪的共犯还是构成受贿罪的共犯，抑或两者都构成，按想象竞合处理？

学生：是不是要考虑蔡某在本案所起的作用，受贿的正犯是王某，行贿的正犯是黄某等人，如果蔡某对王某的受贿行为所起的作用大，就认定为受贿罪的共犯；如果对黄某等人的行贿行为所起的作用大，就认定为行贿罪的共犯。

张明楷：这样判断必然会因人而异，而且不排除蔡某对行贿与受贿所起的作用是相同的。

学生：如果认定行贿罪与受贿罪的共犯只是看作用大小，就可能导致对行贿的帮助都要认定为受贿的共犯了。

张明楷：行贿与受贿在多数情形下是对向犯，尤其是双方分别成立行贿罪与受贿罪的情形下是对向犯，但刑法并没有将行贿规定为受贿罪的共犯，更没有将受贿规定为行贿罪的共犯，所以，介绍人处于哪一阵营就特别重要。如果是属于行贿方的阵营，即帮助行贿方行贿的，就要认定为行贿罪的共犯或者共同正犯；如果是帮助受贿方受贿的，就要认定为受贿罪的共犯或者共同正犯。具体而言，中间人受谁的请托很重要。

学生：本案的蔡某其实是受黄某等行贿一方所托，是为了帮助黄某等人找到可以为行贿方谋取不正当利益的国家工作人员。在此意义上说，蔡某是行贿罪的共犯。

张明楷：这个案件的案情虽然不是很详细，但从已知的案情来看，由于蔡某是受行贿方黄某等人所托，认定其属于行贿方阵营，进而认定为行贿罪的共犯是合适的。当然，如果蔡某因为与王某相识，劝说王某实施斡旋受贿行为，当然也可同时构成受贿罪的共犯，形成行贿罪与受贿罪的竞合或者包括的一罪。但这个方面的事实不清楚，我们没有办法讨论。

学生：老师，我这里还有一个简单的案件。A 是交警队工作人员，请托狱警 B 照顾 A 的妻子（在监狱服刑），A 写了一个他人盗窃线索的纸条请 B 交给妻子，以便帮助妻子立功（导致重罪轻判），并将 3 万元现金送给 B，B 还有其他的受贿行为。检察机关对 B 以受贿、滥用职权起诉。同时认为 A 构成滥用职权罪的共犯，对 A 要按照行贿罪、滥用职权罪进行数罪并罚。

学生：认定 B 滥用职权应当没有问题，对 A 定滥用职权罪的共犯好像不合适。

张明楷：我觉得不应当对 A 定滥用职权罪的共犯，你们可以找找理由。

学生：行贿罪本来就是为了谋取不正当利益，对 A 另外定滥用职权罪的共犯是不是重复评价了？

张明楷：2013 年的行贿罪的司法解释是怎么规定的？

学生：2013 年 1 月 1 日最高人民法院、最高人民检察院《关于办理行贿刑事案件具体应用法律若干问题的解释》第 6 条规定："行贿人谋取不正当利益的行为构成犯罪的，应当与行贿犯罪实行数罪并罚。"

张明楷：这一规定的适用显然以谋取不正当利益的行为构成犯罪为前提。但由于行贿罪本身必须以谋取不正当利益为前提，所以，一般不能将行贿行为评价为教唆行为，即不能评价为受贿罪的教唆行为，但也不排除行贿人就国家工作人员为行贿人谋取不正当利益所构成之罪成立教唆犯。当然，要判断行贿人是否具有期待可能性。尤其是行贿人为谋取不正当利益，就构成犯罪的不正当利益事项与国家工作人员共谋的，不排除行贿人就谋取不正当利益的行为构成犯罪，但单纯的请托国家工作人员为自己谋取不正当利益的行为，不宜评价为犯罪的教唆行为。此外，在本案中，还有一个期待可能性减少的事由。

学生：从这两个理由上讲，应该说对 A 仅认定为行贿罪就可以了，不应认定为数罪并罚了吧。

张明楷：是的。即使认为 A 有教唆他人徇私枉法的行为，但由于缺乏期待可能性，也不应以徇私枉法罪的教唆犯处罚吧。

案例 121　行贿罪（犯罪形态）

甲是国家工作人员，利用职务上的便利为乙控制的公司谋取了很多不正当利益。在 2000 年至 2010 年这 10 年间，甲向乙提出帮忙照顾他的妻子、女儿，乙就为甲的女儿装修房子、添置家具等，一共为甲提供了 350 万元的好处。甲调换了岗位后，在 2010 年至 2019 年期间，同样为乙谋取不正当利益。在此期间，乙多次请甲及其家人吃饭，每次吃饭的时候，乙就当着甲及其家人的面说已经为甲准备了 2000 万元，随时可以兑现，以感谢甲对乙在生意上的长期照顾。乙在很多次吃饭时都提起此事，但每次甲都是什么话都不说，只是笑一笑。

张明楷：这是一个真实案件。如果按照民国时期以及德国、日本等国刑法的规定，只要行为人提出给国家工作人员以财物，就构成行贿罪的既遂。乙已经提出了给予甲 2000 万元，构成了行贿罪的既遂。但我国现行刑法规定的行贿罪的构成要件是"给予国家工作人员以财物"，怎么理解其中的"给予"呢？

学生：乙自己真的可以随时兑现这 2000 万元现金吗？

张明楷：这一事实没有问题。在案证据能证实乙控制的银行账户资金很充裕，乙愿意并且能够给付 2000 万元。前面的 350 万元已经既遂了，不用讨论，只是对 2000 万元的犯罪形态存在争议。

学生：从行贿的角度来说，应当认定已经着手实行了。因为已经准备了 2000 万元，随时可以兑现，既然如此就意味着随时可能发生实害结果，所以，已经存在紧迫的危险，可以认定为行贿未遂。

张明楷：我觉得认定乙行贿未遂，是我国的司法实践比较容易接受的；如果要认定为行贿既遂，司法机关一般不会接受。如果说"给予"国家工作人员以财物，是指"给予了"国家工作人员以财物，本案的乙不可能是行贿既遂；但如果说"给予"既包括"给予了"，也包括"许诺给予"，则乙就是"许诺给予"国家工作人员以财物，相当于民国时期的"申请"或"请求"给予国家工作人员以财物，就构成行贿既遂了。

学生：如果说乙是行贿未遂的话，甲也是受贿未遂吗？

张明楷：我觉得还不能这么说。甲每次都是笑而不语，关键是怎么评价这个"笑而不语"。

学生：笑而不语意味着没有明确拒绝，但既可能表示同意，也可能表示乙说的话可笑，还可能是不知怎么回答，当然也可能是故意不作答，为自己找退路。要问问甲每次笑而不语是什么意思。

张明楷：甲当然是说我没有表示同意的意思表示。

学生：如果是这样的话，按事实存疑时有利于被告的原则，就不能认定甲的笑而不语构成受贿罪的未遂犯。

张明楷：甲没有要求乙给予自己以财物，所以，没有索取财物；甲也没有收受财物。问题是能不能说甲与乙形成收受财物的约定？我觉得即使在日本，也不会认定甲与乙形成了贿赂的约定，因为甲没有表示同意。只有当甲同意了，才可以说形成了约定。形成了约定的话，在民国时期与日本、德国会认定为受贿既遂，但在我国的司法实践中，一般只认定为未遂。以前我们讨论过一个案件：国家工作人员知道某个地方要修轻轨，就对一位民企负责人说，你把这一片地买下来。民企负责人说，那么偏僻的地方买下来没有什么用。国家工作人员就说这个地方将来要修轻轨，可以拿到巨额补偿。双方约定在拿到补偿后，减去原先买地的款项，其中的一半给国家工作人员。修轻轨时，民企拿到 1.3 亿元的补偿，这意味着 6500 万元要给国家工作人员。国家工作人员拿走了其中的 500 万元用于投资，剩下的 6000 万元一直在民企负责人那里。一审、二审法院都认定 6000 万元为受贿未遂，但被告人、辩护人都认为国家工作人员对这 6000 万元不构成犯罪。

学生：我觉得这样的情形认定为未遂还是比较合适的，因为国家工作人员将征地信息非法泄露给民企负责人，已经为民企谋取了不正当利益，形成了分得一半的约定，而且事实上也拿走了500万元，这意味着剩下的6000万元也可以随时拿走，所以，认定为受贿未遂没有问题。

张明楷：如果是在民国时期或者德国、日本，要认定6500万元均为受贿既遂。但这个案件与我们前面讨论的乙为甲准备2000万元不一样。

学生：如果说乙为甲准备2000万元成立行贿罪的未遂，而甲不成立受贿罪，这符合贿赂罪是对向犯的特征吗？

张明楷：在行贿与受贿均既遂的情形下，行贿罪与受贿罪是对向犯，但在受贿没有既遂的情形下，行贿是独立的犯罪；同样，在行贿不成立犯罪的情形下，受贿也可能是独立的犯罪。所以，即使认为乙成立行贿罪的未遂犯，甲也可能不构成受贿罪，其间不存在矛盾。

学生：能不能说，当乙提出为甲准备了2000万元时，甲有拒绝的义务？

学生：如果要求甲在每次吃饭时都必须严词拒绝，是不是要求太严格了。从党纪政纪的角度可以这么说，但从刑法的角度来说，不应当有拒绝的作为义务吧。

张明楷：如果行贿人将贿赂款放在国家工作人员家里或者办公室了，国家工作人员不拒绝就表示收受。但本案只是乙为甲准备了2000万元，也没有以甲的名义在银行存入2000万元，不能说只要甲没有严厉拒绝，就是收受了 2000 万元或者表明了要收受 2000 万元。所以，我觉得认定甲构成受贿罪的未遂不合适。

学生：即使甲内心同意乃至窃喜，乙也不知道甲是不是真的同意收受。正因为如此，乙每次与甲一起吃饭时都提起这件事。

张明楷：我们现在讨论的是受贿罪的着手时间。如果国家工作人员向他人索要财物，在国外是既遂了，在我国至少要认定为已经着手了。但行贿人主动提出要给 2000 万元时，即便随时可以兑现，但没有达成约定的场合能不能认定为着手？我觉得按现在的通说与司法实践，达成约定时肯定就是着手了。

学生：换一个场景，比如乙给甲发了一条信息说，为你准备了 2000 万元随时可以提取，甲没有回复。即使甲心里已经接受了，也不能说是达成了约定。

张明楷：现在不是要先考虑甲心里的想法，而是要先判断客观上着手了没有。

学生：如果认定甲为受贿未遂的话，按照司法解释的规定，就要按 2000 万元量刑，然后适用未遂犯的规定。这样是不是太严苛了？

张明楷：这是另一个问题。我觉得不能认定甲已经着手实施受贿 2000 万元的行为，不仅不能认定为未遂犯，也不可能认定为预备犯。

学生：甲前面已经收受了 350 万元既遂，量刑也是 10 年以上，即使不考虑这 2000 万元的事实，量刑也不轻。

张明楷：如果甲先前没有受贿 350 万元呢？

学生：那更加说明甲不想受贿了。按事实存疑有利于被告的原则，更不能认定为受贿罪的未遂犯。

张明楷：我不是从证明角度来说的，是从分析案件的角度来说的。我的意思是，不能因为甲已经收受了 350 万元，就认为 2000 元是否构成受贿罪的未遂犯就无所谓了，还是要讨论清楚。

案例 122　单位行贿罪（与行贿罪的区分）

甲公司想拿到一个 5000 万元的项目，项目不需要招投标，但拿到这个项目需要另一国有公司的负责人乙同意。甲公司知道非国家工作人员丙与乙交情好，便请托丙跟乙打招呼以便拿到这个项目。甲公司与丙约定，如果拿到项目，按照 5000 万元的 6% 支付丙相应的报酬。丙按照甲公司的请托找乙商谈项目，甲公司由此获得该项目。甲公司如约支付丙 300 万元报酬，丙将其中的 200 万元交给乙，自己收下剩下的 100 万元。

张明楷：从结论上说，一般都会认为甲公司构成单位行贿罪，丙成立单位行贿罪的共犯。你们翻看一下刑法有关单位行贿罪的规定，结合这个案例，应该怎么理解"因行贿取得的违法所得归个人所有的，按照行贿罪处罚"的规定？

　　学生：如果丙是将行贿获得的项目利益归个人所有，才按自然人行贿罪认定；如果丙所获得的报酬并非项目的利益，换句话说，项目的利益还是由甲公司所享有的情况，则还是应该按单位行贿罪认定。

　　张明楷：那怎么去判断呢？从案件的事实看，甲公司跟丙商量的内容也就是，如果拿下项目，就按照 5000 万元项目的 6% 给好处。你的意思是说，300 万元不是因行贿所得的违法利益，而是按照违法利益的比例支付的报酬，是这样理解吗？

　　学生：我是比较倾向于这样理解。

　　张明楷：如果支付报酬是等项目完工获得收益后，再从收益中取出 300 万元作为报酬支付给丙，此时丙就可以成立个人的行贿罪吗？

　　学生：这么说，刚刚那样理解"因行贿取得的违法所得归个人所有的"，还是太形式了。

　　学生：《刑法》第 389 条的个人行贿罪的法定刑高于单位行贿罪的法定刑，应该对第 393 条的"因行贿取得的违法所得归个人所有"的适用有所限制。由于这个条款是规定在单位行贿罪中，这一规定对应的不法与责任的程度应该会相应较重。假设这一规定是一个法律拟制的话，不应该是没有根据的，也应当是当行贿取得的违法所得归自己所有的这种情况可以等同评价为个人行贿的情况之时，才可以作为个人行贿罪去处理。既然是拟制规定，那就还是应当限制解释一下。

张明楷：拟制规定不能适用于不被拟制的情形，但对拟制规定本身不是必然要限制解释。另外的问题是，单位行贿罪的"单位"并没有限制，同样也增加了"因行贿取得的违法所得归个人所有"这一条款理解上的难度。比如说，大股东甲持股90%，甲使用单位的资金并以单位的名义向乙行贿获得工程项目，工程获利2000万元。作为公司的大股东，甲因此获得该项目利益的分红1800万元。甲获利1800万元能评价为"因行贿取得的违法所得归个人所有"这一情形吗？对于违法所得归个人所有的理解，只要求部分归个人所有即可，还是要求全部归个人所有呢？如果按照后者去理解，那这一规定适用的可能性比较小；如果按照前者去理解，则单位行贿罪很有可能因此虚设了。实践中有不少这样的判决，公司大股东持股90%，而另外两个股东分别持股5%，有的实际上是代持了大股东的股份。公司构成单位行贿，因行贿所得不法利益实际上归大股东一人所有的情况，也是认定为个人行贿罪。

学生：那是因为查不清的问题吗？

张明楷：这个案件是可以查证清楚的情况。也就是说，当公司实际上是一人公司的情况下，虽然在形式上存在多个股东，但实际上只有一个股东，这在司法实践中经常被认定为个人行贿罪。

学生：老师，单位行贿罪比个人行贿罪的法定刑要低，主要应该从哪一方面理解其根据呢？

张明楷：单位行贿所得的不正当利益是归单位所有，而非归个人所有时，不法程度未必减少，有可能是责任程度减少。也就是说，单位行贿时，对国家工作人员的职务行为的不可收买性或者职务行为的公正性的侵犯，不会有程度上的减少。

学生：老师，能否联系《公司法》的公司人格否认制度理解一下呢？也就是说，如果法人和股东人格混同的话，能否"刺破公司的面纱"，而认定其实际上是个人享有行贿的不法所得，进而认定成立个人的行贿罪呢？

张明楷：这是完全可能的。公司人格否定的法理很有意思，我觉得认定究竟是单位行贿还是个人行贿的时候，实际上跟这一法理是关联的。回到刚刚讨论的案件，丙取得的100万元报酬，可以认定为因行贿取得的违法所得吗？此外，这个100万元报酬，是否也是利用影响力受贿的数额呢？

学生：甲公司是否知道丙会将200万元给乙呢？

张明楷：如果甲公司知道丙会将300万元中的一部分给乙，则甲公司对乙构成行贿罪，以及对丙构成对有影响力的人行贿罪。

学生：老师，这个300万元作为行贿款，可以理解为甲公司行贿后获取的不法利益中的一部分吗？

张明楷：可以肯定的是，如果拿不到项目，甲公司不可能向丙支付300万元的报酬；充其量只能说甲公司在拿到项目前，提前向丙支付了300万元的报酬。要是从形式上看，这300万元当然还不是甲公司拿到项目的获利。案情没有具体提供这方面的信息。

学生：丙是拿到 300 万元之后才向乙行贿的，还是应该将其认定为因行贿取得的不法所得归个人所有的，进而肯定丙成立行贿罪。

学生：其实，如果先不考虑非法与否的问题，丙的行为实际上也就是居间行为，因为促成了交易所以收取了对应的居间费用。

张明楷：丙实际上也是实施了非法的居间行为，从中获得不法所得 100 万元。搁置乙是否成立受贿罪的问题不谈，这个案件需要讨论的是，丙在构成单位行贿罪共犯的同时，能否因为其将用于行贿的部分不法利益归自己所有，因而再肯定他成立个人的行贿罪？

学生：老师，这里有一个疑问，就是丙所获得的 100 万元，实际上不是行贿的对象（受贿方）支付的，而是由单位行贿方（甲）支付的。这是不是不能理解为因行贿取得的违法所得呢？

学生：如果甲不向丙支付报酬的话，丙也不能从乙处获得不法所得。是不是应该认为，因行贿取得的违法所得，应该是从行贿对象处取得的违法所得呢？

张明楷：甲为什么给丙呢？实际上也是因为乙给甲谋取了不正当利益。而受贿罪中为他人谋取利益，"他人"实际上也不限于行贿人，可以是第三者。还有一个问题是，丙是否也同时成立两个罪？一个是单位行贿罪的共犯，另一个是就 100 万元成立利用影响力受贿？而丙如果成立两罪，两罪之间的关系应该如何理解与适用？此外，丙将甲公司支付的报酬中的 200 万元交给乙，也就是单位行贿罪的构成要件事实的全部。而丙请托乙为甲公司谋取不正当利益因而获得的 100 万元报酬，不是丙构成单位行贿罪的构成要件事实，故两个行为事实要分别评价，这并没有重复评价。当然，这里涉及的问题还是在于，丙请托乙而获得的 100 万元，能否认定为因行贿取得的违法所得归个人所有的情况。

学生：我感觉不能认定为因行贿取得的违法所得归个人所有的情况。因为只有国家工作人员为行贿人谋取了利益，而该利益归个人所有，才属于这种情况。

张明楷：刑法理论与司法实践通常都是这么理解的，我以前也是这样理解的。但任何法条都可能具有两种以上的含义。丙是向乙行贿或者帮助甲公司向乙行贿，而获得了 100 万元的好处，也有可能被理解为因行贿取得的违法所得归个人所有的情况。

学生：所以，关键还是在于"因行贿取得的违法所得归个人所有的，依照本法第三百八十九条、第三百九十条的规定定罪处罚"这一规定的根据何在。

张明楷：是的，刑法理论一般都没怎么讨论这一问题。还有另外一种情况，在单位行贿获得不正当利益后，单位负责人集体研究，将单位行贿所得的不法利益给了第三人。第三人事先并未参与行贿，因而不成立单位行贿罪的共犯。问题是，能否将其认定为"因行贿取得的违法所得归个人所有的"，进而认定第三人成立个人的行贿罪？这个确实需要考察单位行贿罪法定刑较低的理由。

学生：如果按照黎宏老师的组织体刑事责任论，似乎就只有形成了企业文化的大公司，个人在其中的作用才相对较小，才可能成立单位犯罪，小公司似乎就很难成立单位犯罪了。

张明楷：如果采取组织体刑事责任论，单位犯罪应当是过失犯罪，而不是故意犯罪，但我国的刑法理论与司法实践都没有将单位犯罪当作过失犯罪来认定。刑法理论就单位犯罪与个人犯罪的区分还缺乏研究，而且不同的单位犯罪的成立条件也应当有差异。比如，生产药品的上市公司为了做药品研发需要几百亩地，于是决定通过关系找领导。由于上市公司财务比较严格，上市公司的老总就从自己的另外一家公司取了 50 万元，用于上市公司向领导行贿，以获批土地。检方控诉这个上市公司的老总构成个人行贿罪，但我一直觉得很有疑问，更为妥当的还是认定为单位行贿罪。

学生：那估计是为了保护股民，毕竟，如果认定为单位行贿罪，上市公司一旦犯罪，股价很大概率是会跌的。

张明楷：按照单位犯罪的认定标准来分析一下。首先，是不是单位决定的，本案的上市公司老总的个人决定实际上就代表了单位意志。其次，核心问题在于是否为了单位谋取利益，这个也不存在疑问。最后的疑问就是，单位行贿罪的行贿款是否必须是单位的财产。

学生：我觉得单位行贿罪没有限定行贿款必须是单位的财产。

学生：可是如果行贿款不是用单位的财产支付的，就不好认定这个行为属于单位行为了。

学生：这个案件其实就是单位集体决策作了决定，由个人提供行贿款，而最终的不法利益归单位所有。至于行贿款是谁提供的，对于单位行贿罪的认定实际上影响不大。

学生：如果行贿款都不是单位出的，难以认为是单位行为吧。

张明楷：可是，怎么区分单位行为与个人行为呢？之前讨论过的单位窃电的案件，造纸厂集体研究决定去偷电，窃取的17万度电均为单位使用。当时就有观点认为，这个是单位行为，而单位不能成为盗窃罪主体，所以不应认定为犯罪。但这个观点显然不成立。如果采取单位组织体刑事责任论，单位行为与个人行为是可以区分的；但如果采取替代责任论，则个人行为就是单位行为，不可能区分。

学生：这似乎还不太一样。因为盗窃罪没有规定单位犯罪，行贿罪是区分了自然人行贿与单位行贿的。

张明楷：那问题就来了，怎么区分单位行为与自然人行为呢？单位领导集体研究决定，为了单位利益，这不就是单位行为吗？

学生：如果是单位行贿的话，行贿款还是应该由单位来出。因为查账的时候有可能会查不清行贿款到底是谁提供的。所以，一般还是要界定存在一个单位行为。

学生：单位集体决策还是一个预备过程，而谋取的利益归单位所有，也不是单位行贿罪的实行行为，因而重点似乎还是在单位提供行贿款这个行为上。

学生：行贿款是谁提供的，应该只是判断是否为单位行贿罪的证据资料，也即是判断这个行贿款是不是为了谋取单位利益的资料，而且，刑法也没有就单位行贿罪规定行贿款必须是由单位提供。

张明楷：从刑法就单位行贿罪的规定看，"单位为谋取不正当利益而行贿，或者违反国家规定，给予国家工作人员以回扣、手续费的"，从语感上似乎要求行贿款必须是单位提供的。单位为谋取不正当利益，而由个人提供行贿款的，是否也能认定为单位行贿呢？

学生：单位如果没钱，然后找第三人借钱，第三人很大方地赠与大笔款项给单位，单位用于行贿的呢？

张明楷：这个没有问题，因为第三人赠与单位的，所以还是可以评价为单位的财产。

学生：也就是说，这笔行贿款并不能形式地要求从单位的账户中拔出。刚刚我们讨论的那个案件，也可以认为，公司老总将自己控制的小公司的 50 万元赠与这个上市公司了。而且，上市公司在行贿的时候，应该也没有提及，这笔款项是另外一家小公司提供的。

张明楷：这个倒是没有。但假如上市公司的老总在行贿的时候很直接地说，上市公司的财务紧张，走账比较严格，没法直接由上市公司提供贿赂，这笔款项是另外一家小公司提供的。这样对认定是否成立单位行贿会有很大区别吗？你刚刚讲到的确实是一个思路，也就是说，在这种场合都可以认定为个人把这笔款项给单位了，单位为谋取不正当利益用该笔款项行贿，认定是由上市公司提供行贿款也不存在什么问题。也就是说，个人实际上是为了单位提供的款项。

学生：这种案件在实务中要查清走账的情况挺复杂的，有时也会因为查不了账，难以认定为属于单位的还是个人的，所以只能存疑认定为单位犯罪。

张明楷：刚刚讨论的案件，将上市公司的老总认定为个人行贿罪，量刑上确实重了，也不太公平，我还是主张认定为单位行贿罪比较合适。主要理由是，因行贿所获取的利益不是归个人而是归单位，这一点是最重要的；此外行贿也是体现了单位意志。行贿款源于哪里并不重要。

学生：是的。

张明楷：我们前面讨论的甲公司给丙300万元的案件，似乎还没有形成明确的答案。我的基本想法是，由于我国刑法中的行贿罪的法定刑过重，可以适当放宽单位行贿罪的适用范围，也就是说，凡是为单位谋取不正当利益的，就认定为单位犯罪。另一方面，对于"因行贿取得的违法所得归个人所有的，依照本法第三百八十九条、第三百九十条的规定定罪处罚"这一规定，不宜扩大其适用范围。因行贿取得的违法所得，还是限制在国家工作人员为单位谋取不正当利益后，该不正当利益直接归个人所有的，才认定为个人行贿罪。如果不正当利益直接归单位所有，单位在年终按股份分红的，不能适用上述规定。本案中的丙只是甲公司向乙行贿的共犯，其个人所得的 100 万元，同时触犯了利用影响力受贿罪，但可以评价为一个行为。即使不评价为一个行为，也可以说最终只侵犯了一个法益，按包括的一罪处理就可以了。当然，这个案件的一些细节还不清楚，可能会影响我们的判断。

第十四堂

渎职罪

案例 123　徇私枉法罪（行为主体的认定）

2018 年 3 月，某镇党委书记谢某因涉嫌受贿罪被查处。案件移送审查起诉后，被取保候审的谢某找到其在某派出所任教导员的朋友陈某，请求其出具虚假立功材料，以使自己被轻判。同年 9 月 5 日，陈某去禁毒支队办事时，得知禁毒支队民警王某等人刚抓获一名容留他人吸毒的犯罪嫌疑人张某，于是向王某说明谢某的情况，请求王某配合出具虚假立功材料。王某表示同意后，陈某将了解到的张某犯罪的情况告知谢某，并制作 9 月 4 日晚谢某举报张某容留他人吸毒的笔录交给王某。王某根据笔录内容制作受案登记表、立案决定书、情况说明等虚假材料，证明张某容留他人吸毒一案线索来源于谢某的举报。谢某被起诉后，人民法院认定谢某举报张某容留他人吸毒构成立功，予以减轻处罚。

学生：这个案件争议点主要在于陈某的行为是否构成徇私枉法罪？

张明楷：陈某是办案人员吗？

学生：陈某不是直接参与容留他人吸毒案的侦查人员，是派出所的教导员。

张明楷：陈某和王某都不是直接办理谢某受贿罪的司法工作人员，这就难以认定陈某的行为构成徇私枉法罪。

学生：是不是可以认定陈某是审理谢某案的法官的间接正犯呢？也就是，两人欺骗了办理受贿罪案件的法官，误认为谢某确实立了功，导致法官对谢某减轻处罚。

张明楷：如果说徇私枉法罪的主体在身份上要求是直接办案的人员，认定陈某与王某成立间接正犯也必须要求有对应的身份。共同正犯是否要求有特殊身份是存在争议的，但是，间接正犯要求具备特殊身份要件是不存在争议的。

学生：假如本案王某是直接办理受贿案的人员，陈某的行为应该认定为教唆犯还是共同正犯呢？

张明楷：如果王某是直接办理谢某受贿案的司法工作人员，他就成立徇私枉法罪，陈某构成教唆犯没有问题。

学生：老师，这个案件是否可能套用斡旋受贿的利用职权形成的便利条件，进而认定非直接办案人员也可能成立徇私枉法罪呢？

张明楷：斡旋受贿是独立的犯罪，只是司法解释没有将其确定为独立的罪名。如果没有斡旋受贿罪的规定，也不能将利用职权或者地位形成的便利条件实施相关行为认定为犯罪。换句话说，不能将斡旋受贿的规定视为注意规定。

学生：那受贿罪中利用职务上的便利，是否可能运用到徇私枉法等罪的认定上呢？

张明楷：徇私枉法罪在主体上要求是直接办案人员或者能够直接制约办案人的人员，应该是比较妥当的。但需要注意的是，利用职务上的便利在不同的罪名中可能具有不同的含义，不能笼统地照搬运用。我们讨论的这个案件，将陈某等非直接办案人员（但具有查禁犯罪的职责）的行为认定为帮助犯罪分子逃避处罚罪倒是比较合适的，因为逃避处罚也是包含了逃避重罪处罚。不能认为，凡是司法工作人员弄虚作假的，都构成徇私枉法罪。

学生：司法技术工作人员出具虚假鉴定的情况呢？

张明楷：按照《刑法》第 305 条的规定，直接认定为伪证罪即可，也不是认定为徇私枉法罪。

学生：如果本案的陈某与王某都不构成徇私枉法罪，就只能认定为帮助犯罪分子逃避处罚罪了。

学生：帮助犯罪分子逃避处罚罪的构成要件行为是，向犯罪分子通风报信、提供便利，帮助犯罪分子逃避处罚，陈某与王某提供了什么便利？

学生：按照立案标准的规定，帮助犯罪分子伪造证据也属于提供便利。

张明楷：对陈某与王某只能认定为帮助犯罪分子逃避处罚

罪。我顺便讲一个案件。某监狱的罪犯王某、郭某是一伙,某日与郑某打架,将郑某的两颗下牙打脱落。随后,监狱把王某和郭某单独关押在禁闭室。监狱的侦查科填写了立案报告表,报到分管的领导去批准立案侦查。后来,王某在禁闭室请求侦查科科长即被告人吴某进行调解。起初郑某不同意调解,吴某就做郑某的思想工作,郑某就同意调解,郑某先后写了三次谅解书。郑某开始写的谅解书说,经过吴某做思想工作才同意调解的。吴某说这样写不合适,告诉郑某说调解是自愿的,同意不同意调解取决于你自己。吴某在调解书上进行了修改,并且把草稿留给了郑某。调解完之后,吴某向分管领导汇报,说案件已经调解完了,对王某的禁闭处理也终止了。两年后,郑某在监狱里聚众赌博被查获了,吴某负责处理此事,吴某到禁闭室向郑某了解情况时,郑某就说你必须放我一马,否则我就要告你以前强迫调解的事情,吴某没有理会,实事求是地向领导反映了郑某的事实。郑某因为受到禁闭处分,就举报了吴某。法院认定吴某构成徇私枉法罪,你们觉得合适吗?

学生:因为对王某的故意伤害罪应当立案而没有立案吗?

张明楷:是的!本来郑某不愿意调解,但吴某给郑某做思想工作。

学生:调解不都是做思想工作的吗?

学生:吴某和王某有什么特殊关系吗?

张明楷:他们可能是同一个地方的,但王某没有向吴某行贿。

学生：确实不太了解监狱内如果发生这种伤害事件后能不能调解。如果允许调解的话，吴某的调解行为也不构成徇私枉法罪吧。

张明楷：肯定允许调解。起诉书描述的事实是，被告人吴某时任该监狱侦查科科长，立案后为了不使罪犯王某受处罚，多次找被害人郑某谈话，迫使郑某同意调解。

学生：具体是怎么迫使的呢？

张明楷：吴某找了郑某四五次，第一次郑某坚决不同意调解，第二次又找郑某，郑某还是不同意，但是态度有点松动，第三次、第四次郑某说考虑考虑，最后一次郑某就同意了。

学生：如果可以调解，也看不出来迫使的吧，这叫什么徇私枉法呢？所有的调解，司法工作人员都要找双方好多次，法官一定会反复地说服双方。

张明楷：所谓徇私枉法，无非就是王某和吴某是老乡，有老乡情结。但案发之后，王某也被检察机关作了不起诉决定。

学生：是相对不起诉吗？

张明楷：是因为后来鉴定不构成轻伤而不起诉。第一次是公安机关鉴定为轻伤，后来是司法鉴定中心鉴定不构成轻伤，检察院根据后一鉴定作出不起诉决定。既然对王某不起诉，吴某调解也没有错。然而，判决认为，吴某明知王某是有罪的，却故意不追诉；即使王某后来被检察机关作了不起诉决定，但根据当时的事实及证据，吴某应当依法继续进行侦查后将案件移送审查起诉，可是吴某擅自对案件停止侦查，使王某不被刑事追诉。我认为认定吴某的行为构成徇私枉法罪并不合适。这一案件反映出来的重要问题是，司法机关过于重视行为人的主观想法或动机。因为吴某与王某是老乡，内心里可能确实想放王某一马，所以有徇私动机。但如果从客观到主观进行判断，可以认为吴某的行为在客观上防止了错误追诉，也节省了司法资源，反而做了一件好事。换言之，认定吴某构成徇私枉法罪，只是重视了徇私，而没有重视枉法何在，这是一个大问题。在认定徇私枉法罪时，还是要先判断枉法行为与结果是什么，再判断是不是徇私。而不能倒过来，先判断是否徇私，再判断是否枉法。因为很多人认为行为的性质是由主观想法决定的，如果先肯定了徇私，就直接肯定枉法。这是很不妥当的做法。

案例124　执行判决、裁定滥用职权罪（与盗窃罪的关联）

甲公司对乙公司享有4000万元债权，乙公司的资产只有一栋大楼，且已经抵押给其他债权人。乙公司基于归还甲公司债务的意思，找到某银行的行长丙，由丙私刻该银行的公章，以该银行的名义为乙公司出具担保函。担保函载明该银行为乙公司对甲公司所负的4000万元债务提供担保。甲公司凭借担保函向丁法院申请执行，丁法院裁定予以执行。乙公司的其他债权人随后向丁法院提起执行异议的诉讼，上一级法院最终裁定驳回甲公司提出的强制执行申请。但是，丁法院的执行人员根据前期对银行行长与乙公司有关同意银行提供担保的询问笔录，直接将该银行的4000万元资金划转给甲公司。

张明楷：你们考虑一下，这个案件中的银行行长的行为涉嫌什么犯罪？

学生：银行提供的这个担保可能是一般保证或者连带保证，担保在乙公司不能履行4000万元债务时承担代为偿还的责任，之后再由银行向乙公司追偿。如果是这样的话，本案的被害人应该是银行。

学生：有没有可能是三角诈骗呢？被害人是银行，受骗人是执行人员。

学生：如果认定为三角诈骗的话，似乎不太合适，因为法院执行人员对裁定被推翻是知情的。

张明楷：如果其他债权人没有提起执行异议的诉讼，强制执行银行4000万元资金的裁定没有被驳回的话，执行人员根据这一强制执行裁定划转款项，成立三角诈骗罪吗？

学生：应该可以成立三角诈骗，而且是犯罪既遂。

张明楷：有一种观点认为，银行行长的行为涉嫌国有公司人员滥用职权罪。

学生：这个观点有点疑问，毕竟银行行长是私刻了银行的公章，而不是直接使用银行已有的公章，没有利用行长的职权。

张明楷：是不是利用了职权有两点需要考虑：一是执行法院是不是基于其是银行行长而询问的；二是执行法院作出的强制执行裁定跟行长的职权是否相关。

学　生：也不好完全否定银行行长的行为与其职权有关系，至少提供担保函是需要行长签字的。

学　生：乙公司仅有的房产也都被抵押，行长没有任何合理根据向乙公司提供 4000 万元债务的担保。

张明楷：由于其他债权人提起执行异议的诉讼，导致强制执行的裁定被驳回而不能直接执行划转银行的资金，如果说存在三角诈骗，也只能是犯罪未遂。但如果认定三角诈骗是犯罪未遂的话，银行的 4000 万元资金被划转至甲公司，这应当怎么评价呢？

学　生：应该是丁法院执行人员的问题了，是不是可能构成执行判决、裁定滥用职权罪呢？

张明楷：但丁法院的执行人员并不是依据判决、裁定执行划转银行的资金，而是根据一个询问笔录，所以，能认定为执行判决、裁定滥用职权罪吗？

学　生：法院的执行人员可能构成滥用职权罪以及盗窃罪的共犯，是公然盗窃。

张明楷：如果是按照通说的话，构成抢夺罪了。

学　生：划转款项的行为应该跟行长没有什么关系了吧，似乎不能认为行长跟执行人员成立共同盗窃。

张明楷：再回过头想一下，对丁法院的执行人员能不能认定为执行判决、裁定滥用职权罪呢？也就是说，这个罪中的执行判决、裁定是否包括执行被撤销的判决、裁定呢？

学生：丁法院的执行人员执行的不是这个被撤销的裁定，而是没有尊重并执行上一级法院驳回执行申请的裁定。

学生：从条文的文字表述看，这个执行判决、裁定滥用职权罪应该是在执行合法的判决、裁定过程中，导致当事人与其他人利益遭受损失的情况。

张明楷：不过，问题还在于，丁法院的执行人员并没有根据任何判决、裁定，而是直接根据询问笔录划转银行的资金。所以，对丁法院的执行人员确实也不好认定为执行判决、裁定滥用职权罪。

学生：对执行人员的行为认定为盗窃罪有问题吗？强制执行会涉及对物暴力吗？

学生：划转资金应该不会涉及什么暴力，敲两下键盘款项就划转到甲公司账户了。

张明楷：客观上银行损失了4000万元，将执行人员认定为盗窃罪你们觉得合适吗？我在教材中举过这么一个案例：甲提起虚假诉讼，诉请乙返还款项，法官知情而作出乙还款的判决、裁定，导致乙的1000万元被强制执行。执行人员在不知情的情况下根据判决、裁定强制执行乙的财产。这个法官跟甲的行为可能构成什么犯罪？你们可能最先想到的是民事枉法裁判罪，但是这个罪名的最高法定刑只有10年有期徒刑。反过来看，如果是盗窃、诈骗1000万元的话，行为人完全可能被判处无期徒刑。就此来说，为什么在这个案件中只考虑法官的行为侵犯了国家法益，而不考虑乙现实遭受的 1000 万元财产损失这一个人法益呢？但是，如果一并考虑的话，那就可能是想象竞合的问题。这样理解下来的话，是不是还是要认定为盗窃罪？

学生： 民事法官是盗窃罪的间接正犯。还有没有一种可能，就是执行人员被欺骗了呢？

学生： 执行人员没有处分权限吧？

张明楷： 是的，法官作出判决时就是处分行为。回过头来讨论这个划转 4000 万元的案例，我觉得将丁法院的执行人员认定为盗窃罪也是可以的。当然，有一些细节我们不清楚，不排除执行人员欺骗了银行的管理者，导致银行的管理者处分了 4000 万元，因而构成诈骗罪。银行行长构成三角诈骗的犯罪未遂也是没有问题的，也就是欺骗法院作出一个执行裁定，而法院作出的强制执行裁定实际就相当于处分行为。当然，这里还涉及另外一个问题，就是银行行长有没有可能构成贪污罪？可能有观点会认为行长还是利用了职权，因而可能构成贪污罪。

图书在版编目（CIP）数据

刑法的私塾. 之四（上、下）/ 张明楷编著. -- 北京 ：北京大学
出版社，2025. 7. -- ISBN 978-7-301-36439-0

Ⅰ．D924.05

中国国家版本馆 CIP 数据核字第 2025KD1190 号

书　　　名	刑法的私塾（之四）（上、下）
	XINGFA DE SISHU（ZHI SI）（SHANG、XIA）
著作责任者	张明楷　编著
责 任 编 辑	邓丽华
标 准 书 号	ISBN 978-7-301-36439-0
出 版 发 行	北京大学出版社
地　　　址	北京市海淀区成府路 205 号　　100871
网　　　址	http://www. pup. cn
新 浪 微 博	@北京大学出版社　@北大出版社法律图书
电 子 邮 箱	编辑部 law@ pup. cn　总编室 zpup@ pup. cn
电　　　话	邮购部 010-62752015　发行部 010-62750672
	编辑部 010-62752027
印 　刷 　者	北京宏伟双华印刷有限公司
经 销 者	新华书店
	880 毫米×1230 毫米　A5　29.875 印张　696 千字
	2025 年 7 月第 1 版　2025 年 10 月第 2 次印刷
定　　　价	99.00 元（上、下）

未经许可，不得以任何方式复制或抄袭本书之部分或全部内容。
版权所有，侵权必究
举报电话：010-62752024　电子邮箱：fd@ pup. cn
图书如有印装质量问题，请与出版部联系，电话：010-62756370